林崇德 / 著

习与发展

——中小学生心理能力发展与培养

（第4版）

北京师范大学出版集团
北京师范大学出版社
BEIJING NORMAL UNIVERSITY PUBLISHING GROUP

图书在版编目（CIP）数据

学习与发展（第4版）：中小学生心理能力发展与培养/林崇德
著.—北京：北京师范大学出版社，2017.5（2017.10重印）
ISBN 978-7-303-22214-8

Ⅰ.①学… Ⅱ.①林… Ⅲ.①中小学生－教育研究
Ⅳ.①G632.0

中国版本图书馆 CIP 数据核字（2017）第 055031 号

营 销 中 心 电 话　010－58802181　58805532
北师大出版社高等教育分社网　http：//gaojiao.bnup.com
电 子 信 箱　gaojiao@bnupg.com

出版发行：北京师范大学出版社　www.bnup.com
　　　　　北京市海淀区新街口外大街 19 号
　　　　　邮政编码：100875
印　　刷：三河市兴达印务有限公司
经　　销：全国新华书店
开　　本：730 mm×980 mm　1/16
印　　张：33.5
字　　数：587 千字
版　　次：2017 年 5 月第 4 版
印　　次：2017 年 10 月第 8 次印刷
定　　价：68.00 元

策划编辑：周雪梅　　　　　责任编辑：周雪梅
美术编辑：焦　丽　　　　　装帧设计：焦　丽
责任校对：陈　民　　　　　责任印制：马　洁

第四版前言

　　《学习与发展——中小学生心理能力发展与培养》原是我主持教育部"七五"教育科学重点项目的总成果，1992 年由北京出版社出版，出版后受到了社会各界的肯定和支持。1995 年此书荣获教育部人文社会科学优秀成果一等奖。拙著中有些观念也在国际心理学界传播，例如，我和我的弟子李庆安博士在国际学术期刊《理论心理学》(Theory & Psychology) 2003 年第 6 期发表了我的思维（智力）结构观。2006 年底至 2010 年，英国著名学术出版集团 SAGE Publication 的网站发布数据表明，我们发表的那篇文章一直跻身该杂志自创刊 17 年以来所有 600 余篇论文"被阅读次数最多的 50 篇文章"排名榜，最好的排名是第五位。在此排名榜上，这是唯一由中国心理学家撰写的论文。又如，美国圣约翰大学教授周正博士，使用其智力（认知）发展量表，在我们坚持训练学生思维品质实验的实验点——天津静海县一所偏僻的农村小学测了学生的智力发展水平，然后与北京市的一所名校的学生相比较，发现该农村小学生的成绩略高于城市的被试，但无显著差异；最后又测得美国城市被试的成绩，发现天津静海县农村小学被试的成绩不仅高于美国被试，而且有显著差异。周正认可我们的研究："思维品质训练的确是发展学生智力的突破口，且训练时间越长，效果越明显"。她与我把这篇研究报告发表在美国的《遗传心理学杂志》(Journal of Genetic Psychology) 2004 年第 1 期杂志上，引起美国心理学界与教育学界的重视。美国权威教育心理学教科书 (Anita E. Woolfolk 主编第 10 版) 引用了这个研究数据，该教材共引用了两项中国心理学家的研究数据。

　　从 1999 年开始，拙著《学习与发展》转交给北京师范大学出版社出版，至 2011 年，先后作了三次修正，连同北京出版社所发行数，拙作在 20 年中，近 20000 册发行量，对一本学术著作来说，这个数字也让我知足了。我每次修订，都来自一个重要原因。1999 年出版，因感谢北京出版社把此书出版权转交给我们学校出版社出版，我没有作太多的改动。为迎接 2002 年北京师范大学百年华诞，作为北师大的学子加北师大的教授，我提前一年开始修订《学习与发展》的工作，并与另一部新著《教育与发展》一起献给母校校庆以敬表一个学子对母校的一番情意。当时，我从七个重要方面修订了《学习与发展》，行文从原40万字扩大到49万言。第三次修订是在2011年，因为"国家中长期教育改革与发展纲要"刚发布，基础教育一轮新课程改革正蓬勃开展，不少基础教育界的同行，有理论界的，也有中小学教育第一线的老师，都用《学习与发展》作为理论去对照并执行基础教育新课标的内容，这既让我感动，又使作为国家基础教育课程教材专家咨询委员会委员的我觉得有必要补充相关的研究成果，于是《学习与发展》扩大到55万字的篇幅。而本次修订，缘起于我主持教育部的"中国学生发展核心素养"的课题，从2013年5月至2016年6月，历时三年，形成了三个领域六种素养十八个要点中国学生发展的核心素养体系，并于2016年9月13日于北京师范大学举行了新闻发布会。三年来，包括基础教育在内的教育界同行，对我、对我们的课题组，对中国学生发展核心素养给予了莫大的关心和支持。如何贯彻落实中国学生发展核心素养的精神，这是我这次修订《学习与发展》的根本原因。在这次修订版中，我不仅阐述学生发展核心素养及其在学习与发展中的地位、作用和意义，而且还十分严谨地对拙著观点、内容和行文做了全面的梳理。目的是为了表明：心理学的研究应该探讨"学习与发展"等社会实践中急需的问题；教育实验或教学实验是心理学，特别是发展心理学与教育心理学的生命；包括心理学在内的教育科学也在教改实验中获得其应有的价值并展示又一个原创性成果。

多次的修订过程中，我的弟子申继亮、俞国良、辛涛、陈英和、方晓义、李庆安、李晓东、辛自强、黄四林、刘霞、贾绪计等人所付出的劳动和给与我的帮助使我难以忘怀；北京师范大学出版社许金更编审和我弟子周雪梅一如既往地对拙作给予支持。谨此一并致以谢意。

林崇德
2016年国庆
于北京师范大学发展心理研究所

前　言

  《学习与发展——中小学生心理能力发展与培养》，是由我主持的国家教育委员会"七五"教育科学重点科研项目——"中小学生心理能力发展与培养"课题的研究成果的主件。在这项研究中，我试图在如何坚持辩证唯物主义的原理、如何走出一条理论联系实际的道路、如何贯彻"洋为中用""古为今用"的方针三个方面做些探索；企图在心理科学和教育科学研究中国化的问题上，做点尝试。这个尝试表明心理科学在教育改革中的价值；我们的"学习与发展"观对学生的智力能力培养的意义；教改教科研是引导中小学教师素质提高的一条重要途径。

  尽管这部概括自己科研成果的书是我的专著，然而，它也是集体智慧的结晶。

  首先要感谢我的先师朱智贤教授。他在生前围绕我的课题，曾多次向我提出一个奋斗的目标："要搞学习与发展的研究，必须选准美国的杜威（J. Dewey）和苏联的赞可夫（Л. В. Занков）为对手，要通过研究，学习他们，赶上他们和超过他们，并将研究成果为我所用。"于是，10多年来，我在探索研究过程中有目的、有对手、有参照体系、有评价对象。今天，我无权将自己的成果同任何他人的成果去做比较，但是，如果没有我的恩师一再苦心的教诲、积极的指引和严格的要求，要取得目前的研究成果是不可能的。在探索的过程中我体会到，杜威和赞可夫都是杰出的心理学家，由于他们密切地结合教育实践进行心理学研究，在美国和苏联的教育史上写下了可贵的一页。对于他们的经验与成就，我们应该学习、借鉴，但是，既不能全搬，也不能照抄。正确的途径应该是：摄取、选择、中国化。对待外国的学说，必须重视，应当摄取其中的营养，用以发展自身。但是，任何一个国家的心理学都带有一种地区性文化的特色，都含有它的特殊因素。外国的心理学观点，绝非都是我们摄取的对象。在摄取外国的要素时，绝不能全盘照搬，而要适当加以选择。中国人的心理，有着本民族的特点。这就导致外国心理学理论被摄取之后，要经过一个中国化的过程，与中国的特殊性相融合。然而，在解决这些问题的过程中，必须坚持科学的方法论，而辩证唯物主义是心理学的最高指导原则，它像空气、阳光和水那样，我们须臾不能离开，它是我们必须遵循的科学的世界观和方法论。如果说，我在心理学研究中取得了一些成绩，也是由于这个缘故。

同时要感谢的，是我的广大的合作者——实验点的教师，特别是课题组的骨干：中学组的吴昌顺、孙敦甲、赵荣鲁、张瑞玲、梁捷、王振荣、马开叔、冯士腾、陈再瑞等；小学组的谭瑞、耿盛义、范有祥、张静余、李汉、吴汉勋、樊大荣、张福田、刘宝才、卜希翠等；北京师范大学的陈永康、董奇、申继亮和安徽的黄仁发等同志。如果没有他们在教学实验中无私的奉献、精诚的合作、艰苦的工作，我们的教改实验是寸步难行的。以他们为主要作者的《中学生能力发展与培养》和《小学生能力发展与培养》两部论文集和本书一起出版，共同组成我们课题组的研究成果。特别要声明的是，本书的所有数据，除极少数引用同行的实验研究之外，绝大多数材料都是由我自己、我的合作者和我的研究生通过实验研究而收集来的。我的理论、观点和学说，都是基于实验研究，并在实验的实践中获得了检验和洗练。

此外，我还要感谢全国教育科学规划领导小组以张健为首的鉴定组：张健（组长）、吴畏、霍懋征、刘学仁、许政援、杨治良、郭占基、黄希庭等专家、学者和教授。感谢他们对我们的研究成果作了严肃的审订、全面的评价、给出了公正的结论，这不仅为我们的这项教育科学研究成果社会化开了"许可证"，而且也给予我们今后长期从事教改实验以勇气和力量。

拙著即将付印之际期待广大读者能够喜欢，更恳望大家多提宝贵的意见，给我以不吝的指正。

林崇德
1991 年 11 月 11 日
于北京师范大学

2

目 录

教学与发展篇

第一章　教与学的活动

心理能力培养篇

第七章　培养思维品质是发展智能的突破口

全面发展篇

第十章　智力活动中的非智力因素

第十一章　心理能力发展的个性差异

第十二章　全面发展与整体改革

参考文献

从 1978 年开始，至 2004 年，我们深入中小学教学第一线，坚持研究中小学生智力与能力发展与培养的问题 26 年。在 20 世纪 80—90 年代，实验班从少到多，扩大到 26 个省、市、自治区设立了实验点。"七五"期间（1986—1990），"中小学生心理能力发展与培养"的实验研究，正式被列为国家教育委员会教育科学的重点研究项目，一些分课题也被列入省、自治区、市一级的教育科学的重点研究项目。之后，这个课题在"八五""九五"和"十五"期间，均被全国教育科学规划领导小组批准为全国哲学社会科学的重点研究项目。课题组的一批学术论文和研究报告已陆续发表，一些实验教材及教学参考资料也先后出版，有些成果已转化为音像资料正式出版、播放，大批教学实验班或实验学校提高了教育质量。我们的研究成果被教育部领导多次肯定，并加以推广。

在 20 世纪末，我们通过教学实验选择了一些适合于自己课题的心理学原理，形成了自己的理论体系，并获得了中小学生智能发展与培养的一些规律性的结论。我们课题研究的核心问题是教育、教学、学习与学生智力发展、能力发展的关系；正确认识和利用这种关系的最终目的是为了实现学生的全面发展。所以 2016 年版我们加入了对学生核心素养的研究成果。我们把这种教改实验称为"学习与发展"的教学实验。我的"学习与发展"观，尽管来自自己的教改实验，同时也离不开各类科学的心理学与教育学的理论，离不开中华民族的优秀文化遗产，离不开中国的国情。这是中国心理学家的工作方向、理念和原则。

我们承认自己投入中小学教育改革实验 26 年是有成绩。杜威（J. Dewey，1859—1952）基础教育的教改实验搞了 8 年，赞可夫（П. В. Занков，1901—1977）小学教学改革实验坚持了近 20 年，而我

教学与发展篇

JIAOXUE YU FAZHAN PIAN

们已搞了 26 年，尽管直至今天，不少实验点还在运用原先实验措施继续进行教育教学，但毕竟我自己年事已高，多数实验点校长和骨干都已退休，于是我们教改实验也在一次又一次鉴定后收了场。然而，近 30 年的研究表明：心理科学的研究应该探讨"学习与发展"问题；教育实验或教学实验是心理学，特别是儿童青少年心理学与教育心理学的生命；心理学也在教改实验中获得了应有的价值。

第一篇共分三章，是全书的总论。我们在这一部分要交代全书的目的、意义、方法和特色，具体阐述了学习的实质与功能，学习与发展的心理学研究，以及我们教学实验的研究方法。

第一章 教与学的活动

在人类滚滚不息的历史长河中，教育是一首永远谱写不完的诗篇。只要有人类，就会有教育；人类办教育，为的是促进自身更好地发展；教育赋予人类以智慧与美德，教育赋予社会进步的力量；教育是人类永恒的乐章。教学，顾名思义，指有教有学。在我国古代，教学与教育几乎是同义语，而"教"与"学"常是单独出现的。"教"为"上所施，下所效也"；而"学"则为"效也""受人之教而效之也"。所以，教学包括教师的教（育）和学生的学（习）。

教学，既是教育学的研究对象，又是心理学的研究课题。

教育学的对象是研究以教育事实为基础的教育中的一般问题，因此，教育学对教学的研究，主要探讨其一般性的问题，揭示教学活动的客观过程的规律。具体地说，教育学要研究教学过程、教学原则、教学方法和教学组织形式等各种事实的规律性。

心理学的对象是研究心理现象。专门研究教学中的心理现象及其规律，则是教学心理学的研究课题。教学心理学研究范围不仅包括各科教学中学生的各种知识、技能及智力、能力的获得问题，同时还要研究学生的行为规范及品德的形成和发展问题。由此可见，教学心理学研究的不是教学的本身，而是通过研究教学活动揭示学生的心理现象的发展变化的特点。现代教学心理学的研究日益严谨，提出了"三种教学"的概念：一是作为成功的教学（teaching as success）；二是作为有意活动的教学（teaching as intentional activity）；三是作为规则行为的教学（teaching as normative behavior）。教学心理学要研究上述三种教学所发生的相应的心理特点。[1]

---

[1] B. O. Smith. Definitions of Teaching. In M. J. Dunkin（ed），The International Encyclopedia of Teaching and Teacher Education. Oxford：Pergamon Press，1987

　　教育学和心理学共同关心的课题是：①教学的要素，一般指教师、学生和教育媒体或课程内容；②教学与认识（或认知）的关系；③教学与发展的关系；④师生在教学中的作用与地位；⑤教学评估；⑥教学方法，等等。

　　我们在自己的实验教学中，涉及上述的各种问题。

　　对于教学的含义，我们主要关心的是下述三点：

　　（1）教学的方式是一种教与学的双边活动，这种活动是一种系统，具有复杂的结构。

　　（2）学习过程是一种特殊的认识或认知活动，学生的学习策略的研究，强调学生是学习的主人，强调学生的学习方法是学会学习的前提。

　　（3）教学的目的是促进学生的发展。所谓发展，主要有三层意思：一是掌握知识、形成技能；二是发展智力、培养能力；三是实现教育培养目标，达到全面发展。

　　我们所强调的是，教学的过程是以一定教育资源的投入为物质基础，更以学生发展为结果的认知或认识过程。

第一节　教学是师生交互作用的活动

　　在实验教学中，我们既重视教师的教，又重视学生的学。

　　教学是什么？简单地说，它是以课程内容为中介，师生在教与学中的交互活动，即教与学交互作用的双边活动，是师生双向反馈的教学相长过程。

一、教师教的活动

在"学习与发展"的研究中，我们首先重视教师的教。教师是教育的脊梁。在教与学的活动里，教的活动领导着学的活动。因此，我们自始至终把实验点教师队伍的建设放在首位。

教的活动是教师有目的、有意识、有计划地去影响学生，变革其身心状态，促进其发展的实践活动。从这一点出发，教师的教决定着整个教学活动的目的、任务、方向、步骤及效果；学生的学也必然地被教的活动所制约。然而，教师的教，为的是使学生更好地学，目的在于指导学生认识世界、发展自己，所以，教师的教又要以学生为出发点，教师的作用及其发挥的程度，必然地要以学生发展的原有水平为基础，以其内因为动力。

（一）教师是教的活动的主体

在教的活动中，教师是教育者、影响者、变革者和促进学生发展的实践者，他们是学生健康成长的指导者和引路人，是教的活动的主体；学生则是受教育者，是教师教的实践的对象，是教的活动的客体。联结主客体的中介是教育内容，主要是知识，这是教师作用于学生的媒体和工具。

教师在教的活动中是如何体现主体性的呢？

首先，教师是教育目的的实现者。教师要根据教育（培养）目标、教学计划、教学大纲（课标）而从事教的实践活动。这就是说，教师的教，必须以课程内容为中介。所谓课程，是为实现教育教学目标而选择的教育教学的内容。它既是广义地指学科的总和或教师指导下学生活动的总和，又是狭义地指一门学科。也就是说，要考虑到学生的德、智、体、美等诸方面的发展；要考虑到课程的设置、顺序、时数和各门课程的知识联系；要考虑到自己所教课程的目的、任务、各章节的知识范围以及教学内容的安排，等等。

其次，教师是教学活动的组织者。教师的职能之一是领导和推动整个教学过程，教师要把握各种类型的教学过程结构，设计讲听教学、发现教学、问题教学、情境教学等。组织讲授、实习、实验、作业、自学等。安排在什么条件下，对教学内容该进行怎样的变更、综合和分配，等等。

最后，教师是教学方法的探索者。教学法包括普通教学法和分科教学法，前者研究各门课程共同的教学法，后者研究各科教学法。教师要善于运用教学法，全面控制教学任务、过程、原则、内容、方法和组织形式等。教学不仅是一种技术，更是一门艺术。在教学舞台上，教师应当是出色的表演艺术

家。他们运用各种教学艺术和技巧，通过自己的每一句台词和每一个动作把人类的知识，化为涓涓流水，注入学生的心田。

（二）教师在教学过程中起主导作用

教学活动是师生双方的活动，学生由不知到知、少知到多知，由知识、技能到智力、能力、品德的转化，教师居主导地位。这是由于教师掌握了培养目标的精神和必要的知识经验，能根据学生的原有水平预见他们的学习进程，用行之有效的方法去教育学生；这也是由于教师在教学活动中处于领导者的地位，扮演变革者的角色，师生之间有一种特殊的相互信赖的关系，学生能够接受教师的教诲、开导、启发，使教师在教学过程中起导向的作用。

教学过程具有一个系统结构，它包括明确目标、分析教材、了解学生、设计课程、进行教学和评估反馈等步骤。在一定意义上说，教师是这个教学过程的操作者和设计者，教师的作用，就在于使这个过程顺利地进行。整个教学过程的进展情况，可用下图（图 1-1）表示：

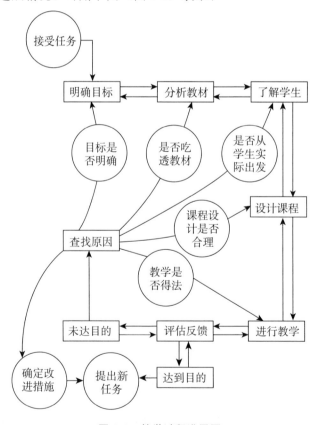

图 1-1　教学过程进展图

6

根据图 1-1，我们在实验教学中向教师提出了相应的各种要求（详见第三章和第十二章）。

我们在近 30 年的实验教学中，看到一大批实验班的学生，特别是一批后进校的学生，接受了教师良好而合理的教育，不仅提高了学习质量，而且也促进了智力与能力的发展，从而使我们深信，教师在教学中确实发挥着主导作用，教师的教育是学生发展的前提①。为什么？我们通过一系列追踪研究体会到：

首先，教师的教是为了达到教学目的，包括社会性目的、学生方面的目的和课程的目的，必然是学生能否获得知识经验的关键，学生的智力与能力也正是接受了教学和训练，运用了知识经验才逐步成为概括化、习惯化的动力定型，成为智力与能力的表现形式。

其次，教师的教能够加速或延缓学生心理发展的进程。由于外因的作用和影响不同，心理发展进程的速度也就不同。我们的实验研究结果充分表明：小学生逻辑思维发展的关键期一般在四年级。但是，由于教育得法，我们三年级实验班的一系列实验数据都接近或达到了四年级的平均数，这说明教师的教能够促使学生的逻辑思维转折期或关键期提前；相反，如果教育措施不得力，有的五年级的学生还未完成逻辑思维的质变，延缓了学生转折期或关键年龄的到来。

最后，合理而良好的教育是适合学生心理内因变化的条件。我们强调教师的主导作用，应是符合学生心理发展内因，并采取合理措施促进其心理发展的教育作用。合理的教育措施，在学生原有心理水平上提出了新的要求，传授了新知识，促进他们领会这些知识，就增长了智力与能力发展的新因素，这些因素从量的积累、发展到质的变化，形成稳固的智力与能力特征。我们实验研究取得的一系列成果，说明实验措施是合理的，能够符合其智力与能力发展的内因。这表明教育是个积极而主动的条件，它能不断调节教育外因与学生心理发展内因之间的关系，从而说明教师在教学活动中起主导作用。

二、学生学的活动

在我们的研究课题里，研究对象是学生。我们要探讨的是学生智力与能力发展的心理机制，以及培养的对策。学生智力或能力的发展与培养，其基础是学习。

---

① 林崇德. 教育与儿童心理发展. 北京师范大学学报，1984，1

一般地说，学习有广义与狭义之分。广义的学习，是指动物和人的经验的获得及行为变化的过程，也就是说，学习是凭借经验产生的比较持久的行为变化。人类的广义学习是在生活中进行的。人自从降生后不久，就能建立条件反射，改变个别行为。人们在一生的生活和实践中，也在不断地积累经验知识，增强文化文明，改变思想行为。换句话说，人类的学习是获取经验、知识、文化的手段，知识的继承、文化的传承和自身的发展要依靠学习。所有这些，都包含着学习的意义。但这是一种广义的学习，和在学校中所进行的狭义的学习是不完全相同的。狭义的学习，是指学生在教师指导下有目的、有计划、有系统地掌握知识技能和行为规范的活动，这是一种社会义务。

目前国际学术界，对学习过程和学习规律，作如下10个方面的探索：①学习的定义；②学习规律；③学习机制；④学习类型；⑤学习指导；⑥学习迁移；⑦学习动机；⑧学习策略；⑨教学与学习；⑩学习评价（评估）。

根据对这10个方面的探索，我们认为心理学界越来越把学生的学习过程看作一种认识或认知过程。学生在学习过程中认识世界、融入社会、丰富自己、发展自己，并引起其德、智、体、美诸方面结构的变革。

（一）学生是学的活动的主体

我们已经谈到，学生是教的活动的对象，是教育的受体。但是，教师的教为的是学生的学。学生的学是有对象的，有内容的，这就是学习的客体。谁来学呢？学生。学生必然是学的活动的主体。

首先，学生是教育目的的体现者。教育（培养）目标是否实现，要在学生自己的认识和发展的学习活动中体现出来。如果学生没有学到知识、没有掌握教育内容，没有用所学的知识促进自己身心的发展和变革，那么教育的目的也就成了一句空话。

其次，学生是学习活动的主人。学生的学习积极性是成功学习的基础，只有学生主动学习、主动认识、主动接受教育内容、主动吸收人类积累的精神财富，他们才能认识世界，并促进自己的发展。教师的教对学生的学是外因。外因必须通过内因才能起作用；教师的教，只有通过学生的折射才能生效。在学习过程中，师生的交往活动，旨在实现学生的社会化和个性化。所以，学生是学习活动的主人，教师在教的过程中的主导作用，只有在学生主动学习的过程中才能实现。

最后，学生在学习活动中是积极的探索者。在学习活动中，学生不仅要接受教师所教的知识，而且还要消化这些知识，分析新旧知识的内在联系。从这个意义上说，学生在学习过程中是探索者和追求者。他们只有发挥了主体性，才能使自己主动地生动活泼地获得发展。

（二）学生在学习过程中发挥能动作用

学习过程是学生经验的积累过程，它包括经验的获得、保持及其改变等方面。它的重要特点之一在于学生有一个内在因素的激发过程，从而使主体能在原有结构上接受新经验，改变着各种行为，进而丰富原有的结构，产生一种新的知识结构和智力结构。因此，学习的过程，有一种学生的主观见之于客观的东西，这就是他们在学习过程中发挥的自觉能动性。

学习过程也具有系统的结构，它包括明确目标、激发动机、感知材料、理解知识、记忆保持、迁移运用、获得经验、评估反馈等环节。学生准备学习时，常怀有一种期待的心理，期待着如愿以偿、实现愿望。在学习动机的推动下，经过感知、理解、巩固和应用，使学生掌握知识、获得经验。这种经验就是学习结果，这种结果实际上就意味着发展。学生又通过评估得到反馈，重新投入新的学习活动中去。这里可以看出学生是学习过程的操作者、反思者和主体，能动作用的程度决定和左右着学习的水平。对这个过程的进展情况，可用下面的学习过程进展图（图1-2）表示。

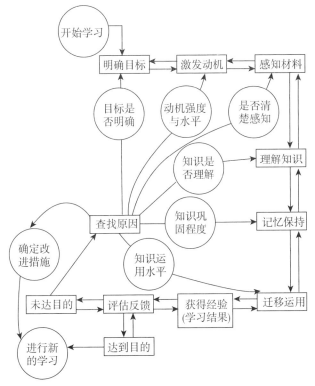

图 1-2 学习过程进展图

9

学习水平取决于学生对学习目标的明确程度、动机强度及其动力水平、认知方式、是否找出学习困难的原因等因素。这是他们能动性的各种表现状态。这种能动程度主要制约于非智力因素。我们在实验教学中非常重视学生非智力因素的作用和培养。这就是"情商"重于"智商"的道理。

我们在近30年的实验教学中，看到一茬又一茬实验班的学生，特别是一批后进学校的学生，由于调动了非智力因素，极大地发挥了学生学习的积极性，从而促进了他们身心的发展。这一事实也说明，学生在学习中具有能动作用。

在实验研究中我们看到，学生的非智力因素对其学习过程、知识掌握以及智力与能力发展，起到如下三个方面的作用：

首先是起动力作用，学生的情感需要及其表现形态（如兴趣、动机、理想和价值观等），是引起其学习以及智力与能力发展的内驱力。

其次是习惯或定型作用，即把某种认识或行为的组织情况越来越固定化。习惯没有水平高低之分，但有好坏之别。在学习、智力与能力的发展中，良好的智力或能力的固定化，往往取决于学生主体原有的意志、气质等非智力因素及各种技能的重复练习的程度。意志或意志力直接影响学习、智力与能力的目的性、自觉性和坚持性，从而影响认识或活动的质与量。气质包括强度、速度和灵活程度等因素，直接制约其学习、智力与能力的性质、效率和特征。这些都起着定型或习惯的作用。

最后是起补偿作用，也就是说，非智力因素能够弥补智力与能力某方面的缺陷或不足。学生的性格在这方面的作用是比较突出的，比如，学生在学习过程中的态度、责任感、坚持性、主动性、自信心和果断性等意志特征，勤奋、踏实的性格特征，都可以使学生克服因知识基础较差而带来的能力上的弱点。"勤能补拙"的事例在学习中是屡见不鲜的，这正反映出学生在学习过程中发挥着能动作用。

2000年教育部颁布的《基础教育课程改革纲要》（试行）强调实施课程改革过程中在知识、技能、态度和价值观等方面对学生提出了全面要求，2010年《国家中长期教育改革和发展规划纲要（2010—2020年）》提出德育为先，能力为重，强调提高学生社会责任感、创新精神、实践能力等，所以这些都是十分科学的，正是在倡导学生在学习过程中发挥能动作用，充分调动其非智力因素的动力、定型和补偿作用。

三、教与学的交互作用

教学活动是教师教的活动和学生学的活动的结合，教的活动与学的活动是统一的。

（一）主体角色是可以互相转化的

在教与学的活动中，主体的角色是相对的。我们对教学过程的主体、客体、媒体的关系，坚持如下的观点①（表1-1）：

表 1-1　　　　　　　　师生在教与学过程中的双主体地位

教学活动	主体	客体	媒体
教	教师	学生	知识
学	学生	知识	教师

上述关系的处理，旨在调动两个积极性，即教师的积极性和学生的积极性。目前中小学教学中的教师厌教、学生厌学的现象必须改变。教育改革最终要形成教师爱教、学生爱学的局面。

（二）教的活动和学的活动是相辅相成的

教的活动和学的活动是密切联系的两种活动，有的教育专家还对此阐明了理由②。

（1）教学活动中教的活动和学的活动是不能分离而独立存在的。没有教，无所谓学；没有学，也无所谓教。教与学，因一定的条件互相既对立又统一，构成了教学活动。

（2）教学活动的教与学两个过程有一个共同目的，这就是促进学生的身心发展。教的过程直接影响着学生，给学生身心发展提供了条件；经过学生的学的活动，使这些条件逐步内化，成为发展的现实。教要以学生的学习积极性为前提，而学生的积极性又依赖教师的培养，两者互相联结、互相贯通、互相交替，才能达到教与学的共同目的。

（3）教与学两种活动的共同客体是教育影响。但这种客体对教与学的作用和地位是不一样的。从教的活动看，它是促进学生身心发展的手段；从学的活动看，它既是手段，又是认识对象。

（4）教师和学生在教学活动中都是能动的角色和要素，他们互为主体，互相依存，互相配合。正是师生这种统一的关系，推动着教学过程向前发展。

---

①　林崇德. 教改实验与心理学的价值. 北京师范大学学报，1989，1

②　成有信. 论教育活动及其诸要素. 北京师范大学学报，1990，4

在我们的实验教学中，自始至终重视教与学这双重要素，关注师生的关系，既充分调动教师的积极性和主创性，体现"教育大计、教师为本"的理念，把好的教师作为好的教育的起点和归宿；又充分调动学生的能动性和自觉性，把促进学生主动地、生动活泼地发展和促进学生成长成才作为学校一切工作的出发点和落脚点。为此，我们不断提出相应的要求和改进措施。

第二节　对学习规律的探索

学习是科学心理学较早研究的领域之一，也是较为发达、研究成果颇丰的领域。由于研究者的哲学思想、研究角度、研究方法等的不同，提出了有关学习的各种不同观点或流派，从而形成了众多的学习理论，诸如：

埃斯特斯的统计学习学说（Estes's statistical theory of learning）；

弗洛伊德的精神分析学说（Freud's psychoanalytic theory）；

古思里的接近学说（Guthrie's contiguity theory）；

桑代克的联结主义学说（Thorndike's theory of connectionism）；

赫尔的系统行为学说（Hull's systematic behavior theory）；

斯金纳的操作性条件反射学说（Skinner's operant conditioning theory）；

托尔曼的符号学说（Tolman's sign theory）；

班杜拉的示范和社会学习学说（Bandura's theory of modelling and social learning）；

韦特海默的格式塔学说（Wertheimer's gestalt theory）；

勒温的拓扑学说（Lewin's topological theory）；

皮亚杰的认知发展学说（Piaget's theory of cognitive development）；

布鲁纳的认知发展学说（Bruner's theory of cognitive development）；

加涅的教学类型学说（Gagne's theory of types of teaching）；

巴甫洛夫的经典条件反射学说（Павловское учение условногорефлекса классическего олыта）；

凯洛夫的特殊认识过程学说（Кайровская теорня продесса спецнфическог познания）；

列昂节夫的社会活动学说（ЛеонтЪевское учение социальной пеятельностн）；

……

每一种学习理论都是研究者从不同角度对学习及其基本规律所提出的学说或观点，主要涉及学习的过程、影响学习的条件、学习发生的内在机制、学习产生的结果以及相应的行为表现等。要想统一各种学习理论是十分困难的，实际上也没有这个必要。探讨学习问题，有助于揭示学习的内在机制以及一般规律，这为有效地利用学习规律提供科学依据。所以，我们在研究中重视上述各种学习理论，认为它们都有一定价值，并取其精华。下边分三个问题加以阐述。

一、学习理论的鸟瞰

从学习研究的历史来看，研究者提出了各种不同的学习理论，但总体上可分为四大类：刺激—反应理论、认知学习理论、建构主义学习理论和人本主义学习理论。

（一）刺激—反应理论

刺激—反应理论主要包括桑代克的联结说、巴甫洛夫的经典性条件作用理论和华生的行为主义学习理论以及斯金纳的操作学习理论。这些学习理论都认为，学习的实质是建立刺激与反应之间的联系或联结，强调个体学习受环境的制约，但各理论对学习的过程、影响条件以及对联系等的解释又各不相同。

1. 桑代克的联结说

桑代克（E. L. Thorndike，1874—1949）是现代教育心理学之父。他受达尔文关于人与动物有着某种连续性的进化论思想的影响，认为从动物身上观察到的学习规律同样也适用于人类学习，由此开始了对动物学习的研究。桑代克的学说源于他的著名的迷箱实验。将一只饥饿的猫关在迷箱中，箱外放着一盘食物。箱内有一个打开门闩的装置，猫只要按下踏板就可以将门打开。第一次将猫放入箱时，为了逃出来，猫拼命挣扎，乱蹦乱跳，偶然碰到踏板将门打开，逃出迷箱，吃到食物。将猫从放入迷箱到逃出迷箱的时间记录下来。再次将猫放入迷箱，开始新一轮试验。经过多次实验，猫逐渐排除无效动作，逃出迷箱所需要的时间越来越短，到最后，猫一进迷箱，就立即按踏板，跑出迷箱。由此，桑代克认为动物学习是一个盲目尝试、不断减少错误的过程，即试误的过程。猫通过试误建立起刺激与反应的联结，从而获得正确的解决问题的方式。人类学习与动物学习在实质上是相同的，只不过更为复杂一些而已。

桑代克一直试图揭示学习的基本规律，他根据实验提出了三条学习律和若干学习副律，这三条学习律是准备律、效果律和练习律。①准备律。学习者是否会对刺激作出反应，取决于他是否做好了准备。例如，在迷箱实验中，

猫只有在饥饿状态下，才会进行学习活动；如果猫吃饱了，只会蜷缩在那里睡觉，不会有任何试图逃出迷箱的行为。这条定律实际上是说学习需由动机唤起。②效果律。如果一个反应带来的结果是令人满意的，学习就会发生；如果反应的结果是令人烦恼的，学习就不会发生。满意的程度越高，刺激—反应之间的联结就越强。③练习律。其分为应用律和失用律。应用律是指一个已形成的可变联结，若加以应用就会变强；失用律是指一个已形成的可变联结，若久不应用，就会变弱。1930 年以后，桑代克对学习律进行了修改，使练习律从属于效果律，同时修改了效果律，认为奖励可以加强联结，而惩罚则不能消除联结。

2. 巴甫洛夫的条件作用理论

俄国生理学家巴甫洛夫（И. П. Павлов，1849—1936）对动物条件作用形成过程的研究为学习理论奠定了科学的基础，对心理学产生了深刻的影响。巴甫洛夫的经典条件作用实验是把一条狗放在一间黑暗的屋子里，打开灯，30 秒后把食物放在狗的嘴里，诱导出分泌唾液的反射。开灯并提供食物，这个程序重复几次后，灯光，这个原本与分泌唾液无关的刺激，也会引起分泌唾液的反应。巴甫洛夫把食物叫做无条件刺激，因食物引起的唾液分泌叫做无条件反应，灯光是条件刺激，灯光引起的唾液分泌叫做条件反应，整个过程叫做经典性条件作用或经典性条件反射。

巴甫洛夫揭示了经典性条件作用的基本规律，而这些基本规律实际上也是学习的基本规律，主要表现在：①条件刺激的呈现应在无条件刺激之前。②消退。条件作用的形成并不是一劳永逸的。如果只呈现条件刺激，而不伴随无条件刺激，几次以后，动物将不会再作出条件反应，即反应消退了。③刺激的泛化。条件作用的形成往往是针对某一特定刺激的，但是动物有能力对与条件刺激相似的一些刺激作出条件反应。如狗被训练对某一声调的铃声作出条件反应后，它也会对不同声调的铃声作出反应。这种现象叫做泛化。④分化。通过不断的训练，动物可以对不同的刺激作出不同反应。⑤高级条件作用。当条件作用形成后，可单独用条件刺激与另一中性刺激建立起联结。

3. 华生的行为主义学习理论

华生（J. B. Watson，1878—1958）认为，心理学应成为自然科学的一个分支，把可观察、控制和预测的行为作为研究对象。心理学应放弃诸如意识和心等难以界定和研究的概念。他认为：人除了一些本能反应外，其他的行为反应都是通过学习获得的。学习的过程就是刺激与反应建立起联系的过程。刺激与反应之间联系的形成遵循频因率和近因率。人在学习过程中，有些动作

是有效的，有些是无效的，有效动作之所以得到保持并成为行为习惯，无效动作却渐渐消失，是因为有效动作出现的次数多于无效动作，练习对于行为的获得是非常重要的，这就是所谓的频因率。华生还认为，得到保留的反应总是离成功最近的反应，而消退的反应则是较早发生的反应，这就是近因率。

4. 斯金纳的操作性条件反射理论

斯金纳（B. F. Skinner，1904—1990）认为，操作性行为在人类生活中比应答性行为扮演更为重要的角色，是人的主要学习方式。操作性行为的保持与强化有直接关系。凡是能够增加反应的速度或频率的刺激都可称为强化物。强化分为正强化和负强化：正强化是通过给予一些正面的结果如食物、表扬、注意的方式加强了行为；负强化是通过去掉某些不好的、不愉快的刺激令反应得到增强。强化的安排对行为反应的频率有重要影响。人们的日常行为很少受到连续强化，大多都是间歇强化。间歇强化的不同安排会有不同的效果。一种安排叫做固定间隔式，即每隔一段时间给予一次强化，这种安排下的反应速度是相当低的。另一种安排是固定比率式，即反应每达到一定的次数，即会获得奖励，但这两种安排在有机体得到强化后都会表现出一个反应停顿期，因为他们知道下一次强化的来临还早着呢。用不定期强化或不定比率强化的形式可以避免反应停顿期。前者是将奖励的时间间隔进行灵活变动，后者是将能够得到奖励的反应次数设为可变的。

（二）认知学习理论

认知学习理论认为，人是主动的个体，对来自环境的刺激有选择地进行反应。学习者内部的心理结构对他学习什么、怎样学习起至关重要的作用。学习是心理结构的形成或改变，不是刺激与反应联结的建立或消退。比较有影响的认知学习理论有布鲁纳的认知—发现说，奥苏贝尔的有意义言语学习理论，加涅的认知学习理论、班杜拉的社会学习理论以及建构主义的学习理论。

1. 布鲁纳的认知—发现说

布鲁纳（J. S. Bruner，1915—2016）的学习理论是一种描述和解释知识学习过程的学说。他认为，学生学习知识的过程是其认知结构的组织和重新组织的过程，包括新知识获得、旧知识改造和评价三个几乎同时发生的过程。新知识的获得是一种积极主动的认知过程，获得新知识就是接受与先前经验相反的认识，或是对原有信息进行提炼；旧知识的改造就是对原有信息进行加工处理以适应新任务；评价是指学生在学习时不是被动的接受者，而是主动的信息加工者，他在学习的过程中会经常检查自己对信息的处理是否恰当，

以保证学习效果。

布鲁纳特别重视学生在学习过程中的主动作用，为此，他提出在课堂教学中应该开展发现学习。所谓发现学习，就是将知识以问题的形式呈现给学生，让学生通过不断地探究来自己获得结论的过程。这种学习方式有利于学生学会学习、保持旺盛的求知欲，同时亦有益于知识的保持。

2. 奥苏贝尔的有意义言语学习理论

奥苏贝尔（D. P. Ausubel，1918—2008）认为真正的学习理论应该能够揭示发生在学校或类似环境下的学习。他认为学生学习知识的实质就是获得这些知识所代表的真正意义。知识学习的类型划分可以按两个维度，一个是接受与发现，一个是意义与机械，它们构成四种学习方式。接受学习也可以是有意义的学习，而发现学习也可以是机械的学习。发现学习固然可以培养学生探究问题、解决问题的能力，但课堂教学如果都以发现学习的方式进行，既不经济也不现实，因此有意义的接受学习应该成为学校中的主导学习方式。影响有意义的接受学习的最重要的心理因素是认知结构。所谓认知结构是指知识的实质性内容在学生头脑里的组织，由一些概念、事实、命题等组成。任何新知识的学习都必须以学生原有的认知结构为基础，意义学习发生于新知识与认知结构中的已有知识相互作用的过程之中，这个过程称为同化。通过同化，新知识被学习者赋予新的意义，旧知识在意义上也发生了改变，与此同时，学习者的认知结构也发生了量变或质变。由此可以看出，奥苏贝尔的同化概念要大于皮亚杰的同化概念，它实际上包含了皮亚杰所说的同化与顺应两个过程。

3. 加涅的认知学习理论

加涅（R. M. Gagné，1916—2002）是当代著名教育心理学家。他对学习的概念、过程以及学习的条件和结果做了较为完整的阐述。借助认知心理学的信息加工模型，加涅认为学习过程包含以下过程：学习者从环境接受刺激并激活感受器。感受器将刺激转换成神经信息进入感觉登记器，并在这里转换成刺激模式，然后进入短时记忆，经过编码，信息以概念的形式贮存到长时记忆。习得的信息从长时记忆中提取出来回到短时记忆中，转而激活反应发生器并决定人们反应和行为的基本形式。反应发生器激活效应器产生可观察的活动模式。加涅认为在该模式中，执行控制和预期的功能决定了学习者选择信息加工的方式，即决定个体如何注意、贮存、编码并提取信息。学习既受学习者个人内部因素的影响，也受学习环境的制约。

加涅把学习看作是人在心理倾向和能力上的较为稳定的变化，能力和心理倾向主要包括言语信息、心智技能、认知策略、态度和运动技能，因此学习的结果应表现在上述五个方面。

4. 班杜拉的社会学习理论

班杜拉（A. Bandura，1925— ）认为，人并不总是通过自己的行为反应进行学习，事实上，在社会情境下，人们仅通过观察别人的行为就可迅速地进行学习。当通过观察获得新行为时，学习就带有认知的性质。班杜拉认为观察学习包括注意、保持、动作再生和动机四个过程。班杜拉还认为学习和表现是不同的。人们并不是把学到的每件事都表现出来。是否表现出来取决于观察者对行为结果的预期：预期结果好，他就会愿意表现出来；如果预期将会受到惩罚，他就不会将学习的结果表现出来。因此，观察学习主要是一种认知活动。随着社会化程度的不断加深，人们对外部奖励与惩罚的依赖越来越少。更多的是依靠自己的内在标准对自己的行为进行奖励和惩罚，即对行为进行自我调控。

（三）建构主义学习理论

建构主义（constructivism）是由皮亚杰（J. Piaget，1896—1980）提出来的，其主要含义有三个：一是主客体的相互作用；二是系统的内在结构，共时性原则与历时性原则的统一；三是活动的作用，成为结构的起点和动力。近 20 年来，建构主义学习理论作为认知学习理论的进一步发展。该理论认为，学习即个体主动建构和重构知识经验的过程，而不是被动地接受现成的知识经验的过程。学习新知识经验时，个体已有的知识、信念、个性、情感等都在不同程度上参与其中，而不是在一片空白的基础上或相同的背景经验的基础上进行的。学习不仅是个体的活动，而且也是在与其他人的社会交互作用中实现的，是一种社会活动。建构主义学习理论强调有效的学习应该是个体自主、自愿参与的，与个体的生活实践密切联系的，并与其他人相互合作的一种活动。建构主义的学习理论强调学习的主动性、真实性、社会性、情境性与多元性等[①]。

建构主义学习理论是行为主义发展到认知主义以后的进一步发展。虽然作为一种理论思潮，建构主义目前正处在发展过程中，尚未达成一致意见，存在着认知建构主义和社会建构主义等不同取向，但它们在有关学习的理解上，还是存在一些共识的。其基本观点如下（冯忠良、伍新春、姚梅林、王健敏，2015；张建伟、孙燕青，2005）：

---

① C. T. Fosnot. Constructivism：Theory，Perspectives and Practice. Teachers College，Columbia University，1996

1. 学习具有主动性

建构主义认为，学习不是知识由教师向学生的传递，而是学生建构自己的知识的过程；学生不是被动的信息吸收者，而是信息意义的主动建构者，这种建构不可能由其他人代替。

学习是个体建构自己的知识的过程，这意味着学习是主动的，学生不是被动的刺激接受者，他要对外部信息做主动的选择和加工，因而不是行为主义所描述的 S—R 过程。而且，知识或意义也不是简单地由外部信息决定的。外部信息本身没有意义，意义是学习者通过新旧知识经验间反复的、双向的相互作用过程而建构成的。其中，每个学习者都在以自己原有的经验系统为基础对新的信息进行编码，建构自己的理解；而且原有知识又因为新经验的进入而发生调整和改变，所以学习并不简单是信息的积累，它同时包含由于新、旧经验的冲突而引发的观念转变和结构重组。学习过程并不简单是信息的输入、存储和提取，而是新旧经验之间的双向的相互作用的过程。因此，建构主义又与认知主义有所不同。

2. 学习具有互动性

传统的观点把学习看作是每个学生单独在头脑中进行的活动，往往忽视学习活动的社会情境，或者将它仅仅看作是一种背景，而非实际学习过程的一部分。建构主义者强调，学习是通过某种社会文化的参与而内化相关的知识和技能、掌握有关的工具的过程，这一过程常常要通过一个学习共同体的合作互助来完成。

在学习共同体中，通过小组协作的形式对活动任务进行分解，每个小组成员负责不同侧面的子任务，这样学习小组就可以共同进行单个学生无法完成的复杂探究任务。围绕某个探究主题，小组中的每个学生都成为某方面的"专家"，他们彼此交流探究成果，分享经验感受，共同贡献于集体任务，达到共同建构知识的目的。同时，通过协作互动，学习者可以表达多元化的理解，在学习共同体中进行交流争论、观点整合和思想改进，这有助于激发学生的深入思考和批判性反思，帮助他们建构起更深层次的知识，发展多视角的理解。此外，为了和他人交流共享自己的想法，学生必须首先将自己的思路及观点明确化，并提供足够的证据支持，进行自我解释。这样，学生的知识和思维策略都被外显化和精致化了，这有利于促进学生的反思监控，提高思维和学习活动的质量。

3. 学习具有情境性

传统的教学观念对学习基本持"去情境"的观点，认为概括化的知识是学习的核心内容，这些知识可以从具体情境中抽象出来，让学生脱离具体物

18

理情境和社会实践情境进行学习，而所习得的概括化知识可以自然地迁移到各种具体情境中。但是，情境总是千变万化的，抽象概念和规则的学习无法灵活适应具体情境的变化，因而学生常常难以灵活应用在学校中获得的知识来解决现实世界的真实问题，难以有效地参与社会实践活动。

而建构主义认为，知识是生存在具体的、情境性的、可感知的活动之中的。概念知识不是一套独立于情境的知识符号（如名词术语等），它只有通过实际应用活动才能真正被人所理解。因此，人的学习应该与情境化的社会实践活动联系在一起，就如同手工作坊中师傅带徒弟一样。学习者（如同徒弟）通过对某种社会实践的参与而逐渐掌握有关的社会规则、工具、活动程序等，形成相应的知识。在实践情境中所生成的实践性知识是现实世界最强有力的智慧，该知识体现在实践共同体成员的活动和文化之中，学习者通过对该共同体的社会实践参与而逐渐形成这种知识。在这一过程中，学习和理解的关键是形成对具体情境中的"所限"和"所给"的调适，即学习者能理解该情境中的限制规则，理解在社会互动和实践活动中存在的"条件—结果"关系，从而能对自己的活动过程及其结果作出预期；另外学习者要洞悉情境中所提供的支持条件，以及它们分别可以支持哪些可能的活动和交往方式。由此，学习者可以形成协调的实践和方式，适应共同体的交流和交往规则（常常是隐性的），并在实践活动中运用有关的工具和资源。

（四）人本主义学习理论

美国著名人本主义心理学家罗杰斯（C. R. Rogers，1902—1987）认为，对于学生来说最好的学习是意义学习，这种意义不是奥苏贝尔所指的新旧知识之间的联系，而是学习内容与个人之间的联系。学习应该使人向"全人"（the whole person）的方向发展，不仅在认知上有所提高，而且在情感、态度等方面得到成长。好奇心和探索精神是人的基本持质，是人的本能倾向。每个人都有学习的潜能，意义学习发生于学生能够自主地选择学习内容、学习方式并积极投入学习过程的时刻。学习的目的是学会自由，即敢于涉猎未知的、不确定的领域，勇于自己作出抉择。当学生能够自由地学习时，他们可以自主地选择和确定学习的方向和目标，自己提出问题，自己发现和选择学习材料，因而会全身心地投入学习活动并亲身体验到学习的结果，这种学习将产生最好的学习效果。由此我们可以看出，人本主义学习理论的核心思想是以人为本，以学生为中心。

二、学习规律的揭示

学习规律是在学习理论的指导下对学习过程进行研究，从中发现和总结出影响学习效果的规律。掌握和运用学习规律对于提高学习效率、改善学生学业成绩有重要作用。这里对有关记忆、学习迁移和学习动机的规律作简要介绍。

（一）记忆的规律

现代认知心理学认为学习是对信息进行加工和保存的过程。记忆是最基本的一种心理活动。没有记忆，就没有经验的累积，心理活动也就无法得以延续，心理能力也将停滞不前。

1. 记忆的信息加工模型

记忆的信息加工模型按照信息被保存的时间的长短，把记忆分为感觉登记、工作记忆和长时记忆三个阶段。

（1）感觉登记。学习的信息加工从感觉开始，外界刺激作用于感官，并通过感觉登记作瞬间保留。如果它们受到注意就会被转入工作记忆中作进一步加工，否则就会消失。可见注意在学习中非常重要，它是学习活动的开始。

（2）工作记忆。在最初的信息加工模型中，按照信息被保存时间的长短把记忆划分为感觉记忆、短时记忆和长时记忆，强调的是记忆的贮存功能。当代的研究表明，记忆不仅有贮存的功能而且有加工的作用，因此用工作记忆一词代替了短时记忆。工作记忆是个容量有限的系统，兼有贮存和加工的作用，在工作记忆中得到加工的信息可以进入长时记忆中贮存。工作记忆是人的认知活动的平台，无论是从外界接收的信息，还是从长时记忆中提取的信息，对它们的操作都要在工作记忆中进行。但是工作记忆容量有限这个事实往往制约了信息的进入与加工，要提高工作记忆的容量与加工效率需要运用一些策略和方法。如通过对零散的信息进行组块可以增加工作记忆容量，通过复述、精制和组织等策略使工作记忆中的信息能够进入长时记忆并有助于其提取。

（3）长时记忆。来自工作记忆的信息被进一步加工后，进入长时记忆。长时记忆是一个容量巨大的贮存库，它对信息的保持在 1 分钟以上甚至终生。信息在长时记忆中的保存并不是杂乱无章的，它是按照一定方式组织起来的，这种组织形式有助于人们提取信息。

2. 遗忘及其规律

遗忘是指信息提取失败或从记忆中丢失，表现为不能回忆和再认，或错

误的回忆和再认。遗忘对学习效果产生不利影响，因此研究遗忘的规律，采取适当的策略将其控制在最小范围内，对于提高学习效率是非常重要的。关于遗忘的原因，有多种解释。一种是干扰说，认为遗忘是由于学习与回忆之间受到其他刺激干扰所致，它有两种表现形式：前摄抑制是指先前学习干扰了对后继学习材料的识记与回忆；倒摄抑制是指后继学习干扰了对先前学习材料的保持和回忆。还有一种观点认为，遗忘与提取失败有关，有时信息并未真的消失，只是无法提取。常见的例子是，你遇到一个很久不见的老同学，觉得他的名字就在嘴边却一时想不起来。造成提取失败的原因可能是信息在贮存时没有适当的加工或回忆时缺乏线索。

对遗忘最早进行研究的是德国著名心理学家艾宾浩斯（H. Ebbinghaus，1850—1909）。他发现，遗忘的进程是不均衡的，先快后慢。因此，为防止遗忘，要及时复习。遗忘受学习材料的性质、学习程度和加工程度影响。有意义的材料和经过深加工的材料不易遗忘。对学习材料适当进行过度学习有益于保持。

（二）学习迁移的规律

学习迁移是指一种学习对另一种学习的影响，或习得的经验对完成其他活动的影响。人们平时所说的触类旁通、举一反三就属于学习迁移现象。如果一种学习促进了另一种学习，就是正迁移；如果一种学习干扰了另一种学习，就是负迁移。显然我们期望在学习中能够产生正迁移。迁移能力在"知识爆炸"的今天显得尤其重要，学校不可能将所有知识都教给学生，只有具备了迁移能力，学生才能适应不断变革的社会。然而，迁移并不是自动产生的，它需要培养和训练。在学习过程中，能否发生迁移主要受学习材料的相似性、认知结构特性和迁移的意识性等因素的影响。

1. 学习材料的相似性

学习材料之间的相似程度越大，迁移越容易发生。学习材料的相似性可分为两种：结构特性相似和表面特性相似。结构特性指的是学习材料的本质特征，如原理、规则和关系；表面特性指的是学习材料的非本质特征，如一些具体的事例内容。相似性越大，学习者越容易发现它们的相似性，也就越易产生迁移。因此，学习者能否发现不同学习材料之间在结构特性与表面特性上的相似性是迁移产生的关键。

2. 认知结构

奥苏贝尔认为，认知结构是学习新知识的基础，原有知识必然影响当前知识的学习，因此认知结构对迁移的发生有重要影响。在认知结构中有三个成分对迁移产生影响。第一是认知结构中对新知识起固定作用的旧知识的可利用性。如果旧知识的可利用性低，就只有用机械的方式学习新知识，从而影响对新知识意义的理解，最终导致对新知识的遗忘。第二是新知识与旧知识的可辨别性。如果新旧知识不能清楚地分辨，那么新获得的意义的最初分离强度就很低，这种低分离强度很快会减弱和丧失，并被原有知识的意义所取代，导致遗忘。第三是认知结构中起固定作用的旧知识的稳定性和清晰性也是影响学习迁移的重要变量。如果起固定作用的旧知识或旧观念很不稳定或模糊不清，那么它就不能为新知识的学习提供有效的"固定点"，而且也会使新旧知识之间的可分辨性下降。

3. 迁移的意识性

目前越来越多的研究者对学习者的主观能动性，尤其是主动迁移的意识予以关注[1][2]。主动迁移意识实际上是学习者认知的自我调控的一种表现，有效的学习者能够明确地意识到迁移的重要性，并有强烈的内部动机来利用迁移的机会，具体表现在主动地识别不同学习任务之间的相关性、识别可迁移的具体情境、在迁移机会出现时，主动、恰当地提取或接通有关的经验或可利用的资源，并灵活地应用这些经验或资源。由于具有这种主动的自我调控，使得学习者减少了头脑中的惰性知识经验的存在，提高了已有经验的可利用性。一些研究和实际教学都发现，有时尽管学生头脑中储存了迁移所必需的经验，但这些经验似乎处于惰性状态，不能被有效地加以利用。这与缺乏主动迁移的意识是有关系的。可以说，自我调控是促进学习与迁移的关键。

（三）学习动机

学习动机是发动、维持个体的学习活动，并使之朝向一定目标的内部动力机制。学习动机往往影响着个体何时学习、怎样学习以及学习什么。学习动机作为一种内部的心理特性，我们无法直接观察到，但可以通过学习者的外显行为来加以推测，如选择何种难度的学习任务、努力程度、遇到困难时的坚持性以及学习的结果等。有关学习动机的研究取得了很大的进展，提出

---

[1] D. Perkins，E. Jay，S. Tishman. New conceptions of thinking：From ontology to education. Educational Psychologist，1993，28（1），67～85

[2] R. S. Prawat. Promoting access to knowledge，strategy and disposition in students：A research synthesis. Review of Educational Research，1989，59（1），1～41

了各种相关理论，如目标理论①②、归因理论③、自我效能理论④、自我决定理论⑤、期望—价值理论⑥等。这些理论虽然从不同的角度对学习动机问题进行了探讨，但都与两个基本的成分有关：学习目标和对学习结果的期望。

1. 学习目标

学生在学习过程中有不同的目标，他们为了实现这些目标而投入学习，因此目标具有动机的作用。在学校情境下，学生有两种基本的成就目标：学习目标（learning goals）和表现目标（performance goals）。学习目标是指学生为了理解和掌握而学习。对于具有学习目标的学生来说，学习本身就是一种终结，学习的价值在于掌握。同过去的成绩相比，如果取得了进步，学生就会产生成就感和自豪感。表现目标是指学生为了战胜他人、证明自己的高能力或避免表现出低能力而学习。对于这些学生来说学习只是一种手段，学生根据规范参照标准来定义主观成功感。如果以较小的努力完成任务、战胜他人，学生就会产生成就感。成就目标不同，行为模式也不同。具有学习目标的学生为了提高自己的能力往往选择有挑战性的学习任务，而表现目标的学生，可能为了避免表现出无能而选择难度特别高或特别低的任务，而且倾向于在学习上走捷径。

2. 对学习结果的期望

如果学生预期投入学习会取得好成绩时，就会认真学习；如果他们预期无论怎样努力都只能产生失败的结果，就会放弃努力、不再学习。也就是说，学生在选择以及投入学习活动时会考虑从事这项活动成功的可能性。影响学生期望信念的因素主要有自我效能和归因。自我效能是指学生对自己具有成功完成某一特定学习任务的能力判断。人们通常会回避超出自己能力范围的任务或情境，但会向往他们认为能够胜任的任务和活动。归因是指人们对自

① C. S. Dweek. Motivational processes affecting learning. American Psychologist，1986，41：1 040～1 048

② J. G. Nicholls. Achievement motivation：Conceptions of ability，subjective experience，task choice，and performance. Psychological Review，1984，91（3），328～346

③ B. Weiner. An attribution theory of achievement motivation and emotion. Psychological Review，1985，92，548～573

④ A. Bandura. Social Foundations of Thought and Action：A Social CognitiveTheory. Englewood Cleffs，NJ：Prentice-Hall，1986

⑤ E. L. Deci，R. M. Ryan. Intrinsic Motivation and Self-determination in Human Behavior. New York：Plenum，1985

⑥ A. Wigfield ＆ J. S. Eccles. Expectancy-Value theory of achievement motivation. Contemporary Educational Psychology，2000，25，68～81

己或他人的活动及其结果产生的原因的推论。不同的归因，会产生不同的情感体验，进而影响到后来的成就行为。学生将学业成绩归为能力或努力对其后继学习有重要影响。当成功时，无论学生归因于能力还是努力，都会产生自豪感，并期望以后继续取得成功。如果学生将失败归为能力这种比较稳定的内部因素，就会产生无力感，并放弃努力；如果将失败归为努力不够，会产生羞愧的感觉，并期望通过今后的努力来取得成功。

三、学习研究的新进展

相对于心理学其他分支，学习领域的研究应该说具有较长的历史，但心理学家对它的兴趣不但没有丝毫减弱的迹象反而日渐浓厚。不仅教育心理学家对学习研究情有独钟，认知心理学家也开始介入。纵观过去二三十年的研究，比较有代表性的、较成体系的研究主题主要有自我调控学习、学习风格和内隐学习。教育心理学家认为要取得良好的学习和教学效果就不能忽视学习者的主体作用，学习者可以主动地对自己的学习进行调控，从而对学习效果产生影响；而学习者作为有个性的独立个体，每个人投入学习的方式和风格也不尽相同，因而学习的结果也可能各异。认知心理学家把学习与意识和无意识这样重要的理论问题联系起来，并通过实验揭示人类可以在没有意识参与的情况下进行学习，从而开创了内隐学习研究的先河。

（一）自我调控学习

随着信息社会的到来，终身学习的理念越来越深入人心。当传统的生活范畴发生变化后，如果不会学习，就无法了解他人、了解新生事物、了解世界。因此让学生学会学习成为教育的主要目标。同时，人们对学习者和教育者在学习中的作用的看法发生了变化，越来越强调学生的主体作用，认为学生应该对自己的学业成败负起责任，20 世纪 80 年代兴起的自我调控学习（self-regulated learning）理论正是在这种背景下产生的。

齐莫曼（B. J. Zimmerman）等[①]认为，要理解人类的学习必须回答以下问题，即为什么学习，怎样进行学习，学习的时间与场所，与谁学习以及学习的结果如何。这些问题分别代表了不同的心理维度。自我调控的学习是多元化的，结合与学习有关的问题，他们将自我调控学习分为动机、方法、时间、

---

① B. J. Zimmerman，R. Risemberg. Self-regulatory dimensions of academic learning and motivation. In H. D. Phye（Ed.），Handbook of Academic Learning：Construction of Knowledge. San Diego，CA：Academic Press，1997，106～127

表现、物质环境及社会六个方面。从学习的动机过程来看，自我调控的学习者比较善于运用一些自我激励的方法如目标设定和自我奖惩。目标设定是指建立目标并在必要时对目标作出修订。自我奖惩是指学生根据学习表现对自己进行奖励或惩罚。自我调控的学习者为自己设定能够实现的、具体的和近期的学习目标，比较经常和一致地对自己进行奖惩，这些措施对保持学习动机、增强学习信心、提高自我效能是十分有益的。从学习的方法维度看，自我调控的学习者选择和运用学习策略。他们掌握了一定数量的调控策略，这些策略可以分为两个层次：一个是比较笼统的一般性策略，如计划、监察、评价、反馈与调节；一个是比较具体的策略，如复述、背诵、划重点、列提纲等。自我调控的学习者能够根据不同的学习任务选择性地运用学习策略，实现学习目标。从学习的时间维度来看，自我调控的学习者善于对学习时间进行计划与管理。他们根据学习任务的难易对学习时间进行分配，为自己制订学习进度时间表，有效利用有限的学习时间。知道什么时间效率高，什么时间效率低，能扬长避短。从学习的表现维度看，自我调控的学习者对自己的学习进行自我观察，自我判断，自我反应。对自己的表现与目标的差距进行监测，当发现二者之间存在差距时，会分析原因并作出调节。从学习的物质环境维度看，自我调控的学习者能够选择适宜的学习场所以及充分利用有助于学习的各种设施，如去安静的有参考书的图书馆学习等。从学习的社会维度看，自我调控的学生能够意识到他人可以帮助自己学习。虽然他们一般有较强的独立掌握的愿望，但他们明白自己的能力有限，因此在需要时就会主动求助。

很多研究表明，自我调控学习与学生的学习成绩有关。学习成绩好的学生比成绩差的学生更系统和经常地使用自我调控的学习策略。在我国近几年所重视的"自主学习"与西方自我调控学习极为接近。

（二）学习风格

学习风格（learning style）是由美国学者杜恩（R. Dunn，K. Dunn.）夫妇首先提出的概念，意指个体投入学习的方式①。这一领域的研究者更关心的是个体是怎样进行学习的，而不是学到了什么。近年来在我国倡导的"基于研究的学习"（inquiry based learning）、"基于问题的学习"（problem based learning）、"合作学习"（cooperative learning）等，都属于学习风格的课题。

---

① R. Dunn，K. Dunn. Teaching Students Through Their individual Learning Style: A Practical Approach. Reston: Reston Publishing Company，1978，5～17

当然，学习风格势必会对学习结果产生一定的影响。他们将学习风格分为五类要素。第一类是环境要素，包括对学习环境安静或热闹的偏爱；对光线强弱的偏爱；对温度高低的偏爱；对坐姿正规或随便的偏爱。第二类为情绪要素，包括自我激发动机；家长激发动机；教师激发动机；缺乏学习动机；学习坚持性强弱；学习责任性强弱；对学习内容组织程度的偏爱等。第三类是社会性要素，包括喜欢独立学习；喜欢结伴学习；喜欢与成人一起学习；喜欢与各种不同的人一起学习。第四类是生理性要素，有以下方面的内容：喜欢听觉刺激；喜欢视觉刺激；喜欢动觉刺激；学习时是否爱吃零食；清晨学习效果最佳；上午学习效果最佳；下午学习效果最佳；晚上学习效果最佳；学习时是否喜欢活动。第五类为心理要素，它包括大脑的分析和综合；对大脑左右两半球的偏爱；沉思与冲动等因素。其他学者对学习风格的概念和构成要素存在不同的观点与看法，但与学校环境最为接近的还是 Dunn 夫妇的理论。

学习风格研究的意义在于通过让评定学习者的学习风格，可以帮助学习者更清楚地了解自己的学习方式，也可以根据学生的学习方式调整教学方式，以促进学生的成长。研究表明，当教师的教学风格与学生的学习风格完全匹配时，学生的学习适应情况最好（这里的适应指学习成绩、学习态度、师生关系）；教师的教学风格与学习的学习风格完全不同时，学生的学习适应情况较差；教师的教学风格与学生的学习风格部分匹配时，学生的学习适应情况居中。所以，对学生的学习风格应该具体问题作具体分析，千万不要僵死地规定某种学习风格最佳，或者在新课改革中必须提倡哪几种学习风格。

（三）内隐学习

毫无疑问，人类可以通过有意识的努力达到学习新知识的目的。但学习是否一定得经过意识和努力才能发生呢？可能未必。例如，我们都有一些似乎未经任何努力却在不知不觉中学会一些知识的经历。首先用实验研究证明这一现象存在的是美国心理学家瑞伯（A. S. Reber）。瑞伯创设了一种人工语法学习任务（artificial-grammar learning task），即暗含一些人工的语法规则的字母串，这些人工语法与被试所掌握的自然语法规则无关，从而保证了被试在学习过程中不可能利用有意识的、外显的策略而轻易地获得学习材料中暗含的规则。将被试分为两组：实验组学习含有人工语法规则的字母串，控制组学习不含规则的随机排列的字母串。结果发现，实验组加工和记忆字母串的成绩均优于控制组。瑞伯认为，这是因为实验组被试掌握了材料中所隐含的规则。对于这种无意识中习得概念规则的学习，瑞伯称为"内隐学习"

(implicit learning)①。关于内隐学习和外显学习并没有大家一致认可的定义。有学者②对内隐学习和外显学习作了如下区分：如果学习者有意识地获取一些具体知识并且这些知识是可以直接评估的，则这种学习就是外显学习（explicit learning）。如在某一学习阶段，要求学习者获得一些知识，在测验阶段要求学习者对这些知识进行陈述和应用，这就是外显学习。而内隐学习，知识的获得是偶然或无意的，对知识的测验也不需要具有陈述性知识，只要能够间接应用这些知识就可以了。而有人则③认为外显学习是对陈述性知识的获得和运用，而内隐学习是对非陈述性知识的获得和运用。目前，一般认为内隐学习具有以下特征：①内隐知识能自动的产生，无须有意识地去发现任务操作内的外显规则；②内隐学习具有概括性、抽象性，很容易概括到不同的符号集合；③内隐学习具有无意识性，且内隐获得的知识难以用言语来表达。

由于内隐学习关系到意识和无意识的重大问题，因此一经提出就受到广泛重视，但有关研究仍处于起步阶段。许多重要问题如内隐学习和外显学习的本质区别，内隐学习与外显学习的学习效果，内隐学习与外显学习在人类学习过程中的相互关系等问题，仍需要进一步探讨。

（四）自我决定理论

自我决定理论（self-determination theory，SDT）是一种较新的学习动机理论。该理论指出，理解学生学习动机的关键是个体的三种基本心理需要：胜任需要、归属需要和自主需要。学习动机的强度和性质，取决于基本心理需要的满足程度。胜任是指在个人与社会环境的交互作用中，感到自己是有效的、有机会去锻炼和表现自己的才能；归属是指感觉到关心他人并被他人关心，与别人建立起安全和愉快的人际关系；自主是指个体能感知到作出的行为是出于自己的意愿，是由自我来决定的。

自我决定理论尤其重视自主的需要，认为学生的自主需要越能得到满足，

① A. S. Reber. Implicit learning of synthetic languages：The role of instructional set. Journal of Experimental Psychology：Human Learning and Memory，1976，2，88～94

② P. A. Frensch. One concept，multiple meanings：On how to define the concept of implicit leaning. In M. A. Stadler，P. A. Frensch（Eds.），Handbook of Implicit Learning. Thousand Oaks，CA：Sage，1998，47～104

③ Squie，L. R.（1995）. Biological foundations of accuracy and inaccuracy in memory. In D. L. Schacter（Ed.），*Memory distortions：How minds，brains，and societies reconstruct the past*（pp. 197～225）. Cambridge，MA：Harvard University Press

则他的学习动机就趋于内化。该理论认为，人们对有些活动并不感兴趣，但由于这些活动对社会生存具有重要意义，因此人们会对它们主动地加以整合和内化。根据调控内化程度的不同，可以将外在动机分为四个类型：外部调控、内射调控、认同调控和整合调控。其中，外部调控是指由奖励或惩罚等外部原因而引发学习行为。一个学生若是为了得到老师的赞扬、避免父母的惩罚而学习，那该生的学习动机就是外部调控的。在内射调控中，外部调控中的一些威胁性的约束或许诺的奖赏内化为硬性的规则或要求，个体在这种规则或要求的约束下不自觉地行动。如一个学生为避免成为一个坏学生而按时上课，由于这个学生并没有认同规则，因而准时不是他自己的选择，而是在内在压力的迫使下才遵守的。而当个体开始认同和接受行为的价值，认同调控就会发生。与外部调控和内射调控相比，发自于认同动机的学习行为更具有自主性，更为主动积极。如一个学生愿意做一些额外的数学练习，是因为该生相信这有助于提高数学能力。整合调控是外在动机内化的最高形式。此时，调控的过程和个体内在的自我感完全整合在一起，学生所认同的规则与学生其他的价值、需要和身份同化在一起。整合动机所引发的行为具有高度自主性。

总之，四种调控的风格处于以外在控制和自我决定为两极的连续体的不同点上，描述了不同程度的内化和整合，也反映了行为的自我决定程度与受控制程度之间比率大小的变化。这种分类方法比早期学习动机对内外动机的两分法有了显著的进步。

第三节　学习是认识的一种特殊形式

现代教育心理学的首要任务是要研究学生的学习，但同时也要研究教师应如何教导学生有效地学习。上一节我们探讨了国际心理学界对学习规律的认识，探讨了学习理论的新进展，那么，我们自己对学习又是怎样认识的呢？这一节我们论述自己的观点。

从学习与认识的关系来分析，学习的实质，是一种认识的过程，是认识的一种特殊形式。

一、人类的认识是一种实践性的反映

对学习本质的理解上，提出学习是认识的一种特殊形式的依据是我的恩师朱智贤教授提出的实践反映论。

人的心理、认识、意识是实践性的反映，实践活动是人的心理、认识、意识产生和发展的基础和泉源。

实践反映的人的认识，具有决定性、社会性、主体性、发展性、能动性和系统性等特点[①]。

（一）人的认识具有决定性

人的心理是人脑的机能，是客观现实的反映。人的心理、认识等反映活动是包含在人的实践活动之中的，是在实践活动中形成和发展的。所以，认识决定于实践。这里，我们首先承认客观规律性，当然，也承认主观能动性。

学习，是学生首先在学校里，同时也在社会上、家庭中攫取信息，转化为他们的个体经验、变革和发展其身心的过程，显然这要决定于客观现实，并要以主客观的交往活动或实践活动为基础。

（二）人的认识具有社会性

人的心理、认识是社会的产物。

人的个体的认识及其发展，是在正常社会生活中形成和发展的，没有正常的社会生活，没有人际交往，没有言语交流，没有文化影响等社会因素，就不可能有人的认识。

学生的学习，是一种社会活动的现象。这种社会活动是有目的、有系统地进行的。教师不仅向学生提出目的，而且有对目的实现情况的检查制度，带有严格的强制性；这种社会活动是人类基本实践活动——劳动的准备，或劳动的必要组成部分，学生通过学习掌握了客观事物的规律，就能为学生将来参加劳动做好能力的准备。

（三）人的认识具有主体性

在人的认识的形成和发展过程中，强调物质的决定性和社会生活的决定性是完全必要的。但这是远远不够的。这是因为，人的认识按其本质特点来说，是实践的产物，也就是人这个能动的主体与它相对立的客体的矛盾统一的产物。不理解作为主体的人，就不能真正理解人的认识。要把社会的人当成认识的主体，这个主体既不是消极被动的生物学意义的人，也不是纯精神意义的人，而是在人的社会实践基础上产生的主客体辩证统一的人。而且，

---

① 朱智贤. 反映论与心理学. 北京师范大学学报，1989，1

在主客体关系中，主体是实践中最活跃的因素。实践的发展，人的认识的发展，在很大程度上，有赖于人的主体性的最大限度的发挥。当然，人的主体性的发挥又要受客体一定的制约与限制。

学生在学习中，主体是他们自己。如前所述，学生是在教师的教育下的认识、实践和发展的主体或学习的主体。在学习过程中，不理解作为主体的学生，就不能真正理解人的学习活动。同样，学生的主体性的发挥，是要受教师和教育内容的制约和限制的。

(四) 人的认识具有发展性

在实践活动不断运动发展的基础上，人的认识反映活动，无论就其形式或内容来看，都处于不断运动发展之中。在个体认识发展中，最初只有反射性的反映，它包含感受端和运动端，即刺激和反应的初步结合，这时，严格说来，还没有心理性的反映。只有在无条件反射的基础上，在环境影响下，形成了带来中介因素的条件反射以后，才出现了心理性的反映，人的整个认识过程就是在这个基础上一层一层地建筑起来的。在对事物个别属性的感觉的基础上，出现了反映事物整体的知觉，在感知的基础上，经过反映痕迹的存储和提取（记忆），并在语言的参与下，进行了人所特有的信息加工，出现了人所特有的思维反映。这是区别动物反映与人类反映的分界线。人类首先具有具体形象思维，以后是形式逻辑思维，到了青年初期出现思维的最高形态—辩证思维。这是人的意识（外物意识和自我意识）的核心成分，是人的创造性的基本源泉。

学生的学习过程，正是这个"输入—存储—提取—信息加工—输出"的认识过程。学习过程，不论是其内容还是形式都是在发展的。小学阶段的学习、初中阶段的学习、高中阶段的学习，就具有不同的特点，这反映了学习活动在发展变化，学生认识过程也在发展变化。

(五) 人的认识具有主观能动性

人的认识、心理具有主观能动性，这是人和动物的反映的根本区别。人的主观或自觉的能动性是怎样来的呢？从反映过程看，是由人这个主体在反映客体过程中有一个起中介作用的中介物，这个中介物就是以思维为核心的人的认识、心理、意识。人在认识现实的过程中，正是依靠自己特有的心理、思维、意识和自我意识，才使其通过形式逻辑思维、辩证逻辑思维来认识事物的规律，并运用这一规律来调控事物、调控自身，以达到认识世界，变革世界和创造性地变革现实，以及预见未来的目的。

学生在学习这种认识过程中，发挥着能动的作用。任何一项成功的学习，都要依靠学生的学习动机，运用其原先的经验，调动其一切积极性，掌握教师所教的知识，主动地变革自己和发展自己，使之达到预定的学习目的。

（六）人的认识具有系统性

人的认识、心理是一个系统，它隶属于"人"这个大系统，又包含自己的子系统：认识和外部世界的关系系统，认识与行为活动的关系系统（反映的调节者），反映与其本身的物质本体（特别是脑）的关系系统。人的认识、心理是一个开放系统，是在主客体相互作用下的一个自动控制、自动调节的自组织系统。在认识过程中，活动、需要、交往、认知、个性等在个体与环境相互关系中，通过自觉的、不自觉的反馈调节作用，使自己的有序性在矛盾统一中不断地向前发展。

作为认识活动的学生的学习，有它独特的动力、条件、客体、主体、领导、方式和经验标准，构成自己相对独立的系统，它隶属于人的认识这个大系统；又有其自己的子系统及其认识活动的领域，如上一节所述的"明确目标、激发动机、感知材料、理解知识、记忆保持、迁移运用、获得经验、评估反馈"学习过程的系统。

二、学生的学习是一种特殊的认识或认知活动

如前所述，学生的学习属于狭义的学习。

这种学习有什么特点呢？前面我们曾列举过许多种学习理论或学说，每一种理论对学习特点的解释是不尽相同的。如果我们对上述种种理论再作一归纳，对我们有借鉴的主要有四种：

一是强调行为训练。如前边提到的桑代克的"联结"说，即学习是通过多次的"试误"而建立一定的联结；行为主义者华生"刺激—反应"说，认为学习在于形成习惯；新行为主义者斯金纳的"操作性条件反射"理论，把学习定义为"反应概率上的一种变化"，他重视行为的"强化"；社会学习理论者班杜拉提倡观察学习，通过观察学习，可以使习得过程缩短，使学习者迅速地掌握大量的整合的行为模式，避免由于直接尝试的错误和失败而可能带来的重大损失或危害。

二是强调认知结构。起源于德国格式塔心理学派的"完形"说，强调学习在于构造（组织）一种完形。后来经皮亚杰的发展，认知结构学说取得了很大的进展，布鲁纳起了承上启下的作用。第二章我们要较详细介绍的奥苏

贝尔的"意义接受"学习和布鲁纳的"发现"学习，都是从认知结构出发相对的学习理论。尽管两者有对立的一面，但是都在强调形成认知结构过程的共同特点，也就是说，他们都强调认知结构、学习结构，等等。

三是强调认知联结。托尔曼提出的"认知—目的"论，强调学习的目的性，强调对环境条件的认知乃是达到目的的手段或途径。加涅在"教学类型"说中强调"认知—指导"，认为学习及心理发展就是形成一个在意义上、态度上、动机上和技能上相互联系着的越来越复杂抽象的模式体系（认知结构）。

四是强调社会活动。苏联心理学强调学习是一种社会活动。从维果茨基、列昂节夫到当今的社会文化历史发展学派的成员，都强调学习过程的社会结构，即学习活动的社会结构。学习过程是一种环状结构，由定向、行为和反馈三个环节组成。

关于学习特点的上述四个方面的看法，都有其一定依据和道理，不同理论的提出者只是从不同角度加以论证罢了。而我们在学习各种学习理论以后，认为并坚持学习是一种特殊的认知或认识活动。所谓特殊的认知或认识活动，主要是相对于人类一般的认识活动而说的。

作为特殊的认知或认识活动的学习，特别是狭义学习或学生的学习有哪些特点呢？我们认为主要表现在以下五个方面。

（一）在学习过程中，学生的认知或认识活动要越过直接经验的阶段

在学习中，学生以学习间接经验的知识为主，也就是说，他们所接受的内容，往往不受时间空间的限制，越过直接经验这一阶段，较迅速而直接地把从人类极为丰富的知识宝藏中提炼出来的最基本的东西学到手。这就是，学习过程区别于人类一般认识活动或认识过程的特殊本质。

在人类的一般认识活动中，就新知识的总体和历史的认识过程而言，一切真知都是从直接经验发源的，没有直接经验，人类就不可能进而认识客观事物的本质。学生的学习却不同了，他们并不是简单地去重复人类认识活动的全部过程，而是直接接受人类实践中积累的基本经验。也就是说，学生学习的主要是间接经验的东西。事实上，当学生把前人的认识成果作为自己的间接经验来接受的时候，就是要越过直接经验这一阶段。这是因为：

其一，学校教育就其本质来说，所要实现的就是一种知识形态的再生产。学校的主要职能是传授人类已经积累起来的知识、前人已经取得的研究成果，即进行知识的再生产。这种知识的再生产通常是以直接的形式，在教师的指导下，把人类在漫长历史过程中所积累的知识，加以有目的的选择和提炼，系统而概括地传授给学生。所以学校教育能在传授知识的同时，以科学的方

法来提高和发展学生的智力与能力，从而使学习具有较高的效率。

其二，对学生来说，通过学习继承前人创造的一切科学文化知识，不可能也没有必要样样都亲身实践，事事都要取得直接经验，完全可以超越前人已经经历过的直接经验的阶段，通过书本来认识或认知客观事物，学习基本知识和基础理论。这是学生在学习过程中认识世界，掌握知识的一条最便捷的途径。也只有这样，才能极大地缩短认知或认识过程，保证学生在短时间内接受前人的认识成果，避免重复历史的认识过程的漫长与曲折。

当然，由于学习过程本身也是人类认识过程的一个重要环节和阶段，所以它是必须遵循人类认识活动的总规律的。这就是教学论中"直观性"原则与"重现性"原则相统一的缘由；也是我们在自己教学实验中强调学生的年龄特征，强调学生发展不平衡原则，强调培养学生概括能力的原因。在对学习研究中，不少心理学家将学习分为不同的类型，但由于分类的标准、角度、目的等不同，在心理学上有不同的学习类型说。在第二章我们将提到的加涅根据学习活动的形式由简到繁的特征把学习分为八类。这种分类，能看出学习渐趋复杂，前者是后者的基础，可作为学校课堂学习的一个模式。在一定意义上，它正是体现学习过程中，学生的认知或认识过程越过直接经验的不同水平。

（二）学生的学习是一种在教与学双边活动下的认知或认识过程

如前所述，教与学是一种双边活动。教是为了学，学则需要教，教与学互为条件，互相依存，失去了任何一方，教学活动就失去了存在的意义。学生的学习是离不开教师的，教师的教主要是一个传授知识的过程，是把人类社会长期积累起来的知识，根据社会的需要传授给学生。学生的学习需要教师的指导，这是学习过程与人类一般认识过程的一个显著的区别。在西方，往往强调"学习指导"（learning guide），即教师为完成一定的教学目的和任务，以教材和教具为媒介所进行的各种活动，包括学习内容的安排、呈示、学习方法的指点、学习效果的检查评定及其反馈等。学习指导的基本方式可表示为（图1-3）：

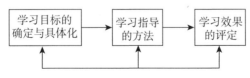

图1-3 学习指导的基本方式

教师在教学中，按以上方式安排学习指导的步骤，以提高学生的学习成绩。

在人类认识活动中，虽然通常有学校教育的因素，但人类认识客观世界的过程并不能归结为教学过程。不能因教师教授活动包括在人类认识活动中，便以为人类认识活动必须依赖于学校教育；教师的主导作用主要表现在学生学习这种特殊的认知或认识活动中。作为一种特殊的认知或认识活动的学习表现出的一个重要特点是，在学习过程中，学生的认知或认识活动并不是简单地重复人类认识客观世界的活动，而是受着教师的教授活动的制约。如前一节所述，在教学过程中，教师起着主导作用。

当然，教师在教学中的主导作用对学生的学习与心理发展来说，只是一种外因，外因必须通过内因起作用。为此，我们必须重视学生的学习策略和学习动机的问题。尽管如此，教育或教师的外因，毕竟是学生学习与心理发展的重要条件。所以我们在自己的教学实验中，十分重视实验班教师的培训工作；我们企图通过教师的作用，来调动学生学习的积极性和能动性，即发挥其主体作用。

（三）学生的学习过程是一种运用学习策略的活动

在学校里，学生最重要的学习是学会学习；最有效的知识是自我控制的知识。

要学会学习，这就有一个学习策略（learning strategies）的问题。

1. 对学习策略的理解

什么是学习策略？国际心理学界的看法不尽一致，归纳一下，大致分为三类：

第一类看法，把学习策略看作学习的规则系统。如，杜菲（B. Duffy）认为："学习策略是内隐的学习规则系统。"[①] 第二类看法，把学习策略看作学习过程或步骤。如，尼斯比特（J. Nisbet）和舒克斯米兹（J. Shucksmith）认为："学习策略是选择、整合、应用学习技巧的一套操作过程。"[②] 戴塞雷（T. Dasereall）认为："学习策略是能够促进知识的获得和贮存，以及信息利用的一系列过程或步骤。"[③] 第三类看法，把学习策略看作学习活动。如，梅耶（R. E. Mayer）认为："学习策略是学习者有目的地影响自我信息加工的活

---

①② J. Nisbet & J. Shucksmith. Learning Strategies，London：Routledge & Kegan Paul，1986

③ J. M. Segal，S. F. Chipman & R. Glaser. Thinking and Learning Skills. Relating Instruction to Research，1985

动。"[1] 琼斯（E. Jones）等人认为："学习策略是被用于编码、分析和提取信息的智力活动……"[2]

这些定义虽不一样，但都从不同的角度揭示了学习策略的特征。这对我们是有借鉴作用的。

我们在教学实验中，素来重视学生学习策略的研究。

我们认为，所谓学习策略，主要是指在学习活动中，为达到一定的学习目标而学会学习的规则、方法和技巧；它是一种在学习活动中思考问题的操作过程；它是认识（或认知）策略在学生学习中的一种表现形式。

我们在这里要强调的是四个问题：一是学生学习的目的性；二是学生的学习方法，在一定意义上说，学生的学习策略主要是指其学习方法；三是学生的思维过程；四是学习策略和认识（或认知）策略的关系。

其实，学会学习或学习策略并不是一个新的思想。在西方，最早提出这个问题的是法国思想家和教育家卢梭（J. Rousseau，1712—1778）。他提出，形成一种独立的学习方法，要比获得知识更为重要。在中国，早在 2 500 多年前，孔子（公元前 551—前 479）就提出了学习过程是"学—思—行"的过程，这个过程必须重视学习方法，他的名言"学而不思则罔，思而不学则殆"，讲的就是学习过程中学习与思考关系的方法问题，讲的就是"学—思—行"的学习策略问题。但真正提出学习策略却是 20 世纪 60 年代以后的课题。认知心理学对此起了很大的作用。认知心理学家们强调学生是学习的主人，强调了学生学会学习的重要性。于是认知心理学开始重视各种学习变量对学习方法选用的影响，把学习方法的选用置于更为广泛的学习情境中考察，从而转向研究各种变量、元认知（metacognition）与学习方法选用关系。这样就将学习方法的探索提高到一个新水平，即提高到研究策略性学习的水平。如果用我国常用的俗话来分析，在一定意义上说，学习方法属于战术的范畴，而根据学习情境的特点和变化选用最为适当的学习方法的过程才是学习的策略，才属于战略的范畴。对此，我们课题组的心理学家通过研究，出版了专著。[3]

我们课题组重视学习过程中学生的主体地位，重视学生学习"学—思—

---

① Weinstein, C. E., Goetz, E. T., & Alexander, P. A. (1988). Learning and study strategies: Issues in assessment, instruction, and evaluation. San Diego, CA: Academic Press

② J. M. Segal, S. F. Chipman & R. Glaser. Thinking and Learning Skills. Relating Instruction to Research, 1985

③ 蒯超英. 学习策略. 武汉: 湖北教育出版社, 1999

行"的过程，正是为了强调学生学会学习和学习策略的重要性。现在我们的学生缺什么？缺"思"、缺"行"，也就是缺少一些学习策略。

如何理解学生的学习策略呢？

首先，重视学生的学习策略，就是承认学生在学习过程中的主体性，强调学生在学习活动中的积极作用和能动作用。学习策略受制于学生本人，它干预学习环节、提高认知功能、调控学习方式、反思学习过程，直接或间接地影响着主体达到学习目标的程度。

其次，学生的学习策略是学会学习的前提，学会学习包含着学生运用一系列的学习策略；学生的学习策略是造成其学习个别差异的重要原因，对学生实行"因材施教"要考虑到他们学习策略的差异。研究发现[①]：

（1）反应慢而仔细准确的"反省型"被试，比起反应快而经常不够准确的"冲动型"被试来，表现出具有更为成熟的解决问题的策略，更多地作出不同的假设；"反省型"被试在解决维度较少的任务时比"冲动型"被试快，而在解决多维度任务时则"冲动型"被试比"反省型"被试要快得多。

（2）场依存性和场独立性的被试在对待学习环境、学习方式和在学习成绩等方面，表现出明显的差异。

（3）愿意循规蹈矩、喜欢依赖和有条理秩序的"结构化"策略的被试，同希望自己来组织课堂内容的"随意性"方式的被试，在学习态度、学习成绩和智能表现上都不尽相同。

由此可见重视学生的学习策略的重要性。

再次，学习策略是一系列有目的的活动，它是学生在学习过程中所选择、使用、反思、调节和控制学习方法、方式、技能、技巧的操作活动。学习策略应该包括制订学习计划，监控上边提到的明确目标、激发动机、感知材料、理解知识、记忆保持、迁移运用、获得经验的学习过程，以及对学习活动作出检查、质疑、评估、矫正、反馈。学生在学习过程中逐步地形成自己的学习策略，有了良好的学习策略，他们就能意识其学习内容，懂得学习要求，控制学习过程，以便能作出适当的决定及时地调整自己的学习活动，或者作出恰当的选择，灵活地处理各种特殊的学习情境，明确学什么，何时学，何处学，为什么学和怎样学。

最后，学生的学习策略实施的过程，也是实行决策（decisions）的过程。一般的决策过程，包括明确问题—确认途径—量化途径—应用决策手段—决

---

① 谢斯骏. 认知方式. 北京：北京师范大学出版社，1988

策—决策实施。于是学生的学习策略必然包含一系列复杂的决策成分，但到底有多少成分，心理学界的看法并不一致。

尼斯比特和舒克斯米兹提出六种成分：提问、计划、调控、审核、矫正、自检。

戴塞雷提出了另外六种成分：情绪、理解、回忆、检查、阐述、复习。

我国心理学工作者史耀芳提出交叉的七种成分[①]：注意集中、学习组织、联想策略、情境推理、反省思维、动机和情绪、计划和监控。

早在 20 世纪 80 年代初期，我们将学生的学习方法归纳为七个字：看、听、记、写、问、忆、练（详见本书第十二章）。现在重视七种变量的"选用"问题：一是学习目标、任务和要求；二是学习材料的量、质、难度和类型等；三是学习结果的评价、检查；四是学习者的已有水平（知识结构与认知结构）；五是学习者的个性特点；六是学习计划、定向、控制、调节等反思或监控系统；七是学习者的学习习惯和学习风格（learning style）——稳定的学习活动模式。

当然，上述种种成分，是不同心理学家从各自不同研究角度提出的假设，没有必要强求一致。

通过对学习策略的分析，我们看到，学生的学习活动，主要是一种理性的认识或认知活动，一种思维或信息加工的过程，这也是学习活动有别于人类一般认识活动的特征。

2. 学习策略与元认知

在讨论学习策略与认知策略的关系时，心理学界重视反省思维或"元认知"的研究。

"元认知"概念是弗拉维尔（J. Flavell）提出来的。按照弗拉维尔的观点，元认知就是对认知的认知，具体地说，元认知概念包括三个方面的内容：一是元认知知识，即个体关于自己或他人的认识活动、过程、结果以及与之有关的知识；二是元认知体验，即伴随着认知活动而产生的认知体验或情感体验；三是元认知监控，即个体在认知活动进行过程中，对自己的认知活动积极进行监控，并相应地对其进行调节，以达到预定的目标。因此，元认知过程实际上就是指导、调节我们的认知或认识过程，也就是选择有效认知或认识策略的控制执行过程。其实质是人对认识或认知活动的自我意识和自我控制。在我们的研究中，把它和思维品质的"批判性"

---

① 史耀芳. 试论学习策略. 心理发展与教育，1991，3

看作同义语。

元认知在学生学习中的具体表现，主要包括元认知知识和元认知监控两大部分[①]。

（1）学生学习的元认知知识表现

①关于所学教材的特点方面的知识，例如，教材的长短、难度、熟悉性、趣味性、结构等；

②关于学习任务方面的知识，例如，对学生提出知识特点的记忆要求、提取要求以及评价要求等；

③关于策略方面的知识，例如，各种学习活动与方式的特点，特殊效用和适用条件，监控与调节学习过程的策略，储存与提取信息的有效措施等；

④关于学生本人特点方面的知识，例如，自己的学习能力、动机、目的、爱好以及影响学习的其他各种个人特征与状态等。

（2）学生学习的元认知监控表现

集中表现在实际学习过程中如何有效地、适当地协调上述元认知知识的四方面的相互作用。具体地说，就是如何根据教学内容特点、个人特点、问题要求等相应地作出计划，选择合适而有效的策略，评价每一操作的有效性，检查结果，修正策略，并对存在的问题采取有效的补救措施等。

元认知研究的一个重要意义在于解决学生"学会学习"的问题。研究表明：元认知水平的高低，反映着学生是否具有较多的关于学习及学习策略方面的知识，能否善于监控自己的学习过程，灵活地应用各种策略，去达到特定的目标。从这个意义上说，学习策略也是一个元认知的问题。

由元认知也可看出，学习活动不同于人类一般的认识活动，它是一种特殊的认知或认识活动，即人类认识活动的一种特殊的或高级的形式。

3．我们在实验中重视学生学习策略的培养

一个学生认知或认识过程的有效性如何，在很大程度上取决于其学习策略，即策略的选择、监控（反思）、效果评价、及时反馈并修正该过程的进度、方向及主体的努力程度，等等。因此，我们在教学实验中十分重视学生的学习策略问题，教给学生掌握学习的方法。所谓学习的方法，就是眼、耳、脑、口、手都要活动，并表现在预习、听课、复习、练习等各个学习阶段上。逐步发展学生的学习策略，坚持启发式、探究式、讨论式、参与式教学，使他们掌握学习方法，就能调动其学习的积极性和主观能动性，从而达到预期

---

① 董奇．论元认知．北京师范大学学报，1989，1

的学习目的或认知目的。

（四）学习动机是学生学习或认知活动的动力

学习策略要由学生学习动机来支配。我们在教学研究中发现，学生的"会学"水平取决于"爱学"的程度。这是学生学习的一个特点。也是作为人类认识活动的一种特殊形式的学习，所表现出来的一个特殊的方面。

所谓学习动机，主要指学生学习活动的推动力，又称学习动力。学生的学习活动，是由各种不同的动力因素组成的整个动机系统所引起的。其心理因素首先是需要及其表现形态，诸如兴趣、爱好、理想、信念等；其次是情感因素等，一句话，属于非认知或非智力因素。从事学习活动，除要有心理因素的需要外，还要有满足这种需要的学习目标。由于学习目标指引着学习的方向，可把它称为学习的诱因。学习目标同学生的需要一起，成为学习动机的重要构成因素。

学生的学习动机之所以能发挥其作用，这与它的被激发有直接关系。学习动机的被激发，是利用一定的诱因使已形成的学习需要由潜在状态转入活动状态，使学生产生强烈的学习愿望或意向，从而成为学习活动的动力。学习动机的激发，其诱因可以来自学习活动本身所获得的满足，也可以来自学习之外所获得的间接满足。前者称为学习的内部动机，后者称为学习的外在动机。

学生的学习动机是一个极为复杂的系统，因此，我们在教学实验中抓了非认知或非智力因素。对这个问题，在后边的章节中将会作详细的叙述。

（五）学习过程是学生获得知识经验，形成技能技巧，发展智力能力，提高人格品德水平的过程

培养人才的目的，最终是为了更好地认识世界和改造世界。但是，与向未知的领域进行探索的人类认识世界的过程相比，学习过程只是学生学习人类已经概括和总结出来的各种知识，只是学习已由实践检验过的真理，即间接经验和书本知识。学生通过这样的途径，完成人类认识活动总过程所赋予学习过程的承上启下、承前启后的任务。于是学生在学习过程中形成技能技巧，又在上述的知识经验和技能技巧的基础上，逐步内化类化为智力能力，并提高道德品质和完善人格，一句话，逐步形成适应个人终身发展和社会发展需要的必备品格和关键能力，也就是我们第五节要阐述的学生核心素养，实现人的全面发展的目标。这个任务完成的标志，就是造就出大量德才兼备的人才。也就是说，造就人才的种种任务，都是有意识、有目的、有计划、

有步骤地统一实现的，即学习过程就是遵循人类认识过程的总规律造就人才的过程。这就是我国两千多年前《学记》中所述的"玉不琢，不成器；人不学，不知道"的道理。

综上所述，学习过程就其本质来说，和人类一般认识过程是一致的，它是人类认识活动总过程中的一个环节和阶段。但是，学习过程与一般认知或认识过程又是有区别的，它是一般认识过程的一种特殊形式。学生的学习是在教师指导下师生交互作用的认知或认识活动。它是学生有动机、有目标、有策略，并形成一个在间接知识、智力能力和个性心理诸方面彼此联系的心理结构。

第四节　教学的目的旨在学生的发展

在心理学里，所谓发展，有其多种含义：一是泛指某种事物的增长、变化和进步；二是与生长为同义语；三是指成熟；四是较为严格地指一种持续的系列变化，尤其指有机体在整个生命期的持续变化。

学生的发展，指的是学生身心的生长和变化。教育、教学、学习的目的，是使学生在身心方面获得良好的发展。发展是教育、教学、学习的目的和结果，也是衡量其水平和质量的主要标志。本书书名《学习与发展》的"发展"有两层意思，一是指学生智力与能力，即心理能力的发展；二是指学生才与德以及身心的全面发展，成为"完人"，成为人才。后者才是我们期待的深层发展的含义。因此，本书所倡导的"发展"含义，一是指以德为先；二是指以智能为重；三是指全面育人；四是指重视个性。"发展"就是顾及这四个方面的发展，缺一不可。

一、关于学生发展的两种根本不同的观点

在人的一生中，童年期（小学阶段）和青少年或青春期（中学阶段），无论在生理（身）或心理（心）上，都是一个迅速成长发展的时期。

应该怎样理解和说明这个发展过程的实质呢？这是儿童青少年（发展）心理学和教育心理学的一个根本性的理论问题。自古以来，不同的发展观，对此都作出不同的说明。

（一）两种发展观

要说明两种不同学生发展的观点，首先有必要简要介绍两种根本对立的

发展观，这就是形而上学的发展观和辩证唯物主义的发展观。

1. 形而上学的发展观

这是指，用孤立的、静止的和片面的观点去分析问题、认识世界。这种观点把事物的形态和种类，看作是永远彼此孤立和永远不变的；如果说有变化，也只是数量的增减和场所的变更；这种增减和变更的原因，不在事物的内部而在事物的外部，即由于外力的推动。

形而上学的发展观主要有两种表现：或者用唯心主义观点来理解事物的发展，或者用机械主义的观点来曲解或否定事物的发展。

2. 唯物辩证法的发展观

和形而上学的发展观相反，唯物辩证法主张从事物的内部、从一事物对他事物的关系去研究事物的发展。

这种观点认为，事物本身就是运动发展的；事物发展运动的根本原因在于事物内部的矛盾性，外因通过内因而起作用；事物的运动发展，不仅有量的变化，而且也有质的变化。

辩证唯物主义的发展观是从客观事物的运动发展中概括出来的。因此，只有它，才能全面地科学地说明一切事物发展的原因和规律性。

（二）两种学生心理发展观

在对学生发展，特别是心理发展的研究中，由于有两种不同的发展观，也就有两种不同的学生心理发展观。

1. 形而上学的学生心理发展观

形而上学的学生心理发展观，同样有以下两种表现：唯心主义的学生心理发展观主要表现为"遗传决定论"或"生物决定论"；机械主义的学生心理发展观则强调心理发展是由外界环境机械决定的，它片面地强调教育万能，忽视了学生的主体性和能动性。

2. 唯物辩证法的学生心理发展观

唯物辩证法的学生心理发展观，根据唯物论的原理，根据矛盾的对立统一的原理，全面而科学地阐明遗传、环境和教育在学生心理发展上的作用，阐明其心理发展的内部动力和外部条件的关系，阐明其心理发展的量变和质变的规律，从而正确理解学生心理发展的实质。

本书的第五章"心理能力发展的哲学问题"将详尽展开讨论这种发展观，这里恕不赘述。

二、教学与发展的辩证关系

如前所述，我们一直十分重视教育、教学、学习在学生发展，特别是在心理发展中的作用。这就引出了一个教学与发展关系的问题。

（一）教学在学生心理发展中的地位与作用

我们已肯定教学在学生心理发展中的主导作用，因为合理而良好的教育是适应学生心理内因变化的条件。早在 1984 年，我提出，这个主导作用和学生心理发展的关系表现在三个方面[①]。

1. 教学是使学生心理发展的可能性变为现实性的必要条件

我们的教改实验表明：中小学生心理能力，即智力与能力发展的潜力是很大的，要是教学得法，或者说实验措施得力，这种潜力就能获得很大的发展；相反，如果不能因势利导，这种潜力就得不到发展。什么叫学生发展的潜力？主要指学生的现有发展水平和其将可能达到的发展水平之间的差异。也就是它表现为在有指导的情况下，凭借成人的帮助、所达到的解决问题的水平与在独立活动中所达到的解决问题的水平之间的差异。我们把这种差异视为心理发展的可能性与现实性之间的差异，它是学生心理发展的潜力。教师在教学中的一项重要任务，就是要发现和挖掘学生心理发展的潜力。发展这种心理能力的潜力，也正是我们这个实验课题的内容之一。

2. 教学决定着学生心理发展的方向、速度和品质

如前所述，在教改实验中我们看到，由于教师的不同、教材的不同、教法的不同，一句话，由于教学的作用和影响的差别，就造成了学生心理能力发展中方向、进程、速度、品质、特点的差异，特别是创造性和创新精神的差异。我们正是通过广泛分析实验班与控制（对照）班学生这种心理能力的差异，寻找出各种合理而良好的教改措施。

3. 教学使学生心理发展显示出特定的具体的形式和个别差异

我们在教改实验中还发现，心理能力的差异，其内容所涉及的知识经验的差异，其实都是由教学这个特殊的条件决定的。这里既有学生学习成绩的变化，更体现了由于教学而促使学生心理稳定的因素在发生不断的变化，并造成他们之间心理能力的各种具体形式表现，即产生心理能力的个体差异。当然，产生这种个性差异的因素很多，不只限于教学一种。但是，教学毕竟

---

① 林崇德：教育与儿童心理发展。北京师范大学学报（社会科学版），1984 年第 1 期

是这些因素中的一个重要因素。这就是如第一节所说的，合理而良好的教学措施，在学生原有的心理水平和能力结构上提出新的要求，传授新知识，促进他们领会和掌握这些知识，从而增进心理和心理能力发展的新因素。这些因素从量的积累，发展到质的变化，并逐步形成学生稳定的心理成分。

（二）心理发展参数

心理发展有一个指标问题，这个问题就是指发展参数。

1. 美国心理学家克雷奇（D. Krech）等人提出的心理发展参数

克雷奇等人指出，一切发展的进行可以用仅仅几个一般特点来描述。这些特点包括：

（1）发展速度。指随时间而变化的速度；

（2）时间。指某种心理特征开始、成熟的时间；

（3）顶点。指一个特定机能发展到顶点时的特征；

（4）发展的分化和阶段。它们在本质上是行为性质的变化，这些是不能用简单的数量来计划的[①]。

克雷奇等人提出的发展参数，不仅进一步揭示了发展的本质，而且提出了发展的指标和一般特征。但是，克雷奇等人提出的发展参数的组成是不够完整的。他们所说的四条，实际上只是两条：一条是发展的速度，另一条是发展的时间。因为克雷奇等人所说的时间，是指某种心理特征开始、成熟的时间，这实际上是发展阶段上的一个特征；他们所说的顶点，是指一个特定机能发展到顶点时的特征，这实质上也是发展阶段上的一个特征，即发展成熟点的时间以及到达这一时间的具体表现。因此，克雷奇等人的后三条实际上就是一条，即时间。克雷奇等人提到"性质的变化"，但他们并未解释或说明这"性质"的含义。因而他们的发展参数还应予补充。

2. 我们所理解的心理发展参数

根据我们以往对思维发展与品德发展的初步研究，将心理发展的"发展参数"概括如下：

（1）发展的时间。儿童青少年的中小学生心理发展是有一定程序的，既有连续性，又有阶段性。发展阶段性是时间的一种表现，阶段的种种特征是在一种特定时间或年龄阶段的特征，例如，心理的各种成分和特征的产生、发展、成熟的时间或时期。

---

① ［美］克雷奇. 心理学纲要（上册）. 周先庚等译. 北京：文化教育出版社，1980，40～42

（2）发展的速度。在心理发展中，其速度不是随时间而直线上升的，而是呈波浪式的，是不等速的，有稳定发展的速度，也有加速期或关键期。

（3）发展的稳定程度。一般地说，在一定的社会和教育条件下，心理发展具有稳定性。但社会和教育条件在儿童青少年身上起作用的情况不尽相同，因而心理发展又产生可变性。这种稳定性和可变性是相对的，可变性是有限制的。

（4）发展的协调性。心理发展是一个整体。这种完整的结构各成分之间既有各自发展的特色，又是相互联系、密不可分的。整个心理发展与各成分，诸如思维发展，品德发展，乃至生理机制的发展等是共性与个性的关系。共性与个性可以互为参数；即使是生理成熟，也可以作为心理发展的一个参考指标，因为身心发展的关系是相当密切的。

（5）发展中的量变与质变。心理发展，有量的变化，又有质的变化。所谓心理发展的质变，就是指一般的（非特殊的或非个别的）、本质的（非现象的）、典型的（有代表性）、新的特征的出现。儿童青少年心理发展的质变，从发展速度上看，往往是处于一个加速期；从时间上看，即表现为年龄特征上的"关键年龄"。

（6）发展中的个体差异。心理发展在整体上呈现出年龄特征，而在个体之间又表现出各自特点，这些特点与总体（常模）相对照，就成为检查每个个体心理发展水平的参数。

3．要重视发展测验与发展常模

有了心理发展参数，就要用一定的度量工具进行发展的测验，从中获得一定的发展常模。

（1）发展测验。它是为测查不同年龄阶段个体身心发展特点及水平而编制的测验。其内容应能反映出不同年龄（含年级）阶段的个体身心发展特点及行为发展水平，测验的结果应具有鉴别和诊断作用。

发展测验的一种重要手段是利用发展量表进行实验。发展量表，是以年龄或年级当量作单位度量个人某些心理特质发展水平的一种工具。它是将个人成绩与各种发展水平的人的平均成绩相比较而制成的，所测的心理特质或技能是随时间有系统地发展变化的，因此，这种量表只适应于儿童青少年（含中小学生）。

在教改实验中，我们很重视发展测验，以了解儿童青少年心理发展的量变和质变的特点。

（2）发展常模。它是指具有代表性的儿童青少年团体在其代表的特定年龄或年级的测验中所达到的平均水平，或某一特定年龄或年级儿童青少年的具有代表性和典型性的发展特征。发展常模可作为进行比较的标准，以了解某个个体处于何种发展水平。

（三）心理发展过程中量变和质变的关系

从教学措施到学生心理得到明显发展的过程不是立刻完成的，而是以他们对教学内容的领会或掌握为其中间环节的。也就是说，通过教学，心理获得从量变到质变的发展，这个质变，不是别的，正是上述的"发展参数"，即发展指标的体现。那么，教学是怎样引起心理变化的呢？

首先，经过教学，学生逐步领会知识经验，掌握技能技巧。也就是，从内容上说，有智力与能力方面的，有道德思想方面的，等等；从形式上说，有心智方面的，有行为方面的，等等。领会和掌握知识、经验、技能、技巧，是从教学到心理发展的中间环节，这对心理发展来说，是一个"量变"的过程，也是心理发展的质变的基础。

可以用下图（图 1-4）表示：

教学 ──反复实施──→ 领会和掌握知识、技能 ──不断内化 类化──→ 发展

图 1-4　从教学到发展的变化过程

从图中看出，心理发展绝不能停留在知识经验的领会和技能技巧的掌握上。也就是说，心理的发展不只是知识的增多和技能的提高。学生知识的领会，经验的丰富，技能的掌握，完成了从教学到心理发展的中间环节，这就是心理发展的量变过程。无数"量变"，不断内化，促进质的飞跃。教学的目的，不仅仅使学生领会和掌握知识经验，更重要的是发展心理的整体结构，这样，才算在某个阶段上完成了心理发展的质变过程。不管是学生的心理能力发展，还是品德性格变化，都是以领会知识和掌握技能为基础，逐步地实行质变的。

三、教学过程的根本任务在于培养人才

教学过程是一个促使学生发展，特别是心理发展的过程。这个过程的根本任务在于培养全面发展人才，培养创造性人才。人才是智力与非智力因素的统一体，创造性人才则是创造性思维和创造性人格的统一。人才的基础是人的心理的质的发展之结果。因此，教学的着重点是促使学生心理的质的发展，这样，就能使学生终生受益。

（一）掌握现成的规律性的知识

在某种意义上说，教学过程虽然也是教师引导学生向未知领域"探索"的过程，但是这个"探索"过程，一般的只是表现在学生在教师的启发引导下，通过思考去掌握现成的规律性知识的过程。通常它并不要求师生去开辟人类知识的新领域，去发现新真理，而只是一个人才加工的过程。

这种加工过程，就是第一节所述的明确目的、激发动机、感知材料、理解知识、记忆保持、迁移运用、获得经验、评估反馈的过程。就其主要方面来说，是知识的传授和掌握的过程，而学生技能技巧的形成，也是以这种一定的知识为前提的，它们实际上是应用教学内容去解决问题的一种能力，是知识运用于实际的一种本领。技能是对知识的初步运用，而技巧则是技能的熟练化。这种技能技巧形成后，又有助于学生进一步巩固知识。

对于心理发展来说，这种加工过程尽管是一个"量变"过程，但它是心理发展和人才形成的基础。所以，在我们的教改实验中，是十分重视这个过程的，即十分强调打基础的"双基"（基本知识和基本技能）的。

（二）教学的着重点在于发展学生的心理能力

心理能力它是学生在学校表现出来的智力与能力的总称，包括创造能力和实践能力。

知识、技能和心理能力有密切的关系。知识、技能的掌握程度，并不意味着一个人心理能力的高低，但知识、技能与心理能力是相辅相成的。心理能力的发展是在掌握和运用知识、技能的过程中完成的。知识、技能是构成心理能力的要素。知识既是人类认识世界、改造世界的成果，也是人类继续认识新事物、解决新问题的逻辑思维工具。离开知识、技能，心理能力的培养也就成了一句空话；离开了学习和训练，什么知识都不懂，什么事情都不会做的人，他的心理能力就缺少形成的"中介"，这显然是无从发展的。所以，心理能力的发展必须建筑在知识的传授和学习上。同时，心理能力的发展也促进着对知识的理解和技能的掌握。学生要把知识技能变成自己的经验，就要进行观察、思考、记忆、想象、表达、操作等一系列认识活动，否则就不可能真正获得知识。所以，中小学教学，就是在不断地提高基本知识和基本技能的基础上发展学生的心理能力的。

现代控制论认为，信息变换和反馈调节是一切控制系统共有的最基本的特点。这就是说，信息和反馈不仅技术系统有，而且生物界、社会直至心理都具有。信息变换过程就是信息的接收、存储和加工的过程。人类领会了知识，掌握了技能就是接受、存储信息，在此基础上进行加工，才能促进心理发展。现代控制论、信息论进一步说明，领会知识是教学和心理发展之间的中间环节，片面强调心理能力或各种智力与能力的发展而忽视知识、技能的掌握，这对心理发展，也包括智力与能力的发展都是十分不利的。当然，经过教学，主体对知识、技能也不是立刻能掌握的。从教学到掌握是新质要素不断积累、旧质要素不断消亡的细微的量变到质变过程。从不知到知，从不能到能，要为原有心理水平所左右。因此，我们在教改实验中，强调要以学习的难度为依据，适当安排教学内容，选好教法，以适合学生原有的心理水平并能引起他们的学习需要，成为积极思考的内部矛盾，从而形成比较明显、比较稳定的心理能力，进而发生质的变化，使他们有了掌握知识、认识世界和改革世界的"点金术"。

因此，心理能力的培养，在整个教学过程中占有十分重要的地位，是教学工作的立足点和着眼点。

（三）教学过程应该具有教育性

在教学过程中，有意识、有计划地进行德育，提高学生的道德思想水平，也是教学过程必须完成的重要任务之一。这是因为：一方面，教学中传授任何知识体系都是以一定的方法论为基础的，学生学习也总是有一定的目的、动机和态度的；另一方面，教学内容本身就渗透着思想的、政治的、道德的因素。只有在知识的基础上提高对是非、好坏、美丑的鉴别和判断能力，提高认识问题的能力，思想水平和道德品质，才能够更好地向高级阶段升华。

在教学中坚持德育教育，一个重要方面，是要引导学生的品德和人格（或称"品格"）发展从量变走向质变。道德知识、社会认识、行为训练是品格发展的基础。也就是说，学生的品格是在他们的"知"的反复提高和"行"的反复训练中而逐步发展起来的，并须经过一个又一个阶段。可见，学生品格水平，一是取决于他们所领会的道德知识或社会认识；二是取决于他们对正确行为规范要求的不断练习。前者的要求是背诵和理解，以铭记心中；后者的要求是形成良好的习惯。品格发展的每一个阶段的特征，都集中地体现在人格特征与道德行为习惯的变化上。因此，良好习惯的形成，是一个人的完整品格结构发展中质变的核心。这在教学过程中是应该引起重视的一个问题。

我们的教改实验，以发展与培养中小学生的心理能力为主，属于智育改革的范畴。但是，智育中有德育，德育中有智育，所以，我们十分重视德育工作。在教改实验中，除了一般的德育内容之外，我们的一条重要措施是培养学生的非智力因素，发展学生的学习需要、动机、情感、意志、人格，乃至价值观和人生观，等等。所以，我们在教改实验中，提倡培养学生浓厚的兴趣、愉快的情感、顽强的意志、坚毅的行动、勤奋的性格，等等，这些非智力因素的提高，既是教改实验中智育的要求，又是德育的内容。

综上所述，教学过程的三个任务，都是有意识、有目的、有计划、有步骤地统一实现的，这些任务的实现，归根结底是为了培养人才。教学过程，就是一个遵循人类认识或认知过程的总规律、发展学生身心以培养人才的过程。

第五节　学生发展核心素养是教与学过程的高层次要求

在上一节，我们提出教与学的目的旨在学生的发展，并把这种发展归为规律性的知识、心理能力、品格因素三个方面。这与我从 2013 年 5 月起历经三年完成的教育部重大委托攻关课题"学生发展核心素养"是一致的。

所谓学生发展核心素养，主要是指学生在接受相应学段的教育过程中逐步形成的适应个人终身发展和社会发展需要的必备品格和关键能力。研究中国学生发展核心素养，根本目的就是把党和国家教育方针具体化、细化，把立德树人工程落细、落实，也是我国教育在国际化竞争力的需要。因为学生发展核心素养为当代世界所普遍重视，是各国际组织与政府在进行教育改革与课程改革时密切关注的热点。推进学生发展核心素养引导的教育教学改革与发展，需要深入剖析学生发展核心素养的历史演变、内涵特征、基本框架、政策定位，为构建我国学生发展核心素养、促进教育教学改革奠定理论基础。

一、学生发展核心素养的历史演变

学生发展核心素养是一个比较现代的词汇，但蕴含的思想由来已久。对于教育应该"培养什么样的人"和"如何培养"的问题，一直都是教育家、哲学家探讨的核心。

东西方在两千多年前就出现以"品德"为中心的人才观。早在两千多年前的西方，苏格拉底教育人们要"努力成为有德行的人"。"美德即知识"是苏格拉底伦理学最重要的命题。到后来，无论是亚里士多德还是柏拉图，或是中世纪罗马哲学家西赛罗，所主张的古典理论下的公民素养，主要是认为西方古代时期的公民必须拥有几种主要的德性（commit virtue），如正义、智慧、勇敢、且懂得节制。同时，亚里士多德希望城邦公民也要具有公民参与的精神。在我国，以孔子为代表的思想家们也很早就围绕健全人格进行了思考，并可归纳为"内圣外王"的传统文化人才观，认为人最重要的是德行修养。从概念界定看，"素养"一词，出自《汉书·李寻传》中"马不伏历（枥），不可以趋道；士不素养，不可以重国"。素养主要指"平日的修养"，强调其是后天可得和养成的。与西方文化不同，中华优秀传统文化凝聚着中华民族普遍认同和广泛接受的道德规范、思想品格和价值取向。才出现南宋著名理学家朱熹主张教育的目的在于"明人伦"，主张教育学生自幼就须"洒扫进退、礼乐射御书数开始，以修养其孝悌忠信之道"，并强调"立志""主敬""存养""省察""力行"的人才培养方法和途径。无论是西方还是东方，在传统的人才标准中，人们都将高尚的道德品性列为第一位的尺度，作为首要的标准，而这些德性品质也正体现了先哲们对人才培养内涵的理解。

工业社会的到来逐渐出现了以"心理能力"或智力与能力为中心的人才观。伴随着工业革命的发生和工业社会的到来，人们普遍加强了对专门行业技能及职业需求导向的关键能力的重视。于是，以"能力"为中心，20世纪不同学科取向下的研究者对素养的概念内涵进行了新的思考与分析，使其变得更加丰富。皮亚杰在发展科学领域将能力解释为一般智力，通过同化和顺应双向建构过程实现个体与环境的交互作用；乔姆斯基（Chomsky）在能力—表现模型中提出了"与生俱来的语言能力"；第四章要出现的加德纳提出的多元智能理论，将智力分为九种智能①，为人们理解能力或素养的概念提供了新视角；斯宾塞（Spencer）等人提出的素质"冰山模型"认为人的能力包含外显表现，也包含潜在特质，而后者具有跨领域性。总之，基于工业社会的需求，以"能力"为中心的素养被广泛的研究和讨论，但人们对于人才观的理解还主要停留在智能层面，没有全面考虑到人的健全发展所需的情感、态度和价值观等层面。

现代社会催生了以"素养"为核心的人才观。随着全球化、信息化的脚步越来越快，为了适应复杂多变与快速变迁的信息化时代的多元需求，传统的能力（ability）、技能（skill）、知能（literacy）等这些概念已经不再适用。人们对这些概念的内涵进行了扩展与升级，提出了同时包括"知识""能力"与"态度""价值观"的"素养"概念，并从"关键"或"核心"的角度加强

---

① ［美］霍华德·加德纳，沈致隆译. 多元智能理论二十年——在美国教育研究协会上的演讲[J]. 人民教育，2003（17）：7-11

了论证，提出"素养"（competencies）共同素养、核心素养和职业素养等是培养能自我实现与社会和谐发展的高素质国民与世界公民的基础。在联合国教科文组织、欧盟、经济合作与发展组织等国际组织的影响下，"素养"受到世界各国重视并将之纳入教育改革与课程改革的核心。

纵观素养发展的不同阶段可以看出，核心素养概念的演变与人类进步和社会发展密切相关，是社会生产力与生产方式发展变化的产物。在历史上的不同时期，人们所持的不同理解反映的是当时社会发展的需求，是当时的人们对教育应"培养什么样的人"这一问题的答案。在以农业经济形态为主导的古代社会背景下，人才的培养重视道德品性；在以工业经济形态为主导的现代社会背景下，人才的培养重视能力本位；而在以信息经济、低碳经济等经济形态为主导的当代社会背景下，人才的培养则需要重视学生发展共同素养、核心素养和职业素养，而我们从全面发展人的角度，把核心素养界定为必备品格和关键能力，其作为一个体系出现。我们把核心素养的内涵同时强调了品格属性和能力特征，不仅强调"核心素养"才是培养能自我实现与社会和谐发展的高素质国民与世界公民的基础，它反映了当今时代社会发展的需求，而且也体现中国特色、中国风格、中国气派。

二、从国际上的研究看学生发展核心素养的基本内涵与特征

学生发展核心素养是如何提出的？什么是学生发展的核心素养？它的内涵在国际学术界与教育界是如何表达的，又有什么样的特征？这些都是我们课题组研究中所关心的问题。

（一）学生发展核心素养的国际共识

当前，国际组织及各国（地区）掀起了以构建学生核心素养为导向的教育改革的浪潮。最早提出的是经济合作与发展组织（OECD）在1997年启动的"素养的界定与遴选"项目（Definition and Selection of Competencies，DeSeCo），目的是为了提高组织成员国的国家竞争力以应付全球化竞争发展的需要，促进个体为适应全球化社会而获得自身完满发展。本着"洋为中用"的原则总结当前对学生素养概念内涵的国际共识有助于理解和建立我国学生发展核心素养框架。与此同时，各国际组织与国家对素养的定语也不一样，有的出现核心素养（key competencies），有的就是素养。为了统一起见，我们一律视为核心素养。通过对国际组织及各国学生素养概念的内涵进行梳理（表1-2），我们可以看出国际上关于核心素养的认识有以下特点：

第一，核心素养为当代世界所普遍重视，是国际组织与各国政府在进行教育改革与课程改革时密切关注的热点。虽然各国际组织与政府在"核心素养"的具体表达方式上存在差异，但其思想是共通的，即都重视公民的关键的、必要的、重要的素养[①]。核心素养的界定总体上一致，然而各国存在一定的差异，在不同程度上体现了其各自的民族与国家特色。

第二，核心素养是一个多维度、多功能的概念。核心素养是知识、技能、态度情感的集合，具有整体性，不能孤立地分开进行单独培养或发展，尤其是当素养作为课程目标时，需更加强调其综合性和整体性。同时，核心素养能够发挥多项功能，是对每个人都具有重要意义的素养。一方面，核心素养可以帮助个人满足各个生活领域的重要需求，有助于个体的升学、就业、融入主流社会、终身发展与自我实现以获得成功生活；另一方面，它还可以帮助个体进行社会参与和与异质性群体互动，以达成共同目标，促成社会经济繁荣、政治民主、尊重人权与世界和平、生态持续性发展等人类理想的实现。

第三，核心素养的形成是在个人与社会协同作用下的渐进过程。各国际组织与政府所提出的核心素养内涵虽然存在差异，但均有相互融合与互补之处，并且都强调核心素养的获得是一个持续的、终身的学习过程。个体可以通过不同教育阶段的终身学习，有效的培养并提升自身的核心素养。除了学校、家庭、同伴、工作、政治生活、宗教生活和文化生活等都可以发展人的素养。核心素养的发展不仅仅是个人努力的结果，它需要一个良好的社会和生态环境。

表 1-2　　　　　　　　国际组织/国家/地区对核心素养的定义

国际组织/ 国家/地区	核心素养的定义
经济合作与 发展组织	核心素养使个人拥有良好的、成功的生活。这种成功的生活表现为与他人具有亲密的关系，理解自我和自身所处的世界，与自身的生理和社会环境自主互动，拥有成就感和愉悦感。核心素养对多样的社会和个人均具有包容性，它回答的问题是普通人要想在社会中安身立命同时又能够应对日新月异的技术发展，需要哪些素养。
联合国教科文组织	核心素养指向终身学习，并提出"学会求知、学会做事、学会共处、学会发展、学会改变"五大支柱。

[①]　林崇德. 21 世纪学生发展核心素养研究. 北京：北京师范大学出版社，2016：22

国际组织/ 国家/地区	核心素养的定义
欧盟	素养是适宜于特定情境的知识、技能和态度的组合，核心素养是指一个人要在知识社会中自我实现、社会融入以及就业所需的素养，其中包括知识、技能与态度。欧盟对核心素养的定位是在义务教育与培训阶段结束之前，年轻人应该具备这些素养，以使他们能过好成年生活，并以此作为终身学习的基础。
美国	核心素养（key competence）主要指所有学生或工作者都必须具备的能力，其发展目的在于培养具有 21 世纪工作技能及核心竞争能力的人，确保学生从学校所学的技能能够充分满足后续大学深造或社会就业的需求，成为 21 世纪称职的社会公民、员工及领导者。
英格兰	核心素养是指为了适应将来的生活，年轻人需要具备的关键技能（Key Skills），以及学习、生活和工作所需的资质。其中的关键技能，主要是一种普通的、可迁移的、对劳动者的未来发展起关键性作用的能力。
苏格兰	使用核心技能（Core Skills）这一概念，是指为了全面成为一个活跃与负责任的社会成员所必须具有的广泛的、可迁移的技能。
法国	"socle（foundation or core）of competences"表示基本的或核心素养，专用于义务教育中的基于学科和跨学科的素养，强调了这些素养是构建终生学习的基础。法国的素养模型认为一个人的职业能力是与知识（savoir）、技能（savoir-faire）和社交能力（savoir-être）三个方面密不可分的。素养是一种学习的动态过程，知识的积累与传递过程。
德国	从职业教育角度首先提出了关键能力的概念，即指那些与特定的专业技能不直接相关的知识、能力和技能，是在各种不同场合和职责情况下做出判断选择的能力，是胜任生涯中不可预见的各种变化的能力，由于其普遍适用性而不易因科学技术进步而过时或被淘汰。
澳大利亚	核心素养（key competencies）也称为综合职业能力或关键能力，是指为有效参与发展中的工作型态与工作组织所必要的能力，其所强调的并非某个学科或某一职业领域所具有的知识和技能，而是学生终身发展所需要的能力，是一般性的。

国际组织/ 国家/地区	核心素养的定义
中国台湾	核心素养被界定为能在台湾的社会文化脉络中，成功地回应情境中的要求与挑战，顺利完成生活任务，获得美好的理想结果所应具备的素养。核心素养是个人处于社会中所必须具备之关键的素养，不但是个人生活所需之必要的素养，也是现代社会公民的必备条件，更是社会发展所不可或缺的人力资本之重要素养。

（二）学生发展核心素养的内涵与特征

综合世界各个国家以及国际组织对核心素养概念内涵的界定，同时考虑到不同学科视角对核心素养的认识，以及我国的现实需求和教育实际，可以将其界定为：核心素养是学生在接受相应学段的教育过程中，逐步形成的适应个人终生发展和社会发展需要的必备品格与关键能力。它是关于学生知识、技能、情感、态度、价值观等多方面要求的结合体；它指向过程，关注学生在其培养过程中的体悟，而非结果导向；同时，核心素养兼具稳定性与开放性、发展性，是一个伴随终身可持续发展、与时俱进的动态优化过程，是个体能够适应未来社会、促进终身学习、实现全面发展的基本保障。同时，我们认为学生发展核心素养具备以下三个特征：

第一，学生发展核心素养具有共同性。学生发展核心素养一定是社会群体成员共有的素养，也是每一名学生获得成功生活、适应个人终生发展和社会发展都需要的、不可或缺的共同素养。核心素养的共同性、基础性使它有别于具体职业中的专业素养，专业素养是个人专业生涯发展中成功完成每一项专业工作所需具备的知识、能力与态度，其强调的是就业训练价值功能与结果本位导向，面向的是特定行业人员；而核心素养则是每名社会成员为了顺利地生活、工作所需具备的基本知识、能力与态度，其强调的是教育价值功能与过程本位导向，面向的是社会全体成员。

第二，学生发展核心素养具有发展性。这里所说的发展性一方面体现在学生发展核心素养的连续性和阶段性：核心素养的形成不是一蹴而就的，具有终生的连续性，最初在学校中培养，随后在一生中不断发展完善；同时，在个体不同人生阶段中的着重点有所不同，不同教育阶段（小学、初中、高中、大学等）对某些核心素养的培养也存在不同的敏感性，即一些核心素养在特定的教育阶段可能更容易取得良好的培养效果。另一方面，发展性还体现在学生发展核心素养体系构建必须尊重学生身心发展规律，按照学生发展的敏感期，合理设置发展目标，不能跨越，更不能颠倒。当前学生学习和教师教学的负担仍比较重，总有一些人认为儿童有许多基础知识和技能需要学习，甚至认为现在教育提供的还不够，其实这些观点已违背了儿童的身心发展规律，提供过多而不能被其接受的学习内容，不但对他们掌握这些内容没有帮助，还会阻碍其他素养（如创新等）的形成。

第三，学生发展核心素养可教可学。核心素养是在先天遗传的基础上，综合后天环境的影响而获得的，可以通过接受教育来形成和发展。广义而言，有些素养是先天的，有些素养是后天习得的。经济合作与发展组织、欧盟等把教育过程中的素养界定为通过学习而来，即使某些素养存在先天潜能的发展，这些素养也必须是可教、可学的，需要通过有意识的教育过程进行培养，经过学生的学习积累获得。也就是说，素养并非是与生俱来的，而是一些后天通过教育得到发展的知识、能力与态度等。因此，核心素养主要是后天学习的结果，可以通过各教育阶段的课程设计与教学实施加以培养①。培养的过程侧重学生的自主探究和自我体验，更多地依靠学生自身在实践中的摸索、积累和体悟，是个体认知与元认知构建的过程，是在外界引导下的自我发展、自我超越、自我升华的过程。

三、学生发展核心素养的基本理论框架的建构

学生发展核心素养的建构有一定基础，这就是下面的几个支撑性研究：一是国家教育方针政策的分析；二是对中华传统文化的发掘；三是国际比较的研究；四是对现行课程标准的反思，五是对核心素养的心理学实证研究。在此基础上我们建构了学生发展核心素养的总体框架。

（一）核心素养是党和国家的教育方针的具体化

从党和国家层面来看，核心素养体系是党的教育目标的具体体现，是连接宏观教育理念、培养目标及课程与教学目标的关键环节，也是构建科学的教育质量评价体系、推进教育问责的重要基础和依据。党和国家的教育方针从宏观层面明确了我国教育的培养目标，即"培养德智体美全面发展的社会主义建设者和接班人"，党的十八大报告指出"把立德树人作为教育的根本任务"，十八届三中全会要求，"加强社会主义核心价值体系教育，完善中华优

---

① 辛涛，姜宇，刘霞. 我国义务教育阶段学生核心素养模型的构建［J］. 北京师范大学学报：社会科学版，2013（1）：5～11

秀传统文化教育，形成爱学习、爱劳动、爱祖国活动的有效形式和长效机制，增强学生社会责任感、创新精神、实践能力"。这些教育方针政策对人才培养起到重要的指导作用。

然而，这些方针政策是宏观的教育目标，要落实到具体教育教学过程中，需要将他们进一步细化、具体化和系统化，转化为学生应该具备的、适应终身发展和社会发展需求的素养要求，进而贯穿到各个学段，融合到各学科，最后体现在学生身上。党和国家的教育方针需要通过核心素养体系这一个桥梁，转化为教育教学实践可用的、教师和教育工作者可以感知的具体教育目标。

此外，还应该看到，随着时代变迁和社会发展，"德智体美全面发展"的内涵也在发生变化，而更加准确的理解和解读党的教育方针，当前迫切需要结合我国国情和当今时代特点，根据学生的成长规律和社会对人才的需求，把对学生全面发展这一教育目标细化和具体化，构建一套科学的、有中国特色的学生核心素养体系，从而深入地回答"培养什么人"的问题。

（二）核心素养的根是中华传统文化

从中华传统文化来看，我们有一个根，有一个灵魂。我们的根和灵魂是什么？这就是中华传统文化。中华民族传统文化历来重视人的素养问题，传统文化中关于修身成德的思想以及传统教育的人才培养内容和要求为核心素养提供了文化基础。

分析传统文化中关于修身成德的思想以及传统教育的人才培养内容，我们看到家国情怀、社会关怀、人格修养和文化修养四个方面是历来的传统的核心素养。家国情怀涉及孝亲爱国、民族情怀、乡土情感等；社会关怀涉及仁民爱物、心怀天下、奉献社会等；人格修养涉及诚信自律、崇德弘毅、礼敬谦和等；文化修养涉及人文历史知识、求学治学方法、文字表达能力、追求科技发明等。

（三）核心素养理论框架的建构必须有国际比较的研究

当前国际组织和各国都建立了结构较为完整的核心素养体系，以此来推动基于核心素养的教育改革。梳理国际上学生核心素养的结构框架，可以概括为以下几种，即并列交互型、整体系统型、同心圆型①。

OECD 的 DeSeCo 项目所建构的核心素养为并列交互型。该项目认为，要

---

① 辛涛，姜宇. 全球视域下学生核心素养模型的构建 [J]. 人民教育，2015（9）：54～58.

保障人的成功生活与健全社会的建设，个体必须具备三大核心素养：能互动地使用工具、能在社会异质团体中互动、能自主行动，简单的说这三大维度可以认为是人与自己、与工具、与社会，这三大核心素养尽管各自有其核心内容，但由于素养本身的社会复杂性使得三者之间依然相互关联。DeSeCo 项目是早期建立学生核心素养模型的项目之一，影响也很广。OECD 大部分的成员国，包括一些非 OECD 国家也采用了这一理论模型来建构本土化的核心素养，如澳大利亚、新西兰等国以及我国的台湾地区。

美国"21 世纪核心素养"的结构是整体系统型。美国"21 世纪核心素养"融入 21 世纪学习体系，主要包含三个部分，形成一个彩虹形状。彩虹外环呈现的是学生学习结果的内容，即核心素养的指标成分，其主要包括"学习和创新素养""信息、媒体与技术素养""生活与职业素养"三个方面，主要描述的是学生在未来工作和生活中所必须掌握的技能、知识和专业智能。"21 世纪核心素养"以需求为导向，选取了适应未来社会和终身发展的核心素养，各个核心素养同等重要，之间没有严格的逻辑关系，而促进素养形成的是一个整合的庞大的支持系统。许多以需求为导向的国际组织、国家或地区也采用了这一结构，如联合国教科文组织、欧盟等核心素养。

新加坡学生核心素养模型结构是同心圆型。以"核心价值观"为核心，发展出与"完善自我"相关的能力素养和"未来社会"所需要的素养，共三个维度，其中居核心地位、指导其他维度的是同心圆的中心——核心价值观。

纵观所有的国际组织和国家的学生核心素养，可以归纳为以下指标（图1-5）：

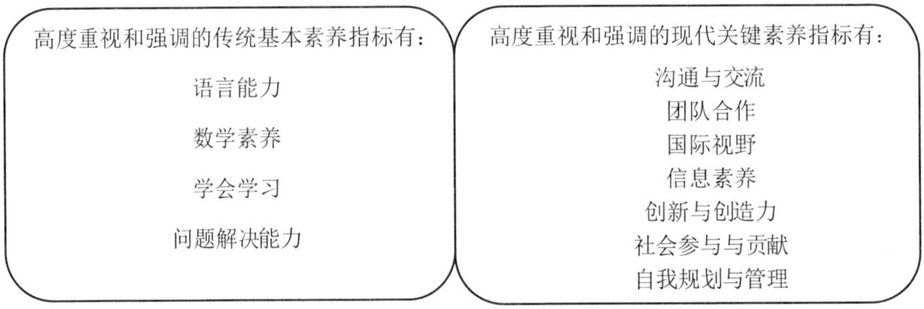

高度重视和强调的传统基本素养指标有：	高度重视和强调的现代关键素养指标有：
语言能力 数学素养 学会学习 问题解决能力	沟通与交流 团队合作 国际视野 信息素养 创新与创造力 社会参与与贡献 自我规划与管理

图 1-5　核心素养的国际对比

（四）核心素养以课程改革为基础

课程是教育思想、教育目标和教育内容的主要载体，是学校教育教学活动的基本依据。2001 年启动的新课程改革，从"双基"走向"三维目标"，当今的教育改革从"三维目标"走向"核心素养"。可以说，核心素养引领着当前深化课程改革的脚步。当然，核心素养的提出，与"双基"（基本概念与基本知识，基本技能与基本技巧）和"三维目标"（知识与技能，过程与方法，情感、态度与价值）有着密切的联系。

"双基"是外在的，主要是从学科的视角来刻画课程与教学的内容和要求[①]。三维目标是由外在走向内在的中间环节，而素养是内在的，是从人的视角来界定课程与教学的内容和要求。从双基到三维目标再到核心素养，其变迁基本上体现了从学科本位到以人为本的转变[②]。国际研究者 Jones 和 Voorhees 等学者在研究中分析了核心素养与特质、知识、技能、情感态度之间的关系，指出素养是知识、技能、能力在相关工作领域与个体特质相互作用的结果，是个体学习经验的整合，并通过一定的方式表现出来[③]。在这一过程中，个体的特质属于最基础层面，个体特质通过与学习过程中已经习得的知识、技能和能力等认知成分的相互作用，形成一种整合的素养。内在的素养会通过一定方式表现出来，可以通过对这些表现的评价来评估素养，其具体模型如图 1-6 所示。

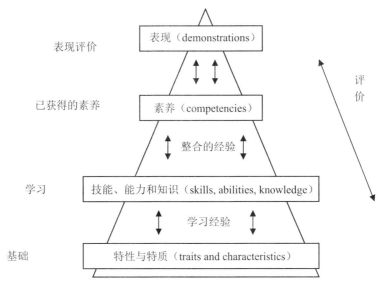

图 1-6　素养的形成与表现

①　林崇德. 21 世纪学生发展核心素养研究. 北京：北京师范大学出版社，2016：22.
②　余文森. 从三维目标走向核心素养. 华东师范大学学报（教育科学版），2016（1）：11～13.
③　余文森. 从三维目标走向核心素养. 华东师范大学学报（教育科学版），2016（1）：11～13.

核心素养从全面发展的人的角度，提出教育目标的具体任务和领域，它的确立是将深化课程改革向"以人为本"推进。因此，基于核心素养的课程改革，能够有助于实现课程从"以学科为中心"向"以学生全面发展为中心"的转变。

（五）核心素养的心理学实证研究

本着科学性、时代性和民族性三个原则，我们课题组开展实实在在的实证研究。

我们采用焦点小组访谈、专家个别访谈以及问卷调查的方法了解不同社会群体对我国学生核心素养的意见和看法。焦点小组访谈开展了 48 场不同领域专家小组访谈会，共涉及 575 位专家。此外，我们进行了 33 次个别访谈，其中包括著名企业家、自然科学领域名誉院士等。我们对访谈内容进行文本转录，形成了约 351 万字的文本材料。基于访谈文本进行编码分析，编码体系包含健康与安全、知识基础、学习与发展、与人交往、公民意识共五个大项。问卷调查共涉及专家 566 人。研究结果表明，五个分课题组的访谈结果具有高度的一致性（图 1-7、图 1-8），对国外核心素养指标的评价结果也具有高度的一致性（图 1-9、图 1-10）。

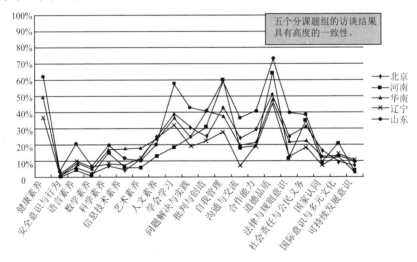

图 1-7　五个课题组的访谈结果比较

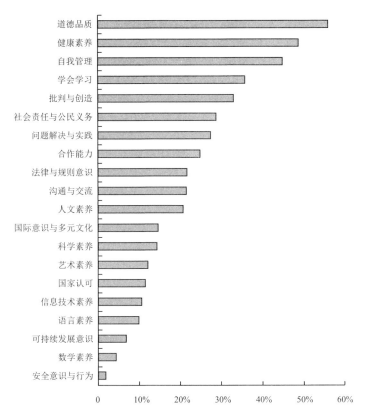

图 1-8　访谈总体研究结果

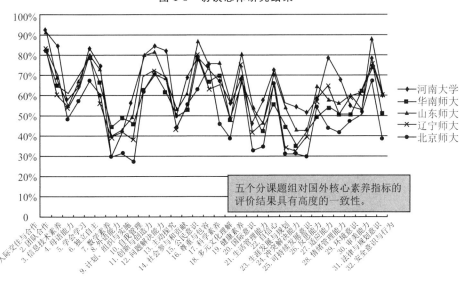

图 1-9　五个课题组的问卷调查结果比较

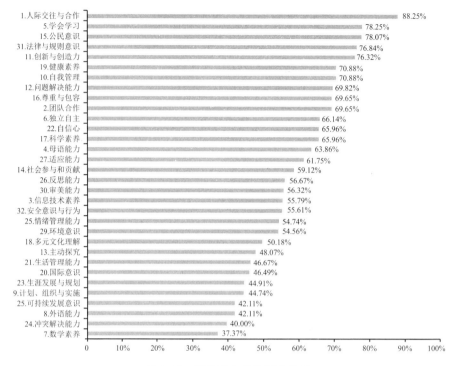

1.人际交往与合作	88.25%
5.学会学习	78.25%
15.公民意识	78.07%
31.法律与规则意识	76.84%
11.创新与创造力	76.32%
19.健康素养	70.88%
10.自我管理	70.88%
12.问题解决能力	69.82%
16.尊重与包容	69.65%
2.团队合作	69.65%
6.独立自主	66.14%
22.自信心	65.96%
17.科学素养	65.96%
4.母语能力	63.86%
27.适应能力	61.75%
14.社会参与和贡献	59.12%
26.反思能力	56.67%
30.审美能力	56.32%
3.信息技术素养	55.79%
32.安全意识与行为	55.61%
25.情绪管理能力	54.74%
29.环境意识	54.56%
18.多元文化理解	50.18%
13.主动探究	48.07%
21.生活管理能力	46.67%
20.国际意识	46.49%
23.生涯发展与规划	44.91%
9.计划、组织与实施	44.74%
25.可持续发展意识	42.11%
8.外语能力	42.11%
24.冲突解决能力	40.00%
7.数学素养	37.37%

图 1-10　问卷调查总体研究结果

四、中国学生发展核心素养

研制中国学生发展核心素养，根本出发点是将党和国家的教育方针，特别是教育目标具体化、细化，落实立德树人根本任务，培养全面发展的人，提升 21 世纪国家人才核心竞争力。

（一）构建我国学生发展核心素养的理论框架

综合国际经验以及我国国情和教育实践，构建我国学生发展核心素养，目标需要指向全面发展的人。以"全面发展的人"为根本出发点和最终归宿点，首先必须承认和确立人作为独立生命个体的存在性，即人的主体性。马克思曾经指出，自由的、有意识的活动恰恰就是人的类特性，这是"全面发展的人"的内涵之一。当然，人的本质并不是单个人所固有的抽象物。在其现实性上，它是一切社会关系的总和。这一科学论断深刻地揭示了"全面发展的人"的另一内涵，即人的社会性。与动物相比，人的本质还在于他（她）是符号的、文化的，即在于人能够利用符号来创造文化。这揭示了"全面发

展的人"的又一内涵，即人的文化性。因此，基于"全面发展的人"的内涵与本质，为了落实党和国家的教育目标，学生发展核心素养体系的理论结构必然包含着主体性、社会性、文化性这三个方面（图1-11）。

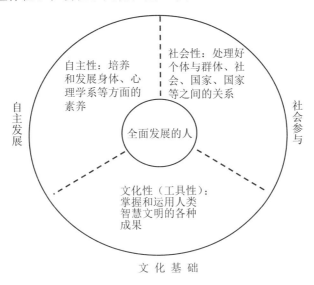

图1-11　核心素养体系的总体框架建构

"主体性"主要涉及自我发展方面的素养，主要包含身体（生理）、精神（心理）、智能、个性品质等多方面的素养。"社会性"主要涉及社会交往方面的素养，需要发展能处理好个体与他人、与家庭、与社会、国家乃至国际等多种社会关系的素养。"文化性"主要涉及文化学习方面的素养，强调发展能学习与传承内含"人类智慧成果"的优秀文化的相关素养。需要强调的是，"全面发展的人"这一教育目标要求所有学生必须全面、自由、和谐、充分地发展这三类素养。因此，个体的主体性、社会性和文化性虽各有差异，但彼此关联，三者互为补充、相互影响、互相支撑，是一个有机的整体。

（二）总体框架

中国学生发展核心素养，以"全面发展的人"为核心，在研究中，根据文化基础、自主发展、社会参与三个方面，我们从12个因素（图1-12）发展为六个因素（图1-13）。根据后一个六大素养的总体框架，可针对学生年龄特点进一步提出各学段学生的具体表现要求。

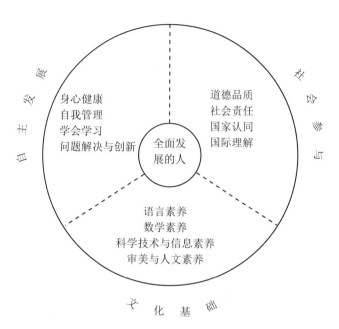

图 1-12　核心素养体系总框架：12 个指标

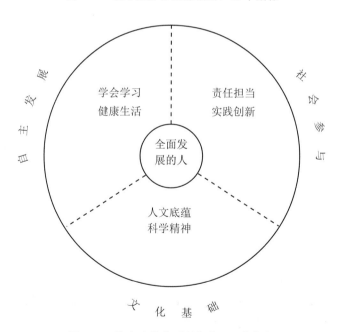

图 1-13　核心素养体系总框架：6 个指标

（三）基本内涵

1. 文化基础。文化是人存在的根和魂。文化基础，重在强调能习得人文、科学等各领域的知识和技能，掌握和运用人类优秀智慧成果，涵养内在精神，追求真善美的统一，发展成为有宽厚文化基础、有更高精神追求的人。

（1）人文底蕴。主要是学生在学习、理解、运用人文领域知识和技能等方面所形成的基本能力、情感态度和价值取向。具体包括人文积淀、人文情怀和审美情趣等基本要点。

（2）科学精神。主要是学生在学习、理解、运用科学知识和技能等方面所形成的价值标准、思维方式和行为表现。具体包括理性思维、批判质疑、勇于探究等基本要点。

2. 自主发展。自主性是人作为主体的根本属性。自主发展，重在强调能有效管理自我的学习和生活，认识和发现自我价值，发掘自身潜力，有效应对复杂多变的环境，成就出彩人生，发展成为有明确人生方向、有生活品质的人。

（1）学会学习。主要是学生在学习意识形成、学习方式方法选择、学习进程评估调控等方面的综合表现。具体包括乐学善学、勤于反思、信息意识等基本要点。

（2）健康生活。主要是学生在认识自我、发展身心、规划人生等方面的综合表现。具体包括珍爱生命、健全人格、自我管理等基本要点。

3. 社会参与。社会性是人的本质属性。社会参与，重在强调能处理好自我与社会的关系，养成现代公民所必须遵守和履行的道德准则和行为规范，增强社会责任感，提升创新精神和实践能力，促进个人价值实现，推动社会发展进步，发展成为有理想信念、敢于担当的人。

（1）责任担当。主要是学生处理与社会、国家、国际等关系方面所形成的情感态度、价值取向和行为方式。具体包括社会责任、国家认同、国际理解等基本要点。

（2）实践创新。主要是学生在日常活动、问题解决、适应挑战等方面所形成的实践能力、创新意识和行为表现。具体包括劳动意识、问题解决、技术应用等基本要点。

（四）中国学生发展核心素养主要表现

表 1-3　　　　　　　　中国学生发展核心素养主要表现

中国学生发展核心素养主要表现			
维度	核心素养	基本要点	主要表现描述
文化基础	人文底蕴	人文积淀	重点是，具有古今中外人文领域基本知识和成果的积累；能理解和掌握人文思想中所蕴含的认识方法和实践方法等。
		人文情怀	重点是，具有以人为本的意识，尊重、维护人的尊严和价值；能关心人的生存、发展和幸福等。
		审美情趣	重点是，具有艺术知识、技能与方法的积累；能理解和尊重文化艺术的多样性，具有发现、感知、欣赏、评价美的意识和基本能力；具有健康的审美价值取向；具有艺术表达和创意表现的兴趣和意识，能在生活中拓展和升华美等。
	科学精神	理性思维	重点是，崇尚真知，能理解和掌握基本的科学原理和方法；尊重事实和证据，有实证意识和严谨的求知态度；逻辑清晰，能运用科学的思维方式认识事物、解决问题、指导行为等。
		批判质疑	重点是，具有问题意识；能进行独立思考、独立判断；思维缜密，能多角度、辩证地分析问题，做出复杂的选择和决定等。
		勇于探究	重点是，具有好奇心和想象力；能不畏困难，有坚持不懈的探索精神；能大胆尝试，积极寻求有效的问题解决方法等。
自主发展	学会学习	乐学善学	重点是，能正确认识和理解学习的价值，具有积极的学习态度和浓厚的学习兴趣；能养成良好的学习习惯，掌握适合自身的学习方法；能自主学习，具有终身学习的意识和能力等。
		勤于反思	重点是，具有对自己的学习状态进行审视的意识和习惯，善于总结经验；能够根据不同情境和自身实际，选择或调整学习策略和方法等。
		信息意识	重点是，能自觉、有效地获取、评估、鉴别、使用信息；具有数字化生存能力，主动适应"互联网＋"等社会信息化发展趋势；具有网络伦理道德与信息安全意识等。

		中国学生发展核心素养主要表现	
维度	核心素养	基本要点	主要表现描述
自主发展	健康生活	珍爱生命	重点是，理解生命意义和人生价值；具有安全意识与自我保护能力；掌握适合自身的运动方法和技能，养成健康文明的行为习惯和生活方式等。
		健全人格	重点是，具有积极的心理品质，自信自爱，坚韧乐观；有自制力，能调节和管理自己的情绪，具有抗挫折能力等。
		自我管理	重点是，能正确认识与评估自我；依据自身个性和潜质选择适合的发展方向；合理分配和使用时间与精力；具有达成目标的持续行动力等。
社会参与	责任担当	社会责任	重点是，自尊自律，文明礼貌，诚信友善，宽和待人；孝亲敬长，有感恩之心；热心公益和志愿服务，敬业奉献，具有团队意识和互助精神；能主动作为，履职尽责，对自我和他人负责；能明辨是非，具有规则与法治意识，积极履行公民义务，理性行使公民权利；崇尚自由平等，能维护社会公平正义；热爱并尊重自然，具有绿色生活方式和可持续发展理念及行动等。
		国家认同	重点是，具有国家意识，了解国情历史，认同国民身份，能自觉捍卫国家主权、尊严和利益；具有文化自信，尊重中华民族的优秀文明成果，能传播弘扬中华优秀传统文化和社会主义先进文化；了解中国共产党的历史和光荣传统，具有热爱党、拥护党的意识和行动；理解、接受并自觉践行社会主义核心价值观，具有中国特色社会主义共同理想，有为实现中华民族伟大复兴中国梦而不懈奋斗的信念和行动。
		国际理解	重点是，具有全球意识和开放的心态，了解人类文明进程和世界发展动态；能尊重世界多元文化的多样性和差异性，积极参与跨文化交流；关注人类面临的全球性挑战，理解人类命运共同体的内涵与价值等。

中国学生发展核心素养主要表现			
社会参与	实践创新	劳动意识	重点是，尊重劳动，具有积极的劳动态度和良好的劳动习惯；具有动手操作能力，掌握一定的劳动技能；在主动参加的家务劳动、生产劳动、公益活动和社会实践中，具有改进和创新劳动方式、提高劳动效率的意识；具有通过诚实合法劳动创造生活、成就人生的意识和行动等。
		问题解决	重点是，善于发现和提出问题，有解决问题的兴趣和热情；能依据特定情境和具体条件，选择制定合理的解决方案；具有在复杂环境中行动的能力等。
		技术应用	重点是，理解技术与人类文明的有机联系，具有学习掌握技术的兴趣和意愿；具有工程思维，能将创意和方案转化为有形物品或对已有物品进行改进与优化等。

第二章　学习与发展的研究简史

　　从古代中外思想家与教育家的论著中可以看出，对"学习与发展"的思想和研究已有悠久的历史。但是，对其作科学的研究，还是到科学心理学、特别是儿童心理学与教育心理学诞生之后才真正开始。

　　从儿童心理学与教育心理学诞生起，就开展了对学习问题的探讨。然而，对学习的实质、过程、规律及其与心理发展的关系等观点，不同派别则各不相同。因此，形成了各种各样的"学习与发展"的看法和理论，且在西方、苏联和中国又有不同的表述内容和方式。

　　对此，我们将分别叙述西方、苏联和中国各自的有关"学习与发展"的简单历史，以便了解这方面的发展里程，从而总结过去的研究经验，展望未来的发展动向。

第一节　西方对"学习与发展"的研究

　　学习西方教育史，使我们认识到，只要有教育，就会有教育家和思想家，就会对教育、教学、学习与学生心理发展的相互关系作出论述。古希腊的柏拉图（Plato，公元前 428/427—前 348/347）和亚里士多德（Aristotle，公元前 384—前 322）根据对儿童青少年身心自然发展特点的观察研究，首次提出了按年龄划分受教育阶段的观点，这是西方最早关于教育与发展关系的思想。

　　在中古时期，由于教会垄断教育，于是在教育与发展问题上，就充满了

宗教的色彩。

在"文艺复兴"时期，以夸美纽斯（J. A. Comenius，1592—1670）为代表的教育家，提出了"把一切事物"教给"一切人"的口号，强调教学原则，启发学生的学习愿望和主动性，促进他们的心理发展。

在自由资本主义时期，不少教育家对学习与发展问题提出了自己的见解。例如，洛克（J. Locke，1632—1704）认为心理发展的原因在于后天，在于教育。他强调培养学生兴趣、发展学生的独立能力的重要性。卢梭（J. Rousseau，1712—1778）认为，人们生而所缺乏的，又是成年以后所需要的一切，都是教育的结果。其教育与发展观集中地体现于教育哲理小说《爱弥儿——论教育》中。裴斯泰洛齐（J. H. Pestalozzi，1746—1827）非常重视教育与发展的相互关系。他生动地比喻说："教育应当在巨大而坚固的岩石（本性）上建立自己的大厦（形成人），它只有永远跟这岩石紧密地结合，不可动摇地屹立在它的上面，才能达到它的既定目的。"

总之，重视教育、教学、学习与发展的关系问题，在西方教育界由来已久。然而，在西方，真正从心理学角度探讨教学与发展关系的，是美国心理学的先驱霍尔（G. S. Hall，1844—1924）。霍尔不仅誉为"美国儿童心理学之父"，而且早在 19 世纪八九十年代，他为教育心理学做了不少准备工作。他先在 1880 年进行教育学和心理学在教育中应用的公开演说；后来进行了儿童青少年心理发展的研究，又开创了克拉克大学的教育系，并在他主编的《教育学报》上为教育心理学的论文提供了发表的条件。所以，霍尔是心理学史当之无愧的教育心理学的先驱者。霍尔的教育与发展观，集中体现于其"复演说"，这种观点将个体发展和种系发展、将教育与个体进化特点联系在一起。尽管后人争论很大，但却有其一定的进步意义，它为西方"学习与发展"的心理学研究奠定了理论基础。

一、对"学习与发展"进行科学研究

在西方，对"学习与发展"从事科学研究的人不少，但作概括的分析，无非是机能主义、行为主义和认知学派三种思想，先后左右着研究方向。这里仅就美国在这方面有影响的三位代表人物及其观点作一些评介。

（一）杜威的教育革新实验

杜威（J. Dewey，1859—1952）是哲学家、心理学家和教育家。他曾师承霍尔。他是美国机能主义心理学的创始人之一，又被认为是创立美国教育学的首要人物。

杜威 1894 年任芝加哥大学哲学、心理与教育系主任，同时开始创办实验学校。1896—1904 年，他在 4～13 岁的儿童中实验自己的教育主张，即让这些学生在学校的学习生活中，养成合作的生活习惯与心理，学校采用活动课程和以活动为中心的教学方法。杜威的这个教育革新实验，后来成为美国现代"进步教育"的基石。杜威的《民主主义与教育》一书，集中反映了他的教育思想。该书被西方教育家视为与柏拉图的《理想国》和卢梭的《爱弥尔》有同等地位的重要著作。

杜威的主要贡献之一，就是把心理学应用到教育和哲学方面，使三者结合在一起。他也是在心理学史上最早深入教育实践进行心理发展研究的心理学家。尽管他的实用主义观点有许多需要批评的地方，但他的教育、教学、学习与儿童（学生）心理发展的思想，正是他把心理学和教育学相结合的产物，且有一定的哲学观点。

1. 以机能主义心理学的观点，提出了"儿童中心主义"

杜威主张的心理学研究动作的机能，其表现为协调（coordination），实际上这是一个生物适应活动。这里的机能、协调，是指有机体对环境的被动适应。这明显地表现出他接受了达尔文学说的影响。

在这个观点的基础上，杜威认为，儿童心理内容基本上就是以本能活动为核心的习惯、情绪、冲动、智慧等天生心理机能的不断开展、生长的过程。从这个角度说，教育就是促进本能的发展、生长的过程。他说："教育不是把外面的东西强迫儿童或青年去吸收，而是须要使人类'与生俱来'的能力得以生长。"[①] "教育即是生长，除它自身之外，并没有别的目的，我们如要度量学校教育的价值，要看它能否创造继续的生长欲望，能否供给方法，使这种欲望得以生长。"[②]

正是出于强调教育促进儿童本能生长的观点，杜威提出了"儿童中心主义"的教育原则，并成为其教育理论的核心。他大声疾呼：必须以儿童为教育的出发点，把儿童当作目的，而不是当作手段来看待，教育措施一定要围绕着儿童来实施。

杜威的儿童心理内容观及儿童中心主义的教育原则，对待批判传统教育、提倡儿童在教育中的主体作用及促使儿童的个体自由发展，是有一定的积极意义的，这个教育重心转移问题的提出，在教育史上是一个进步。但是，杜威无

---

① ［美］杜威. 明日之学校（中译本）. 北京：商务印书馆，1935

② ［美］杜威. 民本主义与教育（中译本）. 北京：商务印书馆，1947，62，58

视心理内容的社会性，片面强调生物化的本能、天性的生长，则是不科学的；片面地强调以儿童为"中心""太阳"，教育要"围绕儿童转"等，势必会走向另一个极端，势必会失去教师的主导作用，势必会使教育成为儿童的尾巴，从而降低质量。

2. 提出发展、生长即是生活的观点

杜威的学生或学生心理的发展观是："生活即是发展；发展、生长即是生活。"[①] 他又说："没有教育即不能生活。所以，我们可以说：'教育即是生活'。"[②]

当然，这里反映了杜威要求学校与社会生活相联系；要求学生参与生活实际，并把学生心理发展与参与生活实际相联系；要求教材知识与学生相联系，这是正确的。它在消除学校与社会生活的隔阂方面发挥了较好的作用，在唤起学生的学习兴趣和有利于学生对社会生活经验的适应上，比呆板枯燥的传统教育更有生气。但是，杜威将学生的实践、活动仅仅局限于生活，这未免太狭窄了；他过分夸大了学生的直接生活经验的意义，这样，教育的内容水平必然是低级的，导致削弱基础知识的质量，影响学生智力教育的标准。因而不利于其心理的发展。这个失败的教训，就被布鲁纳引以为鉴，使他提出富于时代精神的结构课程论的思想。

3. 提出思维发展与教学的关系

在《我们怎样思维》一书中，杜威提出了"反省的思维的分析"。[③] 他认为思维或反省思维是一种观念，观念来自于事实。当一个含有困惑或疑难的情境产生时，置身于这一情境的人，可以采取几种不同的办法，便开始反省了。反省包含观察，反省包含暗示，事实与观察是反省中的相关的不可缺的因素。接着，杜威提出思维的五个步骤，他称之为"反省思维的五个形态"，即：①暗示，思维跃进了一种可能的解决；②感觉的（直接经验）困难或迷惑的理智化，成为一个待解决的问题，一个必须找到答案的疑问；③用一个又一个的暗示，作为领导观念或假设，以发起和引导观察和其他心智活动，收集事实材料；④推演观念或假设的含义；⑤在外表的或想象的行动中检验假设。反省思维的五个形态存在于每个思维单位的两端，一端为"开始"，是一个迷惑、困难或纷乱的情境；另一端为"结束"，是一个澄清、统一和解决的情境。后来，他把他提出的思维的五个步骤在教学过程中加以展开应用，

---

① ［美］杜威. 民本主义与教育（中译本）. 北京：商务印书馆，1947，62，58

② 王天一. 外国教育史（下册）. 北京：北京师范大学出版社，1984，149

③ 赵祥麟. 杜威教育论著选. 上海：华东师范大学出版社，1981，298～302

就形成其教学的五个步骤：①学生要有一个真实的经验情境——要有一个对活动本身感兴趣的连续的活动；②在这个情境内部产生一个真实的问题，作为思维的刺激物；③学生要占有知识资料，从事必要的观察，以对付这个问题；④学生必须一步一步地展开其所想出的解决问题的方法；⑤学生要有机会通过应用来检验其想法。[①] 这是一种"从做中学"的教学步骤，在"做"中思维，通过思维提出问题和解决问题，并在"做"中验证效果。

杜威的上述思想，目的是促使学生能动地思考问题，发现知识的情境，这为布鲁纳的"发现法"的教学方法的提出奠定了基础。但是，杜威的学生思维理论和教学理论的基础，是儿童的盲目探索的"做"，这就使他的理论有着局限性和缺乏科学性。

4. 紧密联系教育实验提出心理发展与培养的观点

在心理学史上，坚持在教育实验和教育实践中研究心理发展与培养的，杜威是一个杰出的代表。1896—1904 年他所创办的"芝加哥实验学校"，尽管只存在 8 年，然而却构成杜威全部心理发展理论和全部教育理论的实验基础。《一个教育学的实验》（1896 年）、《大学的初等学校》（1896 年）是这个实验研究的报告，他以后的一系列论著，无不引用这个研究的成果或渗透这个研究的结果。杜威的理论和实践相结合的做法，为后来的儿童心理学家和教育心理学家乃至所有教育科学专家学者作出了榜样，尽管他的理论和实验本身都存在着许多缺陷，但其影响是不能低估的。

（二）斯金纳的儿童行为的强化控制理论

20 世纪 20 年代，在机能主义的基础上产生了行为主义，并在美国心理学界统治了半个世纪。

行为主义由华生（J. B. Watson，1878—1958）所创始，认为心理即行为，心理学研究的对象就是行为。新行为主义者斯金纳（B. F. Skinner，1904—1990）忠实于华生行为主义的基本思想，企图通过行为来预示和控制人类的社会行为。儿童行为的强化控制理论是他的儿童心理学与教育心理学的基本思想。

行为主义十分重视学习的问题。华生在《行为主义》（1925）一书中明确地指出，学习这一领域包括了行为主义者的最重要的一些问题。"环境决定论"和在学生心理（行为）发展中的"教育万能论"，正是行为主义重视学习

[①] 赵祥麟. 杜威教育论著选. 上海：华东师范大学出版社，1981

问题的体现。在斯金纳的儿童行为的强化控制理论中，也表现出教育在发展中起决定作用的学习观。但在斯金纳的理论体系中，与华生的刺激—反应(S—R)心理学的最大分歧，在于他区分出应答性和操作性行为。操作性行为具有如下的特征：①强调反射是刺激和反应的函数相关 $[R=f(S)]$；②注重反应的强化刺激；③可以通过外部强化和自我强化的机制控制自身的反应，是自动的；④具有可变的适应环境的特性，是发展的。斯金纳的操作性条件反射理论，特别是强调强化在心理发展中具有较大的积极意义，并形成了其较独特的教育与发展的学习理论。

1. 儿童行为的强化控制原理

（1）条件反射的原则。斯金纳的操作性条件反射，强调塑造、强化与消退、及时强化等原则，并运用于儿童身上。

①强化作用是塑造儿童行为的基础，儿童偶然作出了某种动作而得到教育者的强化，这个动作后来出现的概率就会大于其他动作，强化的次数加多，概率随之加大，这便导致了儿童操作行为的建立。行为是由跟随着它的强化刺激所控制的。[①]

②儿童之所以要学习，就是"想得到成人的注意"[②]。所以强化在儿童行为发展过程中起着重要的作用，行为不强化就会消退。

③要及时强化，强化不及时是不利于儿童行为发展的。教育者要及时强化希望在儿童身上看到的行为。

（2）积极强化作用与消极强化作用。强化作用，依照斯金纳的观点，可分为积极强化作用和消极强化作用（阳性强化和阴性强化作用）两类。尽管分类不同，其作用的效果都是增进反应的概率。所谓积极强化作用，是由于一刺激的加入增进了一个操作反应发生的概率的作用，这种作用是经常的。所谓消极强化作用，是由于一刺激的排除而加强了某一操作反应发生的概率作用。斯金纳建议以消退取代惩罚的方法，提倡强化的积极作用。

（3）儿童行为的变化。强化作用影响并控制着操作性行为的反应强度，它对操作力量的作用是在动态变化中完成的。那么，强化作用的效果如何？它是怎样影响和控制行为的？如何根据它们之间的规律关系预测行为？

---

① B. F. Skinner. The Behavior of Organisms：An experimental analysis. New York：Appleton-Century-Crofts. 1938

② B. F. Skinner. Science and Human Behavior. New York：Macmillan，1953. 28

早在 1933 年，斯金纳就著有这方面的论文《自发活动的测量》等。他强调动态的特性（dynamic properties），主张把对行为静的特征的描述和对行为动的规律的测量结合起来，把握操作性行为所特有的动态规律，控制和预测儿童行为的发展，主张测量要充分显示行为的反射力量、方向、时间性特点等方面的变化，而为操作好强化技术提供可靠的依据，为研究强化技术开辟新道路。操作性行为既然不是由已知的刺激所引起的，它的反射强度（力量）是不能按照反射的一般规律作为刺激的函数来加以计量的。替代的方法是用反应率来计算它的强度。观察（可以是自动的，也可以是人工的）反应频率就可以确定变动的方向是助长还是抑制性的。为了控制儿童行为的发展，在研究工作中要具体地考虑四种情况（条件）的变化：

①第一基线，即儿童在实验操作以前的状态，例如小学一年级新生上课时的不安定、下位子等表现。

②第一实验期间，即给予一定刺激（如指示儿童坐好并加以强化）观察儿童行为的变化（与安静坐下的关系）。

③第二基线，即取消第一实验期间所给的刺激，以检查第一实验条件的作用（如不加强化，观察儿童行为与安静坐好的关系）。

④第二实验期间，即把第一实验期间给予的刺激再度给予儿童，从而确定第一实验期间所给予的刺激的作用。

根据以上的实验处理，可以画出儿童行为变化的曲线，找出行为变化的规律。他就用这种方法来研究儿童心理各个方面（感知、运动、语言、学习等）的发展。

当然，在儿童心理发展中，强化是必要的，也是重要的。在我们日常教育儿童的过程中，表扬、惩罚都是一种强化，但强化必须和儿童心理发展的内部矛盾统一起来。这一点正是斯金纳所忽视的。由此可见，斯金纳的研究对象是彻底的"黑箱有机体"，正因为如此，他光强调操作性条件反射和强化原则，而反对任何对意识、情感和动机的假设，这与华生的思想是没有多大区别的。

2. 儿童行为的实际控制

斯金纳重视将其理论应用于实际。在实践中发展儿童的心理和提高儿童教育的质量方面，他是做了不少工作的。

（1）行为矫正。随着斯金纳操作性行为思想体系影响的增强，大量研究工作已在行为矫正的领域中发展起来。这种矫正工作并不复杂，例如，消退

原理在儿童攻击性和自伤性行为矫正和控制中的应用。前面提到过，孩子做某桩事是想引起同伴或成人的注意。教师对儿童的寻衅、争吵，不管何时发生，都装作不知道。成人对儿童的自伤行为不予理睬，直到他感到疼痛却得不到任何报酬。似乎不可思议，却引人注意。不论何时以何种方式，成人都应谨慎，不去强化儿童的不良行为。

（2）教学机器和程序教学。行为塑造常常使教育者失去耐心，尤其是纠正不良行为；在一个班级里教育者很难照顾到每一个儿童；在教育经验中，师资水平较差的事实也普遍存在。这些问题促使斯金纳深思。在长期的研究中，斯金纳形成了学习和机器相联系的思想。于是，最早的辅助教学机诞生了，它弥补了教育中的一些不足。实际上机器本身远不如机器中包含的程序材料重要。程序教学有其一系列的原则，例如，小步子呈现信息，及时知道结果，学生主动参加学习等，这些教学进程中的耐心，促进主动学习的热情和及时反馈的速度，几乎是一般教师所不及的。尽管教学机器和程序教学对教师的主导作用的发挥有妨碍作用，对学生的学习动机考虑太少，但是斯金纳的工作还是对美国教育产生了深刻的影响。

斯金纳在儿童心理发展的实际行为控制上，做了不少有价值的工作。现代认知心理学、20世纪70年代兴起的环境心理学、日益流行的教学辅助机、临床收效较大的新行为疗法等，都受到了他的强化控制理论和实践的影响。

（三）布鲁纳的智力发展观

布鲁纳是美国当代的心理学家、教育家。他在心理学思想上，主要是接受并发展皮亚杰（J. Piaget，1896—1984）的发生认识论的观点；在教育理论方面，属于"过程—结构"主义的教育哲学派别。

从20世纪50年代后期起，特别在1957年苏联发射人造卫星以后，美国决定总结20世纪前半期因推行现代教育理论而导致教育质量下降的教训，锐意改革中、小学数学及自然科学课程，试图培养大批科技人才。1959年美国科学院在伍兹霍尔召开会议，讨论如何改进中、小学数理学科的教育。与会者很多是参与了中、小学教材编写的数理学科教授、专家以及心理学家。布鲁纳担任大会主席。1960年，布鲁纳出版了《教育过程》一书，阐明了这次会议的指导思想，该书被美国某些评论家誉为"最重要的和最有影响的教育著作之一"。布鲁纳自己也被官方所重视，在1962—1964年担任"白宫教育委员会委员"。

有关布鲁纳的教育与智力发展的理论，主要可以从下述两个方面来阐述。

1. 智力发展的研究和发现学习论

布鲁纳对智力发展的研究，其途径、准则有着独特性；其智力发展的基础之学习，是"发现学习"，这在学习与发展的研究上是有价值的。

（1）途径。布鲁纳认为，考察人类智力的成长有多种途径，因为从童年初期的软弱无力到学会思考、学会讲话、学会处事的成人，而成人是参与着能使认知能力进一步扩大并富有成效的文化活动的一个条件，是按操作的日益有效来考察这个成长过程，这可以说是一条经典式的途径，它用一些不断加多或加深的测验题作为一种度量操作进步的标准，这个规范化的研究途径虽然对学校的分级分班等的实用目标有用，但它在智力成长的心理过程及形成这一成长的文化条件方面却不能为我们提供很严谨的观点。

那么，应该如何最有效地设想认知力量的成长即智力的成长呢？

首先，布鲁纳提出，从最广泛的意义上来看，认知或智力乃是人获得知识、保持知识以及将知识转化成他本人的工具的力量。智力不是一次赋予的认识现实的一种官能，而是一种工作的能量。人们之所以能够适应于一定的文化生活、社会条件、自然环境，正是具有掌握和运用各种工具的能量的缘故。

其次，布鲁纳认为，人类认识的发展有两个问题[①]：

第一，是技术或技术学（techniques or technologies）的问题。布鲁纳说，在脑的使用中，一系列技术上的进展，使人类开始从婴儿期的智力和技能发展到它可以达到的完善程度。认知的发展有赖于技术的掌握。布鲁纳这里所谓的技术是指对不同的有效程度的文化的传递的技能。通过掌握技术可以帮助成长中的人再现他们生活环境中经常发生的事物的特征。再现有三个体系：动作（action）、形象（imagery）和语言（language）。人们凭借它们进行信息加工来认知和理解世界。因此，认知的成长在相当大的程度上是一个不但由外向内，也由内向外的重要过程。

第二，是整合（integration）的问题。人在认知发展中，通过整合机能把生活中的一些基本动作和基本过程组成高一级的整体。智力的任何高级的技能活动都有赖于在它之前的技能活动的充分发展，同时，任何高级的技能活动也能分解为其简单的成分。

---

① Bruner，J. S. The course of cognitive growth. The American Psychologist，1964，19（1），1～14

（2）准则。布鲁纳认为，一个完善的智力发展理论应该符合这样一些准则[①]。

第一条准则：智力成长的任何理论必须用正式的、精确的方式去刻画智力运算的特征。例如，这一种理论不能忽视它涉及认识论、逻辑学和数学基本原理等基本范畴。描述一个学生在思索问题或考虑问题解答时干了些什么，就必须尽可能从逻辑的观点出发，把他在运算中所作的分析说明一并包括进去。布鲁纳认为，未来的智力成长理论不仅要依靠我们自己（心理学家），还得多多依靠与我们密切相关的人士，如逻辑学家、数学家和其他形式的分析家。

第二条准则：认知成长的理论必须考虑思维活动的自然方式。这些方式看来都是正常的，在直觉上是很显著的或很有生气的，并且赋予这些思维方式以特殊的地位。

第三条准则：认知成长的任何说明（或者说人类成长的任何形式的说明）都应当考虑人类赖以生长的那种文化的性质。因为文化是一整套的技术系统，给人的能力以形态与力量，一种文化的价值、工具和认知方式都在武装着它的成员。

第四条准则：智力成长的理论必须考虑人的灵长类祖先以及灵长类和人的进化如何影响人的成长形式，直立行走，使用工具、语言，某种形式的空间知觉与空间直觉，大脑皮层的优势作用——凡此种种，全都带有与了解人及其成长有关的进化遗痕。

最后，一种智力成长的理论，还应该对于怎样教育人这样一个重大的问题做出贡献。

（3）发现学习论。布鲁纳所提倡的"发现学习"（discovery learning）又称"发现法"（discovery method）是主张由学生自己发现问题和解决问题的一种教学方法，它以培养学生独立思考、发展探究性思维为目标，以基本材料为内容，使学生通过再发现的步骤来进行学习。它强调，直觉学习是发现学习的前奏；学习情境的结构性是有效学习的必要条件；探索发现的正误答案同具反馈价值，等等。它与灌输式教学相反，只向学生提出有关问题、引导学生学习、收集有关资料，通过独立思考，自己体会、"发现"概念和原理的形成步骤。其有效性取决于学生已有知识经验的丰富性和一定的思维能力。发现学习的优点是，有利于掌握知识的体系和学习的方法；有利于激发学生的内在学习动机，提高学习的自信心；有利于培养学生的创造态度；有利于

[①] 张述祖等审校. 西方心理学家文选. 北京：人民教育出版社，1983，443～445

知识技能的巩固和迁移。发现学习的缺点是，其效率比接受学习低，受学生智力水平和知识基础的限制，较难实施因材施教。

2. 布鲁纳与皮亚杰的认知论的异同

布鲁纳的智力发展思想与皮亚杰的思想有着密切的联系。他自己曾坦率地承认皮亚杰、乔姆斯基（N. Chomsky）等人的思想对他的影响。

国内外学术界也常把布鲁纳和皮亚杰相提并论[①]，认为他们在哲学上都是结构主义，在心理学上同属认知学派，在方法上都强调整体系统论。事实上，布鲁纳以严谨的科学态度，不仅详尽阐述了皮亚杰的观点，而且进一步丰富完善了认知发展学说。

皮亚杰和布鲁纳在基本理论观点方面有很多一致之处，如对智力作用的阐述，都认为智力的内在本质是适应，是通过一定的活动形式表现出来的；他们提出认知发展的阶段论，认为认知发展的规律表现出次序性和阶段性，等等。但是，他们所运用的描述认知发展阶段的工具是不同的。

皮亚杰以符号逻辑作为工具，广泛地采用数理逻辑来描述发展阶段的特征，主张每个阶段都有其相应的逻辑结构出现：

年龄阶段	感知—运动阶段	具体运算阶段	形式运算阶段
思维逻辑结构	位移群	加乘法结构、组群结构	四元群、格

皮亚杰以运算为指标来划分认知发展的阶段，即运算是内化了的动作，是可逆的，并且形成集合理论的结构，布鲁纳虽然钦佩皮亚杰在这方面的工作的独创性，但也提出了这方面存在的缺点：空泛的形式主义。因此，他力求保持心理学的特色，对认知发展阶段的特征采用心理学的描述，布鲁纳提出再现表象这个概念作为衡量认知发展的指标。

如果说皮亚杰使"认识结构发展心理学"的理论体系化；布鲁纳的主要功绩则是在发展该理论的同时把它付诸实践，他所重视的正是皮亚杰所忽视的教育问题。布鲁纳极力倡导结构主义教育[②]，以"认知结构发展心理学"为依据，提出"知识结构论"和"学科结构论"。他通过对学生智力发展的大量研究认为，要让学生学习学科知识的基本结构。他指出，在发展的每个阶段，学生都有他自己的观察世界和解释世界的独特方式。给任何特定年龄的学生教某门学科，其任务就是按照这个年龄的学生观察事物的方式去阐述那门学

① 丁品. 试论皮亚杰、布鲁纳认知发展阶段理论之异同. 福建师范大学学报，1983，3
② [美] 布鲁纳. 教育过程. 上海：上海人民出版社，1963

科的结构。任何观念都能够用一定年龄学生的思维方式正确地和有效地阐述出来，而且这些初次阐述过的观念由于早期学习，在日后学起来会比较容易，也比较有效和精确。这里不仅反映出布鲁纳结构主义的教育理论，而且还可以看出他注重对学生早期教育的思想。

布鲁纳主张"发现法"是主要的学习方法，他指出中小学教师要善于发现知识和学科本身的结构。认为一门学科的课程应该决定于对能达到的那门学科以结构的根本原理的最基本的理解。因此，他指出，教授基本概念的最重要一点，是要帮助学生不断地由具体思维向在概念上更恰当的思维方式前进。对于学生来说，试图在远离学生思维方式及其含义时，只是用枯燥无味的逻辑进行形式的说明，肯定是徒劳无益的。学生智力发展不是像时钟装置那样，一连串事件相继出现，可以对环境、特别对学校环境的影响作出反应。同时，教授科学概念，即使是小学水平，也不应奴性地跟随学生认知发展的自然过程，而应向学生提供挑战性的但是合适的机会，促使学生的发展步步向前，这样，就可以使他们的智力不断地发展。从这里可以看出布鲁纳的教学要促进认知能力发展的思想。

总之，布鲁纳从智力发展的角度比较科学、系统地划分心理发展的阶段，为教育实践提供了心理学依据，充实了教育学、教育心理学和发展心理学理论，尽管这些理论在国际心理学界和教育界还有很多争论。

二、对"学习与发展"研究的新进展

近30年来，教育心理学的学习理论发展得相当迅速，有关学习与发展问题的进展也是如此。这里仅介绍五个方面的有关研究。

（一）关于智力技能分类与发展关系的研究

学习分类在教育心理学中是一个传统问题。心理学在传统上把学习划分为技能学习、记忆学习、思维学习和态度学习四类，每一种学习相应地发展一定的心理因素。近20年，西方对学习分类的方式变化极频繁，影响较大的有加涅（R. M. Gagne）、布卢姆（B. S. Bloom）和奥苏贝尔（D. P. Ausubel）。加涅于1968年把学习分成八类：①信号学习；②刺激反应学习；③连锁学习；④语言联合；⑤辨别学习；⑥概念学习；⑦规则学习；⑧问题解决。1977年他又按智力技能将学习概括为辨别、概念、规则和高级规则四类。对学习作科学分类的根本目的，是为了安排好学生的学习，以使他们更好地获得发展。

加涅按智力技能对学习分类，是建筑在他大量实验研究的基础上的，他通过研究指出，智力技能由简单到复杂，在各类之间构成一个阶梯式的层次，如图 2-1 所示。

联想与连锁是 S—R 之间的系列联系，在此基础上形成最低层次的智力技能——辨别，这就是知觉学习过程，意指发现事物或符号之间的差别。在辨别基础上形成概念；在概念的基础上产生诸如公式、定义、原理等规则；在概念和规则的基础上，通过重新组合规则而获得系统的高级规则。这概念、规则和高级规则构成概念学习、规则学习和高级规则学习。知识的运用，正是学生通过概括而学习的概念、规则和高级规则在新的情境中的运用。这四种学习体现了学生智力与能力的由低级向高级发展的水平。

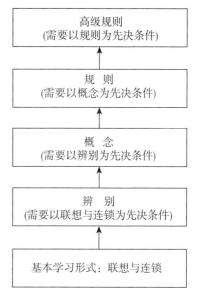

图 2-1　加涅的四种智力技能的构成

（二）关于评价目标与发展关系的研究

现代教育评价自 20 世纪 30 年代以来，已逐渐受到世界各国的重视，成为提高教育质量、促进教育改革、加强教育管理的一种重要手段。

1. 研究教育评价的进展

泰勒（R. W. Tyler）是现代教育评价的杰出代表。他于 1930—1940 年主持美国一次课程改革研究活动，称为"八年研究"，涉及评价问题。他在全国范围内来进一步实验和检验，以发展其评价思想。泰勒认为，评价就是确定教育目标在实际上达到程度的过程，重视评价，达到目标，根据目标来评价教育的效果。

20 世纪 40—60 年代，经克龙巴赫（L. J. Cronbach）、豪斯（R. J. House）等人的发展，认为评价不仅是目标，而且是一种判断过程，是一种决策或向决策提供信息的过程。

60 年代以后，教育价值观发生了很大的变化，教育评价从指导思想到范围、功能都发生了变化。这一切应归功于心理学家布卢姆。以布卢姆为首的一个委员会对教育目标的分类做了系统的研究。这些研究的直接目的是为了指导教育的评价，指导教学目标的陈述。在布卢姆看来，评价要依据目标，目标是评价的标准。

2. 布卢姆对教学目标和教育评价的思想

在评价目标的研究中，布卢姆提出新的教育观点，即教育的功能在于发展而非挑选。他主张教育必须日益关心所有儿童与青少年的最充分的发展，学校的责任是寻找使每个学生达到他可能达到的最高学习水平的学习条件。

（1）教学目标的内容。布卢姆把教学目标分为三大领域[①]：认知领域、情感领域和动作技能领域。在认知领域中，按照认识过程由低级到高级，学习行为由简单到复杂的次序，又分为六个层次：①知识（识记能力）；②领会（理解材料的能力）；③应用（将学习过的规则、方法、概念、原理、定律和理论用到知识的具体的情景中的能力）；④分析（分解成组成部分以便了解其组织结构的能力）；⑤综合（组合各个不同部分形成一个新的整体的能力）；⑥评价（对材料作价值判断的能力）。

（2）评价功能。从选拔学生的需要，变成创造适合于学生心理发展的需要。

（3）评价作用。强调评价的导向功能，改进和激励的教育、教学功能。

很显然，通过布卢姆的工作，教育评价成为以评价目标为依据，具有导向性（方向问题）的"教育—发展"的手段。

（三）关于个别差异与发展关系的研究

根据学生的个别差异，进行因材施教，从而促进其心理发展是教育心理学的传统课题，然而，到20世纪60年代以后，对这个问题有了新的研究。

1. 对特殊学生实行特殊教育

60年代后，在个别差异方面，一个重要课题是重视特殊学生到特殊教育的研究。

所谓特殊学生，既包括生理或情绪上有缺陷、心理迟钝的学生，又包括智力与能力超常的学生，即所谓"天才"学生。柯克（S. Kirk）于1972年指出特殊学生的特点主要表现在：①在心理特征方面；②在感知能力方面；③在神经肌肉的或生理的特征方面；④在社会的或情绪的行为方面；⑤在语言交往能力方面；⑥其他方面。为了最大限度地发展其智力与能力，心理学家和教育家要求学校改变习惯的做法，或者安排特殊的教育措施。

美国联邦教育总署早在1964年估计，特殊儿童青少年约占学龄期儿童青

---

① ［美］布卢姆，教育评价. 上海：华东师范大学出版社，1987，60

少年的 12.8％。于是，两种特殊教育就相应地发展起来，并在教学内容、教育方法以及学习环境方面进行各种必要的调整。对于问题学生，不仅增加相应的特殊教育机构，更主要的是加强学校心理学家（School Psychologists）的工作，这正是近 30 年美国的学校心理学（School Psychology）发展迅速的重要原因。对于超常学生的研究不仅用智力测验，而且在于积极探讨评定超常学生的智力与非智力的标准，一旦学校选定智力超常的学生之后，运用跳级、丰富课程内容或开设特殊班级的三种教育措施，加以特殊教育，以促进他们更好地发展。

2. 凯勒的个体化教学计划

1968 年，心理学家凯勒（F. S. Keller）创立了个体化教学系统（Personalzed System of Instruction，PSI），又叫凯勒计划[①]，这是一种适合学生个别差异促进其发展的课程教学法，目的在于避开讲授式教学和呆板的时间安排，允许学生根据自己的原有水平掌握教材以发展自己。

PSI 包括五个组成部分：①掌握，掌握每个单元教学目标，以测验通过为标准，最后掌握全部教学内容，这是个体化教学的中心环节；②自定进度，学习速度则表现出差异；③书面材料，教学通过自学课本、学习指导书或教材等书面进行；④学生辅导员，让学生互相帮助，尤其是让已通过测验的学生担任辅导员，担任新课的辅导工作；⑤讲课，教师的启发指导和补充提高、PSI 的课堂地点不限，但有统一大纲、目标和方法，其最大的特点是适应学生的个别差异，适合于那些独立性较强的学生的发展。

（四）学生在学习中的主体性的研究

罗杰斯是美国心理治疗学家，当代人本主义心理学的主要代表人物。他对于学习和教学的思想，主要来自他有关心理治疗的经验与思考。

1. 强调学生的主体性

罗杰斯学习与教学思想的基本出发点是强调学生的主体性。他认为，对学生的发展起实质性作用的学习是有意义学习（learning on meaning），这种学习只有在学生出现了旧有经验不能适应的困扰时才发生。

罗杰斯认为，有意义学习是唯一能够有意义地影响行为的学习。这种学习的过程是一个自我发现、自我调节（self-appropriated）的过程，它是透过个人真实的体验来调节的学习，无法由他人传达。他明确指出，有意义的学

---

① Bower，G. H.，Hilgard. E. R. Theories of learning. Englewood Cliffs，N. J.：Prentice-Hall，1981

习远不只是知识的简单增加，而是一个人存在的每一部分都会与这种学习经验相互贯穿，并导致其态度、个性及对未来的选择方向发生改变。

在有意义学习的过程中，没有规定时间，也没有终点。学生在课堂内外都不断地去主动涉猎、整理知识，消除困惑和解决问题。通过这种方式学习到的知识，有机地融汇到学生的整个个性结构中。

罗杰斯认为，教师的作用在于发展积极的师生关系，在课堂中创造良好的气氛，引导学生的自然学习倾向获得成果。他指出，由于有意义的学习在个人面对困境时才能发生，因此，教师应当让学生充分了解与体会到他所期望解决的问题，引导有意义学习的发生；教师人格完整一致，更有助于有意义学习，教师需以自己原本的面目出现在学生面前，并清楚自己所采取的态度，在与学生的关系中做一个真实的人，只有这样，他才不会去强迫学生与自己保持一致，才能避免使自己成为一种机器；一个教师不论学生是好是坏，都应对其充分接纳，并了解其内心世界，这样，有意义的学习才会在学生身上发生，同时，学生也将不仅学到知识，而且将有整个人格的积极成长；教师的作用在于让学生建立对一门课程的特殊体验与知识，他的讲授和一切教材、教具都是为学生提供的服务，不应当强迫其接受，这样，学生学到的才是他们自己的知识。

2. 罗杰斯的教学模式

罗杰斯明确提出了他的以学生为中心的教学模式。该模式有三个基本点：

（1）非结构性。以学生为中心的教学从头至尾都是非结构性的，课堂没有固定教学程式，甚至没有明确的具体教学目标，学生在没有控制的自由气氛中讨论，他们的发言不是来自书本或教师的讲授，而是源于他们自己的感觉、情感和评判，课堂中问题的提出和解决，都由学生自己来实现，教师只是参与讨论的普通一员。

（2）鼓励思考。强调学生独立而有创造性地思考，要学生通过教学过程重新回到自身，与自身合一，而不是期待外部的指引、评价、确认和裁决，通过教学过程使学生的外貌、态度、价值和行为得以"重建"（杜威语）。这种重建就是罗杰斯所理解的学习的真正意义。

（3）接纳。在以学生为中心的教学中，教师的完全接纳可以造成一种气氛，使整个学生群体出现充分接纳的氛围，使学生从中感到更自由、更接纳自己与他人，感觉到自己被提升到一个更高的境界，使其对各种不同的看法更加开放，并竭力去了解和接纳别人。这种教学的最终结果，不仅是知识的获得，更是人格的健康成长。

（五）认知策略与发展关系的研究

我们在上一章曾提到学习策略，它的基础是认知策略。认知策略和学习策略是一种因果关系，前者的改进是后者提高的原因。当然，学习策略又不等于认知策略，前者涉及的范围比后者要广，因为提高学习效率的方法、方式和策略，不仅仅局限于认知或认识过程，它应该包括学习心理的全部活动。

认知策略与学习策略，同学生智力与能力发展密切地联系着。梅耶指出，幼儿、小学生、中学生三个时期的认识策略与学习策略分别是早期阶段、过渡阶段和晚期（高中生趋于成熟）阶段，这说明认知策略与学习策略，同平时心理学家理解的智力、能力，乃至心理发展是一致的，所以，对它们的研究，正是体现"学习与发展"的关系。

认知策略一般包括感知过程策略、注意策略、记忆过程策略、解决问题（思维）策略和上一章提过的元认知，例如，加涅在1974年提出了一个有一定影响的学习与记忆的信息加工模型（图2-2）。

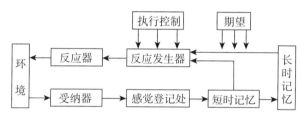

图2-2　加涅的学习与记忆的信息加工模型

又如，奥苏贝尔指出认知结构与促进有意义的言语材料学习的关系[①]。他首先提出了认知结构的变量问题，就一般的和长期意义来说，认知结构变量，指学习者在某一学科领域内的全部知识的重要组织特征对他在这一知识领域内将来的学术成绩的影响。就较为具体的和短期的意义来说，认知结构变量，指在某一学科内直接的（或最近的）有关概念的组织特征、有关学科的小单位材料的学习与保持的影响。与此同时，他假定，不论是哪一学科，要使教材内容编成程序，有两个策略是适用的：这就是不断分化原则和综合贯通原则。他强调认知结构由一般到个别不断分化，强调区分上位概念和规则与下位概念和规则之间的相同与不同。奥苏贝尔的认知结构观，体现了通过教学发展学生的语义编码策略的思想。在中小学教学中，加强学生的语义编码的

---

① ［美］奥苏贝尔. 认知结构与促进有意义的言语材料的学习. 皮连生译. 见：教育心理学参考资料选辑. 上海：上海教育出版社，1990

训练是促进知识的理解和保持的重要途径。这里必须指出，奥苏贝尔的学习观是一种"意义学习"或"意义接受学习"（meaningful reception learning），这是相对于布鲁纳的发现学习而言，它指学习材料以定论的形式呈现给学习者。意义学习强调，学习产生于先备知识的基础上；学校的学习与教学、学习、课程联系在一起；概念分主导与从属两层次，学习者须作整体认识；新旧概念应结合；学习目标与情境联系在一起，即学习是机械的还是有意义的，取决于学习条件如何，如果教师能把有意义的学习材料同学生已有的认知结构联系起来，使之融会贯通，学生并能保持相应的学习心向，在此条件下，将是有意义的接受学习。

第二节　苏联对"学习与发展"的研究

苏联在"学习与发展"的研究上有其先驱史，这主要是苏联教育家乌申斯基（К. Д. ушинский，1824—1870）的教育思想与教育研究。

乌申斯基在长期办学中强调教育与学生心理发展的关系。

首先，他指出，教育要考虑学生心理的发展。他在《人是教育的对象》[①]一书中多次指出，如果教育学要从各方面去教育人，那么，它首先必须从各方面去了解人。他认为，从具体到抽象，从观念到思想的学习过程是十分自然的，而且是建立在十分明确的心理学规律之上的，因此，只有根本否认在教学中必须适应一般人的、特别是儿童的本性要求的人，才能否认它的必要性。

其次，他把心理发展理解为教学过程中学生心理活动的质的变化。他曾论述了机械记忆、理性记忆、精神记忆（或理智记忆）是体现记忆发展的三种不同质的水平。他还阐述了判断（思维）、想象和意志的发展特征及其发展过程中发生质的变化的趋势，并指出通过教育、教学的培养途径。尽管乌申斯基对教学与发展过程中学生心理发展的"质"的变化问题论证得并不详尽和具体，但是，他所提出的观点，对后来的苏联有关教学与发展中学生心理的质变问题，是有一定意义的。

最后，他根据"教学与发展"的思想，提出教学要经过两个阶段：

第一个阶段，包括三个步骤：

第一步骤，在教师的指导下学生生动地知觉教材；

---

① ［苏］乌申斯基. 人是教育的对象（中译本）. 北京：科学出版社，1959

第二步骤，在教师的指导下通过比较、对照等对教材形成初步概念；

第三步骤，通过补充解释，标出主要内容等，使知识系统化。

第二阶段，教师在学生参与下，对所进行的教材进行概括以及巩固知识和养成熟练技巧的工作。

乌申斯基强调教学必须适应学生的年龄特征，对教学原则和方法所作的论述，对于苏联儿童心理学与教育心理学的建设、特别是对教学——发展的理论与实验的研究，起着重大作用。

一、对"教学与发展"作心理学的理论研究

对教学与发展问题作心理学理论研究的，最初应归功于苏联儿童心理学与教育心理学的开创者维果茨基（Л. С. Выготский，1896—1934）。维果茨基是苏联建国时期的心理学家，他和他的助手鲁利亚（А. Р. Лурия，1902—1977）和列昂节夫（А. А. Леонтьев，1909—1979）一起，创造了苏联心理学的"社会文化—历史发展"理论，主要研究儿童心理学和教育心理学，着重探讨思维与言语、教学与发展的关系问题。

维果茨基对教学与发展的理论研究，主要表现在以下三个方面。

（一）全面而深入地探讨了"发展"的实质，提出其文化—历史的发展观

心理发展的实质是什么？在维果茨基看来，在他的时代，国际心理学界较典型的发展观有两种。一种是唯心主义的发展观；另一种是机械唯物主义的发展观。前者认为，心理发展不是由人自身的物质过程（特别是高级神经活动的过程）和他所赖以存在的物质生活条件（特别是社会生活条件）所制约，而是一种不可知的精神力量，如本能、遗传等所决定的。例如，遗传决定论、自然成熟论和"辐合论"等，都属于这种发展观。后者则认为，心理发展是由外界环境机械决定的，人本身是没有任何主动性和自觉性的。例如行为主义学派华生及其"S—R"理论就是这种发展观的典型。

与这些心理发展观根本对立，维果茨基从其文化—历史理论出发，对"发展"作出自己的解释。

维果茨基认为，就心理学家看来，发展是指心理的发展。所谓心理发展就是指：一个人的心理（从出生到成年），是在环境与教育影响下，在低级的心理机能的基础上，逐渐向高级的心理机能的转化过程[1]。

---

[1] 龚浩然，黄秀兰. 介绍维果茨基关于教学与智力发展的关系的思想. 外国心理学，1981，3

心理机能由低级向高级发展的标志是什么？维果茨基归纳为四个方面的表现：

（1）心理活动的随意机能。所谓随意机能，就是指心理活动是主动的，随意的（有意的），是由主体按照预定的目的而自觉引起的。心理活动的随意性，有多种的表现形式，它既表现在心理过程上，如在无意注意的基础上产生有意注意，在冲动性的行为的基础上产生预见性的意志等；它又表现在个性特点上，如自我意识能力的发展，根据社会的要求自觉地调节和控制自己的行为等。一个人心理活动的随意性越强，心理水平就越高。

（2）心理活动的抽象—概括机能，也就是各种机能由于思维（主要是指抽象逻辑思维）的参与而高级化。学生随着词、语言的发展，随着知识经验的增长，促使心理活动的概括性、间接性得到发展，最后形成最高级的意识系统。例如，在具体形象思维的基础上产生了概念思维，在再现想象的基础上产生了创造性想象；在低级情感的基础上产生了理智感、道德感等。

（3）各种心理机能之间的关系不断地变化、组合，形成间接的、以符号或词为中介的心理结构。例如，3岁前儿童的意识系统中，以知觉、直观思维为中心；学龄前期儿童意识形成了一种新的系统，记忆处于这个系统的中心；学龄期各个心理机能间重新组合，发展为逻辑记忆和抽象思维为中心的新质的意识系统。一个人心理结构越复杂、越间接、越简缩，其心理水平则越高。

（4）心理活动的个性化。人的意识的发展不仅是个别机能由某一年龄向另一年龄过渡时期的增长和发展，而主要是其个性的增长和发展，整个意识的增长与发展。个性的形成是高级的心理机能发展的重要标志，个性特点对个别机能发展具有重大的意义。

心理机能由低级向高级发展的原因是什么？维果茨基强调了三点：一是起源于社会文化—历史的发展，是受社会规律所制约的。二是从个性发展来看，儿童在与成人交往的过程中通过掌握高级的心理机能工具——语言、符号这一中介环节，使其在低级心理机能的基础上形成了各种新质的心理机能。三是高级的心理机能是不断内化的结果。

由此可见，维果茨基的心理发展观，是与他的文化—历史发展观密切联系在一起的。他强调，心理发展的高级机能是人类物质生产过程中发生的人与人之间的关系和社会文化—历史发展的产物；强调心理发展过程是一个质变的过程，并为这个变化过程确定了一系列的指标，这些都为苏联儿童心理学与教育心理学的发展奠定了理论基础。

（二）提出了教学与发展，特别是教学与智力发展关系的思想

维果茨基的"教学"概念分广义的和狭义的两种。广义的教学是指人通过活动和交往掌握精神生产的手段，它带有自发的性质；而狭义的教学则是有目的、有计划进行的最系统的交际形式，它"创造着"学生的发展。

他把教学按不同发展阶段分为三种类型：3 岁前儿童的教学为自发型的教学，儿童是按自身的大纲来学习的；学龄前期儿童的教学称为自发反应型，教学对儿童来说开始变为可能，但其要求必须属于儿童自己的需要才可以被接受；学龄期学生的教学则为反应型的教学，是一种按照社会的要求来进行的教学，以向教师学习为主要形式。

维果茨基分析批评了关于心理发展与教学关系问题的几种理论，例如，皮亚杰的"儿童的发展过程不依赖于教学过程"理论；詹姆斯（W. James，1842—1910）的"教学即发展"理论；考夫卡（K. Koffka，1886—1941）的二元论的发展观。他认为这些观点都没有正确估计教学在学生心理发展、特别是智力发展中的作用。他指出，由于人的心理是在掌握间接的社会文化经验中产生和发展起来的，因而在学生心理发展上，作为传递社会文化经验的教育就起着主导的作用①。这就是说，人类心理的发展不能在社会环境以外进行，同样，学生心理发展离开了教学也就无法实现。在社会和教学的制约下，人类或学生的心理活动，首先是属于外部的、人与人之间的活动，以后就内化为人类或学生自身的内部活动，并且随着外部和内部活动相互联系的发展，就形成了人所特有的高级心理机能。

在教学与发展的关系上，维果茨基提出了三个重要的问题：一是"最近发展区"思想；二是教学应当走在发展的前面；三是关于学习的最佳期限问题。

如前所述，维果茨基认为，至少要确定学生的两种发展的水平。第一种水平是学生的现有发展水平，第二种是在有指导的情况下借成人的帮助所达到的解决问题的水平，这两种水平的差异就是"最近发展区"。教学创造着最近发展区，儿童第一个发展水平与第二个发展水平之间的动力状态是由教学决定的②。

根据上述思想，维果茨基提出"教学应当走在发展的前面"。这是他对教学与发展关系问题的最主要的结论。也就是说，教学"可以定义为人为的发展"，教学决定着学生智力的发展，这种决定作用既表现在智力发展的内容、水平和智力活动的特点上，也表现在智力发展的速度上③。

---

① ［苏］维果茨基. 学龄期教学与智力发展的问题（俄文版）. 1956

② 龚浩然，黄秀兰. 介绍维果茨基关于教学与智力发展的关系的思想. 外国心理学，1981

③ ［苏］维果茨基. 学龄前教学与智力发展的问题（俄文版）. 1956

怎样发挥教学的最大作用，维果茨基强调了"学习的最佳期限"。如果脱离了学习某一技能的最佳年龄，从发展的观点看来都是不利的，它会造成儿童智力发展的障碍。因此，开始某一种教学，必须以学生的成熟和发育为前提，但更重要的是教学必须首先建立在正在开始尚未形成的心理机能的基础上，走在心理机能形成的前面。

（三）分析了智力形成的过程，提出了"内化"学说

在思维发生学的研究中，国际有些著名心理学家提出了外部动作"内化"为智力活动的理论。维果茨基是"内化"学说的最早提出人之一，并且有独到的见解。他指出，教学的最重要的特征便是教学创造着最近发展区这一事实，也就是教学激起与推动学生一系列内部的发展过程。从而使学生通过教学而掌握的全人类的经验内化为儿童自身的内部财富。维果茨基的内化学说的基础是他的"工具理论"。他认为，人类的精神生产工具或"心理工具"，如上所述，就是各种符号。运用符号就使心理活动得到根本改造，这种改造转化不仅在人类发展中，而且也在个体的发展中进行着。学生早年还不能使用语言这个工具来组织自己的心理活动，心理活动是"直接的和不随意的、低级的、自然的"。只有掌握语言这个工具，才能转化为"间接的和随意的、高级的、社会历史的"心理技能。新的高级的社会历史的心理活动形式，首先是作为外部形式的活动而形成的，以后才"内化"，转为内部活动，才能"默默地""在头脑中进行"。

维果茨基的"内化"学说，被列昂节夫和加里倍林（Л. Я. Гальперин）进一步发展，并为实验研究所证实。

二、关于"教学与发展"的实验教学

从 20 世纪 50 年代末起，直到目前，苏联心理学"教学与发展"，或"学习与发展"的实验研究，称其为"实验教学"，目的是在重新审查那些许多传统的、在心理学中被牢固确立的，特别是在小学生思维活动的原理的基础上，改革小学的教学。这些工作的任务是确定比一般公认的更为丰富的小学生的思维，一般学习活动的可能性，查明那些远未被学校所充分利用的内部潜力[①]。

安纳耶夫（Б. Г. Ананьев，1907—1972）是第一个开始这种实验教学的。

---

① ［苏］斯米尔诺夫. 苏联心理学的发展与现状. 史民德等译. 北京：人民教育出版社，1985

他研究了小学生在阅读中教学与发展的关系。

社会文化—历史发展学派的赞可夫（Л. В. Занков，1901—1977）几乎同时，也从解决教学与发展的相互关系出发，开始了这种实验教学。接着，这个学派的另两位心理学家艾利康宁（Д. Ъ. Зльконин，1904—1985）和达维多夫（В. В. Давыдов，1930—2000）也进行了较成功的实验教学。他们的一个共同出发点是维果茨基的理论，即教学不仅应该建立在已完成的发展区域的基础上，而且首先必须建立在还没有成熟的那些机能的基础上。教学恰恰应该把它们向前推进。

（一）赞可夫的实验教学

1. 赞可夫的实验教学的背景和概括

在苏联儿童心理学界，"教育在儿童心理发展上起主导作用"这一命题，已经成为公认的正确的观点。但是教育如何对他们心理发展起主导作用，在20世纪50年代中，还是一个很不明确的问题。

由于上述原因，《苏联教育学》杂志在1956年到1958年组织了一次"儿童教育和发展相互关系"问题的专题讨论，参加这个讨论的有许多著名心理学家，如科斯秋克（Г. С. Костюк）、列昂节夫、梅钦斯卡娅（Н. А. Менчинская）、赞可夫等。

在讨论中，强调了外界条件（环境和教育）不能机械地决定儿童心理的发展。外因必须通过内因起作用，这个内因就是儿童心理发展的内部矛盾、动力、泉源。这次讨论最后由赞可夫的"论教育和发展的问题"的文章作了总结。《苏联教育学》杂志编辑部指出：

"赞可夫的文章总结了《苏联教育学》所举行的关于儿童教育和发展的相互关系问题的讨论。编辑部同意赞可夫的结论和他提出的关于继续研究这个问题的建议，编辑部认为，为了有科学根据地解决这个问题，必须展开专门的研究……"[①]

赞可夫从1957年开始的"教学与发展"的实验研究，正是他自己提出的对"教育与发展"关系问题讨论后的继续研究，也是编辑部指出的为了有科学根据地解决这个问题而"展开专门的研究"。通过近20年的努力，赞可夫的"教学与发展"实验研究取得了圆满的成功。因此可以说，赞可夫对于"教育与发展"的关系问题，不论是在理论上还是在实践中，都做出了出色的

---

① 科斯秋克等著. 儿童教育和发展相互关系问题讨论集. 北京：科学出版社，1959，100

贡献。

赞可夫于 1952 年创建了教学与发展问题实验室，并领导了这个实验室达 25 年。1957—1977 年，赞可夫领导着这个实验室，进行了大规模的、长期的"教学与发展"的实验研究，提出了"小学教学新体系"。这个"新体系"是通过分阶段的实验逐步总结出来的。实验研究是从一个班开始的，逐步扩大到数个班，到 371 个班，最后到 1 281 个班，分布于俄罗斯联邦共和国 52 个州和 8 个加盟共和国的一些地区，并编写了实验班用的各种教科书，将小学学制由 4 年改为 3 年。1965—1970 年，实验班数逐渐缩减，1970 年实验全部结束。在实验过程中和实验工作结束后，赞可夫先后进行了全面系统的理论总结，出版的论著有《论小学教学》（1963）、《小学教学新体系》（1963）、《教学与发展》（1975）及《和教师的谈话》（1975）等。其中《教学与发展》是赞可夫实验研究的总结，不仅对有关实验的指导思想、方法、进程、教学原则和内容等作了详尽的介绍，而且于 1958 年在他的《论教育和发展的问题》的基础上，将其理论也作了全面的发展。

2. 赞可夫的实验教学的内容和评价

赞可夫是以实验研究"小学教学新体系"而著称的，他是坚持在教育实践中研究儿童心理学和教育心理学的典范。

要使儿童心理学的研究成果作为教育工作的科学依据，一个关键问题，是要有促进儿童心理发展的教育实验的措施。在这个方面，赞可夫的工作是出色的，他的"教学与发展"教学实验（或称发展性教学）是一项坚持在教育实践中对学生心理发展问题的深入探讨。他的研究的出发点是对传统教学理论的批判，因为传统教学的重点，只是放在如何使学生掌握现成的知识及概念上，而不重视他们智力的发展。针对传统教学中存在的实际问题，他开始了教学实验的研究。他的实验研究是紧紧围绕着学生心理发展的问题而展开的。他把教学的安排比作"因"，而把学生心理的发展视作"果"，探讨这"教学与发展"的"因果关系"。赞可夫是按照三条线索来研究学生的心理、智力发展的，这就是：观察能力、思维能力和实际操作能力。他强调在各科教学中要始终注意发展学生的逻辑思维，培养学生思维的灵活性和创造性。赞可夫的教学实验的主要思想是，以最好的教学效果来达到学生最理想的发展水平。体现这一思想并指导各科教学工作的是五条"教学论原则"，即高难度、高速度、重理性、理解学习过程和对于差等生要下功夫。伴随着这五条原则的是一系列的具体措施。这五条原则，都是与学生心理发展理论有关的课题。这里不妨稍展开加以说明。

在赞可夫的实验体系的教学论原则下，起决定作用的是以高难度进行教学的原则。"以高难度进行教学的原则的特征，并不在于提高某种抽象的'平均难度标准'，而是首先在于展开学生的精神力量，使这种力量有活动余地，并给以引导。"① 它的意义在于，掌握一定的知识，使这些知识不仅变成学生的所有物，而且在以后的认识过程中能引起对这些知识的再思考。这就是知识的系统化，这种系统化的结构是复杂的。赞可夫的高难度原则的理论根据，是维果茨基的"最近发展区"的思想。因此，赞可夫的"高难度"的原则的本意，主要是在于引起学生的思考，促进学生的特殊心理活动过程，难度是有限的，而不是无限的。其目的是要把教学建立在"最近发展区"的基础上，以挖掘学生发展的最大潜力。

在实现高难度原则的过程中，必须要依存于高速度原则。高速度原则的提出，主要是针对过去教学中"多次、单调的复习旧课，把教学进度不合理地拖得很慢"，因为"这样就妨碍了以高难度进行教学"②。从这个角度上说，高速度原则对于高难度原则来说是一种辅助的职能。它要求根本改变旧的复习方法，用心理学的记忆方法达到更高的巩固程度；它使教学内容的难度、范围和速度要与学生"最近发展区"的实际可能相适应。但是，以高速度原则进行教学的目的，在于使学生更好地去揭示所学的各方面知识，加深知识之间的内在联系，深入理解知识，形成一定的体系，从而发展儿童的智力。可见，高速度原则要求学生不断地向更深更广的方向发展，所以它又起着重要的独立作用。由此可见，对学生掌握知识、发展智力过程说来，"这一原则与其说是具有量的特征，毋宁说主要是具有质的特征"②。

重理性原则，又称"理论知识的主导作用"原则，其含义是，通过使学生理解学习过程的原理，重视理论知识的主导作用，更深刻地掌握知识。在赞可夫看来，理论知识有不同的含义，不同年级的学生，都要掌握理论知识。

他曾说过："'理论'这个词有许多不同的含义。一般来说，'理论'这个概念是区别于实践而言的，从这个含义出发，我们所说的理论知识，是相对那些直接反映在技巧中的知识而言的。例如，一个学生可能知道怎样进行几个数的进位加法，即知道加法怎样做，但是并不知道这种运算的规律——如加法的交换律和其他几个规律。如果学生掌握了这后一类知识，那就是掌握了理论知识。"③ 赞可夫指出，他的重理性原则和一般的掌握知识自觉性原则相似，又有重大的区别。其相似之处：承认自觉性在教学过程的所有环节中

---

① 〔苏〕赞可夫. 教学与发展. 杜殿坤等译. 北京：文化教育出版社，1980，44，46
② 〔苏〕赞可夫. 教学与发展. 杜殿坤等译. 北京：文化教育出版社，1980，46
③ 〔苏〕赞可夫. 和教师的谈话. 杜殿坤译，北京：教育科学出版社，1983.

的必要性；强调要理解教材和能够把知识运用于实践；指出了自觉掌握知识过程中所包含的思维操作；注意到学生对学习的态度。其区别之处在于：平常的自觉性原则所说的理解是指向外部的，即把应掌握的知识、技能和技巧作为理解的对象；而赞可夫的重理性原则则是指向内部的，即指向学习活动的进行过程。

理解学习过程原则，就是强调学生要理解学习的过程。赞可夫指出，所要掌握的知识之间是怎样联系的，掌握正字法或计算操作有哪些不同的方面，错误的产生及其防止的机制如何，这些和其他许多有关掌握知识和技巧过程的问题，都是学生在学习过程中要密切注意的对象。

在教学中应该重视学生心理发展的个别差异，这就是赞可夫提出的"对于差等生要下功夫"原则的理论基础。这条原则要求教师进行有目标和有系统地工作，使班上所有的学生（包括最差的学生）都得到一般发展[①]。赞可夫特别强调这条原则的重要性，"因为在小学的普遍实践中，对于最差的学生的真正的智力活动的可能性是最少的……学业落后的学生，不是较少地，而显然是比其他学生更多地需要在他们的发展上系统地下功夫。"[②]对差等生如何下功夫呢？不是加班加点，也不是增加作业量。因为差等生的负担加重后，不仅不能促进其发展，反而只能扩大他们的落后状态。所以，赞可夫主张在差等生的智力活动上多做工作。

以上五个教学原则是相互联系的。当然，这些联系不是千篇一律的，它们各在不同的方面起着作用，所起的作用和职能也有所不同。总之，赞可夫通过心理学实验，培养了一大批骨干教师，且将苏联的学制进行了改革。赞可夫在教育实践中进行的"教学与发展"实验研究之所以成功，与他所制定的五条教学论原则及其措施是分不开的。

赞可夫强调"教学与发展"的辩证关系，研究学生心理发展的特点时，充分考虑到教育与发展的关系，并进行了大规模的教学实验研究。这种从"动态"上来研究学生心理的发展，不论是科学理论还是科学方法，都是正确的。

赞可夫的五条教学原则，有其合理的因素，但过分强调"高难度""高速度""重理性"，这在苏联也是有争论的。心理发展，要考虑到新需要与原有心理水平的矛盾，一味追求"难""快""理性"，并不一定能促使学生心理发展。因此，苏联的小学学制，一度曾按赞可夫的思想缩短了一年，过不久还是改为原样。因此，今天我们在学习、推广赞可夫的经验时，应该持以慎重

---

①② ［苏］赞可夫. 教学与发展. 杜殿坤等译. 北京：文化教育出版社，1980，49

的态度。

(二) 艾利康宁与达维多夫的实验教学

20世纪60年代以后，艾利康宁在维果茨基思想的基础上，借鉴列昂节夫的活动理论，系统地提出其心理发展阶段论。他的学生达维多夫是这个理论的积极的推崇者，在他的许多著作中，他重审了艾利康宁的基本观点，并进一步发展了这个理论。他们按主导活动划分的六个年龄阶段是：①直接情感的交往阶段（0～1岁）；②摆弄实物的活动阶段（1～3岁）；③游戏的活动阶段（3～7岁）；④学习活动阶段（7～11岁）；⑤在社会公益活动系统中的交往活动阶段（11～15岁）；⑥专业的学习活动阶段（15～17岁）。其中3岁、7岁、11～12岁是转变年龄，或叫做危机年龄。

从60年代初期开始，在艾利康宁和达维多夫的领导下，根据其心理发展阶段论的思想，在苏联教育科学院心理学研究所的附属学校进行了实验教学。这是继赞可夫之后又一较著名的教学性实验。

1. 研究的理论依据

艾利康宁和达维多夫的实验教学有着一系列的理论根据。

首先，他们从学生的主导活动——教学出发，提出教学应通过儿童所掌握的知识内容，来实现他在智力发展中的主导作用，也就是说，正是知识的内容，最终地决定着学生智力的发展。

其次，他们从维果茨基的教学—发展观出发，提出教学内容的选择要走在学生的心理、特别是思维发展的前头，以便提出更新、更高的思维发展的需要。

再次，他们从其学派的心理发展动力观出发，提出教学内容，即新要求要适合于学生心理发展的可能性。

最后，他们反对布隆斯基的"学龄初期是记忆机能急剧发展"的观点，提出智力（思维）发展是学龄初期的首要任务；他们反对皮亚杰的思维发展公式（即学龄初期要重视具体思维），提出从小学起就要重视理论思维的培养；他们反对布鲁纳的"以某种形式可以在任何年龄讲授任何科学的原理"，提出教学内容要符合学生心理发展的阶段论。

2. 研究的进展

艾利康宁和达维多夫从上述观点出发，通过和助手们的积极工作，不仅在小学教学的内容上进行了一系列的根本变革，而且也确定了促使学生掌握这些知识的措施。

他们的研究取得如下的结果：

（1）提高了教学质量，提高了学生的思维能力。在实施教学的过程中，学生所掌握知识的科学理论有了很大的提高，并奠定了他们接受现代科学的理论思维能力的基础。

（2）对于不同教学阶段的学生学习活动（即主导活动）本身的特征，进行了深入的研究，并确定了学习活动或学生的主导活动的指标。

（3）研究了发展学生思维活动的途径，探讨了教学过程中学生智力发展的比较有效的方式，挖掘了他们智力活动的潜力。他们把知识内容看作是思维活动发展的基本的"推动者"，并且由此出发，来确定学生为掌握他们所拟定的内容必须进行的动作。

以上三个结果，反映了艾利康宁和达维多夫在试图阐明教育与教学这种主导活动能决定儿童心理的发展过程，同时也反映了他们在揭示这个过程的规律。

3."发展性教学"理论的形成

1966年，艾利康宁和达维多夫根据初步实验研究成果，写了《掌握知识的年龄可能性》一书，首次将其"教学与发展"的实验教学叫做"发展性教学"。1985年，艾利康宁逝世，达维多夫在继续实验的基础上写成了《发展性教学问题》一书，1989年作了修订，该书的出版，标志着他们的"发展性教学"思想的形成。

《发展性教学问题》一书分析了发展性教学问题的心理及教育原理，指出了对学校中实行发展性教学所建立的手段的影响。该书讨论了现代儿童心理学发展理论的若干问题，指出了儿童活动的基本特征。在实验材料的基础上，分析了学习活动的内容和结构。借助这种活动能形成学生的理论意识与思维。该书的主要内容是：

（1）在多年的理论与实践研究基础上，得出一个结论：发展性教育与教学是现代心理学、特别是儿童心理学与教育心理学的一个重要问题；

（2）教育与教学能决定人的心理发展；

（3）心理学中关于这方面研究的理论有两种，其观点是相对立的；

（4）苏联国民教育正处于一个重要的改革时期，提高教育与教学工作质量需要解决许多问题，这要依靠心理学家等人的工作，要考虑教育教学与心理发展之间的关系；

（5）苏联心理科学有唯一的方法论基础，这就是辩证历史唯物主义。根据这种哲学并考虑心理学对象的特点来说明心理科学概念的内容。这方面有许多不同的流派，其中维果茨基的学派占有重要的地位。该书作者就是该学派中的一员；

（6）活动的概念是苏联心理学中的基础概念，它的起源是和唯物辩证法紧密联系起来的。活动的概念的辩证唯物主义哲学的本质在于，是人的主体作为社会存在对外界客观现实的反映；

（7）人的心理发展首先形成他的活动意识，当然，这一切都是以他的心理过程（认识过程、情感过程）为前提的。心理的发展是在人的整个一生中进行的，从出生到死亡。这个问题是教育心理学的一个重要问题。它要指明的是：人的心理发展的不同年龄阶段及分期的科学依据；

（8）每个年龄阶段都有一个基本的或主导的活动形式，因此根据这些活动的形式能够区分出心理发展的相应的年龄阶段。

4. 对发展性教学实验的评价

艾利康宁和达维多夫的发展性教学，与赞可夫的研究一样，不仅有实践意义，而且有着理论意义。这个实验教学，以儿童心理发展阶段论为出发点，又用实验材料进一步丰富了儿童心理发展阶段论，体现了现代苏联儿童心理学坚持理论联系实际的方向。

艾利康宁和达维多夫在研究中强调从小学起就注重发展理论思维，他们从辩证逻辑关于认识的发展应当从抽象上升到具体的原理，批评了过去关于学生认识发展的研究，受形式逻辑和联想主义心理学的观点的限制，过多强调从具体上升到抽象，而且这种抽象只是事物的一般表象，而不是反映事物关系和本质的抽象，以致阻碍儿童认识的发展。因此，他们主张认识要着重从一般到个别，从简单的抽象到丰富的具体，强调在小学教学中要注重演绎法，等等。这固然对传统的教学和学生思维发展有着一定的意义，但是，他们也存在着不顾儿童思维的年龄阶段特点，使学生思维发展中的较晚阶段过分提前的倾向，这是不正确的。

艾利康宁和达维多夫在发展性教学中探讨了"教育与发展"的关系，摸索着中间环节的奥秘，提出知识内容，即教学内容对学生思维发展的主导作用，这无疑有一定的道理。然而，作为教学过程的整体性，光有教学内容也是不够完全的，因此在强调教学内容的同时，也不可忽视教师的主导作用、教法的重要性及非智力因素培养的意义，只有调动这些完整的因素，才能体现教育的主导作用，才能使学习活动推动学生（包括思维、智力）的发展。

此外，在其他苏联心理学家的大量研究中，首先是在梅钦斯卡娅和鲍高雅夫连斯基（Д. Н. Богоявленский）、柳布林斯卡娅（А. А. Ляблинская）、加里倍林等人的工作中，对教学（学习）问题进行了广泛的研究，这些研究与学生智力有着密不可分的联系，为苏联心理学关于"学习与发展"的研究，都做出了不可忽视的贡献。

第三节　中国对"学习与发展"的研究

尽管中国的科学心理学是由西方传入的，但在西方心理学传入中国之前，我国就有了心理学思想。

我国是文明的古国，有 5 000 年灿烂的文化与教育的历史。我国古代的儿童心理学和教育心理学的思想是丰富的，对于"学习与发展"的论述，可以溯源于 2 500 年前的春秋时期的伟大思想家和教育家孔子（公元前 551—前 479）的著述。孔子的心理发展观及其教育思想，长期影响着人们对于教育、教学、学习与人类心理发展的看法，并引起对他的思想的评价、验证、继承和发展。

科学心理学传入中国已近 100 年。随着近 100 年我国近代社会的动荡和变迁，中国现代心理学的发展，经历了相当艰难的道路。1949 年前是一段里程，之后又是一段里程。由于我们不太熟悉中国台湾儿童心理学与教育心理学的现状，因此，对近期"学习与发展"的心理学的研究总结，仅限于中国大陆。

一、古代的"教育与发展"观

（一）教育的作用在于发展学生的心理

我们以荀况和董仲舒的思想为例试加论述。

1. 荀子的观点

荀子（公元前 298—前 238）名况，字卿，战国后期赵国人，思想家和教育家。他持"性恶论"，认为人性生来是恶的，人之所以能为善靠后天的努力——人为。

荀子特别重视教育的作用。他从"性伪合"思想出发，认为人生而无贵贱、智愚与贫富之分，使人发生这种区别的唯一力量是教育[①]。他指出，教育之所以能发挥这么巨大的作用，主要是靠主观的"积"和环境的"渐"。他说：

> "积土成山，风雨兴焉。积水成渊，蛟龙生焉。积善成德而神明（睿智）自得，圣心备焉。"[②]

---

① 《荀子·儒效》
② 《荀子·劝学》

"蓬生麻中，不扶而直；白沙在涅，与之俱黑。兰槐之根是为藏，其渐（渍）之滫（溺），君子不近，庶人不服。其质非不美也，所渐者然也。故君子居必择乡，游必就土，所以防邪僻而近中正也。"①

前一段说"积"，智与德是积累而成的，圣人就是人之所积；后一段谈"渐"，指出了环境的重要性。在荀子看来，通过主观的"积"和环境的"渐"，就能够使人的本性发生根本的变化。也就是说，教育的作用，就在于改变人性。

2. 董仲舒的观点

董仲舒（公元前179—前104），汉代广川（今河北景县）人，是西汉时期的思想家和教育家。

董仲舒提出了"性三品"的思想，把人性分为上、中、下三等。他认为性只是质材，它的本身还不能说就是善，必须"待教而为善"：

"性比于禾，善比于米，米出禾中而禾未可全为米也；善出性中，而性未可全为善也。……天生民性，有善质而未能善，于是为之立玉以善之，此天意也。民受未能善之性于天，而退受成性之教于王，王承天意，以成民之性为任者也。……今万民之性待外教然后能善，善当与教，不当与性。"②

这段话的意思是，性仅仅为善提供以可能性，而教育将这种可能性变成现实性。这就精辟地阐明了教育与学生心理发展的关系。

（二）教育促进学生心理从量变向质变转化

在我国古代的教育家和思想家中，有不少人是坚持辩证法的，正是这种朴素的辩证法，使他们将学生的心理发展理解为量变到质变的过程。下面，我们举两个例子来加以论述。

1. 荀子的观点

荀子从教育作用出发，认为"习俗移志，安久移质"③。"长迁而不返其

---

① 《荀子·劝学》
② 《春秋繁露·深察各号》
③ 《荀子·儒效》

初，则化矣。"① 在这"安久移质"和"长迁不返"的思想中，包含着通过教育学生心理发展产生量变与质变的关系。也就是说，学生在教育的作用下，其心理经过长期的量变不再回复其本来面目，发生了质的飞跃。

荀子还说："学不可以已。青，取之于蓝，而青于蓝；冰，水为之，而寒于水。"② "君子之学如蜕，幡然迁之。"③ 这里，他所提到的青和蓝、冰和水的关系以及"学如蜕"的思想，都意味着教育能使学生的心理经过量的"积"的过程，发生质变。这种教育与发展的辩证观点，是值得我们继承和发扬的。

2. 王充的观点

王充（27—约100），字仲任，会稽上虞（今浙江绍兴）人，是东汉唯物主义哲学家和教育家。

王充强调教育和教学必须注重锻炼、教导和"识渐"，必须经过"切磋琢磨"才能达到"尽材成德"的目的。他是继荀子之后又一个强调心理发展量变质变的杰出学者。他曾说：

> "人之性，善可变为恶，恶可变为善，犹此类也。蓬生麻间，不扶自直；白纱入缁，不染自黑。彼蓬之性不直，纱之质不黑，麻扶缁染，使之直黑。夫人之性，犹蓬纱也，在所渐染而善恶变矣。"

王充将人性比作蓬纱。由于"渐染"，即量的变化过程，才使蓬纱之质完全变黑。人性，"在所渐染"的量变，才能引起善恶的质变，王充强调了人性量变的意义，强调了人性的量变和质变的相互关系，体现了我国古代重要的儿童心理发展的思想。

（三）即重视年龄特征，又重视个别差异

学生心理发展质变的表现形式是年龄特征。

我国古代有许多思想家和教育家，肯定人的发展中既有年龄特征，又存在着个别差异。因此在教育中既要坚持循序渐进的原则，又要实行因材施教。

最早提出心理发展的年龄特征和个别差异的是孔子。以后有的人提出年龄特征的思想，有的人提出个别差异的观点。但并不是说坚持前者的否定后者，也不是说提倡后者的不承认前者。他们只是从某一个侧面来讨论一个问

---

① 《荀子·不苟》
② 《荀子·劝学》
③ 《荀子·大略》

题。例如孟子（公元前 372—前 289），他是很重视个别差异的，他没有专门论述年龄特征问题，但是他提倡"循序渐进"，而学生学习的循序渐进，往往要以年龄特征作为前提之一。

孔子提出了人类心理随年龄而发展的思想，认为它表现为少、壮、老三个阶段。"少之时，血气未定，戒之在色；及其壮也，血气方刚，戒之在斗；及其老也，血气既衰，戒之在得。"[①] 这里可以看出孔子的心理发展观中，包含着一定的发展连续性和发展阶段性的朴素的辩证思想。他在 70 岁以后，回顾了自己的一生，根据自己的体验和观察，曾经对自己一生的心理发展作了粗略的描绘，把它分为六个阶段。他说："吾十有五，而志于学，三十而立，四十而不惑，五十而知天命，六十而耳顺，七十而从心所欲，不逾矩。"[②] 这是孔子的毕生发展观，初步阐明了人的心理发展的趋势。这些划分虽然比较简单，但却体现了人的心理发展的一般规律，并一直影响着我国两千多年来对人的发展阶段划分的认识。

在孔子的论著中，不仅有心理发展的年龄特征的观点，而且也有个别差异的思想。他在提出性习论的基础上，看到了人群中有少数超常和低常的心理现象存在，看到了在一般情况下存在着个别差异。因此他说："唯上智与下愚不移。"[③] 根据这个理论，在他教育学生时，总是既从一般出发，相信环境与教育的力量，重视心理发展的阶段性，同时，也针对学生的禀赋和个性，进行因材施教，因而取得良好的教育效果。

（四）不失时机的及时教育

现代儿童心理学强调早期教育，强调按照儿童心理发展的关键期进行及时教育，强调根据儿童原有的心理水平而有针对性地不失时机地进行教育，这些观点在中国古代的儿童心理学思想中同样地有所反映。南北朝时的教育家颜之推（531—约 590）就曾指出："人生小幼，精神专利，长成以后，思虑散逸，固须早教，勿失机也。吾七岁时，诵《鲁灵光殿赋》，至于今日，十年一理，犹不遗忘。二十之外，所诵经书，一月废置，便至荒芜矣。"[④] 这和当今的观点，是多么相似。

---

① 《论语·季氏》

② 《论语·为政》

③ 《论语·阳货》

④ 《颜氏家训·勉学》

二、艾伟是我国最早对"学习与发展"作心理学研究的学者

艾伟（1890—1955），字险舟，湖北江陵人，中国心理学家。

艾伟的主要研究在教育心理学方面。他提出，教育心理学的两大任务是：① "……对于儿童的心理加以发生之研究……知道适当的教育时期。" ② "……学习历程之探讨。"① 可见，他的教育心理的出发点是来自于学习与发展的思想。他强调教育与发展的关系，教育的实施必须顺着儿童心理的发展；他认为，良好的有效的学习，必须要先总结前人的学习经验，形成良好的学习系统，其中最主要的是学习方法和教材的编配。

艾伟认为，环境是各种刺激的集合。儿童的学习，自他在母腹中便开始了。他认为学习在儿童的发展中起着极为重要的作用。但是，他同时认为，华生的思想过于守旧。他反对后天学习的绝对作用。"学习与长成相互作用，逐渐成人"的论点，反映了他的辩证发展观。

艾伟强调"积极的反应"在学习中的重要性，强调学习要科学化，要在实验的基础上认识学习规律的本质，他强调学习与发展过程中的个体差异，强调生理的限度问题。

他提出，在学习上要注意三点：① 不偷巧；② 学习方法；③ 学习卫生。这体现了治学精神与科学方法的统一。

艾伟在分学科的教育心理学方面做了大量论述，对教育测验十分重视。

1934 年，他在南京创办了万青试验学校，结合心理和教育测验来诊断儿童智力，并选拔优秀儿童入学，进行因材施教的教育。这是我国现代化教育中的首次实验教学，并取得卓越的成果。

艾伟在汉字学习方面的研究很多，并在研究结果的基础上提出了他的一系列的观点。他大量引进了国外"学习与发展"的理论，为中国教育心理学在这方面的发展，奠定了厚实的基础。

三、朱智贤的教育与发展观

朱智贤（1908—1991），字伯愚，江苏赣榆人，中国心理学家、教育家。

（一）朱智贤的教育与发展观，是他阐述的儿童青少年心理发展基本规律之一

朱智贤用辩证唯物主义的观点探讨了儿童青少年心理发展中关于先天与

---

① 艾伟. 教育心理学. 北京：商务印书馆，1936，27

后天的关系，内因与外因的关系，教育与发展的关系，年龄特征与个别差异的关系等一系列重大理论问题。

朱智贤承认先天因素在心理发展中的作用，不论是遗传素质还是生理成熟，它们都是心理发展的生物前提，提供了这种发展的可能性；而环境和教育则将这种可能性变成现实性，决定着儿童心理发展的方向和内容。

然而，环境和教育不是像行为主义所说的那样机械地决定心理的发展，而是通过儿童青少年心理发展的内部矛盾而起作用。这个内部矛盾是儿童青少年在实践活动中，通过主客体的交互作用而形成的新需要与原有水平的矛盾。这个矛盾是儿童青少年心理发展的动力。

心理如何发展，向哪里发展，不是由外因机械决定的，也不是由内因孤立决定的，而是由适合于内因的一定外因决定的，也就是说，儿童青少年心理的发展主要是由适合于心理内因的那些教育条件来决定的。从教育到心理发展，儿童青少年心理要经过一系列的量变和质变的过程。

心理发展的质的变化，就表现出年龄特征来。心理发展的年龄特征，不仅有稳定性，而且也有可变性。在同一年龄阶段中，既有本质的、一般的、典型的特点，又有人与人之间的差异性，即个别差异。

当然，对这些问题的分析和阐述，在中外儿童心理学史上有过不少，但像上述那样完整地、系统地、辩证地提出，这还是第一次，因此，正如有人所指出的，它为建立中国科学的儿童心理学奠定了基础①。

（二）朱智贤关于"教育与发展"思想的内容

（1）提出了心理发展的客观指标，把心理发展参数理解为发展的时间、发展的速度、量变与质变、发展的协调性、身心发展的关系、发展的差异性六个方面。

（2）教育在心理发展中占主导作用。当然，他强调的教育，应理解为符合学生心理发展的内因，并采取措施促进心理发展的教育，这是教育在心理发展上的地位与作用。

（3）知识的领会是教育和发展之间的中间环节。教育必先引起学生对于知识、技能、道德规范的领会、掌握、学习，然后才有可能促进他们心理的发展。从领会到发展则是比较明显、比较稳定的质变过程。

（4）教育教学的着重点是促使学生心理的质的发展。因此，选择合理的

①　中国现代教育家传. 第3卷. 长沙：湖南教育出版社，1987，316

教育教导措施，促进学生在心理量变过程中逐渐内化，最后达到其质变过程。

（5）重视和支持开展"学习与发展"与"教育与发展"的实验研究，我们的研究就是在恩师朱智贤教授的支持下开展起来的。作为他的学生，我们把自己的研究工作看作是他的学术思想或学术学派的一种体现。

四、对"学习与发展"的实验研究

严格地讲，1949 年以来，对"学习与发展"开展有价值、有影响的心理学实验研究，还是在"文化大革命"以后，几乎是同时起步的。尽管有的研究在 60 年代也有小型实验，但仅仅是雏形。20 多年来，在全国各地开展的有代表性的研究，重要的有四家：中国科学院心理研究所刘静和的研究；卢仲衡的研究；华东师范大学邵瑞珍的研究；北京师范大学冯忠良和林崇德的研究。

（一）刘静和及其"现代小学数学教学实验"

刘静和（1911—2004），女，原籍福建闽侯，生于上海宝山县，中国现代心理学家。早年就读于美国明尼苏达大学医学院，获医学硕士，后获哥伦比亚大学医学博士。1950 年回国，在中国科学院从事儿童与教育心理学研究。60 年代，她对儿童数概念和类概念的形成和发展进行了调查研究，探讨了儿童抽象思维的发展与掌握数学符号的过程。长期以来，她坚持在教学实践第一线研究儿童心理与教育心理，为中、小学教学改革提供了心理学依据。

从 70 年代末开始，刘静和领导的"现代小学数学教学实验"课题组，与广大教师一道开展了小学儿童数学认知发展的大量研究。在研究儿童数概念、类概念、乘除概念等概念基础上，系统地探讨了儿童对部分与整体关系概念的认识的发展，总结出部分与整体关系认识的 12 项指标，从而进一步明确提出以"1"为基础标准，揭示数以及小学数学中的部分与整体关系并以此作为主线来重新构建现行教学大纲范围内的小学数学知识结构，以塑造儿童良好的认知结构的心理学思想。为贯彻这一思想，实验的第二阶段工作是深入教育实践中去，编写《现代小学数学》教材，开展班级教学实验，以检验和应用科学发现，并提高教学效果。

部分与整体间的一个关系是整体包含部分，部分被包含于整体。部分与整体的分与合是思维分析综合活动的客观基础。在小学数学中，把部分与整体的分与合作为一种思考方法，在认识自然数的分解组合，认识分数的分解组合，认识把一个数量按照一定的比例来进行分配是一脉相承的。整体大于部分、部分小于整体，这是部分与整体关系中的另一个关系。从小学数学中数量关系来说，比较部分与整体的认识发展路线，沟通了整数——分数——比值之间的层次过渡，体现了知识的整体性和层次性。

部分与整体关系的分和合及大小比较，都基于单位"1"和整体守恒这两个最基本和最核心的概念。"1"具有可积性和可分性，积"1"成整数，分"1"为分数；"1"具有概括性，一个"10"是 10 个"1"的概括；工作总量"1"和假设整体"1"是对某个数量的概括；"1"具有相对性，"1"既可看作整体数，又可看作部分数。教材是循着"1"这条线索构建起知识结构的，把整数、分数、小数、百分数比例统一在一个系统之内，用"1"说明其内在联系与层次。儿童沿着这条线索掌握简单到复杂的数量关系及运算，同时发展了思维的辩证因素。

此外，初等数学也充满矛盾。该课题组研究人员为阐述数学知识的内在辩证性，为使学生受到初步唯物辩证法观点教育，他们在《现代小学数学》1～10 册中，每册安排了一种对立统一的思想内容，以便促进儿童辩证思维的萌发。

1981 年至今，他们已经进行了几轮教学实验，取得了良好的教学效果。近 10 年来，这项研究由刘静和教授的助手、中国科学院心理研究所研究员张梅玲主持，张教授不仅发展了刘教授的学术思想，而且扩大了实验研究。现在，他们的实验班遍及全国 28 个省市，达 2 500 个。目前，他们在"临床"实验中探讨儿童辩证思维的因素，运用计算机信息处理序列分析思维的过程。他们的研究成果将为促进学生思维发展做出贡献。

（二）卢仲衡及其"自学辅导教学实验"

卢仲衡（1918—2002）作数学自学辅导教学实验已近 30 年。他提出并运用心理学原则编写自学辅导教材，教材包括课本、练习本和测验本，以便学生自学与练习、教师批改与检查。他根据教学目的、过程和学习的心理特点，制订出自学辅导教学的原则，即班集体与个别化相结合、教师指导辅导下学生自学为主、启读练相结合、利用现代化手段加强直观性、尽量采取变式复习加深理解与巩固、强动机浓兴趣、自检与他检相结合，并以这些原则作为教与学的基本方法或指导原则。他提出检查教学效果的四个客观指标：学习成绩、自学能力成长、自学能力迁移和学科全面发展。

卢仲衡研究了学生的学习类型——敏捷而踏实、敏捷而不踏实、不敏捷

而踏实和不敏捷又不踏实。其结果是，在自学辅导教学中以"不敏捷而踏实"的学生受益最大，"敏捷而不踏实"的学生受益最小。研究发现，学习类型有稳定性与可变性两方面；踏实与否是后天习得的品质。他因此提出用严格要求、督促与检查等多种方法改变学生不踏实的缺点。

卢仲衡的自学辅导教学实验，已遍及全国各省市，规模较大、效果较好。在心理的智力因素方面：①研究了注意力的问题，其结果表明，自学辅导教学比传统教学更能使学生注意力集中；②研究了遗忘问题，其结果表明，自学辅导教学中学生的遗忘比传统教学中的遗忘要慢；③研究了创造性思维的问题，结果表明，自学辅导教学中的学生的创造性思维要比传统教学中的为优。上述三方面均达到显著差异。卢仲衡还注意非认知因素的研究。

卢仲衡的"自学辅导教学实验"，是在理论的基础上开始的，最后创建了他自己的理论，他充分地把理论与教学实践结合在一起，对教师、学生和教材提出了自己的要求，充分体现了学习与发展的思想，并在教学实验中获得了丰硕的成果。

（三）邵瑞珍的"学与教"的研究

邵瑞珍（1916—1998）领导的课题组，研究的总方向是"学与教的心理学理论与应用"。

首先，他们本着立足国内教育实际、洋为中用的指导思想，有选择地对国外某些有重要影响的理论作了比较系统研究。他们率先对布鲁纳、奥苏贝尔和加涅的学习论与教学论思想作了比较系统的评价，并翻译出版了一些重要英文原著，其中有鲍尔和希尔加德（G. H. Bower & E. R. Hilgard）的名著《学习论》（1981）和《布鲁纳教育论著选》。

其次，在此基础上结合我国中小学实际，开展了一系列应用性研究。他们将奥苏贝尔和加涅的学习论思想应用于教学设计，对这些理论作了某些验证；运用归因论检测我国中学生归因倾向，研究了我国中学生归因的某些特征；初步编制小学一年级至六年级阅读理解量表和小学新生入学数学能力量表等。

最后，结合教学与科研，先后编写了三种版本的教育心理学教材：《教育心理学：学与教的原理》（1983）、《教育心理学》（1988）、《学与教的心理学》（1990）。后两书分别被国家教委推荐为高校文科教材和高师公共心理学教材。这三种版本教材的问世，反映了他们的教材从引进到创新与综合的历程。正如加拿大多伦多大学名誉教授在评论《学与教的心理学》一书时指出的："它

的出版可说是切合时代急需的，把中国教育心理学中的学与教推向了新台阶。"① 在学的方面，他们根据我国德、智、体全面发展的教育方针，系统阐明了认知、情感、态度与动作技能的学习过程。在认知方面，他们把"智"归结为知识、智力技能与策略三方面的学习，并综合各家理论，在国内外最先全面阐释了不同类型的认知学习的性质、心理过程与条件；在教的方面，他们提出了自己的教学过程模式，包括教学目标设计、教学媒介与技术的设计和运用、适应个别差异的教学、激发与维持学习动机、管理课堂、测量和评价教学与诊断和补救教学七个环节。

他们综合各种有用的理论，阐明了各个环节的心理学原理与应用技术。在每一环节的阐释中，坚持教师与学生、教学方法与学生的个性特征、学生的认知因素与情感因素，以及教学与发展之间的交互作用观。通过 10 多年努力，他们的教育心理学教材的体系与内容基本上能与国外教育心理学的进展保持同步。

（四）冯忠良的"结构—定向"的教学思想

结构—定向教学思想认为，应用教育心理学研究成果，改革教学体制、优化教学系统、提高教学成效，以加速人才培养，是使教学适应于社会发展的根本出路。

依据教育的系统论观点及经验传递论、学生学习的接受—构建论、学生能力品德的类化经验论，结构—定向教学思想认为，教学必须以构建能力与品德的心理结构为中心。结构—定向教学思想认为，要加速心理结构的形成与发展，必须依据学习的动机、学习的迁移、知识的掌握、技能的形成与行为规范的接受规律，改革现行教学目标、教材、教学活动与教学成效的考核及评估系统，对心理结构的形成、发展，实施定向培养。

整个结构—定向教学思想，由以下内容构成：①两个基本的教学观点（结构化与定向化教学观点）；②三个理论基础（教育的系统论观点及经验的传递论、学生学习的接受—构建论、能力品德的类化经验论）；③五个方面的学习规律（学习的动机、学习的迁移、知识的掌握、技能的形成、行为规范的接受）；④教学体制的四个方面（教学的目标系统、教材系统、教学活动、教学成效的考核及评估系统）。上述内容构成了结构—定向教学的执行原则。

---

① 江绍伦. 学与教的心理学. 华东师范大学学报（教科版）. 1991，2

冯忠良的结构—定向教学实验表明，应用这一教学思想，可以大幅度提高教学效果。它不仅适用于大、中、小学的各科教学的改革，而且适用于职业教育中的技术培训。他的小学教学的改革实验表明，在不增加课时与课外作业的前提下，一年的结构—定向教学可以完成两年的传递教学内容，而且掌握的质量高于传统教学。自动机床操作工人的诊断技术故障能力的实验表明，技校学生经过三个月的培训，其诊断技术故障的能力，高于具有同等学力并已有四年工龄的师傅。

（五）林崇德及其"中小学生心理能力发展与培养"的教学实验

本书是这个实验的总结①。

---

① 《中国教育报》1991年2月7日、2月26日、3月30日、4月27日、6月29日、7月27日和8月22日分7期系统地介绍了"林崇德《学习与发展》观"；1998年1月6日、1月13日、1月20日、1月23日、1月27日、2月3日、2月10日、2月17日、2月24日、2月27日又分10期系统发表了《林崇德教授谈中小学生智力训练》。

第三章　在教学实践中研究学生的发展

　　发展心理学与教育心理学的研究方法是一个有机的整体。它应该包括两大系统：一是发展心理学与教育心理学的研究方法；二是它们的方法学。前者以发展心理发展与教育过程中所包含的种种心理现象为研究对象。后者则以研究方法为研究的对象。它们两者之间相互联系，相互制约，相互促进，共同影响发展心理学与教育心理学研究的科学水平的高低。从目前的情况来看，我们所做的工作大都集中在前者，而对后者则几乎没有给予重视和研究。这是值得注意的。为什么发展心理学与教育心理学研究方法的探讨显得如此重要呢？这是因为研究方法如同生产工具标志着人类认识自然、改造自然、征服自然的水平的高低一样，代表着科学研究水平的高低。一部发展心理学或教育心理学的历史，同时也是一部它们的研究方法论的历史。一个新理论的提出，新成果的取得，无一不与研究方法上的改革、创新密切相关。现在，我国发展心理学与教育心理学研究水平不高，常常与研究方法的水平有很大关系；而在研究方法上存在的问题，又直接与我们在研究方法学方面重视和研究不足相联系。当前，科学技术的迅速发展，无论在理论上、方法上，还是在专门技术设备等条件方面，都为我们提供了许多方便，而发展心理学与教育心理学研究的资料，正反经验和具体的方法也足以供我们总结。因此，我们相信，只要对研究方法和方法学的工作予以高度的重视，就一定能在不远的将来填补一个个空白，为提高整个发展心理学与教育心理学的水平做出贡献。

　　完整的发展心理学与教育心理学的研究方法和方法学，应该根据当代科学技术发展的特点、趋势，根据整个心理学发展的历史经验和趋势、特别是根据我国发展心理发展与教育过程中各种心理变化的特点，探讨如何建立发展心理学与教育心理学研究方法的科学体系。这里，我们认为借用现代科学技术使其研究方法现代化，总

结其研究方法的历史演变，指出其研究和研究方法上的可能性、有前景的研究领域和发展趋势，归纳概括出各种科学方法固然是重要的，然而，改变今天发展心理学与教育心理学的现状，必须坚持在我国教育实践中研究发展心理学与教育心理学，使其理论联系实际，使发展心理学与教育心理学的研究中国化。这是探讨我国发展心理学与教育心理学的方向和出发点。也是建立科学的研究方法和方法学的核心问题。

我们在教学实验中对学习与发展，对中小学生能力的发展与培养的研究，正是出自上述的思想体系。

第一节　在教学中探索学生心理发展是心理学研究的新趋势

多年来，我们一直主张坚持在教学实践中研究学生的心理发展，这不仅是理论联系实际的需要，而且也是发展心理学与教育心理学研究的新趋势。

一、生态化运动与心理科学的应用研究

坚持在教育或教学实践中研究发展心理学与教育心理学，是国际发展心理学与教育心理学研究的一个新趋势。现代发展心理学与教育心理学的研究，是以科学方法的发展为基础的。其实质是在于关心严格研究的客观性，强调准确地观察事件、行为和语言，从而更科学地分析心理、意识的特点，并为

社会实际所应用。发展心理学与教育心理学的研究方法在不断地演变着。追溯既往历史，它的发展经历了哲学思辨到经验描述，再到科学实验三个阶段。今天，儿童心理学与教育心理学的研究，正处于新时代的开端，发展心理学和教育心理学的研究能更客观、更真实，即能连接儿童与青少年真实的世界并为之服务。

（一）"生态化运动"（The ecological movement）的提出

在西方心理学界，出现一种叫做"生态化运动"或"生态学运动"[①]。所谓心理学研究的生态学运动，是指发展心理学与教育心理学研究领域中出现的一种强调在活生生的自然与社会的生态环境中研究被试心理特点及其发展的普遍倾向。

我们知道，20世纪60年代兴起了实验心理学的改革，由于现代科学技术的迅速发展和研究技术的改进，使许多原来运用于成人和低等动物身上的严格的实验室方法，也运用到了婴儿身上。实验室实验是在特别创设的条件下进行的，可以严格、有效地控制各种条件与变量，并可有目的地改变其中一个作为"实验变量"的条件，从而去考察由此引起的心理或行为的变化。研究中还可以充分利用仪器设备，准确地记录条件与反应改变的情况，因此，它可以确定事物之间的因果联系，结果精确且易于检验。无疑，实验室实验广泛运用于发展心理学与教育心理学研究，无论对于发展心理学与教育心理学学科本身的建设还是对于提高其研究的科学水平，都起了积极的推动作用。然而，随着研究的增多，实验室实验固有的缺陷也日益显露出来，这就是它研究情景的人为性，与客观实际相脱离。由此，其研究结果的有效性和普遍性也受到严重影响，难以说明实际生活中被试心理变化的特点和水平。对此，西方不少心理学家作了评价。布朗芬布伦纳（Bronfenbrenner）自1979年起即已指出，这种研究强调严格可以获得优美的实验设计，但给研究范围带来了局限性。这个局限性是从许多这类实验中，包括非家庭的、非学校的、人为的和缺乏生活的，以及所谓概括为别的背景困难的无用行为而得出来的。麦卡尔（Mycall）也有说服力地表示，我们的理论和研究的结果，必须冲出实验室的围墙。"如果我们不是在对真实家庭、真实学校和真实环境中对真实

---

① U. Bronfenbrenner. The Ecology of Human Development，Cambridge，Harvard University Press，1979

被试生长的研究,那么我们的知识还有什么价值呢?"① 类似的陈述在社会性和品德研究(Ellsworth & Ring)、复杂的心理现象研究(Miller)、环境与教育领域研究(Proshansky)中屡见不鲜。

(二)"生态化运动"的意义

儿童与青少年是在实际自然与社会生态环境中成长起来的,而不是在实验室中成长起来的,他们的心理发展不可避免地会受到社会环境中各种因素的影响,而这些因素之间又是相互作用、相互影响的,是一个完整的系统,儿童与青少年心理发展水平、特点和变化,都是该系统中各因素相互作用的综合效益。因此,在发展心理学与教育心理学的研究中,只有将儿童与青少年放到现实的社会环境中加以考察,从他们和社会的相互作用中,从社会环境中各因素的相互作用来进行分析,才能真正揭示他们心理变化的规律。对此,已引起西方心理学界的高度重视。他们普遍认为,只有走出实验室,到现实生活中去,在真实的社会环境、学校环境和家庭环境中研究儿童与青少年心理的发展和变化,才能保证发展心理学与教育心理学的研究结果有较高的生态学效度,即接近现实生活中儿童与青少年的实际,有较高的应用价值。这样,便形成一种强调从生态学角度研究儿童与青少年心理发展和变化的普遍思想倾向,而研究方法、研究技术和研究手段的发展和提高,则使得这一思想倾向变为现实。目前,在发展心理学与教育心理学的各个研究领域中,特别是智力、社会性和品德的研究领域中,密切结合儿童与青少年生活、学习实际而进行的现场研究、自然实验以及较高水平的观察方法越来越普遍,日益成为重要研究方法。由于实验研究设计水平的提高和有关统计方法的改进,使得其研究结果既切合实际,有较高的生态学效度,也具有较高的科学性。今天国际上新的"教育实践研究"和"教育行动研究"② 就是较为典型的生态化运动的研究做法。尤其是教育行动研究,《国际教育百科全书》还对其下了定义:行动研究,是指由社会情境(教育情境)的参与者,为提高对所从事的社会或教育实践的理性认识,为加深对实践活动及其依赖的背景的理解所进行的反思研究。

---

① U. Bronfenbrenner. The Ecology of Human Development,Cambridge,Harvard University Press,1979

② 林崇德:教育与发展. 北京:北京师范大学出版社,2004

(三) 发展心理学与教育心理学的应用研究

发展心理学与教育心理学的应用趋势是心理学研究的现实转向。国际心理学以《儿童心理学手册》为权威图书资料。《儿童心理学手册》最新版于2006年出版，2009年由华东师范大学出版社出版中文版8卷。《儿童心理学手册》中明确提出"应用儿童心理学"（即"应用发展心理学"），并列出了以下三大方面及其更具体的24个题目：（1）教育实践中的研究进展与应用。包括学前儿童发展与教育，早期阅读评估，双语人、双文学人和双方化人的塑造，数学思维与学习，科学思维和科学素养，空间思维教育，品德教育，学习环境；（2）在临床中的应用。包括自我调节和努力的投入，危机与预防，学习困难的发展观，智力落后，发展心理病理学及其预防性干预，家庭与儿童早期干预，基于学校的社会和情感学习计划，儿童和战争创伤；（3）在社会政策和社会行动中的应用。包括人类发展的文化路径，儿童期的贫困，反贫困政策及其实行，儿童与法律，媒体和大众文化，儿童的健康与教育，养育的科学与实践，父母之外的儿童保育：情境、观念、相关方法及其结果，重新定义从研究到实践。

从最新版的《儿童心理学手册》使我们认识到：当前应着重加强应用，提高心理学科为社会服务的水平，尤其是要满足国家和社会发展重大需求。随着我国社会经济水平的不断提高，对心理学科提出了越来越多的需求：建设和谐社会，需要和谐心理；让人们有尊严地生活，离不开提高人们的主观幸福感；提高全民人口素质，尤其是促进未成年人的素质，离不开心理研究揭示的学习和心理发展规律的支持。我始终坚信，作为科学的发展心理学与教育心理学的发展取决于社会认同，只有为社会为公众提供更多的服务，社会才会承认心理学的价值，才会给心理学更大的发展空间和更多的机会。心理学有多大发展，归根结底，取决于其研究成果为社会生活提供帮助和服务的数量和质量。所以我们必须坚持在教学中，乃至在整个社会实践中探索学生心理发展，这是心理学科学研究的需要。让我们矢志不渝，共同努力。

由此可见，坚持在教育实践中研究发展心理学与教育心理学，这是一个国际性的课题，这个课题的提出并随之积极行动是发展心理学与教育心理学研究的一个必然趋势。

二、坚持在教育实践中研究心理学的方法与手段

发展心理学与教育心理学的研究可以采用一般的或常规的研究技术，如

观察、谈话、测验式的实验、作业的实验等。由于现代化科学技术的发展，很多心理学家在研究中，都采用了现代化的技术设备，坚持在教育实践中研究发展心理学与教育心理学。如何将上述所说的常规研究和采用现代化手段的研究结合起来，这是一个值得探讨的重大课题。

我们千万不能将采用现代化手段的研究和坚持在教育实践中研究对立起来。坚持在教育实践中研究发展心理学与教育心理学，其方法和手段绝不会落后。随着现代科学技术的发展，心理学的研究方法也在进步。结合教育实践进行的研究，或"生态学运动"，包括我们的教学实验，各种自然实验的方法及其手段当然也要趋于现代化。其表现为：

（一）强调两种"效度"

现代发展心理学与教育心理学的重要进展之一，是强调研究的内部效度和外部效度。

1. 内部效度

一项研究的所谓内部效度，就是其行为变化产生于操作变量变化的结论的确定性程度。研究表明，影响一项研究的内部效度的因素是很多的，主要有：

（1）历史因素，即任何发生于前测和后测之间的非实验变量的环境事件，都可能引起前测行为和后测行为的变化。

（2）测量因素，即重复测量或参加测验，可能引起行为方面的一些意外变化。

（3）测量手段因素，即任何测量手段方面的变化，如观察者的精确性，测验的效度，计时器校准等，都可能随时间变化而引起反应分数的变化。

（4）统计回归，即从数理统计原理可以预知，在前测时处于高低两个极端的被试在后测中会向中间移动，从而影响实验结果。

（5）选择因素，即实验前两组之间的任何原有的差异都可能影响实验结果的可靠性。

（6）选择—成熟相互作用，即实验前未对被试进行随机分组，而这些被试之间在前后测的时间间隔内的成熟水平又不同，从而影响实验结果。

（7）处理扩散，即不同处理组中的被试相互交往，使实验效果减弱，对照受到影响。

（8）处理的补偿平衡，即当一种实验处理对被试是有用的或所期望的东西时，实验情境外的人可能不适当地为其他被试提供类似的经验，从而影响实验效果。

2. 外部效度

所谓外部效度，就是指研究结果的从一般化（普通化）到其他情境、总体的程度。研究表明，影响外部效度的因素主要有：

（1）对测量的敏感性。如确定被试初始水平而进行的前测，可能改变被试对实验变量的敏感性，并不适当地改变行为操作，从而影响研究结果。

（2）处理间的交互作用。如果一个被试接受两种以上的处理，则先前处理可能影响随后处理。

（3）选择—处理的交互作用，选择一个实验的被试的程序可能有利于或不利于一些被试，因此处理效果可能就不能概括其他团体。

（4）背景—选择交互作用，在一个实验情境中证实了的一种操作变量的效果，在另一背景中可能失真。

（5）历史—处理的交互作用，当实施的实验处理与一些无关的环境互相重合时（如在一个节日前的一天研究儿童），则实验结果的一般化程度可能受到影响。

（6）实验者效应，即实验者身上的一些特点或行为会影响被试，从而影响实验结果。

要考虑这些标准的合理使用，必然要引起实验室实验研究如何跟自然实验相结合、相统一的问题，必然会走向教育实践，去研究真实而活生生的儿童与青少年。

由于强调在教育教学实践中研究、特别是自然实验研究的内部效度和外部效度的问题，于是对影响内外部效度因素的日益了解和在实验设计中为克服这些因素而采取了种种有效措施，从而使得整个研究的科学水平有了一个普遍的提高。

（二）注意准实验（quasi-experiment）的设计

1. 准实验的含义

我们提倡在教育实践中研究发展心理学与教育心理学，主张在儿童与青少年的实际环境、学习情境和生活现场中，研究其心理特征及变化规律。由于在现场或实践中研究有许多优于实验室研究的特点，结果接近实际、真实，有较高的应用价值，因而其作用越来越大。而现场研究或在教育实践中研究的广泛运用，又与实验设计技术，特别是与库克（T. D. Cook）和坎贝尔（D. T. Cambell）提出的准实验设计技术的发展分不开的。

众所周知，儿童与青少年的心理特征以及在教育过程中出现的种种心理现象，同教育实践、社会环境、文化背景是密切相连的。如果在研究中排除了客观因素的巨大影响，就不可能得出符合实际的真实有效的结论，使发展心理学与教育心理学失去生命力；而在错综复杂的客观现实因素的影响下，进行严格控制变量的实验又是极其困难的，或是不可能的。但另一方面，任何一门科学都力求探明自变量和因变量之间的因果联系，而探明因果联系的最有效手段正是科学实验，放弃了实验，也就放弃了因果分析的最有力工具。这样，心理学的研究就处于两难境地。为摆脱这种两难境地，于是就提出了准实验设计思想和具体方法。

2. 准实验的特点

准实验设计，是指在实地情境中不能用真正的实验设计来控制无关变量，但可以使用真正实验设计的某些方法来计划收集资料，获得结果。准实验的条件控制不如实验室实验严格，它是在不可能进行实验的条件下进行的，所以，研究者必须对哪些是影响结果的无关变量有一个清楚的认识。由于准实验所运用的是现成的群体，其主要特点是被试不是被随机地安排到不同条件之中的，因此它一般不涉及控制组，而较多地运用已经形成并可作为研究对象组合的比较组。准实验设计类型有不少种，如非对等的比较组设计，不加处理的比较组的先、后测设计，间隔时间序列设计，重复处理实验设计和循环法（轮组）设计，等等。

当然准实验设计还存在不少局限性，有待于研究时注意，并加以克服。但它作为一种新的方法论思想和研究技术，已显露出生命力，而其本身也会在实践中日渐成熟和完善。

（三）观察手段的改进

在教育实践中研究发展心理学与教育心理学离不开观察法，自然实验以自然观察作为重要的手段。

观察是一门专门的技术。一个完善的观察要求研究者必须注意到：明确目的，了解意义，情境自然，客观进行；善于记录，便于整理；正确理解，作出由表及里的分析。随着科学技术的发展，在观察中为了更精确地研究被试的心理特点、变化，总是采用一系列观察的手段，如照相、录音和摄影等。

近一二十年，观察法（手段）的复杂性，已经在戏剧性地提高。20世纪60年代末的应用行为分析运动和70年代末的研究者重视操作生态结构之后，现代观察法出现了三个特征：①观察的规划和程序越来越复杂和详细；②重视信度、效度的统计，从而提高了观察内容及其数据的可信性；③观察器材越来越现代化。这样，就提高了研究的严密性和正确性。

坚持在教育实践中研究发展心理学与教育心理学，就必然搞现代自然实验研究，应用现代化的观察手段，这是科技发展的必然趋势。在教育实践和现代自然实验的研究中，许多心理学家采用了现代化的技术装备，如录音、录像、电子计算机等，特别是录像系统和电子计算机系统。录像记录的最大长处，在于它为研究者提供了把握特定事件的手段，并能对它做重复的观察。由于使用电子计算机和专门为现代观察研究设计的自动记录仪器、分析仪器，能使测量指标及数据很快地被研究者所掌握，这就有利于对被试的活动、行为、言语的观察和记录，以及事后的深入细致的分析，从而促使发展心理学与教育心理学的研究手段现代化。

（四）重视因素分析

应用现代科学方法的一个重要目的是分辨因果关系。按传统方法，心理学研究的结论、实验操纵的含义，将观察数据最初作描述归类，充其量也只是作些启发性情境归类而已。坚持在教育实践中研究发展心理学与教育心理学，由于突出其真实性，问题就变得复杂多了。

因为在发展心理学与教育心理学的研究中，影响被试的心理发展变化的因素不是单一的，而是多种多样的，如遗传因素，生理成熟因素，营养因素，社会、学校、家庭等环境、教育因素，实践活动等客观条件，还包括内部矛盾或动力的主观因素，等等。其中每一个因素又可以分为许多不同的方面。所以，传统的发展心理学与教育心理学研究在采用单因素分析方法进行统计处理时，总是要通过控制所研究的某一因素以外的其他因素，来考虑该因素对被试心理变化的影响。然而，这种单一因素分析法在发展心理学与教育心理学研究中存在着严重的缺陷，妨碍了研究结果的正确性、科学性。其一，变量的控制有时是不可能的；其二，从系统论整体观的角度来看，有时变量的控制是无意义的，或是错误的；其三，从整体观看，影响心理变化的各因素的不同组合，也可能会使某一影响因素产生不同的作用。因此，孤立地考察某一因素，有时是没有意义和价值的。

在教育实践中研究发展心理学与教育心理学，如现代自然实验研究采用的统计技术应该是因素分析。因素分析是一种统计技术。它的目的是从为数众多的可观测的"变量"中概括和推论出少数的"因素"，用最小的"因素"来概括和解释最大量的观测事实，从而建立起最简洁、最基本的概念系统，揭示出事物之间最本质的联系。因素分析的方法是很多的，主要有多因素的回归分析、判别分析、聚类分析、结构方程和正交试验，等等。由于因素分析那庞大繁多的计算非人力所及，已致半个多世纪历史的因素分析长期得不到广泛的运用。然而，近十几年来，随着电子计算机技术的发展，因素分析

技术也得到了较大发展。结合教育实践所研究的现代心理学，如自然实验中都初步应用了因素分析技术。

由此可见，是否在教育实践中研究发展心理学与教育心理学，同研究的方法和手段的水平高低是两回事。随着科学技术的发展，只要科学地将其引进发展心理学与教育心理学中来，那么坚持在教育实践中也照样可以应用，这样也就必然地会使结合教育实践的研究水平，也随之水涨船高。因此，如果有条件，在我们发展心理学与教育心理学的研究中，采用上述的种种现代化手段是必要的，它不仅使研究更深入、细致，缩短时间，提高在教育实践中研究课题的科学水平，提高工作效率，而且能使我们对某些本来难以研究或不可能研究的课题开展研究。为此，我们在研究工作中，应当提倡采用现代化手段。

然而，这里有两种倾向必须克服。一种是过多地强调上述的条件，以为没有上述的条件，就不可能取得在教育实践中研究（如自然实验研究）的积极成果。这是不对的。因为在目前的条件下，发展心理学与教育心理学还离不开常规研究。另一种是忽视实验室的实验研究，似乎只要我们坚持在教育实践中研究，就可抛弃实验室研究了。这也是错误的。因为实验室实验是发展心理学与教育心理学研究的一种重要方法，有些课题，必须通过实验室进行研究，在教育实践中进行研究应该和实验室研究统一起来。我们主张把在教育实践中所研究的一些关键的课题引入实验室，以提高其严密性和精细性。

三、发展心理学与教育心理学中国化的研究意义和途径

我们主张坚持在教育实践中研究心理学，搞生态学运动，并欣赏和提倡其方法与手段的变更，目的在于使发展心理学与教育心理学，乃至整个心理学研究的中国化。

（一）现实意义

1. 有利于建立中国化的或具有中国特色的发展心理学与教育心理学

迄今为止，当我们翻开美国的发展心理学与教育心理学著作，除了引用瑞士心理学家皮亚杰的理论之外，几乎全部是美国自己的研究材料；当我们打开苏联的发展心理学与教育心理学著作，书中有一种强烈的俄罗斯民族自豪感。这使我们强烈地感受到一种"挑战"，似乎唯有他们的研究材料才是最科学的。然而，当我们看一下自己的发展心理学与教育心理学的状况时，也真使我们有点惭愧。我们有的研究报告，从设计方法到结果，几乎全是模仿

外国的。如此下去，哪一天才能建立起我们自己的儿童心理学与教育心理学呢？

当然，发展心理学与教育心理学研究中国化的目的，并不是要建立"中国发展心理学"和"中国教育心理学"，即使我们上边提出要建设中国"特色"的发展心理学与教育心理学，也绝非要开创一种"本土心理学"。心理学是一门科学，科学是没有国界的。我们所做的一切努力，是为世界心理科学做贡献。然而，这和提出发展心理学与教育心理学研究中国化的设想并不矛盾。正如我国台湾心理学家杨国枢指出的那样："各国心理学研究的本国化，目的是在使每个国家的心理学者在研究工作中更能做到受研究者本位方法指导的地步，以使各国之研究都能准确地发现其本国人民的心理与行为法则。以不同社会的人之确实法则为基础，才能进而建立更高层次之心理与行为的可靠法则。只有遵循这种途径，才能彻底发现不同社会背景下人类之心理与行为的特相与共相，从而建立具有广阔外在效度的心理学法则。也就是说，心理学研究本国化（包括中国化）的目的，不是要建立割地自居的本国心理学，而是要建立更为健全的世界心理学。"[①]

我们积极提倡发展心理学与教育心理学研究的中国化，并认为中国的儿童与青少年及其在教育中的种种心理现象有自己的特点，这些特点，表现在教育实践中，需要我们深入下去研究。

2. 有利于探讨儿童与青少年心理发展的特点和各类学科心理学的规律

我们坚持在教育、教学实践中研究"教育与发展"或"学习与发展"20余年，企图探索学生，或者儿童与青少年心理发展的规律。如果不是坚持在教育第一线搞自然实验或教改实验，想获得科学的结论是十分困难的。我们在教学实验中还看到，中小学教学提出如何培养数学能力和语文能力的问题，这是很有价值的问题。然而，目前我国儿童心理学与教育心理学，特别是学科心理学在这方面较为薄弱。因此，诸如"数学教学心理学""语文教学心理学"等的建设，必须深入教学实践进行实验研究，才能顺利完成。

3. 有利于应用

我国心理学家高觉敷（1896—1992）于1980年提出了一个耐人寻味的问题：在我国，心理学为什么那样容易被一风吹，被一棍子打死呢？当然原因是复杂的。"左"倾路线的干扰，确实给我国心理学事业造成了灾难，但根本的原因是缺乏广泛的、雄厚的群众基础。因此，我们的研究，一要联系教育

---

① 杨国枢. 心理学研究的中国化：层次与方向. 见：张人骏. 台湾心理学. 北京：知识出版社，1988

实际，特别是深入教学第一线实践，克服心理科学脱离实际的倾向；二要提倡应用，特别是要服务于提高学生，即儿童与青少年的品德和智力。在一定意义上说，我们所从事的教学实验研究，就是一项兼于基础研究和应用研究相融的研究。

4. 有利于引进现代化技术手段

心理科学要现代化，在研究技术手段上，没有电子计算机系统和录像系统是不行的。发展心理学与教育心理学要合理灵活地使用这种现代化技术手段，必须要深入教育实践，了解被试，在长期追踪的被试中，在教育性的实验中，选择典型，采用录像追踪研究，并将研究结果编好程序送电子计算机处理，这样，就能克服单纯的问卷、测验等较旧方法的弊端。在我们的教学实验中，我们注意使用现代化技术手段，例如，使用电化教学，摄制较多的音像作品，并在电台、电视台加以播放。我们的研究数据，存储在电子计算机中，并随时加工处理。当然，这仅仅是一种尝试，但我们认为这种尝试是十分必要的。

5. 有利于坚持实践—认识—再实践—再认识的研究途径

目前我国的发展心理学与教育心理学研究，"闭门造车"的风气还是很浓的。研究者不了解儿童与青少年的实际，也不了解教育实践，研究的课题有时凭主观臆断，过狭或过偏；有些发表的文章，不仅使实际工作者认为不符合实际，而且让专业理论工作者也感到莫名其妙。这种经院主义的研究，脱离教育实践，应用价值不大，对心理科学的基础理论建设也没有什么意义。只有坚持在教育实践中，坚持理论来之实践，又指导实践的途径，才是发展心理学与教育心理学研究的正确道路。所以，不深入教育、教学的实践，不提倡"生态化运动"，心理学研究的"中国化"只是一句空话。

（二）基本途径

发展心理学与教育心理学，乃至整个心理学中国化的途径是什么？我们想用七个字来概括：摄取—选择—中国化。这就是说，在学习外国心理学的过程中，我们既不能全盘西化，又不能照抄苏联，正确途径应是摄取、选择、中国化。我们的教学实验，在一定程度上体现了这条途径。

1. 摄取

对待外国的心理学资料，必须重视，应当摄取其中的营养，用以发展自身。我们在前两章所引证的国外资料，都是作为借鉴的内容。我们要承认，我国发展心理学与教育心理学的研究，与国外相比是存在着差距的。我们曾经在研究课题、研究方法学、具体研究方法和研究手段或工具四个方面找过差距[1]。这些差距的存在，原因是十分复杂的。首先，科学心理学诞生在西方。后经德、法、英、美、苏等国心理学家的努力，在一百多年里发展较快，这些国家的科学心理学基础较好。其次，发达国家重视心理学的研究。例如，在美国、德国的大学里，心理学系是大系，是普遍设立的系，于是人才济济。再次，他们在应用中作出成绩，使心理学的普及具备了群众基础。例如，与发展心理学、教育心理学有关的学校心理学（School Psychology），是以学习有困难的学生或问题儿童为对象的。由于在实际应用中作出了成绩，因此它的发展相当快。有差距就得学习，就得引证，就得摄取其中的营养。但是，任何一个国家的心理学都带有一种地区性的文化特色，都含有它的特殊因素。因此，对国外的儿童心理学与教育心理学的资料不能照搬，而应当摄取。

2. 选择

在摄取外国的心理学要素时，绝不能全盘照搬，而要适当加以选择。所谓选择，意指批判地吸收。一提起批判，人们往往和"左"的思潮联系在一起。其实不然。批判地吸取是各国心理学或心理学派发展的常事。霍尔（G. S. Hall）对普莱尔（W. Preyer），皮亚杰对鲍德温（J. M. Baldwin），乃至现代认知心理学对行为主义和格式塔学派，等等，都是采取选择的态度，即批判地吸收的态度[2]。我们在摄取外国心理学的要素时，也应持这种分析、批判和选择的态度。中国的中小学生，与外国的中小学生既有共同的心理特点，即存在着普遍性，但又具有不同的特点，即有特殊性。例如，我们在研究中测得的中小学生思维发展的一些特点，与国外资料所列的特征就有出入。如果照搬外国中小学生思维发展的年龄特征，势必失去客观性、真实性，也会影响我们儿童心理学与教育心理学的科学性。

3. 中国化

中国人的心理，既然有着本民族的特点，这就导致外国心理学资料被摄取之后，要经过一个中国化的过程，与中国的特殊性相融合。无论我们学习西方还是学习苏联，最终目的还是搞中国化的心理学研究。无论是西方还是苏联，他们心理学所研究的问题，所建立的理论，所采取的方法，都有其特殊的社会文化、经济和政治的背景。在社会背景不同、条件相异甚至不具备、语言表达方式各异的情况下，套用同样的理论、采用相似的方法，往往只能事倍功半。应该看到，在我国心理学界，有不如国外的先进条件的一面，也有优越于国外条件的一面。在外国心理学界，基础好、底子厚，设备先进固

---

[1] 林崇德. 试论儿童心理学前进的道路. 心理发展与教育. 1985，1
[2] 朱智贤，林崇德. 儿童心理学史. 北京：北京师范大学出版社，1988

然是其进展快的重要原因，但他们也有其不足之处。例如，一般说来，西方心理学的特点是百家争鸣，思想活跃，注意定量分析和定性分析相结合，但往往失之众说纷纭，莫衷一是；苏联心理学的特点是有正确的认识论和方法论作指导，同时又能有系统、有计划地联系本国的教育实际，但常常失之思想不够活跃，比较呆板、僵化（近年来俄罗斯心理学有变化）。这就要求我们扬长避短，也就是说，我们首先应当从方法论的角度来分析它们各自的特点，以便在学习和研究时能取其所长，去其所短。在这个基础上，我们研究中国人心理时，应结合中国式的想法和看法，使中国的国情，即文化、经济、政治因素融入自己的研究，并且在理论和实践上都推陈出新、有所突破。这样，便是发展心理学与教育心理学的中国化。我们的教学实验，就是基于这种指导思想展开的。我们坚信，只要我们从中国的实际出发，积极创造条件，不断地采用现代化的研究手段，那么，经过 10 年、15 年、甚至 20 年的努力，我们就能进入国际发展心理学与教育心理学先进水平的行列。总之，发展心理学与教育心理学的中国化进程，要注意咀嚼、消化、摄取外国心理学要素，使之与中国学生，或儿童与青少年的实际相融合，形成当代中国发展心理学与教育心理学的模式和各类学派。

《学习与发展——中小学生能力发展与培养》的教学实验研究，正是作为在"摄取—选择—中国化"途径中的一次探索，我们企图坚持理论联系实际，在教学第一线研究中小学生的发展，为对发展心理学与教育心理学中国化而抛砖引玉。

第二节　在教学中研究学生心理发展的方法

学习与发展——中小学生心理能力发展与培养的实验研究，是严格按照教育性实验的方法展开的。教育性实验，即教育心理实验是心理学、乃至教育科学的一种方法，它是自然实验的一种重要的形式。这是把被试心理的研究跟一定的教育和教学的过程结合起来，从而研究被试在一定的教育和教学过程影响下某些心理现象（诸如智力与能力等）形成和发展的规律。

我们之所以重视自己教学实验的研究方法，是因为研究方法直接决定着科学实验研究的水平。

一、研究的理论与实际

在我们的研究中，首先重视的是方法学或方法论的问题，重视研究的指导思想或理论，并将其在研究中付之于实践。具体地说，我们在自己的研究中，抓了一个目的，两种需要，三股力量，四条原则，五项设想。

（一）目的

我们研究的根本目的，在于探索教育（教学）与发展（主要指中小学生的智力与能力的发展）的辩证关系，从而为教育工作提供心理科学的依据。

正如我们在第一章所指出的，教学目的是为了学生的发展，可见，对教育、教学、学习与学生发展的关系是十分重要的。然而，在我们的教育实践中对这个问题的重视程度还是不够的。这就说明研究"学习与发展"课题的重要性，也就是说，开展本课题的研究是有意义的。

它有助于我们端正教育思想，改革我们的教育、教学内容和方法。

它有助于我们更好地培养全面发展的人才，即促使学生主动地生动活泼地获得发展。

它有助于克服传统教育中的一些弊病。所谓"传统教育"，一是指历史上沿传下来的教育思想、教育制度、教育内容和教学方法等；二是指一种教育流派，这是一个特定的概念，是美国的杜威首先使用的。杜威称自己的教育理论为"现代教育""进步教育""新教育"。传统教育即指欧美的一些国家以赫尔巴特（J. F. Herbart，1776—1841）等的教育理论为中心形成的课堂教学制度、教学理论和方法。其特点是按照逻辑顺序组织教材，分析教学，系统传授各种基本文化知识，注重强制性的纪律和教师的权威作用。传统教育有其合理的因素，也在培养人才方面起过积极的作用。但是，它存在两种弊病：一是重视教师的教，而忽视学生在学习中的积极性；二是重视教学中对学生的知识传授，而忽视智力的训练。这两种弊病，正是引起现代教育所重视的问题。然而，在我们目前的教学中，普遍地存在着这种传统教育的影响，这也是我们在教学实验中将此列为改革内容的原因。

我们为什么要把探索教育与发展的辩证关系作为我们的研究目的，且在全国各地铺开实验呢？在一定意义上说，我们企图在大面积地、一代一代地提高中华民族素质中尽一份微薄的力量。我们认为，提高全民族的素质，这是振兴中华之本。而为提高全民族素质而贡献力量，这应是中国教育工作者（包括教育理论工作者和实际工作者）的义不容辞的义务和责任；这也是我们课题组成员的共同心愿。

（二）需要

我们的教学实验为了适应两个需要：一是顺应国际教育发展趋势的需要；

二是促进我国亟待更新、转变的教育观念的需要。

1. 适应国际教育发展的趋势

教学改革是全世界的热门课题。20 世纪 80 年代以后，教改提到了各国领导人的议事日程上，特别是自 80 年代中期以来，各主要发达国家都对教育抓得很紧，最后由国家领导人亲自主持。由此可见，教育是提高民族竞争力的关键，是增强人民素质的关键。未来的国力的强弱，不仅依靠财力和物力，更多的要依靠国民的智力。因此，教育改革的成效，对于国家的繁荣和国际地位的提高都是至关重要的。

在此基础上，国际教育界出现了如下的趋势：①基础教育日益受到重视，提高中小学的教育质量成为全国普遍关注的大事；②把人的个性发展提到了突出的地位；③教育结构的变化是国际上共同关心的热点；④力求提高教育投资和改善教师的待遇；⑤重视教改实验，重视教育科学的建设。

我们的教学实验正是适应这种趋势，把着眼点放在中小学的基础教育的改革上；放在学生的智力、能力乃至整个个性的发展上；放在教师队伍的建设上；放在中国化的儿童心理学与教育心理学上。可以说，我们的课题选择，同国际教育发展趋势是一致的。

2. 符合我国教育观念的更新

在我国，深入教改，促进教育的健康发展，要以更新教育观念为先导。

教育观念的更新、转变应以教育任务为前提。因为教育任务是与国家的建设紧紧相联系的。为此，必须抓好国家建设和教育事业的"两个基础"——农业基础与教育基础。基础教育应该是国民基本文化、科学和道德素质的教育，必须坚持普通教育、职业教育、成人教育的"三统筹"，以及农村教育改革的原则。

在这些任务的前提下，我国教育观念的更新、转变表现在下述几个方面：①"百年大计，教育为本"。教育是民族振兴、社会进步的基石，是提高国民素质、促进人的全面发展的根本途径；②优先发展教育、提高现代化水平，对全面实现小康社会目标、建设富强民主文明和谐社会主义现代化国家具有决定性意义；③全面推行教育改革，把改革创新作为教育发展的强大动力；④新阶段教育问题和矛盾仍然存在，教育质量、学生质量是根本性问题，所以素质教育推进是当务之急。近几年，我国一直在实施以创新精神为核心的素质教育，这是一种新的教育观念。实施素质教育，应看作科学技术突飞猛进、知识经济初见端倪，国力竞争日趋激烈的时代的需要。

我们的教学实验正符合这种观念。我们的教学实验是一种教学改革的实验，教育教学要发展，根本在于改革。我们把着眼点放在全体学生，重点放在一般学校，特别是一大批农村的中小学的教改上；放在以思想品德为核心的非智力（非认知）因素的培养上；放在学生全面发展的指导上；放在造就适合"改革、开放"国策需要的创新精神和人才质量上。可以说，我们对课题的选择，同我国教育观念更新相符合。

（三）力量

我们赞同北京市人大原常委副主任陶西平的一段话：教改的成功，要依靠"有权之士""有识之士""有志之士"三股力量的有机结合，共同努力。

心理学界老前辈朱智贤教授生前在谈到儿童与青少年心理学的研究方法时，强调专业队伍和群众队伍相结合的重要性，他希望心理学专业工作者要和广大家长、幼儿园教养员、小学和中学教师，以及校外教育工作者密切合作，一起完成各种研究课题。

我们的教学实验，正是心理学工作者同教育部门的行政长官、中小学广大教师密切配合进行的。

在教学实验中，我们不仅获得了国家教委和地方各级教育部门领导的支持，而且邀请了他们中间的不少专家成为课题组的成员。各级教育部门的有权之士，在精神、财力、研究条件等多方面给予我们以帮助。

在教学实验中，专业工作者应该是中坚力量，或者说，是各方面力量的中心。专业工作者不仅是研究方案的制订者和整个实验的主持者，而且他们应该是"有权者的智囊""有志者的知己"。在一个较大型的教育科学研究里，专业工作者应该具备知识（专业知识和业务修养）、胆识（研究设计和各种决策）、见识（组织能力和团结精神），这才能称为"有识之士"。必须声明，我们不是什么有识之士，但我们的目标是要当有识之士。

在教学实验中，我们有数以千计的实验班，有一大批参与实验研究的中小学教师和校级领导，他们是教育改革的"有志之士"。他们有的在省、自治区、市级重点学校，更有大批的教师在一般学校，或基础薄弱校工作。他们凭着坚定的志向、求实的精神、科学的态度、合理的措施，竟把教学实验逐步引向正规，致使最后获得可喜的成果。例如，北京通州区六中原是一所后进校，实验班在 1986 年入学考试时，语文、数学成绩都属于全县最低的班级，有一部分学生是以平均成绩为 61.5 分勉强入学的。六中和原县教科所共同承担教学实验的课题，经过三年实验研究，六中在中考时名列全县第二，实验班的语文平均成绩为 91.85 分；数学平均成绩为 88.46 分。又如，北京怀柔苗城中学和龙各庄中学分别是农村和山区的学校；差生占 91.8%，然而经过三年的努力，这两校实验班学生的中考成绩均进入全县前茅的行列之中。

为了教学实验的成功，我们的"有志之士"作出了很大的努力。如果没有一批事业心强、教学严谨、认真贯彻实验措施的实验班教师，我们很难想象自己的研究能够成功。

教学实验，对作为被试的人的长期实验研究，需要的是以上三股力量的精诚合作，才能共同完成。

（四）原则

我们从教学实验一开始，就为课题提出了四个研究原则，这就是：客观性原则、系统性原则、优化性原则、不平衡原则。这四个原则，体现了我们以辩证唯物主义为工作的指南。

1. 客观性原则

这是我们教学实验的出发点。

它要求我们在实验研究中，必须坚持实事求是，一切从实际出发。因为，任何科学研究只有符合客观事物的真实面貌，才能达到真理性的认识，所以，坚持客观性的标准是一切科学研究的根本原则，违背了这个原则，就会误入歧途，甚至导致反科学的结论。

如前所述，"学习与发展"研究的目的在于真实地揭示中小学生能力发展与培养的规律，因此，只有坚持客观的方向，才能获得合理而实际的结论；只有坚持实事求是的学风，才能使研究成果的推广、应用具有说服力。

于是，我们在教学实验中注意如下几个方面。

（1）我们的研究绝不是为了去论证和说明某一决策，去附和某一种预先准备好的"结论"，而是老老实实地实践和实验，从而验证或更新一定的教育理论，并为决策提供科学的依据。因此，我们把自己的研究看作是一种"先行作用"。

（2）我们的研究不允许从"期待"出发，而是从实际出发。我们的实验点广，每个实验点所属学校类型又不一样。因此，我们在实验研究中实行"大统一、小自由"。在统一的实验目的、要求下，允许各地按照自己的办学条件、师资水平、学生状况等实际情况，开展符合总课题精神的具体研究。特别是对于教学方法，我们强调"选有定则、教无定法"。我们按课题要求提倡的教学方法，都是一些原则要求，这是统一的规定，但每个教师的具体教法，却不能也没有必要作统一的要求。研究成功的事实告诉我们，实事求是是科学研究的灵魂。

（3）我们对研究评论时坚持客观的态度。在对自己和对别人的研究及其成果，例如对自己课题的实验教材和补充教材或者他人的教材，都是持同等的客观评价原则。向实验班教师介绍我们的实施教材或补充教材时，我们不允许出现任何贬低其他教材的言词。

2. 系统性原则

事物是以系统形式存在的有机整体，是由要素以一定结构组成的。具有不同于诸要素功能的系统，是由不同层次的等级结构组成的开放系统，它处于永不停息的、自组织运动之中，有其产生、发展、消亡的过程。坚持系统性的原则，使我们能更好更全面地分析问题和研究问题。

在我们的研究课题中，涉及的方面是比较广泛的。学习与发展不是一个简单的问题，它涉及教育系统和心理系统两个整体功能，因此，要正确处理整体和部分、部分和部分、内部和外部之间的相互联系。

然而，科学研究毕竟有其将自然、社会缩小的功能。为了在教学实验中简化问题，我们对系统性原则注意了两个方面的问题：

（1）从整体观来看待中小学生能力发展与培养的全貌，中小学生的智力与能力是一个系统，一个有机的整体。这里从研究的角度来分析，必须看到三层意思：其一是指中小学生智力与能力本身是以系统形式存在的；其二是指中小学生智力与能力同其他心理活动的各方面是密不可分的，也是一个统一的整体；其三是心理，包括智力与能力同学习活动的关系，构成了"学习与发展"的整体结构。因此，在我们的教学研究中，一要从整体观点对中小学生智力与能力整体的各方面进行全面的研究，特别要探讨其核心成分的思维结构；二要从整个心理活动的全貌去研究中小学生智力与能力发展的状况，特别注意研究非认知或非智力因素的作用；三要从整个教学活动系统来讨论中小学生的能力发展与培养，特别是重视教师的主导作用。我们体会到，只有坚持这种系统观去分析问题，才能收到事半功倍的效果，提高研究的水平。

（2）从整体观来看待中小学生能力发展与培养的具体研究方法，它也是一个整体。我们的课题，是一个由深入实际、调查研究、收集资料、确定课题、制定研究方案，作出具体实验设计、实验施测、统计处理、讨论解释等一系列环节构成的一个系统。我们在研究中发现，任何一项研究结果都是该系统的一个综合效应。因此要科学地研究学习与发展的课题，就必须按照系统、整体的观点，切实地掌握好每一具体研究过程中的每个环节。从整体性看，其中任何一个环节出现差误，都可能直接影响到结果的科学性和价值。例如，实际调查情况的客观性如何，收集的资料质量、数量如何，都会影响到课题的确定和方法的选择，从而影响到研究效果的价值、科学性、新颖性。同样，有了丰富的第一手材料和各种有关信息以后，能否据此抓住问题的关

125

键，提出一个有价值有前途的研究课题，尔后能否采用适当的研究方法，进行正确的统计处理，并作出正确的解释，所有这些，都会影响整个研究的效果。

总之，遵循系统性原则，就可能使我们对中小学生能力发展与培养的整体研究获得较全面的科学结论。

3. 优化性原则

我们的教学实验是讲究效果的，实验的质量和效果是我们所追求的标准之一。

在第一章里我们曾提到，教学的过程是以教育资源投入为物质基础的认识或认知的过程，产出是学生的发展。投入和产出有一个比例，如果尽可能以少的投入换取大的产出，这就是我们提倡的"优化性"原则。

在教育史上，明确提出"最优化思想"的是苏联教育家巴班斯基（Ю. К. Бабанский）。学校教育教学过程是一个复杂的教学论系统，是各种相互联系成分的完整综合。巴班斯基从培养全面发展的人这一教育目标出发，提出了教育教学过程最优化，即要求教师在全面考虑教学、原则、方法及学生特点的基础上，选择一整套教育教学方法，以最小的代价取得最大的效果，提高最优化水平[①]。

我们的"优化性"原则和巴班斯基的思想有相似之处。我们这条原则的目的，是为了减少各种教育资源的投入，减轻师生的过重的负担，提高教育质量，促进学生发展，以便为社会更好地培养人才。

于是，我们在教学实验中注意如下几个方面。

（1）要花较少的时间和精力，取得在可能范围内的较大效果，关键在于科学教学，于是我们加强对实验班教师的培训，系统地引导他们学习教育科学和心理科学的理论，以探索改进教学的措施。

（2）围绕学生发展的课题，在教材（教学内容）、教学方法和手段、学习积极性、学习策略等外部和内部两个方面着手改革。

（3）将发展学生的智力与能力放在"优化性"教学的首位。在分析实验班与控制班学生智力、能力、学习成绩差异时，严格以"等组"作前提。但这"对等"的条件往往是不对等的，因为我们提倡实验班的各方面教育资源的投入要低于控制班，特别强调实验班学生的学习负担要轻（或轻松）于控制班学生。

---

① ［苏］巴班斯基. 教育学. 张定璋等译. 北京：人民教育出版社，1986

4．不平衡性原则

学生之间由于种种原因，存在着各式各样的差异。在中小学生的智力与能力的发展中，就表现出这种差异。这就是说，存在着不平衡性，一是在不同问题上表现出不同的智力与能力；二是在不同的活动上表现出同智力与能力的最佳水平。这种智力与能力发展的不平衡性产生的原因有三：一是来自问题的情境，问题情境不同，问题的性质、数量、种类和难度就不一样，于是解决问题的智力与能力的水平也出现不平衡性；二是来自学习活动的差异，如学科的差异、识记方式的区别、理解的作业和动手作业的不同，等等，也是造成问题情境及其解决问题的智力与能力水平的不平衡性的重要因素；三是来自学生主体，基础的差异、个性特点的差异、心理状态的差异，就会使问题情境及其解决水平带有不平衡性。

于是，我们在教学实验中注意以下几个方面的问题。

（1）承认中小学生在智力与能力方面的个别差异是客观存在的。因此在学生的学习中，既鼓励冒尖，又允许落后。当然，这"落后"并不等于教师不管，恰恰相反，我们的实验班学生的学习成绩的标准差（离差性，或两极分化的程度）远远低于控制班。这就是我们实验研究中的一种思想，即对于学生的学习成绩，要做到"上不封顶，下要保底"，既从实际出发，因材施教，又要防止个别学生"滑坡"；我们允许个别尖子跳级，但力争实验班学生不留级（事实上，除极个别学生之外，实验班没有留级的现象）。

（2）针对在不同的问题上表现出不同智力与能力的事实，我们注意了在智力与能力发展研究的设计中所要考虑的内容、知识范围、活动的代表性。在评估（评价）的测查中，所测查的内容、材料、活动必须力争全面，并且对研究结果作出客观的分析。

（3）针对在不同的活动上表现出不同的最佳智力与能力水平的事实，我们就在制定培养智力与能力的方案上做到有的放矢。

总之，只有依据智力与能力发展的不平衡性原则，才能使我们学习与发展的研究设计更完善、更合理；才能使我们获得的研究结果更可靠、更具有代表性；才能使我们更加不拘一格地培养人才。

（五）设想

在指导思想，或理论构想上，我们课题组着重坚持五种观点：

（1）儿童与青少年心理发展的基本规律是教育改革的出发点（我们将在第五章做详细论述）。

（2）培养思维品质是发展智力与培养能力的突破口（详见第七章）。

（3）数学能力和语文能力是中小学生智力与能力的基础（详见第八章和第九章）。

（4）从非智力因素入手来培养学生的智力与能力（详见第十章和第十一章）。

（5）融教师队伍建设、教材建设、教法改进为一体，提倡教师参加教育科学研究，以此作为完成"改进为一体"的基础，特别是提高自身素质的重要途径，并使研究工作从能力培养实验走向整体改革实验（详见第十二章）。

我们非常重视这五个观点，本书有一半以上的篇幅是围绕着这些观点而展开的。所以这五个观点是我们"学习与发展"观的精髓。

二、研究的方法与措施

我们的研究，在重视方法学的同时，同样地重视研究方法。我们按心理学的教育性实验法，高度重视对象确定、步骤决策、培训主试和评价测定四个问题。

（一）被试

我们的研究是从 1978 年开始的，先后经历五个阶段，每个阶段的研究对象都不同。

1. 研究中小学生数概念与运算能力发展阶段（1978 年 2—10 月，但方案设计始于 1976 年）

小学生被试：北京市三道街等学校的小学生共 450 名（城乡被试均等，一至五年级被试均等）；

中学生被试：三道街学校和雅宝路中学生共 500 名（初一至高二年级被试均等，每校各半）。

2. 研究小学生数学、语文两科能力发展与培养阶段（1978 年 10 月—1984 年 8 月）

小学生数学能力：培养实验从一个班 41 名被试（1978 年 10 月起，北京市幸福村中心小学），到两个班 80 名被试（1980 年 9 月起，内蒙古赤峰市回民实验小学），再到 20 个班 700 名被试（1982 年 9 月起，北京市幸福村学区），相对应地，控制班的被试类同于实验班。

小学生语文能力：小学生语文能力发展与培养实验，培养实验班从两个（北京和赤峰）78 名被试开始；增加整体改革小学生能力发展与培养实验，实验班两个（北京市香厂路小学）76 名被试。

宁波市 67 个乡小学生数学能力和语文能力发展与培养实验于 1983 年后全面铺开。

3. 研究中小学生能力发展与培养初级阶段（1984 年 9 月—1986 年 8 月）

我们小学生能力发展与培养的研究在全国近 20 个省、市、自治区铺开，并有目的地抓 50 个班 2 000 名被试（相对应控制班人数相同；实验班主要分布在浙江、广西、广东、湖北、湖南、贵州、内蒙古、北京八个省、市、自治区）。

中学生能力发展与培养在北京、内蒙古三所学校进行，被试 480 名（相对应控制班人数相同）。

4. "中小学生能力发展与培养"课题列入国家教委重点项目阶段（1986 年 9 月—1990 年 12 月，但国家教委正式发文时间为 1987 年 10 月）

实验在全国 26 个省、自治区、市铺开，与我们课题组保持直接联系的小学有 780 所，实验班有 2 680 个，被试为 108 000 人。但我们重点抓了小学 150 个实验班（近 5 000 名被试，分布城乡各级各类学校）；中学 34 个实验班（近 1 700 名被试，分布于北京、上海、浙江、内蒙古各类各级学校）。《学习与发展》1991 年版（北京教育出版社）的实验研究数据，主要来自上边的 184 个实验班以及与其相对应的控制班的结果。

5. 1990 年后"中小学生心理发展与培养"以及"教师素质提高途径"等课题先后列入教育部相关的重点项目和招标项目；"中小学生认知能力发展与促进"课题于 1997 年列入国家自然科学基金重点课题。实验不仅在全国 26 省、自治区、直辖市巩固深入研究，而且中学实验也在已有的基础上扩展到江苏、新疆、河南、甘肃、广东、四川、吉林、海南等地，实验班超过 500 个，被试超过 26 000 多人。

1998 年，在中央党校召开近千人的课题研讨会上，据统计，参加我们实验的中小学教师已超过万人，受益的学生达 30 余万名。我们大面积的实验研究于 21 世纪初，在高潮中暂告一段落。

（二）步骤

1. 步骤决策的构思

任何一个科学步骤的决策都是一个十分复杂的过程。

希尔（P. Hill）曾提出一个一般的决策过程[①]，用决策过程模式图表示（图 3-1）。此图可以应用于教育、道德、经济、管理、操作研究等领域。

---

① P. Hill et al. Making Decisions：A Multidisciplinary Introduction. AddisonWesley Publishing Company，Inc，1979

我们考虑到，这个决策过程的模式，对我们研究教学实验的步骤决策是有参考价值的。我们研究过程的步骤在一定程度上，与明确问题—确认途径—量化途径—应用决策手段—决策—实施是一致的。所以我们比较重视这个决策模型。

在我们考虑步骤决策时，注意到下面四点：

①问题必须明确，一切步骤围绕课题目标而展开；

②研究途径必须清楚，研究途径是一个从原则到具体的过程；

③要充分注意到决策手段，使实验班体现这种决策，即实验的措施；

④实验决策，最后获得的是研究结果，而研究的结论正是来自这个结果。

2. 具体步骤

按照上述的构思，我们主要抓三个关键性的步骤，即一是选择实验班教师；二是实验研究措施；三是深入观察学生，进行评估测试。

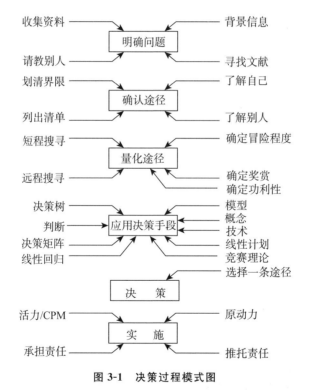

图 3-1　决策过程模式图

（1）实验班教师的选择。如前所述，教改需要有志之士，实验班教师应该是教改的有志之士。条件是：

①愿意参加教改实验，自觉地当教改实验的"志愿兵"，用科学的态度去

130

研究学生的发展；

②认真学习教改的理论，改进自己的教学艺术，严格按实验措施进行教学；

③争取成功，准备失败，能承受教改实验失败的打击。

由此可见，我们在选择实验班教师的时候，主要是以其是否愿意参加教科研，特别是参加教改的教科研为前提，即主要强调的是事业心，而不是原先的业务水平。在教改实验中，我们吸收了一大批刚从师范院校毕业的年轻人。对于参加我们教改实验的有教学经验的教师，在安排其实验任务时，尽量做到两点：一是严格地对被试确定为"等组"；二是配备一名与其水平相当的，或超过其水平的教师为控制班的教师。如果没有条件，我们把实验组所获的成绩，与学校或地区的一般成绩相对照，同样可以进行统计分析。

（2）研究措施的实施。研究措施能否实施的关键在于实验班的教师能否当好"主试"。

我们要求实验班教师明确课题目标，了解实验设想和决策手段；我们将中小学生智力与能力的培养在语文、数学等学科教学中具体化，并要求实验班教师按照具体的措施（详见第八章和第九章）对被试加以实施。

当然，我们对小学生实施研究措施还靠教材，课题组编写的《小学数学》和《小学语文》两套实验教材，在20多个省、市、自治区广泛地使用，它在小学生能力发展与培养中起到了很好的作用（详见第十二章）。

（3）对被试的观察和测评。既然我们的教学实验要研究学生智力与能力的发展与培养，那么，唯一的实验方法是接触学生，观察他们在学习的自然条件下的自然表现。因此，我们课题组成员经常深入教学实践，注意观察学生智力与能力的外部表现。我们从上一节的基本观点出发，认为儿童心理学、教育心理学，乃至科学的教育理论要建立在客观研究的基础上，特别是要直接接触学生。假如不用科学的方法深入细致地了解学生，那仍不能脱离传统教育的框架，这就无权称为科学的教育理论。

下边我们要谈的评价测试工作，正是在接触、观察学生的基础上进行的。

（三）主试

我们的主试有专业工作者、课题组骨干和广大的实验班的教师。这里的一个关键问题是怎样对实验班教师以及实验学校的领导实行培训。

1. 培训内容

（1）理论学习。主要是围绕研究课题，学习《思维发展心理学》[①] 和本书的内容。重点掌握什么是智力和能力、思维结构和特性、思维品质的实质、非智力（非认知）因素的组成、作用和培养，等等。

（2）实验方法学习。主要学会如何进行科学实验。重点掌握研究学生的原则、类型、方法、测评和如何撰写研究报告（科学论文），等等。

（3）教学内容（包括教材）和教学方法的辅导。

2. 培训形式

讲授（报告）、辅导、自学、讨论、集体备课和观摩教学，等等。

我们对主试的培训进行了较严密的组织，并有严格的要求，还体现了较强的学术性。不少实验点还对主试的实验班教师实行考核。然而，主试们兴趣较浓，积极性较高。

3. 培训时间

小学课题组集训时间在暑寒假，每年1～2次。地点不完全局限于北京，不少实验点集资争当培训地。

中学课题组较灵活。例如，北京的语文和数学能力发展与培养课题组在实验研究期间，几乎每月活动一次。

通过培训主试活动，实验班教师表现出一种强烈地学习教育理论的愿望，体现了我们的教学实验是一个理论联系实际的研究活动。通过实验研究，各地主试们撰写科学论文和研究报告215篇，与本书同时由北京教育出版社出版的《中学生能力发展与培养》和《小学生能力发展与培养》两本论文集，正是从这200多篇文章中挑选出来汇编成书的。本书修订版出版时，这两本论文集不作再版，但各地实验班教师已写就了2 000多篇科学论文和研究报告。

（四）测评

如果说，教学的目的和功能在于促进学生的发展，那么，评价测试则是使学生充分发展的一种手段，它是我们教学实验的一种方法。

严格地讲，我们这个教学实验所采用的是综合法，对被试进行的是综合性测评。如前所述，它包括观察、谈话、教育性自然实验、量表式问卷和调

---

① 朱智贤，林崇德. 思维发展心理学. 北京：北京师范大学出版社，1986

查研究，等等。由于篇幅所限，我们不可能对上述的方法一一展开阐述。这里，只就测评的时间和手段作一扼要的介绍。

1. 测评的时间

从研究时间的延续性来说，心理学的方法可以区分为纵向研究和横断研究。

纵向研究，就是在比较长的时间内，对人的心理发展进行有系统地定期的研究，也叫做追踪研究。这种研究要求，在所研究的发展时期内可反复观察和测评同一组的个体。它的优点是能系统地、详尽地了解心理发展的连续过程和量变质变的规律。但纵向研究却用得不多，其原因有三：第一，样本的减少，随着研究时间的延续，被试可因各种原因而失掉；第二，反复测评，可能影响被试的发展，影响他们的情绪，从而影响到某些数据的确切性；第三，时间限制的普遍性，即长期追踪，要经历时代、社会、环境动荡而普遍地造成变量的增多。

横断研究，就是在同一时间内对某一年级（年龄）或几个年级（年龄）被试的心理发展水平进行测评，并加以比较。这种方法的优点是能够在较短时间内找出同一年级（年龄）或不同年级（年龄）心理发展的不同水平或特点，并从中分析出发展规律。但它毕竟是时间短，不系统，比较粗糙，因而不能全面反映问题，或不能获得全面、本质的结论。

我们认为，纵向研究和横断研究两种方法各有特点，我们要灵活运用这两种研究方法，使其取长补短，并考虑多种变量、特别是教育因素的影响。这就是我们在自己的教学实验中提出的"动态"研究方法[1]，并在研究中一直使用这种方法[2]。我们认为，靠静止的、一两次或几次的横断测评的心理发展研究，是不十分可信的。必须把横断研究和纵向研究结合起来，使整个教学实验处于"动态"之中，即考虑到从学习与发展的辩证关系，特别是通过教育和教学在中小学生智力与能力发展中的主导作用和决定性影响来研究被试智力与能力的发展，既分析中小学生智力与能力发展的一般趋势，又分析他们的潜力和可能性。这样，才能指导或关心他们智力与能力发展的实际，获得客观可靠的数据。

2. 测评手段

如上文所述，我们采用综合法获得结果的方式，均是我们的评价测试手

---

[1] 林崇德. 小学儿童数概念与运算能力发展的研究. 心理学报. 1981，3
[2] 林崇德. 小学生在运算中思维品质培养的实验研究. 教育研究. 1983，10

133

段。这里，我们就"自制量表"的问题，作一些说明。

为了向广大主试提供对实验班与控制班学生能力发展的测评，我们课题组制作了"小学数学能力测试量表""小学语文能力测试量表""中学数学能力测试量表""中学语文能力测试量表"。这些量表目前虽尚属"草拟"阶段，但在我们课题组内部的测评中起到了应有的作用。

（1）制定量表的注意事项。每一种量表的制定，都有其一般的原则。但是，这些原则并不统一。我们在制定自己的量表时，注意了以下几点：

①符合测评目标，符合实验研究的目的；

②测评的内容具有典型性，体现中小学数学能力和语文能力的实质和关键；

③能客观反映出中小学生的能力，体现理论联系实际的原理和课题的特点；

④量表的试题在受测团体的知识、智力、能力的范围之内，但又不等于数学和语文课的考试题；

（2）作好标准化的处理。我们的"草拟"量表，在测试之前经过了比较充分的预备试测，对量表的常模、难度、区分度、信度和效度作了一定的标准化的处理，并在测试要求、评分标准和实施程序方面，也作过统一的规定。这里，我们仅以"小学数学能力测试量表"的信度和效度为例加以说明。

信度，即测定的可靠性。一个信度高的小学生运算思维品质的测定，在先后重复测定实验班与控制班的思维品质时，如果测定的手续与记分方法相同，所得的分数应该前后一致。我们在1984年预备试测期间，对实验班和控制班多次测定运算思维的思维品质时，其相关系数（r）的情况如下：

两次测定速算成绩（敏捷性），实验班，$r=0.66$，控制班，$r=0.63$；

三次测定一题多解成绩（灵活性），实验班 $r_1=0.74$（第一、第二次相关），$r_2=0.71$（第二、第三次相关），控制班 $r_1=0.69$，$r_2=0.66$；

两次深刻性习题成绩，实验班 $r=0.69$，控制班 $r=0.64$；

三次测定自编应用题成绩（独创性），实验班 $r_1=0.71$，$r_2=0.77$，控制班 $r_1=0.62$，$r_2=0.69$。

所以，可以认为，我们的试题（量表）及测评的结果信度较高。

效度，即测定的正确性。一个效度高的小学生运算思维品质的测定的结果，必须是该测定所希望得到的结果。我们将实验班每个学生的运算思维品质都分成四等：

敏捷性：正确—迅速，正确—不迅速，不正确—迅速，不正确—不迅速；

灵活性：灵活，较灵活，不太灵活，呆板；

深刻性：逻辑抽象性强，逻辑抽象性较强，逻辑抽象性不太强，非要直观支柱才能演算习题；

独创性：创造力强，创造力较强，看不出有什么创造力，死板。

同年，我们让一个五年级实验班的教师，在测定前按其平时印象，对每个被试的四个运算思维品质作评价，以此为效标，随后求出同上述用量表测定结果的相关系数：敏捷性，$r=0.60$，灵活性 $r=0.73$，深刻性 $r=0.62$，独创性 $r=0.68$。

可见，我们试题（量表）的制订及测定的结果有较高的正确性。

自 1984 年以来，经过适当"筛选"，就为正式测定准备了一套指标和试题。这就是"小学生数学能力测试量表"的制订经过。其他三套量表的制订经过与其大致相似。

1990 年后，中学课题组制订并完善了"中学生语文能力测试量表"和"中学生数学能力测试量表"，为中学课题组在 20 世纪 90 年代进行中学生心理能力发展与培养的实验提供了有力的工具。

我们的测评手段主要靠自制的量表。此外，如前所述，为了测评我们的实验措施与提高教学质量的关系，我们还统计了各实验班与控制班每学期的考试成绩，进行必要的比较和分析。

我们所说的心理能力，又称智能，主要指智力，它是学生在学校学习时所表现出来的智力与能力的总称。

　　第二篇主要谈心理能力的发展。

　　这一部分共分三章：首先，是阐述智力与能力的含义，提出了以思维为核心的智能成分、结构、特点和层次；其次，是探讨了智力与能力发展的哲学思想，探索其发展的规律和基本理论问题；最后，用我们自己研究的材料，揭示了中小学生心理能力发展的特点或总趋势。

心理能力发展篇

XINLI NENGLI FAZHAN PIAN

第四章 智力与能力的概述

　　教学的重要任务，是在传授知识的同时，灵活地发展和培养学生的智力与能力。然而，对智力与能力的含义，却因人而异，众说纷纭。

第一节　关于智力与能力及其发展的理论

　　作为心理能力发展与培养的教学实验的心理学研究课题，首先要涉及对智力与能力的理解。

　　在心理学界，对智力与能力及其发展的解释极不一致。

一、有关智力与能力的主要观点

（一）从属关系说

　　从属关系说将智力与能力看作是从属的关系，智力是一个种概念，能力是一个属概念，智力是能力的一个组成部分。

　　西方不少心理学家持这种观点；20 世纪 50～80 年代，苏联心理学对智力与能力的看法基本上是这种观点[1][2]。苏联心理学家将能力看成个性特征，或个体心理特点。这种特征或特点符合相应活动的要求，并且是成功地完成这

---

　　① ［苏］斯米尔诺夫. 心理学. 朱智贤译. 北京：人民教育出版社，1957
　　② ［苏］克鲁捷茨基. 心理学. 赵璧如译. 北京：人民教育出版社，1985

种活动的条件。

他们把能力分为一般能力和特殊能力，智力则是特殊能力，或是一般能力中的认识能力，或是一般智慧能力。

（二）包含关系说

与从属关系说相反，西方不少心理学家将智力与能力看作是包含关系，认为智力包括各种能力。

在具体分析时，形成了因素说与结构说。

1. 因素说

因素说是研究智力构成要素的学说。智力由哪些因素构成的呢？早在 19 世纪末 20 世纪初，桑代克（E. L. Thorndike，1874—1949）提出了特殊因素理论，认为智力由许多特殊能力组成，特别是他设想了智力由 C（填句）、A（算术推理）、V（词）和 D（领会指示）所组成。

斯皮尔曼（C. Spearman，1863—1945）于 1904 年提出了"二因素说"，认为智力由贯穿于所有智力活动中的普遍因素（G）和体现在某一特殊能力之中的特殊因素（S）所组成。

凯勒（T. L. Kelly）和瑟斯顿（L. L. Thurstone）分别于 30 年代和 40 年代提出了"多因素说"，认为智力由彼此不同的原始能力组成。不过凯勒和瑟斯顿的提法并不尽相同。凯勒提出数、形、语言、记忆、推理五种因素；而瑟斯顿则提出数字因子、词的流畅、词的理解、推理因素、记忆因素、空间知觉、知觉速度七种因素。

2. 结构说

结构说强调智力是一种结构。是什么样的结构呢？

（1）三维结构模式。美国心理学家吉尔福特（J. P. Guilford，1897—1987）于 1959 年提出了智力三维结构模式，认为智力由操作（即思维方法。可分认知、记忆、发散性思维、集中性思维、评价五种成分）×内容（即思维的对象，可分图形、符号、语义、行动四种成分）×结果（即把某种操作应用于某种内容的产物，可分为单元、种类、关系、系统、转换、含意六种成分）所构成的三维空间（120 种因子）结构。如图 4-1 所示。

（2）层次结构理论。英国心理学家阜南（P. E. Vernon）于 1960 年提出了智力层次结构理论，认为智力是个多层次的心理结构。如图 4-2 所示。

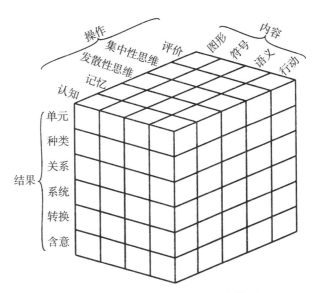

图 4-1　吉尔福特的三维智力结构模型

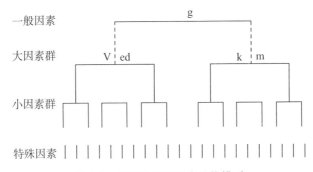

图 4-2　阜南的智力层次结构模型

最高层次是智力的一般因素；第二层次包括两大因素群，即言语与教育方面的能力倾向及操作和机械方面的能力倾向；第三层次的每个大因素群又分为几个小因素群，言语和教育的能力倾向分为言语、数量、教育等，操作和机械方面的能力倾向又分为机械、空间、操作等；第四层次是各种特殊能力。

（3）二维结构模型。这是由美国心理学家希来辛格（I. M. Schlesinger）和格德曼（L. Guttman）于 1969 年提出来的理论。他们认为，智力的第一维是言语、数和形（空间）的能力（用直线表示其范围），第二维是规则应用能力、规则推理能力和学校各种学业测验成绩（用曲线表示其范围）。两个维度

及其所包含的各种变量如图 4-3 所示。

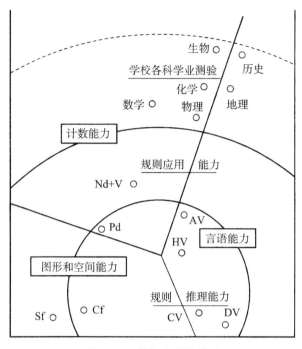

图 4-3　二维智力结构模型

1981 年，美国心理学家斯腾伯格（R. J. Sternberg）和波维尔（G. Bovell）从智力的内隐概念（头脑中的想法）和外显概念（外部行为）的研究出发，提出了新的智力二维结构学说，并确定了智力结构的三种主要因素：言语能力、解决问题能力和实践能力。他们通过研究指出，随着年龄的递增，儿童青少年感知动作因素减少，而认知的因素得到了更多的发展。1986 年，斯腾伯格又提出了人类智力的三层次理论，该理论主要包括智力的三个子理论，它们分别是智力的情境子理论、智力的经验子理论和人类智力的成分子理论。他所强调的是智力、情境和经验的关系；并提出按功能可以把智力成分分为元成分、执行成分和知识获得成分。这种智力三层次理论，使我们能够从多方面来理解智力的本质。

不论是因素说还是结构理论，他们都强调智力与能力的包含关系，于是就出现了大量关于智力的定义，诸如：

智力是抽象思维能力（推孟 L. M. Terman，克雷蒙 A. Claremont，卡劳尔 R. P. Carroll）；

智力是学习的潜能（杜尔邦 W. F. Dearborn，考尔菲 S. S. Colvin）；

智力是适应新环境的能力（宾特纳 R. Pintner）；

智力是解决问题所需的各种能力（盖雷特 H. E. Garrett）；

智力是从事艰难、复杂、抽象、敏捷和创造性活动以及集中精力保持情绪稳定的能力（斯达托 G. D. Stoddard）；

智力是有目的的行动、合理思维和有效处理环境的总能力（韦克斯勒 D. Wechsler）；

智力是个人的抽象思维能力、学习能力和解决问题能力的总称（盖志与柏林尔 Gage & Berliner）。

（三）皮亚杰的智力理论

在皮亚杰的著作中，认知、智力、思维、心理等是同义语。皮亚杰始终坚持认为，心理的机能是适应，智力是对环境的适应的思想。也就是说，智力的本质就是适应，使个体与环境取得平衡。这种适应，不是被动的、消极的，而是一种主动的、积极的适应。皮亚杰明确地提出，并一再强调，智力是一种主动的、积极的结构。

皮亚杰指出："智力在一切阶段上都是把材料同化于转变的结构，从初级的行动结构升为高级的运算结构，而这些结构的构成乃是把现实在行动中或在思维中组织起来，而不仅是对现实的描摹。"① 在他看来，智力是一种思维结构的连续的形成和改组的过程，每一阶段有一种相对稳定的认知结构来决定学生的行为，能说明该阶段的主要行为模式；教育则要适合于这种认知结构或智力结构，即要按照学生的认知结构或智力结构来组织教材，调整内容，进行教学。如果学生的认知结构或智力结构不合理，就会记忆缓慢，思维迟钝，不能灵活地解决问题。这时，即使教师试图加速他们的发展，也只能是浪费时间和精力。

认知结构或智力结构是什么？皮亚杰原初强调图式（scheme，schema）概念（即动作的结构或组织）。图式经过同化、顺应和平衡，构成新的图式。到了晚年，他则强调这个结构的整体性（思维形式的逻辑结构）、转换性（认知是一个主动积极的、且发展变化的建构过程）和自调性（主客体的平衡在结构中对图式的调节作用）。前边曾提到皮亚杰提出的所谓"建构主义"（structuralism）的"建构"区别于一般的结构，是主体与客体相互作用的结果。如前所述，它所强调的，一是主客体的相互作用；二是共时性和历时性

---

① ［瑞］皮亚杰. 教育科学与儿童心理学. 傅统先译. 北京：文化教育出版社，1981，37

的统一；三是活动中心范畴。认知结构或智力结构的发展，经历了如下四个阶段：感知动作时期（0～2 岁）、前运算时期（2～7 岁）、具体运算时期（7～11 岁）、形式运算时期（11～15 岁）。对这四个阶段，在下一个问题中再作详述。而认知结构或智力结构的这些特征，正是教育工作的一个出发点。教师要针对学生的知识结构，分析各年龄阶段的认知结构或智力结构发展特点，适当超前组织教材，进行有的放矢的教学，这样就有可能促进学生超前掌握一些新知识，使其认知结构或智力结构得到发展，其心理水平得到提高。

（四）认知心理学的智力观

20 世纪 50 年代末、60 年代初，由于控制论、信息论和计算机技术的发展，心理学要改变行为主义把人脑看成"黑箱"的悲观论调，出现了认知心理学。一般认为，美国心理学家奈索（U. Neisser）为"现代认知心理学之父"（1967 年他撰写了第一部专著《认知心理学》）。

认知心理学家安德森（J. R. Andeson）指出："认知心理学试图了解人的智力的性质和人们进行如何思维。"[①] 这里，他明确了认知心理学的研究对象是人的智力和思维。

但是，现代心理学对于认知（cognition）的理解很不统一。

奈索在其《认知心理学》（1967）中指出，认知是指感觉输入受到转换、简约、加工、存储、提取和使用的全部过程。

里特（S. K. Reed）根据上述定义于 1982 年进一步提出，认知通常被简单地定义为对知识的获得，它包括许多心理技能，如模式识别、注意、记忆、视觉、表象、言语、问题解决、决策等。

1985 年格拉斯（A. L. Glass）在《认知》一书中也指出，我们的所有心理能力（知觉、记忆、推理及其他等）组成一个复杂的系统，它们的综合功能就叫认知。

由于对认知的看法是各式各样的，所以有人如霍斯顿（T. P. Houston）等对不同的观点加以归纳[②]，认为有五种主要的意见：①认知是信息加工；②认知是心理上的符号的运算；③认知是问题解决；④认知是思维；⑤认知是一组相关的活动，如感觉、记忆、思维、判断、推理、问题解决、学习、想象、概念形成、语言使用。这里，实际上只有三种意见：①②是狭义的认知心理学，即信息加工论；③④认为认知心理学的研究核心是思维；⑤是广

---

① ［美］J. R. 安德森. 认知心理学. 张述祖等译. 长春：吉林教育出版社，1989

② Houston，J. P，et al. Essentials of psychology. New York：Academic Press，1985

义的认知心理学。

认知心理学强调认知应包括三个方面，即功能（适应）、过程和结构①。这里最突出的，认知是为了一定的目的，在一定心理结构中进行信息加工的过程。在一定意义上说，智力就是为了达到一定的目的，在一定心理结构中进行信息加工的过程。

认知心理学研究智力有一个发展的过程，当前的认知心理学不仅重视知觉研究，而且更重视思维等内部的、高级认知因素的研究；不仅重视一般的认知模型的建立，而且更重视联结的网络，反应时是分析加工过程的一个新突破；不仅重视生理机制的探索，而且重视根据人的神经元和神经网络的特点来改进计算机的设计；不仅关心理论课题，而且关心现实生活中的课题。

认知心理学在智力与思维问题上的研究，主要有以下三个特点：①把心理学、思维心理学和现代科学技术（控制论、信息论、计算机科学等）结合起来研究，例如，纽艾尔（A. Newell）和赛蒙（司马贺 H. A. Simon）研究了机器模拟思维的基本模型；②尽管它以认知为主要对象，但它并不局限于认知的范围，它不但把从低级的感知到高级的思维当作一个不可分割的连续的整体，而且也试图把认知（智力）因素和非认知（智力）因素结合起来，从而将人的心理、意识、认知、智力当作一个整体或系统来看待；③应用新的方法来作为从感知到思维的过渡环节的表象，进行较合理的探索，这样就有利于把感性认识和理性认识更好地联系起来，也有利于对人的心理、智力内部过程的研究。

上述智力与能力的种种观点，虽然不能统一起来，但它们毕竟有共同之处。更重要的是，所有的智力与能力的观点，对我们都有借鉴的价值。

二、智力与能力研究的新进展

近 20 年来，国际上有关智力与能力的研究的新进展主要表现在三个方面：一是界定智力的属性有较大的变化，在西方心理学史上，心理学家曾两次对"智力"的含义进行了专门讨论，一次是 1921 年，另一次是 1986 年（R. J. Sternberg，1986）。1986 年后，虽然保留一些常用的诸如"推理""问题解决""学习能力"和"创造性"等属性，不太见到传统心理学所使用的具体过程的俗语，逐渐增加不少诸如"适应""元认知""潜能""执行过程"

---

① D. Dodd. Cognition，Mental Structures and Processes. Boston：Allyn，1980

"知识""自动化加工"等新的项目；与此同时，积极心理学的内容在增加，长期以来，病理心理学与缺陷观占据心理学的相当地位，而忽视了对人类积极特征的研究，例如幸福、乐观、希望、知识、智力和创造力（J. F. Jeffery 等，2008）。二是从因素（结构）取向，到信息加工取向，又把两者结合起来，形成智力层面取向，即既讲要素，又强调信息加工过程，并出现许多认知建模的研究，例如建构理论建模、计算机模拟心理过程、建构神经网络模型，等等。三是出现诸多名家，增加了诸多新领域和新理论。

在西方，涌现新领域颇有影响的心理学家及其理论有五家（R. J. Sternberg，1998）。

（一）加登纳的多元智力

1983 年，美国哈佛大学的加登纳（H. Gardner）出版《智力结构》（*Frames of mind*）一书，提出了多元智力（multiple intelligence）的概念[①]。最近 20 年，加登纳一直探讨这个问题。1993 年他又出版了《多元智力的理论与实践》（*Multiple intelligence：The Theory in Practice*）一书，1999 年该书译成中文，名叫《多元智能》，在中国发行，引起中国广大读者的重视。

加登纳提出了一种多元智力理论，其理论依据是智力个体化（individualize）理论。起初，他列出了 7 种智力成分。他认为，相对地说，这些智力彼此不同，并且，每个人都或多或少具有这 7 种智力。他承认，智力可能不止这 7 种。不过，他相信并支持关于 7 种智力的观点达 10 多年之久。

1. 语言智力

语言智力（linguistic intelligence）就是有效地运用词语的能力。其中，既包括口语能力很强的人（如政治家、演说家、说书人、节目主持人等），也包括书面语能力很强的人（如新闻记者、剧作家、诗人和编辑等）。这种人具备语言能力，不但能够操纵某种语言的语音、语法和语义，而且也能够操纵该语言的语用规则。

2. 逻辑数学智力

逻辑数学智力（logical mathematical intelligence）就是有效地运用数字（如数学家、统计学家、会计等）和合理地推理（如计算机编程人员、逻辑学家、科学家等）。这种人具有逻辑数学智力，具有知觉到逻辑模式和逻辑关系、声明和命题、函数及其复杂过程的能力，以及相关的抽象能力。

----

① ［美］加登纳. 多元智能. 沈致隆译. 北京：新华出版社，1999

3．知人的智力

知人的智力（interpersonal intelligence）就是快速地领会并评价他人的心境、意图、动机和情感的能力。这种人具有知人的能力，对他人的面部表情、姿势和语气很敏感，能够察言观色（在此无贬义），能够据此消除人们消极的情绪，能够激励人们作出积极的行动。

4．自知智力

自知能力（intrapersonal intelligence），又译自控智力，是指了解自己从而作出适应性行动的能力。这种人具有自知的智力，能够诚实地、准确地、综合地刻画自己，既知道自己的长处，也知道自己的弱点；并能够了解自己的动机、欲望、心境；具有自律的倾向；具有健康的自尊。

5．音乐智力

音乐智力（musical intelligence）就是音乐知觉（如音乐爱好者）、辨别和判断音乐（如音乐评论家）、转换音乐形式（如作曲家）以及音乐表达（如乐器演奏与表演）的能力。这种人具有音乐智力，对节奏、旋律等敏感。

6．身体运动智力

身体运动智力（bodily-kinesthetic intelligence）就是运用全身表达思想和感情的能力，其中包括运用手敏捷地创造或者转换事物的能力（如工匠、画家、机械师、雕塑家、外科医生等）。这种人具有身体运动智力，具有很强的协调肌肉、平衡身体的技能，身体动作敏捷、灵活而优美，并对触觉敏感。

7．空间智力

空间智力（spatial intelligence）是指准确地知觉视觉空间世界的能力（如导游、猎手、侦察员等）。这种人具有空间智力，能够敏锐地知觉到颜色、线条、空间及其之间关系的能力。此外，也具有视觉化、形象地表征视觉的或者空间的观念、理解自己的空间位置的能力。

此外，还需指出的是，20世纪90年代末，加登纳又添加了一种智力，叫"自然主义者智力"（naturalistic intelligence）。这是一种能够对自然世界的事物进行理解、联系、分类和解释的能力。诸如农民、牧民、猎人、园丁、动物饲养者都表现出了已经开发的自然主义者智力。

世纪之交加登纳又增加了一种存在主义智力，它涉及对自我、人类的本质等一些终极性问题的探讨和思考，神学家、哲学家这方面的智力最突出。

我和我的弟子李庆安对加登纳的观点作过多次的评论，包括在国际心理学刊物上，这并不表示我对其理论的反感，而是指出他的理论和我国3 500年前西周就产生的"六艺"（礼、乐、射、御、书、数）具有相似性，对此我们不仅作了评议和质疑，而且也阐述了"越是民族的东西越能走向国际化的趋势"的观念。

（二）斯腾伯格的成功智力

美国耶鲁大学的斯腾伯格长期从事智力的研究，提出了成功智力（successful intelligence）的理论。这种理论让人认识到，人生的成功，主要不是靠智商（IQ），而是取决于成功智力，所以他的理论依据是对智商概念的挑战。

斯腾伯格不仅从事成功智力的理论研究，而且也进行应用实践的实验。他出版的《成功智力》（1996）一书颇有影响。这本书已有中文译本①。

1. 成功智力的概念

斯腾伯格（1998）认为，我们应当少关注一些传统的智力观念，尤其是智商的概念；而多关注一些他所说的成功智力。他在《成功智力》一书的序里有趣地谈到，他曾在小学时考砸了智商测验，他下决心，如果将来成功了，那也不是其智商的作用。为此，他最终走上了探索智力的道路，并努力寻找能够真正预测今后成功的智力。所谓成功智力，就是为了完成个人的以及自己群体或者文化的目标，从而去适应环境、改变环境和选择环境的能力。如果一个人具有成功智力，那么，他就懂得什么时候该适应环境，什么时候可以改变环境，什么时候应当选择环境，能够在三者之间进行平衡。

具有成功智力的人能够认识到自己的优势和劣势，然后能够想方设法地利用自己的有限时间，同时能够补偿自己的劣势或者不足。懂得如何充分发挥自己的优势，克服自己的劣势，这是人们之所以能够成功的原因之一。

2. 成功智力的成分及其任务

分析思维、创造思维和实践思维的能力是对于成功智力极为重要的三种思维能力。

（1）分析思维能力的任务是分析和评价人生中面临的各种选择。它包括对存在问题的识别、问题性质的界定、问题解决策略的确定、问题解决过程的监视。

（2）创造思维能力的任务在于，最先构思出解决问题的方案。富于创造力的人就是那些在思想世界中"低价买进而高价卖出"的人：他们乐于产生一些不大通行甚至遭到轻视的一些想法，"价格—收益比率（一种将公司股票的现行市场价格除以每年每股的收益得出的比率）低时买进股票"即是其中

---

① ［美］斯腾伯格. 成功智力. 吴国宏，钱文译. 上海：华东师范大学出版社，1999

的一例；至少有一部分人做过而相信这种思想的价值，之后，当价格—收益比率高时卖出股票，这就意味着，他们又产生了另外一个不大通行的想法。研究表明，这些能力与传统的智商至少存在部分的不同。他们大致属于特定领域的能力，这就是说，在某个领域（如艺术）具有创造性未必就意味着在另一个领域（如写作）也具有创造性。

（3）实践思维能力的任务在于，实施选择并使选择发生作用。如果将智力应用于真实世界的环境之中，那么，实践思维能力就开始发生作用了。沉默知识（tacit knowledge）的获得和运用是实践思维能力的一个重要内容。所谓沉默知识，就是人们如果想在特定的环境中获得成功就必须懂得，然而却没有接受过明确教授的知识，并且这种知识通常不用语言表述。研究表明，沉默知识是通过用心地运用经验而获得的，相对来说，属于特定的领域，沉默知识的掌控相对于传统的能力，它对工作能否成功的预测力不次于智商，有时，甚至优于智商。

（三）珀金斯的"真"智力

美国哈佛大学另一位心理学家珀金斯（Perkins）于1996年提出"真智力"（true intelligence）概念，他的理论依据是先天与后天的关系。他核查了大量关于智商测验和促进智商的研究，进而提出智商包括三种主要的成分或者维度：

1. 神经智力（neural intelligence）

这是指神经系统的有效性和准确度。神经智力具有"非用即失（use it or lose it）"的特点。显然，神经智力是可以通过运用先天因素而得到保持和加强的。神经智力同卡特尔（R. B. Cattell）所说的流体智力有些相似。

2. 经验智力（experiential intelligence）

这是指个人积累的不同领域的知识和经验。这可以看作是个人所有专长的积累。经验智力的基础是积累知识和经验，这些知识和经验可以使人们在一个或者多个领域中具有高水平的技能。生长于刺激环境较为贫乏的人，较之一个生长在学习环境丰富的人，其智力显著地表现出差异来。丰富的学习环境能够促进经验智力。经验智力和卡特尔所说的晶体智力有些相似。

3. 反省智力（reflective intelligence）

这是指解决问题、学习和完成挑战智力任务的广泛的策略。它包括支持坚持性、系统性和想象力的各种态度。它包括自我监视和自我管理。反省智力可以看成是有助于有效地运用神经智力和经验智力的控制系统。人们是可以学会更有效地利用神经智力和经验智力的种种策略的。反省智力类似于我们在第一章所提到的元认知（metacognition）和认知监视（cognitive monitoring）等概念。

（四）塞西的生态学智力模型

美国康奈尔大学的塞西（S. J. Ceci）提出了智力发展的生物生态理论（The bio-ecological theory）。该理论认为智力是天生潜力、环境（背景）、内部动机相互作用的函数。这种理论的依据是生物生态学与文化生态学。

（1）人的各种认知技能、环境和知识都是业绩具有个体差异的重要基础。在特定的领域中，每一种认知潜能都使各种关系得以发现，各种思想得以监视，知识得以获得。虽然这些潜能具有生物学的基础，但是，其发展与环境具有密切的联系。所以，如果不是不可能，也很难将生物学和环境对于智力的贡献清楚地分割开来。

（2）个体的环境资源有两类：一类是近端过程，即直接环境中与客体的持续相互作用；另一类是远端因素，由影响近端过程的形式与质量的环境维度组成。由此提供人的知识形成知识结构，发展其智力水平。

（3）认知发展主要是逐渐增加的精致化的知识结构的结果，这些知识结构使编码、提取、策略选择、比较等微观水平的过程有可能进行更有效的操作。

（4）在不同的环境中，能力可能是以完全不同的方式表现出来的。例如，儿童完成性质相同、难度相同的任务，在电视游戏环境中完成的成绩比实验室认知任务环境中完成的成绩好得多。之所以存在这种差异，一部分是由于情绪反应差异的结果。

（五）梅耶尔与戈尔曼的情绪智力

情绪智力（emotional intelligence）概念是由美国新罕布什尔大学的梅耶尔（J. D. Mayer）等人于1990年提出来的，其理论依据是情绪理论。1995年记者戈尔曼（D. Goleman）的《情绪智力》一书的出版，对这个理论起到了推波助澜的作用。

情绪智力是什么呢？它由哪些要素构成呢？梅耶尔与戈尔曼分别提出了各自的情绪智力理论，对此作了说明（表4-1）[1][2]。

---

[1] J. D. Mayer, P. Salovey, D. Caruso. Models of emotional intelligence. In R. J. Sternberg（Ed.）. Handbook of Intelligence. Cambridge, UK：Cambridge University Press, 2000, 396~420

[2] D. Goleman. Emotional Intelligence. New York：Bantam Books, 1995, 1~40

表 4-1　　　　　　　　　两个情绪智力模型的比较

理论	梅耶尔等	戈尔曼
定义	情绪智力用以说明人们如何知觉和理解情绪，具体说，是知觉和表达情绪、在思维中同化情绪、理解和分析情绪、调控自己及他人情绪的能力。	情绪智力包括自我控制、热情、坚持性和自我激励能力。这种情绪智力原来被称为性格。
内容与说明	1. 情绪知觉和表达 辨认和表达身体状态、情感和思维中的情绪 辨认和表达他人、艺术品和语言中的情绪 2. 在思维中同化情绪 在思维中优先考虑情绪 情绪作为判断和记忆的辅助 3. 理解与分析情绪 情绪（包括复杂的情绪和同时发生的情感）的命名 理解情绪转换关系 4. 情绪的反思性监控 保持情绪的开放性 监控调节情绪并促进情绪和智力发展	1. 知道自己的情绪 识别正在发生的情绪随时监控情绪 2. 情绪管理 调整情绪使它们比较合适安慰自己 摆脱焦虑、抑郁与恼怒 3. 自我激励 引导情绪达成目标 延迟满足并抑制冲动 能够进入状态 4. 识别他人的情绪 同情意识 适应别人的情绪 5. 处理关系 管理他人的情绪 与他人和谐相处
类型	能力	能力与性格的混合

　　表 4-1 中总结了两种最有影响的情绪智力理论。两种理论都是从内涵范围来定义情绪智力，但不同的是戈尔曼把它定义为能力与性格或人格倾向的混合物，比如，在能力之外加入了热情、坚持性等性格特点；而梅耶尔等反对把情绪智力定义为能力、性格等多种因素的混合物，而坚持把它定义为传统智力中的一种。但是，两种理论也有共同点，都认为情绪智力包含多个因素，虽然数量有所不同。总之，情绪智力是心理学研究的一个新领域，在概念、理论等方面都有待深入研究。

三、智力与能力发展与培养的理论和实践

　　对智力与能力的发展与培养问题，国际心理学界也作了不少的论述，并进行过大量的实验研究。

（一）对智力与能力发展研究的两种模式

国际心理学界对智力与能力发展的研究虽多，但归根结底可综合为两种模式：一种是"定性"研究，一种是"定量"研究。前者以皮亚杰为代表，后者则是智力测验。

1. 皮亚杰对智力与能力发展的定性研究

（1）皮亚杰关于智力与能力的发展观。皮亚杰的发展观，突出表现在他的阶段理论的要点上。

①智力发展过程是一个内在结构连续的组织和再组织的过程，过程的进行是连续的；但由于各种发展因素的相互作用，智力发展又具有阶段性。

②各个阶段都有它独特的结构，标志着一定阶段的年龄特征；由于各种因素，如环境、教育、文化以及主体的动机等的差异，阶段可以提前或推迟，但阶段的先后次序不变。

③各阶段的出现，从低到高是有一定次序的，不能逾越，也不能互换。

④每一个阶段都是形成下一阶段的必要条件，前一阶段的结构是构成后一阶段的结构的基础，但前后两个阶段相比，有着质的差异。

⑤在智力发展中，两个阶段之间不是截然划分的，而是有一定的交叉的。

⑥智力发展的一个新水平是许多因素的新融合、新结构，是各种发展因素由没有系统的联系逐步组成有机的整体。

（2）阶段划分。皮亚杰把智力或思维发展分为四个阶段：

①感知运动智力阶段（0～2岁）。皮亚杰把两岁以前儿童的智力发生过程，看作是智力或思维的萌芽。而这个发生发展的过程，又分为若干时期：反射练习时期（0～1个月）；动作习惯和知觉的形成时期（1～4个月）；有目的的动作的形成时期（5～9个月）；范型之间的协调、手段和目的之间的协调时期（9～11个月）；感知运动智力时期（12～18个月）；智力的综合时期（18个月至2岁）。

②前运算思维阶段（2～7岁）。这一阶段是在前一阶段发展的基础上，各种感知运动图式开始内化而成为表象或形象图式；特别是由于语言的出现和发展，促使儿童日益频繁地用表象符号来代替外界事物，重视外部活动。这就是表象或形象思维。表象或形象思维的特点是：具体形象性；不可逆性（幼儿还不能掌握守恒性的概念）；刻板性（不够灵活）。

③具体运算思维阶段（7～11岁）。这相当于小学阶段。皮亚杰认为，具

体运算是在前一阶段很多表象图式融化、协调的基础上形成的。这一阶段的主要特点是出现了具体运算图式，其主要特点：一是守恒性，即出现可逆的、内化的动作；二是群集运算，从而能正确地掌握逻辑概念的内涵和外延，等等。但是，具体运算还离不开具体事物的支持，还不能组成一个结构的整体，一个完整的系统。

④形式运算思维阶段（11～15岁）。具体运算思维，经过不断同化、顺应、平衡，就在旧的具体运算结构的基础上逐步出现新的运算结构，这就是和成人思维接近的、达到成熟的形式运算思维，亦即命题运算思维。所谓形式运算或命题运算，就是可以在头脑中将形式和内容分开，可以离开具体事物，根据假设来进行的逻辑推演的思维。关于形式运算图式，皮亚杰引用现代代数中"四变换群"和"格"（lattic）的逻辑结构来加以刻画，这是一个逻辑结构的整体或系统，这个时期已经能根据假设和条件进行复杂而完整的推理活动。

2. 智力测验对智力与能力发展的定量研究

智力测验是通过测验的方式来衡量人的智力水平高低的一种科学方法。如前所述，不少人把智力看作是人的各种基本能力的综合，故智力测验也称为普通能力的测验。

智力测验孕育于英国，起始于法国。英国高尔顿（F. Galton），早在19世纪60年代，就开始研究人的智力的个别差异的测量。法国心理学家比纳（A. Binet）和西蒙（T. Simon）于1905年制定的智力量表是世界上第一个正规的智力测验，它主要用于鉴别那些智力有缺陷的儿童，使他们转到特别班去进行特殊教育。比纳用数量化的方法评价人的智力及其发展，使智力测验成为心理计量学的一个重要组成部分。

后来的智力测验兴盛于美国，传播于全世界。比较著名的量表有：

（1）1916年美国斯坦福大学的心理学家推孟将比纳—西蒙量表译成英文，并修订成适合美国文化背景的智力量表，称为斯坦福—比纳量表。

（2）瑞文推理测验是由英国心理学家瑞文（J. C. Raven）设计的非文字智力测验。该测验有三个，一个是1938年出版的标准推理测验，适用于6岁儿童至一般成人。另外两个测验在1947年编制而成，一个适用于年龄较小的与智力落后的彩色推理测验；另一个适用于高智力水平的高级推理测验。这种测验以上述的智力二因素理论为基础，主要测量一般因素中的引发能力（deductive ability），即对那种超越已知条件，应用敏锐的创造性的洞察力，触类旁通地解决问题的能力，人们对事物间关系的认识能力。

（3）韦氏量表一般是指美国心理学家韦克斯勒（D. Wechsler）所编制的几个量表：1939 年编制韦氏—贝鲁威（Wechsler—Bellevue，W—B）智力量表，不久又编制一平行本，称 W—BⅡ；1949 年 W—BⅡ被发展和修改成儿童智力量表（WISC），1974 年进行了修订（称 WISC—P）；1955 年 W—B 被修订为成人智力量表（WAIS），1981 年进行了修订（称 WAIS—R）；1967 年编制了韦氏学前和学龄初期智力量表（WPPSI）。韦氏的这几套智力量表是国际上公认的具有权威性的量表。

对智力与能力的发展特点来说，智力测验的用途正是鉴别学生智力与能力发展的水平，对其作"定量"的分析。

（二）对智力与能力培养的列举

智力与能力是可以培养的。国外的培养干预主要从两方面着手：一是从智力训练着手；二是从非智力因素培养着手。

1. 智力训练

戴斯（J. P. Das）、纳格利尔里（J. A. Naglieri）、柯尔比（J. R. Kirby）等曾经提出所谓的 PASS 智力模型[①]，认为智力包括"计划—注意—同时性加工—继时性加工"（Planning-Attention-Simultaneous-Successive processing，PASS）四种认知过程。其中，注意过程是一切心理过程的基础，它维持大脑皮层的唤醒状态。同时性和继时性的加工是功能平行的两种加工类型，主要负责接受、加工、维持来自外部世界的信息，二者的区别在于：前者是同步性的整合刺激，主要是空间整合；后者则涉及将刺激整合成暂时性的系列组合。计划过程居于最高层次，它为个体提供了分析认知活动、解决问题、评价答案有效性的方法。总之，有效的认知加工是按照特定任务的需求通过整合知识与计划、注意、同时性和继时性加工的过程来完成的。

纳格利尔里等曾以该理论为基础，先后两次对学生的计划能力进行干预训练。在 1997 年的研究中[②]，12 名学习障碍学生接受了 7 次数学基线测验与 21 次教学干预，在干预中，让儿童对他们如何解决算术测验题进行反思，并说出所用的策略。结果表明，这种干预能有效提高儿童的计划能力，对在计划方面存在认知缺陷的儿童效果尤其好。几年后，他们又进行了一项类似的

---

① 戴斯，纳格利尔里，柯尔比等. 认知过程的评估——智力的 PASS 理论. 杨艳云，谭和平译. 上海：华东师范大学出版社，1999

② J. A. Naglieri, S. H. Gottling. Mathematics instruction and PASS cognitive processes: An intervention study. Journal of Learning Disabilities，1997，30（5），513~519

认知策略教学①。在这项研究中，被试为 19 个学习障碍和轻微心理失调的儿童，干预方式与前一个研究类似，并得到了类似的结果：那些在计划方面存在认知缺陷的儿童提高最快，同时性加工和继时性加工方面存在缺陷的儿童的提高幅度次之，没有认知缺陷的儿童提高最少。这两项研究都表明，计划能力存在认知缺陷的儿童能从这种认知策略干预中获得更大的好处，同时也表明了 PASS 理论对智力培养的重要意义。

当然，在智力的培养方面，不仅可从策略或计划方面加以干预，且从表征、元认知等方面可进行干预。比如，有学者曾以俄罗斯高中生为被试，以三角问题的证明为实验内容考察过表征训练对认知水平的影响②③。该实验有两个比较组：对第一个比较组的学生，通过传统的代数解析方法（纯分析的）教授三角问题的证明；对第二个比较组通过可操作的几何画板的方法（纯视觉的）教授三角问题的证明。而对于实验组的学生进行表征训练，结合运用图形方法和解析方法，并训练表征方式的转化。结果表明，表征训练组的学生的解题得分比"视觉组"高 26%，比"分析组"高 43%。这说明综合运用多种表征方法有助于认知作业成绩的提高。

近年来，对元认知训练的研究也很多，比如自我解释策略就是一种重要的元认知策略。奇（Chi，M. T. H）等人发现，在学习同一种材料时，成绩优良者往往是那些对材料产生更多自我解释的学生④。自我解释是对问题或材料的一种评论，是出声的推理过程，有利于学习的改善和领域技能的获得。自我解释策略的使用不仅可以调用问题领域的知识，还可以起到自我监控的作用，维持被试的注意，减慢问题解决速度，使问题解决者仔细考虑问题的关键特征和成分⑤。他们认为，通过让被试回答"为什么你那样做"这样一个问题，可以把被试的注意从问题本身转移到问题解决行为和过程上，作为一个观察者观察自己的问题解决过程，这实际就是元认知过程。他们在实验中设计了三个组：过程定向（元认知）组、问题定向组、简单的大声思维组。

---

① J. A. Naglieri，D. Johnson. Effectiveness of a cognitive strategy intervention in improving arithmetic computation based on the PASS theory. Journal of Learning Disabilities，2000，33（6），591~597

② M. Tchoshanov. Visual mathematics. Kazan，Russia：ABAK，1997

③ S. J. Pape，M. Tchoshanov. The role of representation（s）in developing mathematical understanding. Theory into Practice，2001，40（2），118~127

④ M. T. H. Chi，P. J. Feltovich，R. Glaser. Categorization and representation of physics problems by experts and novices. Cognitive Science，1981，5，121~152

⑤ B. Berardi-Coletta，L. S. Buyer，R. L. Dominowski，E. R. Rellinger. Metacognition and problem solving：A process-oriented approach. Journal of Experimental Psychology：Learning，Memory，and Cognition，1995，21（1），205~223

结果表明，过程定向组在训练和迁移任务上比其他两个组做得好，他们能形成更熟练的问题表征和复杂的策略。

2. 从非智力因素培养入手的例举

美国心理学家特维克（C. S. Dweck）指出[①]，动机过程影响学生对知识和技能的获得、迁移和使用，但与教育有关的动机概念仍难以捉摸。于是她利用社会—认知框架中的最新研究，描述了适应和适应不良动机模式，提出了一个以研究为基础的动机过程模型。这个模型表明学生在认知（智力）任务中所追求的特定目标如何决定他们对成功和失败的反应，如何影响他们认知操作的质量。特维克认为这种探索对改变适应不良动机过程的干预的设计和实践有重大意义。她根据这个模型解释了动机对数学成绩的性别差异的影响，并用实验观察到，以经验为基础的干预可以防止当前的这种成绩的差异。

第二节　思维是智力与能力的核心

在对上述智力与能力及其发展的理解的基础上，我们在教学实验中提出，不将智力与能力绝对分开，既要看清它们有一定的区别，更要看到它们之间的联系。我们认为：

首先，智力与能力同属于个性的范畴。如果下定义，智力与能力是成功地解决某种问题（或完成任务）所表现的良好适应性的个性心理特征。

其次，智力和能力有一定区别。一般地说，智力偏于认识，它着重解决知与不知的问题，它是保证有效地认识客观事物的稳固的心理特征的综合；能力偏于活动，它着重解决会与不会的问题，它是保证顺利地进行实际活动的稳固的心理特征的综合。

再次，认识和活动总是统一的，认识离不开一定的活动基础；活动又必须有认识参与。所以智力与能力是一种互相制约、互为前提的交叉关系。这种交叉关系，既体现了苏联心理学所说的"从属"关系，又体现了西方心理学所讲的"包含"关系。教学的实质就在于认识和活动的统一，在教学中发展智力和培养能力是分不开的。

又次，能力中有智力，智力中有能力。智力和能力的总称叫智能。中国古代思想家一般把智与能看作是既有区别又有联系的两个互相转化、共同提高的概念。《荀子·正名》曰："所以知之在人者谓之知，知有所合谓之智。

---

① ［美］C. S. Dweck. 动机过程对学习的影响. 心理发展与教育. 1987，4

所以能之在人者谓之能，能有所合谓之能。"王夫之在《读四书大全说》中写道："知能相因，不知则亦不能矣"（卷2），说明能力依存于智力。又云："如人子弈棋相似，但终日打谱，亦不能尽达杀活之机，必亦与人对弈，而后谱中谱外之理，皆有以悉与其故"（卷1），可见智力又依存于能力。通过"学""虑"的学问思辨之功，达到"学虑充真知能"（《思问录·内篇》）。正因为智与能的联系如此密切，故不少名篇中如《吕氏春秋·审分》《九州春秋》《论衡·实知》等，均将两者结合起来称为"智能"，其实质都是在把智与能结合起来作为考察人才的标志。

最后，不管智力还是能力，其核心成分是思维，最基本特征是概括，亦即概括是智力和能力的首要特点。在中小学教学中所说的能力，主要是指智力。智力应由思维、感知（观察）、记忆、想象、言语和操作技能组成（图4-4），其中操作技能既作为能力的组成因素，又是智力的基本成分。

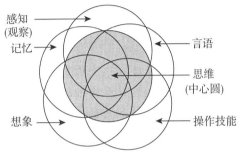

图4-4 构成智力成分模型

我们以上述观点为依据，力求在教学实验中确定发展和培养中小学生的智力与能力。

既然思维是智力的核心成分，所以，我们的教学实验，自始至终将思维的发展与培养放在首位。在对思维的理解上，我们主要强调三个观点。

一、概括是思维的基础

在朱智贤教授与我合著的《思维发展心理学》一书中，我们就提出，思维有六个特点：概括性、间接性、逻辑性、目的性或问题性、层次性、生产性等。概括是其中最基本的特点。

（一）概括的实质

一切事物都有许多属性，那些仅属于某一类事物，并能把这些事物和其他事物区别开来的属性，叫做本质属性。抽象就是在思想上把某一事物的本质属性或特征和非本质的属性或特征区别开来，从而舍弃非本质的属性或特征，并抽取出本质的属性或特征。经过抽象过程，事物的本质属性和非本质属性的界限清楚了，这样，认识便跃进到了理性阶段。

概括是在思想上将许多具有某些共同特征的事物，或将某种事物已分出来的一般的、共同的属性、特征结合起来。概括的过程，就是把个别事物的本质属性，推及为同类事物的本质属性。这个过程，是消除多余步骤的过程，也是思维由个别通向一般的过程。

（二）概括在思维活动中的意义

思维的最显著的特性是概括性。思维之所以能揭示事物的本质和内在规律性的关系，主要来自抽象和概括的过程，即思维是概括的反映。

概括在思维的发展与培养中是十分重要的，它是思维能力乃至智力发展的关键机制。

1. 从理论上说

（1）抽象和概括是人们形成或掌握概念——思维细胞的直接前提。学生掌握概念的特点，是直接受他们的概括水平的高低所制约的。概念是事物的本质属性在人脑中的反映。掌握概念，就是对一类事物加以分析、综合、比较，从中抽象出共同的、本质的属性或特征，然后把它们概括起来。

（2）概括是思维活动的速度、灵活迁移程度、广度和深度、创造程度等智力品质或思维品质的基础。没有概括，就无法进行逻辑推理，就谈不上思维的深刻性和批判性；没有概括，就没有灵活的迁移，就谈不上思维的灵活性和创造性；没有概括，就没有"缩减"的形式，就谈不上思维的敏捷性。一切学习活动，都离不开概括。概括性越高，知识系统性越强，迁移越灵活，那么一个人的思维和智能就越发展。

（3）概括是一切科学研究的出发点，是掌握规律的基础，任何科学研究的结论都来自概括过程。每一个科学家的智能变成了一种把大量个别事实化为一般规律的机制。把事实化为现象的一般规律，是一切研究的最重要的、终极的阶段，而这种"智能"的过程正是概括的过程。

2. 从教学实践上说

学习和运用知识的过程是概括的过程。迁移的实质就是概括。没有概括，学生就不能掌握知识、运用知识和学到知识；没有概括，就难以形成概念，那么由概念所引申的公式、法则、定理、定义、规则就无法被学生所掌握；没有概括，学生的认知结构就无法形成，于是，通过学习形成一个在意义上、态度上、动机上和技能上相互联系着的越来越复杂越抽象的模式体系，就会发生困难。

由此可见，概括性在思维过程中的地位以及概括能力在现实中的作用与重要性，所以，概括性成为思维研究的重要指标，概括水平成为衡量学生思

维发展的等级标志；概括性也成为思维培养的重要方面，思维水平通过概括能力的提高而获得显现。学生从认识具体事物的感知和表象上升到理性思维的阶段，主要是通过抽象概括。因此，发展学生的概括能力，就是发展思维，乃至培养智力与能力的一个重要环节。

二、培养思维品质是发展智力与能力的突破口

思维是智力与能力的核心。智力与能力既然作为个性心理特征，当然是分层次的。智力与能力的超常、正常和低常的层次，主要体现在思维水平上。

思维或智能，在全人口中的分布，表现为从低到高的趋势，两头小，中间大。在北京、上海等地的调查中发现，思维或智能发育很差的，所谓低常的儿童约占 3‰，这是一个不小的数字，是一个关系人口素质的值得注意的问题。思维或智能超常的（即所谓"天才"），也是极少数，所谓超常或天才，无非是聪明一点。除去低常与超常的两个层次之外，大多数则是正常的层次。用统计学上的术语说，叫做"常态分配"，就是一条两头小、中间大的曲线，如图 4-5 所示。

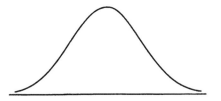

图 4-5　智力水平分布常态分配图

如何确定一个人的智能是正常还是超常或低常的呢？这主要由智力品质来确定。智力品质是智力活动中、特别是思维活动中智力与能力特点在个体身上的表现。因此它又叫思维的智力品质或思维品质。其实质上是人的思维的个性特征。

思维品质，体现了每个个体思维的水平和智力、能力的差异。事实上，我们的教育、教学，目的是要提高每个个体的学习质量。因此，在智力与能力的培养上，往往要抓学生的思维品质这个突破口，做到因材施教。

思维品质的成分及其表现形式很多，我们认为，主要应包括深刻性、灵活性（创造性）、独创性、批判性和敏捷性五个方面。

深刻性是指思维活动的抽象程度和逻辑水平，以及思维活动的广度、深度和难度。它表现为智力活动中深入思考问题，善于概括归类，逻辑抽象性强，善于抓住事物的本质和规律，开展系统的理解活动，善于预见事物的发展进程。超常智力的人抽象概括能力高，低常智力的人往往只是停留在直观水平上。

灵活性是指思维活动的灵活程度。它反映了智力与能力的"迁移"，如我

们平时说的"举一反三""运用自如"。灵活性强的人，智力方向灵活，善于从不同的角度与方面起步思考问题；从分析到综合，从综合到分析，灵活地作"综合性的分析"，较全面地分析、思考问题，解决问题。

独创性又叫创造性，它是指思维活动的创新精神，或叫创造性思维。在实践中，除善于发现问题、思考问题外，更重要的是要创造性地解决问题。人类的发展，科学的发展，并要有所发明，有所发现，有所创新，都离不开思维的智力品质的独创性。

批判性是思维活动中独立分析和批判的程度。是循规蹈矩，人云亦云；还是独立思考，善于发问；这是思维过程中一个很重要的品质。有了批判性，人类能够对思维本身加以自我认识，也就是人们不仅能够认识客体，而且也能够认识主体，并在改造客观世界的过程中改造主观世界。

敏捷性是指思维活动的速度，它反映了智力的敏锐程度。智力超常的人，在思考问题时敏捷，反应速度快；智力低常的人，往往迟钝，反应缓慢；智力正常的人则处于一般的速度。

思维品质的五个方面，判断了智力与能力的层次。在一定意义上说，思维品质是智力与能力的表现形式，智力与能力的层次，离不开思维品质，集中地表现在上述的深刻性、灵活性、独创性、批判性和敏捷性等方面。思维品质这些方面的表现，是确定一个人智力与能力是正常、超常或低常的主要指标。

在我们整个教学实验过程中，我们结合中小学各学科的特点，制定出一整套的培养思维品质的具体措施。由于我们在教学实验中抓住了思维品质的培养，所以，广大的实验班学生的智力、能力和创造精神获得迅速的发展，各项测定指标大大地超过平行的控制班，而且，实验时间越长，这种差异越明显。以1990年暑假，我们对一部分小学的实验班和对照班的数学综合性能力考试成绩测定为例，试加统计，可以表明这种趋势（表4-2）。

表 4-2　　　　　　　不同年级不同被试数综合能力考试成绩对照

年级	不同被试	平均成绩 $\overline{X}$	标准差 S	人数 N	差异显著性检验
一年级	实验班	89.4	8.8	300	$P<0.05$
	对照班	85.7	10.2	300	
二年级	实验班	81.6	6.7	300	$P<0.05$
	对照班	77.2	10.6	300	

年级	不同被试	平均成绩 $\overline{X}$	标准差 S	人数 N	差异显著性检验
三年级	实验班	81.1	10.0	325	$P<0.01$
	对照班	74.0	15.6	300	
四年级	实验班	87.1	8.6	345	$P<0.01$
	对照班	74.1	21.0	310	
五年级	实验班	84.1	9.1	320	$P<0.05$
	对照班	67.3	24.5	310	

由上表可知：

（1）实验班学生在数学综合能力考试中，成绩普遍地高于对照班学生的成绩；实验班学生成绩的标准差，普遍地低于对照班学生成绩的标准差。

（2）实验班和对照班学生的成绩差异的显著性，随年级升高、实验年头的增加而递增；离差性的对比也随之逐年增加，也就是说，对照班的两极分化在逐年明显化，而实验班却在五年中大致相同，两极分化现象变化不大。

从中我们可以得出结论：培养思维品质是发展智力与能力，乃至各科教学改革的一条可信又可行的途径。

三、最终要发展学生的逻辑思维能力

思维和智力是怎样发展的？一般的观点，包括皮亚杰的认知发展理论，都认为是单维发展途径：从感知动作（或直观行动）智力阶段→具体形象思维（或前运算思维）→抽象逻辑思维。当然，抽象逻辑思维又可以包括初步抽象逻辑思维（或具体运算思维）、经验型的抽象逻辑思维、理论型的抽象逻辑思维（后两种或叫做形式运算思维）。

这种途径主要的特点是替代式的，即新的代替旧的，低级的变成较高一级层次的。当然，这样分析有一定道理。但是，它也有一个不解之处，这就是如何揭示这些思维之间的关系和联系，对此，它往往使人困惑和难解。

在《思维发展心理学》一书里，我们在对思维分类时，提出思维和智力发展的一个新途径，如图4-6所示。

对此图，我们可以作如下的分析：

161

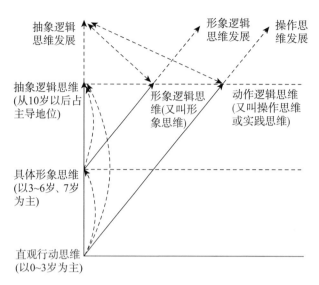

图 4-6　思维发展示意图

（一）思维的发展途径

1. 直观行动思维与动作逻辑思维

直观行动思维是指直接与物质活动相联系的思维，它又叫感知运动（动作）思维。在个体发展上，最初的思维是这种直观行动思维。也就是说，这种思维主要是协调感知动作，在直接接触外界事物时产生直观行动的初步概括，感知和动作中断，思维也就终止。

直观行动思维，在个体发展中向两个方面转化，一是它在思维中的成分逐步减少，让位于具体形象思维；二是向高水平的动作逻辑思维（又叫操作思维或实践思维）发展。动作逻辑思维，它是以动作或行动为思维的重要材料，借助于与动作相联系的语言作物质外壳，在认识中以操作为手段，来理解事物的内在本质和规律性。对成人来说，动作逻辑思维中有形象思维和抽象逻辑思维成分参加，有过去的知识经验作中介，有明确的目的和自我意识（思维的批判性）的作用，在思维的过程中有一定形式、方法，是按着一定逻辑或规则进行着的。这种思维，它在人类实践活动中，也有重要的意义。例如，运动员的技能和技巧的掌握，某种操作性工作的技能和熟练，就需要发达的动作逻辑思维或操作思维作为认识基础。

2. 具体形象思维与形象逻辑思维

具体形象思维是以具体表象为材料的思维。它是一般的形象思维的初级形态。在个体思维的发展中，必须经过具体形象思维的阶段。这时候在主体身上虽然也保持着思维与实际动作的联系，但这种联系并不像以前那样密切，那样直接了。个体思维发展到这个阶段，儿童可以脱离面前的直接刺激物和动作，借助于表象进行思考。

具体形象思维是抽象逻辑思维的直接基础，通过表象概括，发挥言语的作用，逐渐发展为抽象逻辑思维。具体形象思维又是一般的形象思维或言语形象思维的基础，通过抽象逻辑成分的渗透和个体言语的发展，形象思维本身也在发展着，并产生着新的质。所以，形象思维又叫形象逻辑思维。

形象逻辑思维，即形象思维以形象或表象为思维的重要材料，借助于鲜明、生动的语言作物质外壳，在认识中带有强烈的情绪色彩的一种特殊的思维活动。一方面是具体的、活生生的、有血有肉的、个性鲜明的形象；另一方面又有着高度的概括性，能够使人通过个别认识一般，通过事物外在特征的生动具体、富有感性的表现认识事物的内在本质和规律。形象思维具备思维的各种特点，它的主要心理成分有联想、表象、想象和情感。

3. 抽象逻辑思维

在实践活动和感性经验的基础上，以抽象概念为形式的思维就是抽象逻辑思维。这是一切正常人的思维，是人类思维的核心形态。抽象逻辑思维尽管也依靠于实际动作和表象，但它主要是以概念、判断和推理的形式表现出来，是一种通过假设的、形式的、反省的思维。抽象逻辑思维，就其形式来说，就是前面已经提到过的形式逻辑思维和辩证逻辑思维。前者是初等逻辑，后者是高等逻辑。两者既有区别，又有联系，它们是相辅相成的。

（二）要全面地对待各种逻辑思维的发展

我们在教学实验中提出，要重视各种逻辑思维的发展。既要发展学生的抽象逻辑思维，又要发展他们的形象逻辑思维和动作逻辑思维。目的都在于发展中小学生的逻辑思维能力。

在我们的教学实验中，我们提倡不偏废这些思维中的任何一种。根据不同的学科特点，不同的年级（年龄），提出发展动作逻辑思维、形象逻辑思维和抽象逻辑思维。

第三节　思维是一个系统的结构

思维、智力是心理现象，是人脑对客观现实的反映。客观现实世界是统一的物质世界，世界上的一切事物和现象，都依循着物质本身固有的规律运动着、变化着和发展着。正是客观现实世界的整体性、复杂性与统一性，决定了人的思维是一个完整的结构。

在国外，对思维结构的研究较早，也较多。例如，我们在前面提到的智力理论，像吉尔福特、皮亚杰、现代认识心理学等，都强调思维结构问题。又如，苏联的鲁宾斯坦（С. Л. Рубинштейн）、加里倍林，美国的拉塞尔（H. Russell）等人也提出了思维结构的设想。

在我国，研究思维结构是在 20 世纪 70 年代后期。1979 年，在"文化大革命"后的第一次中国心理学会学术年会上，我们提出了关于思维结构的构想；1983 年和 1986 年，又分别在《中学生心理学》和《思维发展心理学》里，我们对这个问题作了探讨。

一、探索思维结构的理论基础

研究思维结构的理论基础有三个，一是系统科学；二是结构主义；三是辩证唯物主义。

（一）吸取系统科学的合理因素，正确理解思维结构

在思维结构的研究中，不管是系统论、信息论、控制论，还是耗散结构、协同学、超循环理论、生命系统论等非平衡自组织理论的影响是不可低估的。

在系统科学的各种理论中，揭示了决定论与非决定论、动力学规律与统计学规律的深刻联系；同时，涉及物质运动过程中对称与对称破缺、精确性与模糊性、有序和无序、可逆过程与不可逆过程的矛盾；这些理论还精彩地体现了渐变和突变、平衡与不平衡、进化与退化、线性关系与非线性关系的辩证法，把我们平时说的唯物辩证法的对立的统一、量变与质变、否定之否定的规律生动而具体地展现在人们的面前[①]。

从系统科学出发，系统研究方法的特点是，一方面从整体上来考察一个过程，尽可能全面地把握影响事物变化的因素，注意研究事物之间的相互联系以及事物发展变化的总趋势；另一方面要研究整体，又必须分析整体内部的各个组成部分，尤其是分析各部分之间的因果关系。

从上述观点出发，我们认为，思维是一个开放系统，既有系统构成要素之间复杂的相互作用，同时又与外界环境保持着紧密的联系。

---

① 姜璐，王德胜等. 系统科学新论. 北京：华夏出版社，1990

在如何建立思维结构模式的问题上，系统科学至少启示我们重视以下几个方面。

（1）思维与学习（环境或教育、教学）是相互联系的。一方面，客观的学习决定着思维的发展；另一方面，思维又对学习活动有促进作用。

（2）教育、教学对思维结构的规模、内容、程度及发展速度的制约，主要通过思维者的思维活动或主体的学习活动。

（3）主体学习活动水平由教育、教学的主导作用，以及对教育（或教学）的认识所决定。

（4）学习成果是思维活动的结晶，这结晶同时也影响、反馈于教育（或教学）。

（5）思维内部之间存在着相互依赖、相互影响的因素，构成思维系统的子系统。一切外部过程，诸如教育、教学、学习要通过这个内部系统而起作用。

（二）分析结构主义的可取因素，正确理解思维结构

在思维结构的研究中，结构主义的影响也是不可忽视的。

结构主义是现代西方哲学中的一个重要观点。这种结构主义不是一个统一的哲学派别，而是一种由结构主义方法论联系起来的广泛的思潮，包括语言学、社会学、历史学、文艺理论和心理学中的某些派别。结构主义哲学观点大多与一定的专门学科结合起来。结构主义的哲学家对"结构"的理解并不相同，但是他们根据这种观点去了解现象的结构，则大体上是一致的[①]。

结构主义的产生与发展，大体上说，与两个方面相联系：一是同自然科学的研究有密切关系。自然科学中长期讨论的事物内部结构的问题，给予现代哲学界和理论界的研究以重要的影响；二是同哲学史，特别同近代哲学史上有关结构的研究有密切关系。柏拉图的理念世界的结构体系、笛卡儿（R. Descartes，1596—1650）的天赋观念、莱布尼茨（G. Leibniz，1646—1716）的天赋的认识能力、康德（I. Kant，1724—1804）的先验范畴体系等，都对结构主义思想的发展产生深刻的影响。

结构主义有两个明显的特征：其一，结构由许多成分组成，这些成分之间的关系就是结构。结构主义又把结构区分为深层结构与表层结构。前者指现象的内部联系，只有通过模式才能认识；后者则是现象的外部联系，通过

---

① 刘放桐. 现代西方哲学. 北京：人民出版社，1982

人们的感觉就可以知道。其二，结构主义的核心是结构主义的方法论。即①认识对象不是事物的现象，而是它的内在结构，结构与经验现实无关，而与模式有关，应强调用先验的概论或模式认识事物；②应该把认识的对象看成一种整体的结构，组成结构的成分彼此相连和调节，如果一种成分发生变化，则往往影响整体的变化；③整体大于部分，相互联系的整体所具有的意义并不能从个别成分中找到；④共时性的观察比历时性的观察更为重要。

我们这里强调思维的结构，并不是采用结构主义的一切观点，将思维结构说成离开客观现实的先验的东西，也不是把思维过程或思维活动看作是"结构"派生的结果。但结构主义对我们毕竟有所启发，主要表现在两个方面。

（1）结构主义的方法论，启示我们应重视思维的整体结构、内部联系、共时性与历时性的关系。

（2）正确理解思维的深层结构和表层结构。因为思维本身是一种深层的东西，难怪冯特（W. Wundt）这位科学心理学的创始人不研究它，行为主义也不研究它。但结构主义启示我们，每一种结构成分均有深层的，又有外部表层的，那么，思维结构应该有内部联系程序和外在形式序列。

（三）坚持唯物辩证法，正确理解思维结构

唯物辩证法是对立统一的方法论，它强调实践第一的观点，普遍联系和不断发展的观点，外因通过内因起作用的观点。

根据这种观点，我们认为，思维结构是思维活动特征的总和或整体。在思维结构的研究中，应该遵循如下几个原则：

（1）实践活动是人类思维的基础，因此，思维结构的研究应该体现实践—感性认识—理性认识—再实践的辩证唯物主义的原理。这是思维结构研究中最基本的原则。

（2）思维过程和思维结果（产品）是统一的。也就是说，思维心理学主要研究思维过程，即思维操作能力，也要研究思维的产物、结果（产品），还要研究思维的策略（即对自己思维过程的控制，特别是自觉的自我监控）。我们试想，一架模拟人的思维的电子计算机：信息输入以后，运算（过程）、储存（结果）和控制（监控）都是必不可少的结构成分。因此，思维结构的研究应该将思维过程结构和逻辑结构结合起来考虑，应该从思维的结果去分析思维过程，应该将思维过程，即思维操作能力的水平、思维产物的水平和控制或自我意识的水平结合起来分析，以获得系统性的结构。

（3）人的心理是共性与个性的统一，既有一般规律，又如上节所述，

它是分层次的。思维心理结构中还有一些智力品质的成分，诸如思维的积极性、差异性、独创性，等等，应当怎样从整体上加以考虑，也是很重要的问题。

（4）心理和一切事物一样，是发展变化或运动的。思维及其结构的发展存在着年龄特征的问题，因此，思维结构的研究应该将共时性和历时性统一起来，采用静态和动态相结合的原则。也就是说，既要研究静态的结构，分析思维结构的组成因素；又要研究动态的结构，探讨不同时期（阶段）不同思维结构的发展变化。

从上面四个原则或四个基本观点出发，我们认为，思维结构是个多侧面、多形态、多水平、多联系的结构。所谓多侧面，即思维是在实践活动中形成和发展的，它要依赖一系列的客观条件，又有内部的动力；它要借助于语言、感知、表象、记忆和知识经验为材料或基础，又要和情感、意志等非智力（即非认知）因素发生关系，形成多侧面。所谓多形态，即思维活动十分复杂，一个思维结构，有目的，有过程，有结果或材料，有自我监控或自我调节，有品质，有认知（智力）与非认知（非智力）因素的关系，成分繁多，在活动中形成多形态。所谓多水平，即思维活动处于发展变化之中，既有共时性结构，又有历时性结构，各种形态的有机结合，形成多级水平。所谓多联系，即思维形态诸因素在思维活动中组成完整的思维心理结构，它既要体现思维的过程，又要体现思维的特点，形成多种联系。

二、思维心理结构的组成因素

思维作为一个整体结构，它是人类心理这一个大的系统中的一个子系统。因此，要探讨人类思维结构的组成，就要从人类主体与其客体的相互关系，从人类思维本身整体和部分，从部分与部分之间的相互关系来考察。根据这一原理，我们认为，从心理学的角度来看，思维结构应当包括思维的目的、思维的过程、思维的材料或结果、思维的监控或自我调节、思维的品质、思维中的认知因素与非认知因素。这个结构是我 20 世纪 60—70 年代从事基础教育工作（当中学教师）时提出的，归队后 80 年代初通过对专家和教师的访谈、量化研究确认最后的因素。这个结构要阐明的观点是，人类个体之间智力差异的根本原因在于其思维结构的差异。因此，只要解决了人类思维结构问题，人类智力的种种问题即可迎刃而解。

（一）思维的目的

思维，首先是人类特有的理解和解决问题的有目的的活动，即一种以定

167

向为前提的过程。

在传统心理学中，将问题解决过程分析为"提出问题、明确问题、提出假设、验证假设"的过程，这里明确地指出并强调了思维的目的性和定向作用。

现代认知心理学把问题解决定义为任何受目标指引的认知性操作序列，即把问题解决看成对问题空间的搜索，其任务在于找出一种能把初始状态转变为达到目的的目标状态的操作序列。这里，强调的也是思维的目的与方向。

人的思维过程出现、表现和发展在实践活动之中。它是在主体和客体的交互作用中、在感性反映形式基础上产生的一种理性认识；这种理性认识或认知，以自觉地定向，能动地预见未来，作出计划，有意识地改造自然、变革社会、调节自己为前提。所以，目的性是思维的根本特点，它反映了人类思维的自觉性、有意性、方向性和能动性，并构成思维结构中的核心因素。

（二）思维过程

思维是一种认识或认知的过程，或者是一种认识或认知的活动。这个过程或活动，要回答三个问题：多久、什么样的顺序和怎样的流程。

这个过程或活动到底包括哪些成分？

传统心理学认为，人的思维过程总是要通过分析和综合来实现，并在一般的分析综合的基础上，产生了抽象和概括、比较和分类、系统化和具体化等一系列新的、高级的、复杂的、主要是在人脑内进行的思维操作能力。

现代认知心理学认为，思维过程是一种信息加工的过程。所谓信息加工（information processing），指的是对信息的接收、存储、处理和传递。信息加工的观点，把人看作是一个主动的动态系统，在处理和传送中各个阶段的安排。信息加工可分为三类，即串行加工，并行加工和混合加工。信息加工成分如何变成思维成分？认知心理学则强调编码过程，即人经历分析和检验问题、吸收信息、加工编码、对知识重新组合、作出概括，以获成功。

上述两种观点是可以统一的。我们认为，思维过程的框架是这样构成的：确定目标—接收信息—加工编码—概括抽象—操作运用—获得成功。

（三）思维的材料或结果

思维的材料分两类：一类是感性的材料；另一类是理性的材料。

感性的材料，包括感觉、知觉、表象等，思维是凭借这些感性材料，特别是表象来进行的。表象也有着不同的水平，一般可以分为"动作性表象""形象性表象"及"符号性表象"。

人类的思维是语言思维。由于人类有了语言，由于语言具有概括作用和调节作用，这样，使人的思维成为借助于语言作为工具的理性认识。理性的材料，主要是指概念。概念是思维的细胞。概念的形成和发展，与判断和推理是不可分割的。但是，概念是思维的主要形式，它既是判断和推理的基本单位，又是判断和推理的集中体现。当然，概念、判断和推理共同组成思维形式的整体。理性的材料，就是依靠这基本的思维形式来运用各种思维材料而形成的，它属于抽象的材料。

中小学生的思维，逐渐地从以具体形象成分占主导地位，发展到理性的思维材料越来越明显。他们思维中的理性材料越多，就越能掌握教学的抽象性、逻辑性，思维能力的水平就越高。可见中小学生思维发展之所以表现为多样性，原因之一是在思维材料上，不仅有数量的增减，而且有质的变化。思维发展过程中质的变化的主要途径，是通过思维材料——"新质要素"的逐渐积累和"旧质要素"的逐渐衰亡和改造而实现的。思维的感性材料和理性材料的性质虽不相同，但又不是互相分离的，它们在实践活动的基础上统一起来。也就是说，它们都是在实践活动的基础上形成的，既相互对立，又相互联系。感性材料是人类思维材料的开端和基础，但它又有待于发展为理性材料，才能使思维过程深刻化。感性材料和理性材料是相互渗透的，感性材料中有理性材料的成分，而理性材料中也有感性材料的成分。对于人的思维过程来说，离开感性材料的纯粹概念、判断和推理，或离开理性材料的纯粹表象，实际上是不存在的。

（四）思维的自我意识或监控

所谓自我意识，是意识的一个方面，一种形式，即关于作为主体的自我意识。例如，中小学生在解答应用题的过程中，能说出他解题中思考的过程，就能不断地调节思维的方法和手段，从而提高其解题水平。

我们在第一章谈到学习策略时，提到了"元认知"。这里，就涉及认知活动，即思维活动的监控模型。对认知活动的监控是通过元认知知识、元认知体验、目标（或任务）和行动（或策略）实现的。

思维心理结构中有一个监控结构，其实质就是思维活动的自我意识，它的功能主要表现为三个：定向、控制和调节。

定向。这在"思维目的"结构成分中已提到。对思维课题的定向、意识或注意，以确定思维的课题或目标，从而提高思维活动的自觉性和正确性。

控制。控制思维活动内外的信息量，排除思维课题外的干扰和暗示，删除思维过程中多余或错误的因素，从而提高思维活动的反思（反省）性、独

立性和批判性。

调节。及时调节思维活动的进程，修改课题（或目标）、手段（或策略），从而提高思维活动的效率和速度。

由于定向、控制和调节的功能，使自我监控成为思维结构中的顶点或最高的形式，这就是主观能动性或自觉能动性的来由。

（五）思维的品质

思维的发生和发展，既服从于一般的、普遍的规律性，又表现出个性差异。这种差异体现为个体思维活动中的智力特征，就是思维品质，又叫做思维的智力品质。

在上一节中，我们已经谈到，思维存在着层次性。区别思维的超常、低常和正常的指标正是这个思维的智力品质。思维品质，诸如独创性（创造性）、灵活性、深刻性、批判性和敏捷性，等等，它们不仅是思维个性差异的表现，而且是年龄特征的表现。

思维品质是思维心理学，乃至智力（能力）心理学的一个重要的理论问题，又是培养思维、智力、能力的一个重大的突破口。为了展开这个问题的论述，我们将在第七章作专门的探讨。

（六）思维中的认知因素与非认知因素

在考虑思维结构时，既要考虑思维的因素，智力的因素，或认知因素；又要考虑非智力因素，即非认知因素。

思维是属于认识过程的，当然它属于智力因素或认知因素。因此，过去人们常常习惯于把思维和非智力或非认知因素割裂开来研究。事实上思维中的智力因素与非智力因素、认知因素与非认知因素之间存在着十分密切的关系。

从系统论的观点或整体性的观点来看，思维仅仅是人的心理过程之一，属于智力或认识系统之列。但是，如果把人的心理现象作为一个完整的大系统来看，思维就仅仅是这个大系统中的一个小系统。人的各种心理现象可以表现出不同的特点，但是，在这些特点的背后，总是存在着来自其他心理现象的影响，即这个大系统内的某一小系统，会影响另一个小系统。这种影响是普遍的、客观存在的。作为认识过程的思维，其水平、特征、品质和作用等，固然具有各种智力或认知因素的特点，但是，它在完整的人的心理现象的大系统中，又带有浓厚的个性的色彩，要和主体本身的动机、兴趣、情感、意志、性格、气质等非智力或非认知因素交叉在一起，彼此分不开，并受这些因素的制约。所以，在一个完整的思维结构里，应该有智力因素和非智力因素、认知因素和非认知因素，不兼顾这两者的关系，就不能探索思维结构的整体性。

总之，思维心理结构是一个整体，思维发展上所涉及的问题，都与这个结构、这个结构的关系和关联有关。思维及其发展的研究，必须要从思维的这种整体性出发。

三、思维结构是静态结构与动态结构的统一

思维结构是静态的结构，还是动态的结构？迄今为止，看法并不一致。少数人持静态观，多数人主张思维结构是动态的。我们则认为，思维结构是静态结构与动态结构的统一。

（一）关于思维心理结构图解的构想

从图 4-7 可以看出思维结构确是一个多侧面、多形态、多水平、多联系的结构：

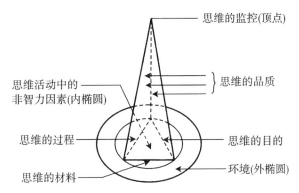

图 4-7 思维心理结构模型 *

一个思维结构，有目的、有过程、有结果或材料；

整个结构的成分，由自我意识来监控和调节，并表现出各种思维品质；

思维结构是一个智力（认知）因素与非智力（认知）因素交互作用的系统；

* 对于这个结构，国内外心理学界评论甚多。2003 年我和我弟子李庆安在 *Theory & Psychology* 杂志发表了这个智力观，2006 年 SAGE Publication 的网站发布数据表明，我们发表的那篇论文一直跻身该杂志自创刊以来所有 600 余篇论文"被阅读次数最多的 50 篇文章"排名榜，最好的排名是第五位。在此排名榜上，这是唯一由中国心理学家撰写的论文。

171

思维结构是在实践活动中实现的，它要依赖一系列的客观条件（环境），并逐步通过内化和结构内部的动力作用，获得发展。

由此可见，如果单纯分析思维结构的具体成分，可以将思维结构看成是静态的；但从思维结构的成分的内在关系和联系上来说，从思维结构发展来说，这个结构是动态的。思维结构正是这种静态结构和动态结构的统一。

（二）动态性是思维结构的精髓

尽管思维结构是静态结构和动态结构的统一，但是，动态性是思维结构的精髓。

首先，动态性表现在思维结构是主客观的统一，是主客观交互作用的结果。也就是说，中小学生逐步地主动积极地处理其客观环境，并从解决各种问题过程中完善他们的思维结构。虽然，外来客观的刺激和强化常常带有决定性的意义，但是，由于中小学生主体性的作用，支配智力与能力成长的维度逐渐变成主要的、占优势的地位。

其次，动态性表现在思维结构的发展方面。思维结构不仅指的是内在结构、成分及关系，而更重要的是有发生与发展的特征，这是一个本质的问题。

思维结构是如何发展的呢？

（1）从种类上看，如上一节所述，动作（操作）逻辑思维、形象逻辑思维和抽象逻辑思维一起发展、变化。

（2）从形态上看，思维结构的发展，是一种内化、深化和简缩化的过程。也就是说，思维发展，是从低级的、不随意的、自然地转变为间接的、有意的、社会的，经受着概括化、言语化、简缩化；这说明思维过程逐步深化，以及外部动作的逐渐简缩，以致最后完全节减，事物的意义和规律得到认识。

（3）从顺序上看，思维结构发展要经历一系列的阶段。在不同的阶段，思维结构具有不同的表现形式，具有不同的总体机能，具有不同的本质特征，具有不同的表现形式。

最后，动态性表现在活动上是思维结构的起点与动力。儿童青少年，包括中小学生在实践活动中，当他们思维操作能力不断发展的时候，当感知、表象、语言相互结合的时候，他们的思维结构也就逐步产生和发展起来。

总之，在活动的基础上建构的思维结构，它的发展体现了主客体的相互作用，体现了系统之间、层次之间、序列之间的变化，体现了多侧面、多层次、多序列的纵横交错的变化。因此，我们在考察智力与能力现象的因果关系时，强调两者之间是一种非线性关系。

第五章　心理能力发展的哲学问题

任何科学的研究，都是与某一方法论联系在一起的。

在人类发展史上，先有实践活动和思维活动的具体"方法"。然后，随着知识经验的积累、理论思维的产生和发展，才逐步形成"方法论"，即对于方法本身的认识再认识，思考再思考、评价再评价，也有人称为"元方法"（metamethod）。

从哲学的角度看，方法论和世界观是紧密联系着的。一般说来，有什么样的世界观，就有什么样的方法论。世界观是人们对世界的基本观点和总的看法，用这种观点和看法作为向导，去认识和解决世界的各种各样的问题，就是哲学方法论。

在心理学史上，任何一位心理学家或心理学派，都自觉或不自觉地受某种哲学方法论的支配。我们在第二章阐述"学习与发展"研究史时，涉及不少心理学家，他们都有其哲学观、教育哲学观和哲学方法论。例如，杜威讲的是"实用主义"哲学；斯金纳坚持的是机械唯物主义；皮亚杰和布鲁纳属于"结构主义"哲学；维果茨基及其社会历史文化学派，强调的是唯物辩证法，但在"教育与发展"上，不免有点机械唯物主义的倾向，重视教育是正确的，可是他们在一定程度上对遗传及生物因素否定得多了一些，有点"过正"的势头。

在心理学领域中，哲学方法论认为，正确的心理观是直接制约于心理学的总的方法论的。正确的科学的心理学的方法论是辩证唯物主义哲学方法论。其特点是：

（1）心理是客观现实的反映，这体现着科学的因果决定论思想。

（2）人的本质是一切社会关系的总和。人的心理的形成和发展总是和人的社会性的形成、人的实践活动的形成和发展密切联系着的。它是通过社会活动中主体和客体不断交互作用这一开放系统的不断反馈和自我调节而实现的，所以它具有能动性。

173

（3）人的这种心理的反映又是以人脑这块自然物质的生理活动为中介而实现的，所以，它离不开生物的、物质的基础。

（4）人的心理，就其起源来说，是社会的；就其结构来说，是以自然历史的高级产物的人脑为中介的。心理学，既不是纯粹的自然科学，也不是纯粹的社会科学，它属于边缘科学。

（5）人的心理是发展的，如前所述，这种发展变化，不仅有外因，而且有内因；不仅有量变，而且有质变；不仅有不断发展的趋势，而且有发展的阶段性，等等。这就是第一章我们谈的科学的心理发展观。

（6）在科学史上，由于人类认识的发展，开始是更多地面向外部世界，到了近现代，人类开始要求更多地认识自己。从20世纪中叶以后，关于人的实质和作用的问题日益受到重视。心理学属于"人"学。心理学是新兴的学科，它一方面是不完整的，另一方面它又是有无限发展前途的。

一切心理学的分支，要涉及的哲学方法论问题，无非是上面的某一种问题。

学习与发展的关系，心理能力发展的实质，不是一个单一的理论问题，而是和整个心理发展的规律联系在一起，且涉及哲学方法论的问题。

我们一直重视并遵循恩师朱智贤教授提出的关于心理发展的基本规律，我们深信这种理论的正确性，并在研究中提出把它作为我们整个教改实验的出发点。因为，它是辩证唯物主义心理发展观的哲学方法论。我们同时也在自己的实验研究中，不断充实和丰富这种由自己老师所倡导的心理发展的理论。

早在20世纪60年代初期，朱智贤教授根据辩证唯物主义哲学的发展观，在总结国内外儿童青少年心理发展的研究成果的基础上，提出了心理发展的四种关系的基本理论问题，并称它们为儿童青少年心理发展的基本规律。

（1）先天与后天的关系，即遗传和生理成熟，环境和教育在心理发展中的作用问题；

（2）内因与外因的关系，即心理发展的动力问题；

（3）教育与发展的关系，即心理发展的量变与质变的问题；

（4）年龄特征与个别差异的关系，即心理发展中的普遍性与特殊性的问题。

这四个心理发展的基本规律是心理发展的基本理论问题，国内外心理学家围绕着心理发展、包括智力与能力发展的争论，主要就是这四个方面的观点的争论。

今天我们论述中小学生智力与能力发展的问题，其基本理论问题也离不开这四个方面的问题。但我们的课题主要是研究"学习与发展"的问题，在一定意义上也就是研究教育与发展的问题。在上述章节中，我们已多次提到这个问题，特别是在第一章第三节"教学的目的旨在学生的发展"，阐述的还是朱智贤教授的"教育与发展的关系"，本章不再赘述。所以我们在这里，主要是围绕学习与发展中先天与后天、外因与内因、年龄特征与个别差异的三种关系问题展开论述。

我们阐述这些问题，目的在于论证我们课题的根本性的指导思想和哲学方法论。

第一节　先天与后天的关系

在智力与能力发展中，争议最多的课题是先天与后天的问题，即遗传、环境和教育在其发展中的作用问题。也就是说：人的智力与能力是否由遗传决定的？环境能改变智力与能力吗？教育能否提高智力与能力？如果可能，其作用又有多大？换句话说，个体的智力与能力能在多大程度上获得改变？这种改变到底有多大的潜力？

这些问题，既是古老的问题，也是近 30 年来研究中耗资最多、规模最大的课题[①]。

持遗传决定观者的研究结论是十分悲观的，美国心理学家詹森（A. R. Jensen）通过总结四大洲 8 个国家 100 多个不同的研究，1969 年，在《哈佛教育评论》上发表了题为《我们究竟能在多大程度上提高智商（IQ）和学业成就》的文章，表达了这种倾向。他指出由亲缘关系越近、智商相关越高的研究结果表明，智力变异的环境影响远远小于遗传影响，可以认为智力是在出生时就定型了，甚至教育上的最大努力也很难改变。这个观点在 60 年代末 70 年代初引起了激烈的争论，但在很大程度上詹森等人成为这场论战的获胜者。

当然，相反的结论也会随之出现，美国另一位心理学家麦卡尔（McCall），于 1970 年根据 270 名 3～12 岁被试智力变化的纵向追踪研究显示，有亲属关系的被试之间发展模式的相似程度，并未超过无亲缘关系的被试之间的相似程度。这个结论，恰恰与詹森的结论是针锋相对的。

不管争议何等激烈，心理学家根据遗传、环境和教育对心理发展的关系的不同认识，无非是三种观点：遗传决定论、环境决定论和相互作用论。我们在"学习与发展"的教育实验中，首先遇到的理论问题，也是这个先天与后天关系的问题。我们将这个问题叫做智力与能力发展的条件，总的倾向是交互作用的观点，认为智力与能力发展是极其复杂的现象，与许多条件相联系。具备一定条件，智力与能力发展才能实现。而各种条件的性质是不同的，所以在智力与能力发展的过程中所起的作用也不相同。归纳起来：①遗传是智力与能力发生与发展的自然前提；②脑的发育是智力与能力发展的生理条件；③社会物质生活条件是智力与能力发展的决定性条件；④教育是智力与能力发展中的主导性因素；⑤实践是智力与能力发展的直接基础和源泉。

---

① Arthur R. Jensen. Straight Talk About Mental Tests. New York：The Free Press. 1981，74～127

对上述这些条件的揭示和分析，集中在三个问题上，一是遗传与生理成熟的作用；二是环境与教育的作用；三是实践活动的作用。

一、遗传与生理成熟是智力与能力发生、发展的生物前提

遗传是一种生物现象，通过遗传，传递着祖先的许多生物特征。遗传的生物特征，主要是指与生俱来的解剖生理特征，如机体的构造、形态、感官和神经系统的特征，等等。这些遗传的生物特征，也叫做遗传物质。

生物特征有一个发育成熟的过程，它既表现在构造变化上，又表现在机能变化上，如一个人外形的变化、性发育成熟、各种机能、特别是脑和神经系统的发育成熟，等等。这些生理特征的发育过程，叫做生理成熟。

我们认为，遗传决定论、唯生理成熟论是不对的。但是，也必须看到，良好的遗传因素和生理发育，无疑也是智力与能力正常发展的物质基础。没有这个条件是不行的，它将失去智力与能力发展的自然前提。

（一）遗传因素的作用

在发展心理学中关于遗传因素方面的研究，主要有如下几条途径：一是由遗传学提供材料；二是家谱调查；三是双生子的对比研究，这是个重要的研究方法。

双生子分同卵双生和异卵双生。同卵双生，由受精卵（合子）通过细胞分裂而繁殖，它分裂成两个子细胞，每一个子细胞是另一个子细胞的完全一模一样的复制品，因此在遗传上相同；异卵双生，母体产生多于一个有作用的卵，如果她产生两个卵子，而且每一个都受了精，于是遗传上这对双生子就是不同的个体。

我们在教学实验中采用了双生子的对比研究，根据研究材料，我们认为：

1. 遗传因素影响着被试思维能力与思维品质的发展

我们在自己的研究中[①]，对比了类似或相同环境中长大的同卵双生子和异卵双生子（其中同性异卵和异性异卵双生的各为一半[②]）的几项思维能力的指标，获得如下的结果（表 5-1 和表 5-2）：

---

① 林崇德. 遗传与环境在儿童智力发展上的作用——双生子的心理学研究. 北京师范大学学报. 1981

② 同卵双生肯定是同性别的；而异卵双生可以是同性的，也可以是异性的（男、女各一个）。

表 5-1　　　　　　　　　不同双生子的运算能力的对照

相关系数（r）　　年龄　　被试		幼儿	小学生	中学生
同卵双生		0.96	0.90	0.81
异卵双生	同性	0.91	0.71	0.50
	异性	0.86	0.54	0.42

表 5-2　　　　　　　　　不同双生子的智力品质的对照

相关系数（r）　　品质　　双生	思维的敏捷性	思维的灵活性	思维的深刻性	差异的检验
同卵双生	0.74	0.81	0.62	$P<0.05$（差异显著）
异卵双生	0.56	0.72	0.48	

从上面两个表中，我们看到：

（1）遗传是人的智力与能力发展的生理前提和物质基础。遗传的作用对运算能力和思维的智力品质的影响都是显著的；且 r 同卵双生＞r 同性异卵双生＞r 异性异卵双生，即遗传因素越近，相关系数越大。可见，良好的遗传素质无疑是思维活动正常发展的重要条件。

（2）遗传是有一定作用的。人与人之间的遗传素质和生理因素都是有明显的差异的，但就大多数人来说，这种差异不是太大，因为遗传上不同个体的异卵双生的相关系数为 0.42～0.81，都显示出显著的相关。因此，遗传素质是智力与能力发展的一个必要条件，或重要条件，但不是决定条件。

（3）遗传对人的智力与能力发展的影响是有着年龄特征的。总的趋势是，遗传因素对智力与能力的影响随着年龄增长而减弱。即随着年龄增长，遗传因素的作用不如环境与教育的影响那么明显和直接。

2. 遗传因素影响着被试语言能力的发展

在我们的研究中看到，在相同环境下长大的被试，在语言出现早晚时期，语声高低粗细（尖），说话多少（爱说或不爱说），掌握各类语言形式（口头言语、书面言语），语言机能及掌握词汇量的多少等方面，同卵双生差异不大，而异卵双生存在较明显的区别。例如，我们调查了一个一胎三婴，老大和老二为同卵，老三为异卵，出生后在一个环境抚养，可是语言发展就有区别。同卵之间一个样，异卵之间又是另一个样。

3. 遗传因素有时会造成智力缺陷

中国科学院心理研究所调查了 22.8 万名儿童，发现低能儿占 3‰～4‰，而低能儿童和呆傻儿童 50 ％以上是先天因素造成的，其中父母的低能与近亲婚配而造成遗传因素的占相当比例。

4. 遗传因素会影响被试的思维类型

思维的高级神经类型可以分为偏抽象型、偏形象型和中间型。这种高级神经类型特点，在一定程度上是来自遗传。

抽象型可能以抽象思维为主，有利于发展数、理能力；形象型可能以形象思维为主，有利于发展文艺创作的能力。善于发挥一个人高级神经类型的各种素质的长处，这是"因材施教"、有的放矢地培养人才的一个重要方面。

综上所述，遗传在人的智力与能力发展中的生物前提的作用，是十分明显的。

（二）生理成熟的作用

我们反对唯生理成熟或自然成熟论，但我们又要重视生理成熟对人的智力与能力发展上的作用。在人的智力与能力的发展中，离不开脑的发育和生理成熟，离不开生理机制或物质基础。也就是说，智力与能力的发生与发展，必须要以生理发育、变化、成熟为物质基础。个体的生理变化的规律性，例如，脑的重量变化、脑电波逐步发育、脑中所建立的联系程度的程序性和过程，这就是智力与能力发展年龄特征的生理基础。兹列举主要论证如下：

1. 脑的重量的发展同智力与能力发展的关系

人脑平均质量的发展趋势是：新生儿为 390 克；八九个月的乳儿为 660 克；两三岁的婴儿为 990～1 011 克；六七岁的幼儿为 1 280 克；九岁的小学儿童为 1 350 克；十二三岁的少年脑的平均质量已经和成人差不多了，即达到 1 400 克。

有趣的是，我们在对儿童的数概念形成和运算能力发展的研究中，发现儿童的这些数学运算思维能力的发展变化，与脑质量变化存在着一致性。在上述脑质量变化转折期的八九个月，2～3 岁，9～10 岁（小学三、四年级），也正是数学运算思维能力发展的加速期[1][2]。我们认为，这不会是一个巧合。

---

① 林崇德. 学龄前儿童数概念与运算能力发展的研究. 北京师范大学学报，1980，2
② 林崇德. 小学儿童数概念与运算能力发展的研究. 心理学报，1981，3

179

2. 脑电波的发展同智力与能力的关系

所谓脑电波，就是把电极贴在人的头皮的不同点上，把大脑皮质的某些神经细胞群体的自发的、或接受刺激时所诱发的微小的电位变化引出来，通过放大器在示波器上显示或用有输出电位控制的墨水笔，记录在连续移动的纸上，形成各种有节律性的波形。波形的频率（用周/秒表示）是脑发育过程的最重要参数，也是研究儿童脑发展历程的一项最主要的指标。研究发现，4～20岁中国被试的脑电波的总趋势，是α波（频率8～13周/秒）的频率逐渐增加。脑的发展，主要是通过α波与θ波（频率4～8周/秒）之间的斗争而进行的，斗争的结局是θ波逐渐让位给α波。4～20岁中国被试脑的发展有两个显著加速的时期，或称两个"飞跃"。5～6岁是第一个显著加速的时期，它标志着枕叶α波与θ波之间最激烈的斗争。13～14岁是第二个显著加速时期，它标志着除额叶以外，几乎整个大脑皮质的α波与θ波之间斗争的基本结束[1]。

同样有意思的是，我们在自己的研究中看到，5～6岁，13～14岁（初中二年级）正好是中小学生思维发展，特别是逻辑思维发展的关键年龄[2][3]。对这个关键年龄的问题，我们在本章第四节再作详述。

3. 神经系统的结构和机能的发育同智力与能力发展的关系

例如，到青春发育期，神经系统的结构，基本上和成人没有什么差异了。此时，大脑发育成熟，大脑皮质的沟回组织已经完善。神经细胞也已完善化和复杂化，传递信息的神经纤维的髓鞘化已经完成，好像在裸体导线外边包上一层绝缘体，保证信息传递畅通，不互相干扰。兴奋与抑制过程逐步平衡，特别是内抑制机能逐步发育成熟，到十六七岁，兴奋和抑制能够协调一致。

青春期的脑和神经系统，从结构到机能上的一系列的发展变化，奠定了中小学生心理发展，特别是抽象逻辑思维发展的生理基础。

二、智力与能力发展的脑科学研究

为了进一步说明生理成熟的作用，展示智力与能力发展的脑科学研究的新成就，我们必须阐述相关问题的脑科学的研究，以进一步认识遗传与生理

---

① 刘世熠. 我国儿童的脑发展的年龄特征问题. 教育心理论文选. 北京：人民教育出版社，1962

② 林崇德. 学龄前儿童数概念与运算能力发展的研究. 北京师范大学学报，1980，2

③ 林崇德. 中学生运算能力发展的研究. 见：朱智贤主编. 青少年心理的发展. 北京：北京师范大学出版社，1982

成熟是智力与能力发生、发展的生物前提的原理。

脑是人体的中枢机构。它调节和控制着人体各器官的功能，人类的一切认知活动都是在脑中进行的。因此，脑的发育和脑功能的发展对个体的智力和能力发展起着决定性的作用。因此，探讨认知活动的脑机制，探讨与个体智力、能力发展有关的脑功能的发展，一直是受到神经生理学家、心理学家共同关注的问题。近年来，随着脑研究技术的迅速发展，有关这方面的研究取得了一系列有价值的成果，为教育提供了有力的证据。

（一）脑功能定位与全脑协调活动

有关大脑皮层机能分区的思想，早在 19 世纪就出现了。在过去的 100 多年里，人们一直对于这一问题保持着浓厚的兴趣并开展了广泛的研究。目前，人们已经普遍承认，大脑的不同部位具有不同的功能，可以与不同的心理功能相联系。

1. 与认知活动有关的脑功能定位

（1）与知觉有关的脑区。在人类的知觉活动中，大脑的很多区域都参与了活动，不同的知觉任务与不同脑区的活动相联系。与物体知觉相联系的是腹侧通路的激活，其中枕颞腹侧通路与物体信息有关，而枕颞后部通路与空间信息有关；有关空间方位的知觉则更多地激活顶部皮质中的背侧区域，这一部位不仅与空间知觉有关，还与运动知觉有着密切的联系；在音乐知觉中，右上颞皮质中的特殊的神经系统参与旋律的知觉分析，而节奏的变化则与左半球的布洛卡区有关[①]。

（2）与学习有关的脑区。生理心理学家们以动物为实验材料积累了一些科学事实，并参照人类临床观察的特殊案例，总结了与学习活动相联系的一些脑区活动。其中，占人类大脑皮层 80% 左右的联合区皮层在学习活动中起着十分重要的作用。前额叶联合区与运动学习行为，复杂的时间、空间关系的学习有关；颞、顶、枕联合区皮层与感觉和空间关系的学习有关。另外，小脑与快速运动反应性学习密切相关，是简单运动条件反射形成中最基本和最必要的脑结构。而伴有情绪体验或情绪反应成分的学习，如皮肤电击的主动躲避反应、味—厌恶情绪性条件反射等，则是通过边缘系统实现的。海马与学习的关系也很密切，它在辨别空间信息、新异刺激抑制性调节和短时记

---

① R. Cabeza，L. Nyberg. Imaging cognition Ⅱ：an empirical review of 275 PET and fMRI studies. Journal of Cognitive Neuroscience，2000，12（1），1～47

忆向长时记忆的过渡中起着重要作用。[①]

（3）与注意有关的脑区。不同类型的注意与不同的脑区相联系。研究表明，右侧前额和顶叶经常参与持续性注意，而在选择性注意中，后部脑区的活动逐渐增加，顶叶下部在控制着选择性注意[②]。同时，不同的脑区与不同感觉通道的选择性注意相联系，因此，在大脑内，有着相当广泛的区域的神经网络在参与着选择性注意，甚至有研究表明，小脑也是这个网络的一部分[③]。

（4）与记忆有关的脑区。与记忆活动关系最为密切的是海马。海马对于记忆的重要性，主要体现在它与其他与记忆功能有关的脑结构都存在着直接或间接的神经联系，在从短时记忆向长时记忆转化的过程中发挥着重要的作用。海马损伤的病人只能回忆和提取信息，而不能形成新的长时记忆。同时，由于记忆是一种十分复杂的活动，在记忆内容、编码、存储、提取等方面存在着很大的差异，因此不同的记忆活动与多种不同脑区的活动相联系。

工作记忆总是与前额皮质中的活动增加有关。研究表明，前额侧面参与简单的短时记忆操作，而前额的后面则参与执行高水平的操作。除了前额，工作记忆研究表明顶叶也会出现激活。同时，不同区域活动的变化也会随着记忆材料的不同而有所差别。一般来说，在与言语和数字等有关的记忆任务中，左半球的活动更加明显，而在使用非言语材料时，激活往往是双侧的[④]。

语义记忆和情景记忆与不同的脑区相联系，一般来说，左前额皮质比右前额皮质更多地参与语义记忆的提取，而右前额皮质则更多地参与情景记忆的提取。但在编码过程中却不是这样，大脑的一侧化更多地依赖于所处理的材料而不是编码本身。有研究表明，在对记忆材料进行编码，使之进入情景记忆时，如果所处理的是言语材料，则前额的激活主要是左侧的，而对非言语材料进行编码时，会出现双侧或右侧的激活[⑤]。

（5）与言语有关的脑区。有关言语活动的脑功能定位是神经生理学家和生理心理学家长期关注的一个问题。早在19世纪，布罗卡和维尔尼克就分别

① 沈政，林庶芝. 生理心理学. 北京大学出版社，1993

② H. J. Heinze，G. R. Mangun，W. Burchert，et al. . Combined spatial and temporal imaging of brain activity during visual selective attention in humans. Nature，1994，372，543～546

③ G. Rees，R. Frackowiak，C. Frith，Two modulatory effects of attention that mediate object categorization in human cortex. Science，1997，275（5301），835～838

④ E. Paulesu，C. D. Frith，R. S. J. Frackowiak. The neural correlates of the verbal component of working memory. Nature，1993，362，342～345

⑤ J. B. Brewer，Z. Zhao，G. H. Glover，J. D. E. Gabrieli. Making memories：Brain activity that predicts whether visual experiences will be remembered or forgotten. Science，1998，281，1185～1187

发现了大脑额叶的语言运动区和颞横回的语言感觉区。前者受损伤会出现语言障碍，也就是运动性失语症；后者受损伤会发生语言理解障碍，也就是感觉性失语症。

近年来，随着无创伤性脑成像技术的发展，对于言语活动的脑定位研究有了深入的发展。这些研究深入细致地考察了与各种类型的言语活动相联系的大脑区域，发现在词汇识别、语义理解、语音编码、语法习得等过程中，都分别有特定的脑区参与。大脑枕叶在词汇的视觉处理方面起着主要的作用，在视觉词汇识别的过程中，枕叶的侧面和视觉皮层都会受到激活。在语义操作中，左前额的作用十分明显，这个部位的损伤会导致词汇流畅性方面的障碍。而语音编码则与主要的听觉皮层及左侧颞叶相关联[①]。

2. 大脑两半球的功能一侧化

人的大脑是由两个半球组成的，两半球之间的信息传递由胼胝体完成。在一般情况下，大脑两半球是协调活动的。但是，这两个半球在人类认知活动中的功能是不对称的，对于不同的任务，有着自己的优势性。

一般来说，人的左侧大脑半球在言语功能和抽象思维功能方面优于右侧半球；而右侧半球在空间概括能力、形象思维能力和情感性信息处理能力方面优于左半球。但是，这种分布不是一定的，在不同的人之间有着个体差异。例如，对言语功能来说，70％的人以左半球为优势，15％的人以右半球为优势，还有15％的人两半球功能相等。同时，这种大脑两半球功能的不对称性差异对于一般人来说表现得并不明显，一般来说优势半球比非优势半球的功能仅强10％左右。

对于大脑半球一侧化优势的获得时间，研究者们有着不同的发现。早期的研究者认为，大脑半球的一侧化优势是在出生后逐渐获得的，直到青少年阶段才逐渐完成。这一结论主要是以左侧大脑受到损伤的儿童在语言能力方面的逐渐恢复为依据的。这些儿童在左脑受到损伤后，右脑逐渐承担了加工语言信息和发展语言能力的责任。而一些受到同样损伤的成年病人则没有这种能力。对于这种现象，一个最好的解释是，儿童的大脑还没有产生一侧化，左右脑分工还不明确，因此右脑具有较强的可塑性去承担一种新的角色。[②]

但是，近年来，越来越多的研究却发现，大脑功能的一侧化在某种程度上是从出生就具有的。有研究表明，1个月的婴儿在使用右耳听别人说话时，

---

① M. L. Posner，S. E. Peterson，et al. . Localization of cognitive operation in the human brain. Science. 1988，240，1627~1631

② E. H. Lenneberg. Biological foundations of language. New York：Wiley，1967

他们吸吮奶嘴频率的变化比用左耳听时要大得多。也就是说，他们已经表现出了在处理语言信息时的左脑优势。[①] 对于新生儿的脑电研究也发现，在听语言信息时，婴儿的左脑反应更明显，而在听音乐和其他非语言的声音时，婴儿的右脑则产生更大的反应。[②]

3. 全脑的协调活动

尽管有诸多研究证明了大脑的不同区域与不同认知活动相联系，但大脑作为一个有机的整体，在任何一种活动中都是协同作用的。认知过程并不是简单地定位于特定的脑区，只与特定的脑区活动相联系，而是整个脑区广泛参与的活动过程。

1998年，德黑恩（S. Dehaene）提出了一个整体工作空间模型，对大脑整体特性与局部活动间的关系进行了描述。他认为，在脑中存在有两种主要的计算空间：第一种是加工网络，它由一系列平行分布且执行特定任务或功能的处理器或子模块系统组成，每一种处理器都可以处理特定的信息；第二种计算空间为整体工作空间，由一系列分布于全脑的神经元组成。这种神经元的特点是，它通过长距离轴突的水平投射，可以接收和反馈由其他脑区的同类神经元传递的信息。该类神经元并不独立地属于任何一个脑区，而是以不同的比例散布于大脑的各个部分。整体工作空间是一种全脑水平的兴奋状态，而长轴突神经元对整体工作空间活动的稳定及对处理器均能产生影响。计算模型和脑功能成像研究证明了这两种类型计算空间存在的可能性。[③]

在我们自己使用 ET 技术进行的研究中，探讨了大脑局部功能的发展与全脑协调性的形成之间的关系。我们发现，在考虑不同年龄阶段儿童的脑波超慢涨落的平均优势功率时，如果我们只考虑单一的脑区，其平均优势功率的发展规律不强，上下起伏较大。但如果我们将各脑区综合起来，作为一个整体来看，无论是从各脑区平均基频功率的相对模式，还是左右脑，或前后脑的平均优势功率比，都可以看出明显的优化过程。因此，我们认为，大脑的成熟是伴随各脑区的协调性的增高而产生的，儿童大脑在发育过程中所表

---

① A. K. Entus. Hemispheric asymmetry in processing of dichotmy presented speech and non-speech stimuli by infants. In S. J. Seagalowitz and F. A. Gruber （Eds.）, Language Development and Neurological Theory. New York: Academic Press. 1977

② D. L. Molfese, V. J. Molfese. Cortical responses of preterm infants to phonetic and nonphonetic speech stimuli. *Developmental Psychology*，1980，16，574~581

③ S. Dehaen, M. Kerszberg, J. Changeux. A neuronal model of a global workspace in effortful cognitive tasks. PNAS, 1998, 95, 14 529~14 534

现出的各脑区协调活动能力的提高，可能反映了大脑整体工作空间的形成。[①]

（二）脑的发育与儿童青少年发展关键期

一直以来，对于大脑发育进程及其关键期的研究受到了神经生物学家、心理学家和教育学家的共同关注。特别是近年来，一系列研究成果较好地揭示了儿童青少年大脑的发育规律，为教育实践和儿童青少年智力与能力培养提供了重要的启示。

1. 脑的发育

（1）脑重的增加。人类的大脑从胚胎时期开始发育，出生时重达350～400克，是成人脑重的25％。此后的第一年内脑重量增长最快，6个月时已达700～800克（约占成人脑重的50％）；12个月时达800～900克；24个月时增到1050～1150克（约占成人的75％）；36个月时脑重已接近成人脑重范围。此后发育速度变慢，13～14岁时才达到成人水平。

（2）大脑皮质的发育。胎儿六七个月时，脑的基本结构就已具备，出生时脑细胞已分化，细胞构筑区和层次分化已基本上完成，大多数沟回都已出现，脑内基本感觉运动通路已髓鞘化（白质除外）。此后，婴儿皮质细胞迅速发展，层次扩展，神经元密度下降且相互分化，突触装置日趋复杂化。到2岁时，脑及其各部分的相对大小和比例，已基本上类似于成人大脑。白质已基本髓鞘化，与灰质明显分开。其中，大脑的髓鞘化程度是婴儿脑细胞成熟状态的一个重要指标，整个皮质广度的变化与髓鞘化程度密切相关。

（3）突触密度的变化。神经元之间信息的传递是依靠突触来完成的。人类大脑皮层的突触密度在整个生命中都在发生着变化。新生儿的突触密度比成人要低得多，但在出生后的几个月时间里，婴儿大脑的突触数就会迅速地增长并超过成人。在4岁左右，人类儿童的大脑突触密度达到顶峰，比成人要高出50％左右。在整个儿童时期，大脑突触的密度都要高于成人。到青春期左右，青少年大脑的突触数量逐渐减少，并逐渐接近成人的水平，达到成熟。在大脑不同区域里，这种突触密度变化的过程和速度是不同的。在与视觉有关的区域里，突触密度在出生两个月后迅速增长，在12个月时即达到顶峰，2～4岁时就回落到了成人的水平。而在与注意、短时记忆和计划等功能有关的大脑额叶，这一过程要开始得晚一些且持续时间较长，直到16岁突触密度才开始达到成熟水平。因此，我们可以看到，突触密度在人生命的前20年里呈

---

① 曹河圻. 儿童脑功能发展的研究——脑电α波、脑波超慢涨落的剖析. 博士论文. 2000

倒"U"型发展：刚出生时较低，儿童起最高，成人后又会回落。研究表明，儿童的动作、视觉和记忆等多方面的能力都是在有关突触密度开始快速增长的时候出现，并随突触密度的变化而发展起来的。比如，婴儿在 8 个月时开始具有对于客体的记忆能力，这时正是大脑相关区域突触密度开始迅速增长的时期。在这之后的 4 个月中，儿童的这种记忆能力稳步发展，但直到青春期，在突触密度回落到成人的水平时，这种能力才相应地达到成人水平。[①]

2. 大脑发育的关键期

近年来，一系列有关儿童动作、知觉和语言的研究证明，在大脑发育的过程中，的确存在着关键期。在脑发育的关键期内，脑功能的形成和发展相对容易。如果儿童在这个时期内获得了适当的经验，那么脑的功能就能够正常地发展，而如果在这个时期内没有获得适宜的刺激，则大脑相应的功能就不能正常发展。

有研究表明，如果将刚出世的猫的一只眼睛缝住一段时间，猫的这只眼睛将会永远失明，而这只猫的大脑中有关视觉领域的结构也会发生变化，神经元会发生萎缩或功能转移[②]。同时，这种视觉剥夺只对刚出生的动物有效，对成年动物进行同样或更长时间的视觉剥夺则不会影响其视觉能力，也不会引起其大脑结构的变化。这一研究有力地证明了大脑发育关键期的存在，说明与某些知觉能力有关的神经系统发育有着其特定的时期，如果错过了这个时期，个体就将失去发展相应能力的机会。

有关人类大脑发育关键期的研究主要集中于语言发展领域。有研究表明，如果儿童在 7 岁以后再去学习第二语言，则其在加工第二语言和母语时，将会激活不同的脑区，而如果在此之前去学习第二语言，其激活的脑区与加工母语时一致。这充分说明帮助儿童习得语言的那部分大脑神经系统在儿童 7 岁时已经发育成熟，在此之后再进行语言学习将会形成不同类型的语言加工系统。

我们自己使用 ET 技术所进行的研究也表现出了同样的特点。研究表明，在 6～18 岁的儿童青少年 S 谱各基频功率的发展变化中，表现出 3 个阶段性的特点：第一，6 岁儿童的基频功率迅速下降，到 7 岁后开始保持稳定；第二，9 岁、10 岁儿童的基频功率出现一次明显的上升，然后又回落到原来的水平；第三，13 岁少年的基频功率迅速下降，到 14 岁以后再次趋于稳定。同

---

① P. R. Huttenlocher, & A. S. Dabholkar, Regional differences in synaptogenesis in human cerebral cortex. Journal of comparative neurology, 1997, 367: 167～178

② D. H. Hubel, T. N. Wiesel, & S. LeVay, Plasticity of ocular dominance columns in monkey striate cortex. Philosophical transactions of the royal society of London B, 1977, 278: 307～409

時，我们在过去的研究中早已发现，5～6岁、9～10岁和13～14岁都是儿童青少年思维发展的关键年龄，这种S谱基频功率的发展特点与儿童的思维发展应该存在着某种联系。[1]

（三）大脑发育的可塑性

在过去的很长一段时间里，人们认为大脑的功能是天生的，是后天不可改变的，而一旦大脑的功能遭到破坏，就再也没有办法进行补救。但是，近年来的很多研究提出了相反的证据，发现大脑是具有可塑性的。这种大脑的可塑性主要表现在以下两个方面。

1. 环境的作用

研究者们认为，在个体刚刚出生时，并不具有完善的脑功能，大脑的各种功能是在个体与外部环境不断相互作用中发展起来的，是遗传与环境共同作用的结果，而丰富的环境对于大脑的发育起着极其重要的作用。

研究表明，在丰富而复杂的环境中长大的幼鼠与在单调的环境中长大的幼鼠相比，不仅对环境具有更强的适应性，而且其大脑中每个神经元的突触数量也要比后者多出25%。而且，即使是成年老鼠的大脑，也能够通过与复杂环境的不断相互作用而产生新的突触。[2]

相反，缺乏外部环境刺激或受到不良环境刺激时，个体的脑发育会受到消极影响。比如，缺少玩耍和触摸的儿童，他们的脑会比同年龄的儿童小20%～30%。而在情绪低落的母亲抚养下成长的儿童，其左额叶的脑电活动会明显地减少。如果这种情况持续的时间较长，就会影响到儿童的阅读能力。[3] 最新的研究也显示在孤儿院长大的儿童由于在生命的第一年受到的极端忽视，而导致头围普遍较小，随后的MRI扫描显示相比对照组，这些儿童大脑的灰质和白质体积更小。

在我们自己有关儿童青少年脑电α波发展规律的研究中，发现我国儿童青少年的脑电α波平均频率与解放初期相比已表现出明显的超前趋势。其中6～14岁被试的α波平均频率均高于20世纪60年代的同龄被试，6岁被试α波的平均频率已达到60年代10岁被试的发展水平，7～10岁被试的平均频率

① 潘昱. 青少年脑波超慢涨落的发展与表象能力的关系. 硕士论文. 2001

② W. T. Greenough. Experiencedependent synaptogenesis as a plausible memory mechanism. In I. Gormezano & E. A. Wasserman (Eds.), Learning and memory：The behavioral and biological substrates. Hillsdale, NJ：Eribaum. 1992

③ J. M. Nash. Fertile minds. Time，February 3，1997

187

介于 60 年代 12～13 岁被试的水平之间。脑电 α 波的平均频率是大脑成熟的指标之一。我国儿童青少年脑电 α 波的这种加速发展与社会的发展是密切相关的。我们认为，正是由于近年来我国人民生活水平的提高，使儿童青少年各项生理指标的发展都出现了超前趋势，大脑的发育也不例外。同时，社会的进步、经济的发展和教育水平的提高为儿童青少年提供了丰富的环境刺激，促进了大脑的成熟和发育。①

2. 脑功能的可修复性

尽管大脑的发育具有关键期，如果在关键期得不到适宜的刺激，个体将会丧失相应的脑功能。但是，这种情况并不是无法补救的，由于环境不良甚至由于生理性损伤所造成的脑功能障碍在一定程度上是可以得到改善的。

一些有关猴子和人类的研究证明，大脑发育的关键期并不是绝对的，大脑的神经系统能够在个体的整个生命进程中进行重组，即使是成熟的大脑，也具有很强的可塑性，对环境的刺激有着一定的反应性，在整个生命进程中都在不断地进行学习和完善。②

患有认知功能障碍的儿童在积极的功能性康复训练下，其认知功能可以得到不同程度的改善。例如，在国内外检出率极高的注意障碍及多动症儿童，他们在右额叶等注意调控区域存在发育异常，难以实现注意的有意控制以及抑制冲动行为、无关行为，因而影响其认知活动的进行。通过训练这些儿童的元认知与自我监控能力、进行脑电的生物反馈训练等途径，可使他们的注意功能得到改善。其中，在药物的辅助下，脑电的生物反馈训练不仅可以使这些儿童的注意控制与冲动行为抑制能力提高，而且可以使他们的脑电活动趋于正常。③

事实上，人类的大脑有时具有我们意想不到的可塑性。一个女孩在 6 岁时由于严重的癫痫在手术中被切除了整个右半边的大脑皮层。当然，她失去对于左半边的身体进行控制的能力。多年来，她经历了各种治疗和康复，其内容包括抬腿等动作的习得和数学、音乐的学习等多方面。现在，作为一个中学生，她能够很好地完成与音乐、艺术等有关的任务，并十分喜爱这些内容的课程，而这些能力通常是与右半脑的功能相联系的。研究者认为，这是大脑的一种补偿功能，但这个女孩失去右脑皮层后，左脑便发展了原来右脑

① 沃建中、曹河圻、潘昱、林崇德. 6～12 岁儿童脑电 α 波的发展特点，心理发展与教育，2000，16（4），1～7

② W. T. Greenough, We can't focus just on ages zero to three. APA Monitor, 1997

③ 董奇，陶沙. 论脑的多层面研究及其对教育的启示. 教育研究，1999，10

的功能。[①]

　　综上所述，我们认为从心理学的角度去研究脑，主要是在"脑定位""关键期"和"可塑性"三个方面下功夫。应该指出，我们自己是十分重视智能发展的脑机制研究的。然而，心理学的前途不只在脑本体及其活动之中，更不在脑细胞之中，或分子原子之中。即使我们把脑机制研究得再细，也很难说明心理活动本身的规律。正如赛蒙（H. A. Simon，1920—2001）1983 年在中国《心理学报》（第 3 期）发表《关于心理学的发展道路和展望》一文中所指出的"现在把行为研究或人类信息加工方面的研究与生理的研究结合起来还相距很远"。因此，对于心理学家说来，多运用或借鉴生理学家对脑科学的研究成果，要比自己"迷失"于脑生理学，显得更重要些，也更科学些。

三、环境和教育在智力与能力的发生、发展上起决定作用

　　中小学生智力与能力的发生和发展，是由他们所处的社会物质生活条件和教育条件决定的。其中教育起着主导作用。

　　环境是指客观现实，即人的生活条件和社会条件。它包括如下几个方面：一是胎儿的环境，即除去受精卵（合子）之外的母体内部、外部的一切，对胎儿说来都属于环境。二是生活环境。人的生活环境又包括自然环境和社会环境。三是教育。由于教育具有明确的目的性和计划性，因而它在人的心理发展中（包括思维）具有特殊的意义。即主导作用。上述的三个方面的环境，也就是物质的和文化的环境以及良好的教育，可以说是智力与能力发展的决定条件。

（一）生物前提与环境条件在智力与能力发展上的相互关系

　　生物前提只提供智力与能力发展的可能性，而环境和教育则把这种可能性变成智力与能力发展的现实性。

　　我们在自己的研究中看到，环境和教育把智力与能力发展的可能性，变成现实性的决定作用，表现在六个方面，即决定着中小学生智力与能力发展的方向、水平、速度、内容（或范围）、智力品质以及改造影响智力与能力发展的遗传素质。前面已经提到，中小学生智力与能力发展的总方向或趋势是一个内化的过程，尽管步骤有繁有简，但内化的方向是客观的；中小学生智

---

① J. M. Nash，Fertile minds. Time，February 3，1997

力与能力整个内化的过程就是一个发展过程、成熟过程，这个过程是分阶段的，这就显示出不同的水平；达到某级水平有早有迟，有快有慢，这就是智力与能力发展的速度；不同主体，在不同领域表现出不同的技能，在不同范围形成不同的能力，组成不同的智力内容、能力内容和思维的品质。我们的研究显示，上述诸方面是由环境和教育决定的。

1. 不同环境下同卵双生子的智力与能力表现

在我们研究的被试中，有不少同卵双生子是在不同环境条件下生活。他们与在相类似环境下成长的同卵双生子相比，其中每一对双生子中彼此体现着更大的，不是智力与能力的相似性，而是差异（表5-3）。

表5-3　　　　　　　　同卵双生子异同环境下的相关系数对照

相关系数（r）　　测定内容 环境	运算能力	学习成绩	差异的检验
相同环境	0.89	0.81	$P<0.05$
不同环境	0.67	0.58	

从表5-3只能看出环境的影响，但看不出环境的决定作用，更看不出决定作用的具体表现。为了弄清问题的实质，我们选出两对不同环境下生活的同卵双生子的个案作典型分析。

个案分析例一：×××和××××，系同卵双生女，16岁，长相、健康状况相同。出生第一年，抚养环境相同，智力发展没有发现差异，观察力和语言发展等智力表现几乎相同。一岁后，环境发生了根本变化：×××随农民生活，她的早期教育无人过问，上学后学习自流，没有形成良好的学习习惯；××××随医生生活，早期教育抓得紧，教育上得法，提前两年上了小学，有良好的学习环境，形成了良好的学习习惯。结果智力上造成了明显的差异：她俩学习成绩有显著的区别；学习兴趣截然不同；智力品质各不相同。从例一可以看出：①环境对中小学生的智力发展起着决定、的作用；②早期教育得法，对他们的智力或能力有重要的意义；③创造良好的学习环境，培养良好的学习习惯，能积极发展他们的智力或能力；④同样的遗传因素，在不同的环境下得到不同的发展结果，可见环境对遗传因素的改造作用。

个案分析例二：×一与×二系同卵双生子，16岁，兄弟俩在小学阶段智力发展与学习成绩不分上下，各门功课学习平衡，没有突出的爱好。小学毕业后，分别在两个中学学习。老大受同班同学影响，对数学有兴趣；老二受语文老师的感染，喜欢写作。于是在智力发展上出现差异；老大偏理科，向抽象思维型发展；老二偏文科，向形象思维型发展。可见：①在智力或能力成熟之前，环境的差异和变化可随时决定中小学生智力发展的内容；②环境对中小学生智力或思维能力的决定作用，是通过他们的活动进行的；③思维发展的动力系统——需要、兴趣等在智力或思维能力发展中起重要的作用；④教师、同学影响中小学生智力的发展，不仅说明关系密切的人（可接近性）对他们智力与能力发展的影响与作用，而且也反映情绪、模仿在智力与能力发展中的重要意义。

2. 相同环境下异卵双生子的智力与能力表现（表 5-4）

表 5-4　　　　　　　　　异卵双生子异同环境的相关系数对照

相关系数（r）　测定内容 ⟍ 环境	运算能力	学习成绩	差异的检验
相同环境	0.66	0.59	$P<0.01$
不同环境	0.45	0.39	

通过前面两个表的对照，我们不仅可以看出，异同环境下异卵双生子智力发展中的差异，而且也可看出相同环境下成长的异卵双生子的相关系数，与不同环境下成长的同卵双生子的相关系数之接近程度。一句话，环境在对中小学生智力发展中的影响是显著的。从我们的研究中可看出环境作用有如下几个方面。

第一，相同环境下生活的异卵双生子，在智力与能力上所表现出的年龄特征基本相同。

我们在对思维的研究中已经看到，中小学生的运算能力，经过直观行动→具体形象→形象抽象→逻辑抽象四个阶段，每一阶段还可细分为一定的等级。相同环境中生活的异性异卵双生子（遗传因素相关最小），尽管他们在运算能力上的测定成绩有差异（如上所述，$r=0.61$），但他们中间有 91.7%达到相同的等级水平。由此可见，环境是形成中小学生心理的年龄特征，特别是智力年龄特征的决定因素。

第二，一对特殊能力的异卵双生子分析。

A 和 B 尽管是一对异卵双生子，但有三个特殊的相同点：一是兄弟俩英语学习突出，能用英语作一般性会话；二是勤学好问，学习拔尖，并都以"在校生"考入高等学校；三是哥俩都能打一手好乒乓球，在全区比赛中为学

校夺得名次。通过多年追踪获悉，兄弟俩从小在一起，"形影不离"，在家长、学校为他们创造相同的环境条件下成长发展，是决定性的因素。

（二）教育条件在智力与能力发展上起着主导作用

社会生活条件在中小学生智力与能力发展中的决定作用，常常是通过教育来实现的。教育是由一定的教育者按照一定的教育目的来对环境影响加以选择，组成一定的教育内容，并采取一定的教育方法，来对受教育者心理施行有系统的影响。

教育的主导作用，与教师的能动作用是分不开的，在一定意义上说，教育的主导作用，主要是体现在教师的主导作用上。对此，我们在第一章已作了阐述。我们的这个教学实验试图说明，中小学生的智力与能力的发展水平，在很大程度上取决于教师的教学。可见，在实施国民教育的过程中，第一位的问题是师资问题。例如，第三章里曾提到的通州六中，初一新生入学时智商（IQ）为87.79；通州二中新生为104.8；通州一中（市重点中学）新生为114.5。经过实验班教师三年的努力，在初中毕业升高中的"中考"时，通州六中超过二中，接近一中。智商不满90的学生竟挤入智商114.5学生的行列，这里不难看出教师的主导作用，以及在教改实验中的主力作用，更能看出教育的主导作用。

四、实践活动是智力与能力发展的源泉

实践是客观的活动、能动的活动，是受社会历史条件制约的活动，也是变革现实的活动。只有实践活动，才构成主、客体的矛盾，才会在主体活动领域中反映现实。离开了实践活动，就不会有心理的源泉，也不会有智力与能力的源泉，也就是说，智力与能力是在实践活动中发生和发展的。

实践活动推动智力与能力的发展，主要表现在以下几个方面。

第一，实践活动的需要，不断地给人们提出新的智力与能力课题，他们正是在不断回答和解决这些新课题的过程中，智力与能力不断地向前发展。

第二，实践活动，为人们提供了丰富的感性材料，积累了大量的经验资料，促进人们去抽象、概括和总结，使人们逐步认识事物的本质和规律。

第三，实践活动，为人们的智力与能力提供了一系列工具、器材和手段，从而提高人们的智能水平。

第四，实践活动是检验智力与能力水平的正确性和真理性的唯一标准。一种智力与能力如果在实践过程中取得了成功，达到了预期的目的，实现了

预期的结果，这就证实了这种智力与能力是符合客观事物的规律性的。

第五，实践活动锻炼与提高人们的智力与能力。任何人的智力与能力，主要是随着实践活动的深入而发展的。

由此可见，在智力与能力发展中，我们必须重视实践活动，将它作为智力与能力发展不可缺少的"直接基础"。因此我们在教改实验中注重知行统一，除了关心学生课内外、校内外活动的同时，我们对学生进行了社会实践教育、艰苦奋斗教育和公益活动教育，目的是丰富学生的社会实践，提高他们的实践能力。

从个体智力与能力发展史来看，特别是对中小学生说来，如果不研究他们和外界的联系，特别是和人的联系，不研究他们的活动，就无从说明智力与能力的发生和发展。所以，我常常坚持这样的一个观点：在学生获得知识经验和技能技巧的过程中，实践绝不比书本的作用差，这就是我们注重知行统一观的出发点。

第二节　外因与内因的关系

我们强调了环境和教育对中小学生的智力写能力发展的决定作用，但并非承认环境的机械作用和"教育万能论"。环境和教育绝不能机械地决定着中小学生的智力与能力发展，中小学生的智力与能力发展有着自己的内部矛盾，有其发展的动力。

一、中小学生智力与能力的内部矛盾是智力与能力发展的动力

我们认为，探讨智力与能力发展的动力问题，必须坚持以辩证唯物主义哲学思想作指导，必须正确理解内因和外因的辩证关系。唯物辩证法的宇宙观主张把内因和外因结合起来，既从事物的内部，也从一事物和他事物的关系中去考察和研究事物的发展，而内因是事物发展的根据，它决定事物的性质，决定事物发展的方向，它是推动事物发展的根本动力。按照唯物辩证法的观点，中小学生的智力与能力发展的动力乃是其智力与能力的内部矛盾。

科学心理学也正确阐明内外因的关系。皮亚杰就主张从内外因关系中研究智力、心理的发生与发展。在儿童心理发展的理论研究上，皮亚杰认为他自己是属于内因外因相互作用的发展论者。在心理学史上，他列举了和他不同的一些理论：①只讲外因不讲发展的（如英国的罗素）；②只讲内因不讲发展的（如 K. 彪勒的思维研究）；③讲内因外因相互作用而不讲发展的（如格

式塔学派）；④既讲外因又讲发展的（如联想心理学派）；⑤既讲内因又讲发展的（如桑代克的尝试错误学说）。而皮亚杰自己则与这五种理论不同，是既讲内因外因相互作用，而又讲发展的。从这里可以看到，皮亚杰的发展理论是有丰富的辩证思想的。

我们肯定内因是智力与能力的动力，并不否定外因在智力与能力发展上的作用。上一节已经指出，环境和教育等外因，是中小学生智力与能力发展上不可缺少的条件。但是，环境和教育等外部条件的作用不管有多大，它毕竟只是一种条件，是智力与能力发展的一种外因。环境、教育不通过智力与能力发展的内部矛盾，不对智力与能力发展的内部关系施加影响，它们是不可能起作用的。如果智力与能力发展中不存在着某种特点的内因，那么无论有多好的环境条件或教育措施，也不能使中小学生智力与能力发生某种特定的质变。因此，外因绝不是事物发展的动力，环境和教育也不能列入智力与能力发展的动力。外因只是智力与能力变化的条件，它通过加强或削弱智力与能力内部矛盾的某一方面，从而促进智力与能力的发展。

二、什么是中小学生智力与能力的内部矛盾

我们认为，探讨智力与能力发展动力问题，必须要考虑到动机系统和普遍原理。所谓考虑到动机系统，即涉及智力与能力发展的动力时，要考虑到引起智力与能力活动和各种行为的一系列动机；所谓考虑到普遍原理，即谈论智力与能力发展的动力时，要考虑到能普遍地反映完整智力与能力活动及结构的主要矛盾。

既然中小学生智力与能力发展动力，乃是其智力与能力内部的矛盾，那么，这个内部矛盾是什么？朱智贤教授指出：

"在儿童主体和客观事物相互作用的过程中，亦即在儿童不断积极活动的过程中，社会和教育向儿童提出的要求所引起的新的需要和儿童已有的心理水平或心理状态之间的矛盾，是儿童心理发展的内因或内部矛盾。这个内因或内部矛盾也就是儿童心理不断向前发展的动力"[1]。这个观点成为目前心理学界最普遍的看法。简言之，即主体在活动中产生的新需要和原有心理水平构成的矛盾，是他们心理发展的动力。这对矛盾，集中反映了在实践中，由于主客观矛盾而在人脑中产生的客观过程的反映和主观内部状态之间的矛盾。具体地，对中小学生智力与能力发展说来，就是中小学生在活动中产生的新

---

[1] 朱智贤. 儿童心理学. 北京：人民教育出版社，1979，72

需要和原有智力与能力结构之间的矛盾，这是智力与能力活动的内因或内部矛盾，也就是智力与能力发展的动力。这里，一是动力产生于活动、实践之中，统一于活动、实践之中，并实现于活动、实践之中，这种强调实践第一的观点，我们在上一节已经作了阐述；二是新的需要，即客观现实不断地向中小学生提出新的要求、任务或问题，从而引起他们智力与能力活动的定向，获得智力与能力活动的新课题，这是内部矛盾的活跃的一面；三是新的需要能否得到满足，并与原有智力与能力结构达到一致性，关键在于原有智力与能力结构的水平在整个主观内部状态。

如何理解智力与能力发展的内部矛盾呢？

（一）需要在智力与能力内部矛盾中代表着新的一面，它是智力与能力发展的动机系统

科学心理学强调"需要"，需要是客观需求的反映。需要这种反映和一般反映的共同之处，是能被人意识到的反映形态；与一般反映不同之处，在于需要是心理活动的动机系统，由它引起主体的内外行动。

需要的分类尽管复杂，但不外乎两种：需要从其产生上分类，可以分为个体的需要和社会的需要；需要从其性质上分类，可以分为物质方面的需要和精神方面的需要。这两种分类是交错的，相互制约的，带有主观能动性的。需要可以表现为各种形态，如动机、目的、兴趣、爱好、理想、信念、世界观，等等，都是它的不同表现形态。

需要在人的心理发展中，经常代表着新的一面，比较活跃的一面。涉及智力与能力发展问题，起动力或动机系统作用的需要形态，主要是动机（学习动机）、欲望（求知欲望）、兴趣、爱好。其作用的途径，具体地表现在以下两个方面。

第一，兴趣→动机→知识→智力与能力。

知识、经验是智力与能力的基础。要获得知识、经验，就得学习，就要激发主体的学习动机；学习而无动力，思想工作有时也会落空。要激发中小学生的学习动机，抓方向、抓理想固然重要，但启发他们的好奇心，发展他们的求知欲，培养他们的兴趣、爱好，也是十分重要的。我们参与的研究证明[1]，兴趣在学习中是最活跃的因素，是带着情绪色彩的认识倾向。要激发中小学生的好奇心，去勤奋自强、独立思考、努力学习、自由探索，必须要有

---

[1]　国内十省市在校青少年理想、动机和兴趣的研究. 心理学报，1982.2

兴趣作为内在的"激素"。

第二，兴趣和爱好是形成智力与能力的契机。

兴趣和爱好犹如催化剂，它不断地促进中小学生去实践，去探索，去对某个问题加以思考。实践不断开辟着他们智力与能力发展的道路，探索不断深化着他们对问题的认识，思考则不断发展着他们分析问题和解决问题的能力。

任何有成就的人，他们都热衷于自己的事业或专业，甚至达到了入迷的程度。天才的秘密就在于强烈的兴趣和爱好，从而产生无限的热情，这是勤奋的重要动力。因此，应当把中小学生的兴趣和爱好作为正在形成某种智力与能力的契机来培养。

（二）原有的心理水平和智力与能力结构，在智力与能力内部矛盾中代表着比较稳定的一面，它是过去反映活动的结果

心理是人脑在实践活动中对客观现实的反映。心理的水平，智力与能力的整体结构，都是在实践中逐步地形成起来的。昨天还是客观的东西，通过主客体的矛盾，就可能被反映成为今天的主观的东西；同样，今天作为客观的东西，通过实践活动，也可能被反映为明天的主观的东西。这种反映的结果，逐步构成人的心理的完整结构，或智力与能力的完整结构及其水平。

在智力与能力的内部矛盾中，代表着比较稳定一面的原有心理水平和原有智力与能力结构等，这是一个十分复杂的整体，它大致由下列成分组成，代表人的主观内部状态：

（1）智力与能力结构及其发展水平；

（2）知识、技能与经验的水平；

（3）个性特征的发展水平及其表现，包括兴趣、爱好、信念、理想、动机等个性意识倾向，也包括性格及其理智、情感、意志、气质、态度等特征，即一切非认知（智力）因素的水平及其表现；

（4）生理和心理发展的年龄特征及其表现；

（5）当时的心理状态，即注意力、心境、态度等。

不应该将原有的心理水平和原有的智力与能力结构看作是保守的，它们是过去实践活动中已经形成起来的主观内部状态，既有积极的因素，又存在着不足的或有待发展的方面。

我们平时说，教育工作必须要从受教育者的实际出发，那么，在培养中小学生的思维能力时，就是要从上述的完整的主观内部状态出发，这样才能

做到"有的放矢"。

（三）新的需要和原有水平或主观内部状态的对立统一，构成中小学生智力与能力发展的内部矛盾，成为中小学生智力与能力发展的动力

客观现实是不断发展的，这就不断向中小学生提出新的要求、任务和问题，从而使他们的思维结构、智力与能力、智力品质，等等，跟客观现实的要求、任务或问题之间发生矛盾，这就是新的需要和原有水平或主观内部状态的矛盾。这对矛盾互相依存，也互相转化。矛盾双方是同一的，又是斗争的。其结果不外乎两种情况：一种是新需要被原有的智力与能力结构所同化，且趋于一致，则促使智力与能力在原有水平的基础上发展；另一种是新需要被原有的智力与能力结构所否定、排斥，则使智力与能力保持原有的水平。是第一种状况好，还是第二种状况好，要看其内容和智力与能力发展的方向。例如，新的求知欲的需要状态，促使主体在原有水平上去学习探索，获得知识，发展智力与能力，这有利于中小学生智力与能力健康的发展。但是，如果是错误的课题或认识倾向等需要，与中小学生的原有水平相适应，则往往使他们的智力与能力退步；与此相反，原有智力与能力结构否定了错误的智力与能力课题，这种原有水平的"保持"则意味着发展和进步。在实践活动中，中小学生不断地分析问题、解决问题，这样，就使智力与能力内部矛盾的双方达到了一致、统一。在这个一致、统一的基础上，由于实践不断向中小学生提出新的要求、任务或问题，在他们的智力与能力上又会产生新的矛盾。就这样，矛盾不断地发生，不断地解决，就推动了他们的智力与能力不断地向前发展，成为中小学生智力与能力发展的动力。总之，这对矛盾体现了智力与能力发展内外因的辩证关系，揭示了动机系统产生的基础，表现出新旧"反映"之间的对立统一，从而能够阐明智力与能力活动发生变化、"新陈代谢"的基本原因。

三、客观的要求必须适当

我们认为，探讨智力与能力发展的动力问题，还必须分析智力与能力的内部矛盾相互斗争的结果，如何在一定条件下互相转化。

智力与能力发展的内因是根据，是动力，是第一位的原因；环境和教育等外因是条件，是第二位的原因。这并不是说，在任何时候，任何情况下，都要把智力与能力发展的动力放在主要方面来考察，把主要的注意力都放在解决内因问题上。我们在对中小学生能力发展与培养的实验研究中看到，在培养新一代的聪明才智的过程中，不同时期或阶段，究竟把着重点放在中小学生智力与能力发展的内因方面还是教育方面，这要根据具体情况作具体的分析，不能用一套固定的模式随意乱套。一方面，环境和教育决定中小学生的智力与能力发展，不断地向他们提出新的要求；而另一方面，教学本身却又必须从中小学生的实际出发，从他们原有的心理水平和智力与能力结构出发。因此，中小学生的心理如何发展，向哪里发展，不是由外因机械决定的，也不是由内因孤立决定的，而是由适合于内因的一定外因决定的，也就是说，中小学生的心理发展主要是由适合于其心理内因的那些教育条件来决定的。

我们通过自己的研究表明，教育要求必须适当，过低的要求和过高的要求都是不适宜的。过低的要求，激发不起学生的兴趣。没有兴趣，没有求知欲，产生不了新的需要，就不能很好构成中小学生智力与能力发展的内部矛盾。过高的要求，则远远脱离他们的原有智力与能力结构及其水平，使他们"望而生畏"，不仅产生不了学习和思考的愿望，即使激起新的需要，也不能被原有心理水平和智力与能力结构所"同化"，难以构成智力与能力发展的动力。只有那种高于学生的原有心理和智力与能力水平、经过他们主观努力后又能达到的要求，才是最适当的要求。我们在教育工作中应遵循这些规律，向学生提出适当的要求，才能使他们在原有心理水平和智力与能力结构的基础上不断提高，使合理的要求变成新的需要，并以此为动力，促进他们的智力与能力不断地向前发展。

第三节　年龄特征与个别差异的关系

智力与能力发展的年龄特征与个别差异，是整个心理发展的年龄特征与个别差异的一个组成部分。我们以智力与能力发展的特点为例，来说明心理发展的年龄阶段性与个别差异的问题。

国际心理学界在年龄特征的论述上，有两个模式：一个是皮亚杰的模式；另一个是埃里克森（E. H. Erikson）的模式。皮亚杰的认知发展观是一维性的纵向发展观，即一个阶段接着另一个阶段发展，要是一个阶段不发展，另一个阶段则就不能到来。埃里克森的发展渐成说，是二维性的，每一个阶段实际上不存在发展不发展的问题，而是发展的方向问题，即发展方向有好坏，这种发展的好坏是在横向维度上两极之间进行的。

我们认为，皮亚杰和埃里克森的年龄特征的理论是从两个角度来加以论述的，应该说都有一定的道理。中小学生的智力与能力发展，既体现了皮亚杰的模式，又体现了埃里克森的模式。即智力与能力的发展，既体现了一个阶段接着另一个阶段的发展，又有一个发展方向。诸如思维品质好坏的问题，应该是一种纵横发展的统一。

心理发展，也跟一切事物的发展一样，是一个不断对立统一、量变质变的发展过程。在整个心理发展过程中，各个不同阶段将表现出相应的特殊矛盾和特殊质变。教育或学习与心理发展的关系，表现出的是量变与质变的关系。我们把儿童青少年心理各个阶段所表现出来的质的特征，称为其心理发展的年龄特征。应当指出，相同年龄阶段的儿童青少年虽具有这个共性，但在同一时期，他们每个人又有其自己的个性，这就是所谓的个别差异。这里，体现了共性与个性的统一。

中小学生心理发展的年龄特征是教育工作的一个出发点。

一、智力与能力发展年龄特征的一般概念

如何理解中小学生的心理发展的年龄特征呢？智力与能力发展的年龄特征又有哪些表现呢？

首先，心理发展的年龄特征是就人的心理的年龄阶段特征而言的。

心理年龄特征，并不是说一个年龄一个样。在一定的社会和教育条件下，从出生到成熟经历六个时期：①乳儿期（0～1岁）；②婴儿期（1～3岁）；③幼儿期或学前期（3～6、7岁）；④童年期、学龄初期或小学期（6、7岁～11、12岁）；⑤少年期或学龄中期（11、12～14、15岁）相当于初中阶段；⑥青年初期或学龄晚期（14、15～17、18岁）相当于高中阶段。这些时期是互相连续，同时又是互相区别的。尽管在某一年龄阶段之初，可能保留大量的前一阶段的年龄特征，而在这一年龄阶段之末，也可能产生较多的下一阶段的年龄特征。

从智力与能力结构的发展观来看，中小学生智能是一个有次序的、具有多层次的统一体。从历时性结构的角度看，以思维为例，经直观行动思维、具体形象思维、抽象逻辑思维（包括辩证思维）等阶段。不同阶段的思维形态具有本质的差别，表现出不同的功能。人的思维就是按此顺序由低层次向高层次不断地发展的。但是，我们必须看到，这种发展绝不是以高一层次逐步取代低层次，低层次的思维形态从此就以销声匿迹的方式进行，而是以低层次思维形态作为高层次思维形态发展的基础，高层次思维形态的出现和发展，又反过来带动、促进低层次思维形态不断地由低水平向高水平的发展方

向进行。由此可见，每一层次的智力与能力形态都有其发生、发展的过程，它们之间是相互影响、相互促进、相互制约、相互依存的。但是，目前在国内外不少儿童青少年思维的研究中，研究者往往不是把各层次的思维形态视为"长期共存、相互制约"，而是把它们看作是"昙花一现、大鱼吃小鱼"的现象。我们将这两种观点制成两幅图（图 5-1 和图 5-2）。我们认为图 5-1 是正确的，图 5-2 不一定正确。最后出现的是上一章出现的思维发展的趋势。体现了纵向与横向发展的统一。

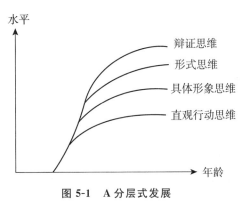

图 5-1　A 分层式发展

其次，心理发展的年龄特征，是指心理在一定年龄阶段中的那些一般的、典型的、本质的特征。

一切科学在研究特定事物的规律时，总是从事物的具体的、多种多样的表现中概括出一般的、本质的东西。虽然具体的东西是最丰富的，但本质的东西却是最集中的。中小学生的心理年龄阶段特征，就是从许多具体的、个别的心理发展的事实中概括出来的，是一般的、本质的、典型的东西。

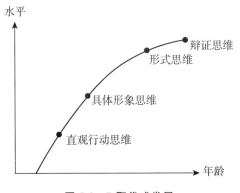

图 5-2　B 取代式发展

例如在抽象性思维发展中，也表现出这种稳定的阶段性（实践思维和形象思维不在此例）。

从出生至 3 岁，主要是直观行动思维；幼儿期或学前期，主要是具体形象思维；学龄初期或小学期，主要是形象抽象思维，即处于从具体形象思维向抽象逻辑思维的过渡阶段；少年期或初中阶段，主要是以经验型为主的抽

象逻辑思维；青年初期或高中阶段，主要是以理论型为主的抽象逻辑思维。

以学龄初期或小学期为例：小学生的思维是形象抽象思维，这是指最一般的、典型的、本质的东西来说的。事实上，一年级还是以具体形象思维为主要形式，与幼儿晚期差不多；五年级学生的思维尽管还带有具体形象性，但基本上是抽象逻辑思维了。整个小学生的思维，总的趋势是从具体形象思维为主要形式向抽象逻辑思维为主要形式过渡。

由此可见，中小学生心理年龄特征是就某一阶段的一般特征、典型特征、本质特征而言的。这种特征，不仅如前所述的有交叉性，而且也有一个方向好坏的发展问题。

再次，中小学生心理年龄特征，还表现出各个阶段、各种心理现象发展的关键年龄。

心理发展有一个从量变到质变的过程，有一个从许多小的质变构成一个大的质变的过程。每个心理过程或个性特征都要经过几次大的飞跃或质变，并表现为一定的年龄特征。这个质的飞跃期，叫做关键年龄。

我们的一些研究初步表明，中小学生在思维的发展中，表现出几个明显的质变过程：

5.5～6岁，是思维发展的第一个飞跃期，形象抽象思维，即从具体形象思维向抽象逻辑思维的过渡期，正是从这个时期开始的[1][2]。

小学四年级，也是思维发展的一个飞跃期。四年级前以具体形象成分为主要形式，四年级后则以抽象逻辑成分为主要形式[3][4][5]。对于这个转折点，在国内许多儿童思维的实验研究中得到证实[6]。

初中二年级，是思维发展的又一个飞跃期。整个中学阶段（青少年期）的思维，以抽象逻辑思维占主导地位。初中二年级是从经验型向理论型发展的开始，也是逐步了解对立统一的辩证思维规律的开始[7]。

为什么要考虑与研究中小学生心理发展的关键年龄呢？目的在于更好地

[1]　林崇德. 学龄前儿童数概念与运算能力发展的研究. 北京师范大学学报，1980，2

[2]　林崇德. 初入学儿童数学概念的调查. 见：发展心理. 教育心理论文集. 北京：人民教育出版社，1980

[3]　林崇德. 小学儿童数概念与运算能力发展的研究. 心理学报. 1981，3

[4]　朱智贤. 小学生字词概念的研究. 心理科学通讯. 1982，3

[5]　朱智贤. 小学生字词概念综合性分类能力的实验研究. 心理学报. 1982，3

[6]　刘静和. 关于我国儿童思维发展年龄阶段和有关的几个问题. 心理科学通讯. 1965，1

[7]　林崇德. 中学生运算能力发展的研究. 见：朱智贤主编. 青少年心理的发展. 北京：京师范大学出版社，1982

进行教育与教学工作，这就是说，要了解学生心理发展飞跃期的特点，以便进行适当的教育。例如，我们实验班的中小学教师都很重视小学四年级和初中二年级学生的思维，乃至智力与能力的变化，创造一系列条件，让他们的思维更好地发展，为他们整个心理进一步健康成长奠定智力的基础。当然，抓关键期教育时，也要注意适当，要考虑此时中小学生心理发展的内因和身心特点。由于心理发展存在着个体差异，因此也不能对每个人都抓一个相同的年龄阶段，更不能得出"过了这个村，就没有这个店"的错误结论，以至错误地认为，如果过了这个时期，某些方面的心理现象就没有发展的希望了。

最后，心理发展还有一个成熟期。

儿童从出生到成熟，总的矛盾是不成熟状态和成熟状态之间的矛盾。儿童生下来是软弱无能、无知无识的，到了十七八岁，他发展成为一个初步具有觉悟、知识的人。这个变化是巨大的，是一个重大的质变，即达到了成熟期。

思维以及智力与能力发展，也有一个成熟期。尽管每个个体诸心理现象总成熟趋势是一致的，但每种心理现象的成熟期，并不是在同一时间内实现的。我们的实验研究初步表明，16～17岁（高中一年级第二学期至高中二年级第一学期）是思维和智力活动的初步成熟期[①]。据对北京市一些中学的调查，发现高一学生的智力变化较大，高一入学考试的学习尖子，经过半年或一年后，不一定仍是尖子，有的甚至显得比较平庸；而高二以后的学生，他们的智力日趋稳定和成熟，凡是高二后发现的学习尖子，绝大多数都能保持；省市重点高中毕业时的学习尖子，约有80％以上在上了大学之后，仍是学习尖子。

思维和智力成熟有什么样的特点呢？我们在研究中发现：一是成熟后思维的可塑性比成熟前要小得多；二是思维一旦成熟，其年龄差异的显著性逐步减少，而个体差异的显著性却越来越大。

二、年龄特征的稳定性与可变性

一般说来，在一定社会和教育条件下，思维及智力与能力发展的年龄特征具有一定的稳定性和普遍性。如阶段的顺序，每一阶段的变化过程和速度，大体上都是稳定的、共同的。但另一方面，由于社会和教育条件在人身上所起作用的情况不尽相同，因而在他们思维及智力与能力发展的进程和速度上，

---

① 林崇德. 中学生运算能力发展的研究. 见：朱智贤主编. 青少年心理的发展. 北京：北京师范大学出版社，1982

彼此之间可以有一定的差距，这也就是所谓的可变性。

思维及智力与能力发展的年龄特征，既有稳定性，又有可变性，两者是相互依赖、相互制约、相互渗透的。同时，思维及智力与能力发展的年龄特征的稳定性和可变性又是相对的，而非绝对的。思维及智力与能力发展的年龄特征的稳定性和可变性的关系，体现着共性与个性的关系。

思维及智力与能力发展的稳定性表现在，不同时代、不同社会的儿童青少年思维及智力与能力特征有一定的普遍性和共同性；尽管许多年龄特征，有一定的范围和幅度的变化，但各年龄阶段的思维及智力与能力方面的特征之间有一定的顺序性和系统性，它们不会因为社会生活条件的改变而打破原有的顺序性和系统性，也不会跳过某个阶段。例如，皮亚杰的思维实验被欧美广大的认知心理学家所重复[1][2]，我国心理学工作者也做了一系列相应的认知发展的研究[3][4]，其结果虽然各有特点，但所获儿童青少年思维发展的总趋势，并没有因为国家或地区的差异而打乱了顺序性和系统性，恰恰相反，它们具有明显的普遍性和共同性。

思维及智力与能力发展的可变性表现在：在不同的社会生活条件下，儿童青少年某些思维及智力与能力发展的进程和速度会产生一定的变化；在不同的社会生活条件下，会出现有质的区别的思维及智力与能力年龄阶段特征；在不同的社会生活条件下，儿童青少年可能出现某些同样的年龄特征，但这些特征的具体内容却产生变化和差异；在相同的社会生活条件下，由于每个儿童青少年的思维及智力与能力发展原有水平或结构不同，存在着明显的个别差异，即个性差异。有关思维发展中年龄特征可变性的研究涉及方面很多，例如，对由于文化上的差异所造成的思维发展中的种族差异、民族差异、城乡差异等方面的研究；对由于教育措施所造成的思维发展上各种各样的差异的研究；对思维发展的个性差异的研究，等等。我们自己在研究中看到，年龄特征并不是完全不变的，如前所述，教育能加速或延缓思维及智力与能力发展的进程，而思维及智力与能力发展中质变的时间可以有某种程度的改变。

三、年龄特征与个别差异问题在教育工作上的意义

中小学生智力与能力乃至心理发展年龄特征与个别差异问题在教育、教

① ［美］D. H. Russell. Children's Thinking. New York：Blaisdell Publishing Co. 1965
② ［美］马森（P. H. Mussen）主编. 儿童心理学手册，New York：Wiley，1970
③ 刘静和. 儿童在数及数学上对部分与整体关系认识的发展. 心理学报，1982.3
④ 儿童认知发展研究协作组. 4～11岁儿童数学概念稳定性的发展的研究. 心理学报，1982，3

学工作，包括在我们的教学实验中都具有重要的意义。在教育工作方向和教学目标确定之后，教育工作者必须要考虑从学生发展年龄特征与个别差异来安排教材和选用教法，确定不同教育阶段学生必须掌握的核心内容。否则，就会违反他们心理发展的客观规律，从而使工作受到损失。

（一）年龄特征是考虑安排教材和教法的重要因素

我们的研究，十分重视中小学生的注意发展的特点。儿童心理学研究表明[①]：有意注意持续的时间，小学低年级一般为 15～20 分钟；中年级为 25～30 分钟；高年级甚至初中一、二年级也只能保持在半小时左右。于是，我们在教学实验中，要求实验班老师改进教法，正确安排和调节各年级学生的有意注意与无意注意的关系，使教学过程适应并有利于不同年级学生发展有意注意，从而使他们学习达到良好的效果。

当然，每个学生的兴趣、爱好、态度是不一样的，所以有意注意持续的时间也会有差异，这就要考虑个别差异了。

（二）年龄特征是教育、教学工作的重要依据

我们在教学实践中，要求实验班教师依据不同学生的智力与能力，以及整个心理发展的年龄特征来引导学生的发展。一方面，必须根据学生发展的可能性，向他们提出适当的新的要求，从而引起他们的新需要。不顾学生心理发展的水平，而向他们提出不适当的要求，是不对的。但是另一方面，迁就学生现有的智力与能力的水平，不积极引导他们向前发展，也是不正确的。

（三）学生心理发展的各相邻年龄阶段，既互相区别又互相联系，且同一年龄阶段的开始和结束，也常常表现出很大的差别

在教学实验中，我们十分重视"衔接"问题。我们提出：一方面，由于相近的年龄阶段有质的差别，因此，混淆二者的差别是不对的。例如，小学毕业班与初中一年级应区别对待；另一方面，每一个年龄阶段又不是孤立的，前一阶段和后一阶段是互相联系的，它们之间不是截然分开的，而是逐渐过渡的。所以，看不到它们之间的联系也是不对的。

为此，我们要求小学高年级实验班教师必须对学生"放手"，培养他们的独立性，以使他们进入初中后有适应新环境的能力。同样，我们要求初中一

---

① 朱智贤. 儿童心理学. 北京：人民教育出版社，1979，2010，第 8 章

年级实验班教师必须对刚入初中的新生要"扶着"一点，引导他们适应中学的新环境，不能一入学就"撒手"，造成他们因适应困难而对中学学习失去信心，从而影响其智力与能力的发展。

（四）充分考虑关键年龄的重要性，防止学生在三四年级和初中二年级出现的"大量两极分化"趋势

我们在教学实验中十分重视自己前边提到的中小学生智力与能力发展的关键年龄，并认为考虑到这个问题有助于教学改革。

我们对实验教师提倡小循环安排：小学一年级到三年级；四年级到五六年级；初中一段；高中一段。每位教师都如此，不要轻易换任课教师，更不能在小学三、四年级或初中二年级安排水平低的教师去"顶岗"，而只顾刚入学和毕业班的"两头"学生。

（五）应该充分注意学生智力与能力发展中的个别差异，做到因材施教

我们在教学实验中指出，中小学生心理发展的年龄特征，是在一定年龄（年级）阶段中心理发展的一般特征，此外，还有一个是每个学生心理发展的个别差异。因为处于同一年龄（年级）的学生，由于种种复杂的因素，他们的心理发展，智力与能力的发展不可能是完全一样的。因此，要做到因材施教。我们之所以在教学实验中提出不平衡原则，"允许后进，鼓励冒尖"，并在课堂教学中提倡"考虑大多数，面向中等学生"，正是出于这个道理。有差别，才能有不同的人才辈出。尽量缩小一个教学班中学生学习成绩的离差程度，正反映了我们实验班教师所下的苦功。

第六章　中小学生智能发展的特点

　　如前所述，在西方，有关智能（智力与能力）发展的理论，应首推皮亚杰。他认为，智能发展经历了感知动作智力阶段→前运算思维阶段→具体运算思维阶段→形式运算思维阶段四个时期。在苏联，艾利康宁和达维多夫按主导活动，将心理、智能划分为六个年龄时期：直接情感的交往阶段→摆弄实物的活动阶段→游戏的活动阶段→学习活动阶段→在社会公益活动系统中的交往活动阶段→专业的学习活动阶段。这代表了苏联心理学对心理、智能的基本观点。

　　我们这里谈的中小学生心理能力，即智力与能力发展的特点，主要是来自我们自己的研究结果。下边所展示的资料，主要来自两个方面：一是"中小学生能力发展与培养"实验的研究成果；二是我们参与的心理能力发展的协作研究和自己指导研究生的研究成果。通过对这些资料的提炼，概括了下边四方面有关中小学生心理能力发展的特点。

第一节　中小学生智能发展的一般特征

　　中小学生智能发展的基础是学习活动。

　　小学生开始进入学校从事正规的有系统的学习，学习逐步成为他们的主

206

导活动。进入学校学习以后，小学生的首要任务就是掌握读、写、算这些最基本的知识技能，以便为进一步掌握人类知识经验打下最初的基础。在这个过程中，既要小学生具备一定的智能基础，又要促进他们的智能积极地发展。

同样是主导活动，中学生的学习活动却有别于小学生。从学习内容上看，中学比小学不仅门类多，而且每一门学科的内容也趋向专门化，并接近科学的体系；从学习方法上看，随着学科的多样化和深刻化，中学生的学习方法比小学生更有自觉性、独立性和主动性。在这个过程中，既要使中学生的智能随着学习特点的变化而变化，又要促进他们的智能得到进一步的发展。

一、小学生智能发展的一般特征

思维是智力与能力的核心成分。小学生思维具备初步逻辑的或言语的思维特点，这种思维具有明显的过渡性，即从具体形象思维过渡到抽象逻辑思维。也就是说，小学生思维的基本特点是：从以具体形象思维为主要形式逐步过渡到以抽象逻辑思维为主要形式；但这种抽象逻辑思维在很大程度上，仍然是直接与感性经验相联系，仍然具有很大成分的具体形象性。

这就构成了小学生智力与能力发展的特征。

（一）整个小学时期内，智能从具体形象思维为主要形式过渡到以抽象逻辑思维为主要形式，但这种以抽象逻辑思维为核心成分的智能仍然带有很大的具体性

我国许多有关小学生认知发展的实验研究证明了这一点。[①] 这里，我们仅举一个自己的"小学生字词概念发展的研究"[②] 为例，来略加分析。我们采用"选择定义""确定属、种概念的关系""给概念下定义"三组试验，获得如下的结果（图 6-1、图 6-2 和图 6-3）：

① 朱智贤. 小学儿童心理的发展. 北京：北京师范大学出版社，1982
② 朱智贤、林崇德. 小学生字词概念发展的研究. 心理科学通讯，1982，3

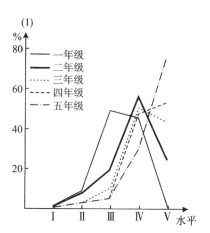

图 6-1　各年级小学生选择定义水平
的百分数分配

选择定义的五项指标：Ⅰ．错误
定义；Ⅱ．概念的重复；Ⅲ．功
用性定义或具体形象的描述；Ⅳ.
接近本质定义或作具体的解释；
Ⅴ．本质的定义。

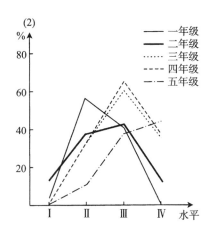

图 6-2　各年级小学生确定属种关系
水平的百分数分配

确定属、种概念关系能力的四项指
标：Ⅰ．确定这两种概念表面的联
系；Ⅱ．对属概念作功用性的说
明；Ⅲ．种概念过大；Ⅳ．较确切
地确定属、种概念的关系。

由这三组结果可见，小学生的概念同时具有具体形象成分和抽象概括成分，它们之间的相互关系随着年级升高以及不同性质的智力活动而发展变化。

如何分析这个变化过程或智能的过渡性特点的实质呢？

小学生在入学以后，由于在教学上以及在各种日益复杂的新的实践活动中向他们提出了多种多样新的要求，这就促使他们逐渐地运用抽象概念进行思维，促使他们智能的核心成分思维水平开始从以具体形象思维为主要形式逐步向以抽象逻辑思维为主要形式过渡。

小学生思维的这种过渡，是思维发展过程中的质变。它是通过新质要素的逐渐积累和旧质要素的逐渐"衰亡"与改造而

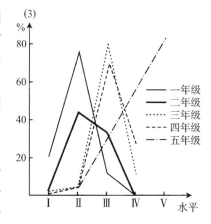

图 6-3　各年级小学生下定义水平
的百分数分配

下定义水平的五项指标：Ⅰ．不会解释或下错误的定义；Ⅱ．重复概念的定义；Ⅲ．功用性的定义或作具体形象的描述；Ⅳ．下接近本质的定义或作具体的解释；Ⅴ．下本质的定义。

实现的。这种显著的质变，是在思维发展的条件作用下，在内部矛盾斗争中实现的。因而，小学生的思维过渡到以抽象思维为主要形式，并不意味着他们入学之后，具体形象思维立即全部"消亡"，不再发挥作用。其实，整个小学阶段，小学生的思维由具体形象思维向抽象逻辑思维发展要经历很长过程。低年级学生所掌握的概念大部分是具体的，可以直接感知的，而要求低年级学生指出概念中最主要的本质的东西，常常是比较困难的。他们的思维活动，在很大程度上还是与面前的具体事物或其生动的表象联系着的。当然，我们说低年级学生的思维具有明显的形象性，也并不等于说，他们的思维没有任何抽象性，没有任何抽象概括的成分。事实上，小学生的思维同时具有具体形象的成分和抽象概括的成分，它们之间的相互关系随着年级高低以及不同性质的智力活动而增长变化。正因为如此，在小学中高年级，学生才逐步学会分出概念中本质的东西和非本质的东西，主要的东西和次要的东西，学会掌握初步的科学定义，学会独立进行逻辑论证。同时，达到这样的思维活动水平，也离不开直接的和感性的经验，仍然具有很大成分的具体形象性。

（二）小学生的智能由具体形象到抽象逻辑的过渡，存在着一个明显的"关键年龄"

这个关键年龄，或转折期，或"质变"期发生在什么时候（哪个年级或年龄），我国心理学工作者对之作了不少的研究[1][2][3]。一般认为这个关键年龄在四年级（10～11岁），也有的认为在高年级，也有的教育性实验报告指出，如果有适当的教育条件，这个关键年龄可以提前到三年级。

在小学生智力与能力的发展中，存在着一个关键年龄。我们在教学实验中，运用横断法与纵向法相结合来研究小学生数学概括与运算能力的发展，研究小学生字词概念与语文能力的发展，从中发现：在一般教育条件下，四年级（10～11岁）各项智力与能力指标的发展有显著地变化（$P<0.05$ 或 $P<0.01$），这标志着小学生在智力与能力的发展中，从以具体形象概括为主要形式过渡到以抽象逻辑概括为主要形式的一个转折点。这是一个质的飞跃期。

① 李丹. 学龄儿童理解寓言、比喻句的年龄特点. 心理学报，1962，2
② 朱智贤. 儿童掌握让步连接词的年龄特点. 见：儿童发展心理学问题. 北京：北京师范大学出版社，1982
③ 刘静和. 关于我国儿童思维发展的年龄阶段和有关的几个问题. 心理科学通讯，1965

强调这个"关键年龄"，就要求我们适应小学生智力与能力发展的飞跃期来进行适当的教育。这个结果，和国内一些同类研究结果是一致的。但是如何来看待这个"关键年龄"呢？在我们的研究中发现，这个"转折点"在何时实现，主要取决于教育的效果。我们的纵向研究追踪班，由于着重抓了思维的智力品质的训练，到了三年级下学期，在多次的智能测定中，分别平均有86.7%和83.3%（均超过75%第三四分点）的被试已经达到小学数学和语文测试的高等级水平，也就是说，这个追踪班在三年级分别实现了数的或语言的概括能力的飞跃。然而，有的控制班由于教法不甚得法，到了五年级才有75%的被试达到这个等级水平，也就是说，这些班级的学生，在五年级才实现数的概括或语言概括能力的飞跃。然而，这个智力与能力的关键年龄有一定的伸缩性，是可以变化的。如果我们以辩证的、发展的或"动态"的观点加以分析，这个关键年龄可以提前或挪后，可以加快或延缓。只要教学得法，小学生智力与能力发展的关键年龄可以提前到三年级。小学生智力与能力发展中存在着很大的潜力，假如适当地挖掘，这个潜力能变成他们巨大的智能因素。

（三）小学生的智能从具体形象向抽象逻辑的发展过程中，存在着不平衡性

在整个小学时期内，学生的智力与能力发展有其一般的趋势，但在具体到不同的学习对象，不同学科、不同的智能成分（如观察、记忆等）的时候，这个一般的发展趋势又常常会表现出很大的不平衡性。

在小学教学实验中可以看到这种不平衡性。我们的数学教材和语文教材，是按照同一实验目标和要求编写的。但是，在算术教材学习中，有些学生已经达到了较高的概括水平，却在语文教材的学习中，其概括能力有的仍能达到较高水平，有的则不理想，还有的属较差水平。相反亦是。

在小学生思维的研究中，也可以看到这种不平衡性。例如，把我们自己或与我们工作有关的四个实验研究数据绘制成不同的发展曲线图，横的指标确定等级相同或相似，纵的指标大致相同，连前三个实验的被试也相同，测定时间也接近，而思维的发展趋势却各不一致，如下面4幅图所示（图6-4～图6-7）。

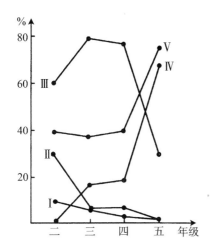

图 6-4　小学生给字词概念下
定义发展曲线①

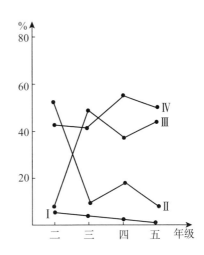

图 6-5　小学生综合分类
能力发展曲线②

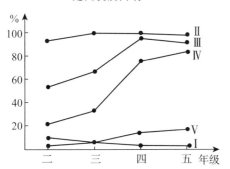

图 6-6　小学儿童数概括各级
水平发展曲线③

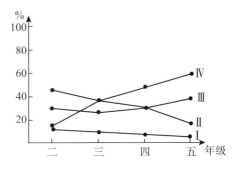

图 6-7　小学生对漫画认知发展曲线④

二、中学生智能发展的一般特征

中学生的智力与能力，在小学期发展的基础上，在新的教学条件和社会生活条件影响下，出现新的特点。

整个中学阶段，中学生的思维能力迅速地得到发展，他们的抽象逻辑思维处于优势地位。但初中生和高中生的思维是不同的。在初中生的思维

---

① 朱智贤，林崇德. 小学生字词概念发展的研究. 心理科学通讯，1982，3
② 朱智贤，林崇德. 小学生字词概念综合性分类能力的实验研究. 心理学报，1982，3
③ 林崇德. 小学儿童数概念与运算能力发展的研究. 心理学报，1982，3
④ 李虹. 少年儿童对漫画认知发展的研究. 心理科学通讯，1987，5

中，抽象逻辑思维虽然开始占优势，可是在很大程度上，还属于经验型，他们的逻辑思维需要感性经验的直接支持。而高中生的抽象逻辑思维则属于理论型，他们已经能够用理论做指导来分析综合各种事实材料，从而不断扩大自己的知识领域。同时，我们通过研究，认为从初中期开始，只有可能初步了解矛盾对立统一的辩证思维规律，到高中期则基本上可以掌握辩证思维。

中学生的思维特点，就构成了他们智力与能力发展的一般特征。

（一）抽象逻辑思维是一种通过假设的、形式的、反省的思维

这种思维具有五个方面的特征：

（1）通过假设进行思维。思维的目的在于解决问题，问题解决要依靠假设。从中学开始，是产生撇开具体事物运用概念进行抽象逻辑思维的时期。通过假设进行思维，使思维者按照提出问题、明确问题、提出假设、检验假设的途径，经过一系列的抽象逻辑过程，以实现课题的目的。

（2）思维具有预计性。思维的假设性，必须出现主体在复杂活动前，事先有了诸如打算、计谋、计划、方案和策略等预计因素。古人说："凡事预则立，不预则废。"这个"预"就是思维的预计性。从中学开始，在思维活动中就表现出这种"预计性"。通过思维的预计性，在解决问题之前，已采取了一定的活动方式和手段。

（3）思维的形式化。从中学开始，在教育条件的影响下，思维的成分中，逐步由具体运算思维占优势发展到形式运算思维占优势。

（4）思维活动中自我意识或监控能力的明显化。自我调节思维活动的进程，是思维顺利开展的重要条件。从中学开始，反省的、监控性的思维特点越来越明显。一般情况下，中学生意识到自己智力活动的过程并且控制它们，使思路更加清晰，判断更加正确。当然，中学阶段反省思维的发展，并不排斥这个时期出现的直觉思维，培养直觉思维仍是这个阶段教育和教学的一项重要内容。

（5）思维能跳出旧框框。任何思维方式，都可以导致新的假设、理解或结论。其中，都可包含新的因素。从中学开始，由于发展了通过假设的、形式的、反省的抽象逻辑思维，思维必然能跳出旧框框（美国心理学称其为 thinking beyond old limits）。于是从这个阶段起，创造性思维，或思维的独创性获得迅速发展，并成为中学生思维的一个重要特点：在思维过程中，中学生追求新颖的、独特的因素，追求个人的色彩、系统性和结构性。

（二）中学生抽象逻辑思维的发展是存在着关键期和成熟期的

在中学阶段，抽象逻辑思维已占主导地位。但这种抽象逻辑思维，又分两种水平：一种需要具体经验的支持，属于经验型的抽象逻辑思维；另一种则是从具体上升到理论，又用理论指导去获得具体知识的过程，即既包括从特殊到一般的归纳过程，又包括从一般到特殊的演绎过程，属于理论型的抽象逻辑思维。

一般地说，初中阶段多见经验型，高中阶段则多见理论型。但这个转化，并不是以初、高中划线，而是从初二年级开始，他们的抽象逻辑思维开始由经验型水平向理论型水平转化，到高中二年级，这种转化初步完成。初中二年级明显表现出"飞跃"、突变和两极分化；高中二年级则趋向定型。前者是一个关键年龄，后者意味着思维趋向成熟。

我们参与的全国 23 个省、市、自治区中学生掌握和运用形式逻辑推理的调查研究，采用全国统一的试卷、评分标准和统计表格，向初一、初三和高二的各级各类学校 18 000 名被试呈现 25 道各种各样的试题，获得两个结论[①]：

第一，中学生形式推理发展是存在着年龄特征的。

初一学生虽已开始具备各种推理的能力，但只是初步的。特别是假言、选言、复合、连锁等演绎推理和运用推理解决问题的能力，都还比较差。假言、选言、复合、连锁等演绎推理的得分不到 50%；运用推理解决问题的得分不到 20%。

初三学生的推理能力，比起初一学生来，已有质的区别，即 P 值均小于 0.01。他们这种能力的发展，表现在两个方面：一是假言、选言、复合等演绎推理的得分已超过 50%；二是运用推理解决问题的能力在不断发展，突出地表现在能够提出假设，按照假设去分析问题和解决问题，这类试题得分也在 50%以上。从中可以看出，在初中三年级之前，确实存在一个关键期。

高二学生的推理能力已属于基本成熟。他们对各种演绎推理所得到的

[①] 全国青少年心理研究协作组. 国内 23 省市在校青少年思维发展的研究. 心理学报，1985，3

分数，大多已接近或超过 70%，其中直言演绎推理的正确率已达到 81.5%，归纳推理的正确率得分也超过 80%。其推理能力的得分基本上过了第三四分点。

第二，中学生形式推理能力，是随年级递增而逐步分化的。

不同年级学生的推理运用水平，所达到的成绩的标准差是：初一在"改正错误""排除干扰"和"解决问题"三种类别的试题中（每一类别平均分数的满分为 10 分），分别为 4.882，6.905，1.344；初三分别为 6.033，7.197，2.339；高二分别为 6.987，7.457，3.195，有随年级升高而增大的趋势。从中说明，中学生的推理能力，乃至思维发展的分化趋势。

（三）中学生的智力与能力发展存在着不平衡性

中学生的智力与能力发展，和小学生一样，同样存在着不平衡性。上述研究的两极分化（标准差）趋势，正是说明中学生智力与能力发展的不平衡性。

下边三个研究数据，可以说明中学生的智力与能力发展中的不平衡性。

例一，中学生对前边提到的逻辑法则的三种类型的问题中，表现出不同的运用水平：对正误判断问题成绩的总平均数最高，其正确率已达 79.65%；对多重选择问题的成绩次之，其得分也达 72.51%；对回答问题的成绩最差，正确率只达 49.71%。可见，认知对象不同，认知者会出现不同智力与能力的水平。

例二，中学生的归纳推理发展和演绎推理发展的相关系数 $r = 0.563\ 59$，尽管两种发展趋势有其一致性，但毕竟存在着差异；中学生在掌握三类逻辑法则时，矛盾律（80.28%）和同一律（74.86%）的得分成绩，明显地高于排中律（62.70%，P 值均小于 0.01）。可见，认知方式或形式不同，认知者会出现不同的智力与能力的水平。

例三，我们在一次对初三学生的语文能力测试与数学运算能力测试中，其相关系数 $r = 0.417$；对高二理科班同类性质问题测定，$r = 0.374$；对高二文科班同类性质问题测定，$r = 0.313$。显然，自中学阶段起，有的中学生偏形象逻辑思维，有的中学生偏抽象逻辑思维，造成认知者不同性质的智力与能力类型。

以上三例，说明中学生在智力与能力的发展上，存在着不平衡性。

第二节 中小学生概括能力发展的特点

如前所述，不论是智力还是能力，其核心成分是思维，最基本的特征是概括，即概括是智力与能力的首要特点。因此，中小学生概括能力的发展，应看成其智力与能力发展的重要指标。

一、小学生概括能力发展的特点

小学生的概括能力，在教学的影响下有了很快的发展。但是，由于知识经验和智能水平的限制，他们的概括能力又具有自己的特点。

一般说来，小学生的知识经验还不十分丰富而深刻。因此，他们在进行概括时，只能利用某些已经理解了的事物的特征或属性，而不能充分利用包括在某一个概念中的所有的特征或属性。

（一）小学生数学概括能力的发展

我们引证的是自己对小学生数学概括能力发展的研究结果。

我们的研究，严格控制指标，并按这客观指标来测定并获得有关数据[①]。

1. 指标

研究中确定小学生数学概括能力发展水平的指标是：

（1）对直观的依赖性；

（2）对数的实际意义（数表象范围）的理解；

（3）对数的顺序和大小的认识；

（4）数的组成（分解组合）；

（5）对数概念扩充及定义的展开。

根据指标分析研究结果，确定小学生数学概括能力为五个等级。

第Ⅰ级系直观概括水平。显著指标是依靠实物、教具或配合掰指头来掌握10以内的数概念，离开直观，运算就中断或发生困难。

第Ⅱ级为具体形象概括的运算水平。属于这一级水平的学生，进入了"整数命题运算"。达到的指标有三个，即掌握一定整数的实际意义、数的顺序和数的组成。这一级又可细分若干个不同的小阶段，例如"20"以内

---

① 林崇德．小学儿童数概念与运算能力发展的研究．心理学报，1981，3

的数概念，"百"以内的数概念，"万"以内的数概念，整数四则运算概念等。这一阶段由于学生经验的局限，尽管有的运算的数的范围可以超过他们的生活范围，但由于缺乏数表象而不能真正理解所有运算的数的实际意义。

第Ⅲ级是形象抽象概括的运算水平，处于从具体形象概括向抽象概括发展的过程中。这阶段学生的数表象的丰富与数的实际意义的扩大形成数学概括的新特点：

（1）不仅掌握了整数，而且掌握了小数和分数的实际意义、大小、顺序和组成；

（2）能掌握整数和分数概念的定义；

（3）空间表象得到发展，使学生能够从大量几何图形的集合中概括出几何概念，并掌握一些几何的计算公式和定义。因此，这一级水平又可称为"初步几何命题运算"。

第Ⅳ级为初步的本质抽象概括的运算水平，即初步代数的概括运算水平。其特点有：

（1）能用字母的抽象代替数学的抽象，例如能初步列方程解应用题；

（2）开始掌握算术范围内的"交集合"与"并集合"思想。例如，通过求公倍数与公约数的运算掌握"交"与"并"的思想；

（3）能够完整地解答各种类型的"典型应用题"，出现组合分析的运算。

第Ⅴ级进入代数命题概括运算。这一级水平的学生根据假设进行概括，他们完全抛开算术框图进行运算。但这一级概括水平在小学阶段是极少数。

通过上述结果的分析，可以反映小学生的数学概括水平发展的趋势是一个螺旋式上升的过程，一个"内化"的智力过程，从智力活动的"量"来分析，是一个逐步"简化"的概括过程；各级水平并不能互相代替，而是高一级水平必然具备低一级水平的运算能力。

2. 结果

现将不同年级的城乡被试达到各级水平的人数和百分数列表（表6-1）。

表6-1的结果，按水平等级制成《小学生数概括各级水平发展曲线》（图6-8）。

表 6-1

不同年级小学生数概括水平的人数与百分数分配

水平 年级	I 城		I 乡		II 城		II 乡		III 城		III 乡		IV 城		IV 乡		V 城		V 乡	
统计	人数	%	人数	%	人数	%	人数	%	人数	%	人数	%	人数	%	人数	%	人数	%	人数	%
一	5	16.7	7	23.3	25	83.3	23	76.7	10	33.3	7	23.3	5	16.7	0	—	0	—	0	—
二	—	—	4	13.3	30	100	26	86.7	19	63.3	15	50	7	23.3	6	20	0	—	0	—
三	—	—	—	—	30	100	30	100	21	70	18	60	12	40	10	33.3	0	—	0	—
四	—	—	—	—	30	100	30	100	30	100	29	96.7	25	83.3	22	73.3	5	16.7	4	13.3
五	—	—	—	—	30	100	30	100	30	100	28	93.3	27	90	25	83.3	6	23.3	3	10

差异的检验：城乡小学生被试差异 $P>0.05$。三、四年级之间差异 $P<0.05$。其他各年级之间差异 $P>0.1$。

3. 分析

从表 6-1 和图 6-8 可以看出：

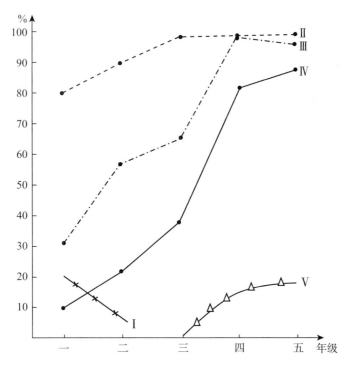

图例Ⅰ、Ⅱ、Ⅲ、Ⅳ、Ⅴ代表各级概括水平的发展趋势曲线

图 6-8　小学生数概括各级水平发展曲线

（1）小学生数学概括发展水平，既表现出年龄特征，又存在着个别差异。小学生概括能力发展的趋势是：

一年级学生在学前期智能的基础上发展起来，他们基本上属于具体形象概括。但那些离开直观就使思维中断的直观概括水平者是极少数，类似现象随着正确的教学要求而消失。

二、三年级学生从具体形象概括向形象抽象概括过渡，且大部分被试在三年级完成了这个过渡。

四、五年级大多数被试进入初步本质抽象的概括水平，极少数学生在良好的教学条件影响下向代数运算水平发展。

（2）在一般教学条件下，四年级学生在数学概括能力发展中，有显著的变化（$P<0.05$），这是小学生掌握数学概念中，从具体形象概括为主要形式过渡到以抽象逻辑概括为主要形式的一个转折点（或关键期）。

（二）小学生字词概括能力的发展

引证的材料是我们对小学生字词概念综合性分类的研究结果[①]。

1. 指标

测定城乡小学生下列四组课题的水平：第一组是指定分类；第二组是排除分类；第三组是直接分类；第四组是组合分析分类。这四组分类，反映了不同的概括水平。

2. 结果

研究的结果可综合地反映在表 6-2 中。

表 6-2　　　　　　　　　综合分类测验结果总表

年级	学校	第一组								第二组							
		四级		三级		二级		一级		四级		三级		二级		一级	
		人数	%	人数	%	人数	%	人数	%	人数	%	人数	%	人数	%	人数	%
一	农村小学					23	76.7	7	23.3					11	36.7	19	63.3
	城市小学					24	80	6	20	1	3.3	2	6.7	26	86.7	1	3.3
二	农村小学	1	3.3	13	43.4	15	50	1	3.3	3	10	13	43.3	13	43.3	1	3.4
	城市小学	27	90	2	6.7	1	3.3			21	70	9	30				
三	农村小学			5	16.7	18	60	7	23.3			4	13.3	18	60	8	26.7
	城市小学	22	73.3	5	16.7	3	10			13	43.3	13	43.3	4	13.4		
四	农村小学	12	40	6	20	12	40			6	20	16	53.3	7	23.4	1	3.3
	城市小学	16	53.3	8	26.7	6	20			17	56.7	12	40	1	3.3		
五	农村小学	3	12	1	4	17	68	4	16	6	24	9	36	9	36	1	4
	城市小学	13	43.3	14	46.7	3	10			14	46.7	12	40	3	10	1	3.3

---

① 朱智贤、林崇德等．小学生字词概念综合性分类的实验研究．心理学报，1982，3

年级	学校	第三组 四级 人数	%	第三组 三级 人数	%	第三组 二级 人数	%	第三组 一级 人数	%	第四组 四级 人数	%	第四组 三级 人数	%	第四组 二级 人数	%	第四组 一级 人数	%
一	农村小学					13	43.3	17	56.7					7	23.3	23	76.7
	城市小学	2	6.7			22	73.3	6	20					3	10	27	90
二	农村小学			7	23.3	22	73.3	1	3.4	1	3.3	1	3.3	18	60	10	33.4
	城市小学					28	93.3	2	6.7			1	3.3	26	86.7	3	10
三	农村小学			3	10	18	60	9	30	1	3.3	1	3.3	16	53.4	12	40
	城市小学	7	23.0	20	66.7	2	6.7	1	3.8	8	26.7	15	50	7	23.3		
四	农村小学	1	3.3	18	60	9	30	2	6.7	11	36.7	12	40	5	16.7	2	6.6
	城市小学	14	46.7	12	40	4	13.3			14	46.7	10	33.3	6	20		
五	农村小学			15	60	10	40			6	24	2	8	17	68		
	城市小学	10	33.3	16	53.3	4	13.4			19	63.3	7	23.3	4	13.4		

3．分析

就上表的结果可做如下分析：

（1）小学生的字词分类——概括能力发展，既存在年龄特征，又有各种差异。

小学二年级学生，可以完成自己熟悉的具体事物的字词概念的分类概括。但是，能说明分类概括的根据，则要晚得多。城区小学五年级学生，能够正确说明各组课题分类概括根据的，仅有半数左右，农村的则更少。

绝大多数小学生是从事物的外部特征或功用特点来说明对字词概念分类概括根据的。但是，随着年龄的增长，中、高年级学生，从本质上说明分类概括根据的人数有所增长。

（2）解决同一课题，不同年级的学生，表现出不同分类概括水平，年龄特点是明显的。三、四年级是字词概念分类能力发展的一个转折点。

（3）同一年级的学生，在解决难度不同的分类课题时，表现出不同的概括水平。分类材料的难易对分类概括水平的影响是明显的，通过三、四级水平的人数，总的发展趋势是随课题难度的增加而减少；反之，下降为一、二级水平的人数，逐渐增多。

我们在研究中探讨了小学生组合分析分类（重新概括）的能力。在研究中我们看到，小学低、中年级学生，基本上不具备组合分析分类的能力。从四年级起，出现组合分析分类的表现。五年级起，组合分析分类能力有较明显的发展。被试面对糖果、糕点、牛奶、橘汁、肥皂、汽油、洗涤剂、碱块、海豚、鲸鱼、鲨鱼、鳄鱼、蜥蜴、壁虎、豹、虎 16 个字词概念，一年级至三年级学生，对分类材料仅做一次分类，没有二次重新组合分类。四、五年级被试，已有少数人可以从事物的另一些侧面，以某些共同属性为依据加以概括，进行第二次组合分类（极少数被试可以进行第三次组合分类）。从四、五年级开始出现组合分析分类能力的事实，说明这种能力和他们抽象逻辑思维能力发展的密切相关。因为只有抽象逻辑思维能力的发展，才能保证学生对认知对象的属性有全面的了解，才能促成他们思维的广阔性和灵活性，从而可能进行更多种组合分析的分类概括。

（三）小学生概括能力的发展趋势

从上述两个研究材料可以看出：在概括能力发展上，小学生逐渐从事物外部的感性特点的概括，越来越多地转为本质属性的概括；逐渐从对少数简单事物进行概括，进而对复杂的事物进行概括。具体地说，在整个小学时期内，学生概括的水平，大体上经历如下三个阶段：

第一阶段是直观形象水平。低年级学生的概括还和幼儿的概括差不多，主要属于直观形象的概括水平。他们是能够进行概括的，但是他们所能概括的特征或属性，常常是事物的直观的、形象的、外部的特征或属性，他们更多注意的是事物的外观和实际意义。

第二阶段是形象抽象水平。中年级学生的概括主要属于形象抽象的概括。在这一级水平里，学生概括处于从形象水平向抽象水平过渡的状态。在他们的概括中，直观的、外部的特征或属性的成分逐渐减少，而形象的、本质的特征或属性的成分逐渐增多。

第三阶段是初步本质抽象水平。高年级学生开始以本质抽象概括为主。由于他们在过去几年中知识经验的积累和智力活动的锻炼，他们已能对事物的本质特征或属性，以及事物的内部联系和关系进行抽象概括。但是，即使到了高年级，他们也只是初步地接近科学概括，由于知识经验的限制，那些和具体事物相距太远的高度抽象概括活动，对于他们来说还是非常困难的。

二、中学生概括能力发展的特点

上述小学生概括发展第三阶段的特征，正是中学生概括发展的基础，中学生就是在这个基础上逐步地完善其概括能力的。

（一）中学生数学概括能力的发展

我们研究了中学生掌握数学知识中理解数概念的扩充和运算，恒等变型和各类代数式的掌握，解方程和掌握函数及图像等[①]。我们看到中学阶段学生的数学概括能力处于不同的水平。

1. 指标

按指标要求，我们将中学生数学概括能力归为四个等级。

第Ⅰ级是数字概括水平。属于这一级水平的学生，主要是通过数字理解其实际意义——"数量"进行运算，因此他们的数学概括水平中具体形象的东西还占一定比重。

第Ⅱ级是初步本质概括水平。从这一级水平起，学生开始对数进行代数（字母）的概括。其明显的特点是掌握整式集合、分式集合等代数式和一元一次方程为起点指标。尽管这一级水平的学生的概括能力上升为抽象逻辑思维占优势，但仍然离不开形象支柱，即需要具体的经验帮助他们理解数学知识。

第Ⅲ级是形式运算概括水平。这一级水平所达到的指标，是学生根据假定进行概括，他们完全抛开算术的框图进行运算，而定义、定理、公式和原理等形式的运算成为这一级水平理解数学概念的主要途径。

第Ⅳ级是辩证抽象概括水平。学生掌握对立统一的运算能力，找出运算中的内在联系，在思维过程中进行的是多次的综合性分析，进行复杂概括。例如，掌握排列组合，数列与极限，甚至于微积分的初步知识，都是从组合分析过程入手，具备辩证抽象的概括能力。

我们按照上述的指标，编制数学试题进行多次测试。

2. 结果

综合多次研究结果，将 100×5 的被试平均达到各级水平的人次和百分数列于表 6-3。

将表 6-3 的数据按等级制成下边的曲线图（图 6-9）。

---

① 林崇德. 中学生运算能力发展的研究. 见：朱智贤主编. 青少年心理的发展. 北京：北京师范大学出版社，1982

表 6-3　　　　　　不同年级的中学生的数学概括水平

人次与百分数／水平 年级	I		II		III		IV		年级组之间差异的检验
	人次	%	人次	%	人次	%	人次	%	
初一	30	30	65	65	5	5			
初二	11	11	76	76	10	10	3	3	$P<0.05$ $P>0.1$ $P<0.05$ $P>0.1$
初三	6	6	44	44	35	35	15	15	
高一	2	2	20	20	48	48	30	30	
高二	2	2	10	10	55	55	33	33	

3. 分析

从图 6-9 和表 6-3 中的数据可以看出：

初中一年级学生的概括水平与小学高年级相近，他们的数学运算系初步本质概括水平，即第Ⅱ级占优势。

初中二年级是中学阶段概括能力发展中的第一次转折点（$P<0.05$），但仍属于第Ⅱ级占优势的概括水平。

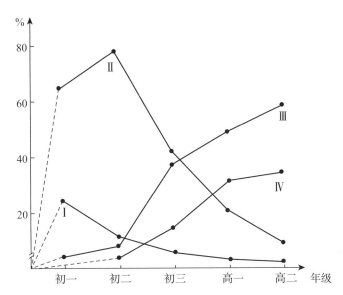

图 6-9　中学生各级概括水平曲线分布

经过初三年级的过渡，高中一年级概括能力又是一个显著的变化（$P<0.05$），第Ⅲ级加第Ⅳ级的人次达 78，即百分数也达到 78%（超过第三四分

点，达到形式运算的概括水平，高中一年级（测试时间为下学期）意味着数学概括能力的成熟。

高中二年级以后，其数学概括能力进一步在提高，辩证抽象概括成分在逐渐增加，但不显著（$P>0.1$）。

这里，既表现出中学生数学概括能力的年龄特征，又体现了明显的个别差异。

（二）中学生字词概括能力的发展

概括是概念形成的前提。我们曾对中学生的字词概念及其概括能力作过研究。这里仅举三例。

1. 分类研究

我们发现中学生在字词概念分类能力中可分为四级水平：一级水平——不能分类，也不能说明分类根据；二级水平——能够正确分类，但不能确切地说清根据，或只能从外部特征或功用特点来说明分类根据；三级水平——能够正确分类，只能从初步本质上概括出分类根据，其根据带有具体经验性；四级水平——能够正确分类，并能从本质上概括出分类的理由。研究表明，初中生和高中生的分类水平是有差异的。初中生对所理解的概念分类，处于第三级水平向第四级水平过渡的状态中，他们能够对各种字词概念分类，也能概括出理由，但阐述中掺杂着感性经验。高中生对所理解的概念分类时，达到第四级水平的居多，所概括的理由能够揭露事物的实质，理论性较强。

如前所述，组合分析分类的概括能力是从小学四、五年级开始的，但小学阶段的组合分析的水平是很低的，即大多数的小学生还不能对字词概念作组合分析，找出重新组合的交结点。从初中二年级起，能够在字词概念分类时进行组合分析的学生超过一半，但大部分是二次组合分析。从高中开始，80%以上的被试能对所理解的概念进行组合分析，其中大部分能够进行三次或三次以上的组合分析。例如，前边提到的动物概念"海豚、鲸鱼、鲨鱼、蜥蜴、壁虎、虎、豹"，他们能从海生动物与陆上动物分类；从凶猛动物与非凶猛动物分类；从哺乳类动物与非哺乳类动物分类，等等，即从不同的角度对字词概念作概括。这样，中学生所掌握的概念，逐步摆脱零散、片断的现象，日益成为有系统的、完整的概念，逐步深入地领会自然规律和社会规律，发展思维的整体系统结构，从而为逐步形成辩证思维创造了条件。

2. 对谚语与成语概念理解的研究

我们曾把 10 个谚语和 10 个成语呈现给初一、初二和初三 3 个不同年级的中学生被试（每个年级 100 名），让被试解词并造句。从中看到中学生理解或概括判断这类复杂的字词概念的水平。我们根据结果将这些字词概念分为三级水平：第一级水平，完全停留在了解故事具体情节和对词的表面理解上。例如，"朝三暮四"，是指猴子吃橡树子，早晨三颗，晚上四颗。第二级水平，是受具体经验的局限而作接近本质的形象理解。例如，"朝三暮四"，是指自己欺骗自己，自作聪明。第三级水平，是摆脱故事具体情节和生活经验，充分领会成语的隐义或转义。例如，"朝三暮四"，原意是以诈术来骗人，后来用来比喻那些反复无常的人。对谚语和成语的理解过程，反映了概括水平的变化过程。

我们在研究中所获得的结果可列表如下（表 6-4）：

表 6-4　　　　　　不同年级中学生理解谚语和成语的水平

百分数分布（％）\年级\水平	一	二	三	年级组之间差异的检验
初一	21	57	20	$P<0.001$ $P>0.05$
初二	5	24	71	
初三	2	16	82	

由此可见，如果在正常的教学条件下，初一年级以第二级水平居多，初二为过渡阶段，初三以上各年级，大部分被试都达到了第三级水平，即能理解形象材料的复杂字词概念的实质，作出较本质的概括表达。

3. 下定义研究

在中学生给字词概念下定义的研究中，我们既看到中学生对字词概念的概括能力存在着明显的年龄特征，同时又看到不同性质的实验材料，不同的字词概念及不同的测试方法，也在很大程度上影响中学生的概括水平。

中学生对字词概念下定义时，概括特点的趋势是：初中一年级学生，大多是从功用性的定义或具体形象的描述水平，向接近本质的定义或作具体的解释水平转化。这说明，这个年级学生掌握抽象概念还有一定的困难，特别是对于比较复杂的抽象概念，如社会概念、哲学概念和科学概念，还抓不住其本质的属性，分不清主次的特征。这说明，他们的智能在一定程度上还依靠直观的、具体的内容。初中二、三年级学生大多是接近本质的定义或作具体的解释水平，或者是由这类水平向本质定义水平转化，这说明初二年级是掌握概念的一个转折点。从初二以后，学生能够很好掌握为他们所理解的一

225

些抽象概念的本质属性，并能逐步地分出主次的特征，但对高度抽象、概括而缺乏经验支柱的概念，例如，哲学概念"物质"，则往往不能正确理解。他们只是将"物质"的概念，与日常生活中或物理学里接触到的见得着、摸得着、有形状的"物质"混为一谈，而不能理解哲学概念的"物质"实质是指客观存在。到了高中阶段，学生达到接近本质和本质定义理解的人次要比初中有显著的增加，掌握字词概念的数量也比初中阶段多得多。高中生还能较正确地对社会概念、哲学概念和科学概念作出完全科学性的定义，这说明，在正常的教学条件下，高中生能够对他们所理解的概念，作出较全面地反映事物本质特征和属性的合乎逻辑的定义。

（三）中学生概括能力的发展趋势

从上述材料可以看出，在小学阶段概括能力发展的基础上，中学生概括能力的发展又获得了新的特点。就总的发展趋势来说：从抽象水平上看，概括能力日趋形式化，中学生逐步地转入抽象、本质属性的概括；从广阔性上看，概括内容越来越丰富，中学生不仅用抽象概括来反映客观事物的本质，而且用形象概括来反映客观事物的本质，这就是在中学阶段，抽象逻辑思维和形象逻辑思维在不同学生身上获得迅速发展的根本原因；从灵活程度上看，诸如组合分析的概括形式逐步地获得发展。

在整个中学时期内，学生概括的水平，大体上经历着如下四个阶段：

第一阶段是形象抽象水平。

第二阶段是初步本质抽象水平。

这两级水平的表现形式，在前面已加论述。中学生属于第一级水平的属极少数。第二级水平，是初中二年级以前中学生概括能力的主要智能特征。

第三阶段是形式运算或本质抽象水平。这是一个通过假设的、形式的、反省的概括能力，属于理论型思维的智能水平。初中二年级后逐步以这种概括为主要智能特征，但真正完成，要到高中一年级末或高中二年级。

第四阶段是辩证抽象概括水平，这个问题我们将在本章第四节展开。这种概括能力，萌芽或出现在小学阶段，经初中时期的发展，到高中阶段才明显化，且作为理论思维的一个组成部分。研究证明，即使到高中二年级以后，不可能人人都对每个问题作辩证的概括。

第三节 中小学生思维品质发展的特点

如前所述，从思维的层次来说，培养思维的智力品质，是发展智力与能力的突破口。对此，我们下一章将作专门的论述。但我们这里要阐明的是，既然思维的智力品质，或思维品质体现了每个个体的思维水平和智力、能力的差异，那么，在论述智能的发展时，必然会揭示思维品质的发展特点，并以此作为智能发展的一个侧面。

一、小学生思维品质的发展

我们曾较系统地研究了小学生运算中思维品质的发展特点[①]。在研究中，我们看到：小学生掌握数概念与运算能力中思维品质不断迅速发展与发展阶段性的统一；年龄特征稳定性与可变性的统一；学生知识增长与智力发展的统一。

我们以此为例，来阐述小学生思维品质发展的特点。这里要分析的，是敏捷性、灵活性、深刻性和独创性（创造性）四个思维的智力品质的发展趋势。

（一）小学生思维敏捷性的发展

通过研究，我们发现小学生运算思维敏捷性的发展趋势表现为：一是运算速度在不断提高；二是正确迅速能力的水平分化越来越明显，同时，也看到了运算速度所依赖的一些条件。

研究中，对运算思维敏捷性发展的测定分两步进行：第一步，是使用二年级至五年级学生都学习过的计算题，测定速算的时间，并统计正确率；第二步，是使用各年级学生本学期所学知识范围内的习题，在一定时间（10分钟）内进行速算测定。测定的结果如下（表 6-5 和表 6-6）：

表 6-5　　　　　相同试题测定各年级被试正确迅速运算的成绩

年　级	正确率	速算时间	和年级被试中速度的标准差（σ）
二	0.925	9′25″	1.01
三	0.946	7′17″	1.18
四	0.934	5′56″	1.39
五	0.952	4′48″	1.84
备　注	相邻两个年级之间差异检验 $P<0.05$		

---

① 林崇德. 小学儿童在运算中思维品质发展的研究. 见：发展心理·教育心理论文选. 北京：北京师范大学出版社，1985

表 6-6　　　　　各年级被试在 10 分钟内完成本年级试题的情况

年　级	完成率	各年级被试中速度的标准差（σ）
二	0.87	1.58
三	0.91	2.08
四	0.89	2.43
五	0.90	2.72

从以上两表中，我们可以看到小学生在运算中思维速度的变化。

首先，不同年级的被试，对他们知识范围内共同的信息——速度习题，所用的加工（完成）时间是不相同的。加工速度是随着年龄（年级）的递增而逐步加快的。完成相同试题所用的时间，是随着年龄（年级）的增长而稳步地减少，相邻两个年级之间的速度存在差异，但并不显著（$P > 0.05$）。尽管所给相同信息都在各年级被试的知识范围之内，但由于各年级学生的知识结构、技能技巧及思维结构不同，于是直接影响思维活动的敏捷程度，使其逐渐获得发展。

其次，不相邻年级之间学生在完成相同试题的时间的差异是很大的，四、五年级的运算速度几乎是二年级的一半。可是，不同年级学生在一定时间内，对本年级试题的完成率却几乎相同。可见，在运算中思维敏捷性品质还决定于思维的客体的难易程度。

再次，各个年级的被试在同一年级里，在运算过程中速度的标准差，也随着年级的升高而增加。这说明，小学阶段在学生运算中思维的敏捷性品质上，个体之间的差异（分化）是随着年级的升高而越来越明显化的。

最后，不同年级被试在完成相同试题时其正确率并没有显著的差异，甚至个别年级的正确率还不如比自己低的年级的正确率。这说明，正确与迅速不能完全一致，思维敏捷性问题，主要是思维活动的速度问题。可是对正确性说来，影响因素是十分复杂的，不仅有外来的影响，而且有诸如注意、技能、心境等一系列内在的因素的作用。这些因素的排除，有待进一步的研究。不过，我们的研究表明两点：其一，随着学生年级的升高，正确×迅速和不正确×迅速的分化越来越大。当然这不是思维敏捷性品质发展的年龄特征问题，如果说这里边有年龄特征，就是随着年级的升高，上述"内在的因素"对正确的运算干扰显得越来越明显。其二，随着学生年级的升高，他们往往不认真演算低年级知识范围的习题。

228

(二) 小学生思维灵活性的发展

通过研究，我们发现小学生在运算中思维灵活性的发展趋势，一是"一题多解"的解题数量在增加；二是灵活解题的精细性在增加；三是组合分析水平在提高。对于第三个方面与上一节有类似之处，所以这里只阐述前两个问题。

1. "一题多解"的解题数量在增加

"一题多解"反映出从给定的信息所产生的多种新信息量。如果学生思路比较狭窄，不能做到广泛的分析综合，他的思维起点往往缺乏灵活性，对问题必然不会"多解"；如果智力活动水平提高了，分析综合的思路逐步开阔了，则就能产生较多的思维起点，促使学生在运算中解题数量越来越多。

在被试完成"一题多解"习题中，我们以他们对每道题的解题数计分。现将每个年级被试在完成两次"多解"习题运算中，平均每个年级组对每道习题所获得的总成绩（$\sum$X），每个被试对每道习题所获得的平均成绩（$\overline{X}$），及每个年级组被试间的标准差（σ）列于下表（表6-7）。

表 6-7　　　　　　　　不同年级组"一题多解"的数量

年　级	$\sum$X（$N=70$）	$\overline{X}$	σ
二	221	3.16	1.12
三	245	3.50	1.51
四	307	4.39	1.82
五	367	5.24	1.98
备　注	相邻两个年级间的差异不显著（$P>0.05$）		

应用题的演算，要求出"另解""三解"或"多解"，这就使学生的思维中有着不同的层次和交结点，也反映了思维灵活性的程度（表6-8）。

表 6-8　　　　　　　　不同年级对应用题"多解"的情况

正确率*（%）　题目 年级	求出另解题	"多解"题		年级之间 差异的检验
		"三解"	"四解"或 "四解"以下	
二	89.5	45	17.6	$P>0.05$
三	92	59	21.3	$P<0.01$
四	100	76	54	$P>0.05$
五	100	88	62	

注：*指达到的人次占总人次的百分数。

2. 灵活解题的精细性在增加

在学生灵活地思维并解答试题时，有一个精细程度的问题，这个问题在我们研究中包括两个方面：一是不仅要求一题灵活地多解，而且要求解题正确；二是在思维过程中不是机械地重复，而是要抓住问题的本质，根据思维对象、材料的各种特征、类型去加以灵活运算。例如，"$1=?$"它不单纯是$1+0$、$3-2$，而是按照加、减、乘、除、整体1（分数）和四则混合运算而进行发散思维，提高其灵活程度。我们将这方面的研究结果，列于下表（表6-9）。

表6-9　　　　　　不同年级被试平均每人完成每题的成绩

年　级	解题的数目 （X）	做对的数目 （X'）	差异 （$X-X'$）	作出类型数目 （Y）
二	3.16	2.01	1.16	1.80
三	3.50	2.42	1.08	2.07
四	4.39	3.71	0.68	3.50
五	5.24	4.82	0.42	4.24
备　注	相邻年级之间的差异检验 $P>0.05$（不显著）			

以上关于灵活性发展的研究结果表明：

（1）小学生在运算中思维灵活性及其表现，如一题多解、精细程度等的发展，是存在着年龄特征的。这个发展过程是稳步的，没有看到有突变转折的现象（相邻年级之间的差异检验，$P>0.05$）。同时，每个年级组被试的标准差的变化，表明在小学生运算中思维的灵活程度的差异，是随年级递增而越来越明显的。

（2）不同的思维对象，直接在影响运算过程的灵活性的水平；一定的知识技能和生活经验及其基础上的概括是发展思维灵活性的基础。

（三）小学生思维深刻性的发展

通过研究，使我们看到小学生在运算过程中思维深刻性的发展趋势：一是寻找"标准量"的水平在逐渐增高，推理的间接性在不断增强；二是不断掌握运算法则，认识事物数量变化的规律性；三是不断提出"假设"，独立地自编应用题的抽象逻辑性在逐步发展。从这个趋势可见，小学生不断地揭示数量之间的内在关系和联系，从而使思维不断严密和逻辑抽象化。

1. 寻找"标准量"的水平在提高

寻找"标准量"，是解答应用题的关键。思维是反映事物本质的属性和揭示事物内在规律性的联系。寻找"标准量"就是把握问题要点的信息。这就抓住了解决问题的主要矛盾，就揭示了事物之间的规律性的关系和本质，就提高了思维的抽象逻辑性。

研究表明，小学生在解答应用题时，寻找"标准量"的水平可分为三个等级：①不会寻找，或寻找不准；②能够找出两步或三步应用题的标准量；③能够找出多步应用题的标准量，且能扩大步骤，综合列式。其结果见表6-10。

表 6-10　　　　　　不同年级小学生寻找"标准量"的水平

百分数（%）　水平 年级	Ⅰ	Ⅱ	Ⅲ	差异检验
二	52.9	47.1	0	$P < 0.05$ $P < 0.05$ $P > 0.05$
三	7.1	68.6	24.3	
四	5.7	40.0	54.3	
五	2.9	25.7	71.4	

2. 小学生运算思维法则

思维过程是遵循一定法则的，思维法则是对事物规律性的反映。小学生掌握数概念与运算能力时应循法则很多，主要运算法则有三种，即交换律 $\{x \wedge y = y \wedge x\}$、分配律 $\{z \wedge (y \vee z) = (x \wedge y) \vee (x \wedge z)\}$、结合律 $\{(x \wedge y) \wedge z = x \wedge (y \wedge z)\}$。

以学生运用法则的范围与正确率为指标，小学阶段掌握运算法则可分为三级水平：①在数学习题中运用运算法则；②在简单文字习题中运用运算法则；③代数式和几何演算中运用运算法则，我们在此只分析前两级水平的结果。

从表6-10和表6-11中可以看出：小学生在运算中深刻性发展存在着明显的年龄特征：①二年级半数以上学生，不能寻找间接应用题的"标准量"，到三年级，却有68.6%能找出两步或三步应用题的标准量，四年级是寻找标准量思维活动的一个转折点（$P < 0.05$），到五年级，大部分学生都能够找出多步应用题的标准量；②二年级学生在掌握运算法则中，没有一项过第三四分点，三年级在掌握数字运算法则时，每项数据都超过75%，四年级在掌握简单文字习题中的运算法则时，其三个法则的平均数都超过75%。由此可见，在运算方面三、四年级是中小学生思维深刻性发展的一个转折点。

表 6-11　　　　　　不同年级小学生运算法则能力的发展

百分数分配（%）　　　　　法则 年级	交换律		结合律		分配律	
	数字演算	文字演算	数字演算	文字演算	数字演算	文字演算
二	68.6	42.9	64.3	31.4	67.1	52.9
三	87.1	67.1	88.6	64.3	84.3	71.4
四	100	82.9	97.1	2.9	95.7	81.4
五	100	90.0	100	81.4	100	85.7

3. 在自编应用题过程中，抽象逻辑性在不断发展（将在下面作详细探讨）

（四）小学生思维独创性（创造性）的发展

在研究中我们发现，小学生在运算中思维独创性（创造性）主要表现在独立性、发散性和有价值的新颖性上。它的发展趋势，一是在内容上，从对具体形象材料加工发展到语词抽象材料的加工；二是从独立性上，先易后难，先模仿，经过半独立性的过渡，最后发展到独创性。

1. 从对具体形象的信息加工发展到对语词抽象的信息加工

我们选择被试完成根据实物演示编题、根据图画编题、根据实际字数材料编题三类应用题，然后分析他们自编应用题的水平。其研究结果列于下表（表 6-12）。

表 6-12　　　　　　各年级被试自编各类应用题的平均数

编题数目　　　年级 类型	二年级	三年级	四年级	五年级
实物编题	4.1	5.1	6.6*	7.8
形象编题	3.8	4.7	6.6**	7.5
数字编题	2.5	3.6	5.1*	6.4
各类型之间 差异检验	实物编题与形象编题 $P>0.1$ 数字编题与形象编题 $P<0.05$			

注：某一年级与前一年级差异检验：* $P<0.05$；** $P<0.01$。

从上表可以看出：

（1）小学生自编应用题的能力，落后于解答应用题的能力，四、五年级

232

可解答的全部应用题（10 道），三年级可完成 80％（8 道），二年级可完成 60％（6 道）。而上表反映出，各年级被试自编应用题的平均数要比之少得多。可见，独创性思维的智力品质或创造思维，是思维活动的一种高级形态。

（2）在小学阶段，根据直观实物编题与根据图画具体形象编题的数量之间，没有显著的差异（$P>0.1$），而根据图画具体形象编题与根据数字材料编题的数量之间，却存在着显著的差异（$P<0.05$）。可见，小学生在运算过程中，自编应用题这种独立创造性的活动，主要表现为对具体形象的信息加工发展到对语词、数字抽象的信息加工。

（3）四年级是自编应用题，即独创性发展的一个转折点（$P<0.05$ 或 $P<0.01$）。

（4）各年级被试在自编应用题中除表现出一般年龄特征之外，还表现出明显的个别差异。

2. 先模仿，经过半独立性的过渡，最后发展到独创编拟应用题

各个研究项目，代表着自编应用题中各种不同等级的水平：模仿→半独立编题→独立地编拟应用题。我们选择被试完成仿照课本的应用题编题、补充题目缺少的条件或问题、根据有数字的图解自编应用题等三类问题，然后分析他们自编应用题的水平，研究结果列于下表（表 6-13）。

表 6-13　　　　各年级被试编拟各类不同独立程度应用题的水平

完成率（％） 年级 类型	二	三	四	五
模仿编题	61	68	75	79
半独立编题	43	59**	67	76
独立编题	34	38	54**	63

注：某一年级与前一年级差异的检验：** $P<0.01$。

从表中可以看出：

（1）小学生自编应用题，一般的是仿照书本例题开始，从模仿入手；经过补充应用题的问题和条件，有一个半独立性的过渡，逐步地发展为独立地编拟各类应用题，其中包括自编一些诸如图解和数字结合的较复杂的应用题。但是小学生自编应用题的能力尚待发展，即使四五年级，其独立完成较复杂的编拟任务还是有一定困难的，对这类应用题编拟的完成正确率，也未超过

第三四分点（即 75%）。可见，小学生能够独立地自编应用题，但这种能力并不太强。否认小学阶段学习中有发现因素是错误的，但夸大这种智能活动的独创程度也是不对的。

（2）在正常的教学条件下，三年级是从模仿编题向半独立编题能力的一个转折点（$P<0.01$）；四年级是从半独立编题向独立编题能力的一个转折点（$P<0.01$）。

（3）各年级被试在独立地编拟应用题中，既有独创性发展较稳定的年龄（年级）特征，又有内外因素左右而造成年龄特征的可变性，特别是个别差异。

综上所述，小学生思维的智力品质的发展存在着明显的年龄特征。思维品质既是统一的整体，其发展存在着一致性，然而，完整的思维品质又包括不少成分，它们又各有其年龄特征的表现。一般地说来，小学生思维的敏捷性与灵活性是稳步发展的，我们在研究中尚未发现在小学生运算中，其思维的敏捷性与灵活性有"突变"或"转折点"。这是敏捷性与灵活性在发展上的相似之处，但两者又不完全类似。在小学阶段，学生思维的敏捷性往往易变化，不稳定。也就是说，在小学生敏捷性的发展上，其年龄特征更易表现出可变性。在预备实验中，几次测得敏捷性的信度和效度普遍地比其他品质低，这里，固然有实验者、主试及试题的原因，但也有敏捷性"易变"的因素，思维敏捷性不如其他品质"稳定"，其原因是决定它的因素太多，其中也包括它要受其他品质的影响，而造成敏捷性的不稳定。小学生思维的灵活性比敏捷性稳定，同时，在发展中它的表现形式也比敏捷性丰富或多样化。小学生思维的深刻性，在发展中既表现出不断发展的趋势，又有一个三、四年级的转折或关键期。从三、四年级起，学生思维的成分中，逻辑性成分逐步占主导地位。小学生思维的独创性，比其他思维品质的发展要晚，要复杂，涉及的因素要多。我们既不能忽视小学阶段，尤其是高年级学生思维独创性品质的发展与培养，但也不能过高地估计他们独创性思维品质的水平。当然，在当前教育中，忽视的现象比过高估计的现象要严重得多。

二、中学生思维品质的发展

对中学生思维品质的发展特点，我们没有像对小学生那样作详细研究，这里将我们所获得的资料，仅作一个概括的、扼要的说明。

（一）中学生思维敏捷性的发展

我们也研究过中学生运算思维的智力品质的发展问题[①]，仍以正确——迅速、正确——不迅速、不正确——迅速和不正确——不迅速四种水平为指标，发现中学生在数学运算中，敏捷程度有显著差异，且是稳步发展的。从初中二年级开始，随年级递增，个体之间的差异也显得越来越大。我们从一些中学追踪班个案材料中看到，初三以后，运算过程中速度的个体差异渐趋"稳定"，高中阶段，这种差异"基本定型"。

培养中学生思维的智力品质敏捷性是十分重要的，尤其在"定型"前更为必要。我们曾经作了这样的调查：1978年北京某区按规定选拔3‰在校超常学生38名参加高考，数学120分钟内交卷，成绩在80分以上。以同样试卷，让一所学校重点班运算，平均交卷时间为180分钟，平均成绩仅35分（$P<0.01$，差异显著）。这38名尖子学生中，年龄最小的才15岁，在一次区数学组选拔考试中，对3小时的习题，只用了50分钟全部完成，且获得了满分。可见超常学生思维敏捷，反应快。相反，我们曾调查了一些低常学生（占学生数的5‰），他们到中学后一般无法继续"求学"，思维迟钝，反应极慢，与正常学生同时完成他们力所能及的习题时，所用的时间往往是一般学生的3倍以上。

（二）中学生思维灵活性的发展

中学生灵活性的发展是有规律的。我们对于中学生运算能力发展的研究，通过对一些追踪班个案材料的分析看到：①中学生思维的智力品质灵活性随年级升高而逐步发展，初二时具有显著灵活性特点的人数占追踪总人数的30％，高中时期却占了38.3％。②到高中一年级，学生思维灵活性的差异趋向"基本定型"。上述初二具备灵活特点的30％被试，保持到高一仍显著表现出这种品质的为21.6％（占这30％学生中的72％），具有相对的稳定性。初二以后，思维的智力灵活性品质的发展，男生要优于女生。

（三）中学生思维深刻性的发展

中学生那种善于概括归纳、逻辑抽象的品质在逐步发展着，表现在他们的智能上善于抓住事物的本质，开展系统的理性活动。

[①] 林崇德. 中学生运算能力发展的研究. 见：朱智贤主编. 青少年心理的发展. 北京：北京师范大学出版社，1982

我们曾经围绕着逻辑推理和逻辑法则运用等中学生思维品质深刻性或逻辑性问题，开展了系统的研究，结果发现，初一学生在解答全部试题中平均正确率为 55.5%，初三为 68.5%，高二为 74.1%。这说明，在本章第一节所论述的，中学生在智力与能力发展上存在着关键期和成熟期问题，在思维的智力品质深刻性问题上是存在的。

（四）中学生思维独创性（创造性）的发展

我们在自己教学实验中看到下边几个事实：①中学生在解决各类问题中，新颖、独特且有意义的独创性（创造性）品质在发展着。一般说来，初中生的作文，模仿多于创作，高中生的作文，创造成分多于模仿，所以高中生的作文已显得新颖、生动，且有一定社会价值；中学阶段，数学编题能力不仅独立性在迅速地发展着，而且随着知识难度的增加，编题的抽象概括性也在发展，寻找解题新颖性更获得明显的提高。②初中生提问思考，从事作品制作，解题和作文，没有什么创造灵感的表现；高中生则有灵感的萌芽。"灵感"是巨大劳动的结果，是人的全部高度积极的精神力量。灵感跟创造动机和对思维方法的不断寻觅联系着。灵感状态的特征，表现为人的注意力完全集中在创造的对象上，此时，意识处于十分清晰和敏锐状态，思维活动极为活跃。所以，在灵感状态下，智力活动的独创性效率极高。但是，在中学阶段，灵感毕竟只是一个开始，然而这个开始是重要的。③整个中学阶段，独创性在迅速地发展，但它还不成熟，它的成熟，比其他智力品质要晚。

（五）中学生思维批判性的发展

中学生的批判性在明显增长，主要表现在他们已经不像小学生那样，对教师和家长的要求百依百顺了，他们逐步地用分析批判的眼光来看待周围的一切，他们不断地提高自己的独立思考能力；不满足于成人和书本上的结论，敢于大胆地发表个人的意见，喜欢怀疑、争论、辩驳和提出一些新奇的想法。

初中生和高中生的批判性是有区别的。尽管初中生开始能够比较自觉地对待自己的思维活动，开始能够有意识地调节、支配、检查和论证自己的思维过程，使他们在学习上和生活上有更大的独立性和自觉性，然而，初中生思维的批判性还是极不成熟的，容易产生片面性与表面性。例如，表现为毫无根据地争论，孤立偏激地看问题，好走极端，容易肯定一切或否定一切。在正常的教育条件下，高中生思维的批判性就比较强，他们在思考问题时不肯盲从，喜欢探求事物表面现象的根本原因；他们在提出争论的观点时，往往要求具有一定说服力的逻辑论证。也就是说，自高中阶段起，学生不仅开

236

始思考学习材料本身的正确性，而且开始思考思想方法的正确性。尽管如此，高中生的智力活动，也会在一定程度上带有片面性和主观性，容易产生公式主义和死抠教条的毛病。

综上所述，中学生思维的智力品质的发展，既有一定的统一性，又表现出各种品质发展的特点。和小学阶段一样，中学生思维的敏捷性与灵活性处于稳步发展的状态，但中学生的灵活性显得更活跃、更多样性。中学生的深刻性发展与其智能发展的总趋势保持一致性，有其关键年龄，也有其成熟期。中学生的独创性和批判性发展相对要晚些。独创性是思维的智力品质的高级形式；批判性是一种智力活动的监控能力，即第一章提到的"元认知"形式，所以它们的发展要显得迟一些。

思维的智力品质，在一定程度上体现了一个人智力与能力的差异，所以对其培养也必然显得重要，我们留作下一章再展开详尽的讨论。

三、思维品质发展的内在关系及其完善

我们对"思维品质及其发展与培养"研究了 20 余年，但对其内在的关系缺乏研究数据。2002 年，我的弟子李春密的博士论文"高中生物理实验操作能力的发展研究"中涉及学生思维品质的变化数据，从而解决了这个问题。

（一）各思维品质内在的关系

思维的各种品质有什么样的内在联系，到底是否以深刻性为基础，是否都以敏捷性表现出来。这些问题很重要，有待我们深入探讨。而李春密的研究初步地解决了这个问题。

1. 各思维品质之间的比较研究（表 6-14）

表 6-14　　　　　　　　高中生物理实验操作能力各品质所占比重

深刻性	灵活性	批判性	敏捷性	创造性
23.4%	19.3%	19.4%	21%	16.9%

由表 6-14 可见，学生的深刻性品质得分最高，反映了深刻性是诸思维品质的基础，这是逻辑抽象思维发展的必然趋势；学生的创造性得分最低，这说明创造性的思维品质的发展，较其他品质要迟、要慢，难度最大。

2. 思维品质之间的相关性

为了清楚地看出各品质之间的相关性，李春密把各品质之间的相关系数表示成如下的相关矩阵。

237

	深刻性	灵活性	批判性	敏捷性	创造性
深刻性	1	0.508	0.447	0.519	0.371
灵活性	0.508	1	0.716	0.646	0.660
批判性	0.447	0.716	1	0.673	0.654
敏捷性	0.519	0.646	0.673	1	0.640
创造性	0.371	0.660	0.654	0.640	1

由以上相关矩阵可见，敏捷性品质与其他品质的相关系数最高。说明敏捷性主要由各品质所派生或所决定的；灵活性、批判性与创造性的相关系数最高，证明发散思维是创造思维的前提或表现，创造程度与批判程度具有高相关；深刻性与创造性的相关系数低，说明抽象逻辑思维未必都能产生创造性思维，同样地说明创造性思维也未必都来自抽象逻辑思维，因为创造性思维也来自形象逻辑思维。

（二）思维品质成熟的标志

思维品质，即思维的个性特征发展到什么时候才能成熟或稳定？李春密的论文回答了这个问题。他为了考查实验操作能力（主要表现形式之一是实验操作中的五种思维品质）随年级的发展情况是否有差异，我们以年级为自变量，进行实验操作能力的方差分析，结果如表 6-15。

表 6-15　　　　　　高中生实验操作能力发展的方差分析表

	平方和	自由度	均方	F 值	显著性
组间变异	1.138	2	0.569	1.427	0.240
组内变异	576.933	1 447	0.399		
总变异	578.071	1 449			

由方差分析表可以看出，高中生实验操作能力年级间不存在显著差异。利用多重比较可以进一步发现，高一与高二之间、高一与高三之间、高二与高三之间均不存在显著差异，见表 6-16。

表 6-16　　　　　　　　　　　　多重比较

	（I）年级	（J）年级	平均数的差异（I－J）	标准误	显著性
事后检验	高一	高二	−0.034	0.041	0.396
	高一	高三	−0.071	0.042	0.092
	高二	高三	−0.037	0.040	0.361

从上边两表的数据，我们受到了三点启示：

（1）智力品质的完善首先表现出思维的智力品质的全方位发展和成熟。比起小学的思维品质，到了高中阶段，思维的深刻性、灵活性、批判性、敏捷性和创造性获得全方位的发展，且在高中阶段，利用多重比较，年级之间（即高一与高二之间、高一与高三之间、高二与高三之间）不存在显著差异，这说明思维的智力品质到了高中已趋成熟。

（2）智力既然作为个性心理特征，当然是分层次的，它要集中地表现出个体差异来，智力的超常、正常和低常的层次，主要体现在思维水平上，即思维品质上。也就是说，思维的智力品质是智力活动中，特别是思维活动智力特点在个体身上的表现，因此，思维品质的实质是人的智力、思维的个性特征、思维品质的完善与成熟，必然成为智力完善与成熟的重要指标。

（3）智力发展变化或完善也表现在各思维品质的作用上，李春密研究中所揭示的思维品质之间的比重与彼此相关，说明各思维品质在智力活动中的地位与作用、发展变化的时间与次序、彼此之间的影响与功能，这些因素的完善，就意味着思维品质的成熟和稳定，且呈现出智力发展变化的一个重要指标来。

第四节　中小学生辩证逻辑思维发展的特点

所谓辩证思维，就是反映客观现实的辩证法，自觉不自觉地按照辩证法去进行思维。

辩证思维是人类思维的最高形态。在人类思维发展过程中，形式逻辑思维和辩证逻辑思维都是十分重要的，但在思维发展心理学中，对后者的研究显然是不够的。

当然，在哲学界和逻辑学界很早就开始了这方面的探讨。关于理性认识存在着不同层次水平的提法，古已有之。远在古希腊时期，柏拉图和亚里士多德就把理性认识分为被动理性和能动理性两个阶段。在逻辑学史上，最早将抽象逻辑思维分为形式逻辑思维和辩证逻辑思维的是康德和黑格尔（G. W. F. Hegel，1770—1831）。马克思和恩格斯批判地吸收了黑格尔的思想，明确地指出，形式逻辑（普通思维）和辩证逻辑思维是整个人类思维发展的两个阶段[①]。

形式逻辑思维和辩证逻辑思维的区别很多。从思维的过程，即从思维心理学的角度来分析，形式逻辑思维和辩证逻辑思维是人的理性认识发展的两

---

① 恩格斯. 自然辩证法. 见：马克思恩格斯选集（第 3 卷）. 北京：人民出版社，1995

个阶段，即抽象逻辑思维发展的两个阶段。形式逻辑思维是完整的表象过渡为抽象的规定阶段，其基本特征是反映客观现实的基础上，以感性认识为前提，建立着上升式的抽象，在形式逻辑法则的支配下，坚持固定分明的界限，坚持思维的确定性、无矛盾性和论证性。辩证逻辑思维是抽象的规定在思维中导致具体的再现的阶段，是理性认识的高级阶段，其基本特征是以形式思维为基础，在对立统一规律的指导下，溶解形式思维固定分明的界限，使认识与客观现实相吻合。

在国际心理学界，最早对儿童青少年的辩证思维发展作心理学研究的是皮亚杰。从 1928 年研究儿童"左右"概念的发展特点起，先后研究了儿童"长短""大小""兄弟"等概念，并作了辩证思维发展的解释①。

在中国心理学界，较早地对这个问题作研究的是朱智贤教授②，系统地对中小学生辩证思维开展研究的，也是在他领导下的我们北京师范大学的心理学工作者及研究生③④。

下边引证的材料，正是上述自己所参与的研究的成果。

一、小学生辩证逻辑思维的发展

朱建军系统地研究了小学生的关系概念的发展，并以此分析了小学生辩证逻辑思维的特点。

（一）对小学生关系概念发展的研究

1. 指标

问题Ⅰ，考查小学生能否理解关系的对立性。如"左右"概念，只要能正确判断左、右，并说出根据即算通过。

问题Ⅱ，考查学生对转化性的理解。如果学生对转化（如主、被试相对而坐）后的情况能判断正确并说明原因即算通过。

问题Ⅲ，考查学生对依赖性的理解。如果学生判断正确并讲出道理（如，"得有两个东西比方位有左、右"），则算通过。

问题Ⅳ，考查学生对统一性的理解。如果学生判断正确并说明道理（如，"如 A 物体比它在右，和 B 物体比它在左"），则认为其理解了统一性（系统性）。

---

① J. Piaget. Judgement and Reasoning in the Child. New York：Harcowrt Brace，1928，131
② 朱智贤. 儿童左右概念发展的实验研究. 心理学报，1964
③ 朱建军. 7～11 岁儿童关系概念发展的研究（硕士论文）. 1982
④ 协作组. 国内 23 省市在校青少年思维发展的研究. 心理学报，1985，3

研究者一律按75％被试通过，即过第三四分点，作为某年级（年龄）掌握关系概念的年级（年龄）。

2．结果一

研究者采用临床法，单独施测，结果如表6-17：

表 6-17　　　各年级组学生对左右概念的正确判断率　　N＝16

问题 年级	Ⅰ	Ⅱ	Ⅲ	Ⅳ	x^2
一	93.75	50	43.75	12.5	21.50*
二	100	81.25	56.25	37.5	16.87**
三	100	87.5	81.25	43.75	16.46**
四	100	100	87.5	56.25	16.94**
五	100	100	93.75	62.5	16.26**
x^2	4.05	19.84**	14.80**	9.92*	$df＝4$ $df＝3$

注：* $P<0.05$；** $P<0.01$。

将表6-11制成图6-10：

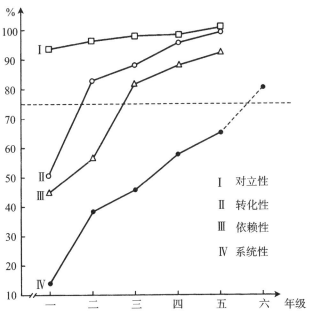

图 6-10　在直观情境下学生对四种关系特性认知发展的曲线

3. 结果二

研究者采用故事法，单独施测小学生对人际关系概念（如父子、敌友等）、行为或事物属性关系概念（如好坏、对错等）、哲学的关系概念（如静动、始终等）、方位关系概念（如上下、前后等）、空间广延性关系概念（如深浅、远近等）等的掌握水平，结果如下（表 6-18 和表 6-19）：

表 6-18　　　　（1）小学生正确理解概念各特性的百分率　N＝16

父、子				
Q / A	Ⅰ	Ⅱ	Ⅲ	Ⅳ
7	81.25*	62.50	56.25	37.5
8	93.75	93.75*	75.00*	68.75
9	93.75	93.75	87.50	87.50*
10	100	93.75	93.75	93.75
11	100	100	100	100

对、错				
Q / A	Ⅰ	Ⅱ	Ⅲ	Ⅳ
7	81.25*	37.50	0	0
8	93.75	81.25*	18.75*	18.75
9	100	93.75	12.50	12.50
10	100	87.50	37.50	56.25
11	100	87.50	56.25	43.75

始、终				
Q / A	Ⅰ	Ⅱ	Ⅲ	Ⅳ
7	62.50	18.75	18.75	18.75
8	68.75	62.5	43.75	37.5
9	87.50*	56.25	37.50	50.00
10	93.75	81.25*	62.50	68.75
11	100	100	81.25*	75.00*

前、后				
Q A	I	II	III	IV
7	100*	62.50	62.50	31.25
8	100	87.50*	50.00	43.75
9	100	100	75.00*	56.25
10	100	100	81.25	75.00*
11	100	100	100	93.75

深、浅				
Q A	I	II	III	IV
7	93.75*	62.50	37.50	18.75
8	100	81.25*	56.25	56.25
9	100	100	81.25*	75.00*
10	100	93.75	81.25	75.00
11	100	100	100	100

注：表中 * $P < 0.05$。

表 6-19　（2）小学生对 5 对概念各特性理解的平均正确率　$N = 16$

Q A	I	II	III	IV	x^2
7	83.75*	48.75	35.00	21.25	13.87**
8	91.25	81.25*	48.75	45.00	11.56**
9	96.25	88.75	58.75	56.25	10.72*
10	98.75	91.25	75.25*	73.75	4.74
11	100	97.50	87.50	87.50*	3.24
x^2	4.76	15.67**	10.93*	12.25*	$df = 3$ $df = 4$

注：* $P < 0.05$；** $P < 0.01$。

将表 6-19 的综合数据制成下图（图 6-11）：

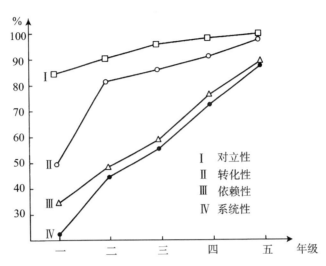

图 6-11　在故事情境下学生对四种关系特性认知发展的曲线

（二）从小学生关系概念的发展看其辩证逻辑思维的发展

1. 小学生关系概念的发展

上述研究表明，小学生关系概念认知的发展，经历四个不同的阶段，其发展的一般趋势是从对立性智能阶段→转化性智能阶段→依赖性智能阶段→系统性智能阶段。虽然关系概念的发展会受到主、客观各种因素的影响而表现出不平衡性，但各阶段出现的顺序不变。

2. 关系概念体现了辩证逻辑思维的因素

如前所述，辩证思维以灵活性、全面性和抽象具体性为特征。在辩证思维中，概念不仅有确定性，而且有灵活性、相互对立性，如"左"与"右"，"对"与"错"，"始"与"终"等，就不只是具有严格的区别，而且是互相联系、互相转化的。

在辩证思维中，能比较全面地反映具体事物的多种规定性的辩证统一和该事物与它事物间的辩证关系，并能够具体情况具体分析，根据不同的情况反映事物的本质或普遍联系，如"前"与"后"，"父"与"子"，"深"与"浅"都具有两种对立的属性，可因时、因地、因事而同时存在。

由此可见，关系概念表现出辩证思维的特征，属于辩证概念的范畴。

3. 小学生关系概念发展是作为其思维从初级的形式逻辑思维向初级形态的辩证逻辑思维发展的一个缩影

（1）小学生的辩证逻辑思维有一个从无到有、从低到高的发展过程，当他们能够进行初步的形式思维时，其辩证思维就开始萌芽。一、二年级小学生对关系的转化性的理解，实际上是他们辩证思维的一种原始状态，而四、五年级学生能理解关系的系统性，则说明他们已具有朴素的辩证思维。

（2）小学生辩证思维发展的趋势是从自发到自觉，从朴素到科学。他们最初的辩证思维是朴素的、自发的。其特点是在初步形式思维的基础上，通过直观和猜测，根据事物间的外部联系，反映事物之间的辩证关系。以后，随着年龄（年级）的递增，在教育的影响下，在与客观环境的相互作用的过程中，他们的辩证逻辑思维能力不断提高，逐渐达到能够自觉地运用辩证概念、范畴的思维，实现对客观现实的反映。四、五年级学生开始进入这种朴素的、自发的辩证思维阶段。

（3）知识经验和教育条件影响小学生辩证逻辑思维的发展。

（4）在小学生辩证思维的发展中存在着明显的个体差异。

二、中学生辩证逻辑思维的发展

在小学阶段萌发的辩证思维的基础上，由于中学时期学习活动的变化，使中学生辩证逻辑思维迅速地发展起来。

我们设计并参与研究的全国性中学生辩证逻辑思维的调查，向初一、初二和高二的被试呈现试题 22 道，每道以不同难度分别为 2～4 分，满分为 50 分，分为辩证思维的概念、判断、推理三个部分。

第一，概念部分。辩证逻辑概念论的主要特征是：结合认识的内容研究概念的运动、发展，研究概念内部的对立统一与矛盾转化的辩证法，研究思维的概念的特点。在我们的研究中，共出现"人民""零""自由""深浅""进化""南北""动静"七个概念，每道问题是一个故事。

第二，判断部分。辩证逻辑判断论的主要特征是，研究判断的辩证结构。这种判断的辩证结构，在于从质和量的对立统一中把握事物的本质，它包括"对立与统一""肯定与否定""特殊与一般"和"现象与本质"四方面的判断。在我们的研究中共出现"小丑的悲剧""美与丑""失望与振奋""勇士和盾牌""孩子与牛虻""父子对话""提意见""好心管理员"八个故事，让被试作出正确判断。

第三，推理部分。辩证逻辑推理论的主要特征是：从辩证运动观点来研究推理形式，矛盾性是其一个重要内容。它有客观性原则、具体性原则和历史性原则。我们在研究中，编了"坏事与好事""曹操在华容道为何中计"

"守株待兔"等七个推理故事，让被试进行推论。

通过研究，我们看到中学生辩证逻辑思维的发展，明显地低于上几节所述的形式逻辑思维的发展水平。三个年级被试的平均分数都比较低，初一和初三得分的正确率分别为 37.94％和 45.28％，高二得分的正确率也刚刚超过 50％。但是，各年级辩证思维能力都在发展，三个年级间存在着显著的差异（P 值均小于 0.01）。

下面分析中学生辩证逻辑思维能力发展的两个方面的问题。

（一）辩证逻辑思维水平的发展变化（表 6-20 和表 6-21）

表 6-20　　　　　　　　　不同年级辩证逻辑思维发展水平的比较

成绩＼年级 项目	初一 （4 397 人）	初二 （4 401 人）	高二 （4 229 人）
总分数	83 407	99 651	112 876
平均分析（％）*	18.97（37.94％）	22.64（45.28％）	26.69（53.38％）
标准差	7.73	7.68	8.40

注：* 平均分数的满分为 50 分。

表 6-21　　　　　　　　　各年级间的均数差异检验

统计值＼项目 年级	均数差 （D $\overline{X}$）	标准误 （SED $\overline{X}$）	Z	P
初一～初三	3.67	0.164	22.38	$P<0.01$
初三～高二	4.05	0.173	23.41	$P<0.01$
初一～高二	7.72	0.174	44.37	$P<0.01$

从上表可得知，中学生辩证逻辑思维发展的趋势是：初一学生在小学的基础上，已经开始掌握辩证逻辑思维的各种形式，但水平较为低下，仅仅是个良好的开端；初三学生正处于迅速发展的阶段，是个重要的转折时期；高二学生得分中的正确率已超过半数，这表明他们的辩证逻辑思维已趋于占优势的地位，但还谈不上成熟（离第三、四分点 75％还有较长的距离）。

学习为中学生辩证逻辑思维发展奠定了知识基础。如前所述，初一学生所掌握或领会的还是较简单的知识，有的还带有常识性，缺乏深度和广度，缺乏对事物本质的深入、辩证的了解。因此，他们的辩证逻辑思维水平不高。初三学生所学的知识较为系统、深刻，进入科学体系，并开始知晓学科的基本结构和基本规律；另外，他们的形式逻辑思维有了较大发展，且已达到占主导的地位，这就为辩证逻辑思维的发展奠定了坚实的基础。在初三这一年龄阶段，辩证逻辑思维加速地发展着。高二学生学习内容更加繁多、深刻，既在各学科中渗透辩证法的原理，又专门开设了哲学常识，从而使之自觉地按辩证方法思考问题，于是高二学生的辩证逻辑思维也开始占优势地位。

（二）不同形式的辩证逻辑思维水平的发展趋势（表6-22）

表6-22　　　不同年级辩证逻辑思维三种形式发展水平的比较

成绩　年级　项目	概念		判断		推理	
	平均数	正确率（%）	平均数	正确率（%）	平均数	正确率（%）
初一（4 397人）	6.545	46.75	7.365	49.10	5.640	26.86
初三（4 401人）	7.800	55.71	8.174	54.49	6.866	32.70
高二（4 229人）	9.192	65.66	9.581	63.87	7.790	37.10

注：经均数检验，初一与初三，$P<0.01$；初三与高中，$P<0.01$。

由上表可以看出，在中学生掌握辩证逻辑思维的概念、判断和推理的三种形式中，其发展趋势是：辩证概念和辩证判断的发展，似乎是同步的。在每一年级中，两者几乎都处于同一发展水平。而辩证推理的发展，则远远落后于前两者，即使到高二阶段，其正确率的百分数也远远地不足一半（仅37.10%）。这既表明了这三种辩证逻辑思维形式的发展概况，又说明辩证逻辑思维发展中明显地存在着不平衡性。

教育、教学、学习尽管是不同的概念，但其目的都在于促进学生在德、智、体、美诸方面获得全面发展。为此，我们在"中小学生心理能力发展与培养"的教改实验中，着重于研究如何使学生的智力与能力得以发展。

　　在第七章，我们提出，从培养学生思维品质入手，作为发展中小学生智力与能力的突破口。我们力求用自己的实验研究成果来阐明上述观点。因此，教育界和心理学界同行称我们的教改实验为"培养思维品质的实验"。我们按思维品质的由来、成分、培养的特点，来确认中小学生的数学能力和语文能力的结构，并制定相应的教育措施加以培养。

　　第八章为"中小学生数学能力的发展与培养"，它的基点是：中小学生的数学能力是以概括为基础，由三种数学的特殊能力（运算能力、空间想象能力和数学的逻辑思维能力）与五种思维品质（思维的深刻性、灵活性、独创性、批判性和敏捷性）构成的一个开放性的动态系统。

　　第九章为"中小学生语文能力的发展与培养"，它的基点是：中小学生的语文能力是以概括为基础，由听、说、读、写四种语文的特殊能力和思维的深刻性、灵活性、独创性、批判性、敏捷性五种思维品质构成的一个开放性的动态系统。

　　在中小学生的数学与语文能力的培养中，我们既重视这两种学科本身的能力，又把它们和思维品质联系起来加以培养，收到良好的效果。当然，思维品质绝不只是由数学、语文两科才能进行培养的能力，培养思维品质具有一般性。在物理、化学、生物、外语、历史、地理、常识等中小学教学的任何一门学科中，都可坚持培养学生的思维品质。这是培养学生心理能力的好办法，是提高教学质量、减轻学生过重负担的好途径。

心理能力培养篇

XINLI NENGLI PEIYANG PIAN

第七章 培养思维品质是发展智能的突破口

思维品质，如前所述，是在个体的思维活动中智力特征的表现。思维是智力的核心成分，智力又属于个性心理特征，于是思维在发生和发展中表现出来的个性差异的思维品质，可叫做思维的智力品质。发展和培养思维品质，必然是发展智力和培养能力的主要途径。

第一节 国内外心理学界关于思维品质发展与培养的研究

思维品质的揭示，是研究思维心理学的重要组成部分。在这方面，国内外心理学家们已经有过一些探索。

一、国外心理学界对思维品质的研究

苏联的心理学著作较早地反映了这个问题的研究。在斯米尔诺夫（А. А. Смнрнов，1894—1980）总主编的《心理学》（俄文版，1956年出版）[①] "思维"一章里，对于思维品质设立专节进行阐述。作者认为，思维服从于一般的规律。同时，不同人的思维特点又各不相同。因此就必须把思维的个别

---

① ［苏］斯米尔诺夫. 心理学. 朱智贤等译. 北京：人民教育出版社，1961

品质区分出来，这些品质有：广度和深度，独立性和灵活性，顺序性和敏捷性等。苏联后来出版的普通心理学对思维品质问题一直给予重视，例如，20世纪70年代出版的波果洛夫斯基（В. В. Воголовскйн）等人主编的《普通心理学》中，也设专节加以阐述。作者指出："在构成人的特殊的、个体性的各种个性品质中，智慧品质起着重要的作用，它们表现于人的智力活动特点及其智慧能力的特殊性之中。所谓智慧能力是指表明这个人思维特点的那些品质的总和。属于这些智慧品质的有求知欲、钻研性、智慧的深度、智慧的灵活性、逻辑性、论据充足性、批判性等等①。"70年代后期出版的彼得罗夫斯基（А. В. Летровскнн）主编的《普通心理学》，在"思维"一章第三节"思维的种类"中②，着重谈到了思维的个性特点。作者认为，思维活动的种类和形式是不同的，又是互相补充的。综上所述，我们可以看出，苏联心理学既承认思维发展的共性，又强调了思维发展的个性，并明确指出，这个个性特点就是思维品质。对思维品质的组成，尽管各有各的看法，却都强调了速度、灵活程度和独立思考问题。但思维品质的论述，大都是思辨性的解释，仅仅局限于普通心理学的范围之内，未能从发展心理学中进行实验研究。可见思维发展的个体差异方面的研究，是苏联心理学界一个比较重视又有待深入的课题。

在西方心理学界，首先提出思维品质的是美国心理学家吉尔福特。吉尔福特在早期的研究中，曾把思维的创造性品质分析为：对问题的敏感性（sensitivity to problem）、流畅性（fluency，包括联想流畅性因子、观念流畅性因子、语言流畅性因子等）、灵活性（flexibility）、独特性（originality）、细致性（elaboration）和再定义能力（redefinition）③。我们知道，在西方，特别是在美国，关于思维和思维品质的实验研究起步较晚。20世纪五六十年代以前，美国是行为主义心理学占统治地位，忽视思维品质的研究。50年代以后，苏联卫星上天，美国发展心理学家 J. S. 布鲁纳为适应美国政府重视学生基本知识和智力发展的需要，发起课程和教法改革运动，才开始重视学生思维品质特别是独创性或创造性发展的研究。在一定意义上说，吉尔福特就是从思维品质入手研究创造思维和智力结构的。他从语言文字、数、图像、空间、行为五个方面进行，能比较全面地测得思维品质的发展。我们认为，吉尔福

---

① ［苏］波果洛夫斯基. 普通心理学. 魏庆安等译. 北京：人民教育出版社，1979
② ［苏］彼得罗夫斯基主编. 普通心理学. 龚浩然等译. 北京：人民教育出版社，1981
③ ［美］J. P. 吉尔福特. 创造力的品质. 见：H. H. Anderson. 创造力及其培养. 英文版. 1959

特关于思维品质或创造性因素的研究，具有不少特色。他强调思维品质作为创造性因子，从这个结构出发研究智力，使智力结构理论较全面，也较接近于实际；在研究思维品质时，着重研究了灵活性、发散思维和创造力，这对发展学生的思维是有意义的。但吉尔福特的研究未能与教育实践相结合，只是停留在单纯理论性的研究上。吉尔福特认为，创造性思维的核心是发散思维，这是有一定道理的，但他把发散思维和辐合思维对立起来，把创造思维与逻辑思维对立起来，就值得探讨和受到质疑了。

在吉尔福特思想的基础上，近十几年来，欧美心理学家对学生思维品质的研究在继续深入，主要表现在以下三个方面：第一，强调了思维品质的重要性，特别是重视思维的速度、难度或深度、周密度三个方面的研究。第二，进一步深入进行实验研究。吉尔福特的三个学生托兰斯（E. P. Torrance）、捷特泽尔斯（J. W. Getzels）和杰克森（P. W. Jackson）继承师业，在研究创造思维中，强调了研究方法，运用词的联想（如出现 25 个多义词）让被试说出词义并加以联想，发散式地指出物体的用途（例如，提出"砖有什么用途，说出答案越多越好"等问题），从隐藏的形状上找完整体，解释寓言揭示寓意，自编问题并看谁的问题编得新奇等五种方法，来测定被试的创造性思维及其品质。第三，开始重视培养的实验研究，如主张从教育入手，从小培养创造性思维，特别是发散思维。从中可以看出，近一二十年来，西方心理学是强调思维品质的研究和培养的，且科学性在日益增加，方法上的探讨也越来越细，与教育工作也在逐步结合起来。但是，由于理论方面的研究不够，即缺乏系统的理论分析，所以他们对思维品质的实质探讨得不够；实验在深入，可方法一般都较简单，大多数是对幼儿的测试，对小学儿童或青少年的研究却太少，尽管有人提倡培养创造性思维，但基本上与教育第一线仍是脱节的。

国外在培养儿童青少年智力或思维能力中，当然也包括思维品质的培养，较有代表性的要数苏联心理学家赞可夫。如第二章所说的，赞可夫是苏联心理学界的最大学派——"历史社会文化发展"学派的重要成员之一。赞可夫在近 20 年的实验教学过程中，建立了关于"教学与发展"问题作为他的主导思想。关于思维品质的培养问题，就我们所看到的材料，对于赞可夫的思想可简评如下：①赞可夫强调"教学与发展"的辩证关系。在研究儿童心理发展的特点时，要充分考虑到教育与发展的关系，从"动态"上来研究儿童心理的发展，这是科学的方法论和实施方法；②赞可夫对智力的理解，强调培养观察力、思维能力和实际操作能力。在培养思维能力时，强调逻辑思维（深刻性）、灵活性和创造性的思维品质，这的确是提高教学质量的一种途径；③赞可夫从一个实验班开始，逐步扩大实验，取得了可靠的研究成果，为思维品质培养的理论与实践提供了心理科学的依据。这是心理科学研究的一项成就，也为心理学理论联系实际指明了方向。当然，如前所述，赞可夫的教改实验也存在一定的不足之处，这里不一一赘述。

二、中国心理学界对思维品质的研究

在我国的一些心理学著作中，有的不提思维品质，例如曹日昌教授主编的《普通心理学》，其思维一章未涉及思维品质；有的则提到思维品质，如北京师范大学等四院校合编的《普通心理学》和杨清教授的《心理学概论》都阐述了具体的思维品质，特别是在杨清教授的《心理学概论》一书中，对思维品质的分析更为精辟。其一，他对思维品质的批判性、机动性、广阔性和敏捷性的实质和特点进行了探讨；其二，对各种思维品质之间的相互关系，特别是对敏捷性与别的思维品质之间的关系作了分析，认为敏捷性是其他一切思维品质的集中表现；其三，提出了"增进思维品质"是培养并发展思维的重要手段之一。朱智贤教授一直重视思维品质的发展与培养的研究。早在20世纪60年代初，在《儿童心理学》一书中，不仅将思维品质，特别是其深刻性、独立性和批判性等的发展，作为思维发展的一个重要方面或因素，而且还具体阐明这些思维品质发展的年龄特点及表现。在80年代发表的《关于思维心理研究的几个基本问题》一文中[1]，他进一步论述了这个问题：①思维品质的实质，是人的思维能力的差异的表现，亦即智力差异的表现；②思维品质的创造性在思维的研究和培养上具有重要意义；③辩证思维、气质类型、知识经验、思维训练在发展人的思维品质上都起着作用，其中辩证逻辑思维可以使人学会全面地、动态地看问题，使人能越出日常经验的狭隘界限，因此它对思维品质发展起着决定作用；④思维品质的发展不但有个别差异，而且也有年龄阶段差异。尽管在国内外心理学界对思维品质的研究并不多，但我们从20世纪70年代末就重视它，对它坚持深入的研究。我们的研究就证实了朱智贤教授的诊断，并把它作为培养中小学生心理能力的突破口。如我在研究中看到，小学生在运算中思维的敏捷性与灵活性是稳步发展的。在小学阶段，学生思维的敏捷性往往易变，不稳定，学生思维的灵活性要比敏捷性稳定，同时在发展中的表现形式也比敏捷性丰富或多样化。儿童思维的深

---

① 朱智贤. 关于思维心理研究的几个基本问题. 北京师范大学学报，1981，1

刻性在发展中既表现出不断发展的趋势，又有一转折点或突变期。学生思维的独创性要比其他思维品质的发展要晚、要复杂，涉及的因素更多。思维品质发展中的这些不平衡性，应该作为思维品质发展年龄特征的可变性的一个重要方面。为了培养具有优良思维品质的人才，大力开展这方面的研究工作，应该是思维心理学和发展心理学的一个重要课题。我们正是围绕着这个课题开展了一系列的工作，探讨了思维品质的实质、发展的趋势及培养的方法。

第二节　关于思维品质深刻性、灵活性、独创性、批判性和敏捷性的实质

正如第四章中我们提到的，思维品质主要包括敏捷性、灵活性、深刻性、独创性和批判性五个方面。这五个方面反映了人与人之间思维的个体差异，是判断智力层次，确定一个人智力是正常、超常或低常的主要指标。

思维品质的深刻性、灵活性、独创性、批判性和敏捷性，是完整的思维品质的组成因素，它们之间是相互联系的，密不可分的。

思维的深刻性是一切思维品质的基础。思维的灵活性和独创性是在深刻性基础上引申出来的两个品质；灵活性和独创性是交叉的关系，两者互为条件，不过前者更具有广度和富有顺应性，后者则更具有深度和新颖的生产性，从而获得创造力；前者是后者的基础，后者是前者的发展。思维的批判性是在深刻性基础上发展起来的品质，只有深刻的认识，周密的思考，才能全面而准确地作出判断；同时，只有不断自我评判、调节思维过程，才能使主体更深刻地揭示事物的本质和规律。思维的敏捷性是以思维的四个其他智力品质为必要前提的，同时它又是其他四个品质的具体表现。

一、关于思维的深刻性

思维的深刻性，又叫做逻辑性。

人类的思维是语言思维，是抽象理性的认识。在感性材料的基础上，经过思维过程，去粗取精，去伪存真，由此及彼，由表及里，于是在人脑里即生成了一个认识过程的突变，产生了概括。由于概括，人们抓住了事物的本质、事物的全体、事物的内在联系，认识了事物的规律性。个体在这个过程中，表现出深刻性的差异。思维的深刻性集中地表现在善于深入地思考问题，抓住事物的规律和本质，透过现象看本质，预见事物的发展进程。

中小学生思维的深刻性表现在：

（1）思维形式的个性差异，即在形成概念、构成判断、进行推理和论证上的深度是有差异的。

（2）思维方法的个性差异，即在如何具体地、全面地、深入地认识事物的本质和内在规律性关系的方法方面，诸如归纳和演绎推理如何统一，特殊和一般如何统一，具体和抽象如何统一等方面都是有差异的。

（3）思维规律的个性差异，即在普通思维的规律上，在辩证思维的规律上，以及在思考不同学科知识时运用的具体法则上，其深刻性是有差异的。只有自觉地遵循思维的规律来进行，才能使概念明确、判断恰当、推理合理、论证得法，具有抽象逻辑性，即深刻性。

（4）思维的广度和难度的个性差异，即在周密的、精细的程度上是有差异的。一个具有广度和难度思维的人，能全面地、细致地、从难地考虑问题，照顾到和问题有关的所有条件，系统而深刻地揭示事物的本质和内在的规律性关系。

二、关于思维的灵活性

（一）思维灵活性的一般特点及实质

思维的灵活性是指思维活动的智力灵活程度，它的特点包括：一是思维起点灵活，即从不同角度、方向、方面，能用多种方法来解决问题；二是思维过程灵活，从分析到综合，从综合到分析，全面而灵活地作"综合地分析"；三是概括——迁移能力强，运用规律的自觉性高；四是善于组合分析，伸缩性大；五是思维的结果往往是多种合理而灵活的结论，这种结果不仅仅有量的区别，而且有质的区别。

我们认为，我们提出的思维灵活性，与美国心理学家吉尔福特所提出的发散思维（divergent thinking）的含义有其一致的地方。吉尔福特认为，发散思维"是从给定的信息中产生信息，其着重点是从同一的来源中产生各种各样的为数众多的输出，很可能会发生转换作用"①。它的特点：一是"多端"，对一个问题，可以多开端，产生许多联想，获得各种各样的结论。二是"灵活"，对一个问题能根据客观情况的变化而变化。也就是说，能根据所发现的新事实，及时修改原来的想法。三是"精细"，要全面细致地考虑问题。不仅考虑问题的全体，而且要考虑问题的细节；不仅考虑问题的本身，而且

---

① ［美］J. P. 吉尔福特. 创造力的品质. 见：H. H. Anderson. 创造力及其培养. 英文版. 1959

考虑与问题有关的其他条件。四是"新颖"，答案可以有个体差异，各不相同，新颖不俗，无怪乎吉尔福特把发散思维看作创造性思维的基础。按照吉尔福特的见解，发散思维应被看作是一种推测、发散、想象和创造的思维过程。它是来自这样一种假设：处理一个问题有好几种正确的方法。也就是说，发散思维是从同一问题中产生各种各样的为数众多的答案，在处理问题中寻找多种多样的正确途径。由此可见，吉尔福特的发散思维的含义即求异，就是求得多解。

我们所说的思维灵活性，也强调多解和求异。从这个意义上说，我们所说的思维的灵活性品质，也可以叫做发散思维，这与吉尔福特的发散思维的含义基本上是一致的。但我们认为讨论这个含义还未涉及灵活性或发散思维的实质。思维的灵活性或发散思维的实质是什么？我们从自己所研究的小学儿童运算思维的灵活性出发，认为其实质是"迁移"①。灵活性越大，发散思维越发达，越能多解，多解的类型（质）越完整，组合分析的交结点越多，说明这种迁移过程越显著。"举一反三"是高水平的"发散"，正是来自思维材料和知识的迁移。我们有一些实验班（处于非重点学校），从培养一题多解的运算思维灵活性出发，居然在升学考试中数学的平均成绩在学区中遥遥领先，这正说明这些被试依据实际的问题，在灵活地运用数学知识，反映了他们灵活迁移的思维过程。迁移的本质又是什么？它是怎样产生的？从思维心理学角度来说，"迁移就是概括"，这是正确的。"触类旁通"，不就是说明灵活迁移——旁通，来之于概括的结果——触类吗？

（二）发散思维与辐合思维的辩证关系

这里还需要讨论一下发散思维与辐合思维（convergent thinking）的关系。吉尔福特在谈到辐合思维和发散思维时指出，目前大部分教师关心的是寻找一个正确答案的辐合思维，这束缚了学生的创造力。吉尔福特的思想有可取之处。鼓励和支持学生发展发散思维是改革传统教学，提高教学质量所需要的。从这个意义上说，吉尔福特强调发散思维对心理科学的应用无疑是有贡献的。当前，我国中小学界，为了片面地追求升学率，不少学校及教师忽视学生应该灵活而合理地接受知识，而是搞题海战术，死记硬背，影响学生的身心健康。因此，我们提倡发展学生的发散思维，让他们灵活地接受知识和运用知识，这是十分必要的。然而，在提倡学生进行

① 林崇德. 小学儿童运算思维灵活性发展的研究. 心理学报，1983，4

发散思维时，是否要走向反面，将辐合思维贬为一文不值呢？这也不是科学的态度。我们认为，辐合思维与发散思维是思维过程中互相促进、彼此沟通、互为前提、相互转化的辩证统一的两个方面，它们是思维结构中求同与求异的两种形式，两者都有新颖性，两者都是创造思维的必要前提。辐合思维强调主体找到对问题的"正确答案"，强调思维活动中记忆的作用；发散思维强调主体去主动寻找问题的"一解"之外的答案，强调思维活动的灵活和知识的迁移。辐合思维是发散思维的基础，发散思维是辐合思维的发展。在一个完整的思维活动中，离开了过去的知识经验，即离开了辐合思维所获得的一个"正确答案"，就会使思维的灵活性失去出发点；离开了发散思维，缺乏对主体灵活思路的训练和培养，就会使思维呆板，即使学会一定知识，也不能展开和具有创造性，进而影响知识的获得和辐合思维的发展。

在创造思维或独创性思维品质的发展中，发散思维和辐合思维各处在不同的地位，起着不同的作用。就发散思维来说，它具有多端性、灵活性、精细性和新颖性四个特点，是创造性思维的一个基础或重要组成部分。从解决问题的过程来看，提出多种假设、途径，这对创造性思维问题的解决是十分重要的。从结论上看，众多的答案，能对创造产品作出验证。再就辐合思维说，从特点上看，沿着一个方向达到正确的结果，这里有记忆、表象，有深刻性思维品质，这是创造思维不可缺少的前提。从对发散思维的制约性看，发散思维所提出的众多的假设、结论，需要集中。辐合思维确定了发散思维的方向，漫无边际地发散，总是要辐合，集中有价值的东西，才是真正的创造力。从创造性目的上看，是为了寻找客观规律，找到解决问题的最好办法，辐合思维集中了大量事实，提出了一个可能正确的答案（或假设），经过检验、修改、再检验，甚至被推翻，再在此基础上集中，提出一个新假设。

由此可见，发散思维和辐合思维都是人类思维的重要形式，都是创造性思维不可缺少的前提，一个也不能忽视。当然，辐合思维比起发散思维来，发展要早些，对年龄小的儿童更重要些，但这丝毫不影响对低年级学生进行发散思维的培养，也不影响对高年级学生提出进行辐合思维的要求。

三、关于思维的独创性（创造性）

（一）思维独创性的一般概念

我们认为思维活动的独创性、创造性、创造性思维或创造力可以看成同义语，只不过从不同角度分析罢了。我们分析创造性思维（或创造思维）时，强调的是思维过程。这里谈的独创性（或创造性），则是强调思维个体差异的智力品质，也就是说，独创性是指独立思考创造出有社会（或个人）价值的具有新颖性成分的智力品质。不管是强调思维过程，还是强调思维品质，共同一点是突出"创造"的特征。这种特征是如何发生的呢？我们认为其原因在于主体对知识经验或思维材料高度概括后集中而系统地迁移，进行新颖的组合分析，找出新异的层次和交结点。概括性越高，知识系统性越强，减缩性越大，迁移性越灵活，注意力越集中，则独创性就越突出。

（二）创造思维与思维的独创性品质的研究

关于"创造思维"和思维的创造性品质的研究，在国际心理学界持有不同的看法。

过去，对于"创造性"的研究，大体上经历了四个阶段，主要是从两个方面进行探索的。兹简述如下：

创造性研究的四个阶段：

第一阶段（约1869—1907）：1869年，英国心理学家高尔顿出版了《遗传与天才》一书，公布了他所研究的977名天才人物的思维特征。这是国际上最早对"创造性"进行研究的系统资料，因此，后人称《遗传的天才》一书是研究创造性思维的第一部文献。高尔顿的书出版后，引起心理学界的兴趣。以后，不少理论文章陆续发表。在这一阶段，出版或发表的文献，大都是从理论上进行探讨，而没有实验研究。

第二阶段（约1908—1930）：心理学家把创造性思维心理学划入"人格心理学"中，对创造性进行个性心理的分析。1908年弗洛伊德出版了《作家与白日梦》一书，介绍了他及其助手对于富有创造力的诗人、作家、艺术家等的研究，把想象性作品比作白日梦。此外，许多心理学家也从事艺术创作心理的研究，如美国心理学家华莱士（J. Wallas）出版了《思想的艺术》。他在该书中，提出了创造思维过程的准备、酝酿、启发和检验四个阶段的著名理论，至今仍为大家所采用。这个阶段的主要特点是，采用传记、

哲学思辨的方法研究文艺创作中的创造性，并将这种创造性作为人格或个性的表现之一。

第三阶段（约1931—1950）：哲学家和心理学家们开始研究创造性的认识结构和思维方法。这个阶段的代表著作有克劳福德的《创造性思维方法》和维特墨的《创造性思维》等。

第四阶段（约1950—1970）：此阶段以吉尔福特1950年在美国心理学会年会上的一次讲演为起点。他讲演的题目是"创造性"。他指出了以前美国对创造力研究太少，号召必须加强创造力的研究。1957年苏联人造卫星的上天，也成为刺激美国加强创造性研究的一个动力。从此，研究工作积极地开展，论文、专著也在增加，吉尔福特等人还设计了一些创造性思维的量表。

70年代之后，应该说创造性思维的研究进入新的阶段，越来越受到各国心理学家的重视，研究方法也越来越多，创造思维的培养也提到一些发达国家的教育议程上来。

对于创造性的探索主要集中在两个方面：

一个方面是探索富有创造力的人究竟有什么特点。例如，梅肯诺（Mackinon）在1960年曾分析富有创造力的建筑师和创造力较差的建筑师在个性心理特征方面的差异，这些差异表现在灵活程度、自信心、专心创新程度、勤奋等方面。因此有些研究者，如德拉斯（Dellas）和盖尔（Gaier）在1970年指出，富有创造力的人之所以能超过缺乏创造力的人，乃在于他对待自己和世界的动力、兴趣和态度等个性特征。另一个方面是探索有创造力的人的智力过程，一般地研究学生的发散思维过程。例如，沃拉斯在20世纪70年代用举述事物的不同功用、相似测验、概念测验等方法测定学生的发散思维（创造思维）的过程，不仅发现学生发散思维过程有各种不同的表现，而且发现有创造力的人并不一定是学习成绩出众的人，他们往往有一定独立的态度和自己的兴趣，等等。

从以上不同的四个阶段和围绕着两个主要方面对创造性思维探索的结果来看，创造性思维确实是有一个过程的，但更重要的是与个性特征相联系，表现出创造思维的个性差异，亦即创造性或独创性的思维品质。

（三）思维独创性品质的特点

通过我们自己的研究，对思维活动创造性的特点可以作如下说明：

1. 思维的独创性是智力的高级表现

思维的独创性，是人类思维的高级形态，是智力的高级表现。它是在新异情况或困难面前采取对策，独特地和新颖地解决问题的过程中表现出来的智力品质。任何创造、发明、革新、发现等实践活动，都是与思维的独创性联系在一起的。思维的独创性，在人类社会生活的一切领域和活动中，从幼儿的游戏，学生的学习，到成人的劳动、工作、科研等，都发挥着或者都可能发挥着重要的作用。

2. 思维的独创性，突出地表现出五个特点

一是思维的独创性或创造性思维往往与创造活动联系在一起。创造活动是提供新的、第一次创造的具有社会意义的产物的活动。所以独创性或创造性思维最突出的标志是具有社会价值的新颖而独特的特点。所谓创造性（独创性）或创造力，它是运用一切已知信息，产生出某种新颖、独特、有社会或个人价值的产品的能力。其中，产品可以是一种新观念、新设想、新理论，也可以是一项新技术、新工艺、新产品等任何其他形式的思维成果。"新颖"是指不墨守成规、破旧立新，前所未有；"独特"是指不同凡俗、别出心裁。新颖独特性是独创性或创造性思维的根本特征。当然，独创性或创造性思维也有高低层次或水平之分。在一定程度上，这种层次或水平的高低，取决于社会价值或社会意义。

二是思维独创性或创造性思维的过程，要在现成资料的基础上进行想象、加以构思，才能解决别人所未解决的问题。因此，创造性思维是思维与想象的有机的统一。创造性思维具有个人的色彩和系统性，且比其他思维方式也要多得多。

三是在思维独创性或创造性思维的过程中，新形象和新假设的产生带有突然性，常被称为"灵感"。灵感是巨大劳动的结果，是人的全部高度积极的精神力量。灵感跟创造动机和对思维方法的不断寻觅联系着。灵感状态的特征，表现为人的注意力完全集中在创造的对象上。此时，意识处于十分清晰和敏锐的状态，思维活动极为活跃。所以，在灵感状态下，创造性思维的工作效率极高。

四是思维独创性或创造性思维，在一定意义上说，它是分析思维和直觉思维的统一。分析思维，就是逻辑思维。直觉思维，就是人脑对于突然出现在面前的新事物、新现象、新问题及其关系的一种迅速的识别、敏锐而深入的洞察、直接的本质理解和综合的整体判断，换句话说，直觉思维就是直接领悟的思维或认知。人在进行思维时，确实存在两种不同的方式，一种是分析思维，即遵循严密的逻辑规律，逐步推导，最后获得符合逻辑的正确答案或作出合理的结论；另一种就是直觉思维。逻辑思维或分析思维同直觉思维的发生和形成并不矛盾，在一定程度上，直觉思维就是逻辑思维的凝结或简

缩。从表面看来，直觉思维过程中没有思维的"间接性"，但实际上，直觉思维正体现着思维的"概括化""简缩化""语言化"或"内化"，是高度集中的"同化"或"迁移知识"的结果。同逻辑思维和分析思维相比，直觉思维具有以下六个特点：①快速性；②直接性；③跳跃性（或间断性）；④个体性；⑤坚信感（主体以直觉方式得出结论时，理智清楚、意识明确，这使直觉有别于冲动性行为或言语，主体对直觉结果的正确性具有一种坚信感）；⑥或然性。

当然，直觉思维的发生和灵感有些相似且有一定的关系，但是，直觉思维和灵感又是两个概念。直觉思维是思维的一种方式，而灵感却是解决思维课题时的一种心理准备；直觉思维产生的时间往往很短促，而灵感则要经过一番时间的顽强的探索，有持续时间长短之分；直觉思维是在面对出现于眼前的事物或问题时所给予的迅速理解，灵感的产出常常出现在思考对象不在眼前，或在思考别的对象的时刻；直觉思维出现在神智清楚的状态，灵感可能产生于前一点所述主体意识清晰的时候，也可能出现在主体意识模糊的时候（如做梦产生灵感）；直觉思维产生的原因是为了迅速解决当前的课题，灵感则往往在某种偶然因素的启发下，使问题得以顿悟；直觉思维的产生，无所谓突然，也无所谓出乎意料，灵感在出现方式上则有突发性，或出乎意料性；直觉思维的结果是作出直接判断和抉择，灵感的结果则与解决某一问题、突然理解某种关系相联系。

五是思维独创性或创造性思维是发散思维与辐合思维的统一。对此，上边已经作了阐述。

当然，思维独创性或创造性思维同其对立的再现性思维之间没有一条不可逾越的鸿沟，没有严格的界限。一切思维本身都具有创造性。所以，创造性思维是再现性思维的发展，再现性思维是创造性思维的基础。

3. 要善于从小培养思维独创性

在过去的心理学中，创造性思维的研究对象仅仅局限于少数杰出的发明家和艺术家身上。但是，近20年来，研究者们认为：创造性思维是一种连续的而不是全有全无的品质。人人乃至儿童都有创造性思维或独创性[1][2]。我们通过实验研究，在小学儿童数学运算中明显地看到创造性思维的表现[3]。通过研究，我们认为，思维的独创性或创造性思维，是学习的必不可少的心理因

---

① ［苏］M. 梅耶斯基等. 幼儿创造性活动. 林崇德等译. 北京：北京出版社，1983
② ［美］J. S. 布鲁纳. 教育过程. 上海师大外国教育研究室译. 上海：上海人民出版社，1973
③ 林崇德. 自编应用题在培养小学儿童思维能力中的作用. 心理科学通讯，1984，1

素或条件。从创造性的程度来说，学习可能是重复性的或创造性的。重复性的学习，就是死守书本，不知变化，人云亦云；创造性的学习就是不拘泥，不守旧，打破框框，敢于创新。一个人的学习是重复性的还是创造性的，往往与他的智力与能力水平高低有直接关系，它是反映智力与能力水平的重要指标。学习贵在创新。有人认为学习只是接受前人的知识，学习书本上的知识，不是创造发明，根本谈不上什么创新。我们则认为，学习固然不同于科学家的研究，但也要求人们敢于除旧，敢于立新。学生在学校里固然是以再现性思维为主要方式，但发展他们的创造性思维，也是教育和教学中必不可缺的重要的一环。

四、关于思维的批判性

思维的批判性，就是指思维活动中善于严格地估计思维材料和精细地检查思维过程的智力品质。

在国外心理学界，早在 20 世纪 50 年代，就有一种与思维批判性品质相应的概念，叫做批判性思维（critical thinking）。所谓批判性思维，意指严密的、全面的、有自我反省的思维。有了这种思维，在解决问题中，就能考虑到一切可以利用的条件，就能不断验证所拟定的假设，就能获得独特的问题解决的答案，因此，批判性思维应作为问题解决和创造性思维的一个组成部分[1]。

我们还是从思维的个性差异来阐述批判性思维，称它为思维的批判性品质。它的特点有五个：①分析性，在思维过程中不断地分析解决问题所依据的条件和反复验证业已拟定的假设、计划和方案。②策略性，在思维课题的面前，根据自己原有的思维水平和知识经验在头脑中构成相应的策略或解决课题的手段，然后使这些策略在解决思维任务中生效。③全面性，在思维活动中善于客观地考虑正反两方面的论据，认真地把握课题的进展情况，随时地坚持正确计划，修改错误方案。④独立性，即不为情境性的暗示所左右，不人云亦云，盲从附和。⑤正确性，思维过程严密，组织得有条理；思维结果正确，结论实事求是。

思维批判性品质是思维过程中自我意识作用的结果。自我意识是人的意识的最高形式，自我意识的成熟是人的意识的本质特征。自我意识以主体自身为意识的对象，是思维结构的监控系统。通过自我意识系统的监控，可以

---

[1]　H. Russell. Children Thinking. New rork：Blaisdell publishing Co. ，1956

实现人脑对信息的输入、加工、贮存、输出的自动控制系统的控制。这样，人就能通过控制自己的意识而相应地调节自己的思维和行为。所谓思维活动的自我调节，就是表现在主体根据活动的要求，及时地调节思维过程，修改思维的课题和解决课题的手段。这里，实际上存在着一个主体主动地进行自我反馈的过程。因而，思维活动的效率就得到提高，思维活动的分析性就得到发展，思维过程更带有主动性，减少那些盲目性和触发性，思维结果也具有正确性，减少那些狭隘性和不准确性。我国古代思想家老子说："知人者智，自知者明"。这正说明，人在思维活动中，自我意识的监控所表现出来的批判性，体现着一个人思维活动的水平。苏联心理学家的研究表明，那些愚鲁的、智力落后的儿童的自我评价往往是非批判性的[1]。美国心理学家的研究表明，创造性思维和自我概念存在高相关。戴塔（Datta）对一群儿童实施创造性思维的测验，按得分的情况，将其分成三组：高创造力组、低创造力组、无创造力组，然后，对他们在自我概念方面的基本特征加以测定，发现在自我认可、独立性、自主力、情绪坦率上高水平的被试，同样也被鉴定为高创造力者[2]。这些事实表明，思维的批判性品质，来自对思维活动各个环节、各个方面所进行的调整、校正的自我意识；这种批判性的思维品质，在创造性活动和创造性思维的过程中，是不可缺少的因素。

由此可见，思维的批判性是思维的一种极为重要的品质。所以，开展对思维的批判性的研究是十分必要的。正如朱智贤教授所指出的，思维心理学主要研究思维过程即思维操作能力，也要研究思维的产物、结果，还要研究思维的策略性（即对自己思维过程的控制，特别是自觉的自我监控）和思维的批判性[3]。

五、关于思维的敏捷性

思维的敏捷性，是指思维过程的速度或迅速程度。有了思维敏捷性，在处理问题和解决问题的过程中，能够适应迫切的情况来积极地思维、周密地考虑、正确地判断并迅速地作出结论。有人说，思维的速度不包括正确的程度。但我们认为，思维的轻率性也绝不是思维敏捷性的品质。我们在培养儿童青少年思维的敏捷性时，必须克服他们思维的轻率性。

敏捷性这种思维品质，与前述的四种思维品质不同，它本身不像上述品质那样有一个思维过程。这是思维的敏捷性与上述思维品质的区别。然

---

①　[苏] С. Я. 鲁宾斯坦. 智力落后学生心理学. 俄文版

②　[美] 戴塔. 幼儿的自我概念（The Self-Concept of the Young Child）英文版，151～159

③　朱智贤. 关于思维心理研究的几个基本问题. 北京师范大学学报，1984，1

而，敏捷性与上述思维品质又有联系，它是以上述思维品质为必要的前提，又是这些思维品质的集中表现。没有思维高度发达的深刻性、灵活性、独创性和批判性，就不可能在处理问题和解决问题的过程中有适应迫切情况的积极思维，并正确而迅速地作出结论。特别是思维活动的概括，没有概括，就不会有"缩减"形式，就谈不上什么速度了。同时，高度发展的思维的深刻性、灵活性、独创性和批判性必须要以速度为指标，正确而迅速地表现出来。

第三节　培养思维品质是发展智能的突破口，是提高教育质量的好途径

　　针对"如何在教学中培养儿童青少年的智力与能力（特别是思维能力）？""如何提高教学质量，减轻学生的过重负担？"两个课题，我们的教改实验应用培养学生思维品质的方法来解决这两个问题。

一、一则实验的列举

　　从 1982 年至 1983 年，我们通过横断方法与纵向方法相结合，教育与心理发展相促进，使整个研究处于"动态"，即从发展的观点来研究问题，围绕着小学儿童运算过程中思维的敏捷性、灵活性、深刻性和独创性四个品质（未涉及批判性）的发展和培养两个方面，展开了全面的实验研究。

　　我们采用等组法。实验组是从一个教学班开始的，逐渐扩大，最后发展到 20 个教学班。控制组也逐步与实验组一一对应。

　　我们在这里谈两个问题，一个是实验的具体措施，一个是对实验结果的分析。

（一）实验的具体措施

　　我们按照思维品质的内容，并总结了北京 10 余位先进数学教师的经验，制定了小学学生在运算中思维品质的培养措施，内容如下：

　　1. 培养思维的敏捷性，主要是培养正确迅速的运算能力

　　具体的措施有两条：

　　（1）在正确的基础上始终有速度的要求。我们强调敏捷运算思维的前提是正确。对于低年级，教师狠抓儿童的计算正确率，要求百分之百正确（当然，这百分之百仅仅是一种要求，学生也不可能做到百分之百；但如果不提

百分之百，提多少都不合适）。落实到学生身上，一是认真审题，画出重点词；二是题题有验算（如逆运算）；三是错题当日更正。落实到教师身上，加强"及时强化"，做到每天当堂批改作业，对的打"√"，错的不表态，让儿童在运算中获得及时的肯定与否定，从记忆到思维，有一个及时刺激，增强正确的"条件联系"。

在正确的基础上抓速度练习：

①低年级，我们将正确而迅速的计算要求作为学习常规的重要内容。在速算练习时，我们不使用公开发行的固定的"速算卡片"，因为时间一长，学生就背熟了卡片中的习题与答案，而是教师每天换新习题，用黑板、电脑或写在纸上一道道出示，使学生进行运算思维的速度练习而不是机械记忆的训练。

②在形成一定学习"常规"的基础上，每天坚持5分钟左右的速算练习。具体内容有：一是口算，如每人一题，一人计算，全班注视，发现错误，立刻纠正，这样一人接一人回答，十分紧张；二是速算比赛，有给时间比正确迅速完成计算的数量，有给练习题比完成时间。学生在比赛中产生兴趣和"好胜"心理，逐步形成正确迅速的运算习惯；三是接力完成一个复杂题，例如应用题类型复习，一人说类型特征，另一人接着说解题方法，第三人出一道这类的应用题，第四人说出答案，全班学生高度集中注意力，人人练习正确迅速地思考问题。

③到中、高年级，强调在数学运算中能把正确、迅速与合理、灵活结合起来。我们认为，思维结构是在法则支配下，有一定方向、材料、结果，且能监控的系统。速算的合理、灵活性，很重要的一点在于运用算术法则，于是我们鼓励学生开动脑筋，充分运用速算方法和交换律、结合律、分配律等算术法则，合理而迅速地运算。例如，对 $[60＋（357×375—375×356）＋25]×2$，只要运用分配律，提出375，就能很快地获得答案而不需按部就班地演算了。

（2）教给儿童一定的速算要领与方法。速算方法有上百种。我们是按照不同年级学生所学不同的数学内容，分别教给他们几个数相加，中间有互补的，可以先加；连续数的加法，可以归纳为首项加上末项，再乘以项数的一半即成；某数（0除外）乘以或除以5，25，125，625……可以用五一倍作二计算，等等，使他们能提高运算的速度。心理学认为，重复练习是形成习惯的重要条件。教会速算方法，反复地练习，学生就能从领会这些方法到应用这些方法，这样逐步地"熟能生巧"，一旦变成习惯—"生巧"，不仅可以丰富数学知识，而且可以促进思维敏捷性品质的发展。

2. 培养思维的灵活性，主要是培养儿童"一题多解""一题多变"的运算能力

我们认为，一题多解和一题多变是一种发散式的灵活的思维方式，它们不仅是培养思维品质灵活性的好方法，而且还是一个提高教学质量的好方法。衡量一个学生的智力高低，主要是看解决不同难易程度题目的灵活程度，而不只是看解题的多寡。一题多解和一题多变的教学与练习的步骤及方法是：

（1）抓学生知识之间的"渗透"和迁移。心理学认为，迁移的实质是概括，迁移是灵活地运用知识的基础。我们实验中的措施是"运用旧知识，学习新知识"，做到"新课不新"，使每种旧知识都是新知识的基础；而每种新知识又是在旧知识基础上获得发展，这就为知识之间的"渗透"和迁移提供了可能性。

（2）引导学生"发散式"地思考。思维有发散式的，也有辐合式的。前者求多解，后者求一解；前者求异，后者求同。我们认为这两者是统一的，后者是前者的基础，前者是后者的发展。在培养发散式思维时，我们分三步进行：第一步，通过儿童认识数量关系来培养，例如，小学阶段数学的任何一道式题，都能有"一加二减"三道题，或有"一乘二除"三道题。第二步，让学生根据题中两个已知数量之间的关系，思考能提出哪些问题来。例如对"甲班种树 15 棵，乙班种树 30 棵"，儿童经过发散式思考，可以从提出两三个问题逐步发展到 10 个左右的问题，最后个别学生竟提出了 23 个问题。这样训练，就像滚雪球一样，越滚越大，使学生根据题中的数量关系，经过"发散"，可以得到众多的新的数量关系。第三步，进行应用题的发散思维训练。学生可以把一道应用题，通过改变条件或问题，从一步应用题，发散成五步、六步，甚至七步应用题；也可以把多步应用题，最后辐合为一道一步应用题。但我们认为，思维是对事物内在关系的反映，步数多，数量关系多，要找出多步的关系，才能有力地锻炼学生的思维不断地从具体的向抽象的过渡，逐步灵活地把握数量之间内在的关系及变化，提高思维的抽象逻辑程度。

（3）教师精选每堂课的例题。按类型、深度编选适量的习题，再按深度分成几套，使学生通过一题多解，一题多变，灵活运用，以便在思维的灵活性品质上有所发展。

3. 培养思维的深刻性，即逻辑性

我们认为，小学生数学逻辑思维能力，应包括数学概括能力、空间想象能力、数学命题能力、逻辑推理能力和运用法则能力五种。这里，数学概括能力是一切能力的基础。在实验中，我们在培养学生思维深刻性上，着重点

267

放在提高他们的概括能力上。

（1）小学阶段，数的概括能力含义是什么？如前边已经指出的，主要包括：①认识数的实际意义（例如，"10"代表10个，"1/2"是指半个，等等）；②对各类数的顺序和大小的理解（例如，89在98之前，98在89之后，89＜98，98＞89）；③数的分解组合的能力和归类能力（例如，100由50＋50组成，或由10个10组成，或由100个1组成，等等）。其中数的分解组合能力是数的概括能力的核心。因此，在实验班的教学中，突出抓数的分解组合的培养。例如，一年级上学期的重点是20以内的进位加法和退位减法，正常进度用53课时。一位实验班教师，并没有按照教科书那样对20以内的数一个一个分别讲解，而是引导学生对20以内的数比较实际意义，认识大小和顺序，进行组成与分解的练习，一共只用了10课时，就出色地完成了教学任务。

（2）在培养儿童数学概括能力的基础上，逐步培养学生的逻辑推理能力。对此我们具体抓了两条：一是在应用题教学中，紧紧扣住简单应用题的各种类型的教学，使学生从类型出发，领会每种类型的解题原理，并以此为大前提。进行演绎，掌握各类应用题的解答方法，体现出应用题教学中"一步是基础，两步是关键"的特点。之后，学生充分获得运算有关演绎推理式习题的时间和机会。二是引导学生在同类习题的运算中，善于归纳出一般性的算术原理来。例如，通过让儿童计算：

$$\frac{1}{4}=0.25, \quad \frac{1\times2}{4\times2}=0.25, \quad \frac{1\times5}{4\times5}=0.25, \quad \frac{1\times10}{4\times10}=0.25;$$

$$\frac{8}{32}=0.25, \quad \frac{8\div8}{32\div8}=0.25, \quad \frac{8\div4}{32\div4}=0.25, \quad \frac{8\div2}{32\div2}=0.25;$$

$$\frac{1\times0}{4\times0}=? \quad \frac{4\div0}{32\div0}=?$$ 获得分数性质。这样，不仅又快又好地使学生领会分数性质，而且也使他们学到了归纳法。演绎和归纳是逻辑推理的重要形式，通过训练，实验班学生较快地学会了自己提出假设、验证假设，进行算术范围内的逻辑推理。

（3）数学命题（判断）能力和空间想象能力的培养，不是我们这次实验的重点，但我们也加以注意了，尤其是儿童的判断能力。我们的实验班教师重视这样一条措施：在数学教学过程中，凡是遇到需要判断的机会，一定要启发儿童进行判断，教师不应代替，以发展他们的命题（判断）能力。所以我们实验班的课堂气氛是十分活跃的。

4. 培养思维的独创性，发展创造性思维

创造思维的特点具有独立性、发散性和新颖性。我们围绕这些特点采取如下措施：

（1）加强培养学生独立思考的自觉性，把独立思考的要求作为低年级学生的学习"常规"加以训练。

（2）提倡"新颖性"，在解题中运用有意义的方法越多越好，越独特越好，让学生去挖掘解题的各种新方法。

（3）突出地抓学生自编应用题这一难点，以此为突破口，使学生进一步理解数量间的相依关系。我们教会实验班学生 11 种编题的方法：①根据实物演示或操作编题；②根据调查访问编题；③根据学生生活实践编题；④根据图画编题；⑤根据图解编题；⑥根据实际的数字材料编题；⑦根据算术式题编题；⑧仿照课本的应用题编题；⑨改编应用题；⑩根据应用题的问题编题；⑪补充题目缺少的条件或问题。这 11 种编题的方法，大致分为两大类：①至⑦为一类，反映编题过程要求抽象概括程度的差异性（以直觉编题→形象编题→语词或数字编题）；⑧至⑪为另一类，反映编题的过程，从模仿，经过半独立的过渡，最后发展到独立性编题的趋势。自编应用题，体现了发散性、独特性（每个学生几乎编的题都有差异）和新颖性（每个学生都在按照自己的思路对新异和困难的刺激提出决策）等思维独创性的特点。我们按照不同难易程度的编题方法，从一年级就开始练习，随着年级的递增，不断增加编题的难度，以培养儿童的运算过程的独创性。

此外，我们这个研究与别的研究有一个突出的区别，就是不仅是测定被试心理的外部语言、行为的变化或分析其测验的结果，而且是把重点放在学生思维品质的发展和培养上，具体地关注着实验班教师对实验措施的贯彻上。进行实验的单位认为我们在帮助他们培养"教学骨干教师"。如前所述，培养教师的工作是我们对学生思维能力及思维品质培养的前提。

我们的做法，除了上面提到的给实验班教师讲授思维心理学、组织集体备课、组织经验交流和进行观摩教学之外，每周还深入实验班听课。具体的做法是：

（1）对照实验措施，逐条检查实验班教师的教学内容、教学方法、课堂组织、时间安排，甚至于教态。课后要进行反思，肯定实验措施落实的方面，指出在贯彻实验措施中的不足。发现突出的教法，立即组织观摩课，及时在实验班教师中推广。

（2）根据实验措施，逐条观察并记录学生的反应：①练习正确率和速度；②对于各类习题，特别是多解或多变习题、推理习题、要求自编应用题的习题

的反应（如举手发言的人数、课堂活跃的程度），解题方法和水平；③对于解题时思路的自述（有时指定学生写下当时思考的过程），等等。我们将这些记录及时整理，以便及时总结学生在思维品质发展中思维活动的共同特征，及时发现教师在培养学生思维品质中的成功经验与不足，调整讲课的方式方法。

（3）进一步控制实验班的实验因素，例如，不准增加练习量，这是检查实验效果的一个重要方面，理由是：①如果实验班增加练习量，就是增加实验的附加变量，使实验效果难以检查；②我们实验的一个重要目的，在于"提高教学质量，减轻学生过重负担"。因此，除了一年级的实验班留少量的课外作业，以便培养学习常规外，二年级至五年级，力求当堂的作业课上全部完成（大部分随堂批改，以做到"及时强化"），课下不留一道作业题，也不用给学生补课来提高实验班的成绩（除个别智力缺陷者之外）。

（4）我们作为实验者，也深入到控制班课堂，作一般性观察，以便发现控制班"控制"的情况，也对有关教师作一些教学法的指导，或在原则上提出意见。

（二）实验的结果与分析

我们按照数学能力的测定指标，即用正确迅速运算程度测定学生思维的敏捷性；用一题多解、一题多变试题测定学生思维的灵活性；用概括数量关系、判断、推理、计算图形面积、体积及运用算术法则等习题测定学生的深刻性，用自编应用题的成绩测定学生思维的独创性。

现将实验结果分析如下：

1. 实验组学生运算思维的敏捷性

实验以来，我们看到实验组（五个年级，每个年级 4 个班，共 20 个班）学生在正确迅速的解题能力方面，比控制组（也是 20 个班）学生提高得快。同时，我们看到实验组学生的运算思维敏捷性的发展也存在着一定年龄特征。

我们借第二学期末考试的机会，对被试的速算能力进行测定。测定分两步进行，第一步是使用各个年级被试本学期所学知识范围内的习题，在一定时间（15 分钟）内进行速算测定；第二步是使用二年级至五年级学生都学过的计算题（即统一计算题），测定速算的时间。两次测定的统计，对实验组与控制组的成绩作了比较，第二次还对各年级被试间的差异作了探讨。

测定的结果如下（表 7-1 和表 7-2）：

表 7-1　　　　　　两种不同被试完成本年级速算题成绩对比

统计数（%）\项目\年级	完成率		差异 （X−Y）	差异的检验
	实验组 （X）	控制组 （Y）		
一	98.6	97.2	1.4	$P>0.1$
二	98.7	90.6	8.1	$P<0.05$
三	98.3	91.1	7.2	$P<0.05$
四	98.1	94.2	3.9	$P>0.05$
五	97.4	88.0	9.4	$P<0.05$

表 7-2　　　　　　两种不同被试完成同样速算题的时间对比

所用时间\项目\年级	速度	对比	差异 （$T'−T$）	差异的检验
	实验组 （T）	控制组 （T'）		
二	8′45″	10′07″	1′22″	$P<0.05$
三	6′43″	8′14″	1′31″	$P<0.05$
四	5′14″	5′54″	40″	$P>0.05$
五	4′06″	5′21″	1′15″	$P<0.05$

从上表可以看出：

（1）运算思维活动的敏捷性是可以培养的。通过训练，实验组的运算速度普遍地超过控制班，其中二、三、五年级的实验班运算思维的敏捷性与控制班之间存在的差异是比较显著的。可见，合理的教学要求及措施对于思维活动的速度培养是可能和必要的。

（2）根据实验组学生运算敏捷性的培养措施，即速算练习和掌握一定速算方法来分析，并对照上边两表的差异，说明运算中思维的敏捷性不仅取决于学生的知识结构，而且也决定于运算技能技巧的水平、行为习惯的水平和速算方法的原理的概括、迁移能力的水平。

（3）不管是实验组还是控制组，年级之间的差异说明小学生的运算思维敏捷性的发展是存在着年龄特征或年龄阶段性的。从相邻两个年级之间差异相仿（P 值均小于 0.05）来看，不同年级的学生在完成一个相同的课题时是随着年级（或年龄）的递增而稳步发展着其思维的敏捷性。从实验班与控制班的高一年级成绩接近的事实，说明教育能加快敏捷性发展的进程，但这个"加速"是有一

271

定限度的，我们的实验研究"加速"了一年的进程。

2. 实验组学生运算思维的灵活性

实验以来，我们看到实验组学生在运算思维灵活性方面也普遍地超过控制组；同时，我们也看到了实验组学生的运算思维灵活性的发展的年龄特征。

我们着重测定了实验组与控制组的"一题多解"能力和组合分析的水平。

数学的"一题多解"，反映出从给定的信息中所产生的多种的新信息量。如果学生思路比较狭窄，不能做到广泛地分析综合，他的思维起点往往缺乏灵活性，对问题必然不会"多解"；如果智力活动水平提高，分析综合的思路逐步开阔了，就能产生较多的思维起点，促使学生在运算中解题数量越来越多。一题多解不仅有个量的问题，而且也有个质的问题。如前所述，对一道多解题，只是在某一种类型（加、减、乘、除或四则混合运算，等等）上重复，数量是多的，但质上分析仅一种。在测定中，我们以被试对每道题的解数和解题的类型数分别计分，且求出每个被试的平均成绩（表7-3）。

表 7-3 　　　　　　两种不同被试平均每人完成每题的成绩对比

年级	精细程度	实验组	控制组	差异
一	多解数量	2.78	2.34	0.44
	作出类型	2.02	1.90	0.12
二	多解数量	3.54	2.89	0.65*
	作出类型	2.49	2.17	0.32
三	多解数量	4.25	3.21	1.04**
	作出类型	3.37	2.52	0.85*
四	多解数量	5.31	4.60	0.71*
	作出类型	4.08	3.68	0.40
五	多解数量	6.18	5.34	0.84*
	作出类型	5.01	4.19	0.82*

$* P < 0.05$；$** P < 0.01$；$*** P < 0.005$。

小学生通过分析、综合、比较、抽象和概括，逐步掌握复杂的数概念系统和运算系统，数学的系统性逐步地被他们所反映，形成他们思维的系统性。小学生在思维系统结构的完善方面重要的表现是他们掌握组合分析的结构，例如，应用题的演算，要求出"另解""三解"或"多解"。这就使思维系统有着不同的层次和交结点，他们将原有条件重新组合分析，以获新解。因此组合分析是思维灵活性的重要特征。我们专门对三年级和五年级的实验班与控制班的被试进行了测试，获得了表 7-4 的结果。

表 7-4　　　　　　　　　两种不同被试组合分析水平发展对比

对比项目 正确率统计 （％） 被试	三年级			五年级		
	求出 "另 解"题	"多解"题		求出 "另" 解题	"多解"题	
		"三解"	"多解"或 "四解"以上		"三解"	"多解"或 "四解"以上
实验组	100	75	38.3	100	86	64.5
控制组	94	63.5	25.4	100	75	56.7
差　异	6	11.5**	12.9**	0	11*	7.8

注：* $P<0.05$；** $P<0.01$。

从上面两表中我们看到：

（1）不论是一题多解的数量、类型，还是组合分析的发展水平，实验组与控制组的成绩普遍地存在着差异，且二年级至五年级的差异都较显著，这说明合理、切实可行的教育措施，能够提高学生思维灵活性的水平。

（2）小学阶段，学生在运算中灵活性的发展是存在着年龄特征的。从表7-4 可以看出这种发展比较平稳，没有在某个年级突变的现象。然而，合适的教育措施，能迅速地提高小学生运算思维的灵活程度，在适当时候，可以提高一个年级的水平。

3. 实验组儿童运算思维的深刻性

对于儿童运算思维的深刻性发展的研究，即年龄特征的研究，我们过去做了一些工作。在这次研究中，我们着重分析实验组与控制组的差异。

我们在实验阶段的第二个学期末，按照测定深刻性的指标分年级命题，对各个年级被试在本学期学过的知识范围内的数概括能力、推理能力、运用法则能力和大胆提出"假设"能力进行了两次综合性的测试，测得实验组与控制组各年级的平均成绩，并将这些成绩列于表 7-5 中。

表 7-5　　　　　　　两种不同被试运算思维深刻性测定成绩对照

统计数据 （％） 年级	测定平均成绩		差异 （A′−A）	差异的检验
	实验组 （A）	控制组 （A′）		
一	83.90	77.60	6.30	$P<0.05$
二	82.61	69.50	13.11	$P<0.01$

统计数据 (%) 情况 年级	测定平均成绩		差异 ($A' - A$)	差异的检验
	实验组 (A)	控制组 (A')		
三	77.37	69.41	7.96	$P < 0.05$
四	87.13	73.97	13.16	$P < 0.01$
五	79.70	71.00	8.70	$P < 0.05$

从表 7-5 可以看出，实验组与控制组在完成运算思维深刻性的综合习题时，其平均成绩存在着显著的差异。这说明思维的深刻性是可以培养的。合理的教育措施，就能提高学生在数学学习中的概括能力、推理能力、运用法则的能力，促进他们提出"假设"，寻找事物之间的内在关系和解决问题的关键所在，也就是说，发展学生的抽象逻辑思维。

4. 实验组学生运算思维的独创性

实验以来，我们看到实验组学生在自编应用题的能力方面与控制组学生也存在着差异。儿童自编应用题，体现了独立性、发散性和新颖性等思维特征，这是思维独创性或创造思维的一种表现。实验中，实验组与控制组在自编应用题方面的差异主要表现在两个方面：一是表现在应用题的内容上，即材料上；二是表现在自编应用题的独立性上。

小学生自编应用题，如前所述，可以根据直观实物编题，也可以根据图画、图形编题，即根据具体形象加以编题，还可以根据实际数字、文字等抽象材料编题。我们在测定时，将各类编题所涉及的数据、知识范围加以限制，于是所编拟应用题的数量就能反映各类题目内容（材料）的指标。我们将测得各个年级的实验班与控制班被试在自编应用题方面的成绩列于表 7-6 中。

表 7-6　　　　两种不同被试自编各类应用题平均数的差异

统计数据 类型 被试	形象编题			数字编题		
	实验班	控制班	差异	实验班	控制班	差异
一年级	2.4	2.1	0.3	2.1	1.7	0.4
二年级	3.5	2.6	0.9*	3.0	1.9	1.1*
三年级	5.8	4.4	1.4*	4.7	3.1	1.6**

统计数据　　类型 被试	形象编题			数字编题		
	实验班	控制班	差异	实验班	控制班	差异
四年级	6.5	5.9	0.6	5.2	4.4	0.8*
五年级	7.4	6.1	1.3*	6.2	4.7	1.5

注：* $P<0.05$；** $P<0.01$。

　　小学生自编应用题，如前所述，也可以仿照课本的应用题编题，即模仿编题；也可以补充条件或问题，进行半独立编题；最后发展为对各类应用题进行独立编题。我们在测定时，也将各类编题所涉及的数据、知识范围加以限制，要求被试对上述三类应用题各编出 10 道题，于是每个被试完成上述三类问题的正确率就能作为三种编题水平的依据。我们专门测得三年级和五年级实验班和控制班完成上述三类问题的平均正确率，列于表 7-7 中。

表 7-7　　　　　　　　两种不同被试编拟应用题时独立程度的差异

完成率与差异数 （％）　　被试 类型	三年级			五年级		
	实验班	控制班	差异	实验班	控制班	差异
模仿编题	71	64	7	79	74	5
半独立编题	64	52	12*	78	67	11*
独立编题	51	40	11*	68	55	13*

注：* $P<0.05$。

　　从上面两表可以看出：

　　（1）不论是自编应用题的内容（材料）方面，还是在编拟应用题时独立程度方面，实验组与控制组的成绩之间均存在着明显的差异。特别是：第一，在内容上，根据数学编题的差异比根据形象编题的差异要更大些。可见，一定的教育措施不仅能够提高小学生自编应用题，而且能够提高他们对抽象信息的加工能力。第二，在独立性上，实验组与控制组的显著性差异恰恰是表现在半独立性编题和独立性编题上，模仿编题却无显著的差异。可见，一定的教育措施，不仅能够提高小学生自编应用题的数量，而且能够提高他们在困难与新异刺激物面前采取对策的独立性。

　　（2）小学生运算中思维独创性的发展是存在着年龄特征的，三、四年级是个发展的加速期。

275

与上述的敏捷性、灵活性发展一样，思维独创性的发展也取决于教育。良好而合理的教育措施，也能使实验组的独创性这种思维品质提高一个年级的水平。

5. 实验组数学教学质量的提高

实验以来，我们看到实验组学生数学学习成绩在不断地提高。现将 20 个实验班与 20 个控制班在实验第二学期期末考试的平均成绩以年级为单位，列于表 7-8 中。

表 7-8　　　　　　　　　两种不同被试数学考试成绩对照

成绩与差异（%）　　情况　　　年级	考试成绩（分）		差异 $(A'-A)$	差异的检验
	实验组 (A)	控制组 (A')		
一	98.30	97.70	0.60	$P>0.1$
二	96.95	95.60	1.35	$P>0.05$
三	96.23	90.22	6.01	$P<0.05$
四	94.35	85.97	8.83	$P<0.01$
五	92.90	88.60	4.30	$P<0.05$

这里必须申明，我们的实验组 20 个教学班的教师将"提高教学质量、减轻学生过重的负担"作为一个出发点，他们不仅不搞加班加点，不给学生加额外作业，而且除了个别成绩极差的学生外，数学作业基本上可以在学校完成。从表 7-8 与上述的情况看，良好而合理的教育措施，在培养小学生的运算过程思维品质的同时，也促进了他们数学学习成绩的提高，使他们学得快、学得灵活、学得好，换句话说，就是促进小学数学教学质量的提高。

我们认为，上面介绍的数学运算中思维品质的培养途径与结果，仅仅是思维品质培养的一个例子，但思维品质绝不是在数学运算中才能进行培养的特殊能力，思维品质的培养具有一般性。在语文、物理、化学、生物、英语等任何一门学科中都可坚持思维品质的培养。我们后来的研究证实了这一点。我们坚信培养思维品质是发展思维能力的突破点，是提高教学质量、减轻学生负担的最佳途径。

二、研究思维品质的重要性

我们在研究中体会到，思维品质发展与培养的研究，是思维发展心理学与教育研究中不可忽视的一个重要环节。

首先，目前中、小学生思维研究中智力与能力发展的研究涉及面很广，要突出研究其思维能力的发展。思维品质是思维能力的表现形式，不同的思维品质必定表现出不同的思维能力。因为在智力与能力的差异中，思维品质的差异是最主要的差异。一切智力、思维能力的发展的研究，都是从个体入手的，都要研究个体思维能力的提高和差异的变化。不论是研究中、小学生的概念、推理、问题解决和理解等方面的发展，还是确定或区别中、小学生思维能力、智力的层次，都离不开要表现出思维的深度、广度、速度、灵活程度、抽象程度、批判程度和创造程度，也就是离不开思维品质，即思维的敏捷性、灵活性、深刻性、独创性和批判性等几个方面。因此，思维品质表现了思维能力，中、小学生思维品质的研究揭示的正是中、小学生思维能力的发展。

其次，在思维或者思维发展的研究中，制定和寻找客观指标是当前思维研究中的一个难题。皮亚杰的思维及思维发展的实验研究方法，尤其在研究指标的客观性上是一个重大的突破，这是值得我们学习的。同时，我们在自己的研究中看到，在教学场所或日常生活中，中、小学生思维品质的客观指标是容易确定的，敏捷性、灵活性、深刻性、独创性和批判性的差异的表现是可以用客观的方法加以记录的，这就能作为思维品质的指标。因此，从思维品质发展与培养的研究入手，是能够探索出中、小学生思维发展的一些方面的。

再次，在中、小学生思维发展的研究中，离不开对"教育与发展"问题的探讨。传统教学中有不少弊病，例如"齐步走""一刀切""一个样"，看不到中、小学生思维、智力与能力的差异，使他们在教学中往往处于被动的状态。目前国际上有不少心理学家，诸如赞可夫、布鲁纳等在研究思维、智力与能力发展的同时，也致力于对传统教学进行改革。我们在自己的研究中看到，研究思维品质的发展与培养，有利于进一步挖掘中、小学生思维、智力的潜力。

最后，思维品质发展的水平，是区分中、小学生的智力正常、超常或低常的标志。我们的研究表明，超常中、小学生在思考时反应敏捷、思路灵活、认识深刻、能抓住事物的实质，解决问题富于创造性。低常中、小学生的思维迟钝、思路呆板、只能认识事物的表面现象，没有一点富有社会意义的独特、新颖的特点。例如，我们统计了5～18岁的"超常"学生的运算时间，他们的速算一般只需正常学生的1/3～1/2的时间。而我们追踪的15名低常学生，他们进中学后，一般演算速度过慢，在完成力所能及的演算习题时，其演算时间往往是正常学生的3倍以上。又如，智力超常的中、小学生，在

数学学习中往往善于钻难题，解答抽象习题，热衷于逻辑推理，智力品质的深刻性是十分明显的。智力低常的中、小学生，运算中离不开直观或形象。上述的15名低常学生，他们是依靠掰手指头来运算的，离开了手指头，运算也就此终止，智力品质的深刻性极差。因此，研究思维的品质，对于发现超常、低常中、小学生，开展对他们的思维、智力的研究，实施"因材施教"、有的放矢地加以培养是具有重大意义的。

三、发展学科能力离不开思维品质的培养

二十多年来，我们一直在从事心理能力（或智力与能力）发展与培养的研究。在研究中我们发现，心理能力不是空洞的，它总是要和一种活动，或者和一种认知联系在一起。其中一种显著的表现，就是和学科教育相联系，构成学生的学科能力。各学科教学是否有成效，关键在于能否形成学生的各种学科能力。

学科有两种含义：一是指一定科学领域的总称或一门科学的分支；二是指学校课程的组成部分。学校教育，系学校设置学科的教育，其内容并不完全随科学的分化而分化，而受教育目标和学生身心发展的水平所制约，它按知识结构和逻辑体系展开论述，旨在提高教学效果、传播学科知识、发展学生的心理能力，其中突出的一点，就是培养学生的学科能力。

学科能力，通常包括三个内容：一是学生掌握某学科的特殊能力；二是学生在学习某学科的智力活动及其有关的智力与能力的成分；三是学生学习某学科的学习能力、学习策略与学习方法。

任何一个学科能力，不仅体现在学生有一定的某学科的特殊能力，而且有着学科能力的结构。而这种结构，不仅有着常见的某学科能力的表层表现，而且有着与非智力因素相联系的深层因素。

考虑一种学科能力的构成，应该从三个方面来分析：

（一）某学科的特殊能力是这种学科能力的最直接的体现

要探索一种学科的学科能力，首先要揭示这种学科的特殊性，找出最能直接体现这种学科特殊要求与特殊问题的特殊能力。

与数学学科有关的特殊能力，首先是运算（数）的能力和空间（形）的想象力，同时，数学是人类思维的体操，数学的逻辑思维能力也明显地表现为数学学科的能力。与语言有关的语文、英语两种学科能力，听、说、读、写四种能力是其特殊的表现，这应看作语文能力与外语能力的一种特殊能力，

只不过母语与外语在内容与形式上有着差异罢了。

每门学科都有特殊性，所以要揭示每门学科能力的特殊表现，例如，科学学科（中学的物理、化学、生物和小学的自然常识等）要涉及各种实验能力，思想政治学科须有观点采择能力和明辨是非能力，等等。所有这一切有关能力，它们体现了某一学科的特殊能力，作为这种学科能力结构的表层成分。至于具体的成分构成，有待各学科的进一步研究。

（二）一切学科能力都要以概括能力为基础

如第四章所述，思维或智力活动有许多特征，首要特征是思维的概括性。概括的重要性，不仅表现在理论上，而且表现在教学实践之中。

我们要重视学生在教学实践中的概括能力的表现，因为学习和运用知识的过程是概括过程。每一种学科能力，都是以概括为基础，都是概括能力在其中的表现。

语文能力中的听、说、读、写四种特殊能力，在一定程度上是对语文的概括能力。例如，别人在"指桑骂槐"，有人就听不出来，只能说其"听"的概括能力不强；有人在说话时口若悬河、滔滔不绝，甚至到口吐白沫也说不到"点"子上，只能说其"说"的概括能力太差；有人在阅读中不会分段，找不出段落大意，归纳不出中心思想，只能说其"读"的概括能力不行；有人有着丰富的生活内容，就是写不出主题鲜明的文章来，主要还是说明其"写"的概括能力尚待提高。所以学好语文，离不开概括能力的培养。

数学能力也是如此，掌握好诸如"合并同类项"是对数学能力的最形象的说明。因为数学教学的重点在于讲清楚基本概念，而数学概念的掌握需要概括能力做基础，同时它又促进概括能力的发展。因此，数学概念的教学和学生概括能力的发展是有机联系着的。数学概念的概括是从具体向抽象、从低级向高级发展。例如，从"自然数"到"正整数""有理数""实数""复数"，一直到"数"，这就体现着一个概括的过程，反映了从儿童到青年的思维能力、智力发展的水平。

一切学科能力都是以概括为基础的，物理、化学、生物如此，地理、历史、政治也是这样。例如，思想政治课中每一个概念都是学生透过日常现象看本质，归纳类似"合并同类项"的结果。思想政治课重视对知识"举一反三"，没有概括，就谈不上"举一反三"，学生就不能运用思想政治课知识，也学不到思想政治课知识。如果说概括是思维研究的重要指标，概括水平成为衡量学生思维能力发展等级的指标；如果说概括能力是智力培养的重要方面，智力水平通过概括能力的提高而获得显现。那么学生的学科能力正是其

在获得学科知识的基础上通过概括化而形成的。抓住了概括能力，也就抓住了学科能力的基础与核心问题。因此，发展学生的概括能力，这是发展其学科能力，乃至培养其智力与能力的一个重要环节。

（三）某学科能力的结构，应有思维品质参与

任何一种学科的能力，都要在学生的思维活动中获得发展，离开思维活动，无学科能力可言。因此，一个学生某学科能力的结构，当然包含体现个体思维的个性特征，即个体思维品质。

如上所述，在一定意义上说，思维品质是智力与能力的表现形式。智力与能力的层次，离不开思维品质，集中地表现在深刻性、灵活性、独创性、批判性、敏捷性五个思维品质上。这些思维品质确定了个体某学科能力的等级和差异。所以在研究某学科能力的结构时，应考虑到思维的深刻性、灵活性、独创性、批判性和敏捷性五个思维品质。为此，我们以数学与语文两科能力为例，设了下边两章。在这两章里，分别较详尽地用数学语言与语文语言来构建并表达这两个学科能力中思维品质的表现。

因此我们可以说，发展学生的学科能力，离不开其思维品质的培养。这在第八、第九章再作详述。

第八章　中小学生数学能力的发展与培养

如前所述，思维结构是个多侧面、多形态、多水平、多联系的结构。它既是静态的，又是动态的，这是我们研究学科能力结构的科学依据。

在讨论不同学科能力时，我们特别重视两个问题：一是前一章所阐述的思维品质；二是各学科能力的特点。

我们在教学实验中提出，在充分而全面认识数学教学目的的基础上，抓好以概括为基础的开放性动态系统的数学能力的培养，也就是把数学能力看成三种基本能力（运算能力、空间想象能力和逻辑思维能力）与五种思维品质（深刻性、灵活性、独创性、批判性和敏捷性）的统一整体来培养。

第一节　关于中小学生的数学能力

中小学生的数学能力，应看作以数学概括为基础，将三种基本数学能力与五种（小学阶段有时提四种，不提批判性）思维品质组成 15（或 12）个交结点的开放性动态系统①②。

---

① 孙敦甲. 学生数学能力结构. 心理发展与教育，1987，4
② 谭瑞、李汉. 关于小学生数学能力的结构. 心理发展与教育，1989，2

一、运算能力、空间想象能力和逻辑思维能力是中小学生数学能力的基本内容

传统观点认为，学生数学能力由运算能力、空间想象能力和逻辑思维能力三种基本能力或学科特殊能力构成。这种看法是正确的。

（一）对小学生三种基本数学能力的看法

运算能力主要体现在整数、小数、分数、百分数、四则运算及其混合运算中表现出来的正确、合理、灵活、熟练程度上，表现在数和式（包括繁分数、代数式、比、比例式，方程式——最基本的形式）的熟练而丰富的恒等变形上，表现在基本数量关系的等价变换的熟练、丰富和深刻上。

空间想象能力主要体现在对空间观念（一维、二维、三维空间中方向、方位、形状、大小等）的理解水平与几何特征的内化水平上；体现在简单形体（线、平面图形、长方体、圆锥体等）空间位置的想象变换（平移、旋转以及分割、割拼、补组、迭合等）上以及抽象的数学式子（算式与代数式等）给予具体几何意义的想象解释或表演能力上。

逻辑思维能力主要体现在：对数学现象的比较分析和关于数学的特性、规律，以及数量关系的归纳、假设、推断、检验、概括、演绎、分解、组合等活动中所表现出来的正确性、准确性、严谨性、完备性、敏捷性、深刻性、创造性及其自觉性水平上。

（二）对中学生三种基本数学能力的看法

随着学生学习内容的变化，也要重新认识中学生三种基本数学能力的内涵。在中学阶段，中学数学中的运算要比计算、要比小学数学中的运算内容广泛，例如方程变形、式子变形、函数变形，甚至几何中的变换的合成等都属于运算的范畴。运算能力主要体现在：根据中学数学的法则、公式等进行数学运算中表现出来的正确、合理、灵活、熟练程度上，还表现在理解运算的算理，根据题目条件寻求最合理、最简捷运算途径的水平上。

空间想象能力主要体现在：由形状简单的实物想象出几何图形以及由几何图形想象出实物的形态的想象水平上；由较复杂的平面图形分解出简单的、基本的图形以及在基本的图形中找出基本元素及其关系的操作水平上；根据条件作出或画出图形的近似程度上；想象几何图形的运动和变化，形象地揭示问题的本质等的能力水平上。

逻辑思维能力已不再局限于抽象逻辑思维能力一种，它还包括形象思维的能力、直觉思维的能力、辩证思维的能力等，但仍然以抽象逻辑思维能力的发展为基础和核心，主要体现在：对数学事实和数学材料的观察、比较，对数学概念和数学命题的分析、综合、抽象和概括；对数量关系和空间形式的归纳、演绎、类比、分解、组合等活动中所表现出来的正确性、准确性、严谨性、完备性、敏捷性、深刻性、创造性及其自觉水平上，特别体现在解决问题过程中所表现出来的阐述自己的思想和观点的准确性、逻辑性水平上。

上述三种基本能力和相应的基础知识与基本技能是不可分割的，能力的发展以知识技能为基础，但知识技能与能力是不同的。例如，两个学生通过各自的学习在解决某些数学问题时都能够做到按一定合理的、完善的步骤自动地进行，解题速度和学习分数都差不多，我们可以说这两个学生在掌握这些数学知识与技能方面达到了接近的程度。但是，这两个学生掌握这些数学知识和技能的快慢、深度、巩固程度以及迁移广度可能有很大的不同，即在数学能力上有着不小的差异。因此，在教学过程中不仅要注意知识技能的培养，还要特别重视发展能力。那么，学生能力的差异究竟通过什么来体现呢？关于数学能力结构的传统提法没有很好地回答这个问题，我们有必要对数学能力结构作进一步的探讨。

二、中小学生在数学学习中的思维品质

中小学生数学能力的差异不仅仅表现在能否解答数学问题上，还表现在解答问题过程中运用数学思维技巧的科学性、灵活性及其广度、深度上，其外化表现主要是敏捷性、灵活性、深刻性、独创性和批判性的水平层次上——也就是基本数学思维品质上。

（1）数学思维的深刻性，是学生对具体数学材料进行概括，对具体数量关系和空间形式进行抽象，以及在推理过程中思考的广度、深度、难度和严谨性水平的集中反映。一个数学思维深刻性水平高的学生，在数学活动中能够全面地、深入地、从准和从细地思考问题，善于抓住事物的本质、规律和内在联系，善于抽象概括、分类和推理，知识与技能系统化水平高，解答问题力度大。

（2）数学思维的灵活性，是学生在数学思维活动中思考的方向、过程与思维技巧的即时转换科学性水平的集中反映。一个数学思维灵活性水平高的学生，思维流畅，富于联想，掌握较丰富的数学思维技巧，具备求异思维与求同思维兼容的、富有目标跟踪能力的特征，正向与逆向、横向与纵向，以及扩张与压缩，变换机智灵活，解答方法的选择合理恰当。

（3）数学思维的独创性，是学生在思维活动中发现矛盾、提出假设并给予论证（或检验）的、充分体现个性特征的"创造"性活动能力水平的集中反映。一个数学思维独创性水平高的学生，在数学活动中善于归纳与猜测，求异意念强烈，思维发散水平高，新颖性强，有较浓的进取心理气氛。

（4）数学思维的批判性，是学生在思维活动中严格估计思维材料、精细检查思维过程、自我控制和调节思维方向与过程的能力水平的集中反映。一个数学思维批判性水平高的学生，在数学活动中具有良好的思维自我意识（监控），善于从正、反两方面和多角度评价论点或论据，能自觉排除干扰，克服负迁移，缜密、深刻地思索水平较高，数学自学能力和对他人的作业或推理进行评价的能力也较强。

（5）数学思维的敏捷性，是学生数学思维活动速度的集中反映。一个数学思维敏捷性水平高的学生，在数学活动中的外化表现是思路清晰，反应敏捷，推理与运算"跨度"大，内化水平高，解题耗时少。

上述五种思维品质，是一个相互联系、密不可分的辩证统一体，但毕竟各有其特定的意义。

三、对中小学生数学能力结构的基本认识

关于数学能力结构的提法越来越丰富，除了传统的三种基本能力和五种思维品质之外，还有提到相应的一些思维能力的，例如，顺向思维能力、逆向思维能力、分析与综合能力、归纳与演绎能力、假设与检验能力、类比与分类能力、模拟与想象能力，等等，这反映了人们对于数学能力结构认识的深入。我们认为：第一，数学能力结构应当包括传统的三种基本数学能力以及五种数学思维品质；第二，关于思维能力的其他一些提法与五种思维品质的提法，意思是接近的，可以纳入思维品质去考虑；第三，三种基本能力与五种思维品质（包括与思维品质相应的一些思维能力）的关系，不是并列的关系，而是交叉的关系。我们把三种基本数学能力与五种思维品质看成一个系统，它们的交叉关系形成了 15 个交叉点（小学列为 12 个交叉点）。下面的表格列举中小学生数学能力的表现，从表中可以看到数学能力结构系统的内部联系（表 8-1 和表 8-2）。

（一）对小学生数学能力结构的列举及剖析

表 8-1　　　　　　　　　　　小学生数学能力结构样例

	运算能力	逻辑思维能力	空间想象能力
思维的深刻性	1. 表现在概括过程中：善于广泛地调用所学的数学知识，去细致负责地分析有关运算的问题，善于紧扣本质与内在联系，去概括和形成新的有关运算的意义、法则、定律、性质等概念。 2. 表现在理解过程中：善于从四则运算之间的辩证统一关系，去深入理解各运算的意义；善于从整、小、分（百分）数间的内在联系，去深入理解运算定律和性质；善于从计算经验和生活实践出发，去弄清有关运算公式、法则和性质成立的理由。 3. 表现在运用过程中：善于进行数和算式的等值变形、公式的等价变形；善于辩证统一地处理运算和解变形的或不常见的运算问题；善于用一般的方法解文字题和方程；善于进行难度较大的运算；具有良好的检验习惯，能自觉做到每步运算依据充足，漏弊防范能力强。 4. 表现在运算效果上：过程正确、严谨、技巧化水平高，解答难度较大的运算问题能力强。	1. 表现在概括过程中：善于在具体数学材料中抓住本质，概括出有数、式和数量关系的基本概念与公式；善于在较复杂的应用题中概括出基本数量关系；善于在解题过程中概括出知识结构、习题类型和进行解答技巧分类。 2. 表现在理解过程中：善于正确理解数学名词与符号的意义，在头脑中建立各种数学概念；善于发现知识间的内在联系，能将头脑中的知识重新进行建构。 3. 表现在运用过程中：善于进行数量关系的等价变换，掌握多种描述同一数学性质的语言技巧；善于辩证统一地运用四则运算意义说明实际问题中的数量关系和用具体数量关系解释四则运算与规律；善于区别相近数学概念，和发现不同数学现象间的本质联系；善于将知识和技巧进行组合、分类，使之系统化、结构化；善于全面、严谨地思考问题，能用充分的理由说明数学现象和解答问题的过程；善于自觉地用分析、综合、归纳、演绎、模拟、类化、假设、想象等方法，能解答难度较大的问题。 4. 表现在推理效果上：全面、严谨、深刻、力度大，技巧系统化水平高。	1. 表现在概括过程中：善于从不同状态、不同角度与方法，去正确地形成有关几何概念、度量性质和比例尺、统计图表的现象。 2. 表现在理解过程中：善于用变化的、辩证的思想去认识，并发现几何形体中某些量间的比例关系，和不同形体间的联系；善于用初步经验与解法去认识新的几何形体；善于用几何现象解释某些计算公式和变化规律。 3. 表现在运用过程中：善于对常见几何形体按几何特征或度量性质进行分类；能根据文字题想象出相应的几何形体，并正确地分析出几何特征与隐含的数量关系；能将一些抽象的算式解释成具体的几何环境中的数量关系；善于对组合图形（体）作丰富的想象变换，并转换成一些常见的简单图形来进行数量关系分析，善于恰当地设计、并绘制正确的统计图表，分析难度较大的几何问题做到理由充足。 4. 表现在几何想象效果上：解答由文字抽象描述的几何问题能力强，几何形体的分解与组合变换形式多样、理由充分；头脑中有鲜明、准确的方位、方面、形状、度量观念和广阔的几何变换空间。

285

学习与发展（第2版）
——中小学生心理能力发展与培养

	运算能力	逻辑思维能力	空间想象能力
思维的灵活性	1. 表现在概括过程中：善于运用运算结果比较分析，并联系生活经验归纳、概括运算的意义、法则、定律、性质；能灵活选用数学技巧，紧扣目标展开思索。 2. 表现在理解过程中：善于利用已有的数、式、运算等知识、技巧和生活经验，从多侧面去弄懂数学运算问题。 3. 表现在运用过程中：善于自觉地调用运算公式、法则、定律、性质和技巧，善于根据计算目的灵活调节运算过程、选用运算方法进行合理、巧妙地运算；既能用一般的方法、规则进行运算，也能用特殊技巧进行运算，还能用多种方法解同一个运算问题。 4. 表现在运算效果上：流畅、停顿等；富于联想，解法多；方法灵活，恰当。	1. 表现在概括过程中：善于调用已学数学知识与学习经验，从不同角度进行比较、归纳、假设，概括出数与运算、数量关系中的规律。 2. 表现在理解过程中：善于调用已有的数学知识、技巧、经验，灵活采用分析、演绎"模仿"想象、尝试等思维方法，去弄懂数学问题（包括概念和需求解的问题）。 3. 表现在运用过程中：善于灵活调用数、式、几何常识，从不同角度、方向和环境出发考虑和解决问题；善于用一般的方法和特殊技巧解决同一个问题；具备求同思维与求异思维兼容的，正向与逆向、扩张与压缩变换机智灵活的，善于运用变化的、运动的观点考虑问题的习惯表现。 4. 表现在推理效果上：目标跟踪意识浓，方向、过程、技巧、及时转换水平高，解法多。	1. 表现在概括过程中：善于画图和动手实验，灵活调用已学知识、技巧，较容易地概括出几何形体的基本特征与性质（包括公式）。 2. 表现在理解过程中：善于调用已有的几何知识与经验，从不同角度、用多种方法（推理、实验等）去理解几何形体的位置与度量关系，和某些性质（如稳定性、圆锥体中高与底面积的反比例性质等）。 3. 表现在运用过程中：善于灵活地从不同角度、运用不同的几何知识，去分析几何问题，解决几何问题；善于通过在某个条件不变下，变换几何位置与形状，去解决某些几何问题；善于由已知几何条件联想到多种几何位置、形状与度量关系，并灵活地解答各种变形问题。 4. 表现在几何想象效果上：空间想象能力强。变换多，不仅能从一种几何状态想象到另一种状态，而且还能从某些算式想象出具有相应的度量性质的几何形体；解题思路多，方法选择得当，善于解答组合形体问题。

	运算能力	逻辑思维能力	空间想象能力
思维的独创性	1. 表现在概括过程中：善于用独特的思考方式，去探索、发现、概括运算方法（技巧）。 2. 表现在理解过程中：善于用独特的方式，去理解和解释运算方法与规律。 3. 表现在运用过程中：善于用独特的、新颖的方法，进行运算（包括解方程、化简比、繁分数等）。 4. 表现在运算效果上：解法新颖，有独到之处。	1. 表现在概括过程中：善于发现矛盾、提出猜想给予验证（论证）；善于按自己喜爱的方式进行归纳，具有较强的类比推理能力与意识。 2. 表现在理解过程中：善于模拟和联想；善于提出补充意见和不同的看法，并阐述理由或依据。 3. 表现在运用过程中：分析思路、技巧调用独特新颖；善于编制机械模仿性习题。 4. 表现在推理效果上：新颖、反思与重新建构能力强。	1. 表现在概括过程中：善于用独特的思考方式去探索和发现几何形体上的数学特征与度量性质。 2. 表现在理解过程中：善于提出等价的几何公式和修正意见；善于用一般化的和运动的思想方法去认识形体中的数学特征。 3. 表现在运用过程中：善于创设几何环境；善于制作几何模型；善于用独特、新颖的方法分析、解答几何问题。 4. 表现在想象效果上：想象丰富、新颖、独特。
思维的批判性	1. 表现在概括过程中：善于对归纳和假设的结论（运算规律）进行严格的检验和合理的修正。 2. 表现在理解过程中：善于区别不同的运算法则、定律、性质及其适用的条件；善于从正反两方面加深对运算规律的理解。 3. 表现在运用过程中：能自觉排除某些形式的干扰，采用合理的步骤进行运算；善于运用各种方式检查并发现运算结果和过程中的错误，自主调整解题方法与步骤，纠正错误。	1. 表现在概括过程中：善于精细地估计数学材料，推理过程中选用条件（包括间接条件）准确；善于从正、反两方面思考推理过程，并及时调节和修正。 2. 表现在理解过程中：善于考虑多种因素的影响，从正、反两方面理解概念；善于发现并指出理解过程中可能会出现的错误倾向，排除错误的干扰，自觉克服"负迁移"。 3. 表现在运用过程中：推理过程中有很强的目的性；善于进行辩证的思索与分析，自觉检查思维过程，自我控制和调节思维方向，对解答结果能自觉作出估计和检验。	1. 表现在概括过程中：善于排除图形（体）的干扰因素；准确地概括出几何性质。 2. 表现在理解过程中：善于从不同角度和正反两个方面去理解几何概念，分清相近几何概念的不同之处；善于摆脱具体特殊图形（体）产生的错觉，把握住几何实质。 3. 表现在运用过程中：善于排除无关的几何因素影响，紧紧把握住形体中的数量关系；善于从复杂形体中分离出有用的基本形体；善于用图形（体）等积变换技巧，检验由分析或计算得到的结论。

287

学习与发展（第4版）
——中小学生心理能力发展与培养

	运算能力	逻辑思维能力	空间想象能力
思维的批判性	4. 表现在运算效果上：能看清题目要求，使用运算方法不容易发生混淆，运算正确率高。	4. 表现在推理效果上：推断、估计能力，自学能力和对结论与推理过程进行评价（包括错误原因分析和错误将形成的推断）的能力强。	4. 表现在想象效果上：缜密、深刻，有清醒的自我评价；对图表和几何模型有较高的鉴赏能力。
思维的敏捷性	1. 表现在概括过程中：只需借用少量运算实例，就能迅速概括出一般运算法则、定律、性质及其他规律或技巧。 2. 表现在理解过程中：只需通过少量实例说明，就能明白运算道理与基本步骤和过程，就能模仿范例进行运算。 3. 表现在运用过程中：只要通过少量范例，就能正确、迅速地进行运算；善于抓住问题本质，运算过程跳跃大、跳得恰当，步骤简捷，心算、口算好。 4. 表现在时耗上：反应敏捷停顿少，完成运算（特别是难度较大的）耗时少。	1. 表现在概括过程中：只要通过少量实例，就能概括出数、式及数量关系中的数学特征、规律与相应的解题技巧。 2. 表现在理解过程中：只需通过少量实例就能弄懂数、式及数量关系中的特征与规律，能很快地抓住问题的实质，能熟练地作等价变换。 3. 表现在运用过程中：只要通过少量实例，就能准确运用数、式、数量关系等知识，说明实际问题中的数学道理，解答比较复杂的数学问题，而且思路清晰弯路少，推理跨度大。 4. 表现在时耗上：解答和说明问题落手快，完成推理过程耗时少。	1. 表现在概括过程中：只要通过少量实例，就能概括出几何形体中常见的数学特征及相应的计算公式（周长、面积、体积、内角和公式等）。 2. 表现在理解过程中：只要通过少量实例，就能懂得几何形体的有关定义、性质、公理，能很快地抓住几何形体间的本质联系。 3. 表现在运用过程中：只要通过少量实例，就能概括具体问题中的几何本质联系，选择正确的方法，准确地解决几何度量、作图和计算等问题；在说明几何现象和解答几何问题过程中，几何表象清晰，重现迅速，能快捷地进行分解、组合、等积变换。 4. 表现在时耗上：心到手到，连贯迅速，耗时少。

（二）对中学生数学能力结构的列举及剖析

表 8-2　　　　　　　　　　　中学生数学能力结构样例

	运算能力	逻辑思维能力	空间想象能力
思维的深刻性	1. 能正确形成有关数、式、方程和函数的概念以及各种运算和式子变形的概念。 2. 善于概括各种运算及式子变形的类型，并能正确地判断一个具体问题属于哪种类型。 3. 善于对式子、方程、函数作一般研究，善于解字母系数的习题。 4. 善于找到有关公式之间的联系，并运用这种联系去掌握公式。 5. 善于自觉运用基本运算律、指数律，以及加减统一、乘除统一、乘方开方统一的思想，去掌握其他公式和法则。 6. 能自觉做到每步运算或变形的依据充足。 7. 能弄清公式、法则成立的理由。 8. 善于解决难度较大的运算问题。	1. 能正确形成各种概念，正确理解名词及符号的含义。 2. 善于概括各种数学证明的类型及一般方法。 3. 掌握命题结构及四种命题之间的关系。 4. 善于将知识系统化、结构化，善于抓住各概念及知识之间的联系，从不同角度分析组合，概括地形成知识结构的系统。 5. 善于自觉运用分析和综合、对比和类比、归纳和演绎、直接证法和间接证法，去进行推理论证。 6. 能自觉按照逻辑规律进行推理，做到推理的每一步都有理由。 7. 善于掌握定理的证明。 8. 思考问题全面、细微，能从事难度较大的推理论证，解决难度较大的综合问题和应用问题。	1. 能正确形成几何图形的有关概念以及数轴、直角坐标系、方程的曲线（面）、函数的图像等概念，善于给出某些代数问题的几何解释。 2. 善于对几何图形、方程曲线及函数图像进行概括、分类，抓住各种图形之间的联系。 3. 善于根据文字叙述想象出几何图形，善于根据几何图形正确地分析出有关的位置和度量关系，并能用语言文字表达。 4. 善于根据方程想象曲线的形状，善于由曲线的形状看出方程的特点。 5. 善于根据函数关系式想象图像、形状，善于由图像的形状掌握函数的特点。 6. 能自觉做到对几何图形、方程曲线、函数图像的分析有充足的理由。 7. 善于分析难度较大的几何问题。

289

	运算能力	逻辑思维能力	空间想象能力
思维的灵活性	1. 善于灵活运用运算律、运算法则和运算公式。 2. 从考虑一种运算方法容易转向考虑另一种运算方法。 3. 善于将公式灵活地变形。 4. 善于将公式中的变元及方程中的未知量灵活地代换。 5. 在式子的运算过程中，善于进行式子的分解与组合。 6. 善于运用多种方法解一个运算问题。	1. 善于灵活运用法则、公理、定理和方法，概括——迁移能力强。 2. 善于灵活变换思路，能从不同角度、方向、方面运用多种方法去着手解决问题。 3. 善于运用变化的、运动的观点考虑问题。 4. 思维过程灵活，善于把分析与演绎、特殊与一般、具体与抽象有机地联系起来。 5. 从正向思维容易转向逆向思维。 6. 思维结构多种、灵活。	1. 善于灵活运用图形的性质。 2. 善于从不同的角度用多种方法去分析图形性质。 3. 善于从图形的位置、度量关系的变化来发现规律。 4. 善于在保持图形已知条件的要求下灵活变换图形。 5. 善于解决轨迹问题。 6. 善于从已知图形中联想到多种位置和度量关系。
思维的独创性	1. 善于探索、发现新的运算规律。 2. 善于提出独特、新颖的解题方法。	1. 富于联想，善于自己提出新的问题，并能独立思考，探索和发现新的规律。 2. 对定理、法则有自己独特的理解，并能够进行推广；善于提出自己独特、新颖的解题方法。 3. 能编制有一定水平的习题。	1. 善于探索发现新的图形关系中的规律。 2. 善于提出独特、新颖的方法进行图形分析。 3. 能设计制作有一定特色的几何教具。
思维的批判性	1. 解题时能看清题目要求，自觉采用合理步骤运算。 2. 运算中能正确选取有用的条件和中间结果。 3. 运算中能及时调整解题步骤和方法，特殊问题能采取特殊解法。 4. 善于发现运算过程中的错误并及时纠正。 5. 在使用运算法则时不容易发生混淆。 6. 善于运用各种方式检查运算结果的正确性。	1. 善于对问题的可解性作出正确的估计，推理过程的目的性强。 2. 推理过程中能恰当选取有用的条件和中间结论。 3. 推理的思路清楚，具体问题具体分析，能及时调节、修改思路。 4. 善于发现推理过程中的错误并及时纠正。 5. 不容易受到错误的"引诱"，不容易产生错觉，善于克服学习过程中的"负迁移"。 6. 善于考虑正反两方面的论据，作出正确的判断。	1. 分析图形关系的目的性强。 2. 善于从复杂图形中取出有用的基本图形加以分析，善于正确添置辅助线。 3. 善于发现作图及图形分析中产生的错误，并及时纠正。 4. 容易摆脱具体图形产生的错觉。 5. 善于变换具体图形来检验分析得到的结论的正确性。

	运算能力	逻辑思维能力	空间想象能力
思维的敏捷性	1. 只要通过少量的具体例子，就能概括出一般的运算方法。 2. 只要通过少量的例题，就能正确运用公式和法则进行难度较大的运算。 3. 善于抓住问题的本质，迅速选择正确的方法和步骤。 4. 运算步骤简捷。	1. 只要通过少量的例题，就能掌握一种证明方法。 2. 只要通过少量的例题，就能正确运用定理解决难度较大的证明问题。 3. 思维效率高，能很快抓住问题的实质，推理过程中所走的"弯路"少。 4. 推理论证步骤简捷。	1. 只要通过少量的具体图形，就能概括出图形的一般性质。 2. 只要通过少量的例题，就能进行难度较大的图形分析。 3. 能够迅速地找到图形的本质联系。 4. 分析几何图形的步骤简捷。

四、概括是数学能力的基础

思维最显著的特性是概括。善于概括是思维深刻的重要特点，概括也是数学的重要特点。如前所述，学习与运用的过程就是概括——迁移的过程。没有概括，就谈不上迁移；没有概括，就不能掌握知识，就不能运用知识，就不能学习新的知识；没有概括，就无法进行逻辑推理，就谈不上思维的深刻性和批判性；没有概括，就没有灵活的迁移，就谈不上思维的灵活性与创造性；没有概括，就没有"缩减"形式，也就谈不上思维的敏捷性。因此，概括是一切思维品质的基础。

与数学思维深刻性相联系的数学概括能力，就是从大量的或繁杂的数学材料中抽出最重要的东西，以及从外表不同的数学材料中看出共同点的能力。数学概括的过程，应当包括以下几个方面：第一，数学概念和数学规律的概括；第二，把概括的东西具体化；第三，在现有概括的基础上进行更广泛、更高层次的概括；第四，在概括的基础上把数学知识系统化，这是概括的高级阶段。

例如，学生从认识具体化的一些二元一次方程组并研究其解法之后，概括出一般的二元一次方程组的概念及解法，这是数学概念和数学规律的概括。学生运用这种解法去解各种具体的二元一次方程组，这是把概括的解法具体化。有些方程组表面上不是二元一次方程组，如可化为二元一次方程组的分式方程组，甚至像三元一次方程组，但学生能看到它们与二元一次方程组之间的共同点，找到它们的解法，这就进行了更广泛、更高层次的概括。学生

在学习了各种方程组及其解法之后，分析它们之间的联系和关系，把这些内容系统化，这是概括的高级阶段。

由此可见，概括的过程就是迁移的过程，概括的水平越高，迁移范围就越广，"跨度"就越大。由于概括，学生抓住了数学知识的本质、知识的全体、知识的内部联系，掌握了数学知识的规律性；由于概括，学生善于发现已经掌握的数学知识与新遇到的数学问题之间的共同联系，善于运用已学知识去解决新的问题，获得新的知识和技能，做到举一反三，触类旁通，温故而知新。因此，概括能力是一切数学能力的基础，概括能力的提高，将会使学生学习数学的能力显著地增强，这是应当引起我们特别重视的。

综上所述，数学能力是以概括为基础的开放性动态系统，是三种基本数学能力与五种数学思维品质相互交叉构成的统一整体。

第二节　中小学生数学能力的发展

数学是人类思维的体操。中小学生数学能力发展在一定程度上则体现了其心理能力，或智力与能力的发展。

中小学生数学能力的发展，既有联系性、一致性，又有差异性和各自特点。因为小学和中学数学内容有质的不同，于是小学生和中学生的数学能力的表现不完全一致，甚至于有质的区别。

一、小学生数学能力发展的特点

根据小学生数学能力结构，我们在研究中发现小学生数学能力有如下的特点。

(一) 数学概念的发展

国内心理学界关于小学生数学概念的研究主要分两个方面：一种是从形式上开展研究，即研究数学概括能力的发展；另一种是从内容上开展研究，即研究具体数概念的发展。

1. 小学生数学概括能力的发展

我们认为，数学概念的掌握需要概括能力作基础，同时它又促使概括能力的发展。学生数学概括能力体现了其掌握数学概念的水平，所以，我们在研究小学生数学概念水平时，主要研究他们概括能力的特征。

在第六章，我们已经阐述了自己在这方面的研究材料，于此不再赘述。

2. 小学生数学概念的发展

在我们的"九五"重点课题研究中,我们从许多数概念中选取主要的六个概念用测验法探索了小学儿童数概念的发展特点。数概念主要测查儿童对数概念的认识是否受无关信息的干扰,如让儿童判断六块面包放在一起和分开放数量是否一样;顺序概念的测查任务是按某一顺序,将三个不同颜色的球放进一个塑料空筒,让儿童判断倒出来的顺序;空间概念的测查任务是让儿童判断一个景物从不同角度的照片;体积概念的测查任务是有两个大小相同的球,变化其中一个球的形状,让儿童判断它们在水平上升的高度有无变化;长度概念的测查任务是将某一长度的直线变化其形状后,让儿童判断其长度是否改变;概率概念的测查任务是让儿童判断在某一条件下某事件发生的可能性大小。具体结果见表 8-3 和图 8-1。

表 8-3　　　　　　　　　　儿童数概念发展的通过率（%）

数概念	一年级	二年级	三年级	四年级	五年级	六年级
数量概念	47	50	79	85	89	91
顺序概念	20	38	52	62	72	78
空间概念	24	28	25	46	68	76
体积概念	24	28	25	38	46	57
长度概念	27	38	33	49	52	59
概率概念	22	23	25	29	36	40
平　　均	24	34.17	39.83	51.5	60.5	66.83

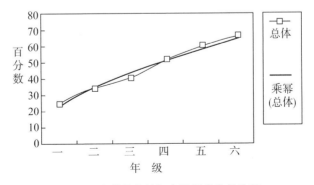

图 8-1　小学儿童数概念发展的整体趋势

从表8-3和图8-1可见，小学儿童数概念的发展趋势从总体上看，幂函数较好地描述了这种发展趋势，这说明，小学儿童数概念的发展有一个加速期，这一加速期出现在三年级到五年级（$P<0.01$），其中四年级是一个转折点，到五年级后基本保持缓慢的发展趋势。从表8-3和图8-2可见，不同的数概念其发展水平是不同的，其中数量概念发展速度最快，转折点在三年级（$P<0.01$）；顺序概念的发展趋势最接近幂函数的发展趋势；空间概念在一年级到三年级基本不快，三年级到五年级是直线发展的趋势（$P<0.01$），到了五年级后发展缓慢；长度概念和体积概念发展趋势呈波浪形的向上发展；概率概念发展速度最慢。这说明，不同数学概念的内容，其发展速度是不同的，既表现出量的差异，又表现出质的差异。

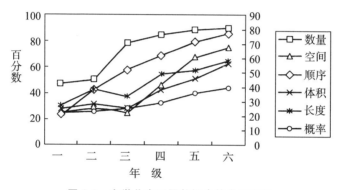

图8-2　小学儿童不同数概念的发展趋势

（二）小学生数学推理能力的发展

1. 指标的确定

在研究中，我们确定四项指标，来分析小学生运算中推理能力发展的水平：

（1）推理发生的范围，即是在算术运算中的推理还是在初步代数式中的推理；

（2）推理的步骤，即直接推理还是多步间接推理；

（3）推理的正确性；

（4）推理的品质抽象概括性，即重复过程还是进行逻辑推论获得本质的结论。按此指标，小学生运算中归纳推理和演绎推理的能力的发展趋势，可得到相应的四级水平。

①归纳推理能力的发展，表现出的四级水平是：Ⅰ．算术运算中直接归纳推理（如儿童对"6＋0＝6，8＋0＝8，19＋0＝19…"归纳为"任何数加零等于原来的数"）。Ⅱ．简单文字运算中直接归纳推理（如儿童对一组等式 $x=y$，$x+a=y+a$，$x+b=y+b$，$x+c=y+c$…归纳为"等式两边加上一个相同

的数，仍然相等"）。Ⅲ．算术运算中间接归纳推理（如儿童通过多次步骤的分数运算，找出"分数性质"）。Ⅳ．初步代数式的间接归纳（如小学生通过多次地对两个变量的运算，归纳了 $y = f(x)$ 的一定函数关系）。

②演绎推理能力的发展，表现出的四级水平是：Ⅰ．简单原理、法则直接具体化的运算（如按类型儿童演算应用题）；Ⅱ．简单原理、法则直接以字母具体化的运算（如二年级学生能用 $a + b = b + a$，$(a + b) + c = a + (b + c)$ ⋯字母来表示交换律、结合律等，并运用于习题中去）；Ⅲ．算术原理、法则和公式作为大前提，要求合乎逻辑进行多步演绎和具体化，正确地得出结论，完成算术习题；Ⅳ．初等代数或几何原理为大前提，进行多步演绎推理，得出正确的结论，完成代数或几何习题。

2．研究结果

我们将城乡各年级被试正确地达到这归纳与演绎推理的四级水平的百分数列于表 8-4 之中。

由表 8-4 可以看出，小学生思维材料之一的推理能力的发展趋势为：第一，小学儿童在归纳推理与演绎推理能力的发展上，既存在着年龄特征，也表现出个体差异；第二，小学阶段，随着年龄的增长，年级的升高，儿童推理范围的抽象度也在加大，推理的步骤愈加简练，推理的正确性、合理性和推理品质的逻辑性与自觉性也在增强；第三，小学生在运算能力的发展中，掌握归纳与演绎两种推理形式的趋势和水平是相近的（$r = 0.79$）。这个结果，与一些国外研究资料中强调两种推理能力发展先后与水平高低的结论，是有出入的[①]。

表 8-4　　　　　　　　　　不同年级学生两种推理的水平

百分数统计 水平（%） 年级	归纳推理				演绎推理			
	Ⅰ	Ⅱ	Ⅲ	Ⅳ	Ⅰ	Ⅱ	Ⅲ	Ⅳ
一	66.7	10	—	—	56.7	6.7	—	—
二	90	50	3.3	—	86.7	70	—	—
三	100	76.7	23.3	—	96.7	80	20	—
四	100	90	60	30	100	86.7	66.7	46.7
五	100	96.7	83.3	36.7	100	96.7	76.7	56.7
差异的检验	归纳与演绎的相关系数 $r = 0.79$，它们之间的差异 $P > 0.1$；三、四年级归纳与演绎发展水平之间的差异 $P < 0.01$；其他各年级在这两种推理发展上的差异 $P > 0.05$							

① 　H. Russell. Children's Thinking. New York：Blaisdell Publishing Co. 1965

（三）小学生掌握应用题能力的发展

我们认为，思维方向的发展经过了单向（顺向）到重复（质的重复，性质不变），到可逆与守恒，到反复或反馈（综合性的分析结构）的途径。现在我们以分析小学生解答应用题的过程来研究他们的思维方向的发展。

1．对小学生解答一步应用题的分析

向被试出示三类一步应用题：第一类系顺向（正条件）应用题；第二类系逆向（反条件）应用题；第三类按条件添加问题，编完应用题。以一年级至三年级城乡被试正确率列于表 8-5 试加说明。

表 8-5　　　　完成不同类型一步应用题的正确率差异

正确率（％）　题目 年级	第一类题	第二类题	第三类题	
			完成加减编题	完成乘除编题
一	96.7	83.3		
二	（一～三年级 的平均数）	93.3	86.7	46.7
三		96.7		

从上表可以看出，小学生在解答应用题中的思维方向，先从顺向向逆向（可逆与守恒）发展。一年级的 83.3％被试已掌握了逆向（反条件）应用题，即可以逆向思维。而完成逆向思维任务中，其效果（如第三类题的两种课题）随作业任务的性质而决定。

2．对小学生解答多步应用题的分析

让被试解答多步应用题，要求多步变一步综合列式、综合列式变多步列式或增加步子。这是一个综合性的分析结构，是反复（或反馈）的思维活动，反复地进行综合性的分析，找出条件与问题之间的联系，然后解决问题。研究结果：解答这种多步应用题的正确率，三年级仅 36.7％，四年级达78.3％，五年级达 81.7％。可见，小学生解答应用题中的思维方向，从可逆性发展到反复（或反馈）性，一般要到四年级才完成。

（四）小学生数学运算中思维法则的发展

思维过程是遵循一定法则的，思维法则是对事物的客观的反映。小学生掌握数概念与运算思维时应循法则很多，主要运算法则有四种，即交换律（$x \wedge y = y \wedge x$）、分配律 $\{x \wedge (y \wedge z) = (x \wedge y) \vee (x \wedge z)\}$、结合律

$\{(x \wedge y) \wedge z = x \wedge (y \wedge z)\}$、二重否定律 $\{\neg (\neg x) = x\}$。

1. 研究指标

以学生运用法则的范围与正确率为指标，小学阶段掌握运算法则可分为三级水平：

（1）在数字习题中运用运算法则；

（2）在简单文字习题中运用运算法则；

（3）代数式和几何演算中运用运算法则。这里只分析前两级水平的结果。

2. 研究结果（表8-6）

表8-6　　　　　　　　不同年级被试运用运算法则的能力发展

百分率分配（%）　　法则　　　　年级	交换律		结合律		分配律		二重否定律	
	数字演算	文字演算	数字演算	文字演算	数字演算	文字演算	数字演算	文字演算
一	83.3	—	80	—	80	—		
二	90	83.3	86.7	40	83.3	40	—	—
三	100	90	100	70	96.7	73.3	—	—
四	100	100	100	100	100	100	23.3	13.3
五	100	100	100	100	100	100	86.7	76.7

从表8-6可见，80%以上的一年级学生从入学的第二学期起，就可以在简单数字运算中运用交换律、结合律和分配律，经过二年级的过渡，三年级的大部分学生能在简单文字演算中运用交换律、结合律和分配律。四年级以后逐步掌握算术运算中的二重否定律。二重否定律的掌握，是小学生运用运算法则能力中的一个转折点（飞跃期）。

鉴于上述四个方面的分析可以看到，小学生数学能力是一个整体结构，学生的运算思维能力发展的过程，就是运算中思维结构完善和发展的过程。全面地发展小学生的思维结构，是提高小学数学教学质量的关键所在。

二、中学生数学能力发展的特点

根据中学生数学能力的结构，我们以三种基本数学能力为主线展开了中学生数学能力发展的研究，得到了中学生数学能力发展的特点，现分别叙述如下：

（一）数学运算能力

我们认为可以把中学生的运算能力水平分为三个层次：

第Ⅰ级水平为了解与理解运算的水平，指的是学生对运算的含义有感性的、初步的认识，能够（会）在有关的问题中识别它，并进一步对运算的法则、公式、运算律等达到理性认识的水平，即不仅能够说出其是什么，它是怎样得来的，而且要知道它与其他运算之间的关系，有何用途。

第Ⅱ级水平为掌握应用运算的水平，指的是学生在了解与理解的基础上，通过练习，形成技能，能够（会）用运算去解决一些基本的常规问题。

第Ⅲ级水平为综合评价运算的水平，指的是能够综合运用多种运算，并达到灵活变换的程度，可以对同一问题采取不同的运算方案，并迅速准确地判断出最合理、最简捷的运算途径是什么，从而形成高级阶段的运算能力。

1. 不同年级的中学生数学运算能力的发展水平

通过测试[①]并对各年级学生运算能力达到各级水平的百分数进行统计，列于表 8-7。

表 8-7　　　　中学生各年级达到各级运算能力水平的学生的百分数

百分数（％）　水平 年级（年龄）	Ⅰ	Ⅱ	Ⅲ	相邻年级差异的检验
初一（12～13）	37.1	27.7	10.9	$P > 0.05$
初二（13～14）	36.9	31.5	7.6	
初三（14～15）	60.3	38.5	14.9	$P < 0.01$
高一（15～16）	81.4	50.2	16.9	$P < 0.01$
高二（16～17）	81.3	52.2	23.3	$P < 0.05$

各年级学生三级水平的试题得分分别统计获得下面三表的结果（表 8-8～表 8-10）。

---

① 孙敦甲．中学生数学能力发展的研究．见：中学生能力发展与培养．北京：北京教育出版社，1992

表 8-8　　　　　　　各年级中学生了解与理解运算的能力的发展

年级	人数	M	S	Z	P
初一	167	44.34	26.51	0.77	$P>0.05$
初二	173	46.60	27.82	1.49	$P>0.05$
初三	190	51.14	30.27	2.89	$P<0.01$
高一	163	60.19	28.52	0.44	$P>0.05$
高二	166	61.59	29.24		

表 8-9　　　　　　　各年级中学生掌握应用运算的能力的发展

年级	人数	M	S	Z	P
初一	167	51.73	24.91	0.16	$P>0.05$
初二	173	52.19	28.64	5.08	$P<0.01$
初三	190	67.98	30.59	7.83	$P<0.01$
高一	163	77.17	30.34	-0.99	$P>0.05$
高二	166	74.04	27.05		

表 8-10　　　　　　　各年级中学生综合评价运算的能力的发展

年级	人数	M	S	Z	P
初一	167	33.41	21.58	0.42	$P>0.05$
初二	173	32.49	19.23	1.94	$P>0.05$
初三	190	36.77	22.34	1.36	$P>0.05$
高一	163	39.85	21.00	1.76	$P>0.05$
高二	166	43.92	22.12		
备注	初二～高一　$Z=3.34$　$P<0.01$ 初三～高二　$Z=3.03$　$P<0.01$				

从以上结果可以看出：

（1）中学生数学运算能力的发展，具有由低水平向高水平顺序发展的特征，是从了解与理解各种运算的较低水平，到掌握运用运算的基本技能，最后达到综合评价运算能力的较高水平。这种发展次序是不可改变的，因为低级水平是高级水平的基础与前提，高级水平是低级水平发展的方向和必然结果。

（2）中学生数学运算能力发展的年龄特征表现在：每一级水平的运算能力都是随着学生学习年级的升高而呈上升发展的趋势。特别值得一提的是，初二学生的运算能力在第三级水平上有所滑落，而初三无论是在第三级水平上，还是在前两级水平上都有一个飞速的发展，这一发展速度要大大超过由初一发展到初二的速度，这表明初中二年级是运算能力发展的新的起步，初中二年级是运算能力发展的关键，应该在初中二年级提高学生运算能力培养的质量与速度，从而可使初中三年级学生的运算能力获得一个质的发展飞跃。

（3）对同一年级的学生而言，随着运算能力水平层次的升高，进入到高一级水平的学生人数在不断下降，即随着能力水平的提高，达到相应水平层次的学生人数越来越少。从思维品质的角度来看，这一结果是很容易理解的，因为学生的运算能力水平是与其数学思维品质发展的质量紧密联系在一起的，学生的年级越低，其数学思维品质发展越不完善，运算能力水平达到高层次的人数当然就越少。也就是说，只有发展与完善所有学生的数学思维品质，才能使更多学生的运算能力发展到更高水平的层次上。

（4）运算能力的发展与运算知识和技能的增长既有联系又有区别。

2．中学生数学运算能力的性别差异

我们将各年级学生的运算能力按男女性别分别统计进行比较，得到表8-11的结果。

表 8-11　　　　　中学生各年级男女学生运算能力的比较

年级	性别	人数	M	S	Z	P
初一	男	81	42.90	16.16	-0.59	$P>0.05$
	女	86	41.51	14.21		
初二	男	87	41.55	16.80	0.90	$P>0.05$
	女	86	43.72	14.93		
初三	男	90	52.44	19.06	-1.42	$P>0.05$
	女	100	48.60	18.19		
高一	男	81	59.32	18.25	-1.65	$P>0.05$
	女	82	55.00	15.06		
高二	男	85	59.35	18.56	-0.81	$P>0.05$
	女	81	57.10	17.12		

由表 8-11 可以看出：

（1）中学男女学生之间运算能力平均水平存在差异，但这种差异不显著。

（2）中学男女学生运算能力的离散性存在着差异，即男生的得分离散性大于女生。当男女学生平均分接近时，男生数学尖子的比例就高于女学生；而当男生平均分略高于女学生时，则男学生中尖子学生比例就会比女生高出更多。

（3）中学男女学生运算能力发展存在差异。尽管加速期是相同的，都是在初二、初三这两个年级，但男生运算能力发展的加速阶段来得"猛"，结束得快，而女生发展则较平稳且缓慢。

（二）数学空间想象能力

我们课题组设想，中学生数学空间想象能力的发展可以分为由低到高的三级水平：

第Ⅰ级水平为，由形状简单的实物想象出几何图形，由几何图形想象出实物的形状，通过整体形状来认识二维或三维的几何图形，分析出简单几何图形的特征，如认识三角形、正方形、圆等，能分析出"矩形的对角线相等""菱形的边都相等"。

第Ⅱ级水平为，能够由较复杂的图形分解出简单的、基本的图形，在基本的图形中找出基本元素及其关系，并能够将图形及其特征联系起来，根据条件作出或画出图形。

第Ⅲ级水平为，能够由基本图形组合成较复杂的图形，能想象几何图形的运动和变化，会形象地揭示问题的本质。

由于中学生的空间想象能力与其解释图形信息，即对视觉表征及在几何作业、图形、图表、各类图示中使用的空间语言的理解有关，因此它与学生所学习的课程内容和内容的组织形式，尤其是内容的表现形式有很大关系。与空间想象能力发展密切相关的中学数学几何课程提供了培养学生空间想象能力的丰富的图形材料。但是，古今中外，所有几何课程都是以组织成逻辑体系的公理化模式为主来培养学生的，在这样的组织形式下，几何教育的目的就不是以发展空间想象能力为主，而是以发展学生的逻辑思维能力为主要目的。图形在这里所起的作用，是帮助学生理解抽象的逻辑系统，从而达到发展完善的逻辑思维能力，也就是说，目前我们关于学生空间想象能力的培养，是与对学生逻辑思维能力的培养紧密相连的。

不仅如此，空间想象能力还与视觉加工能力有关。视觉加工能力包括把抽象的关系或非图形信息转换成视觉信息，对视觉表征及视觉表象的操作和

转换，这是一种过程能力，与学生所学内容的呈现形式无关。因此，从这个角度看，空间想象能力的发展又与形象思维能力的发展密不可分。

因此，空间想象能力的发展与思维的深刻性品质的完善程度紧密相连。因为没有思维的深刻性，就不可能有发展良好的解释图形信息的能力；同时，没有思维的灵活性与敏捷性，就不可能对非图形信息与视觉信息进行灵活地转换与操作，无法想象运动变化的空间；而没有思维的独创性与批判性，就不可能富有成效地进行形象的分解、组合与再创造，当然也就不能使学生的空间想象能力得到充分的发展。

1. 不同年级的中学生数学空间想象能力的发展水平

根据测试的结果，对各年级学生空间想象能力达到各级水平的百分数统计，得到表 8-12 的结果。

表 8-12 　　　　中学各年级达到各级空间想象能力水平学生的百分数

百分率（％）＼水平 年级（年龄）	I	II	III	相邻年级差异的检验
初一（12～13）	41.3	30.6	29.6	$P>0.05$
初二（13～14）	45.2	30.8	22.8	
初三（14～15）	61.6	41.0	24.6	$P<0.01$
高一（15～16）	72.0	53.1	33.9	$P<0.01$
高二（16～17）	74.1	52.4	50.2	$P<0.05$

将三级水平的试题得分，分别按年级统计，制成下列各表（表 8-13～表 8-15）：

表 8-13 　　　　各年级中学生第 I 级水平想象能力的发展

年级	人数	M	S	Z	P
初一	167	54.87	23.43	0.56	$P>0.05$
初二	173	56.47	29.45		
初三	190	66.84	23.23	3.70	$P<0.01$
高一	163	72.62	21.64	2.42	$P<0.05$
高二	166	73.94	21.56	0.55	$P>0.05$

表 8-14　　　　　　各年级中学生第 Ⅱ 级水平想象能力的发展

年级	人数	M	S	Z	P
初一	167	45.93	27.78	0.13	$P>0.05$
初二	173	46.33	27.30		
				2.42	$P<0.05$
初三	190	53.35	27.95		
				3.12	$P<0.01$
高一	163	63.10	30.31		
				-0.42	$P>0.05$
高二	166	61.80	29.42		

表 8-15　　　　　　各年级中学生第 Ⅲ 级水平想象能力的发展

年级	人数	M	S	Z	P
初一	167	43.75	22.81	-0.90	$P>0.05$
初二	173	41.42	24.97		
				1.01	$P>0.05$
初三	190	43.98	23.28		
				2.09	$P<0.05$
高一	163	49.43	25.38		
				3.65	$P<0.01$
高二	166	60.16	27.86		

从以上结果可以看出：

（1）中学生数学空间想象能力的发展，具有由低水平向高水平顺次发展的特征，是从通过整体形状来认识 2 维或 3 维的几何图形，分析出简单几何图形，发展到能够由较复杂的图形分解出简单的、基本的图形，在基本的图形中找出基本元素及其关系，并能够将图形及其特征联系起来，根据条件作出或画出图形，从而达到能够由基本图形组合成较复杂的图形，能想象几何图形的运动和变化，会形象地揭示问题的本质。这种发展次序是不可改变的，因为低级水平是高级水平的基础与前提，高级水平是低级水平发展的方向和必然结果。

（2）中学生数学空间想象能力发展的年龄特征表现在：每一级水平的空间想象能力都是随着学生学习年级的升高而呈上升发展的趋势。其中，初二学生的空间想象能力在第一、第二级水平上，与初一学生相同水平层次上的能力相比较，并没有太大的进步，相反地，在第三级水平上还有所滑落。初三学生前两级水平有一个飞速的发展，这一发展速度要大大超过其他时期的发展速度，这表明初中二年级是空间想象能力迅速发展的关键期，由于初中二年级的数学教育中大大丰富了平面几何的内容，因此经过初二一年的学习，初中三年级学生的空间想象能力获得了一个质的飞跃发展。

303

第八章　中小学生数学能力的发展与培养

（3）对同一年级的学生而言，随着能力水平层次的升高，进入到高一级水平的学生人数在不断下降，即随着能力水平的提高，达到相应水平层次的学生人数是越来越少。从思维品质的角度来看，这一结果是很容易理解的，前面说过，学生的数学能力水平是与其数学思维品质发展的质量紧密联系在一起的，五种数学思维品质发展得越完善，其数学能力水平达到的层次越高。因此，只有发展与完善所有学生的数学思维品质，才能使更多的学生空间想象能力发展到更高水平的层次。

以上三点结果表明，学生空间想象能力的发展并不和他们所学的几何知识的增长完全同步。现行中学课本将立体几何集中安排在平面几何之后，到高一才学。但实际上，学生从初二开始，就已具备了对三维几何图形的较低水平层次的想象能力，但对三维几何图形的高水平的空间想象能力还不具备，它需要到初三以后在对二维几何图形认识的基础上，才能实现对三维几何图形的较高水平层次的想象。

这种不同步还表现在，学生学习立体几何是先学习空间直线与平面，后学习立体基本几何图形。但就学生的能力发展来看，是先达到对几何形状的整体想象，后达到对整体几何图形的分解与组合等。

2. 中学生数学空间想象能力的性别差异

我们将各年级中学生的空间想象能力按男女性别分别统计，并进行比较，得到下面结果（表 8-16）。

表 8-16　　　　　各年级男女中学生空间想象能力的比较

年级	性别	人数	M	S	Z	P
初一	男	81	48.88	17.70	−0.51	$P>0.05$
	女	86	47.53	16.13		
初二	男	87	48.87	19.75	−0.53	$P>0.05$
	女	86	47.28	19.45		
初三	男	90	57.63	17.78	−2.17	$P<0.05$
	女	100	52.11	17.17		
高一	男	81	65.89	20.93	2.69	$P>0.01$
	女	82	57.57	18.38		
高二	男	85	66.82	18.97	−1.04	$P>0.05$
	女	81	63.69	19.94		

从以上结果可以看出：

（1）中学生各年级男女生之间空间想象能力的平均水平存在着差异，有的还较显著，特别是初一、高一阶段。

（2）男女学生空间想象能力发展过程存在着差异。初一接近，但到初二、初三，男生发展速度明显超过女生，造成从初三到高一男女生平均水平差距的不断增大。男生数学空间想象力发展的结束期结束得早，但女生较持续和平稳地发展。

（3）各年级男女生空间想象能力的离散性存在着差异，但不显著。

（4）各年级男女生空间想象能力的分布是交错的，说明除了男女生之间性别差异以外，还存在着个体差异。

（三）数学逻辑思维能力

如第一节所述，中学生数学逻辑思维能力包括的内容较多，这里就有代表性地列举几个方面，以示其发展趋势。

1. 中学生数学逻辑思维发展的一般趋势

我们认为以数学概括为基础，数学逻辑思维能力也可以分为三级水平：①具体逻辑思维；②形式逻辑思维；③辩证逻辑思维。在小学阶段以培养具体逻辑思维为主，而到了中学阶段，辩证逻辑思维的培养是溶解在形式逻辑思维的培养之中的，根据对立统一规律，在概念形成、猜想获得和规律发现的过程中，充分展示辩证的因素。因此，中学生数学逻辑思维能力发展的主流是形式逻辑思维的发展。下面就从对中学生的形式逻辑思维发展水平上看一看其发展趋势。我们的研究从三个方面来展开：中学生数学概念形成水平的发展，中学生数学命题演算水平的发展和中学生数学推理能力水平的发展。现分别叙述如下：

2. 中学生数学概念形成水平的发展

中学生数学概念的形成水平可以分为三级水平：

第Ⅰ级水平是了解与认识概念，指的是对概念的内涵有感性的、初步的认识，能够说出这一概念的外延是什么，能够在有关的问题中识别它。

第Ⅱ级水平是理解与掌握概念，指的是对概念达到了理性认识，不仅能够明确概念的内涵和外延，而且知道它的来龙去脉，它与其他概念之间的关系，有何用途，并在理解的基础上用它去解决一些问题。

第Ⅲ级水平是灵活运用概念，指的是能够建立各个概念之间的关系，形成概念的网络结构，灵活运用这一综合性知识去解决问题。

3. 中学生数学命题演算水平的发展

我们认为中学生掌握命题能力，即掌握数学判断形式的能力，其发展表

现在进行命题演算的水平上，我们研究着重于中学生掌握命题的结构方面。

（1）中学生掌握简单命题结构能力的发展

中学生掌握命题结构能力的发展表现在正命题（原命题）→逆命题→否命题（对称命题）→逆否命题（反申命题）四种命题的领会和运算上（图8-3）。

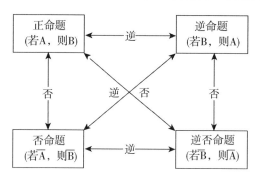

图 8-3　命题关系图

这四种命题结构的掌握，既反映了学生理解不同数学命题的抽象程度，又反映了学生思维过程中掌握思维方向的可逆与守恒性，也反映了思维活动的辩证关系，而命题与其他命题的关系，正是反映了"否定之否定"规律在学生运算上的具体体现。

我们把两个学校的被试多次达到指标的平均人数列于下表之中（表8-17）。

表8-17　　　　　　不同年级的中学生的命题结构运算的水平

平均人数分配 命题 年级（年龄）	正命题	逆命题	否命题	逆否命题
初二（13～14）	70	60	42	24
初三（14～15）	80	68	56	40
高一（15～16）	88	82	74	58
高二（16～17）	92	88	80	62
备考	两校被试之间差异的检验 $P>0.1$			

从上表可以看出，目前中学生掌握命题的能力是比较低的，这是当前数学教学中的薄弱环节之一。在正常的教育条件下，中学生掌握命题结构的能力，是随着年龄的增高而发展的，命题结构的四种表现的全部掌握，尤其是对逆否命题的掌握，要到高中以后才能完成。

（2）中学生数学命题演算水平的发展

皮亚杰从数理逻辑出发，用群集和格，即 16 个二元命题运算来刻画儿童思维结构的成熟。我们在研究中看到，中学生命题演算的水平在不断提高，的确反映了他们逻辑思维发展的趋势。我们只对命题的句法结构进行了研究，中学生是按照结构的由简到繁的顺序发展的。具体表现出如下几级水平：

第 I 级水平能够对带有全称量词的简单命题进行演算（在命题是肯定判断时，通常情况下省略全称量词），但不能理解命题演算过程中逻辑连接词的含义，也就是说，这一水平上的学生，不能脱离开命题的语义内容来进行形式上的命题句法结构的演算；能够对带有特称量词的肯定简单命题进行演算，理解了命题中量词的含义。

第 II 级水平能够进行简单命题的合并，即能够进行命题的合取（$p \wedge q$）和析取（$p \vee q$）演算；能够对简单命题进行否定演算，这里的关键是能够正确地将量词进行转换、将命题的主谓连项进行转换（即肯定与否定之间的转换）。

第 III 级水平是能够进行复合命题的否定演算。复合命题是指带确量词和逻辑连接词（否定词、合取词、析取词、蕴含词和等价词）的命题。这一级的水平要求学生不但能理解逻辑连接词的含义，而且能够按照命题演算的法则（如交换律、结合律、分配律和双重否定律等）进行正确的操作。

上述三个命题演算水平的发展顺序，不仅反映了中学生逻辑思维能力的水平由低到高、由简单到复杂的发展过程，而且也反映了中学生思维运演能力从群集结构向格的结构的发展过程。中学生正是通过对越来越复杂的命题形式的演算来发展自己的逻辑思维能力，从而使思维结构趋向成熟的。

我们在研究中重点分析了三个年龄组，对两校的被试多次研究结果列于下表（表 8-18）。

表 8-18　　　　　不同年级的中学生命题形式的水平

年级（年龄）　平均人数分布　水平	I	II	III	年龄组之间差异的检验
初二（13～14）	80	40	10	$P>0.1$
初三（14～15）	92	60	36	
高一（15～16）	92	84	76	$P<0.05$
备考	两校被试成绩之间差异的检验　$P>0.1$			

从上表可以看出中学生数学命题演算水平的发展趋势：

（1）中学生数学命题演算水平的发展，具有由低水平向高水平顺次发展的特征。从能够对带有全称量词的简单命题进行演算，到能够对带有特称量词的肯定简单命题进行演算，理解了命题中量词的含义，进而能够进行简单命题的合并，会正确地进行命题的合取（$p \land q$）和析取（$p \lor q$）演算，到进行命题的否定演算。这种发展次序是不可改变的，因为低级水平是高级水平的基础与前提，高级水平是低级水平发展的方向和必然结果。

（2）中学生数学命题演算水平发展的年龄特征表现在：每一级水平都是随着学生学习年级的升高而呈上升发展的趋势。其中，初中二年级学生的命题演算水平大多集中在第Ⅰ级水平上，初三与初二相比较，虽然在相同水平层次上都有所发展，但仍是以集中在第Ⅰ级水平上的人数为最多。相反地，进入高中以后，第Ⅰ级水平的发展似乎停滞，而后两级水平，特别是第Ⅲ级水平上却有一个飞速的发展。前面论述的运算能力和空间想象能力无此特征。这样的一个发展结果，主要是由于高中数学课程中增加了与数学命题演算直接相关的内容，如集合、简易逻辑等。学生经过学习与练习，数学命题演算水平就有了一个飞速的发展。这也表明仅仅经过初中阶段的数学教育，大部分学生的数学命题演算水平的发展还只能达到较低的层次。

这一结果使我们清醒地认识到，大多数初中学生的逻辑思维能力发展的水平较低。改善这一状况的出路，可以是扩大初中教育后的继续教育的范围，使所有学生都能得到更多的数学教育。但是，我们目前的国民教育的能力还不能实现这一要求，即从提高所有学生的教育年限上来发展学生的逻辑思维能力是不现实的。因此，只有发展与完善所有初中学生的数学思维品质，才是解决这一问题的根本出路。

4. 中学生的数学推理能力的发展

按照推理所得的结论是否完全确信的特征，可将中学生的推理能力的发展分为论证推理能力的发展与似真推理能力的发展两个方面。这两种推理能力表现在学生解决问题过程中的不同阶段上。选择什么样的方法解决问题，多与其似真推理能力的发展水平有关。用选定的方法最终达到对问题的解决，多与论证推理能力的发展有关。因此，我们可以从这两个方面展开研究，这里主要叙述中学生论证推理能力的发展。我们认为中学生的论证推理能力可以分为四级水平：

第Ⅰ级是直接推理水平。套上公式，对上条件，直接地推出结论。

第Ⅱ级是间接推理水平。不能直接套公式，需要变化条件，寻找依据，多步骤地推出结论。

第Ⅲ级是迂回推理水平。分析前提、提出假设后进行反复验证才导出结论。

第Ⅳ级是按照一定数理逻辑格式进行综合性推理的水平。处于这一级水平的学生，他们的推理过程逐步简练和合理化。

综合对两校被试多次研究的结果，将平均人数制成下表（表8-19）。

表8-19 不同年级的中学生推理水平的发展

人数分布 年级（年龄）	Ⅰ	Ⅱ	Ⅲ	Ⅳ	年龄组之间差异的检验
初一（12～13）	44	18	7	0	$P<0.05$
初二（13～14）	67	41	23	4	$P>0.1$
初三（14～15）	83	50	37	14	$P>0.1$
高一（15～16）	94	65	54	23	$P<0.05$
高二（16～17.8）	99	84	71	60	
备考	两校被试成绩之间差异的检验　$P>0.1$				

将上表结果按各级水平趋势制成下图（图8-4）。

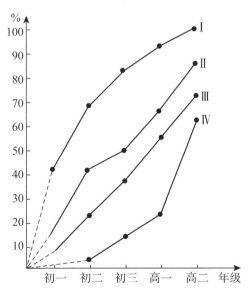

图8-4 中学生各级推理水平曲线分布

309

从表 8-19 和图 8-4 可以看出：

（1）目前中学生的逻辑推理水平是低的，这同样是数学教学中的薄弱环节，初一学生有一半以上不能套公式做题，高中学生竟有人不能按公式一步推理；多步推理成为中学生的普遍难题（在我们访问重点学校有经验的老师时，也同样反映这个问题）；抽象的综合性推理更是困难，可见这个结果不能不引起教育界的重视。

（2）中学生在正常的教育教学情况下，数学推理水平是随着年级的升高（年龄增加）而发展的。初二学生普遍地能按照公式进行推理，高一多数学生掌握多步骤间接推理和迂回推理，高二学生的抽象综合推理水平得到较大的发展。按照这些研究结果看，初二和高二是中学生数学推理能力发展的转折点（$P<0.05$）。

我们在纵向研究的追踪班也获得类似的结果。进入高中阶段学生的数学推理能力趋向抽象和简化，推理过程中自觉性和揭露本质的程度也在发展。这说明，中学生运算思维过程是一个螺旋式"内化"的过程，推理活动的"思维量"渐趋"简化"。

（3）中学生的数学逻辑推理存在着个体差异。

（4）中学生数学逻辑思维能力发展的性别差异。

根据上述对中学生数学概念形成水平、数学命题演算水平、数学推理能力的发展等三种数学逻辑思维能力的测试，将各年级学生的数学思维能力按男女性别分别统计并作比较，获得下表的结果（表 8-20）。

表 8-20　　　　各年级男女学生数学逻辑思维能力的比较

年级	性别	人数	M	S	Z	P
初一	男	81	40.08	16.47	1.00	$P>0.05$
	女	86	42.44	14.06		
初二	男	87	41.86	15.80	0.54	$P>0.05$
	女	86	43.09	13.88		
初三	男	90	46.44	15.34	0.43	$P>0.05$
	女	100	47.40	15.30		
高一	男	81	52.05	15.48	-0.61	$P>0.05$
	女	82	50.63	13.87		
高二	男	85	57.25	17.49	-0.97	$P>0.05$
	女	81	54.69	16.60		

从上表可以看出男女中学生之间数学逻辑能力平均水平的差异并不大。但是，男生数学逻辑思维能力的离散性略大于女生，其发展的速度略高于女生；高中数学逻辑思维水平高的学生中，男生明显多于女生。

第三节　中小学生数学能力的培养

前边我们多次提到我们实验点中小学生数学能力的发展和数学成绩的提高，这是广大实验班教师教育、教学和培养的结果。

如何培养中小学生的数学能力，我们的课题组的一个突出的措施是以数学概括为基础培养学生的运算思维品质。

一、加强数学概括能力的培养

数学的概括是，从具体向抽象发展，从低级向高级发展。例如，数概念从"自然数"到"正整数""有理数""实数""复数"，一直到"数"。这就是体现着一个概括的过程，反映了从儿童到青年的思维、智力和能力的发展水平。从这个意义上说，数学能力就是以数学概括为基础的能力。

如前所述，学生数学概括能力水平，可按六项指标来确定：①对直观的依赖程度；②对数的实际意义的认识；③对各类数（复数除外）的顺序和大小的理解；④数的分解组合的能力和归类能力；⑤对数学概念定义的展开，能用自己的语言下定义，且不断揭露概念的实质；⑥数的扩充程度。以上六项是学生对数概念的掌握及其概括能力大小的具体体现。但是，我们在平时的教学中，常常只满足于学生会做题，不注意引导学生去发展概括能力，这是对基本概念的重要性认识不够，对发展概括能力未加重视的表现。其结果，学生往往只会"依样画葫芦"，老师怎样说，就怎样搬；公式怎么定，就怎么套。到最后，不仅数学能力提不高，而且数学学习或考试成绩也不一定理想。因此，在我们教改实验中，强调不论是小学还是中学，数学教师必须十分重视学生基本概念的掌握，重视数学概括能力的培养。

我们的实验点，北京通州教育科学研究所和通州六中的中学生数学能力发展与培养实验的措施，是有代表性的①。

---

① 顾竞夫，赵荣鲁等．初中代数教学以概括为基础培养学生思维品质的实验报告．见：中学生能力发展与培养．北京：北京教育出版社，1992

（一）培养学生数学概括能力的几条措施

1. 明确概括的主导思路，引导学生从猜想中发现，在发现中猜想

所谓"猜想"，实质上是学生原有认知结构作用于知识的尝试掌握。强化发现猜想，首先要分析教材结构和学生的认知结构，明确概括过程的主导思路。然后围绕这条思路，确定引导学生不断深入地猜想发现的方案。这里必须注意三点：

（1）学生的认知结构对所学知识的同化、顺应，应是在不断发现新旧知识向本质联系与区别的基础上进行的。发现猜想要促使同化顺应，就必须紧密围绕着揭示知识之间的本质和内在的规律来进行。因此，对教材结构的分析要抓住前后知识的本质联系与区别，形成贯穿全课题发现猜想的一条主线。

（2）在对教材结构分析的基础上，进而分析学生的认知结构。弄清哪些是学生原有认知结构所适应可以同化的，哪些是不相适应需要调整以便顺应的，从而确定发现猜想的主要内容。

（3）要坚持在关键问题上放手让学生猜想、发现。单纯传授知识的教学，为了进行顺利，对教材中的难点和易错的内容往往采取教师代替学生事先排难的办法。这样，表面看来学生轻易地过关了，实则是剥夺了学生锻炼思维能力的机会。促进同化顺应的发现猜想，必须在关键问题上设问，巧妙地引导学生发现原有认知结构的缺陷，点拨、指导他们调整认知结构向高层次发展。

研究者以《一元二次方程的解决》为例试加说明。教材中是从直接开平方法入手，渐次引入配方法、公式法和因式分解法的。贯穿整个解法的一条主线是从特殊到一般，前一种解法到后一种解法的发展，是通过后一种方法转化为前一种方法来完成的。因此，概括过程的主导思路应当循着从特殊到一般的程序，围绕前后两种方法的本质联系和区别来展开。从学生的认知结构来看，直接开平方法的寻求、从配方法到公式法的发展是学生易于同化的；而从直接开平方法到配方法，在方程变形时需要添项、减项，且配方的结果引发出方程的多种类别。因式分解法又不同于前几种解的通法，有其特定的适用范围。这些是学生原有认知结构不易适应，需要调整以顺应的。在经过以上分析的基础上，明确概括过程的主导思路并确定引导猜想发现的方案。

2. 在把概括的东西具体化的过程中强化发现猜想

在这个过程中，学生的认知结构与概括问题之间适应与不适应的矛盾最易暴露，也最容易对学生形成适应的刺激。因此，有意识地在把概括的东西

具体化中，引导学生发现矛盾、猜想尝试有着显著的效果。把概括的东西具体化有一种具体的方式，即"按一定要求编题"。

3. 通过变式、反思、系统化，积极推动同化、顺应的深入进行

单纯传授知识的教学，在推理论证得出结论之后就基本完结，虽有小结，但也只着重于知识本身的系统归类，以求记忆牢固，缺少对同化、顺应的推动。培养思维的数学教学不能止于推理论证的完成，而必须在获得结论之后，回顾整个思维过程，检查得失，加深对数学原理、通法的认识；联系以往知识中有共同本质的东西，概括出带有普遍性的规律，从而推动同化、顺应的深入。

4. 大力培养形式抽象，根据假定进行概括的能力

研究者根据课题组提出概括能力发展的趋势（见第六章），提出三个培养措施：

（1）分阶段逐步培养。

（2）在例题教学中，重视课题类化和预想解题方案，以便让学生熟练掌握基本题型、思路和方法，并帮助他们揭示解题思维的过程。

（3）正确处理形式抽象、根据假定进行概括与具体抽象思维和直觉思维的辩证统一关系，具体抓了两条：

①揭示数学问题同实际问题的联系，在发展思维抽象成分的同时，使具体形象思维不断得到充实、改善。揭示数学问题同实际问题的联想和结合，主要通过三个方面进行：一是从现实情景和实际问题出发，引入开始的数学概念、定理和方法；二是注意阐发数学概念或过程的几何解释或物理意义；三是运用数学的概念、定理、方法解决有关的实际问题。

②先猜想、发现，再分析、证明，在培养形成形式、抽象、根据假定进行概括的思维中孕育直觉思维。例如，一个学生在计算 $(x+y)^2 - 2(x+y)(x-y) + (x-y)^2$ 时，突然迅速答出答案"$4y^2$"而一时讲不清思维过程。我们认为这是一种直觉思维的萌芽，因而立即肯定了答案，进而引导他与大家一起分析思维过程，发现他是将 $(x+y)$、$(x-y)$ 分别看作一个元素，逆向运用两数差平方公式的结果。

（二）从培养措施到实验结果

1. 学习成绩

北京市通州教科所与六中的实验点在全县统一命题的初中各学年代数期末考试成绩统计如下（表 8-21～表 8-23）：

表 8-21　　　　　　　　　　初一下学期成绩对比

班级	N	$\overline{X}$	S	差异的检验
实验班	46	88.8	17.4	$t=2.56$
对照班	45	77.3	24.5	$P<0.05$

表 8-22　　　　　　　　　　初二下学期成绩对比

班级	N	$\overline{X}$	S	差异的检验
实验班	49	76.9	23.04	$t=1.98$
对照班	50	66.8	26.96	$P<0.05$

表 8-23　　　　　　　　　　初三下学期成绩对比

班级	N	$\overline{X}$	S	差异的检验
实验班	47	81.5	12.12	$t=2.01$
对照班	47	75.3	17.00	$P<0.05$

　　从上述三表可以看出，实验班的代数学习成绩逐渐稳步提高，优于控制对照班，且差异显著，标准差小于对照班，说明离散性小。由此可见，实验措施在学生学习成绩中发挥了作用。

　　2. 能力测定

　　按照数学能力的结构，我们对实验班和对照班学生进行数学能力测定，获得如下结果（表 8-24～表 8-27）：

表 8-24　　　　　　　　　　初一上学期期末测定成绩

班级	N	$\overline{X}$	S	差异的检验
实验班	45	49.0	14.5	$t=1.38$
对照班	48	44.2	18.4	$P>0.005$

表 8-25　　　　　　　　　　初一下学期期末测定成绩

班级	N	$\overline{X}$	S	差异的检验
实验班	46	48.1	26.0	$t=4.09$
对照班	45	29.3	16.2	$P<0.01$

表 8-26　　　　　　　　　　初二上学期期末测定成绩

班级	N	$\overline{X}$	S	差异的检验
实验班	49	56.14	20.23	$t=1.17$
对照班	49	51.70	15.98	$P>0.05$

表 8-27　　　　　　　　　　初二下学期期末测定成绩

班级	N	$\overline{X}$	S	差异的检验
实验班	48	45.81	22.95	$t=2.98$
对照班	52	32.46	21.37	$P<0.01$

从以上四表可以看出，实验班在数学能力的发展上，从初一下学期起逐渐优于对照班，并达到了显著差异的程度。这里可以看到实验措施在实验班学生数学能力发展上的作用，同时也可以看出，数学能力差异要比学习成绩差异出现得晚。

（三）中小学数学概括能力的培养在于教师的引导

我们的教改实验还告诉我们，为了使中小学生不断地提高概括能力，教师要善于引导培养他们的数学能力。例如，有位中学教师在课堂里进行基本概念的讲授时，主要遵循以下三点：①重要的数学概念反复出现、反复巩固；②用简洁、明白和通俗易懂的语言，引导学生一步步深入地概括；③引导学生善于看书，在看书中慢慢地理出头绪来，以提高数学概括能力。

根据我们教改实验的材料，我们认为，在引导中小学生提高数学概括能力时，应注意下边几点：

1. 要为学生概括提供丰富恰当的材料

学生进行概括的时候，其概括的水平要依赖于材料的质量。具体地说，材料至少在三个方面影响概括：①数量。材料太少，学生感知就不充分，难以鉴别各种对象的要素，不足以通过分析、比较区分一类对象的本质属性与非本质属性使概括准确；②变式。如果变式不充分，学生往往会被一些表面的非本质属性所迷惑，也不能概括正确；③典型性（或代表性）。材料的本质属性是否突出，直接影响着学生能否概括成功。因此，选择典型的材料说明要概括的东西，可使学生容易概括，并理解要概括的东西。

2. 通过言语描述，引导学生观察、比较

学生的数学学习是在概括的基础上，借助于词和语句而形成对数学的认

识的。中小学教师应根据不同年级、不同年龄学生的原有水平，分别选择"直观—语言""实物—表象—概念"或"表象—语言"等教学方法，来引导学生观察、比较，学会概括。

3. 分清事物的本质属性或特征

数学概念也是事物的本质属性在人脑中的反映，在数学教学中要培养学生正确掌握基本概念，教师必须让学生分清实际数或形的本质的特征与属性。

上述通州实验点教师的措施是合理且有效的。为了分清数或形的本质属性，应该做到：一是通过学生直观观察或回忆表象，例如，对几何图形，注意主次的特征；二是通过比较，让学生分清数或形的本质与非本质的属性；三是通过"变式"，让学生从各个不同方面指出了事物的本质特点，以避免概念的片面性；四是引导学生提出假设和猜想，并在运算实践中发现假设和猜想。

4. 给概念作解释或下定义

指导学生了解每个数或形的概念的定义与任何别的概念一样：①定义应该是相依的，例如，被定义的概念"直径"是通过圆心的弦，互换一下，"通过圆心的弦是直径"，相应是正确的定义；②定义应该体现事物的种属关系，"直径"是种概念，"弦"是属概念，属概念不能太大，要恰如其分；③定义不应当是循环的；④定义不应当是否定的；⑤定义应当是简明清晰的，不应当用譬喻的说法。

5. 对已有的数概念逐级归类组成新的概念

我们在通州实验点部分所述的，引导学生从多角度、多方面、多层次将知识归类系统化，这样做可逐步扩大学生的概念系统，并在练习中巩固、扩大和加深。

二、重点放在培养学生的数学思维品质上

数学学习促进哪些思维能力发展，又如何培养思维的能力呢？我们认为，在小学数学教学中，主要的是培养敏捷性、灵活性、深刻性和独创性四个品质；在中学数学教学中，应加一个批判性，即主要是培养第一节所述的五个品质。

在第七章我们专门有一节，阐述了培养小学生数学思维品质的措施及效果。这里，我们围绕着中学生的数学思维品质来阐述培养问题。

（一）对数学思维品质措施的分析

1. 培养学生数学学习中的思维敏捷性

如前所述，在数学教学中，也有一个速度训练的问题，就是教学大纲强

调的培养学生正确迅速的运算能力。

前文已提到，1978 年，北京市某区按规定选择 0.3％在校的超常学生 38 名参加高考，结果都考入了重点大学。这 38 名超常学生的一个共同点是做题迅速。其中一个年纪最小（15 岁）的同学，在一次参加区数学组选拔考试中，对 3 小时的习题，只用了 50 分钟就全部完成并获得了满分。可见，数学尖子的普遍特点是在运算时思维过程敏捷、反应快、演算速度快。相反地，我们在一些学校调查了智力水平较低的学生，他们运算的时间往往是一般学生的两三倍。我们不应该把运算速度只看作对数学知识的理解程度的差异，而且还要看作运算习惯的差异和思维概括能力的差异。

思维的敏捷性是可以通过数学教学来培养的。在数学教学中，常见培养学生正确迅速的运算能力的办法有两个：一是要求在数学教学中有速度；二是要求学生掌握速算的方法。

在数学教学中、尤其是学生作业中，必须要有速度的要求。我们调查过一位初中实验班数学教师，他几乎每堂课对学生都有速算要求，每次上课他都带上小黑板，上课的第一件事是出示小黑板的数学习题，让学生计时演算，利用中学生"年轻好胜"的心理，每次演算都比时间。经过两年多的训练，学生的数学成绩与心算能力显著地提高。升学考试时，全班 84％考入重点学校。当然，我们在这里不是提倡追求升学率，但这个例子反映了培养正确迅速的运算能力与提高教育质量的关系。如果数学教师在教学中不向学生提出速度的要求，这不仅影响数学的成绩，而且影响学生的智力发展。我们在研究中发现，许多升入初中时很敏捷的学生，由于新环境与新老师缺乏对其运算速度的培养，而养成了干什么事情都带"惰性"的习惯，思维过程越来越显得"迟钝"，这是值得我们引以为训的。

提高正确迅速运算的能力，还要教会学生一定速算的要领与方法。此外，20 以内整数的平方数，10 以内整数的立方数，30°、45°、60°三角函数，π、e、$\sqrt{2}$、$\sqrt{3}$、lg2、lg3 的精确到万分之一的近似值等都要求学生一口清，等等。速度要领的掌握和熟背一些数据在思维活动中是一个概括的过程，如第六章所述，一旦"生巧"，不仅是丰富数学知识的问题，而且是促进思维的智力品质发展的问题。

因此，在中学数学教学中，提高学生正确迅速的能力既有利于提高教学质量，又有助于学生的智力品质的培养。

2. 培养学生数学学习中的思维灵活性

在数学教学中，也同样有一个思维发散的问题。例如，

$$
\text{"1=?"}
\begin{cases}
0+1=1 & \text{（用加法运算）} \\
10-9=1 & \text{（用减法运算）} \\
1\times 1=1 & \text{（用乘法运算）} \\
5\div 5=1 & \text{（用除法运算）} \\
\dfrac{1}{3}+\dfrac{2}{3}=1 & \text{（想到了整体 1）} \\
a^2+2a+1=(a+1)^2,\ 1=1^2 & \text{（想到了乘方）} \\
\sin^2 x+\cos^2 x=1 & \text{（三角公式）} \\
\tan\alpha\cdot\dfrac{1}{\cot\alpha}=1 & \text{（三角公式）} \\
\log_a a=1 & \text{（对数运算）} \\
0!=1,\ 1!=1 & \text{（运用阶乘定义）} \\
\cdots\cdots
\end{cases}
$$

从中可以看出，发散思维有"多端性""伸缩性""精细性""新颖性"等特点。

这种思维品质，就是思维的灵活性。一个思维灵活的学生，在运算中与众不同的发散特点，如前所述，主要表现在：一是思维方向灵活，即从不同的角度，不同的方向，能用多种方法来演算各类数学的习题，也就是运算的起点灵活；二是运用法则的自觉性高，即熟悉公式、法则并运用自如，也就是运算过程的灵活；三是组合分析程度的灵活，不限于过滤式分析问题，善于综合性分析，也就是运算能力的迁移，适应于多变习题的演算。

按第一节数学能力结构表，对培养学生思维灵活性的方法较多，适宜数学教学的实际，就是培养和提高一题多解、一题多变、同解变型和恒等变型的能力。

以一题多解为例。从各种解法中找出规律，便能举一反三，比盲目多做题的效果要好得多。数学知识浩如烟海，即使在一个课题内，谁也不能举出一切类型来。一味追求多做题，无限地扩大宽度，势必把学生的思想湮没在题海之中。所以我们应该精选例题，按类型、深度编选适量的习题，再按深度分成几套，进行一题多解的运算，启发学生的积极思考，活跃学生思想，进而发展学生思维的智力品质的灵活程度，使学生在知识与智力上都"更上一层楼"。在引导学生一题多解、一题多变中应注意：

（1）在基础知识教学中要从不同层次、形态和不同交结点揭示知识和知识间的联系，从多方位把知识系统化。

（2）在解题教学中，要从不同的认识层次、观察角度、知识背景和问题特点进行一题多解、一题多变。

（3）从多方面分析特点，抓住问题的特殊性，探求一题多解、一题多变。

如果我们经常引导学生从多种解法和多变中找出规律，"举一反三"式的智力灵活程度就能较大地提高。

3. 培养学生数学学习中的思维深刻性

由于数学具有严密性、逻辑性、抽象性与准确性等优良品质，因此，在培养学生逻辑思维方面起着其他学科所不可替代的特殊作用，这一点在思维深刻性的培养上表现得尤为突出。我们再一次强调培养数学思维的深刻性，就是培养学生分清实质的能力，使学生能够透过复杂的现象洞察所研究事物的本质及其相互联系，能从所研究的材料中揭示被掩盖的特殊情况，能组合各种具体模式等。

当然，数学思维深刻性品质的培养与数学能力的发展是密切相关的，正如前面论述的，数学能力的发展要以数学概括为基础，以数学运算能力、数学空间想象能力和数学逻辑思维能力为核心。因此，为了使数学思维深刻性品质的培养落到实处，我们在这里着重指出：在数学教学中，重视数学知识教学的同时，要提高对数学思想教育的认识。中学数学中的分类思想、集合对应思想、函数思想、数形结合思想、统计思想、化归思想等，对于发展学生的数学思维深刻性品质具有非常重要的意义。同时，要重视形成一般理论的方法（如观察、实验、归纳、类比、一般化、抽象化等）与解决具体数学问题的方法（如代入、消元、换元、降次、配方、待定系数、分析、综合等）相结合，即对数学方法的认识也要提到发展学生数学能力的高度。

我们认为主要是上述的数学概括能力、空间想象能力、数学的命题能力和数学推理能力。

（1）数学概括能力（前面已述）。

（2）空间想象能力。学生在接触点、面、线、体并对它们展开计算的基础上，到中学阶段逐步掌握平面几何、多面体与旋转体，不断地发展空间想象能力。

如何确定一个中学生的空间想象力的高低呢？我国中学数学教学法专家们确定为四条：

一是对基本的几何图形必须非常熟悉，能正确画图，能在头脑中分析基本图形的基本元素之间的度量关系及位置关系。

二是能借助图形来反映并思考客观事物的空间形状及位置关系。

三是能借助图形来反映并思考用语言或式子所表达的空间形状及位置。

四是有熟练的识图能力。即从复杂的图形中能区分出基本图形，能分析其中的基本图形和基本元素之间的基本关系。

显然，这几个方面的能力，都以正确的画图能力为基础。但画图能力（或绘图能力）却不单纯是空间想象力，它与画图工具的熟练使用有关，还需要熟练的画图技巧，而画图技巧已涉及操作而不属于空间想象能力。空间想象能力的培养，不光是立体几何的任务，平面几何也担负着重要的责任。随着基础知识的更新，空间想象能力的内容也有所扩展和充实。过去在考虑到图形的位置关系时，主要考查平行、垂直、顺序、结合等等。现在则要求更多地去思考平移、对称、旋转等关系。所以，在各科教学中都应该注意。

（3）数学判断（命题）能力。在数学中，一切算式都是命题的演算，都是判断。数学揭示了数量之间、形体之间、数形之间的关系和联系，这些联系必然通过判断形式表示出来。数学学习必须要以命题能力为主观基础，又要向学生提出发展更高的命题能力的要求。从"$1+1=2$"到"沙粒虽小，但是一个定量，不是无限小"；从"$3\times3\neq6$"到"$y=\sqrt{x}+3\sqrt{-x}$"是函数关系，这正是学生判断能力的层层突变的结果。有一位老教师让高中三年级学生求 $(\sqrt{a}+\sqrt[4]{a})^{20}$ 展开式的常数项时，原先他想要学生通过计算来判定：

$$T_{n+1}=C_{20}^n\ (\sqrt[4]{a})^n\ (\sqrt{a})^{20-n}=C_{20}^n a^{\frac{n}{4}}\cdot a^{\frac{20-n}{2}},$$

即 $\frac{n}{4}+\frac{20-n}{2}=0$，$n=40$，是正整数而且比 20 大，所以常数项不存在。但是一个学生不用计算，通过分析立即判断，他说 $(\sqrt{a}+\sqrt[4]{a})^{20}$ 中不可能有常数项，因为二项式中前后两项 a 的指数都是正数，而展开式的每一项都是它们两项的乘方的积，即是每项文字的指数都是正数，不可能为零，故常数项不存在。可见这个学生的判断能力很可贵，所以培养学生的判断（命题）能力是十分必要的。

教师在数学教学中，要启发学生熟练地掌握正命题、逆命题、否命题和逆否命题结构的思想，要让学生直接掌握数学中肯定、否定、合取和析取命题的思想，并引导他们尽早独立地进行数学判断。

（4）数学推理能力。人靠什么能力来解决问题的呢？靠逻辑推理能力。逻辑推理是思维的核心，是解决问题的主观基础。

数学运算过程就是解决一个又一个的问题，它必须要有推理能力做基础，又促进推理能力的发展。

如何培养中学生数学推理能力呢？

①直接推理与间接推理：中学生的直接推理与间接推理，都是在抽象的代数与几何范围内进行的，在上节我们提到它大致分为四级水平，即直接推理水平、间接推理水平、迂回推理水平、按照一定数理格式进行综合性推理的水平。教学中，要善于引导学生从直接推理向间接推理过渡。

②综合法与分析法：逻辑推理中，思想方法按思路的顺逆有综合法与分析法。综合法，即思索问题时从条件到结果，也就是说，从假设出发，通过一系列已确定的命题，逐步向前推演，结果或是导出前所未知的命题，或是解决了当前的问题。分析法，即思索问题时从结果到条件，也就是说，先设想命题的结果成立，然后追求它成立的原因，再就这些原因分别思考，看它们的成立又各需要具备什么条件，如此逐步往上追溯，渐渐达到已知的事实。在学生解答数学习题时，教师要善于引导他们按照问题的性质，可采用综合法或分析法，这样能够把握思维方向，不至乱碰乱猜。综合法与分析法要一起应用，我们反对那种将两种方法分离或认为有先有后的观点。

③归纳法与演绎法：按照个别、特殊与一般的关系，逻辑推理分归纳法与演绎法。归纳法是从个别推向一般，常用的有一般归纳法和枚举归纳法；演绎法是从一般推向个别，通常应用的是三段论。归纳法与演绎法在数学教学中最常用，但教师要引导学生将此运用好，不能只会套公式了事，而要引导他们知道内在的联系，灵活运用。

④比较方法：比较就是在我们思维中，确定这一事物与另一事物的相同点和不同点的方法。"有比较才能有鉴别"，就是强调比较的意义。比较过程是有条件的，一是彼此之间确实有联系的对象才可以比较；二是要以本质的或有实践意义的特征并在同一标准下来比较。比较方法又分为类比（比同）和对比（比异）。在数学教学中，运用比较这一逻辑推理方法，可以调动学生积极思考问题，又自觉主动地去获取知识，进而提高思维能力。

数学是一门逻辑性很强的学科，如果按照上述要求培养各种数学能力，学生思维的智力品质也必然地具备严密性、逻辑性、抽象性和准确性的特点，大大提高思维的深刻性。

4. 培养学生数学学习中的思维独创性

一提到数学运算的独创性，人们就会想起高斯解答从 1 加到 100 等于多少的故事。高斯没有按部就班，用机械相加的"笨"方法来解这道题，而采用了 $1+100=101$，$2+99=101$，…，$49+52=101$，$50+51=101$。这样正好是 50 个 101。他很快地算出了该题的结果为 5 050。正因为高斯很注

意创造性的学习，他在中学时便发现了某些数学公式，后来成了举世闻名的数学家。从中可以受到启发的，是引导学生独立而创造性地完成数学习题。

数学作业的独立完成，是培养学生思维创造性的最基本的要求。我们在研究中看到，学生在解题中独立地起步，比解题本身更显得重要，平时解题有困难的学生，往往不知如何独立地思考解题的第一个步骤。

在独立思考的基础上，可以引导学生新颖而独特地解题。例如，中学代数应用题"设有甲乙两个杯子：甲杯装 10 升 A 液，乙杯装 10 升 B 液，先从甲杯中取出一定量的 A 液注入乙杯并搅拌均匀，然后又从乙杯中提取一定混合液倒回甲杯，使甲、乙两杯各保持 10 升液体。又测出甲杯中 A 液和 B 液的比为 5：1。求第一次从甲杯中取出的 A 液量是多少？"一般学生理解此题都设甲杯取出 A 液 x 升注入乙杯，列一元二次方程式，得出 $x=2$ 升。可是也有学生仔细理解题意，注意到两点：①当从甲杯中取出 A 液注入乙杯，再从乙杯取出混合液注入甲杯后，甲乙两杯仍各有 10 升液体。即甲杯有了多少 B 液，乙杯中就有多少 A 液。当甲杯中 A 液与 B 液的比是 5：1 时，乙杯中 B 液与 A 液的比必为 5：1。②从甲杯取出 A 液注入乙杯后，乙杯中的混合液成分就已确定。至于从乙杯中取走混合液与否，并不影响混合液中 A 液与 B 液的比例。因此问题可理解为：从甲杯中取出多少 A 液注入乙杯，使乙杯中 A 液与 B 液之比为 1：5。其方程式为 $\frac{x}{10}=\frac{1}{5}$，解题得 $x=2$ 升。这种又简练又清楚的解答，无疑具有智力素质的独创性。

如，创造性问题的解决过程要求个体克服思维定式，从全新的角度进行思考，对问题获得一种新认识，以达到对问题的解决。人们经常提到的"四棵树问题"，要求学生在一块土地上种植四棵树，使得每两棵树之间的距离都相等。许多同学尝试在一个平面上解决问题，但是不管他们画正方形、菱形、梯形、平行四边形……都行不通。而要解决这一问题，就需要学生突破二维平面的限制，在三维空间构建一个正四面体（如图 8-5）。

图 8-5

在培养小学生运算思维独创性时提到的自编习题特别是应用题，在中学阶段，尤其是初中阶段仍可应用。编题，即要学生在学习中，根据自己对所学概念、定理、公式、法则、方法的理解，自己编制各种类型的练习题，自己进行解、证，自己概括、总结、评价，以促进思维结构对所学知识的同化、顺应，在加强对所学知识理解的同时，无疑是对思维独创性品质的一个促进。

5. 培养学生数学学习中的思维批判性

数学学习中的批判性，是学生在学习数学知识过程中发现、探索、变式的反省，这种自我监控的品质，是中学生在数学学习中必不可少的环节，使学生在学习数学知识过程中不仅知其然，而且知其所以然。

批判性往往是在对所学知识的系统化的过程中表现出来的，但它的重点却在于检查和调节学习过程中的思维活动。学生要反思自己是怎样发现和解决问题的；运用了哪些基本的思考方法、技能和技巧；走过何种弯路；有哪些容易发生（或发生过）的错误，原因何在；该记取何种教训，等等。例如，对"平方根"一节，在知识系统化的基础上，应引导学生进行如下三点反思：①通过引出平方根概念，分析互逆运算的关系；②通过探讨平方根性质，总结其概括过程中如何进行分类；③由求平方根的运算，领会有关的数学思维方法（如近似逼近法）。

在培养学生数学学习过程中的思维批判性时，切忌变为教师对教材的逻辑说教。教师要注意积累学生所表露出的心理能力火花和思维障碍的材料，有针对性地设计反思问题，要鼓励学生现身说法、积极评论研讨。

为了培养这种批判性，我们对通州实验点提出，除在课堂教学中抓好"反思"这一环节外，还必须使学生养成随时监控自己数学思维的习惯。为此，他们要求学生在做作业时做反思摘记，主要内容有：①每步推导、演算所据概念、定理、法则；②对错误的简要分析及改正；③题型或思路小结；④解题注意事项；⑤其他体会。再配合作业当日批改、分类指导，及时强化，对学生数学思维批判性的培养大有好处。

（二）对研究结果的列举和分析

对培养学生数学（或运算）思维品质，促进其数学能力发展、学习质量提高的数据，我们在第四章和第七章作了较系统而较详尽的介绍，不再赘述。这里，只以上海和北京两地的中学实验点为例，作点补充说明。

1. 上海市实验点的实验数据

实验班 A 班是卢湾区一所完全中等的直升班，其入学成绩略低于本区一所重点中学的 A_1、A_2、A_3、A_4 四个班；实验班 B 班与对照班 B_1、B_2 是该校按入学成绩排序随机分配的，各班师资水平也基本一致。根据测试，实验班 A 与对照班 A_1、A_2、A_3、A_4，实验班 B 与对照班 B_1、B_2 的入学水平和师资水平，是无显著差异的。实验班在教学中，以加强培养学生五种数学思维品

质为主要实验措施①。

1991年实验班与对照班均进入高三，经过两次全区数学统测：

第一次1991年1月由区统一命题，测试结果如表8-28第（1）、第（2）所示。

表8-28 三次大型测试中实验班与对照班成绩 *T* 检验表

	1991年1月区测试		1991年5月上海市会考		1991年6月区测试	
	平均分 (1)	*T* 值 (2)	平均分 (3)	*T* 值 (4)	平均分 (5)	*T* 值 (6)
A 实验班	78.55		90.04		92.13	
A_1 对照班			86.00	3.00**		
A_2 对照班	68.78	2.67**	81.83	4.97**	88.83	0.72
A_3 对照班	70.20	2.24**	85.47	2.71**	91.16	0.217
A_4 对照班	72.3	1.68	85.28	3.60**	82.40	2.24*
B 实验班	72.61		85.14		88.68	
B_1 对照班			88.15	3.12**	80.39	1.53
B_2 对照班	69.43	1.86	85.03	0.06		

注：* $P<0.95$；** $P<0.01$。

值得说明的是全区参加这次测试的共15个班（其中区重点中学的 A_1、A_2、A_3、A_4 四个班均参加），实验班 A、B 名列第一，第二。

表8-28第（3）、第（4）是1991年6月全区共20个班参加的考试成绩，由于这次是高考模拟，一部分经上海市会考后取消高考资格的学生未参加，及少量保送到大学的学生也未参加，结果不便对比，仅供我们参考。

表8-28中第（5）、第（6）系1991年5月初，上海市高三会考，各校参加人数与实际人数一致，故有对比价值，实验班与对照班成绩差异显著。

另外，上海市实验点研究者还统计了下面的数据（表8-29）：

---

① 陈振宣，王敬芙，忻再义等．中学生数学思维品质培养的实验报告．见：中学生能力发展与培养．北京：北京教育出版社，1992

表 8-29 **1991 年 5 月上海市高三会考各类型学校平均分对照表**

全市均分	全市重点	全市区县重点	全市普通高中	实验班 A	实验班 B
83.6	90.3	86.52	77.38	90.04	85.14

可见，实验班从普通中学的入学水平，已赶上或接近全市区县重点中学的平均水平。

2. 北京市实验点的实验数据

我们北京东城和海淀区各有两所普通中学实验点，以等组方式，各设两个（共 4 个）实验班和两个（共 4 个）控制对照班，实验班与对照班均系随机分班，条件均等，只是实验班加强对学生五种数学思维品质的培养。

我们用数学能力测试题，获得如下结果（表 8-29 和表 8-31）：

表 8-30　　　　　**两组中学生数学能力测试成绩对比**

测试日期	班级	N	$\overline{X}$	S	Z	P
1987.1 初一上期末	实验班	198	67.23	25.79	0.75	$P>0.05$
	对照班	186	65.20	27.30		
1987.7 初一下期末	实验班	190	60.00	25.19	5.25	$P<0.01$
	对照班	180	46.75	23.32		
1988.1 初二上期末	实验班	197	74.16	25.94	4.52	$P<0.01$
	对照班	184	63.28	20.93		
1988.7 初二下期末	实验班	197	58.85	22.84	8.80	$P<0.01$
	对照班	194	39.49	20.01		

表 8-31　　　　　**两组中学生参加数学考试（中考）成绩对比**

时间	班级	N	$\overline{X}$	S	Z	P
初中毕业升学考试 1989.7	实验班	194	84.24	12.25	2.80	$P<0.01$
	对照班	184	80.30	14.88		

从上面两表可以看出，无论是数学能力测定，还是学习成绩，实验班学生的平均成绩均超过对照班，且随着年级升高，差异越来越明显。

　　上海和北京实验点的学生不尽相同，测试内容也不一样，但不管在上海，或是在北京，实验班的各项指标系数均超过控制对照班。我们实验的项目，主要是加强实验班学生数学思维品质的训练。因此，分析其结论也只能如第七章所述的，培养学生数学思维品质，是提高数学教学质量、减轻学生过重负担的有效途径，是发展数学能力的突破点。

第九章　中小学生语文能力的发展与培养

中小学的语文教学是母语教育。通过语文教学，应该培育学生热爱祖国语言文字的思想感情，指导学生正确地理解和运用祖国语言文字，并提高品德修养和审美情趣，养成良好的个性和健全的人格，使学生在认知、情感、动作技能等诸方面都得到发展。

我们认为，要达到此目的，学校的语文学科教育是一个主要途径。在语文学科教育中，要培养学生的智力与能力。如前所述，思维是智力的核心，思维品质是思维能力的表现形式，是思维活动中智力特点在个体身上的表现。它体现了每个个体思维的水平和智力的差异。而我们的语文教学，目的是提高每个个体的语文学习质量，因此，可以以学生的思维品质为突破口。

于是，我们在教学实验中提出，在充分而全面认识语文教学目的的基础上，抓好以概括为基础的开放性动态系统的语文能力的培养。也就是，把语文能力作为四种能力（听、说、读、写）与五种思维品质（深刻性、灵活性、独创性、批判性和敏捷性，小学阶段为四种，不提批判性）的统一体来培养。

第一节　关于中小学生的语文能力

中小学生的语文能力，应看作以语文概括为基础，将四种语文能力与五种思维品质组成 20 个交结点的开放性的动态系统[1][2]。

一、听说读写能力是中小学生语文能力的基本内容

将学生语文能力归纳为听、说、读、写四种基本能力，这种提法是正确的。

听话能力是人们对语言信息的一种认知能力。它包括对语音的感知与辨析，对语义的理解、评价与反应。

说话能力是一种综合能力。它是人们将自己的内部言语按一定的语言规则转换为外部言语的能力。说话的过程是一个复杂的过程，包含了语言、思维、心理、生理、物理等一系列的活动。

阅读能力是从书面语言符号获得意义的能力。阅读是一种复杂的言语过程。在这个过程中，要通过内部言语用自己的话来理解和改造原来的句子和段落，依靠原有的知识经验对阅读的材料加以同化，达到对阅读内容的理解。

写作能力是指运用书面语言准确地表达自己思想的能力。写作能力的形成需要有口头表达能力作基础，需要内部言语的发展。写作的构思过程是一个言语意识的过程，因此，写作能力的发展与观察、记忆、思维、想象等认识能力联系密切，与人的情感体验及个性有关，与非智力因素有关。

听、说、读、写之间具有内在的联系。听、读是"输入"，是"吸收"，是"内化"，而说、写则是"输出"，是"应用"，是"外化"。这一进一出、吸收和应用、内化和外化本来是辩证的统一。从系统的角度出发，我们课题组将听读和说写的关系作如下的表示（图 9-1）[3]：

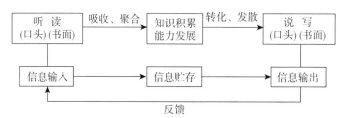

图 9-1　听读和说写关系示意图

---

[1][3]　吴昌顺."中学生语文能力发展与培养"实验课题阐述. 心理发展与教育，1988，1

[2]　樊大荣，耿盛义. 小学生语文能力发展与培养. 心理发展与教育，1989，4

由此可见，听、说、读、写四种能力，共同构成语文能力系统，它们同等重要，互相联系，互相促进。

（一）对小学生听说读写基本能力的看法

对小学生的听说读写能力表现，可概括如下：

听的能力　包括听话时的注意力，对语音的辨识能力，对语义的理解能力，对讲话内容的分析与综合、抓住要点的能力，记忆话语的能力，听话时的联想和想象力等。

说的能力　包括准确运用语言、说好普通话的能力，当众说话、有中心有条理的表达能力，答问有迅速灵活的应变能力，创造性复述有联想、发现的创造力等。

读的能力　包括认读的能力，准确理解词句段篇的能力，对文章的评价与鉴赏能力，诵读能力等。

写的能力　包括认识生活的能力，选词用语的能力，布局谋篇的能力，运用标点符号的能力，加工修改的能力等。

（二）对中学生听说读写基本能力的看法

随着学生学习语文内容的变化，中学生的听说读写能力有所发展，一般可概括如下：

听的能力　包括语音的分辨力，语义的理解力，逻辑的判断力，联想与想象力，内容的概括力，分析与判断力，乃至情感的感受力，迅速作出反应的响应力，等等。而这一切又常常反映在听写能力、听记能力、听辨能力、听析能力、听赏能力、听评能力当中。

说的能力　包括准确地运用语音、词汇、语法的能力，生动、准确的表达力，迅速、灵活的应变力，联想、发现的创造力，等等。而这一切又常常反映在朗读能力、背诵能力、演讲能力、论辩能力当中。

读的能力　包括准确理解能力，分析与综合能力，评价与鉴赏能力，发现与创造能力，乃至选择书籍、选择读书方法的能力，使用工具书的能力，等等。而这一切又反映在认读能力、默读能力、速读能力、跳读能力当中。

写的能力　包括观察能力，准确地运用字、词、句、篇等基础知识的能力，掌握多种文体特点的能力，乃至迅速写出观点鲜明、选材恰当的文章的能力。而这一切又反映在审题能力、立意能力、选材能力、组织能力、语言润色能力、加工修改能力当中。

上述听说读写能力的形成与相应的语文基础知识的掌握、语文技能的训

329

练是密不可分的，但知识的掌握、技能的训练又不直接等同于能力的生成。在语文学习过程中，学生要对语音、词汇、语法、修辞、逻辑、篇章等语文知识在理解的水平上达到应用水平，能把握其内在的逻辑关系，能在新的情境中运用概念与原则，建立知识之间不同情境下的合理联系。在语文技能方面，要通过模仿，达到独立操作水平，进而达到迁移水平。要对所学文章中体现出的人生态度、价值观念，从感受、到认同、再到内化。这样，才能真正形成听、说、读、写能力。这一过程是非常复杂的。关于语文能力结构的传统提法没有很好地揭示出语文能力形成的内在机制。因此，我们有必要对语文能力结构作进一步的探讨。

二、中小学生在语文学习中的思维品质

中小学生语文能力的差异，不仅表现在听、说、读、写四种能力所达到的水平上，而且还表现在解决问题过程中其语文思维水平的差异上。个体语文思维的水平和智力的差异，表现在其思维品质上，主要外化为深刻性、灵活性、独创性、批判性和敏捷性。

（一）语文思维的深刻性

语文思维的深刻性，是指学生在语文思维活动中，善于对材料进行概括，深入地思考问题，抓住事物的本质和内在规律性，是其语文思维过程中思维的广度和难度的集中反映。如，听出说话人的目的和言外之意；说话能抓住要点，有逻辑性；能准确理解所读内容的要点，在了解"是什么"和"怎么样"的基础上能弄清"为什么"；作文中叙述事物或论说问题周密、精确，能抓住本质的东西，等等。

（二）语文思维的灵活性

语文思维的灵活性，是指学生在语文思维活动中思维的起点灵活，能从不同角度、不同方向，能用多种方法解决问题；思维的过程灵活，能够从分析到综合，从综合到分析，全面而灵活地做"综合的分析"；概括—迁移的能力强，运用规律的自觉性高，善于组合分析；思维的结果往往是多种合理而灵活的结论。如：在听话时能及时分析和判断；善于从不同角度思考所读的内容；作文时能灵活运用表达方式和修辞方法，等等。

（三）语文思维的独创性

语文思维的独创性，是指学生在语文思维活动中，能够运用一切已知

信息，创造出某种新颖、独特、有社会或个人价值的产品。"新颖"是指不墨守成规，破旧立新，前所未有；"独特"是指不同凡响，别出心裁。如，听话时能提出不同的想法；在讨论中能说出新颖、独特的见解；阅读中善于比较、联想、发散和鉴别；在作文中立意新颖，构思和表达不落俗套，等等。

（四）语文思维的批判性

语文思维的批判性，是指学生在语文思维活动中，能够严格地估计思维材料，精细检查思维过程，自我控制和调节思维的方向和过程，对学习活动能够评价、调整和矫正。如，能迅速鉴别所听内容的优劣；能发现自己说话或回答问题时的缺欠，并能及时调整；阅读文章时能评价和鉴别；有对自己的作文进行评价和修改的能力，等等。

（五）语文思维的敏捷性

语文思维的敏捷性，是指学生在语文思维活动中，能够适应迫切的情况，积极思维，正确地判断和迅速地作出结论。思维的敏捷性不等于思维的轻率性，它强调迅速而正确，是指思维过程的速度或迅速程度。如，迅速接受语音符号，并作出判断；能把自己想说的很快地说出来；阅读有一定的速度，并迅速抓住材料的要点；能根据要求迅速构思，写出作文，等等。

上述五种思维品质，是一个彼此联系、不可分割的辩证统一体，但在学生语文学习上又各有其特定的意义。

三、对中小学生语文能力结构的基本认识

思维是听说读写四种能力的核心。每个学生在语文活动中的听、说、读、写能力集中表现在深刻性、灵活性、独创性、批判性、敏捷性等思维品质中。中小学生在语文学习中表现出来的思维品质，反映了语文能力中听、说、读、写能力的不同层次和水平。四种能力和五种思维品质（小学四种）相互交叉，组成了 $4 \times 4 = 16$ 个或 $4 \times 5 = 20$ 个交结点，形成了开放性动态系统的语文能力结构。在教改实验中，我们详细列举每个交结点的小学和中学语文教学的要点（表9-1）。

第九章 中小学生语文能力的发展与培养

（一）对小学生语文能力结构的列举及剖析

表 9-1　　　　　　　　　　小学生语文能力结构样例

交叉点　　语文能力 思维品质	听	说	读	写
敏捷性	1. 能够适应不同速度的语音符号的传出； 2. 能迅速接受语音符号，准确地识别音调，并在瞬间把其还原为语义内容； 3. 能紧跟讲话人的思路进行思考，善于抓住对方说话的内容要点，周密分析、判断，迅速作出反应。	1. 能以各种速度送出语音符号； 2. 能够适应迫切的情况，积极思维，反应快速，对答如流； 3. 能迅速将听到的语音还原为语义内容，储存并复述出来； 4. 在极短时间内，能针对变化作出分析判断，及时调整说话内容。	1. 视读广度宽，具有一定的阅读速度和阅读效率； 2. 能在较短时间内迅速抓住材料的要点，捕捉住中心； 3. 能够边读边从文字中择取有价值的信息。	1. 文思敏捷，能按要求迅速构思，在限定时间内成文； 2. 能按照表达意思的需要，对平日积累的词语迅速作出选择判断。
灵活性	1. 在变化的不同环境中，均能听清、听准对方发出的语音符号； 2. 善于接收对方在不同情绪下发出的语音符号，能进行综合分析； 3. 善于多角度地分析不同场合中的语言信息，概括、迁移； 4. 善于从听话中得出多种合理而灵活的结论。	1. 能在变换的环境中正确地发出语音符号； 2. 善于在双方不同的情绪下，发出语音符号，说话得体； 3. 善于从不同角度、方面、方向，进行分析、概括，顺应变化，机敏地加以调整，巧妙应对。	1. 善于从不同角度思考所读的内容； 2. 善于灵活地采用不同的阅读方法，集中精力吸收有用的材料，处理没有信息价值的材料； 3. 善于变换阅读速度，"没有用的地方"快速读，内容丰富而有实用价值的地方慢速读。	1. 作文思路开阔，善于从不同角度、不同方面选材； 2. 善于灵活运用表达方式和修辞方法。能够在不改变原意的前提下，改变原材料的顺序，进行创造性设想。

332

交叉点 语文能力 思维品质	听	说	读	写
深刻性	1. 能抓住说话人的思路，明了说话的主旨和要点； 2. 能洞察对方说话的用意，听得出"弦外之音"，言外之意； 3. 能预见对方说话的结论。	1. 说话时思路清楚，语脉明晰，中心突出； 2. 说话有深沉丰富的内涵，言虽尽而意无穷； 3. 说话所表达的观点中肯、深化，能揭示事物的本质和规律，一语破的，言近旨远。	1. 能准确理解所读内容的要点，在了解"是什么"和"怎么样"的基础上能弄清"为什么"； 2. 善于深思，能理解体味文章的内在含义和字的意思。	1. 立意有一定的深度； 2. 能很快地抓住要表达的事物的中心，用准确、简练、生动的书面语言表达，叙事说理周密而精确。
独创性	1. 善于从所听内容出发进行比较分析，发现规律性的特点； 2. 善于对所听内容进行想象和联想，产生独到的体会和新异的感受； 3. 善于运用求异思维，提出与所听内容不同的观点或思想。	1. 不为别人的意见所左右，不人云亦云，能说出新颖、独特的见解； 2. 善于想象和联想，即兴发表意见，能够出口成章，谈出独到的体会和新异的感受。	1. 阅读时善于比较、联想、发散和鉴别； 2. 阅读过程能够再现语言中所描述的现象，进行创造性复述。	1. 立意新颖； 2. 构思、表达不落俗套； 3. 能够运用与原文不同的方式，重新表达原文内容。

（二）对中学生语文能力结构的列举及剖析

我们认为，中学生语文能力的发展与思维品质的培养之间存在着如下表所示的关系。

表 9-2　　　　　　　　　　中学生语文能力结构样例

交叉点　语文能力　思维品质	听	说	读	写
敏捷性	1. 迅速接受语音符号，作出判断推理； 2. 适应各种速度的语音符号的传出； 3. 善于抓住对方说话的内容要点，迅速作出反应。	1. 迅速根据说话需要和命题要求组织语言材料，表达出来； 2. 及时敏捷地说出自己想说的话来，语言干净利落，不带零碎； 3. 简明扼要有条理地表达自己的思想、观点和感情。	1. 提高阅读速度，不低于1 000字/3分钟； 2. 学会速读、跳读、浏览、泛读等方法；提高读书效率； 3. 迅速捕捉到所读内容的主要观点和自己所需的主要材料。	1. 善于观察，迅速将观察到的材料分析加工，变成写作的素材、题材，组材剪裁成一篇文章。 2. 对书面材料，迅速分析、抉择，同中见异，异中求同，作出判断； 3. 能在较短时间内，根据要求，迅速构思，写出各种文体的作文。
灵活性	1. 在各种环境中听清、听准对方发出的语音符号； 2. 善于接受对方的语音符号，听懂对方的话；	1. 善于生动形象地用口头语言表情达意，概括性强； 2. 善于多角度、多层次地运用多种方法（如取譬、引用正反、比较、衬托等）表达；	1. 掌握多种阅读方法，善于概括所读内容要点； 2. 善于从不同的角度、方向、侧面思考所读内容，并得出多种合理灵活的结论；	1. 文章观点力求鲜明，但要有弹性，不牵强、不绝对，合理而又能让人接受。 2. 灵活运用多种表达方式和修辞方法；

交叉点 语文能力 / 思维品质	听	说	读	写
灵活性	3. 能在各种场合接受语音符号传达的信息，并善于从多角度去分析。	自己的观点，以增强说服力； 3. 在谈话过程中因人、因时、因地制宜，善于随时变换方式、语气来适应听者的接受心理，增强说话的效果。	3. 善于在阅读中运用联想和想象，比较和迁移，以提高阅读效率； 4. 善于学以致用。	3. 善于多角度、多方位、多层次地观察事物，分析材料，选择素材，组织题材； 4. 同一题材表达不同观点，同一观点运用不同题材，不同体裁写法不同。
深刻性	1. 理解说话人运用判断、推理、证明的逻辑过程； 2. 概括所听内容的主旨和要点； 3. 听出说话人的目的； 4. 听出言外之意。	1. 表达自己的思想观点能抓住要点，一语中的； 2. 说话有较强的逻辑性，既全面而又有侧重，富于辩证性； 3. 说话前有周密思考，表达时能触及实质。	1. 全面准确地理解所读内容的要点，把握作者的意图； 2. 深入思考所读内容，从中发现规律和本质的东西； 3. 抓住不同时代、不同文体、不同作者作品的阅读规律； 4. 善于运用比较，能举一反三地通过阅读提高对客观事物的认识水平。	1. 观察事物，能透过现象看到本质，分析全面而具体； 2. 观点和材料一致，表达时二者结合紧密； 3. 阐述观点，表达感情，叙述事物力求周密、精确、有规律可循。

交叉点 思维品质 \ 语文能力	听	说	读	写
独创性	1. 善于由此及彼地产生联想，并有独到的体会和新鲜的感受； 2. 善于运用求异思维，提出与所听内容不同的观点或思想。	1. 自觉独立地运用语言表达自己对问题的看法； 2. 面对面地谈话和讨论能找出不止一个的答案或结论； 3. 表达的内容总含有新的因素，个人的感受和见解； 4. 有自己的语言风格和个性。	1. 根据自己的需要和水平选择适当的阅读内容与合宜的阅读方法； 2. 阅读中善于联想、比较、鉴别。有个人独到的心得，获得美的享受； 3. 创造性地运用阅读中所学到的知识、观点和方法。	1. 观察问题的角度新，分析问题的眼光新，叙述事物的方式新； 2. 选材力求新颖，立意不同一般； 3. 语言表达上逐步形成自己的个性及风格。
批判性	1. 及时发现所听内容的长短优劣，加以鉴别； 2. 在听话过程中不断进行分析，吸收有益有用的内容，对于不正确的无益的内容加以删除淘汰； 3. 在批判过程中有所领悟，想到与之对立的观点。	1. 旗帜鲜明，有批判精神，在谈话辩论中服从真理，修正谬误； 2. 辩证地分析问题，策略地表述观点，在谈话中发现对方不足，进行讨论、辩论； 3. 不断检查自己说的内容及思维过程，及时加以调整。	1. 对阅读内容进行辩证分析，善于汲取精华，剔除糟粕； 2. 掌握顾及全篇、顾及作者本人和顾及作者所处的时代的全面评价作品的方法； 3、善于运用比较，发现阅读内容的风格特色，并切实地转化为自己的能力。	1. 掌握文章修辞的基本方法和步骤，有较好地修改作文的习惯； 2. 学会自评作文，写作文小结、文集序跋； 3. 及时总结自己的写作经验，针对不足进行有目的的训练，以提高写作水平。

学习与发展(第4版)
——中小学生心理能力发展与培养

336

四、概括是语文能力的基础

概括是思维活动最基本的特点。如前所述，所谓概括，是将许多具有共同特征的事物，或将某种事物的一般的、共同的属性和特征结合起来，抓住事物的内在联系与规律性。概括过程，是指把个别事物的本质属性，推及为同类事物的本质属性的过程，也就是思维由个别通向一般的过程。

在语文能力的形成过程中，概括是基础。这是因为，在语文学习过程中，主要的学习内容是文质兼美的范文。一篇篇范文是作者思想内容的载体。在这一载体之中，主要包含两方面内容：一方面是从一代人传到另一代人的语言系统或称语法体系；另一方面是语言的具体体现，即在交际过程中，所能表达或理解的全部内容。因此，语文学习的任务便包括对形式因素（文字、语法、文章结构、表达方式等）的学习与思想内容的学习。在这两类学习中均需要概括能力。

语文概括的过程，应包括以下四个方面：第一，对语言规律的概括；第二，对接受与表达规律的概括，即听、说、读、写规律的概括；第三，把概括了的规律具体化；第四，在概括的基础上系统化。语文概括能力就是从丰富的语文材料中抽出本质的、规律性东西的能力。例如，在阅读过程中，学生从阅读一篇记叙文开始，首先是对词语、句子、篇章的感知，进而是分析与把握文章的思想内容和表达形式、写作意图，理清文章三要素，弄明白文章写了什么、怎样写的、为什么这样写。这是对表达规律、阅读规律的概括。学生运用已概括出的规律再去读各种记叙文，这是把概括出的规律具体化。当学生学习了记叙文、说明文和议论文之后，在分别掌握每一文体的阅读规律的基础之上，总结其间的联系与区别，在更大的范围内将文章的阅读规律系统化，这是概括的高级阶段。

人类的语言活动是丰富多彩、鲜活灵动的，语文课堂上所学的只是极少的例子。语文教学的目的，不是帮助学生掌握有数的几篇文章，而是要引导学生"触类旁通"，将概括出的规律内化，服务于自己的听说读写，这也就是迁移。迁移的本质就是概括。概括的水平越高，迁移的范围就越广，跨度也越大。由于概括，学生抓住了口头语言与书面语言的规律，抓住了交际过程中表达与接受的本质。这样，在自己的言语活动中（听说读写）就容易发现自己已掌握的知识与遇到问题之间的共同联系，善于运用已学知识解决新问题，做到举一反三。因此，概括是语文能力的基础。

第二节　中小学生语文能力的发展

　　由于语言是思维的物质外壳，语言和思维是不可分割地联系在一起的。中小学生语文能力发展也自然地在一定意义上体现了其心理能力，或智力与能力的发展。

　　和数学能力发展有所不同，小学生和中学生的语文能力发展具有连续性、完整性，尽管有其阶段性，但一致性要比数学能力显得更明显。因此，本节对中小学生语文能力发展的阐述，不把小学生和中学生分开，而是中小学生连贯发展一起分析。这和上一章"中小学生数学能力的发展"有很大区别。

　　根据中小学生语文能力结构所示，中小学生语文能力的发展主要表现在听、说、读、写四个方面，同时也反映在其思维品质上。我们课题组成员在这方面作了许多研究[1][2]，但是为了反映中小学生语文能力连贯发展的趋势，我们这里只采用我们课题组中黄仁发先生等人的研究材料。这样，可体现共同的主试、共同的被试、共同的研究时间，使研究材料前后有一致性和科学性。

一、中小学生语文"听"的能力的发展

　　听是语言最基本的"进"的表现。语言行为是"进入性"与"表达性"的有机统一。

（一）研究方法

　　我们通过两种途径对中小学生的听写进行考查：一是由原教师主持，随堂听写，听写近两周内所授的记叙文中的 10 个词语、5 个单句和一段话，范读三遍：第一遍逐字读，每字一秒；第二遍联词读，每字 1/2 秒；第三遍播音速度读。二是听写包括 10 个词语、5 个单句和一篇短文（词、句从文中摘出）的统一材料。

　　两项测试都由研究人员统一评定，词语、句子、段落各 20 分，满分为60 分。

　　两次测试，共测被试 3 996 人次，男女各半。

---

① 林崇德. 中学生能力发展与培养. 北京：北京教育出版社，1992
② 林崇德. 小学生能力发展与培养. 北京：北京教育出版社，1992

学习与发展（第4版）——中小学生心理能力发展与培养

（二）研究结果

1. 随堂听写

（1）不同年级学生随堂听写成绩的发展趋势。满分 60 分，优秀 48 分，及格 36 分。中小学生各年级听写成绩如图 9-2 所示。

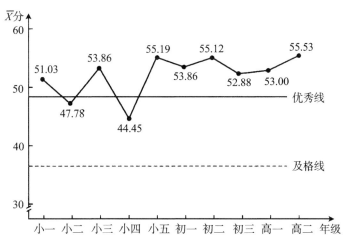

图 9-2　中小学生随堂听写发展曲线

尽管这种测验的随意性较大，但仍说明这样两个问题：

①除小学二、四年级外，各年级听写的成绩都在优秀线上。这表明，他们对语文教学内容的听写要求是胜任的，具有一定的听写能力和习惯。

②小学阶段发展不稳定，曲线大起大落；中学阶段比较稳定，曲线平稳。

（2）随堂听写词、句、段的特点。从图 9-3 可以提示两点事实：

①小学生听写能力以认词为最佳，其次是句，最差是段；中学生则反之，句段并辔，最差的是词。

②词和句段似乎成了两个体系。词的听力成绩大起大落，没有什么规律，表明机遇性大；句与段的听力始终并驾齐驱，比较稳定。两者形成鲜明对照。

（3）随堂听写的性别特征。随堂听写，所听的材料是刚教过的课文里的东西，在熟悉程度上是等同的，结果成绩却出现差异，如图 9-4 所示。

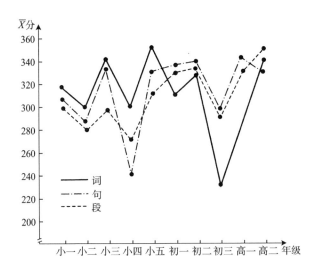

图 9-3 　中小学生随堂听写成绩词、句、段发展比较

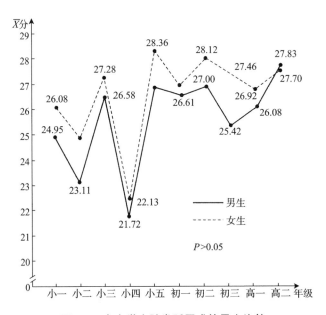

图 9-4 　中小学生随堂听写成绩男女比较

由图 9-4 可见，除了高二，女生随堂听写能力优于男生，初中阶段最为明显。

2. 统一材料

中小学生统一材料听写成绩列于表 9-3 中。

表 9-3

中小学生统一材料听写成绩统计

年级	性别	城市 普通音 词	句	文	平均	城市 方言音 词	句	文	平均	乡村 普通音 词	句	文	平均	乡村 方言音 词	句	文	平均	总平均	总平均
小一	男	5.0	3.0	1.9	3.30	5.5	6.0	2.9	4.80	5.0	3.9	1.7	3.53	5.2	2.2	0.6	2.67	3.58	3.46
	女	4.7	3.8	2.3	3.60	5.9	5.8	3.6	5.10	4.0	2.6	0.9	2.50	4.0	1.8	0.5	2.10	3.33	
小二	男	10.5	9.1	2.6	7.40	8.4	6.5	3.5	6.13	9.7	7.5	3.3	7.40	9.7	6.9	3.1	6.57	6.88	7.24
	女	13.2	9.7	5.3	9.40	10.7	7.4	4.1	7.40	10.3	6.1	3.6	6.43	10.3	7.5	3.7	7.17	7.60	
小三	男	15.4	13.0	11.3	12.23	14.5	10.7	11.2	12.13	13.2	13.6	10.2	12.53	13.2	11.2	5.4	9.93	11.96	12.50
	女	16.3	13.8	13.4	14.50	16.9	12.2	13.3	14.13	14.2	14.9	9.1	12.77	14.2	12.1	5.9	10.73	13.03	
小四	男	15.6	15.4	8.5	13.17	17.1	16.3	13.9	15.77	14.8	16.1	14.3	15.47	14.8	14.1	8.6	12.50	14.23	14.31
	女	16.7	15.3	16.3	16.03	16.2	15.5	15.4	15.70	14.6	16.5	12.8	15.00	14.6	12.8	5.1	10.83	14.39	
小五	男	18.0	18.5	18.5	18.27	17.3	17.0	15.4	15.57	18.0	15.3	12.6	14.67	18.0	17.8	12.4	16.07	16.40	16.35
	女	17.9	17.4	16.7	17.33	18.0	17.8	18.3	18.03	17.6	15.7	13.8	15.07	17.6	16.8	9.9	14.77	16.30	
初一	男	18.3	18.7	19.3	18.77	18.6	19.0	19.3	18.97	18.5	17.1	17.8	17.50	18.5	18.2	18.8	18.50	18.44	18.52
	女	18.8	19.0	19.6	19.10	18.7	18.7	19.5	18.97	18.1	17.6	19.1	18.23	18.1	18.0	18.2	18.10	18.60	
初二	男	18.3	18.9	18.9	18.63	18.6	18.8	19.6	19.00	18.7	17.9	18.1	17.63	18.7	19.2	19.0	18.97	18.56	18.61
	女	18.6	18.7	19.3	18.87	18.4	19.0	19.7	19.03	18.5	18.4	18.7	18.23	18.5	18.4	18.5	18.47	18.65	
初三	男	18.8	19.1	19.8	19.23	18.4	19.4	19.7	19.17	18.6	18.8	18.9	18.57	18.6	18.3	19.1	18.67	18.91	19.04
	女	19.0	19.8	19.9	19.57	18.8	19.6	19.9	19.43	18.6	18.8	19.1	18.80	18.6	18.9	19.0	18.83	19.16	
高一	男	18.7	19.2	19.9	12.27	19.1	19.7	19.5	19.43	19.4	19.1	18.2	18.63	19.4	19.1	19.0	19.17	19.13	19.21
	女	19.0	19.1	19.3	19.13	19.9	19.8	20.0	19.90	18.4	19.1	18.9	19.00	18.4	19.3	19.0	19.07	19.28	
高二	男	16.2	18.4	18.3	17.63	18.9	19.6	19.7	19.40	19.2	18.9	19.1	18.70	19.2	19.6	19.7	19.50	18.81	18.92
	女	17.0	18.7	19.3	18.33	19.0	19.0	19.7	19.23	18.8	19.2	19.6	19.23	18.8	19.6	19.6	19.33	19.03	
合计		318.0	308.6	290.3	305.63	318.9	307.8	298.2	308.30	308.9	296.9	270.0	298.03	308.9	291.5	241.1	281.83		148.16

341

（1）不同年级学生统一材料听写成绩的发展趋势。我们用来听写的统一材料是一篇短文。显然，中小学生听写它的成绩是随年级的递增而提高。小学的中高年级可以达到及格水平，中学阶段可以达到优秀水平。

从图9-5可以看出，材料不同，发展的曲线也不一样。小学生听写词语的成绩最佳，其次是句子，最差是全文，其差距随年级递增而缩小；中学生则反之，最佳的成绩是全文，句子次之，最差的是词语，而且其差距有随着增龄而扩大之势。

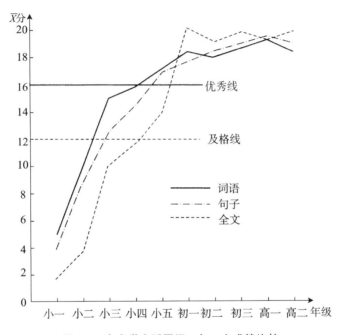

图9-5 中小学生听写词、句、文成绩比较

这种现象与我们上述的随堂听写的结果是一致的。这说明，中小学生对语文的听的能力，不论是对什么材料，也不论是什么情境，其心理能力的发展特征是一样的。

（2）关于听写的性别差异。男、女生间的差异，统一材料听写和随堂听写的结果一致，都是女生优于男生，但差异不显著。

二、中小学生语文"说"的能力的发展

言为心声，说和写都是语文表达能力，而说是最基本的表达。

（一）口头表达能力的发展

1. 研究方法

（1）途径。我们用"复述"材料为手段，采取两种途径：一是复述教学课文，以记叙文为限，读完新课后随堂面测，由原任教师主持；二是复述统一材料，材料保密，课外进行，读后立即进行复述，也由原任教师主持。

（2）指标。

①说话的要求：

乍看起来，说话似乎人人都会，但要说得中肯动听，则不大容易。中肯动听的话，必须是正确的、流利的、有感情的。

所谓正确的，就是俗话说的"五不""一要""三到"。五不，即不说错、不丢添、不重复、不颠倒、不聱牙；一要，即话音要响亮；三到，即眼到、口到、心到。这里，既有技能问题，但更重要的是心明，即对所要说的话的意义的理解具有概括性。

所谓"流利的"，就是在对要说的话的意义正确理解的基础上，发自内心，从容不迫，口齿清晰，不断不破。这里，固然有训练技能和养成习惯的问题，但核心是发自内心，对所要说的话的意义的理解。

所谓"有感情的"，就是对所要说的话的意义理解的结果。只有对说话的内容含义有了正确的理解，才能发出真挚而自然的感情。

②研究复述材料的评分指标（表9-4）：

表 9-4　　　　　　　　　中小学生复述成绩评定指标

分数	水平	指　标
4	一级水平	演说式的口语表达水平，复述材料时，表达准确、鲜明、生动，而且运用各种修辞手法来表达自己的感情和思想； 在表达时注意逻辑关系，具有一定的感染力。
3	二级水平	完整的口语表达水平，复述材料时，注意用词确切，言语通顺，句式恰当，但缺乏生动的感染力。
2	三级水平	初步完整的口语表达水平，复述材料时，语句完整，合乎一定的语法规则，使听话人能明白和满意。
1	四级水平	对话言语向独白言语过渡并逐步达到独白为主要形式的水平，复述材料时，学生先有一定思考，能接近地简单地表述材料，让别人能听得懂。

2. 研究结果

我们将中小学生被试复述成绩列表（表9-5），并加以分析。

（1）不同年级中小学生复述材料的发展趋势。复述满分为4分，优秀为3.2分，及格为2.1分。

343

学习与发展（第4版）——中小学生心理能力发展与培养

表9-5 中小学生统一材料复述的成绩统计

年级	性别	城市 字数	城市 平均	城市 水平 一级人次	城市 二级人次	城市 三级人次	城市 四级人次	城市 成绩	城市 平均	乡村 字数	乡村 平均	乡村 水平 一级人次	乡村 二级人次	乡村 三级人次	乡村 四级人次	乡村 成绩	乡村 平均	总平均 字数	总平均 水平成绩
小二	男	1 406	141				10	10	1.0	1 210	121				10	10	1.0	135	1.00
	女	1 586	159				10	10	1.0	1 180	118				10	10	1.0		
小三	男	2 265	227				10	10	1.0	2 425	243				10	10	1.0	235	1.08
	女	2 935	294			2	8	12	1.2	1 790	179			1	9	11	1.1		
小四	男	3 336	334			8	2	18	1.8	2 665	267		2	3	5	17	1.7	280	1.60
	女	2 929	293		1	5	4	17	1.7	2 285	229			2	8	12	1.2		
小五	男	3 140	314		4	6		24	2.4	4 690	469		1	7	2	19	1.9	360	2.10
	女	3 015	302		4	6		24	2.4	3 550	355		2	3	5	17	1.7		
初一	男	2 810	281	4	4	2		32	3.2	2 705	271	2	7	3		27	2.7	288	3.08
	女	3 030	303	5	4	1		34	3.4	2 985	299		6	2		30	3.0		
初二	男	3 235	324	2	6	2		30	3.0	3 570	357	1	6	3		28	2.8	249	2.93
	女	3 635	364	1	6	3		28	2.8	3 495	350	5	3	2		31	3.1		
初三	男	3 465	347	5	5			35	3.5	3 300	330	4	6			34	3.4	344	3.45
	女	3 400	340	6	4			36	3.6	3 610	361	5	3			33	3.3		
高一	男	2 915	292	6	4			36	3.6	3 090	309	6	4			36	3.6	302	3.63
	女	3 255	326	8	2			38	3.8	2 830	283	5	5			35	3.5		
高二	男	3 952	395	6	4			36	3.6	3 180	318	8	2			38	3.8	377	3.60
	女	3 922	392	8	2			38	3.8	4 015	402	4	4	2		32	3.2		
合计		55 121	276	51	50			486	2.43	52 663	263	40	51	30	79	450	2.25	269	2.35

344

我们将表 9-5 的结果，制成图 9-6。

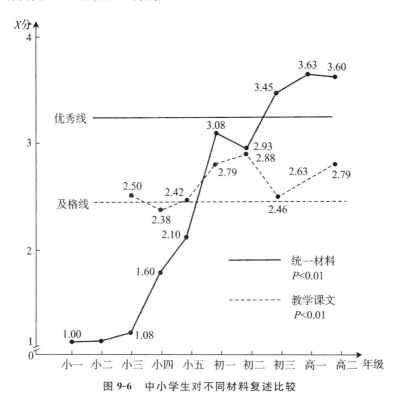

图 9-6 中小学生对不同材料复述比较

从表 9-5 和图 9-6 可以看出：

①随堂读完教学课文的复述，除小学四年级外，全在及格线上，而其最高点也只能达到及格与优秀的中点。这说明，中小学生各年级都能胜任教学对他们的"复述课文"的要求，但都有待进一步提高，以臻完善。

②读完统一材料的复述，就曲线看：小学一、二年级不能复述。在我们深入课堂观察时，发现小学一、二年级学生在说话水平上，往往是对话占主要地位，他们常常还不善于复述生疏的（或新的）材料，他们中间多数学生的独白言语还不发达，需要教师追问，才能说出下一段的内容，还有少数学生在说话时只说半句话，前后颠倒，不合语法。

任意复述各种材料的能力萌芽于小学三、四年级，萌芽后这种能力发展较快。

初中学生达到"及格"水平，高中学生（包括相当的初中毕业生）臻于优秀。

③复述的字数，其发展如图 9-7 所示。

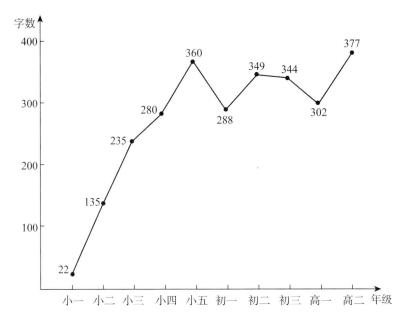

图 9-7　中小学生复述字数

由图 9-7 可以看出，小学一年级无力，二年级乏力，三年级吃力。从小学四年级起，直至高中，都能用 280～380 以上的字数加以复述（因为研究者最高数统计到 400 字）。这说明复述的发展不在于掌握文字的多少，主要是在于对文字的概括和表达水平。

（2）中小学生复述材料的性别差异。从研究数据来看，女生的复述成绩高于男生，尤其是小学和初中阶段更为明显。到了高中以后，男生见长，发展速度超过了女生。但从整体来说，男生的离散性较大，相对的女生离散性要小一些。

（二）关于中小学生正音、正读的问题

正确地掌握常用字的字音、字形、字义，是中小学生口头语言能力，即"说"的能力之一，也是中小学语文教学的基本任务之一。这是一项艰巨的任务。因为我国地广人多，方言多，尽管方言也能很好地表达思想，运用方言同样有很高的说话能力，但是，语言是交流的工具，方言毕竟影响交际的进行，一个人若有非常高超的说话能力，但说的话使人听不懂，也达不到表现心声的愿望。所以，中小学语文教学要使学生理解和熟悉汉语拼音，掌握拼音字母的拼读、书写规则，学会普通话。不断扩大识字量，掌握常用字的读音、书写和字义，懂得错读、错写、错用汉字的原因及纠正方法。具备正音、正读能力。这对中小学生"说话"能力的发展和继续自学语文是大有裨益的。

中小学生的正音、正读能力的发展，既有年龄特征，又有着明显的个别差异。我们曾对中小学生学习普通话的正音能力作调查，发现年龄越小，可塑性越大。假定小学低年级正音数字率为100%，小学高年级则为90%，初中一年级为80%，初中三年级为60%，高中生要低于50%。十七八岁后，由于地方音所造成的惰性严重性，致使正音教学的难度大大增加。正读能力有其自己的特点，它的水平主要取决于正音能力和自觉性。在阅读中，如果有的字已经读成错字、别字，还不能有意识地更正，就会发生习惯性的错读现象。

三、中小学生语文"读"的能力的发展

中小学生的阅读能力包括阅读形式和阅读内容两个方面。

（一）中小学生阅读形式方面的特点

阅读的形式有朗读和默读。朗读比默读出现得早，朗读是默读的准备条件，默读是阅读的最高阶段；反过来，朗读又可以用作检查默读的手段。因此，朗读和默读是相辅相成的，是整个阅读能力发展过程中的两个重要方面。

1. 朗读

（1）研究方法。①在随堂朗读测验的基础上，对原被试进行统一材料的朗读测验。②评定指标（表9-6）。

表 9-6　　　　　　　　　　　朗读的评定指标

	响度	口齿	表情	准确	技能
3分	响亮	流利	有表情	无或很少错、别、添、漏字	轻重、抑扬、停顿得当
2分	一般	一般	一般	错、别、添、漏字一般	轻重、抑扬、停顿一般
1分	不响亮	不流利	无表情	错、别、添、漏字严重	无轻重、抑扬、停顿或不当

（2）研究结果。

①中小学生朗读发展的特点：满分为 15 分，优秀为 12 分，及格为 9 分，研究结果可用"中小学生朗读发展年级曲线"图示意（图 9-8）。

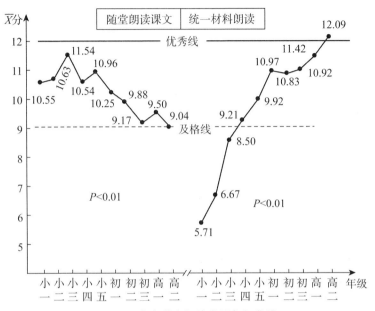

图 9-8　中小学生朗读发展年级曲线

显然，随堂朗读教学课文，中小学生不管处于哪个年级，其成绩在各自教师的尺度下，全在及格线与优秀线之间，这说明他们对各自的教学材料的朗读是能够胜任的。

但是，朗读统一材料，其成绩随年级递增而提高。小学低年级处于及格线以下；小学四年级冲过及格线；中学生发展平稳；高二年级越过优秀线。

可见，只要善于发挥教育机制，从小学四年级起便可顺利渡过朗读关。

②中小学朗读各指标发展特征：很明显，中小学生朗读的教学课文和统一材料都是"响度"最佳，"技能"最差，"表情"亦不理想；"口齿"与"准确"视材料性质而转移。朗读熟悉的、符合他们程度的教学课文，成绩尚可，能吐词清楚而流利地朗读，无什么错、别、添、漏，否则，便出现这样或那样的问题。

③中小学生朗读的性别差异：中小学生的朗读成绩，在朗读教学课文和朗读统一材料方面，男女生差异的模式亦不一致（图 9-9 和图 9-10）。

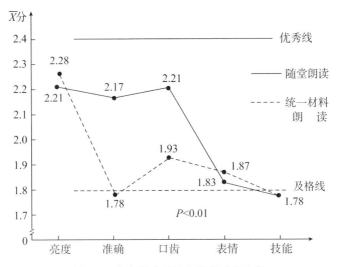

图 9-9 中小学生朗读各指标成绩比较

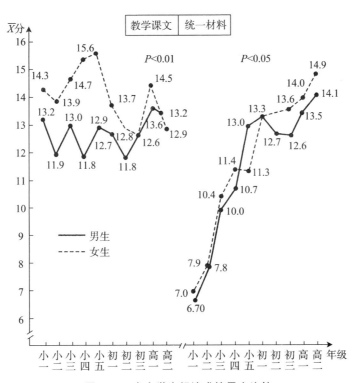

图 9-10 中小学生朗读成绩男女比较

从图 9-10 可以看出，在朗读教学课文上，男生除初三和高二外，全部落

于女生之后，小学阶段差距特别大，女生优于男生十分显著；在朗读统一材料上，除了小学五年级和初一外，也是女生优于男生，但差距不显著。

2. 默读

比起朗读，默读有不同的作用和意义：一是默读的应用范围广；二是默读的速度快；三是更有助于对阅读材料的理解。

如何鉴别中小学生默读能力的水平，我们在研究中采用了三个指标：一是外部表现，要求不出声，不动嘴唇，不指读；二是阅读的速度；三是理解程度，读后能说出或写出课文的主要内容，回答研究者提出的问题。

对于指标三，我们在下一个问题，即在阅读内容中再展开。我们现有的研究结果是：

（1）中小学生默读中的嘴动现象。这种情况交叉幅度较大，有些学生到小学四、五年级就消失了嘴动现象，而另一些学生到了高中默读还存在嘴动或潜在嘴动的现象。男女生差异不大，但城乡学生倒有差异，农村学生嘴动现象消失要晚。嘴动现象与阅读材料有关，难度较大的材料，容易出现嘴动甚至出声现象。

（2）中小学生默读中的速度。默读速度视被试的默读方式和材料的性质而转移。精读者慢，泛读者快；易解者快，费解者慢；难读者慢，易读者快。此外，不同题材对不同年级的速度要求也不同。中小学生对一般熟悉材料阅读的速度：小学高年级每分钟 250～300 字；初中生每分钟 300～400 字；高中生每分钟 400～500 字。

学生从小学三年级开始能够默读，其速度随年级递增而加快，增幅大致是小学—初中—高中，每阶段增 50～100 字/分钟。

（二）中小学生阅读内容方面的特点

阅读的内容是理解字、词、句。分段编写段意，概括中心思想是理解文章的主要方法，也是目前对中学生阅读内容方面能力研究的较客观的指标。它既反映中小学生的语文水平，也反映了他们的思维水平。

1. 研究方法

（1）我们在研究中使用的评定指标是（表 9-7）：

表 9-7   阅读的评定指标

等级	分数	段落分析	归纳中心思想	问答
一级水平	4分	能明确地划分段落；概括地归纳段落大意，并拟出段落提纲和小标题	善于概括中心思想	正确而简练
二级水平	3分	划分正确；归纳段意和提纲、小标题基本正确，但语言繁冗；或段落有出入，但归纳段意、拟提纲、小标题与段落相符，说明对文章尚能理解	基本上能归纳中心思想，但语言繁冗	正确或基本正确，但不简练
三级水平	2分	能划段或划段有出入；不善于归纳段意、拟提纲和小标题，说明对文章不甚理解	归纳中心思想不够确切，重复文章情节或口号式，且笼统	部分正确，对语意不甚理解
四级水平	1分	划段、归纳段意以及拟提纲和小标题紊乱或不正确，表明对文章不能理解	归纳中心思想不对或离开文章旨意	解释错误，对语意不理解

（2）研究材料分为两种。一种是随堂教学的课文，另一种是统一材料。一律请科任教师主持。

2．研究结果

理解内容的满分为 4 分，优秀为 3.2 分，及格为 2.4 分。

（1）不同年级中小学生理解阅读内容的发展趋势（表 9-8）。

表 9-8   中小学生统一材料默读"理解"成绩统计

年级	性别	段落						中心思想						问答						平均
		水平人次				成绩		水平人次				成绩		水平人次				成绩		
		一级	二级	三级	四级	得分	平均	一级	二级	三级	四级	得分	平均	一级	二级	三级	四级	得分	平均	平均
小一	男				10	10	1.0				10	10	1.0				10	10	1.0	1.0
	女				10	10	1.0				10	10	1.0				10	10	1.0	1.0
小二	男				10	10	1.0			1	9	11	1.1				10	10	1.0	1.0
	女				10	10	1.0			1	9	11	1.1			2	8	12	1.2	1.1

年级	性别	段落 水平人次 一级	二级	三级	四级	成绩 得分	平均	中心思想 水平人次 一级	二级	三级	四级	成绩 得分	平均	问答 水平人次 一级	二级	三级	四级	成绩 得分	平均	平均
小三	男			2	8	12	1.2			2	8	12	1.2			2	8	12	1.2	1.2
	女			3	7	13	1.3				10	10	1.0			3	7	13	1.3	1.3
小四	男			1	9	11	1.1	1	1	4	4	19	1.9			3	7	13	1.3	1.4
	女		1	8	1	20	2.0	1	2	3	4	20	2.0			3	7	17	1.7	1.9
小五	男	1	4	5		26	2.6	4	2	3	1	29	2.9		4	5	1	23	2.3	2.6
	女		5	5		25	2.5	4	3			31	3.1	1	4	5		26	2.6	2.7
初一	男		7	3		27	2.7	2	6	1		29	2.9		5	3	2	23	2.3	2.6
	女		8	2		28	2.8	4	5	1		33	3.3	2	4	4		28	2.8	3.0
初二	男	2	6	2		30	3.0	4	4	2		32	3.2	1	3	6		25	2.5	2.9
	女		9	1		29	2.9	4	6			34	3.4	1	5	4		27	2.7	3.0
初三	男	1	9			31	3.1	6	4			36	3.6	1	4	5		26	2.6	3.1
	妇	3	7			33	3.3	8	2			38	3.8	2	6			28	2.8	3.3
高一	男	4	6			34	3.4	7	3			37	3.7	2	4	4		28	2.8	3.3
	女	2	8			32	3.2	8	2			38	3.8	5	4	1		34	3.4	3.5
高二	男	6	4			36	3.6	9	1			39	3.9	7	3			37	3.7	3.7
	女	4	6			34	3.4	7	3			37	3.7	2	6	2		30	3.0	3.4
合计		23	80	32	65	461	2.3	69	44	21	66	516	2.6	23	52	59	66	432	2.2	2.4

中小学生理解阅读内容的能力发展有一个过程：小学低年级对阅读内容的理解是较肤浅的；三年级开始理解阅读内容，往后阅读能力逐年发展，至五年级接近及格线；初中越过及格线，并向优秀线靠近；高中稳居优秀线上。

我们通过大量个案分析发现，小学一、二、三年级75％以上为四级水平；四、五年级以三级水平为主；初中生多数为二级水平；高中生多数为一级水平。

（2）男女不同学生理解阅读内容的差异。男女中小学生在理解阅读内容上存在着差异，男生总的发展趋势比女生成绩高、发展速度快，但这种差异并不显著。

四、中小学生语文"写"的能力的发展

（一）研究方法

我们课题组对中小学生写作的研究，主要从以下三个方面入手。

1. 命题作文

例如，命题为"记一个熟悉的人"，要求被试在限定时间内完成。篇幅要求为：小学生 300～400 字，初中生 400～500 字，高中生为 500～600 字。

评定指标如表 9-9 所示。

表 9-9 命题作文能力的评定指标

分数	等级	中心思想	遣词造句	修辞	篇章结构	标点符号
3分	一级水平	明确	词汇丰富，句子通顺	善于运用修辞手法	结构严谨	使用明确
2分	二级水平	不甚明确	词汇一般，句子呆板	修辞一般	段落欠清，结构不紧	使用一般，时见错误
1分	三级水平	不明确	词汇贫乏，句子不通	修辞贫乏	结构紊乱	使用不当，逗点到底

被试为小学四年级至高中二年级学生。

2. 修改作文

（1）步骤。将被修改的文章作了如下处理：

①隐去题目；

②将文章段落顺序任意打乱；

③将原文的一个自然段的标点符号隐去；

④将原文的结尾段的几句隐去；

⑤拎出原文中的错字（别字）、错词、错句五个。

之后，制成试卷，要求被试完成如下作业：

①拟题；

②调整段落；

③改错；

④归纳中心思想；

⑤续补文字；

⑥标点符号。

（2）评定指标（表9-10）。

表9-10　　　　　　　　修改作文能力的评定指标

分数	等级	续补文字	拟　题
4分	一级水平	善于根据文章旨意点题	切合文章主旨
3分	二级水平	善于结合文字，点题不够完善明确	基本切合主旨，但确切
2分	三级水平	按故事发展的自然结尾或口号性结尾	以文章的外在联系拟题
1分	四级水平	离题或不切题意或续补	架空呼口号或拟其他题材的题目，或拟题困难等

被试为中小学各年级的学生。

3. 改写文章

（1）选材与要求。材料来自报上的报道，将全文析成1层至10层意思。要求被试将1层至10层各行文字理成段，标上标点符号，并写一篇读后感或扩写成一篇文章，字数不限。

（2）指标。评定由研究人员统一进行，"理段"和"标点符号"按正误评定；"读后感"或扩写评定指标同"命题作文"。

（二）研究结果的分析

1. 以"命题作文"测试结果为例，试加分析

（1）中小学生命题作文的成绩（表9-11）。

表9-11　　　　　　　　不同年级命题作文成绩

年级	小四	小五	初一	初二	高一	高二
平均数 $\overline{X}$	2.10	2.09	1.97	2.24	2.22	2.04
标准差 S	0.498	0.572	0.564	0.488	0.372	0.554
F	2.8318*					

注：* $P<0.05$。

由表9-11可见，中小学生命题作文的成绩，小学四年级后的各年级都在及格与优秀之间，相当于百分数的65～75分，这表明他们对各自写作的教学

要求是胜任的。

（2）中小学生命题作文各指标特点。中小学生命题作文中各指标成绩的发展是不平衡的，其平均成绩依次是：

中心思想：波动于 2.15～2.57 分，平均 2.38 分（百分制的 79.25 分）。

篇章结构：波动于 2.01～2.32 分，平均 2.14 分（百分制的 71.26 分）。

遣词造句：波动于 1.99～2.28 分，平均 2.12 分（百分制的 70.59 分）。

标点符号：波动于 1.88～2.48 分，平均 2.11 分（百分制的 70.26 分）。

修辞：波动于 1.62～1.93 分，平均 1.81 分（百分制的 60.27 分）。

五个指标形成三个档次：①中心思想；②篇章结构、遣词造句、标点符号；③修辞。首尾相差近百分制的 20 分。

（3）男女差异。除初三和高一之外，其他各年级女生均占上风，差异中心是小学五年级和初一。此外，女生发展（曲线）平稳，男生发展则不稳定。

（4）命题作文的对象和内容特点。因为作文命题为"记一个熟悉的人"，所以对象和内容随"人物"展开：从小学四年级到高二，由近及远，从以熟人、同学为主逐步过渡到以伙伴、社会人物为主；经由从生活、学习的具体内容逐渐过渡到道德、性格的描述与评述（图 9-11 和表 9-12）。

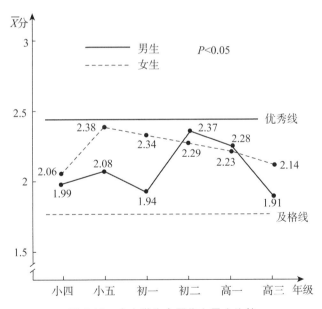

图 9-11　中小学生命题作文男女比较

表 9-12 不同年级中小学生用字的量与质

年级	小三	小五	初二	高二
平均字数	236	302	639	729
平均百字中错别字数	3.02	1.51	1.31	0.85

（5）命题作文的篇章和句法特点（表 9-13）。

表 9-13 不同年级中小学生命题作文的篇章句法特点

特点 百分数 年级	篇章结构			句法表现	
	顺叙	倒叙	插叙	疑问句	感叹句
小三	100.00			16.67	2.78
小五	97.22		2.78	27.78	16.67
初二	86.11	11.11	13.89	52.78	30.55
高二	38.89	27.78	33.33	50.00	55.55

由上表可见，小学三年级学生清一色的顺叙；五年级开始出现个别插叙，还有些倒叙；初二学生运用插叙和倒叙（两项合计）有近 1/3，高二则有近 2/3 运用插叙和倒叙手法。

如果结合文章内容再作分析，还可以发现这样的趋势：小学三年级是比较纯粹的记叙；五年级也是纯粹以记叙为主，但出现议论现象；初二也是以记叙为中心，开始把自己摆进去，所以议论时有出现；高二大部分学生能夹叙夹议。

在句法上，疑问句（包括反问句）和感叹句的比重，从小学三年级至高中二年级逐渐增加，小学三年级只是个别学生能用，到高二有过半学生能用。

必须指出，写作能力的个别差异很大，个别高二学生全文只有 143 字，内容贫乏，句法呆板，似乎还只停留在小学五年级的水平；可是也有一些初二学生，他们写作水平的各项指标已达到满分，与高二学生相比也不逊色。

2. 对中小学生写作能力发展的几点看法

朱智贤教授指出[①]，写作能力的发展有一个过程。大体经过三个阶段：①准备阶段，即口述阶段；②过渡阶段，包括两个过渡：一个是口述向复述

---

① 朱智贤.儿童心理学.北京：人民教育出版社，1979，2010

过渡，另一个是阅读向写作过渡；③独立写作阶段，即独立思考，组织材料，写出文章。

结合我们课题组的一系列研究，我们看到小学低年级是准备阶段；三年级是口述向复述过渡；四年级是阅读向写作过渡的开始；小学高年级，尽管学生能开始独立写作，但多是处于第二阶段；中学生写作能力正是在第二阶段的基础上，逐步向第三阶段发展，并逐步地以第三阶段的独立写作占主导地位。

首先，不论是小学还是中学，学生的写作能力总是按上述三个阶段发展的。从小学三、四年级起，有一个明显的从阅读向写作发展的过程，即有一个从模仿到独立写作（仿写）的过程，但中小学生表现形式和水平有高有低，有简有繁，所以会显出差异和等级来。

其次，写作能力发展有一个概括化的过程，写作水平的高低，在一定程度上取决于中小学生的概括能力。不管什么文体，写作时，其题材、结构、审题、选材，或布局、立论、论证、说理等，都要通过书面言语条理化地、生动地表达事物（包括时间、地点、人物、事件等）的内在联系，这里有一个综合、提炼过程，即概括能力发展的过程。

再次，中小学特别是中学阶段的作文所涉及的体裁很多。尽管中小学生作文的体裁和方式也随着年级升高而多样化，但是这方面的个体差异相当大，甚至于在同一个年级里，学生之间的写作能力差异超过两三个年级的间隔，这种差异自初中三年级之后更为明显。

最后，中小学阶段写作能力发展有着关键期和成熟期。小学四年级、初二是两个转折点，高中二年级初趋定型，这种关键期成熟期的出现，与思维能力发展是一致的。不过，写作能力的成熟期不如一般心理能力成熟期那么稳定，仍具有较大的可塑性。所以确切地说，高中阶段如具备了一定的写作能力，正是进一步发展的良好基础。

第三节　中小学生语文能力的培养

如前所述，语文教学心理学要研究学生掌握语言的心理特点，以及这些特点同教材教法的关系。因此，我们在培养中小学生语文能力的时候，十分注意他们听、说、读、写的特点和思维品质在语文学习中的表现，并注意到这些特点与表现同语文教学内容和方法的关系。

中小学生语文能力与数学能力结构有相似之处，但在培养这两种能力时

却有不同的着眼点。在数学能力培养中，我们是从思维品质入手的；在语文能力培养中，我们则侧重于语文的教学内容和方法的改革。

一、语文能力在语文教学中培养

语文能力是可以培养的，只要措施恰当，中小学生的语文能力可以提高得很快。

（一）对中小学生语文能力培养的实例

在我们教改实验课题组中，用三年时间完成小学语文的教学任务，分别用两年时间完成初中或高中的语文教学任务是大有人在的。他们所教的学生的语文成绩，可以和所在省、市、自治区统考的前茅成绩相并论。

能否用实验研究方法提高实验班学生的语言能力和语文学习成绩，这正是我们课题组过去多年的工作。

1. 小学实验班和对照班几项指标的比较

1990 年 6 月，我们对 50 个小学实验班（每个年级 10 个班）和相应的 50 个对照班作能力测试，测试项目和上一节语文能力发展指标相似，不过采用了百分制。不同年级用不同试题，一、二年级没有写作要求，三至五年级有命题作文。

我们将测试成绩列于下表之中。

我们又调查了 8 个五年级班（允许五年毕业）的升学考试成绩，并和所在各学校六年级升学考试成绩（未统计差异显著性）相对照（表 9-14 和表 9-15）：

表 9-14　　小学不同年级不同被试语文综合能力考试成绩对照

年级	不同被试	平均成绩 $(\overline{X})$	标准差 S	差异显著性检验
一年级	实验班	91.3	9.1	$P<0.05$
	对照班	86.7	10.7	
二年级	实验班	87.4	8.4	$P<0.05$
	对照班	81.2	11.2	
三年级	实验班	88.8	9.3	$P<0.5$
	对照班	82.4	14.2	

年级	不同被试	平均成绩 ($\overline{X}$)	标准差 S	差异显著性检验
四年级	实验班	90.1	8.9	$P<0.01$
	对照班	82.1	15.8	
五年级	实验班	94.6	10.4	$P<0.005$
	对照班	83.5	19.7	

表 9-15　　　　　　　　　不同毕业班的成绩情况

班　级	成　绩
实验班（五年级 8 个班）	86.81
所在学校毕业班（六年级 26 个班）	82.76

2. 中学实验班与对照班几项指标的比较

我们中学语文能力培养北京实验点，按课题提供的数据，从两个方面分析。

（1）实验班与对照班在听、说、读、写四个方面的得分比较。

①指标。"听"：试题采用录音磁带播放，统一录制，统一指示语、统一语速、统一测试时间，测定听音、辨义两种能力。"说"：说话内容统一规定。测定正音正读，通畅、流利、完整性，概括水平（中心明确、层次），表情。"读"：统一阅读材料。测定认读、理解、记忆、应用、评析五个方面能力。"写"：统一体裁、题目，统一时间、速度，测定写作基本能力、表达能力、构思能力、成文能力、实用能力。

②测试。实验班与对照班入学时以等组法分班，上述四种能力均未见差异。两年半后，1988 年 11 月随机取样 4 个实验班，并与其相应的对照班对比测试，成绩如表 9-16 所示。

表 9-16　　　　初三实验班与对照班听说读写能力测试成绩比较

能力 班级	听	说	读	写
实验班	67.5	74.67	82.37	90.80
对照班	63.8	66.58	72.10	86.67
差异数的检验	$u=2.1346^*$	$u=3.38^{**}$	$u=3.63^{**}$	$u=2.234^*$

注：$^*P<0.05$；$^{**}P<0.01$。

（2）实验班与对照班在语文成绩的得分比较。

1989 年，我们统计了上述班级的中考成绩（表 9-17）。

表 9-17　　　　升学考试实验班与对照班语文成绩比较

班级	$\overline{X}$	S	t	P
实验班	91.1	4.51	3.72	$P<0.01$
对照班	87.0	5.79		

由此可见实验班与对照班在语文能力与语文学习成绩方面的差异。

(二) 对中小学生语文能力与成绩提高原因的分析

我们中小学各实验点学生的语义能力与成绩提高的原因，可以归纳为如下三个方面。

1. 严格按照中小学生语文能力结构框架开展实验研究

我们小学语文实验点的教师，除平时交流经验、信息之外，每年有 1～2 次的集中学习和研讨的机会；我们中学语文组在实验期间，每月有一次集体备课或教学研讨会。研讨的主要内容，是研究全面提高中小学语文能力结构诸因素的措施。也就是说，我们对教师在中小学语文教学中，不仅提倡培养听、说、读、写的能力，而且也要严格按照本章第一节所述的语文能力结构，来培养学生同语文有关的思维品质。

2. 提倡语文教学中的多因素的结合

语文教学的任务，应显示出它是一种综合性的教育，为了使这种教育功能得到发挥，我们提倡五结合：

（1）文与道结合。语文教育有较强的思想性，所以不仅讲"文"，而且要重"道"，坚持语文教学的立德树人的功能。从语文教学内容来看，教材的编

排，文章的选用，都寓"道"于其中，自然带有教育的目的和一定的方向性。虽然在客观上或形式上表现为待继承的语文知识，但就在这知识的内涵中，人们可以找到它服务的对象。所以教师应根据既定的内容通过语文教学各环节，渗透中华优秀传统文化，加大对中华传统文化的传承力度，体现"根"与"魂"的理念，力图使学生在掌握"文"——知识的同时，得到思想的启迪或形成一定的品德——"道"。

（2）语与文的结合。在日常语文教学中，存在着重"文"轻"语"的倾向，即所谓"重目治，无视口耳之事"。但我们也不同意语言与文学分开，单讲语言或出现相反倾向，即重"语"轻"文"。

语言既是文学的基础，又是文学的成分，两者相辅相成，在语文教学中两者脱节或重一轻一，势必顾此失彼，不能真正学好语文。

我们应该重视中华文字之美，因为文字是中华传统文化的一个载体，音、形、义结构的汉字是一种艺术瑰宝，比如书法，就凸显出中华文明是一种追求美、创造美的文明。

这里我们再指出一条，我们小学语文能力培养实验及课题组编写自己的语文教材时，对"分散识字"和"集中识字"采用统一的原则，这两者也是可以融合的。我们同意"注音识字，提前读写"的提法，因为它将识字（语）与读写（文）提前有机地结合在一起。

（3）听说读写的结合。这在第一节已经作了阐述，这种结合组成的是语文能力的整体，是提高语文能力的前提。

（4）德育、智育与美育结合。语文教学中不仅有"文"（智育）和"道"（德育），而且有"美"（美育）的成分。

美育是培养和提高学生对自然、社会以及文学艺术的鉴赏和创造能力、陶冶情操、提高生活趣味的教育。美育可以培养学生正确的审美观、审美能力、创造美的能力；可以向学生传授必要的美育基础知识。美育与德育、智育互相包含，在一定意义上说，美育是通向德育和智育的桥梁。

理解和欣赏各种美，特别是艺术作品的美，这既是美育的基本途径之一，又是语文教学的重要内容。因此，我们课题组把重视语文教学的美育问题，作为语文教改的一个组成部分。具体措施有：

①在语文教学中揭示美的规律。为了配合这个措施的落实，也为了推动美育工作，我们课题组梁捷编写了《美育之光》的剧本，由李立风导演执导，拍成了12集教学片。

②组织好学生的文学、戏剧、影视等艺术活动，以提高他们文学艺术修养与审美能力。

③在语文听说教学中，师生同制配乐朗诵录音，不仅提高学生语文学习的兴趣，而且引导学生发现和创造社会美。

④组织语文课外和校外活动，引导学生认识和欣赏自然美。

（5）抽象逻辑思维与形象逻辑思维结合。语文教学本身体现着抽象和形象两种逻辑思维的统一。如果忽视一个方面，必然不利于中小学生语文学习中的心理能力，即智力与能力的发展。

我们在本书中，多次阐述了抽象逻辑思维，在第四章提出了形象逻辑思维或形象思维的概念。

形象逻辑思维或形象思维有什么特点呢？

①它是一种思维，以表象为主要材料，始终带有形象性，所以是形象思维。它也能动地反映客观世界，并反作用于客观世界，且能够反映事物的发展、联系和本质。

②它要受到抽象思维和内部言语的指导、配合、制约和渗透，但它本身所起的作用又不能为其他意识活动所替代，所以它是一种相对独立的思维活动。文学与艺术形象的创造主要是自觉表象运动的直接结果。

③它必须通过形象概括来反映客观事物的本质。这就是说，一方面是具体的、活生生的、有血有肉的、个性鲜明的形象；另一方面又有着高度的概括性，能够使人通过个别认识一般，通过事物外在特征的生动具体、富有感性的表现，认识事物的内在本质、内在规律。

形象逻辑思维或形象思维在成分上包括表象、联想、想象、情感等因素，且有抽象参与的具有必然性和普遍性的一种完全独立的思维活动。

语文教学既离不开抽象逻辑思维，也离不开形象逻辑思维，所以我们课题组在语文教学中，不仅注意对两种逻辑思维的结合，而且也重视对学生的表象、想象、联想能力及情感的培养。

（6）知识能力与实践应用结合。我在这本论著中多次提到，教学的主要目的，是要在传授知识的同时，培养和发展学生的智力与能力。在语文教学中重视实践应用，既能进一步理解和巩固知识，又能更好地培养和发展学生的语文能力。我们的教育，不能从小培养"书呆子"。"语文三怕""作文已死"，无不道出今天语文教学脱离实践应用的后果和写作课程所遇的不幸。语文课与其他课程相结合，利用课内外、校内外的多种"课堂"形式，如访问、参观、远足和课外阅读等，都是语文教学中引导学生实践应用的有效途径。

3. 在语文教学中，提出一系列培养学生语文能力的措施

具体措施由后面两个问题再展开分析。

二、以语文思维品质的培养为突破口

我们认为，对中小学生语文能力的培养，应该以思维品质的培养为突破口。在小学语文教学中，主要是培养深刻性、灵活性、独创性和敏捷性四个品质；在中学语文教学中，则培养深刻性、灵活性、独创性、敏捷性和批判性。

（一）培养语文学习中的思维深刻性

培养语文学习中的思维深刻性，既要重视思维活动的抽象程度和逻辑水平以及思维活动的广度、深度和难度，又要重视在语文学习活动中能够深入地思考问题，善于概括归类，逻辑抽象性强，善于抓事物的本质规律的问题。

在语文教学过程中，最主要的一点是应注重对规律的掌握。在我们的教改实验中，一般都采取如下教学步骤：第一步，教师精心指导，使学生初获规律；第二步，引导学生自学，使学生独立尝试规律；第三步，概括特点，掌握规律。

比如，在小学的识字教学中，在教学象形字时，第一步是教师精心指导学生学习某一个象形字，教师可以边图示边讲解该字的变化过程，使学生首次懂得象形字的构字规律，为学生独立识记象形字打下基础；第二步是教师出示一组象形字，引导学生初步运用构字规律独立识字；第三步是概括象形字的特点，在"分析—概括"的过程中，把握象形字的构字规律，培养识字能力，培养思维的深刻性。

又如，在阅读教学过程中，引导学生掌握文章的规律。对记叙文来说，可以先从一篇文章入手，教师引导学生初步感受时间、地点、人物、起因、经过、结果"六要素"在文章中的作用，初步理解记叙文的规律和本质。再通过学生自学结构类似的文章，使学生初步运用记叙文的规律，理解文章要点，把握作者意图。最后，通过这一类文章的学习，使学生概括并掌握读、写记叙文的规律，培养读、写能力。相应地对说明文来说，则要使学生明白其采用"列数字""作对比""举例子"等表达方法来说明事物的性质、形状、功用等特点；对议论文，则要找到论点、论证和论据。这种对文体规律的把握，既有助于学生读写能力的提高，又能增强学生思维的深刻性。

（二）培养语文学习中的思维灵活性

如前所述，语文思维的灵活性，是指在语文学习活动中，思维的起点、

过程灵活、结果灵活，善于组合分析，伸缩性大，概括—迁移能力强。一个思维灵活的学生，能从不同的角度、不同的方向来分析所读文章，能用多种方法来识记字词；在学习过程中，运用语文规律的自觉性高，熟悉组词成句、连句成段、缀句成篇的规律，并运用自如；组合分析程度灵活，在听、说、读、写过程中，善于综合性地分析问题，灵活运用多种方法解决问题。

培养语文思维灵活性的方法较多，较常用的有变换句式、变换角色说话；一字多组、一词多填、一图多思、一题多作、一材多题。以一材多题为例：一材多题是指在写作文时，对同一个材料写多个不同的题目，可以变换人称写，变换身份写，变换体裁写，摆脱常规思维方式的束缚，沿不同途径和方向扩散。这样做的目的是在对规律透彻掌握的基础上拓宽学生的思路，一方面加深了对规律的把握，另一方面增强了学生思维的广度和顺应性。

在语文学习过程中强调多解和求异，即对一个问题从不同的角度切入，沿不同的方向发散，获得各种各样的结论，且结论力求新颖。语文思维的灵活性，即指发散思维，发散思维越发达，越能多解，多解的类型（质）越完整，组合分析的交结点越多，迁效果越好。

（三）培养语文学习中的思维独创性

在培养语文学习中的思维独创性时，要关注学生在语文学习活动中独立思考、创造出有社会（或个人）价值的具有新颖性成分的智力品质。同其他思维品质相比，思维的独创性突出"创造"的特征，更具深度和新颖的产生性。

在语文学习过程中，引导学生在听话中能够提出与所听内容不同的观点或思想，有独到的体会和感受；在说话时能谈出自己新颖、独特的理解，有自己的语言风格和个性。在阅读中，善于联想、比较、鉴别，有个人独到的心得，能创造性运用阅读中所学的知识、观点和方法。写作文时，做到观察与分析问题的角度新，选材立意不落俗套，叙述的方法独特，语言表达上有自己的个性和风格。

要达到上述目标，可着重培养学生举一反三、发散求异的能力。如可引导学生创造性地扩讲或续编故事。根据已有材料，在不改变原文主要意思和情节的原则下，通过合理想象，使原材料更具体、更形象，对人物的语言、动作、外貌、心理活动等作具体描述；或者以原有故事情节为依据，将已有的情节延伸，使思维跳跃，突破已有的条条框框，扩展为一个新的、完整的故事。

还可引导学生在阅读和写作过程中，有意识地改变文章的体裁。比如将诗歌用讲故事的形式讲出来和写出来。我们知道，诗歌的特点是语言精练、形象生动，富有想象力。而通过讲故事的方法解读诗歌，把诗歌变成故事，则需要增加人物心理感受的描摹、人物对话和动作的描绘、事情的前因后果等许多内容。总之，需要学生丰富的想象与创造。

（四）培养语文学习中的思维批判性

如前所述，语文思维的批判性，是指在语文思维活动中，善于严格地估计思维材料和精细地检查思维过程的智力品质。

在阅读过程中，引导学生对文章中的用词、造句、段落的表达方式及立意等质疑问难，恰当评价同学发言的正误。在作文时，评价自己或他人对作文材料的选择、布局谋篇和立意。能根据要求检查自己和评价他人的文章，能初步运用已有知识和技能对写作全过程进行自我监控。听话时能够边听边思考，分辨出他人话语中的明显错误和言外之意；说话时能根据对象、场合选择恰当的观点和表达方式。

除严格地估计思维材料外，思维批判性的又一表现是能够精细地检查思维过程。即在语文思维过程中，能够对思维活动进行自我调节。学生能够根据语文学习活动的要求，根据自己的已有知识和特点，及时地调节思维过程，根据自我反馈，坚持或修改所采用的策略。这种思维中的自我监控是非常重要的。

在教学过程中，引导学生质疑的渠道有多种，如教师可以揭示矛盾，引起线索；或通过带感染性的语言诱导；或通过提示文中的词句激发学生自己去发现问题、提出问题。还可引导学生反思自己在听说读写过程中是怎样发现问题、解决问题的，运用了什么方法，为什么采用此法，效果如何。长此以往，有助于学生思维批判性的培养。

（五）培养语文学习中的思维敏捷性

要培养语文思维的敏捷性，不仅要关注学生在听说读写过程中能够正确而迅速地解决问题，更重要的要认识到，思维的敏捷性以高度的概括能力为基础，若没有概括，就不会有思维过程中的"缩减"形式，也就没有正确而迅速的敏捷性了。

在教学过程中，培养学生语文思维的敏捷性有多种方法。我们仅举识字和阅读两例。在识字教学中，可以引导学生快速据字想义，根据某一类字的特点联想汉字；在听写生字时，可以说意思听写，即教师不直接读出要听写的字，而是说出意思，学生据意思写汉字；可以说部件、结构听写，

说识字方法听写等，这样在听写过程中，在限定的时间内，字词的形音义迅速转换，同义词、近义词等迅速转换，要求学生写得又对又快，培养思维的敏捷程度。

在阅读过程中，对学生进行速读、跳读、浏览、泛读训练。提高阅读速度，阅读量每 3 分钟不低于 1 000 字。这种训练，是以对文章规律的概括为基础的。如先引导学生掌握三大句式，再用"缩句法"迅速地概括句意；先引导学生了解文章中句子、段落之间经常出现的顺承、并列、递进、转折、因果、总分等逻辑关系，再培养学生迅速捕捉所读内容的主要观点和自己所需要的主要材料的能力。

总之，思维敏捷性的培养，不仅仅是一个速度问题，它以前四种思维本质为必要前提，又是它们的具体体现。

三、从听说读写能力培养入手

在我们的研究中，十分重视培养中小学生听说读写的能力。

(一) 听、说能力的培养

在母语教学中，我们不太好坚持像外语教学那样"听说领先"，但听说在语文教学中的地位和作用已越来越明显了。

1. 听说能力的重要性

在传统的语文教学中，不太重视口语表达，也不注意训练学生听话和说话的能力。有的地方，学生年级越高，在课堂上越不好说话。讲语言课，学生不言语，因此，学生的口头表达能力较差。我们认为，在语文教学中，应该做到听说领先，把口头训练与书面训练摆到同样重要的地位，使两者互相配合，互相促进。

加强中小学生口语表达能力的训练，是语文教学的一项重要任务。其理由有二：其一，口头表达能力是从事一切实践活动必备的基本功之一。在日常工作、学习和生活中，口头表达是交流思想的主要形式。在现代科学技术不断发展的今天，口语的重要作用将与日俱增。其二，口头表达能力是书面表达能力的基础。语言是思维的物质外壳，思维依赖于语言，文字是表达语言的符号。"说"是内部语言转化为书面语言的桥梁。通过"说"，可以检查学生思考的结果。进行口语训练，对发展学生的思维能力，提高书面表达能力，改进课堂教学方法，无疑都是十分重要的。

"说话"往往是以"听话"作为前提，以便做到听得好，说得清。所谓

"听得好"，是会听，听得准确，抓住别人讲话的中心，理解所听内容的实质；所谓"说得清"，是逐步地具有准确、鲜明、生动的口语表达的特点。当然，要做到这些，特别是语言表达能力的准确、鲜明、生动，不是容易的。但我们的语文教学，必须要培养中小学生这些能力，使他们逐步地能够用词准确、词达意明、语言通顺、层次分明，进而要培养他们在口语中运用修辞方法，使说话具有逻辑性、说服力和感染力，使人乐意听。

2. 听说能力的培养

（1）听的能力的培养。①听的能力要从语音培养起。我们要求小学一年级学生，从掌握拼音开始，天天听广播，用拼音记下一条新闻的题目。随着年级的增加而逐步提高听话的要求。

②利用"天天说"（课前 2 分钟说话表演）机会，要求小学三年级以上的学生，直至高中毕业前，迅速记下说话的内容，且及时对答案加以强化。

③课堂上有听话训练，甚至听配乐朗诵；在有条件的地方，我们要求实验点用录音机等语言教学实验器材，来帮助学生纠正语病，洗练语音，这对"听"和"说"都有帮助。

④听力有考查，作为语言成绩的一个部分。

（2）说的能力的培养。①语文课前有 2 分钟说话练习，从小学入学直到高中毕业，一次也不能落下，调动学生口语表达的积极性。在培养学生的说话能力时，要注意调动他们表达意见的积极性和主动性。只有有了口语的积极性和主动性，他们才能注意自己表达的方式，注意言语时的要求，且能持之以恒地严格训练，他们的表达能力就能得到全面的提高。

②培养学生说的能力。"说话"能力主要是靠练。语文教学中，或在家庭练习中，教师和父母应该采用多种多样的方法，可以口头答问，启发他们列举语例，引导他们分析、综合，明确概念；可以指导他们做口头练习，加强口头造句的练习，指导他们将自由言语变成有组织的形式，进行口头作文训练；可以诱导学生开展讨论，提高他们语言的逻辑性和说服力。

③引导学生复述课文，复述指标要求同本章上一节的复述测试要求一样。

④组织各种说话的活动，如演讲比赛等。

⑤说话有考查，作为语文成绩的一个部分。

（二）阅读能力的培养

阅读是整个中小学语文教学的中心环节。它既是对学生识字熟练程度的检验，又是提高他们写作的基础。因此，阅读能力的培养，是语文教学的重点之一。

学习与发展（第七版）——中小学生心理能力发展与培养

1. 朗读和默读能力的培养

朗读和默读，是训练学生语文能力的重要内容，也是阅读教学的传统教学方法。通过朗读，学生可以领略文章的韵味气势和感情色彩，深入理解文章语言运用的微妙之处，以提高书面和口头的表达能力。默读，则是一种适用于各种学习的更为普遍的阅读形式。默读的应用范围广、速度快，且有助于对课文的理解。朗读和默读不能彼此替代，可以相互补充。为了朗读好，常常要先布置默读；为了提高默读的能力，又要反复进行朗读训练。

（1）朗读能力的培养。朗读能力的高低，有一定要求，具备一定的技巧。培养中小学生的朗读，也要从这个要求和技巧出发，并根据不同年级学生的程度，落实相应的培养措施。

①要求：一是正确，要合乎普通话的语言规范，正音、正读、不加字、不颠倒，能读出句逗、轻声和儿化韵；二是理解，能理解词、句、段的意思，领会中心思想；三是流利，要句逗分明、不重复、不断读。有一定速度要求；四是有感情，感情应真挚、自然，不矫揉造作，也不高声喊叫。

②技巧：一是语调，要从课文内容出发，运用不同的语调表达不同的感情；二是速度和节奏，要根据故事的情节、作者思想感情的变化，运用不同的速度和节奏，以表示出文章的思想、情节的起伏变化；三是重音，它分"逻辑重音"和"心理重音"两种，前者就是按照生活中语言逻辑读出重音，这种重音回答特定的问题。例如：

我是三中的学生（谁是三中的学生）；

我是三中的学生（你为什么说不是呢）；

我是三中的学生（不是别的学校的学生）；

我是三中的学生（不是三中的老师）。

重音不同，表现的意思也就不同。后者就是突出影响听者想象或感情的词所读出的重音，这些词往往和描写即形容、比喻、夸张等相联系；四是停顿，在朗读中，为了把思想感情表达得鲜明、突出而调节气息的一种方式。它是在理解文章内容、掌握思想脉络的基础上，对词、词组、句子等加以分解和组合，以发挥声韵的组织、区分、转折、呼应、回味、想象等作用，达到更好的表达情意的目的。

③培养朗读能力应注意几点：

甲要紧紧围绕课文的中心思想，引导中小学生深入理解课文，启发他们的想象，激发他们的思想感情；

乙朗读应当以普通话读音为标准，注意语调的高低、强弱和快慢，掌握朗读的速度和节调，给听者以美感，并在情感上引起共鸣；

368

丙 朗读不是演戏，朗读者不是演员，应该自然、真挚，以情带声；

丁 朗读训练的形式是多种多样的。例如，集体朗读、个别朗读、齐读、分角色读等，要根据教学的要求、教材的特点，学生的年级、年龄等加以灵活运用，让他们反复练习，不断揣摩，在实践中逐步提高。

（2）默读能力的培养。在培养默读能力时，同样有一定要求。因为朗读是默读的基础，所以对朗读的某些要求，如正确、理解，也适用于默读。所不同的是，默读不出声，不动嘴唇，不指读；随着年级升高，其速度逐步加快，范围逐步加宽。到中学二年级后，有速读、跳读的训练。默读能力的训练，最好是与理解能力、表达能力（即口语能力与写作能力）的训练结合起来进行，从小学四年级起，诸如编写提纲、记录要点、概括段意、提出疑难问题等训练是十分必要的。此外，要培养中小学生、尤其是中学生认真阅读的习惯，那种集中注意力、有目的地去默读，围绕中心思想理解课文内容，防止匆匆过目、不求甚解的毛病等，都是中小学生应该具备的良好的默读习惯。

2. 理解词、句和修辞结构能力的培养

中小学的语文教学，使学生由掌握字发展到掌握词和句，再发展到掌握语法规律，最后发展到领会逻辑的思想。我们课题组在研究中看到，小学低年级着重解决"字"的问题，具体来说，是拼音、识字、写字的问题。小学中、高年级之后，着重解决"词"和"句"的问题，尽管字、词、句的教学是密切联系着的，没有也不可能有单打一的教学，不过也有重点与非重点之别。小学高年级在用词造句中加进一些初步的语法知识，加进一些初步的修辞知识。到初中阶段，学生逐步掌握语法和修辞的知识，初中三年级基本上掌握了较完善的语法规律。中学阶段，学生逐步领会逻辑思想，到高中时期，基本上掌握了语文教材中出现的形式逻辑。研究同时表明，中小学生理解词、句和修辞结构的能力，主要取决于教学。中小学的词汇教学、句子教学和语法教学，应该注意一系列方法问题。

（1）词汇教学方法。词汇教学的要求，就是使学生对学过的词能够正确地读出、写出；在上下文中读到或者在语言中听到的时候懂得它的意义；能够在口头语言和书面语言中正确地运用。词汇教学的方法应多种多样。例如：

直观法　利用图片、实物、模型等实物直观或教师语言的直观加以教学。

举例法　利用举例印证的办法加以教导。

扩充法　将要解释的词语加以扩充，使意义明显深刻。如，"艰苦——艰难困苦"。

注释法　作注释、下定义和说明加以解释，这是最常用的方法。

互释法　用意思相同的语词来互相解释。如，"侬——你"，"吾——我"

词义辨析法　对于同义词，必须注意从意义上和作用上分辨它们。如情感色彩的区别（即褒贬之别）、语意轻重的区别、语意宽窄的区别、词意对象的不同等。

词的搭配练习方法　如：

此外，还有一字多组、填空练习、换词练习、选词练习、改错练习、联句练习等，按照不同年级，灵活地进行不同练习。

（2）句子教学方法。句子是语言的基本结构单位。通过句子教学，可以丰富学生的语言，扩大他们的认识领域，发展他们的思维。中小学语文教材涉及的句子类型很多，句子教学的内容主要是，讲清课文中的重点句子和学生难于理解的句子以及使学生掌握常见的句型结构和句与句之间的联系。

3. 阅读中逻辑思维能力的培养

分段、概括段落大意、概括文章的中心意思或中心思想，是语文篇章教学的重要内容。它既是理解课文的重要手段，又是对学生进行较好概括能力的一项训练。

分段与概括段落大意，它能使学生深入地理解课文，弄清文章的结构层次，领会作者组织材料的方法。概括文章的中心思想，它要求学生具有分析与综合的能力，特别是具有综合的能力，使他们在阅读时抓住文章的本质。因此，分段、概括段落大意，概括文章的中心思想，是提高和培养中小学生阅读中逻辑思维能力的一项重要措施。

为了使学生更好地提高阅读中概括的逻辑思维能力，必须抓好三件事：

（1）引导他们抓住每段的中心，语言要准确、简练、完整，概括出段落大意；在理解各段意思、段与段之间内在联系的基础上，进行归纳和演绎，加以条理化，概括出全文的中心意思。

（2）通过分段、概括段意和中心思想，引导他们编写提纲。从段落提纲开始，引导他们编写情节提纲、景物描写提纲、人物评论提纲、说明顺序提纲、论证提纲，等等，从而不断地提高概括能力，进而沟通阅读与写作能力的关系，提高写作能力。

（3）在概括段意、中心思想的基础上，引导他们领会文章的布局构思的方法，把书本知识变为自己的知识，进而转化为他们的语文能力，取得学习的主动权。

（三）写作能力的培养

写作也是语文教学的重点，它是书面语言活动的高级形式。写作主要是从说出的词（出声的或无声的）向看到的语言过渡。它的基本要求是能够连贯地、顺序地、准确地表达自己的思想，使别人能够理解。写作能力的形成需要有口头表达能力，即说话能力作为基础；需要掌握较好的阅读能力，取材、布局、选词、修辞都是通过阅读学得的；需要内部言语的发展。构思的过程是一个言语意识的过程。

作文教学不仅是讲究辞章、运用语言文字技巧的训练，而且也是一种严格的思维训练。它能促进学生观察、想象和分析、综合、抽象概括等思维诸方面能力的提高，从而发展学生的智力、情操和品德。作文教学的任务在于：培养学生运用现代文写记叙文、说明文、议论文等方面的能力；培养学生的观察、思维、想象等心理能力；培养学生有一个好的文风。

我们在中小学生写作能力的培养上，主要抓了两件事：一是按写作能力发展三个阶段教学；二是引导学生过"三关"。

1. 根据写作能力的发展过程安排好语文教学

如前所述，写作能力的发展经过"准备""过渡"和"独立"三个阶段。这三个阶段几乎在中小学每个年级都能见得着，也就是说，简单的独立写作，在小学三年级实验班就能发现。可是复杂文章的构思，到高中常常又采取"仿写"，回到所谓的过渡阶段。

（1）加强小学低年级的"看图说话—看图写话—忆'图（景）'写话"的练习。我们语文教改实验班教师，在低年级几乎选了百余幅图（部分是教师自己创作的，有的已被选入我们的小学语文实验教材里使用），加强"说话"训练，进行"看图说话"的教学。

实验班的学生，从入学第二个月开始，利用自己掌握的拼音和极少量文字，开始"看图写话"，从短到"长"，一年级上学期末，实验班学生平均能写 100～150 字"看图写话"的作文。这种练习要求实验班坚持一年。当然，一年后转向"忆'图'写话"，并不放弃看图说话。我们提倡，中学阶段（包括高中毕业前）也要有一定的"看图写话（文）"练习，只不过给中学生的图，不是一般形象情节，而是抽象作品罢了。

从小学二年级起，我们要求学生看（观察）一物写一段话的练习，我们叫它为"忆'图'写话"。这个"图"，实际上是"情景"的表象。据我们对

10 个实验班统计，到小学二年级末，学生能写出的文章字数平均近 300 字。临海市实验点王金兰出了一本二年级学生的"文集"，起名为"苗苗"，"苗苗"文集有半数作文过 640 字。

（2）选好范文，引导学生从阅读向写作过渡。从阅读向写作过渡，起始在小学三年级，如果有条件，二年级下半学期就可以试验。然而，如果将这种过渡叫做"仿写"，一直可延续到高中。因此，在整个中小学阶段的写作能力培养中，仿写是一个重要措施。

"仿写"的关键有两个：一是选好范文；二是引导好学生练习。我国著名教育家、文学家叶圣陶说："语文教材无非是例子。凭这些例子要学生能够举一反三，练成阅读和写作的技能；因此，教师要朝着促使学生'反三'这个目标精要地讲，务必启发学生的能动性，引导他们尽可能自己去探索……学生入了门，上了路了，他们能在繁复的事事物物之间自己探索，独立实践，解决问题了……这是多么好的境界啊！"叶老的话启发我们，教师通过选择范文，分析范文，引导学生对主题、选材、布局、分段，开头、结尾等加以摸索，逐渐地进行独立构思和写作。俗话说："熟读唐诗三百首，不会作诗也会吟。"这说明熟读范文是写作的基础，模仿写作、改写、缩写都是重要的手段。

中小学写作教学，可视学生的程度而选择不同水平、不同体裁、不同难度的范文。例如，北京有位小学语文特级教师提出"以猫画虎"，让学生读完"春"就写"秋"，学完"蝉"就写"青蛙"；阅读了一篇访问记，就带着学生上公园采访，回来也让学生模仿写一篇。可是到中学、特别是到高中，仿写的要求就高了，如引导学生仿写议论文、诗词、小说、剧本，等等。总之，通过范文引路，认真指导，利用中小学生"模仿"的心理特征，提高他们的写作兴趣，发展他们的写作能力。

仿写绝不是"重复"，更不是"抄袭"，仿写中有创造，所以要提高学生在仿写中的创新意识，不断地引导他们从模仿中跳出来，把学到的东西"内化"，即结合自己生活实际中所获得的材料，灵活运用范文的手法来构思自己的作文，逐步变成自己的写作技巧。

（3）培养学生的独立写作能力。中小学生独立写作始于小学阶段，培养独立写作能力是我们写作教学的最终目的。

在培养学生独立写作能力时，我们课题组主要抓了三件事：

①小学高年级和初中阶段主要是加强片断练习。片断练习很重要。我们实验班学生每次作文练习，不一定都搞一个调，篇篇是大文章，片断练习是重要的基础练习，这对选材、构思、写作是十分有利的。中小学生要描写好

一个人物，没有多次进行头部、身躯、下部的片断写作，一下子出现一个完整形象是困难的，这里也有一个思维活动分析综合的过程。因此，我们要求实验点语文教师，要通盘考虑，一个学期写几篇作文，其中有多少篇是片断练习，必须有个计划。

②办"小报"。从初中开始，特别是初三和高中，每周或每月办报一期，不仅能够提高学生独立写作水平，而且也培养他们独创性的思维品质，从版面设计、文章撰写和选择（当然也有少量是选择社会上发表的好文章）、安排插图都需要有一定的创造力。

③独立写作的关键在于过"三关"。

2. 引导学生通过语言关、内容关和选材关

对于一个小学高年级学生和中学生，能够进行独立写作，独立地确定主题、选材、布局、选词、修改等不是轻而易举的事，语文教学中常说的要过"三关"，即语言关、内容关和选材关。所以在我们教改实验中，正是制定对应措施，帮助他们闯"三关"的。

（1）通过阅读，提高学生的语言水平。这一点我们在上面已阐述过不少次，语言的水平，必须在阅读中提高。所谓"读书破万卷，下笔如有神"正是这个道理。

（2）通过观察，丰富学生写作的内容。我们在教改实验中强调，培养学生善于观察的能力。观察是一种有意识、有计划、持久的知觉活动，是知觉的高级形态，观察与思维活动联系着。观察过程是建立在形象与语言相互作用基础上的，语言系统起着主导的作用。我们在第十一章将进一步来论述"观察"和"观察力"。观察力的培养对于学生作文的学习和写作能力的提高有着重要的意义。因为生活是写作的源泉，生活要变成写作的材料，必须从观察开始，然后经过提炼和加工。在语文的教学过程中，教师要不断向学生提出有目的、有系统的观察的要求。如何发展中学生的观察力呢？一是向学生明确地提出观察的目的、任务和具体方法，使他们对人物、动物、自然、社会的观察有的放矢，抓住中心，讲究方式；二是要求学生尽可能地用多种感觉器官参加活动，看看、听听、闻闻、尝尝、摸摸、动动，使大脑对一些事物能从各个方面加以分析综合，以形成完整而全面的观念；三是观察时有语言参加，既可指导观察，又可以用语言概括现象，这样可以提高知觉和观察的质量。

（3）通过练习，改进选材的技巧。我们课题组在中小学生写作能力培养时，突出一个"练"字。多练多写，不仅是培养选材技巧的好办法，而且也体现思维品质的培养。

我们主张指导学生学会确定中心（"文以意为主"），并围绕中心思想去选择材料，这是思维深刻性的要求；同时，我们又要求从多方面灵活地练，并着重抓造句练习，上述的片断练习、小学生写周记、中学生写札记，修改文章，等等。久而久之，选材自然就熟练和灵活多了。

这里，我们还要强调两点：

一是勤修改。养成一个修改的习惯，这是练习中一个重要的环节，也是对自己作品的一种反思，有利于思维批判性地发展。我们课题实验班教师，尤其是中学语文教师在指导学生作文时，重视修改，有的文章让学生做三四遍，甚至于七八遍。通过修改，学生分析问题的能力有所提高并养成修改的习惯，这是写好作文的重要措施。

二是"教师要下水"。教师的示范很重要。在作文教学中，教师不仅要及时批改作文，使学生接受及时"强化"和启迪，而且还要有示范作用。否则，要提高写作教学的效果，也是有一定困难的。

我们的教改实验是从研究中小学生的心理能力开始的，但最终的目的是力图引导他们全面发展。

第十章为"智力活动中的非智力因素"，阐述了非智力因素的研究历史、结构成分、功能作用和培养方法。它体现了我们的"学习与发展"观：不仅要培养学生的智力因素，而且要培养其非智力因素，并从非智力因素入手来培养学生的智力与能力。

第十一章为"心理能力发展的个性差异"。心理能力的个性差异有多种表现：从其发展的水平的差异来看，可以表现为超常、正常和低常的区别；从其发展的方式的差异来看，有认知方式的区别；从其发展的类型来看，可以表现为各种心理能力的组合和使用的区别；从其发展的范围来看，可以表现为学习领域与非学习领域，表演领域与非表演领域，学术领域与非学术领域。这里，我们不仅展示了智力与能力的各种成分，而且也分析了各个水平、方式、类型和范围的各种心理能力的表现。培养心理能力，正是要顾及它的各种差异、各种成分、各种表现，这才符合全面发展的内涵。

第十二章为"全面发展与整体改革"，阐述我们从心理能力培养实验走向整体改革实验的全过程。论证了全面发展的观点，列举了整体改革的措施，分析了整体改革与学生心理能力发展的辩证关系。

全面发展篇

QUANMIAN FAZHAN PIAN

第十章　智力活动中的非智力因素

非智力因素（nonintellective factors），又称非认知因素（noncognitive factors）。

我们在中小学生心理能力发展与培养的实验研究中，一个突出的措施就是抓学生的非智力因素的培养。

第一节　非智力因素研究的历史回顾

"非智力因素"这一概念，从其孕育、产生、发展到今天，已有80多年的历史了。它的发展变化大致可以分为如下三个阶段。

一、20世纪50年代以前——非智力因素研究的产生阶段

人们对非智力因素的认识，几乎是与心理学同时的，但相对于智力的概念来说提出非智力因素，却是20世纪30年代的事情。

（一）30年代以前关于非智力因素的研究

我们知道，关于智力的认识，人们也经历了一个过程。在19世纪初，西方在哲学中还没有将智力与灵魂、感觉、知觉、联想、意志等相区别（这一点不如中国的心理学思想）。到19世纪末，随着科学心理学的诞生（1879年），心理学家才提出智力的概念，并把智力从哲学中区分出来进行科学地研究。1902年，法国心理学家比纳根据对他的两个女儿的观察与实验，写成了《智力的实验研究》一书。随后，在法国教育部的委托下，比

纳与西蒙于 1905 年用语言、文字、图画、物品等项目编制了世界上第一个智力测验量表，后传入美国，1916 年推孟制订了斯坦福—比纳量表。在随后的几十年间，智力测验在美国迅速发展。这些已于第四章作过较详细的介绍，不再赘述。智力测验的蓬勃发展，构成了非智力因素概念产生的土壤，而因素分析方法在智力研究中的普遍应用，则为非智力概念的提出与界定提供了合适的方法。

早在 1913 年，维伯（E. Webb）在对一组测验和一些评定性格特质的评价进行因素分析中，从中抽取一个名为"W"的因素，广义来说，"W"因素似乎与道德的和欲求的倾向性有关，维伯将之称为正直性（conscience），或目的的恒定性（purposeful consistency）。几年以后，在斯皮尔曼的实验室内，朗克斯（A. Lanks）和琼斯（Wynn Jones）也证实了另一种和智力有关因素的存在，他们将其称为"P"（perseveration）因素，意指被试的心向或定势中表现出来的拒绝变化的倾向。1921 年布朗（W. M. Brown）曾把性格特质作为智力测验中的因素来进行讨论。1933 年卡特尔（R. B. Cattell）曾报告在气质测验和智力评价之间有相关。

（二）亚里克山大（C. P. Alexander）是最早提出"非智力因素"概念的心理学家

20 世纪 30 年代提出非智力因素问题的是美国心理学家亚里克山大。因为他在当时反对流行的斯皮尔曼的"二因素论"（G 因素与 S 因素）和 T·L·凯勒、瑟斯顿的"多因素论"。他通过大量的测验和实验，发现在大量的智力测验中，各种变量之间的相互关系有很大部分被忽视，但它们对测验数据起着相当重要的作用。

1935 年，亚里克山大在其《智力：具体与抽象》一文中，详细介绍了他的一些研究。他主要是通过对一系列言语测验和操作测验进行广泛的因素分析，并以对成就测验和学习成绩的分析为辅来探讨智力问题的。其研究结果发现，除 G 因素（一般智力）、V 因素（言语能力）和 P 因素（实践能力）三种因素之外，相当一部分的变异可以由另外两种因素来解释，他把这两种因素分别称为 X 因素和 Z 因素。X 因素是一种决定个体的兴趣、"关心"的因素，用亚里克山大的话来说，它是气质而不是能力。Z 因素是气质的一个方面，它与成就有关系，就亚里克山大的被试而言，成就就是学习成绩。X 和 Z 的因素在不同测验上的荷重变异是比较大的，但是即使一些被斯皮尔曼称为 G 因素的测验，也包括一些 Z 因素，几乎所有的操作测验都显示出相当大的 X 或 Z 的荷重。正如所预想的，这些因素在学术成就或技术成就中起着相当大的作用。例如，在科学方面的成就，X因素的荷重是0.74，而G因素的荷重只有0.36；在英语方面，X因素的荷重是0.48，而G因素的荷重是0.43。由此我们可以推论，在某种意义上，仅用智能不足，是不能很好地解释学生学习失败的原因的。

总之，亚里克山大所分析的X和Z因素的变量，指的是被试对作业的兴趣、克服困难的坚持性以及企图成功的愿望，等等。他把这些因素总称为个性（人格）因素，并在自己的著作中，首次称之为"非智力因素"。

（三）韦克斯勒对"非智力因素"作了科学的分析

在亚里克山大等人的启迪下，韦克斯勒（D. Wechsler）于1943年提出了"智力中的非智力因素"的概念。测验的直接经验使韦克斯勒越来越重视非智力因素的研究，于是他强调了"智力不能与其他个性因素割裂开来"的观点。1949年，他再次撰文探讨了非智力因素，题目叫做"认知的、欲求的和非智力的智力"，发表在第二年的《美国心理学家》杂志上[①]，专门就非智力因素问题进行了广泛的探讨。他认为，一般智力不能简单地等同于各种智慧能力之和，还应包含有其他的非智力的因素。根据他的观点，非智力因素主要是指气质和人格因素，尤其是人格因素，还应该包含先天的、认知的和情感的成分。一般来讲，心理学界将韦克斯勒这篇文章的发表，作为非智力因素概念正式诞生和科学研究开始的标志。

后来，到1974年他对非智力因素的含义又作了进一步的说明：①从简单到复杂的各个智力水平都反映了非智力因素的作用；②非智力因素是智慧行为的必要组成部分；③非智力因素不能代替各种智力因素的各种基本能力，但对后者起着制约作用。

二、20世纪50年代至80年代——非智力因素概念研究的发展阶段

20世纪50年代以后，对非智力因素概念的研究有了进一步发展。这表现在，不仅在心理测量领域内心理学家继续广泛深入地探讨这一问题，在其他领域内，有关这方面的研究也日益增多。这里主要谈的是两个领域，一是认知心理学领域；二是发展心理学领域。

---

① Wechsler, D. (1950). Cognitive, conative, and non-intellective intelligence. *American Psychologist*, 5, 78~83.

（一）认知心理学的研究

20 世纪 50 年代至 60 年代以后，行为主义在心理学中的统治地位逐渐让位于认知心理学，认知心理学家对各种认知过程与非认知因素的关系也进行了研究，如知觉与需要，记忆与情绪，智力操作与动机、情绪等相互之间的关系，等等。具体的实验研究很多，在此我们不能一一列举，仅简要介绍几位认知心理学家的观点，作点代表性的分析。

如前所说，"认知心理学之父"是美国心理学家 U. 奈索。奈索于 1963 年在《科学》第 139 卷上，发表了一篇题为《机器对人的模仿》的文章，详细论述了人工智能与人类思维之间的差异[①]。他指出，认为机器能像人类一样进行思维的观点，是一种对人类思维性质的误解，人类思维所表现出来的三个基本的、相互联系的特点，是计算机程序不具备的，这三个特点是：①认知发展，人类个体的思维有一个发生、发展、成熟的过程；②认知活动的情绪基础，人类思维活动的始发，总是与情绪、情感密切联系在一起的；③动机的多重性，几乎人类所有的活动、包括思维活动在内，都具有目的性。显然，这后两个特征所涉及的问题就是非智力因素问题。为了说明奈索有关非智力因素的观点，我们在此对其所提及的后两个人类思维的特点稍加介绍。

奈索认为，人类新生儿的活动，主要是以各种需要的满足为组织原则的。虽有视觉与触觉探索活动的出现，但新生儿生活中的主要事件是饥饿和吮吸，暴躁和睡眠，痛苦和痛苦的解除，等等。因此，新生儿同化环境刺激时，主要是以需要得到满足与未得到满足的状态为行为的调节器。例如，当新生儿身体不舒适时，他就会哭，通过哭这种消极情绪体验的表现形式"通知"周围的成人，来改变他目前的不舒适状态，从而适应环境。然而，新生儿内部状态的波动与他的环境没有明显的逻辑关系，因此往往需要数月或数年，两者之间才能协调。所以说，需要和情绪并不只是为认知活动设置了一个"舞台"后就"退休"了，而是在人的整个一生中继续发挥作用，只不过他们发挥作用的大小与形式不同罢了。由此可见，认知活动是以一定的情绪为基础而发展和进行的。人的认知活动的另一个特点是其目的性。例如，下棋对于计算机来讲，只有一个目的，那就是战胜对手，但对于人来讲，下棋的目的与意义就不止于战胜对方，它还有其他意

---

① U. Neisser. The Imitation of Man by Machine. Science，1963，139

义。如，有人认为下棋是增进友谊的一种活动；也有人认为它是发泄攻击性的一种方式；还有人想通过下棋的"敢为"行为来表现自己的勇敢性格；又有人想通过"保守"的下法来表明自己是一个稳重的人，等等。总而言之，人的活动总是为一定的动机所驱动的。

在奈索之后，赛蒙（司马贺）于 1967 年发表了《认知的动机监控与情绪监控》[①] 的文章，专门就奈索提出的动机与情绪在人的认知活动中的作用机制进行了阐述。在这篇文章中，他提出了一个关于动机和情绪行为与信息加工行为相互关系的理论。赛蒙认为，中枢神经系统是一种序列信息加工器，这种加工器所属的有机体有多重需要，而且这种有机器所生存的环境又常出现不可预测威胁和各种机会。有机器满足各种需要，适应这种环境是通过两种机制实现的。第一个机制是目标终止机制。这种机制使加工器每次只为满足一种需要、实现一个目标（这个目标也可能是很复杂的）而工作，当达到满意的情境时就终止活动。加工器就是遵循这样的原则，逐步地有序列地分别实现每个子目标而达到总目标的。在这一过程中，没有哪个目标能垄断加工器而使序列加工活动停止。也就是说，加工器的活动总是为各种目标所定向的，总是为各种动机所驱动的。第二个机制是中断机制。一个序列加工器，在不要求任何特殊机制来再现情感或情绪体现的情况下，可以对各种需要和目标作出反应，也就是说，动机决定着注意的指向与分配。但在实际生活环境中，往往会出现一些环境变化或新异刺激，诸如自然的（如强光、大声）、生理的（如身体疼痛）、心理的（如由意外刺激经联想引起焦虑），这些新异刺激的出现所引起的问题，就成了加工器所要实现的新目标。这些目标与原加工目标相比可能更急迫。此时，加工器就需中断原来的序列加工，而将注意转向新的刺激，以便解决问题适应环境的变化。这一过程，主要是情绪活动改变了注意的指向与分配。因此，中断机制，也可以说是情绪使加工器对实际环境中的急迫需要作出反应的。

认知心理学在 20 世纪 50 年代末 60 年代初诞生以后，经过 70 年代的发展，到 80 年代初，各认知活动领域的研究已积累了丰富的资料，非认知或非智力因素在认知活动中的作用也进一步明朗化。诺曼（D. A. Norman）提出的"关于认知科学的 12 个问题"[②] 是有代表性的。

诺曼认为，尽管我们对认知进行了大量的研究，但在某种意义上来讲，

---

① H. A. Simon. Motivational and Emotional Controls of Cognition. Psychological Review，1967，74

② D. A. Norman. Twelve Issues for Cognitive Science. Cognitive Science，1980，4

381

我们对认知的了解相当贫乏，这主要是因为我们忽视了有生命的认知系统的许多关键方面，诸如社会的因素、文化的因素、情绪的因素，以及区分有生命的认知系统与人工的认知系统的几种主要因素。有生命的认知系统之所以不同于人工的认知系统，主要是因为前者有许多需要，如，生存的需要，调整自己的操作的需要，保护自己、维持生命的需要，适应并立足于某种环境的需要，将一个小的、不发展的、不成熟的系统转变为成人的、发展的和有知识系统的需要，等等。人类认知不同于人工认知，如果仅是因为它涉及了生命、发展和生存等问题，诺曼推断必定有一个调节系统存在，这种调节系统因认识成分相互作用，进而言之，调节系统同认知成分的关系是一种"主仆"关系，认知成分主要是因为调节系统的利益而进化产生的，它是通过情绪、情感来发挥功能的。接着，诺曼又强调了在认知研究中如下几个基本部分，它们主要包括文化的作用，社会交互的作用，情绪的作用和动机的作用，并详细论述了认知科学的 12 个问题。这 12 个问题是：

信念系统（belief systems）　　学习（learning）

意识（consciousness）　　记忆（memory）

发展（development）　　知觉（perception）

情绪（emotion）　　操作（performance）

交互作用（interaction）　　技能（skill）

语言（language）　　思想（thought）

（二）发展心理学的研究

在发展心理学领域内，关于非认知或非智力因素及其与智力的相互关系的研究也很多。但在理论上有代表性的是皮亚杰的理论。因此，我们这里着重介绍皮亚杰的观点。

我们知道，皮亚杰以研究儿童认知发展而闻名于世，但很少知道他关于非认知或非智力因素及其与智力的关系的研究。其实，皮亚杰对儿童的非智力因素、特别是情感性发展及其对智力发展的影响是很感兴趣的。他在 20 世纪 50 年代作过有关智力与情感性相互关系的系列讲座，后来用法语汇集成《智力与情感性——在儿童发展过程中它们的相互关系》一书。该书直到 1981 年才被译成英文[①]。

---

① Piaget，J.（1954/1981）. Intelligence and affectivity：their relationship during child development. Palo Alto，CA：Annual Reviews（Brown，T. A.，& Kaegi，C. E.，Trans.；original work published，1954）

　　这本书共包括三大部分：引言，情感功能（机能）与认知功能（机能），智力发展阶段与情感发展阶段。在前两部分，皮亚杰阐述了他对智力与情感之间关系的基本看法。他认为，情感（affect）与智力的功能（机能）有关，它源于同化与顺应之间的不平衡，以提供能量力量而发挥作用，而认知为这种能量提供了一种结构。皮亚杰形象地将情感比喻为汽油，它可以发动汽车，而发动机为能量和汽车运动的方向提供了结构。情感犹如"功能"，它可以同认知结构图式相组合，而将个体的兴趣集中于某个特定的事件或观念上。因为情感影响到个体是否实施智慧的努力，因此，它具有调节功能。又因为情感影响到目标的选择，因此它又表现出决定价值的功能。通过调节动作，决定价值，情感影响到我们是超于某种情景或是回避某种情景，因此，它影响到我们获得知识的速度。也就是说，在某些方面，它可以加速我们知识的获得，另外，它也可能减慢或妨碍我们对知识的获得。但这并不意味着情感能创造认知结构，因为它是以一定的认知结构为基础而发挥作用的。总之，皮亚杰认为，智力与情感的关系，不存在哪个是创造者，哪个是被创造者的问题，就像一枚硬币一样，它们是同一事物的两个方面。在这本书的第三部分，皮亚杰用了较长的篇幅来介绍智力与情感的平行发展，这种平行发展可概括为表 10-1[①]。

　　从表中可以看出，智力在不同发展阶段上的特征同情感在不同发展阶段上的特征是平行的。例如，在感知运动阶段，婴儿对某个特定人的稳定的情感，直到婴儿形成了永久客体图式才会开始出现。也就是说，皮亚杰认为，婴儿依恋的发展少不了认知的一面。在前运算阶段，符号表征和语言的发展，导致稳定概念的形成，这些概念的结构支柱，也使情感获得了稳定性。在具体运算阶段，儿童构造类别层次的能力的形成伴随着稳定的价值层次而出现。这种价值层次的出现，标志着皮亚杰所描述的情感守恒的出现，同时，我们也可观察到，儿童道德判断达到了新的水平。皮亚杰认为，道德判断在性质上是情感性的，它源于社会认知发展的一般过程，而不是像弗洛伊德所认为的它只源于奥狄普斯冲突（恋母情结）。

　　在非智力因素概念研究的第二阶段内，在其他一些领域，诸如社会心理学、教育心理学，都有所研究，基本的主张都是强调了情绪、动机等因素在人类智慧行为中的重要作用。

---

　　① Piaget，J. （1954/1981）. Intelligence and affectivity：their relationship during child development. Palo Alto，CA：Annual Reviews（Brown，T. A.，& Kaegi，C. E.，Trans.；original work published，1954）

表 10-1　　　　　　智力和情感发展的阶段

A　感知运动智力	个体内感情
1. 遗传组织：这些组织包括出生时就有的各种反射和本能	遗传组织：这些组织包括本能性内驱力和所有其他先天的情感反应
2. 最初习得的图式：这些图式包括最初的一些习惯和分化知觉，它们在感知运动智力出现之前就出现了	最初习得的情感：这些情感包括快乐、悲哀、愉快、不愉快，它们连结着知觉，同样分化了的满意与不满意情感连结着动作
3. 感情运动智力：这包括从 6 个月左右到第 2 年内语言的习得这期间所得的一些结构	在有意向的行动中起调节作用的情感，这些调节包括这样一些情感，这些情感连结着动作的激活与延迟，而动作的激活与延迟又伴随有各种终止反应，诸如成功或失败的情感
B　言语智力	人际间的感情
ZV　前运算表征：此时动作开始内化，尽管可以进行思维，但思维仍是不可逆的	直觉性情感：这些情感包括最初级的人际间的情感和早期的道德情感
V　具体运算：这一阶段始于 7～8 岁，止于 10 岁或 11 岁，显著的特征是类别与关系的初级运算的获得，但形式运算是不可能的	规范性情感：这个阶段的特征，是具有有意干预的自主的道德情感的出现，什么是公平的、什么是不公平的，不再依赖于对规则的服从
VI　形式运算：这一阶段从十一二岁到 14 岁或 15 岁，这一阶段的特征是思维使用命题逻辑，不再受具体内容的束缚	理想主义的情感：在这一阶段，对其他人的情感被对集体的理想的情感所覆盖，同这一点相平行的是人格的精心加工，即在社会生活中个体给自己赋予一定的角色和目标

三、非智力因素概念研究的发展趋势

智力与非智力因素关系的研究，越来越受到人们的重视。在这一领域内，研究发展的新趋势可归纳为如下三个方面。

(一) 建构理论模型

在过去的几十年内，心理学家对非智力因素与认知活动的关系进行了大量的研究，积累了丰富的资料，为建构理论模型奠定了基础。现在，心理学家们开始试图提出种种理论模型来解释非智力或非认知因素与认知活动的关系。例如，关于情绪与记忆相互关系的理论，比较有影响的有记忆与情绪的联想网络理论（An associative network theory of memory and emotion）。这种理论是在语义网络模型基础上提出来的。该理论认为，一些网络结点可以引起情绪反应，不同情绪在记忆中有不同的结点或单元。克拉克（M. S. Clark）和伊森（A. M. Isen）提出的模型，就是这种理论的一个代表（图10-1）：

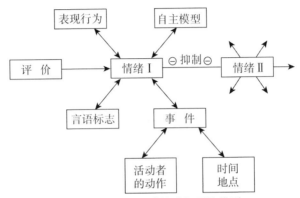

图 10-1　记忆与情绪联想网络模型

（二）各国普遍重视

上面介绍的主要是西方国家心理学的研究，其他国家，如苏联对非智力因素问题也较为重视。H. 列依切斯、A. 科瓦列夫、И. 米亚西舍夫和 B. 安纳耶夫等在智力、能力与非智力因素的关系方面都做了一些研究。H. 克鲁切茨基在研究中小学生数学能力结构时，也特别指出了兴趣、爱好、意志及性格特征对数学能力发展的影响。

在我国，首先使用并十分重视"非认知因素"研究的是朱智贤、林崇德等教授；首先使用并十分重视"非智力因素"研究的是燕国材、吴福元、王极盛等教授，燕国材在1983年发表的《应重视非智力因素的培养》一文，引起了广大读者的重视。近些年来，我国心理学家对智力活动中的非智力因素进行了大量的研究，如情绪对智力操作的影响的研究（孟昭兰等，1984、1985、1987），小学生不同情绪状态下对记忆情绪词的影响（李山川等，1987），非智力因素对学生学业成就的普遍影响（丛立新，1985），动机强度对思维活动的影响（陈英和，1985），等等。当然，尽管研究开展得不少，但是到目前为止，我国关于非智力因素的定义尚无统一看法，对非智力因素包

含的成分也有不同见解。如①非智力因素即人格因素（赵中天，1983）；②广义的非智力因素是指智力因素之外的一切心理因素，狭义的非智力因素是指动机、兴趣、情感、意志和性格（燕国材，1984）；③非智力因素就是个性结构中，除智力因素以外的心理因素，主要包括兴趣、需要、动机、情感、意志、性格、气质、态度、理想、信念、价值观等（庞霭梅，1988）；④非智力因素就是不直接参与但却制约整个智力或认识活动的心理因素（丛立新，1985；吴福元，1986；杨滨，1987）；⑤非智力因素是指在智力活动中表现出来的、与决定智力活动效益的智力因素相互影响的心理因素构成的整体（申继亮，1990），等等。

（三）密切联系实际

随着教育改革的深入进行，非智力因素问题在实际教学中日益突出。如何根据理论研究成果来指导教学，把研究结果应用于教育实际，是各国心理学家所面临的新问题。在这种社会需要下，已有不少的尝试，诸如情感教学、审美教学等。美国心理学家 C. S. 特维克的动机过程对学习影响的研究有较大的价值①。首先，她提出了适应性和不适应性动机。前者应当能使个体挑战性和个体价值成就目标的建立、维持和实现得以增进；后者则是与不能建立合理有价值的目标、不能维持为达到目标所作出的努力、或者根本不能达到其本来可以达到的有价值目标等相联系的。

其次，她比较了学习目标与作业目标。特维克根据上述两点，列出表 10-2，以示作业目标使学生看重能力评价，学习目标使学生看重能力发展。

表 10-2　　　　　　　　　　成就目标和成就行为

对智力的看法	目标定向	对目前能力的信心	行为模式
实在观点 （智力是固定的）　→	作业目标 （目标是获得对智力的积极评价避免消极评价）	如果高　→ 如果低　→	掌握定向 寻求挑战 高度坚持 无能 回避挑战 低坚持
增加观点 （智力是可发展的）　→	学习目标 （目标是增强能力）	高或低　→	掌握定向 寻求挑战 高度坚持

---

① ［美］C. S. Dweek. 动机过程对学习的影响. 心理发展与教育，1987，4

再次，她提出了能力与动机相关的问题。她通过研究表明，对在不同学科能力倾向和成绩相同但动机模式不同的学生，能够准确预示其在选课和长期成绩方面将发生什么样的情况。

最后，她由适应性模式得出了结论，动机参与主要用来指导不太成功的学生，但也适合指导一部分优秀的学生。对此，她进行了大量实验研究，提高了广大实验班的成绩。由此她认为，动机（非智力因素）表现出的影响作用是：影响学生发挥现有的知识技能；影响他们获得新知识的技能；影响知识技能的迁移。因此，特维克的理论及实验操作获得了较广泛的推广。

第二节 非智力因素的结构

我们在上述有关非智力因素的界说的基础上，认为非智力（或非认知）因素，是指除了智力与能力之外的又同智力活动效益发生交互作用的一切心理因素。它的特点有：

（1）它是指在智力活动中表现出来的非智力因素，不包括诸如勇敢、热情、大方等与智力活动无关的心理因素；

（2）非智力因素是一个整体，具有一定的结构和功能；

（3）非智力因素与智力因素的影响是相互的，而不是单向的；

（4）非智力因素只有与智力因素一起才能发挥它在智力活动中的作用。

如何来理解非智力因素的结构呢？

心理现象是一个整体，在一定意义上来说，它可以分为智力（认知）与非智力（认知）因素，即心理能力因素与非心理能力因素（图10-2）。

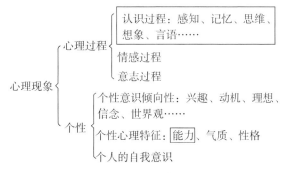

图 10-2 心理现象的构成

这里，除心理过程的"认识过程"中的种种心理现象（属智力或认知范畴）和个性心理特征中的"能力"外，其余的一切现象，只要它在智力活动

387

中表现出来，且决定智力活动的效益，均可称为非智力因素。也就是说，非智力因素，严格地说是指心理能力中的非智力因素，主要指与智力、能力活动有关的一切非智力（认知）、非能力的心理因素。

如何理解这种"非智力因素"的结构呢？一般来讲，"非智力因素"的结构包括与智力活动有关的情感过程、意志过程、个性意识倾向性、气质、性格，等等。

一、情感

在对非智力因素的研究中，心理学家一致认为，情感是一种对智力与能力活动有显著影响的非智力因素。所以，在增进智力与能力的同时，必须提高情感的稳定性，抑制冲动性，否则提高智力与能力是有困难的。20 世纪 60 年代至今，心理学家对认知与情感的相互关系进行了大量研究，为我们认识情感在智力与能力活动中的作用提供了有益的根据。

（一）情感的实质

情感是人对客观现实的一种特殊的反映形式。它是人对待外界事物的态度，是人对客观现实是否符合自己的需要而产生的体验。

人在认识世界和改造世界的过程中，与周围现实发生相互作用，产生多种多样的关系和联系。主体根据客观事物对人的不同意义而产生对这些事物的不同态度，在内部产生肯定或否定的体验。情感就是人对客观事物的态度的一种特殊反映。喜、怒、哀、乐、爱、恶、惧，即常言中的"七情"，都是人对客观事物的态度带有特殊色彩的反映形式。

人的情感是由什么决定的呢？它要以某个事物是否满足人的需要为中介。凡能满足需要的事物，会引起肯定性质的体验，如快乐、满足、热爱等；凡不能满足人的需求的事物，或与人的意向相违背的事物，则会引起否定性质的体验，如愤怒、哀怨、憎恨等。情感的特殊性，正是由这些需要、渴求或意向决定的。当然，事物是复杂的，需要也是复杂的。情感的变化，其中最重要的是事物的意义与人的需要之间的相互关系。事物与需要之间的关系表现在：这种事物是和人的哪些需要发生关系的，即需要不同而产生不同的情感；这种事物对有关需要的满足或妨碍的程度不同而产生不同的情感；这种事物与需要的关系的现实程度不同，即这些事物是现实地能够满足人的需要，或在将来满足人的需要，或只是在想象中满足人的需要，而产生不同的情感。情感因满足与否而具有肯定或否定的性质。它成为人的需要是否获得满足的指标，也成为一个人在他所处的社会关系中，个人需要与社会需要这个矛盾与统一的关系的一个指标。

人的情感是十分复杂的，它具有两极性。两极性有多种表现。第一，表现为情感的肯定与否定，如满意和不满意，愉快和悲伤、爱和憎，等等。第二，表现为积极的、增加的或消极的、减力的，如愉快的情感驱使人积极地行动，悲伤的情感引起的郁闷会削弱人的活动能力。第三，表现为紧张和轻松的状态，如考试或比赛前的紧张情感，活动过去以后出现的紧张的解除和轻松的体验。第四，表现为激动和平静，如激愤、狂喜、绝望或意志控制情感，处于稳定状态。第五，表现在程度上，这反映在从弱到强的两极状态，如从愉快到狂喜，从微愠到暴怒，从担心到恐惧等；或反映在深刻程度上，如同样的情感，却有不同的由来，不同的质量和水平。情感的两极性，反映了情感的内容、强度、稳定性、概括性和深刻性等，反映了情感的发展水平和复杂程度。

（二）与智力活动有关的情感因素

1. 情感强度

情感强度对智力活动或智力与能力操作的影响是明显的。研究表明，情感强度差异同智力操作效果之间呈倒"U"型相关。也就是说，过低或过高的情感唤醒水平，都不如能够导致较好操作效果的适中的情感唤醒水平。

适中情感强度与智力活动关系的表现是多方面的，这里仅举三例加以说明：

（1）极强度的应激，往往使个体行为紊乱，像出现不必要的动作、语无伦次、思维混乱、记忆失误等；中等强度的应激，能更好地使人发挥积极性，增进人的反应能力，思维清晰度和判断的明确性。当然，人不能没有应激，长期没有应激状态，也不能使人获得锻炼。因为人总是会遇到出乎意料的紧迫情况的，这必然会引起急速而紧张的情感状态。学生临考时的怯场，往往是缺乏应激状态锻炼的结果。

（2）焦虑过度往往会引起恐慌的反应，产生抑制作用，破坏短时记忆，不会随机应变重新组织思维活动，从而妨碍学习；同样，学习不能没有焦虑，但应当把焦虑控制在中等的程度，才有利于大多数智力与能力一般的学生的学习。能够适应高焦虑的高度能力者毕竟是极少数的。

（3）痛苦情感状态下，情感的强度差异同智力与能力的操作效果呈直线相关，即痛苦的强度越高，智力与能力的操作效果越差，智力与能力的操作效果随痛苦强度的增加而下降。

总之，适中的唤醒水平是一种适宜的刺激，它既可以诱发个体积极主动地同化客体，又保证了智力与能力活动的必要的活力与背景。因此，适中的

情感强度可以导致良好的操作效果。

2. 情感性质

情感性质与智力、能力的关系表现在以下两个方面。

（1）肯定情感有利于智力与能力操作，否定情感不利于智力与能力操作。积极情感，如愉快、兴奋等，还能增强人的活力，驱使人的积极行动；相反，否定情感，如悲伤、痛苦等，则能减弱人的活力，阻抑人的行动。所以由于情感有其不同性质，会产生对智力与能力活动的增力与减力的效能。

（2）情感的性质对智力与能力操作效果的影响，与情感的性质同智力与能力操作加工材料的性质是否一致也有关系，如被试在愉快情况下，容易记住令人愉快的事情；在不愉快的情况下，容易记住不愉快的事情。

3. 理智感

理智感，是人在智力活动过程中产生的情感体验。人在智力活动中，对于新的还未认识的东西，表现出求知欲、好奇心，有新的发现，会产生喜悦的情感；遇到问题尚未解决时，会产生惊奇和疑虑的情感；在作出判断又觉得论据不足时，会感到不安；认识某一事理后，会感到欣然自得，等等，都是理智感的表现。

学生在学习过程中，不仅要进行认识性的学习，而且也进行情感性的学习，两者密切地联系着。如果两者相结合，则可以使学生在积极的情感气氛中，把智力与能力活动由最初发生的愉快，逐步发展为热情而紧张的智力过程，从而积极地提高学习成绩。

二、意志

意志既可作为心理过程影响智力活动，又可作为一种性格特征影响智力与能力。

（一）意志的实质

人的心理是在实践活动中发生和发展的。因此，人在实践活动的时候，不仅产生对客观现实的认识，不仅对客观现实形成这样或那样的情感，而且还有意识地实现着对客观世界的改造。这种最终表现为行动的积极要求改变现实的心理过程，构成心理活动的另一个重要方面，即意志过程。

意志，是人们自觉地克服困难去完成预定的目的任务的心理过程，是人的能动性的突出的表现形式。

人类的活动是有意识、有目的、有计划的。只有人类才能在自然界打上自己意志的烙印，能够自觉地确定目的，克服困难。人的目的是主观的、观念的东西。主观要见之于客观，客观要变为现实，必须付诸行为。如果说，认识是外部刺激向内部意识事实的转化，那么意志就是内部意识事实向外部动作和活动的转化。这后一个转化，即表现为意志对人的行动的支配或调节作用。一方面，这种支配和调节是根据自觉的目的进行的；另一方面，正是通过这种对行动的支配或调节，自觉的目的才能得以实现。意志对行动的调节，有发动和制止两个方面，前者是推动人去从事达到预定目的的积极行动，后者表现为抑制或拒绝不符合预定目的的行动。发动和制止这两个方面又在实际活动中得到统一。正是这种调节，才使人去克服各种外部的或内部的困难。没有克服困难的行动，就不叫做意志行动。为此，要培养学生的意志力，使他们善于克服各种困难。

意志锻炼是一个古老的话题。我国历代学者，都提倡品行、意志的陶冶。孟子说过："故天将降大任于斯人也，必先苦其心志，劳其筋骨，饿其体肤，空乏其身，行拂乱其所为，所以动心忍性，曾益其所不能。"[①] 可见一个人是否有成就，除去客观条件外，主要决定于自身修养。在这里，意志力的培养是个重要方面。

（二）与智力活动有关的意志因素

意志最突出的特点有两个：一个是目的性，另一个是克服困难。它在智力与能力中，既能促使认识更加具有目的性和方向性，又能排除学习活动中的各种困难和干扰，不断地调节、支配学生的行为，指向预定的目的。

根据这一点，与智力活动有关的意志因素，主要是意志品质。意志品质是一个人在生活中所形成的比较稳定的意志特点。它也是性格、个性的重要组成因素。一般说来，它包括以下四个方面。

1. 意志的自觉性

对自己行动目的的正确性和重要性有明确而深刻的认识，从而自觉地行动以达到既定的目的，这叫做行动的自觉性。人的自觉性是一种意志品质，它使人自觉、独立地调节自己的行为，使它服从于一定的目的任务，而不是事事依靠外力的督促和管理。例如，学生的自觉学习态度，不需要别人去督促，这是发展智力、培养能力的前提。

与自觉性相反的，是受暗示性和独断性。有一种人，没有坚定的意志力，很容易受别人的影响而改变既定目的，这叫受暗示性。也有一种人，不接受

---

① 《孟子·告子下》

别人的合理的建议，毫无理由地坚持自己的错误做法，这叫独断性。受暗示性和独断性两者在表面上似乎截然不同，实际上都是意志薄弱的表现。

2.意志的果断性

果断性，就是善于迅速地辨明是非，作出决定，执行决定。果断性的发展是与人的自觉性、抽象思维能力的发展分不开的。与果断性相反的是轻率和优柔寡断。有一种人遇事不加考虑，草率地作出决定并采取行动；另一种人却经常表现为三心二意、徘徊犹豫的心情。这两者都不是果断性的表现。

3.意志的坚持性

坚持性又叫毅力，是人能克服外部或内部的困难、坚持完成任务的品质。"贵在坚持"，正说明意志行动的坚持性的可贵。我们在研究中看到，智力与能力发展良好、学习成绩提高得快的学生，一般都与坚持刻苦学习成显著正相关。

与坚持性相反的，是意志薄弱。有的人虎头蛇尾，一遇到困难就垂头丧气，这叫做没有毅力；明知行不通，也要顽固地坚持，缺乏纠正的勇气，这也不能算是有毅力。

4.意志的自制力

自制力，是人善于控制和支配自己行动的能力。有时表现在善于迫使自己去完成应当完成的任务，有时表现在善于抑制自己的行动。人的智力与能力是成功地完成任务的一种个性心理特征，智力与能力活动的实现，正是受这种自制力所左右。

与自制力相反的，是冲动，不善于控制自己，不能调节行动。我们研究发现，不少独生子女，智力和能力发展的条件都很好，但学习成绩却并不理想。原因是多种多样的，其中与独生子女的任性特点是有关系的。当然，那些死气沉沉、呆板拘谨的品质，也不是自制力，不应该把自制力与这些不良个性特点混同起来。

三、个性意识倾向性

在非智力因素诸成分中，研究最多的是个性意识倾向性。

（一）个性意识倾向性的实质

个性意识倾向性，在一定意义上说，它是"需要"的表现形态，如兴趣、爱好、动机、目的、欲望、理想、信念、价值观、世界观，等等。不论这些表现形态有何区别，它们都体现了需要的三个特点：一是对象性，即需要及其表现形态总是具有自己的内容，总是指对于某种东西，某种条件或活动的某种结果的需要，或兴趣、欲望、理想，等等；二是周期性，即许多需要及其表现形态能重新产生，重新出现，这是主体内部或外部环境周期性及其要求变化的反映；三是动态性，即需要及其表现形态是不断变化和发展的，它随着满足需要的具体内容和方式的改变而不断发生变化和发展。

对人的心理发展说来，个性意识倾向性是一种动力系统，智力与能力的发展与培养，要以个性意识倾向性为动力，以需要及其表现形态提供智力与能力活动的能量。

（二）与智力活动有关的个性意识倾向性因素

我们在教学实验中感到，与中小学生智力与能力有密切关系的个性意识倾向性，主要有三种：理想、动机和兴趣。

1. 理想

理想是一个人的奋斗目标。

对中小学生来说，理想的种类及其表现形式也很多，而与智力活动有直接关系的是成就动机，且随着年龄和年级的递增，越来越表现出它的作用。

成就动机是追求能力和希望取得成功的一种需要，是以取得成就为目标的学习方面的内驱力。它以对未来成就和成功的坚定不移的追求为特点。

成就动机层次有高低。成就动机层次高的学生往往根据学习任务和未来的目标确定远大而又现实的理想，并且表现出较大的毅力。他们能自我认识到自己的能力，学习中能做到不浅尝辄止，并有高度的自尊心。但不能由此证明他们在学习成绩上总具有优势，因为影响成绩高低的因素是多方面的，成就动机仅仅是其中之一。

按照归因理论（attribution theory）分析，我们在自己的研究中看到，在大多数情况下，成就动机层次高的学生，把学习上的失败（如考试成绩不佳）归之于努力程度不够。他们对往后的学习持乐观态度，并坚持不懈地追求，他们控制了自己的努力程度，取得了学习的主动权。相反地，成就动机层次低的学生，往往把失败归咎于学习内容太难，或运气不好等客观因素。这些因素又是他们所无法控制的，所以他们常常不去掌握学习的主动权。从中可以看出，作为理想的一种表现形式，成就动机层次的高低，直接决定着学生在学习中的主体性的发挥。

2. 动机

心理学家研究动机，有四个目的：一是为了指示行为上的差异；二是为了辨别责任归属；三是为了操纵动机，左右行为，以达到预期的目的；四是为了培养各种良好的动机，以便有相应的良好行为。

393

心理学研究动机，主要涉及五个问题：

（1）动机的性质。人的动机是在需要的基础上产生的，由其认识状态和刺激之间的相互影响所决定，旨在促动个体的行为，达到一定的目标，以获得满足为终结。它是引发个体行为的内在状态。

（2）动机的种类。不同的心理学派根据动机的不同方面，将动机作不同的分类：

①有的按照动机内容，将它分为生理动机（饥、渴、眠、梦、痛、性）、寻求刺激动机（行动、探索、好奇、控制、接触）、习得动机（惧怕、攻击、合群、焦虑等）、潜意识动机（情绪、忌妒等），等等。

②有的按照前后条件关系，将动机由下而上作阶梯式的分类，这主要是马斯洛（A. H. Maslow）的观点。1968年，他又将他的分类修改为两个层次：缺失性需要（deficiency needs）和存在性动机（being needs）。前者包括解决缺失、维持生存的基本动机，如生理需要、安全需要、社会需要、尊敬需要，等等；后者包括追求知识、获得理解、自我实现、欣赏美和各种爱等个体存在的自我动机。

③有的按照行为来源，将动机分为内在动机和外在动机。内在动机包括一切由个体内部引发的动机，如好奇、求知欲、自我实现等；外在动机则包括一切由体外事物所引起的动机，如赏罚、物质刺激或社会刺激等。

④有的按动机与社会需要的联系来分类。对于这一点，西方心理学与苏联心理学又不一样。西方心理学家喜欢将社会动机分为重交往动机（affiliation-oriented motives）和重声誉动机（prestige-oriented motives）两种。前者包括交往需要（归属需要，affiliation need）和社会赞许需要（need for social approval）等。后者包括竞争动机和成就动机等。而苏联心理学家则喜欢根据社会利益的程度来揭示社会动机，将其分为直接动机和长远动机。我国心理学家对上述不同的分类都采纳，且根据不同条件分别使用。

⑤有的按照动机价值，将动机分为正确动机和错误动机。

（3）动机的功能。苏联心理学研究动机性质，主要是考虑各种各样的个性需要。而西方心理学在分析动机时，往往将"驱力"（drive）一词用来代表那些主要与生理有关的动机；至于与心理或社会有关的动机，则大多以"动机"（motive）或"需要"（need）来加以命名。当然，"需要"本身又有生理性与社会性之分。

不管动机是生理性的还是心理性的，它都具有以下功能：

①唤起。动机是唤起和推动各种求知行为的原动力。它具有引起求知行为的始动功能及指导、监控求知行为的功能。

②定向。动机给求知行为以一定目的性，求知行为的目的是有一定方向的，求知行为是为达到某一目的而发生的。因此，动机给求知行为或活动的客体添加上一定的主观性，具有维持求知行为或活动达到目标的志向功能。

③选择。动机使主体只关注有关的刺激或诱因，而忽视不相干的刺激或诱因，主体便可以预计其行为结果。

④强化。由于有了动机，所以主体对自己的反应加以组织和强化，以便使其求知行为或活动能够顺利进行。

⑤调节。动机使主体随时改变求知行为或活动，以达到预期的目的。

（4）动机的过程。动机的过程是一个十分复杂的心理学问题。关于动机的过程，心理学较多研究的是挫折和冲突这两个课题。因为从动机的产生到目标的达到这样一个动机的过程，往往会受到阻碍，从而使主体内心产生挫折和冲突。

①挫折过程

挫折指主体在实现某种目标的活动过程中，由于受到妨碍或干扰而不能实现目标时的情绪状态和行为变化。

挫折的基本方式有：由延迟引起的挫折、由阻挠引起的挫折和由冲突引起的挫折。

一个人遇到挫折后，可能引起消极反应，如减少求知欲望、兴趣，降低努力程度等；也可能引起积极反应，如从失败中吸取教训、改变解决问题的方式方法、磨炼意志，从而经受挫折，达到预期目标（图10-3）。

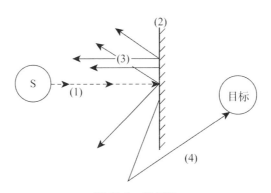

图 10-3　挫折图

一个主体（S）被引起去接近目标（1）的动机，它遇到了障碍（2）受到了阻挠，于是努力作出各种各样的反应（3）终于获得了成功的解决（4）——J. M. 索里与 G. W. 特尔福德制。

395

产生挫折的原因有主观的和客观的两个方面。美国心理学家洛森维克（S. Kosenzweig）对此作过专门的分析。他认为主观原因包括心理和生理两个方面；客观原因包括自然和社会两个方面。而社会原因，诸如对名誉的态度、对社会地位的追求等，都会影响到中小学生学习的努力程度，从而影响其学习成绩。

②冲突过程

当主体面临着几种同样的向往（即所谓"接近"）或几种同样厌弃（即所谓"回避"）的时候，就必须作出选择，会产生动机斗争，于是出现了冲突这种心理状态。冲突往往引起主体紧张和持久的挫折。

中小学生的学习动机，概括起来有四种动机冲突情景，即接近—接近型冲突、回避—回避型冲突、接近—回避型冲突及双重接近—回避型冲突。只有正确处理好各种动机之间的关系，才会使中小学生的学习顺利发展。

（5）不同学生在学习中表现出不同的动机。中小学生的学习动机是相当复杂的。按照目标，可以分为正确动机和错误动机；按照其概括性，可以分为具体动机和抽象动机；按照与社会需要的联系，可以分为长远动机和近景动机。中小学生的学习动机主要表现在以上三个方面，而这三个方面的划分也并不是截然分开的。

就正确动机与错误动机而言，它们是根据中小学生学习所追求的目标而定的，如果目标符合社会的需要，能够促进个体良好的心理发展，则为正确动机；反之，则为错误动机。而具体动机和抽象动机的划分，则是按照动机内容的抽象概括性程度而定的。动机内容越具体，比如学习为了取得好成绩，则为具体动机；内容不具体而抽象程度较高的动机，则为抽象动机。对于长远动机和近景动机来讲，主要是根据学生学习的着眼点、与社会需要的联系来划分的，着眼点放在未来，符合社会需要的，则为长远动机；而那些只重眼前情况的动机，则为近景动机。

3. 兴趣

兴趣是一种带有情绪色彩的认识倾向，它以认识和探索某种事物的需要为基础，是推动人去认识事物、探求真理的一种重要动机，是学生学习中最活跃的因素。有了学习兴趣，学生会在学习中产生很大的积极性，并产生某种肯定的、积极的情感体验。

心理学研究学生的学习兴趣，指出有四个方面的个性差异：兴趣的内容及其社会性；兴趣的起因及其间接性；兴趣的范围及其广泛性；兴趣的时间及其稳定性。在我们的研究中，兴趣层次高的学生，具有符合社会意义的内容健康的认识兴趣；不仅有直接兴趣，而且也有间接兴趣；既有中心兴趣，又有广泛的兴趣；学习兴趣稳定而持久。

当然，中小学生学习兴趣有一个发展过程，一般说来，他们兴趣发展的趋势是由对学习的直接兴趣引向间接兴趣，由笼统的兴趣走向兴趣的逐渐分化；由不稳定兴趣趋向稳定兴趣；兴趣的社会性和广泛性也在逐步发展。

四、气质

我们在教学研究中提出，发展学生的智力与能力，要顾及学生的气质。

（一）气质的实质

人的气质是不同的。气质是人的高级神经活动类型特点在行为方式上的表现，是个人心理活动动力特征的总和。这些动力特征，主要包括以下三个方面：①心理过程的速度和稳定性，即知觉的速度，思维的灵活程度，注意集中的时间的长短；②心理过程的强度，即情绪表现的强弱，意志努力的程度；③心理活动的指向性，即心理活动是倾向于外部事物还是倾向自身内部（如经常分析自己的思想和印象等）。一般认为，心理活动的动力特征，主要表现在人的情感和活动发生的速度、强度、稳定性和灵活性等方面，是天生的、典型的、稳定的心理特征。这种稳定性，一方面表现在气质较多地受个体生物组织的制约；另一方面表现在气质特点较少因活动的内容、目的和动机而发生变化，也就是说，在不同的活动中，个体将会表现出同样性质的气质特点来。

在研究中，我们发现，不同气质类型的中小学生同样可以取得好成绩。这说明气质特点不能决定智力发展的高低。虽然如此，气质的不同特点却对思维活动有着不同的影响。

（二）与智力活动有关的气质因素

气质特点对智力活动、思维活动的影响，主要表现在它能够影响活动的性质和效率。与此影响有关的气质因素，主要包括以下两方面。

1. 心理活动的速度和灵活性

不同气质类型的人，其心理活动的速度和灵活性是不同的。有的气质类型的人，心理活动的速度较快，而且灵活性也较高，如多血质和胆汁质；而有的气质类型的人，心理活动的速度较慢，而且也不够灵活，如黏液质和抑郁质。心理活动速度的快慢和灵活性的高低，必然影响到人的智力活动的快慢和灵活性。这就是说，速度和灵活性这两种气质因素，影响到了智力活动

的效率。在实际研究中，我们就发现，多血质和胆汁质类型的中小学生，解题速度、解题灵活性明显超过黏液质和抑郁质类型的中小学生。

2. 心理活动的强度

气质对智力活动的影响，还表现在心理活动的强度对不同气质类型的中小学生所进行的智力活动的性质的影响。

我们知道，心理活动的强度，主要表现在情绪感受、表现强弱和意志努力程度。不同气质类型的中小学生，在这两方面有不同的表现。多血质、胆汁质类型的人，情绪感受、表现较强烈，而他们的抑制力又差，使得他们很难长时间地集中注意力于某种智力活动，较难从事需要细致和持久的智力活动；而黏液质、抑郁质的人，其情绪感受、表现较弱，但体验深刻，能经常地分析自己。因此，他们较适合于从事那些需要细致和持久的智力活动。

五、性格

在中小学生智力与能力发展中，要形成稳定的智力品质，性格是一项重要的非智力因素。

（一）性格的实质

性格是心理学研究中最为复杂的问题之一。不同的心理学家，对之有不同的理解和看法。但概括起来，心理学家一般认为，性格具有以下的含义：性格是一个人对待现实的稳固态度以及与之相适应的行为方式的独特结合。性格在个性中起核心作用。

主体对客观现实的反映，不断地渗透到个体的生活经历之中，形成了个体对待事物的独特的态度和反应。这种态度和反应一经在生活经验中巩固起来，就会成为该个体在某一场合中的习惯行为方式。个体对待现实的态度体系和行为方式标志了性格的本质特点。例如，一个人对待周围人们的直率或拘谨、诚实或虚伪；对待困难表现出来的坚强或软弱；面临险境时表现出的勇敢或怯懦；对事业积极负责或消极懒惰，等等，都是性格的表现。

对性格结构的认识，不同的心理学家也是不同的。常见的有两种看法：一种是从性格表现的倾向性来划分的，认为性格包括内倾和外倾两种；另一种是按照性格的动力结构来划分的，认为性格包括态度特征、气质特征、意志特征、情感特征和理智特征。

心理学家一般把性格形成的复杂过程划分为三个阶段：第一阶段，是学龄前儿童所特有的、性格受情境制约的发展阶段。在这个阶段上，儿童的行为直接决定于具体的生活情境，直接反映外部影响，还未形成稳固的状态。第二阶段，是小学与初中期学生所特有的、稳定的内外行动形成的阶段。由于稳固的行为方式正在形成的过程中，因而性格正在日趋完成其塑造，但对已形成的不良习惯需要施加强有力的教育才能改变。第三阶段，是高中所特有的、内心制约行为的阶段。在这一阶段里，稳固的态度和行为方式已经定型，因而性格的改造就较困难了。

我们的研究发现，在中小学阶段，学生形成稳固的性格特征之后，性格就成为影响学生智力活动的一个重要因素。

（二）与智力活动有关的性格因素

在性格的各种因素中，与智力活动有关的因素主要有以下几种：

1. 性格的态度特征

在性格的态度特征中，个体对待学习的态度与智力活动有着密切的联系。个体对待学习是否用功、是否认真，对待作业是否细心，对待问题是否刻苦钻研，等等，一句话，个体是否勤奋，将直接影响到智力活动成果的好坏。在研究中，我们经常发现，一些智力水平相当的中学生，但由于他们对待学习的态度不同，最后取得的成绩也有很大的差别。

2. 性格的意志特征

在前面，我们已专门论述过意志对智力活动的影响，讲到意志的四个品质（自觉性、果断性、自制力和坚持性）对智力活动的影响。而中学生性格中的意志特征，主要表现在是否遵守纪律、有无自制力、有无坚持性和胆量大小四个方面。我们的研究发现，这四个方面对智力活动有很大影响。

3. 性格的理智特征

性格的理智特征是个体的智力差异在性格上的表现。这主要体现在两个方面：一是思维和想象的类型不同。据此，可以将人分为三种：艺术型，其思维偏重形象思维；理论型，其思维偏重抽象思维；中间型，其思维处于形象思维和抽象思维的中间状态。思维类型不同，其智力活动的侧重点、方式以及结果都会有所不同。这是不言而喻的。二是表现在智力品质的差异上，如思维的敏捷性、灵活性、深刻性、独创性和批判性等方面所表现的差异。这些差异也将直接影响到个体的思维活动。

399

第三节　非智力因素的作用

我们之所以重视非智力因素，是因为非智力因素有重要的功能或作用。作为智力中的非智力因素，它不仅与智力因素一起在学生学习中起作用，而且还能促进智力与能力的发展。正因为如此，才显示出对它培养的意义和价值。

一、智力因素、非智力因素与学业成绩三者的相互关系

我们认为，学生的学习活动是智力因素与非智力因素的综合效益，学生的学业成绩不仅与其智商高低有关，而且更重要地与其非智力因素的优劣存在着密切关系。

（一）对智力因素、非智力因素与学业成绩三者关系的理论分析

对智力因素与非智力因素的关系，上边已作过许多分析，我们着重坚持两条：①智力因素与非智力因素之间的影响或作用是相互的，而不是单向的；②非智力因素只有与智力因素一起才能发挥它在智力活动中的作用。

这里，我们要深入分析一下智力因素、非智力因素与学业成绩的关系。过去，心理学里较多地阐述了学生的知识与其智能的关系，阐述了学生的智力与能力如何影响或作用于其学业成绩。这是正确的，我们要坚持这些观点。然而，学生的非智力因素如何影响或作用于其学业成绩，论述得并不多。在本书第一章，我们曾从理论上阐述了非智力因素在学生的学习活动、知识掌握过程，乃至智力与能力发展中，起动力作用、定型作用和补偿作用，这就说明我们重视对智力因素、非智力因素与学业成绩三者关系的理论分析。这个分析的结果，可以用下图来表示（图10-4）：

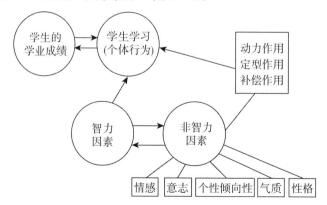

图 10-4　非智力因素作用示意图

400

为了更好地说明观点，我们还是介绍一下自己和弟子做的研究，以分析有关的问题。

（二）对智力因素、非智力因素与学业成绩三者关系开展研究

我们曾用评价法对学生的智力、非智力因素及学业成绩三者之间的关系进行了考查[①]。

1. 制定量表

我们在参考有关文献、走访有关专家和有经验的教师的基础上，考查了各类学生的特点，依据心理与教育测量的理论，编制了"中学生学习品质评定量表"，量表共包括10个方面：感知理解力、记忆力、语言表达能力、思维能力、评价能力、应有操作能力（以上六个方面为智力因素），学习的目的性、计划性、意志力、兴趣（以上四个方面为非智力因素）。

2. 确定评价标准

我们制定了评价标准，把每一因素都分为优、良、中、差四个等级。具体评价标准如下（表10-3～表10-12）：

表 10-3　　　　　　　　　　感知理解力

优	良	中	差
能迅速领会新知识，并能用自己的语言把新知识复述出来，或按理解顺利完成某种动作。能准确敏锐地观察事物、即重视整体现象，又重视细节观察。	需较短时间的思考才能领会新知识，但不需要老师重复讲解新知识。基本上能用自己的语言把新知识复述出来，或按理解完成某种动作，能准确地观察。	需重复讲解才能领会新知识。在复述时，常需提示。在按理解完成动作时常需指导。观察事物大体上能把握，但不细致，欠准确。	领会理解新知识很慢，而且常常不能用自己的语言进行复述，或完成相应的动作。没有观察事物的习惯，不了解必要的观察顺序和方法。

表 10-4　　　　　　　　　　记忆力

优	良	中	差
记得快，忘得慢而且记得准确，有自己的记忆方法。	记得慢，忘得慢且记忆内容比较准确。	记得快，忘得快且记忆内容常不够完整，不注意记忆方法。	记得慢，忘得快且记忆力差。

---

① 申继亮. 中学生学习兴趣的评估. 心理发展与教育，1988，4

表 10-5   语言表达能力

优	良	中	差
能清晰地、流利地、准确地、生动地表达自己的思想，完整准确生动地叙述事件。作文时，思路清晰，选词造句准确，推理论证严密。	能清晰、准确地表达自己的思想或叙述事件，但不十分流利生动。作文时，思路比较清晰，但对修辞语法的选用稍差一点，推理、论证基本上没有自相矛盾的现象。	基本上能讲明自己的思想或叙述一件事情。讲话常中断，往往需别人反问，才能再往下讲述。作文时，平铺直叙，推理论证不十分严密。	表达自己思想或叙述一件事情时，语句不完整，断断续续。所以，别人常不理解他讲述的内容。作文时，思路紊乱，常常离题万里。推理论证时，常自相矛盾。

表 10-6   思维能力

优	良	中	差
善于从问题的现象深入问题的本质，揭露现象产生的原因，预见事物发展进程和结果。善于独立分析问题，解决问题，不依赖现成的方法，能从多方面去考虑问题，发现事物的多种联系。	基本上能抓住事物的主要矛盾，分清事情的轻重缓急，模糊地意识到事物发展进程和将要产生的结果。基本上能独立分析问题、解决问题，但有时也请求别人帮助或运用现成的方法，考虑问题有时忽略一些环节，有片面性。	基本上能理解问题，但常分不清主次。有时不能区分本质与非本质特征。常运用现成的方法去解决问题，更多地需要指导和帮助。不能全面考虑问题，经常忽视主要环节。	根本不能认识事物的本质。不能区分本质与非本质特征。不能独立解决问题。不能发现事物的相互联系。

表 10-7   评价能力

优	良	中	差
能经过较深刻的分析抓住评价对象的最本质特征，不受外部现象的束缚，把评价对象的最本质的品质揭露出来。	在一定程度上能指出评价对象的内在本质，但所指出的本质与评价对象的外部现象有直接联系。	评价人或事物时常受评价对象的外部行为或特征影响，易受其他人的观点影响。	评价人或事物时，无主见，人云亦云。

402

表 10-8 应用能力

优	良	中	差
能举一反三，能触类旁通运用所学知识，迅速正确解答问题，完成作业，敏捷地进行各项实验与操作而且效果好。	在没有提示和帮助的情况下，依据老师讲的例子完成作业或解答有关问题，能较顺利地完成实验操作。	基本上能运用所学知识解决问题或完成作业，但常需提示和帮助，实验操作较慢，有点手忙脚乱。	基本上不能运用所学知识。作业中经常出现错误。不能按要求独立完成实验操作，喜欢依靠他人。

表 10-9 学习的目的性

优	良	中	差
有明确的学习目的，将来准备当某方面的专家或学者。	努力学习是为了考大学，成为被别人羡慕的人。	学习仅是为应付家长和教师的要求，学习仅是为了取得一个毕业证。	学习无目标，目的不明确。整天稀里糊涂混日子。

表 10-10 学习的计划性

优	良	中	差
学习安排得有条不紊，从没出现过手忙脚乱、不知所措的情况。每天准备干什么，心里非常清楚。	学习安排得比较有条理，对每天上什么课思想上也有所准备，但对完成各门课的要求的细节，考虑不多。例如，对先完成哪门课作业，只是临时决定。	心里清楚每天有什么课，但不去考虑如何安排各门课的学习。只是按老师的要求去完成学习任务。	每天有什么课，心里不清楚，常忘记带课本或有关学习用具。

403

表 10-11 　　　　　　　　　　　学习的意志力

优	良	中	差
上课时能注意听讲，不开小差，学习从不被无关活动中断，遇到难题时能独立思考，从不放弃难题，直到解决为止，能正确对待学习中的失败，认真分析原因，吸取教训，从不气馁。	上课或做作业时，有时会被无关活动的干扰而分心。遇到难题时，能认真思考，如果想一会儿还想不起来，就会放弃。学习中遇到挫折或失败时，基本上能克服消极情绪，但有时会气馁泄气。	上课或做作业时，常因无关事情干扰而停止学习，在没有干扰情况下，也常开小差。遇到难题时，常不思考就求教别人。学习中遇到挫折或失败时，往往会灰心泄气。	上课不能集中注意力听讲，常做小动作，遇到难题从不独立思考就去求教别人，或抄袭别人的答案。学习中遇到小的挫折或失败就会灰心泄气，萎靡不振，喜欢随大流，易被别人影响。

表 10-12 　　　　　　　　　　　学习的兴趣

优	良	中	差
不偏科，对各门功课都感兴趣。求知欲望强，学习如饥似渴。能主动、认真预习、复习。按时完成作业。积极主动思考老师提出的问题，总是高兴紧张地完成各项任务。	只有一两门课不感兴趣，学习积极性比较高，课前进行简单预习，课后能完成作业，但有时要老师提醒。	大约有一半的课都不愿学习。基本上不预习。常需老师提醒才能按时完成作业。有厌学情绪。	对大部分课都不感兴趣，也不预习。常不能按时完成作业。课堂提问从不积极举手发言。有明显的厌学情绪与焦虑感。

　　3. 组成评价小组

　　在我们的研究中，选择高一某班作为评价对象。从 53 名学生中选取 10 名学生，然后与一位任课教师组成评价小组。在 10 名学生中，既有男生，也有女生，既有班干部，也有普通同学。目的是为了能够全面地、客观地反映各方面的意见。评价成员先认真学习评价标准，之后对 53 名同学（包括评价者自己）逐个逐方面进行评价。

　　4. 我们以被试的语文、数学、英语三门课的期终成绩的平均数，作为被试学业成绩我们运用模糊综合评判的方法，对评价结果进行统计处理。之后，我们又求得智力因素、非智力因素和学业成绩三者的相互关系。结果如下（表 10-13）：

第十章 智力活动中的非智力因素

表 10-13　　　　智力因素、非智力因素与学业成绩三者的相互关系

智力因素与 非智力因素	智力因素与 学业成绩	非智力因素与 学业成绩	10 因素与 学业成绩
0.90***	0.826 5**	0.718 1**	0.813 1**

注：** $P < 0.01$ ***；$P < 0.001$。

由上述结果我们可以清楚地看到，智力因素与非智力因素的相关极为显著，达到了 0.001 的水平，学业成绩与智力因素、非智力因素及 10 种因素构成的整体的相关，均达到了非常显著的水平，即 0.01 的水平。这说明，在学生能力形成和发展过程中，非智力因素的影响是非常显著的。良好学业成绩的取得，不仅与智力品质有关，而且与非智力因素也有关。在我们的实验研究中，我们进一步考查了有关非智力因素的作用。

二、对几个非智力因素作用的剖析

（一）关于学习兴趣的研究

人的各种活动都是由一定的动机引起的，学生进行学习也总是为一定的学习动机所支配。学习动机是学生进行学习的内部推动力[1]。

1. 学习动力的表现形式

我们认为，学习动力的主要表现形式，可以分为三个方面：意志特征，如学习的努力程度；情绪特征，如学习的兴趣；认知特征，如对学习的态度。我们以 104 名小学四年级学生为被试，运用模糊统计方法对被试学习动力的各成分进行了评定，各成分与学习动力的相关如下（表 10-14）：

表 10-14　　　　　　学习动力各成分与学习动力的相关

学习动力成分	意志成分	情绪成分	认知成分
相关系数	0.001 1	0.707 1**	0.607 4**

注：** $P < 0.01$。

由上述结果我们可以得出结论，学习兴趣是学习动力中最现实、最活

---

[1]　申继亮．中学生学习兴趣的评估．心理发展与教育，1988，4

405

跃的成分。

2. 学科兴趣及其发展

学生对某学科的学习兴趣，常表现为喜欢或不喜欢该学科，所以，我们以学生对某学科的喜爱度作为他们的兴趣水平的指标，考查了258名初中生对语文、数学、英语三科的兴趣水平，以及兴趣与三科的学习成绩的相关。结果如下：

（1）学习兴趣的年龄特征（表10-15～表10-17）。

表 10-15　　　　　　　　　　初中不同年级对语文的兴趣

参数 年级 参数值	初一	初二	初三
$\overline{X}$	0.719	0.696	0.654
S	0.170	0.131	0.155
P	$P_{-=}>0.05$　$P_{==}>0.05$　$P_{-=}<0.05$		

从表10-15可以看出：①随年级升高，初中生对语文兴趣水平下降，但初一与初二、初二与初三之间的差异不显著，初一与初三之间的兴趣水平差异达到显著水平。②初一学生对语文的兴趣水平个体差异较大，初三学生对语文的兴趣次之，初二学生对语文的兴趣个体差异最小。

表 10-16　　　　　　　　　　不同年级对数学的兴趣

参数 年级 参数值	初一	初二	初三
$\overline{X}$	0.778	0.671	0.689
S	0.141	0.178	0.153
P	$P_{-=}<0.01$　$P_{==}>0.05$　$P_{-=}<0.01$		

从表10-16可以看出：①随年级升高，对数学的兴趣总趋势是下降的，但到初三有所回升，初一与初二、初一与初三之间的差异都非常显著，但初二和初三之间差异不显著。②初一和初三学生对数学的兴趣水平的个体差异小，说明兴趣水平分布集中，分化不明显，初二学生对数学的兴趣分布离散性大，说明学习兴趣水平分化明显。

406

表 10-17　　　　　　　　　不同年级对外语的兴趣

参数 数 值 参数 年级	初一	初二	初三
$\overline{X}$	0.751	0.693	0.685
S	0.155	0.176	0.165
P	$P_{一二}<0.01$　$P_{二三}>0.05$　$P_{一三}<0.05$		

　　从表 10-17 可以看出：①随年级升高，外语学习兴趣水平下降，其中初一与初二、初一与初三之间差异显著，初二与初三之间差异不显著。②学生对外语的兴趣水平，初二个体差异最大，初三次之，初一最小。

　　（2）学科兴趣分化情况（表 10-18～表 10-21）。

表 10-18　　　　　　　初一学生对语文、数学、英语的兴趣

参数 数 值 参数 学科	语　文	数　学	英语
$\overline{X}$	0.719	0.778	0.751
S	0.170	0.141	0.155
P	$P_{语数}<0.01$　$P_{数英}>0.05$　$P_{语英}>0.05$		

　　从表 10-18 可以看出：初一学生对语文、数学、英语的兴趣水平是不一样的，最喜欢数学，其次是英语，最后是语文，而且语文、数学两科兴趣水平差异显著，数学高于语文，英语与数学、语文两科相比，兴趣水平相当，无显著差异。

表 10-19　　　　　　　初二学生对语文、数学、英语的兴趣

参数 数 值 参数 学科	语　文	数　学	英语
$\overline{X}$	0.696	0.671	0.693
S	0.131	0.178	0.176
P	$P_{语数}>0.05$　$P_{数英}>0.05$　$P_{语英}<0.05$		

从表 10-19 可以看出：初二学生对语文、数学、英语的兴趣水平是有差异的，但三者之间的差异不显著。

表 10-20　　　　　　初三学生对语文、数学、英语的兴趣

参数值\学科 参数	语　文	数　学	英　语
$\overline{X}$	0.654	0.689	0.685
S	0.155	0.135	0.165
P	$P_{语数}>0.05$　$P_{语英}>0.05$　$P_{数英}>0.05$		

从表 10-20 可以看出：初三学生对语文、数学、英语三科的兴趣水平是有差异的，但相互之间差异都不显著。

表 10-21　　　　　中学生对语文、数学、英语兴趣水平的差异

参数值\学科 参数	语　文	数　学	英　语
$\overline{X}$	0.690	0.712	0.709
S	0.150	0.160	0.168
P	$P_{语数}>0.05$　$P_{数英}>0.05$　$P_{语英}>0.05$		

从表 10-21 可以看出：中学生对语文、数学、英语的兴趣水平虽有差异，但三者之间的差异都不显著。

（3）学习兴趣的性别差异（表 10-22～表 10-24）。

表 10-22　　　　　　男中学生对语文、数学、英语的兴趣

参数值\学科 参数	语　文	数　学	英　语
$\overline{X}$	0.711	0.743	0.707
S	0.145	0.158	0.181
P	$P_{语数}>0.05$　$P_{数英}>0.05$　$P_{语英}>0.05$		

从表 10-22 可以看出，男中学生最喜欢数学，其次是语文，最后是英语，但三个学科之间的差异都不显著。

表 10-23　　　　　　　女中学生对语文、数学、英语的兴趣

参数＼学科数值参数	语　文	数　学	英　语
$\overline{X}$	0.673	0.689	0.712
S	0.16	0.158	0.157
P	$P_{语数}>0.05$	$P_{数英}>0.05$	$P_{语英}<0.05$

从表 10-23 可以看出，女中学生最喜欢英语，其次是数学，最后是语文，语文与数学、数学与英语之间的兴趣水平差异都不显著，但语文与英语之间差异显著，且较喜欢英语。

表 10-24　　　　　　男女中学生对语文、数学、英语的兴趣

参数＼学科数值参数	语　文	数　学	英　语
男	0.711	0.743	0.707
女	0.673	0.689	0.712
P	$P<0.05$	$P>0.01$	$P>0.05$

从表 10-24 可以看出，男女生在语文、数学上兴趣水平均有显著差异，而且男生高于女生，男女生对英语的兴趣水平也有差异，女生略高于男生，但差异不显著。

（4）学习兴趣与学习成绩间的关系（表 10-25）。

表 10-25　　　　　　　　学习兴趣与学习成绩间的关系

参数＼学科数值参数	语　文	数　学	英　语
R	0.180	0.486	0.566
P	$P<0.01$	$P<0.01$	$P<0.001$

从表 10-25 可以看出：三科的学习成绩均与学习兴趣水平有显著相关。高水平的学习兴趣，产生较大的学习动力，使学生积极朝向学习活动，为取得优异成绩创造条件。而优异的学习成绩又可提高学生的学习兴趣，在学习活动中产生积极愉快的情绪体验。学习兴趣与学习成绩是相互影响的。在教学过程中，教育者要注意培养学生的学习兴趣，使学生成绩与学习兴趣互为促进，达成良性循环。

（二）气质与思维品质的相关研究

如前所述，气质是重要的个性心理特征之一，它是指心理活动的强度、速度和灵活性方面的典型的、稳定的心理特征。气质作为一种非智力因素，对能力发展有着不可忽视的影响。

1. 不同气质特点对智力作用是有差异的

在我们的实验中，我们提出，在抓思维品质培养的同时，要顾及学生的气质类型。为了在理论上进一步探讨气质与能力的关系，我们考查了气质与五种思维品质的相互关系。我们从北京地区实验学校的小学四年级、六年级、初中二年级、高一四个年级选取被试 382 名，其中男生 192 名，女生 190 名。施测材料包括：

（1）思维品质问卷，包括 5 个分问卷：①深刻性问卷，测查思维的深刻性。它由一段短文组成，要求被试阅读后概括中心思想并说明短文最后一段的深刻含义，满分为 10 分；②独创性问卷，测查思维的独创性。由两段短文组成，一段要求被试阅读后尽可能多地给短文修改结尾，然后根据命题、结尾是否有新意记分，满分为 20 分；③灵活性问卷，测查思维的灵活性。由两段短文组成，根据回答问题的要求，一篇需要采用泛读的方法，一篇需要采用精读的方法，记下阅读两篇文章的时间，用精读的时间减去泛读的时间（单位为秒）；④批判性问卷，测查思维的批判性。由一段短文组成，要求被试阅读后评价文章的优缺点，满分为 10 分；⑤敏捷性问卷，测查思维的敏捷性。由五段短文组成，要求被试回答问题（问题是选择题的形式），然后用得分除以时间（单位为分钟）。

（2）气质量表：内田—克列别林气质量表。按照常模，最后测得结果是：胆汁质 50 名，多血质 209 名，黏液质 64 名，抑郁质 59 名。各种气质类型的被试在各种思维品质上的差异，见下面五个表（表 10-26～表 10-30）。

表 10-26　　　　　　不同气质类型在思维深刻性上的差异比较

	平均数	标准差	F 值	
胆汁质	4.05	2.46		
多血质	4.77	2.76	1.68	$P>0.05$
黏液质	4.38	2.49		
抑郁质	3.94	2.41		

表 10-27　　　　　　不同气质类型在思维独创性上的差异比较

	平均数	标准差	F 值	
胆汁质	12.67	6.91		
多血质	16.16	7.01	3.05	$P<0.05$
黏液质	14.61	7.01		
抑郁质	13.93	6.79		

表 10-28　　　　　　不同气质类型在思维灵活性上的差异比较

	平均数	标准差	F 值	
胆汁质	32.36	35.79		
多血质	35.62	55.22	3.83	$P<0.05$
黏液质	39.92	48.42		
抑郁质	63.70	76.51		

表 10-29　　　　　　不同气质类型在思维批判性上的差异比较

	平均数	标准差	F 值	
胆汁质	3.18	2.00		
多血质	3.23	1.66	2.82	$P<0.05$
黏液质	3.30	1.70		
抑郁质	2.54	1.47		

411

表 10-30		不同气质类型在思维敏捷性上的差异比较	
	平均数	标准差	F 值
胆汁质	2.45	1.57	
多血质	2.45	1.13	15.86 $P<0.001$
黏液质	2.11	0.95	
抑郁质	1.37	0.60	

由以上五个表可见，不同气质类型在五种思维品质上是有差异的，其中在四种思维品质上的差异达到显著和极显著的水平。这表明气质与思维品质二者有着密切的联系。

2. 气质影响智力活动的方式

气质是一个人高级神经活动的特点，它只影响到个体心理活动的方式，并不决定心理活动尤其是智力活动水平的高低。但是气质作为一种非智力因素，它直接或间接地能够影响到智力的形成与发展。一方面，人的智力活动的生理基础是大脑这个高级神经系统，高级神经系统活动的特点势必影响到智力活动的进行，某种高级神经活动特点使某种活动易于进行，如多血质的人，高级神经活动过程平衡而灵活，这就为发展思维的灵活性提供了有利条件；另一方面，气质影响性格的形成，而性格特征又具有动力性，因此，通过这种间接的方式，气质也会影响到能力的发展。

（三）学业责任心与思维品质的关系

学业责任心是指学生在学习活动中，表现出来的一种对学习过程、学习结果负责任的性格特征。它是学生对学业责任的理解与认识，它不仅是道德责任感的一个特定方面，而且也是一种非常重要的非智力因素。

1. 学业责任心与智力之间的关系是密切的

我们通过对中小学生学业责任心的主要成分——责任观念发展的定性分析，把学生学业责任观念发展水平分为如下四个级别：①水平 1，盲目顺从水平；②水平 2，内化顺从水平；③水平 3，半主动水平；④水平 4，积极主动水平。其中，水平 1 和水平 2 又可合称为顺从责任观念，水平 3 和水平 4 又可合称为主动责任观念。水平 1 的学生对学业责任无条件地接受，对为什么履行学业责任说不出理由。水平 2 的学生对为什么要履行学习责任能讲出一些理由，他们进行解释的参照关系是道德品质，如不履行学业责任就是不诚实。水平 3 的学生能认识到履行学业责任不仅包括当前课内的学习，还应包括其他的学习活动，但对完成当前的学习活动与未来前途之间的关系，认识尚不够深刻。水平 4 的学生不仅能对学业责任有全面的认识和理解，而且能认识到当前的学习活动与实现理想之间的密切关系，理想是学习的推动力。我们考查了思维的独特性和敏捷性与学业责任观念之间的关系，结果如下（表 10-31）：

表 10-31　思维的独创性、敏捷性与学业责任观念的关系（人次%）

		水平 1	水平 2	水平 3	水平 4
独创性	得分大于中数	15.0	39.5	20.4	25.9
	得分小于中数	27.8	31.7	17.8	22.8
		$x^2=8.59$		$P<0.05$	
敏捷性	得分大于中数	19.3	25.5	24.8	30.4
	得分小于中数	25.3	45.3	12.3	17.3
		$x^2=22.76$		$P<0.001$	

从上表我们可以看出，思维的独创性和思维的敏捷性与学业责任观念水平有着极为密切的关系，独创性与学业责任观念的相关达到了显著的水平，敏捷性与学业责任观念的相关达到了极为显著的水平。

2. 智力与学业责任心的具体关系

我们认为，思维能力与学业责任观念之间的关系是相互影响的。一方面，对学业责任的理解与认识取决于思维能力的高低，思维发展水平高，认识能力强，学生对学业责任的理解就比较全面透彻，学业责任观念水平就比较高；另一方面，学业责任观念又影响到能力发展。学业责任观念水平高，学业责任感就比较强，对学业活动就比较积极主动、负责，为学生接受知识形成了有利的条件，而知识又是能力形成和发展的前提条件。因此，学业责任也影响到能力的发展。

鉴于上边的研究，我们可以看到，非智力因素影响智力与能力的发展，这种影响作用正是前面概括的动力作用、定型作用和补偿作用。

413

第四节　非智力因素的培养

如何培养非智力因素？我们在教学实验中抓住四个方面，即发展兴趣、顾及气质、培养性格、养成习惯。

一、发展中小学生的学习兴趣

兴趣是一种特殊的意识倾向，是动机产生的重要的主观原因。兴趣作为一种自觉的动机，是对所从事活动具有创造性态度的重要条件。兴趣具有追求探索的倾向，良好的学习兴趣是学习活动的自觉动力。

（一）处理好理想、动机、兴趣三者之间的关系

如前所述，个性意识倾向性，在一定意义上说，它是"需要"的表现形态。理想是一个人的奋斗目标；动机是引起行为的内驱力量；兴趣是一种带有情绪色彩的认识倾向。对中小学生非智力因素来说，特别是在培养中学生非智力因素的过程中，将理想、学习动机和兴趣三者结合起来进行培养是非常重要的。

培养中小学生的非智力因素，首先要抓方向，抓理想。理想与品德是一致的，是人生观的核心，是非智力因素具有导向功能的因素，是学习动机中具有长远目标且有长期效应的动机成分。因此，不论是学校教育、家庭教育或社会教育，都要重视理想的培养。

要培养非智力因素，其中重要的一条是激发中小学生的学习动机。动机决定着学生学习积极性的高低。但学习动机很复杂。例如：按其与社会需要的联系，可以分为直接动机、长远动机等；按照与智力、思维的联系，可以分为具体动机、抽象动机等；按照价值，可以分为正确动机、错误动机等；按照内容，可以分为为个人、为集体而学习等。不培养不激发学生的学习动机，学习无动力，非智力因素的功能和作用就要落空。

要激发学习动机，培养良好的兴趣是很重要的，兴趣有直接和间接之分，这和学习动机的社会需要有关，与直接动机、长远动机联系在一起；兴趣有倾向性、广泛性、集中性和深刻性等品质，这和理想特征有关，与学习动机的抽象性、价值观等又有密切的关系。同时兴趣又是一种特殊的学习动机，它在学习中是最活跃的因素。从这个意义上说，国外心理学提出的学习动机"情感性激起说"（the affective arousal theory）是很有道理的。因它强调学习动机需要带有强烈的情感作用，并趋向于预期的目标；动机之所以有作用，

乃是由于寻求愉快的活动。所以，要激发中小学生去学习，则必须要有兴趣作为他们学习的内在的"激素"。

因此，我们的实验从完整的非智力因素结构出发，从个性意识倾向性中理想、动机和兴趣三者的关系出发，去调动中小学生的自觉能动性。实验结果证明：这是培养他们兴趣的一条可行的途径。

(二) 培养师生的感情

师生的感情不仅是师生交往的基础，而且也是培养学生对教与学的内容发生兴趣的关键。一旦师生关系破裂，很难想象，这些学生对关系恶化的教师所教的学科会产生浓厚的兴趣。

师生感情的主导一方是教师。热爱教育事业是以热爱学生为前提的，爱学生是教育的基础，没有爱就谈不上教育。

教师热爱学生的最终目的，是引导学生成为德才兼备的新一代。当教师的情感灌注在教学内容中激起了学生的学习情感时，学生就能更好地接受教师传授的知识。这就是培养学生兴趣的秘诀。

(三) 提高教学水平引发学生兴趣

中小学生对不同学科有一个兴趣分化的问题。为什么会有这种分化？我们为此曾在全国性范围内对中学生作了一次抽样调查。

学生最喜欢某一学科的原因有以下几种：

老师讲得好（34.4%）；

从小喜欢，基础较好（22.5%）；

能动脑子（19.2%）；

学了有用（13.8%）；

其他（10.1%）。

学生最不喜欢某一学科的原因有以下几种：

基础不好（40%）；

老师讲得不好（23.3%）；

学了没有用（13.4%）；

不喜文（理）科而喜欢理（文）科（11.7%）；

其他（12.6%）。

这里，教师教学的水平，是学生学科兴趣形成的最重要条件。例如，目前中学生选择政治课作为"最喜欢"学科的并不多（约占被调查总人数的1.7%），但这些为数不多的人中（只有200人），因"老师讲得好"而喜欢者

占78％。又如，最不喜欢的学科——外语，其原因是"基础不好"与"老师讲得不好"（这两项占94％）。

怎样提高实验班教师的教学水平，我们课题组提出三条：一是练好和备好讲课的基本功；二是处理好教与学中的各种关系；三是不断创设问题的情境，搞好启发式教学。对这些要求，我们将在第十二章再展开分析。

（四）引导学生将广泛兴趣和中心兴趣相结合

学生在学习中有多种兴趣，如对不同学科的兴趣，对课外书籍阅读的兴趣，对课外活动的兴趣，对时事政治（国内外的大事）的兴趣，等等。但要引导学生在广泛兴趣的基础上有中心兴趣。我们课题组强调，学生既要有广泛的兴趣，又要有深刻的中心兴趣。这样的兴趣不仅能持久，而且能更好地发挥其功能和作用。

二、顾及中小学生各种不同的气质

如前所说，气质是人高级神经系统或大脑类型在个性心理特征上的表现。气质在心理能力活动中的作用并无水平高低之别，每种气质在智力活动中获得其应有的地位。

（一）积极识别学生气质类型

我们课题组对学生气质类型的识别主要靠两种方法：一是使用气质量表，例如，北京五中特级教师梁捷采用国内有些单位作了初步标准化的气质量表，对其所教的实验班级的学生进行气质类型的初步测定；二是依靠教师对学生的观察、调查，例如有位教师对一火爆脾气学生进行家访时获悉，该生从小脾气急躁，在小学三年级时，因生炉子火柴三次被风吹灭，一气之下把炉子砸了，按气质特点，那位老师确认该生为胆汁质，从此更注意在教育时对他采用了"动之以情、晓之以理、循循善诱、耐心疏导"的教育方法方式，取得良好的教育效果。

（二）顾及不同的气质因材施教

我们课题组教师，在教育教学特别是培养学生的非智力因素过程中，总是把顾及学生的气质为前提因材施教。例如，胆汁质的学生性子急，在智力活动中要发扬其迅捷、强度大等长处，防止并克服其冒失、不细心而造成错误、缺乏计划等毛病；多血质的学生灵活，在智力活动中要发扬其发散性强、善于求异、灵活聪慧等长处，防止并克服其动摇、受暗示性等毛病；黏液质的学生迟缓沉着，在智力活动中要发扬其正确、有条理、镇定等长处，防止并克服其呆板、缺乏灵活性等毛病；抑郁质的学生多虑而深刻，在智力活动中要发扬其好思索、深钻研、具有深刻性等长处，防止并克服其疑心重、拿不定主意、退缩性强等毛病。因为同样的非智力因素的气质，既可以促成为积极的智能品质，也可以助长不利的心理能力因素的形成，所以顾及气质，扬长避短是因材施教培养非智力因素的重要措施。

三、培养中小学生积极向上的性格特征

性格是一个十分复杂的心理结构。这个结构的分类也很不统一。如前所述，常见有两种分类方法，一种是按照性格表现的倾向类型划分，即内倾型和外倾型；另一种是按照性格的动力结构划分，即态度特征、气质特征、意志特征、情感特征和理智特征，因此在培养中小学生良好的性格这个非智力因素时，也应从两种不同分类分别地提出要求。

（一）根据不同倾向，有针对性安排好学生学习

性格的"内倾与外倾"是由分析心理学创始人荣格（C. G. Jung, 1875—1961）提出来的。荣格认为生命力（libido）流动的方向决定了"人格"类型，一般可以分为"内倾"（或"内向"）与"外倾"（或"外向"）。生命力内流占优势的人属于内倾型，内倾型者重视主观世界，常常沉浸在自我欣赏和幻想中；生命力外流占优势的人属于外倾型，外倾型者重视外在世界，好活动，爱社交；大多人属于中间型，兼有内倾和外倾的特点。内倾与外倾型者在学习中表现是不同的。内倾型者的最主要优点是遇事沉着、善于思考，这是提高学习效率的基本条件；但内倾型的人思想较狭隘，容易产生自卑感，爱抠小事，忽视大局，这也会影响其学习。外倾型者的最大长处是性格爽朗、倔强，遇事不怯场，反应较快，于是学习也较快；但外倾型的人往往从兴趣、情感出发，缺乏计划性和坚持性，影响独立思考的学习习惯的形成。当然，这些分析主要是指较典型的内外倾者，教师可根据学生的性格表现，有意识引导不同类型性格的学生，发扬各人的长处，克服各人的不足，达到发扬积极向上非智力性格因素的目的。

（二）根据动力结构的特点，培养学生良好的性格特征

人的性格动力与结构，包括并表现出多种多样的性格特征。我们前面已

提到过气质，性格中有生理机制的气质特征；对社会、他人和自己的态度形成了性格的态度特征；性格结构中的意志是形成性格的枢纽；性格的情感状态可分为情感的强度、稳定性、持久性和主导情感四个方面，它几乎影响着人的全部活动；人的智能差异，表现在性格上，往往形成其性格的理智特征。新课程提倡培养学生的情感、态度、价值观，是培养积极向上的性格特征的重要方面。对智能有明显作用的性格表现是勤奋，勤奋是上述态度特征、情感特征和意志特征的综合特征。"天才等于勤奋"，这是十分有哲理的一个"公式"。勤奋往往和自信、踏实、坚韧、刻苦联系在一起，构成主动学习、坚持学习、顽强学习的学习品质。勤奋能获取知识，发展智能；勤能补拙，克服心理能力上的不足。我们教改实验中相当重视勤奋这个非智力因素，并要求实验班（尤其是基础薄弱校）教师抓住"勤奋"学习的良好性格特征，加以有目的地培养；通过大量强化训练使学生形成"勤奋"特征的习惯。

四、养成中小学生良好的学习习惯

人的行为有两种表现：一种行为是不稳定的，有条件性的；另一种行为是无条件的、自动的、带有情绪色彩的。前一种是不经常的行为，后一种则形成了行为习惯。良好的行为习惯，能使行为从内心出发，不走弯路而达到高境界；不良的行为习惯，会给人的心理的正常发展带来困难。

然而，习惯不只表现在行为上，而且也表现在心理能力中。从系统科学的观点来看，习惯是一种能动的自组织过程。一定的环境使个体心理能力达到一个临界状态，心理能力的相变（质变）特点，习惯这种序参量是决定因素之一。所以，智力与能力培养的智育过程，离不开良好学习习惯和智能，特别是技能习惯的形成。

（一）按照年龄特征制定中小学生学习习惯的要求

学习习惯训练，中小学不同年级、年龄，不论是习惯的内容还是形式，都有很大的区别。例如，小学阶段，特别是低、中年级强调身体坐正，课本放平，拿笔一寸，看书一尺（眼物相距），写字一拳（胸桌相距）；到了中学，道理没有错，但执行起来相当困难，特别是在高中阶段，在其养成良好学习习惯时，这些要求简直成为多余之规。因此，我们的实验班教师，往往根据自己所教年级学生的年龄特征，制定相应的学习习惯要求。

（二）训练必要的学习常规

常规训练，中小学均要有，不过中小学的常规既要有区别，又要有统一要求。

小学生的学习常规，特别是低年级学生的常规，主要是培养他们适应学校学习的习惯，如课前、两分钟预备、上课、下课，都要有相应的常规要求。中学生的学习常规，主要是养成提高学习质量的习惯。

但不管是小学生还是中学生，在训练他们的学习习惯上，有两个方面的要求是一致的：一是自觉纪律的要求，纪律是正常学习的保证；二是学会学习，掌握预习、上课、复习、练习等学习环节。我们要求实验班学生对此作出努力。

(三) 严慈相济，引导中小学生有目的地进行良好学习行为和心智技能的训练

中小学生，心理能力发展很快，可塑性很大，积极性较高，易受感染，好听表扬，经不起打击。因此，在引导他们有目的地进行良好习惯训练时，必须如前边提到的，要以真挚而深厚的"爱"为情感的基础，以正面教育为主，启发自觉，多给各种学习习惯以正强化；然而，严格要求也是必要的，没有严格要求，就激不起学生上进的需要，就无约束力，也激发不起他们养成良好学习习惯的自觉性。

训练要讲究方法。我们实验班的教师严格按照心理学培养习惯的要求，做到：一是提出要求，执行要求；二是重复练习，以熟练、自然、自觉为目标；三是正面引导，积极提供效仿的榜样；四是督促检查，帮助学生克服不良的学习习惯。

(四) 形成良好的学习习惯、掌握学习方法和培养思维品质有着一致性

形成良好的学习习惯，是掌握学习方法和培养思维品质的前提；学习方法和思维品质，在一定意义上也是一种"习惯"，但它们更多地体现心智成分。如果将优良的学习方法和多种思维品质都习惯化了，那么学生也就很好地掌握了学习方法，发展了思维品质。

此外，我们培养非智力因素，还有两条措施：一条是培养良好的性格特征；另一条是顾及学生的气质类型。

对智力、能力有明显作用的性格特征是勤奋。"天才等于勤奋"，这是十分有道理的一个"等式"。勤奋往往和踏实、自信、坚韧、刻苦联系在一起，构成主动学习、坚持学习、顽强学习的学习品质。勤能获取知识，发展智能，勤能补拙，克服心理能力上种种不足之处。我们相当重视勤奋，并要求实验班教师抓住"勤奋"学生的良好的性格特征，加以有目的地培养；通过大量

的强化训练，使学生形成"勤奋"的性格特征。学生一旦形成了"勤奋"的性格特征，主动而刻苦学习便蔚然成风。我们的实验班常见的，是这种主动而刻苦的学习习惯和符合思维品质发展的智能习惯。

气质本身并无好坏之分，它在人的社会生活和社会活动中表现出来，并获得一定的社会意义，成为人的性格特征和智能特征。中小学生的气质类型，在智力活动中的作用也没有水平高低之别，每种气质类型在智力活动中获得其应有的地位。例如：①胆汁质的学生性急，在智力活动中，他们可以表现为迅速，有广度，强度大；也可以表现为冒失、不正确、缺乏计划性。②多血质的学生灵活，在智力活动中，他们可以表现为发散性强，善于求异，思考问题有弹性；也可以表现为动摇、易受暗示性。③黏液质的学生迟缓，在智力活动中可以表现为正确、有条理、镇定；也可以表现为呆板，思考不敏捷。④抑郁质的学生多虑，在智力活动中，可以表现为好思索，有深度，擅长分析；也可以表现为疑虑重，自我中心，退缩性强。由此可见，同样的气质类型，可以成为积极的思维特征，也可以助长不良智能因素的形成。在我们的教改实验中，不少实验班教师对顾及学生气质类型问题开展了研究。他们在教学中，根据不同学生的气质特点，因材施教，有目的地使他们的智力与能力朝着相适应的方向发展，使他们的心理能力得到训练，同时也使教学质量获得了提高。

第十一章 心理能力发展的个性差异

　　心理能力，或智力与能力，就其发生和发展来看，既服从于一定的共同规律，又表现出人与人之间的个性差异。

　　个性是作为个体的人的特性的总合。按照社会心理学的理解，个性是人存在的一定方式，即他的某种品质、状态或表现。个性是人的特性，是人身上最主要的东西。它是人区别于一切其他生物的东西，是社会关系的体现，是社会交往的有机附属系统。

　　从总体分析，如前所述，思维、智力、能力发生与发展中所表现出来的个性差异，是思维品质，所以我们在本书中，设专门一章，即第七章，论述了培养思维品质是发展智力、能力的突破口，是培养心理能力的主要途径。

　　从发展的角度分析，心理能力的个性差异又有哪些表现？我们通过研究认为突出表现在以下四个方面。

　　从其发展的水平的差异来看，可以表现为超常、正常和低常的区别；

　　从其发展的方式的差异来看，有认知方式的区别，特别是表现为认知方式的场独立性与场依存性；

　　从其发展的类型来看，可以表现为各种心理能力的组合和使用的区别；

　　从其发展的范围来看，可以表现为学习领域与非学习领域；表演领域与非表演领域；学术领域与非学术领域的区别。

　　由于上述的心理能力的种种个性差异，必须进行因材施教，我们在教改实验研究中看到，教学过程如果离开了因材施教，就收不到应有的效果。

第一节　心理能力发展水平的差异

同年龄或同年级的中小学生，他们在智力与能力发展的水平上是不一样的。

智力发展或某种能力，显著超过同龄或同年级学生（儿童青少年）平均水平者，称为超常学生（儿童青少年）；

智力与能力发展，明显低于同龄或同年级学生（儿童青少年）平均水平，并有适应行为障碍者，称为低常学生（儿童青少年）；

智力与能力发展，没有明显偏离正常和没有障碍的学生（儿童青少年），称为正常态学生（儿童青少年）。

这里所说的"发展水平"，也表现为智力与能力发展的年龄差异。也就是说，中小学生心理能力表现有年龄早晚的不同，有的人心理能力显露得较早，即所谓"早慧"或"人才早成"；有的人心理能力表现较晚，甚至有所谓"大器晚成"的现象。心理能力显露较早者，有的属于智力超常儿童（学生），有的则只是属于智力与能力早熟而非超常儿童（学生），因为他们虽然能力显露得较早，但随着年龄的增长，就不再显示出超常的水平。而智力与能力表现较晚的，也未必不是"天才"，因为能力晚颖、大器晚成的事例是很多的。所以，我们要全面地对待超常、正常和低常等心理能力发展水平的个性差异。正因为如此，我们在教改实验中注重因材施教，尽管我们研究中未涉及"超常"教育，但我们探讨了如何对成绩落后学生的补救办法。在整个研究中，我们关注所有实验点学生成长，强调重视学生不同智力与能力的水平特点和个性差异，发展每一个学生的优势潜能。

一、心理能力发展水平与智商

智力与能力发展水平的个性差异，在智力测验里，用智力商数（intelligence quotient），简称智商（IQ）来表示。智力商数或智商是测量个体智力发展水平的一种指标。

（一）从"心理商数"到"智力商数"

最早提出智力概念的是德国心理学家施太伦（L. W. Stern）。早在 19 世纪末，施太伦就以他特有的见解研究了智力测验，而他在 1912 年出版的《智力测验的心理学方法》一书中，则全面地阐述了智商的概念。为了在比纳—西蒙测验的基础上，正确地估计儿童的智力，而不受绝对操作成绩及实际年龄的影响，施太伦提出，用儿童的实际年龄（chronological age，CA）去除比纳—西蒙测验获得的心理年龄（mental age，MA），为避免小数，再乘以100，所获得的就是心理商数（mental quotient）：

$$心理商数 = \frac{心理年龄（MA）}{实际年龄（CA）} \times 100$$

1916年，美国斯坦福大学教授推孟在他对比纳量表所作的修订中，采用了施太伦称为心理商数的这个概念，并改为智力商数（IQ）。自此以后，根据智商评定智力高低的观念即普遍流行了。

尽管智商（IQ）至今已成为较普遍的概念，但是，目前在智力测验上所指的智商，其计算方法一般不再采用施太伦提出的比率智商的计算法，而是以"离差智商"（deviation IQ）方法来代替。离差智商由韦克斯勒首创。其基本原理是以每一年龄段内全体人的智力分布作为正态分布，以个体在这一年龄组分布中距离均数的位置来判定个体的标准分数。将标准分数化为以100为均数，15为标准差的智力分布，即为离差智商。离差智商的计算，需要经过两个转换步骤：①将测验的原始分数转换成等值量表，然后分别得出三种量表（言语量表、操作量表和全量表）的总分；②再将等值量表分转成均数为100，标准差为15的离差智商分数。离差智商分数的特点是，一个人的智力水平的高低，不是与自己相比，而是与自己的同龄人的总体平均智力相比较。其优越性在于免除了智力年龄的局限，不再受智力发展变异性问题的困扰，不管智力发展到什么年龄为止，同龄人总可和同龄人总体平均智力相比较。而且，如果个人的离差智商值有了变化，便可判定该人的智力有了变化。

（二）智商的分布

智商可用以比较中小学生或儿童青少年智力发展水平的高低。若低于100，则表明其智力发展水平较低；若大于100，则表示其智力发展水平较高（表11-1）。

表 11-1　　　　　　　　　　智力商数的通常分布

智　商	类　　别	占总数的百分比（％）
130 以上	智力超常	1
110～129	智力偏高	19
90～109	智力中常	60
70～89	智力偏低	19
70 以下	智力低常	1

一般认为，智力商数有一定的稳定性，但在良好的环境、教育和主观努力下，可有一定程度的变化。可见，智力低常、正常和超常，是稳定性和一定程度的可变性的统一。

二、超常学生的研究

（一）国外对超常学生的研究

在西方，天才（genius）一词首先是由古希腊柏拉图提出来的，后来常与创造性（creativity）相混淆。

对超常或天才进行科学研究的第一人，就是英国的 F. 高尔顿。如前所说，20 世纪后半期，他调查了 1768—1868 年英国 977 个英国伟人和学者的家谱，从中发现 332 人都很有名声，而在一般人中平均 4 000 人才可能产生这么有名声的一个人。于是他得出了伟人和天才出自名门世家的"智力遗传"的结论，在他看来，天才就是那些有智慧、有能力使自己达到一定名声的人。可见，20 世纪前，天才遗传论的观点占优势。后来，人们为了避免这种观点，用"天赋"和"才智"来代替"天才"。

1916 年，推孟用智力量表鉴别超常或天才学生，即如上所述的，天才或超常者的智商必须达到或超过 130 分。后来，他又以智商 170 为界限，分出"才智"（gift）和"天才"，前者智商为 130～170，后者为 170 以上。在此之后相当长的时间内，超常学生的研究，主要用智商的高低来确定。

后来，有人对超常或天才提过许多定义，但 20 世纪 70 年代初美国天才教育专家马兰（S. Marland）提出，天才或超常是由于杰出才能而有能力取得高成就的儿童青少年的定义，得到了广泛承认。根据上述定义，把学生的杰出能力表现，包括在下述六个方面的成就和潜能中：①一般性的智慧能力（高智力）；②特殊的学术才能（在一个甘愿作出努力的领域，如数学、科学、语言艺术或外语，有非凡的才能）；③创造性的或富有成就的思维（创造新颖、复杂、丰富思想的非凡才能）；④领导才能（鼓励他人达到共同目的的非凡才能）；⑤视觉和表演艺术（绘画、雕塑、戏剧、舞蹈、音乐或其他艺术追求中的非凡天资）；⑥精神运动能力（竞技或要求大运动的、精细运动协调的其他技艺方面有非凡的才能）。根据上述定义，将有 3%～5% 的中小学生是天才学生。据 1983 年的调查，美国有 28 个州运用马兰的定义鉴别超常或天才学生。

后来，伦朱利（T. S. Rengulli, 1978）提出了给天才下定义或超常的一种三维模型，天才或超常是图 11-1 相互作用、高度发展的结果：①中等以上的智力（包括一般智力和特殊能力）；②非凡的任务承诺（包括强烈的动机、责任心等）；③杰出的创造力（图 11-1）。

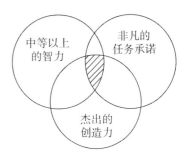

图 11-1　伦朱利的天才三环概念

这个定义有两个进步：第一，它集中在有助于鉴别最有可能发挥创造性的、富有成果的人的特征的组合；第二，排除鉴别天才或超常类别的需要，同时把其潜能的应用范围扩大到被社会所珍视的任何领域。

在世界上，越来越多的国家都逐渐对超常或天才的特殊需要有所认识，并通过各具特色的不同方法，对不同领域里的各类天才或超常者采取适宜的教育措施。基于这种认识，于 1975 年在伦敦召开了第一届天才儿童（含青少年）与天才教育大会。这个协会的宗旨是：①加强对天才儿童及他们对人类利益的宝贵潜在贡献的国际关注；②探索其才能的性质和儿童青少年的综合问题；③创造一种承认天才儿童的风气，不把他们当作是一种特殊贵族，而看作是一种全人类的宝贵资源；④为了理论和经验上的交流，聚集来自世界各地对天才和有才者感兴趣的人；⑤说服世界各国政府，把天才儿童作为正规教育体制中，需特别关注的一类教育对象加以认识；⑥建立一种方法，持续广泛地在天才儿童的理论、经验、教学和师资培训技术方面进行交流。这个世界性天才或超常儿童学术交流会议，每两年召开一次。1987 年 8 月 3 日至 7 日，在美国盐湖城召开的第七届天才儿童与天才教育大会上，我和董奇作了关于"中国天才教育的理论与实践"的专题报告，向与会者介绍了中国在天才教育方面的一些情况。

（二）中国对超常学生的研究

从 1949 年到 1978 年，我国没有系统地开展超常学生（儿童青少年）心理发展的研究。到 20 世纪 80 年代末，应邀主编一套"超常儿童教育丛书。"

真正对超常学生进行科学研究的，是由中国科学院心理研究所查子秀开始的。由查子秀负责的超常儿童心理发展的全国性协作研究，从 1978 年开始，至今已取得重要成果。

（1）调查和追踪研究了几百名超常儿童和少年，并对几千名常态儿童和少年，在类比推理、创造性思维、观察力、记忆以及某些个性特征（如好奇心、坚持性等）方面进行了动态的比较研究，概括出超常儿童与常态儿童在

这些方面发展的异同。

（2）编制了鉴定超常儿童认知能力的测验。为鉴别超常儿童提供了我国自己的参照指标和手段，并编制了鉴别超常儿童个性特征问卷，为考察儿童个性品质，准备了条件。

（3）在全国范围内建立了十几个中小学及幼儿超常儿童实验班，对超常儿童和少年进行了因材施教，并为教育干预和深入研究超常儿童心理发展创造了条件。

（4）出版了《智蕾初绽》超常儿童研究专集，还出版了《怎样培养超常儿童》一书。

这项研究成果具有很高的实际应用价值，尤其是他们编制的《鉴别超常儿童认知能力测验》，已在全国范围内应用推广。这套测验的特点是：①单项测验，便于对超常儿童不同认知方面发展情况进行了解；②重点突出思维，使鉴别超常儿童抓住了主要方面；③对结合的结果和反应的过程特点进行考查，兼顾了质和量的统一，可以更全面深入地揭示发展的实质。这套测验，除作为鉴别选拔超常儿童指标外，许多单位也应用它作为教育咨询的工具。

在这套测验研究的基础上，他们又深入学校，尤其和北京八中校领导、教师结合，在该校进行了"超常班（小学四年级结束后入学，学习四年参加高考）"等项目实验研究，取得了可喜的成就。

除了查子秀和北京八中合作研究外，上海、北京、苏州等城市的理论工作者和教育实践工作者，相互配合，开展了大量超常中小学生培养的实验，都和北京八中一样，取得了好成绩。此外，中国科技大学自1978年设置了"少年班"，实际上是对超常少年大学生的实验研究。30余年来，他们为国家培养一大批少年大学生，在教育史上写下了光辉的一页。1985年，中国科技大学又分别与苏州中学、北京景山学校等合作，创办了少年班的预备班次，数年来他们的成果显著，成为我国教育改革和超常学生教育的一个重要组成部分[1]。1986年，在中国科技大学少年班的基础上，我国又有近10所大学招收了少年大学生。2008年，笔者出席中国科技大学少年班成立30周年学术研讨会，并作了大会报告，我在报告中充分肯定"少年班"的贡献，强调少年班是培养创新（或创造性）人才的重要基地。

（三）超常学生心理特点

超常学生研究，不仅具有应用价值，而且也有重要的理论意义。通过这

---

[1] 林崇德主编. 超常儿童教育丛书. 哈尔滨：黑龙江教育出版社，1990

项研究，概括了超常学生表现在多种类型、心理发展上的共同特点，提出了比较符合实际、比较全面的关于超常学生（儿童青少年）心理结构的观点，总结了超常学生（儿童青少年）发展的主客观条件，为识别、研究和教育他们提供了较全面的科学知识。

超常学生，除上面提到的智商评判在 130 以上之外，往往表现出如下特征：

（1）能较早地正确使用大量词汇，说话熟练；

（2）较早发生多种兴趣和爱好，对事物提出较多问题，善于思考，抽象思维能力强；

（3）对事物能深入观察，注意范围广、时间长，能察觉一般学生未察觉的事物；

（4）学习迅速、容易记忆，速度快而牢固，喜欢研究难题，阅读能力发展较早，情绪稳定，能分析自己和判断别人；

（5）在某一方面或几方面有较高才能，会运用知识解决较深奥的问题。

因此，我们主张用思维品质去鉴别超常儿童青少年（或中小学生），因为思维品质可以集中反映上述特征的表现。

超常学生的成因，既有先天的优良遗传素质，又有后天优良环境的影响。对于他们应注意加强教育和保健。我国现时施行的超常班、课外个别辅导、加快教学进度、充实教学内容、试行弹性课程、跳级等方式来进行因材施教，是较可行的措施。但是，应注意防止片面发展某种技能，促进德、智、体、美诸方面全面发展，增强自理能力和适应社会能力，学习分量要适合心理发展的年龄特点，不可负担过重、揠苗助长。对此，在由我主编的一本书里较详细探讨了这些问题①。

三、对成绩落后学生及时采取补救措施

在我们教改实验中，实验班教师对差生经常分析成绩落后的原因，并予以更多的关注。在教学中，我们通过及时反馈和纠正，针对他们出现的问题，采取补救措施，如个别辅导、小组帮助、动员家长多予关心和支持，给学生以更多成功的机会，从而赶上其他同学，甚至取得优良的学习成绩。

（一）国外对差生的研究

国外对差生的补救措施研究主要通过实验。这里，仅举苏联的一个例子。

---

① 林崇德主编．超常儿童教育丛书·天才儿童的教育．哈尔滨：黑龙江教育出版社，1990

苏联教育科学院 1986 年度综合研究项目中，有一项"补齐班——预防和克服小学生初期学习落后的一种形式"的实验①，就是为了帮助掉队的小学生缩小乃至消除与普通班学生落下的距离，为今后升入中学顺利学习创造条件。补齐班学生不属于心理发展迟缓（智力落后）的儿童，也没有什么身体缺陷，他们的共同特点是学习态度消极，不愿上学，不愿听课，没有喜欢的科目，缺乏自信心，有的胆怯、拘谨；有的脾气执拗喜欢离群索居，互相间很难建立接触；有的学生完全不听从教师，甚至拒不回答任何问题，少数学生还具有一定的挑衅性（如有意捣乱等）。他们不会组织自己的学习劳动，理解能力差，视野狭窄，记忆能力弱，思维怠惰而肤浅，表达能力差。总之，他们可接受教育的水平十分低下。针对这些情况，"补齐班"实验小组采取了如下措施：

（1）对作息制度作适当修改。如使学习活动形式多样化，拨出专门学时用于个别和小组课业，包括矫正练习、节律体操、保健活动、趣味课等。

（2）选配经验丰富、业务能力强、善于同小学生建立接触的教师担任教学。教师的首要任务是清除差生已形成的消极学习态度，激励他们的自尊心，克服自卑感。

（3）初期的课业教学，有意安排一些简单的练习，使学生能较顺利地解决，从而感受到学习的愉快和成功的快乐，并产生再次感受这种心情的愿望。然后逐渐加大难度，使学生在解答过程中进一步恢复自信心。

（4）整个教学期间最重要的指导原则是突出个别教学，区别不同情况，有针对性地提出不同的教学要求。这些要求总的趋势是逐渐向正规标准看齐，课堂教学尽可能适应学生的特点，学习的评价也从他们的实际出发，而不完全根据一般标准，即尽量避免一般性而强调个别性。

实验结果，八个补齐班学生 94％升入中学后能顺利跟上。心理诊断证明，大部分学生智力发展达到年龄标准，不少人还超过了年龄标准。在克服成绩落后的同时，自信心恢复了，求知欲也增强了。

苏联"补齐班"实验的一些做法，对我们采取补救措施，克服学生中学习成绩落后现象，争取大面积提高教学质量有一定的参考价值。

（二）我国对"差生"的研究

我国教育，历来重视"差生"的补救措施。这方面有专著出版②。

---

① 韩骅编译.苏联小学"补齐班"实验简介.外国中小学教育，1987，5
② 俞国良.差生教育.长春：吉林教育出版社，1992

在我们的教改实验队伍中，有专人研究这个问题。这里，仅举一个例子说明。

郑士平对初中数学学习困难学生进行了心理实验研究[①]。他从北京市丰台区芳星园中学初一年级选出公认的 10 名数学差生，单独组成教学集体，并与其余两个普通班加以对照。

他的补救措施是：

（1）有意降低目标难度，消除已有的对数学学习的自卑感，增强学习自信心；

（2）创设和谐的课堂学习气氛，由消极学习到积极学习，产生学习兴趣；

（3）适当放慢教学速度，及时巩固概念理解；

（4）以概括能力为中心，突出教学五种思维品质的培养，进行智力技能训练。

一年后，他的实验班数学成绩有较大幅度的提高（表 11-2）。

表 11-2　　　　　　　　　实验教学前后四次数学考试成绩对照

	实验前全区数学能力测验平均成绩	实验前学校统一考试平均成绩	研究中期中考试平均成绩（括号内为标准差）	期末成绩的平均值
普通班（1）	43.5	73.6	74（δ＝11.4）	87.0（及格率 87%）
普通班（2）	40.6	71.4	71.2（δ＝12.28）	86.8（及格率 87%）
"困难"班	19.4***	40.4**	72.5（δ＝4.095）	83.0（及格率 100%）

注：*** $P<0.005$；** $P<0.01$。

通过研究，得到三点结论：

（1）在一般教学条件下，学习成绩落后学生存在着可挖掘的潜在学习能力；

（2）大面积展开学习困难学生的转变，不但可行而且有效；

（3）从心理能力上转变学习困难学生，应该是一个连续的同时又是有明显层次的过程。

---

① 郑士平，张拓书．对初中数学"差生"的教学心理学实验研究．见：中学生能力发展与培养．北京：北京教育出版社，1992

当然，对成绩落后学生采取补救措施，不一定都要集中进行，这里还有一个学生自尊心的问题。具体问题可作具体分析。但关键在于有效的措施，只要措施合理、得力、补救他们，致使他们跟上一般，即所谓我们实验的"下要保底"（保证不让差生留级、降班），还是有希望的。

（三）对学习困难的探讨和研究

尽管上面谈论了"差生"，然而，我不主张使用"差生"一词，而提倡用"学习困难学生"概念。

我的弟子俞国良教授从 20 多年前就开始对学习困难现象进行研究，并成为国内这方面研究的杰出代表。国际学术界对学习成绩差的学生，统称为"学习不良"（learning disabilities）。他的系列研究包括三个方面。一是研究学习困难儿童青少年的一般信息加工过程。具体研究他们在阅读、写作、拼写、计算和推理等方面的加工特点和策略。如学习困难青少年空间关系推理的机制、学习困难青少年数学问题解决的影响因素、学习困难青少年元认知和元认知偏差的特点、学习困难青少年学业情绪的特点和影响因素、学习困难青少年自我意识情绪和自动情绪调节的特点等。二是研究学习困难儿童青少年的社会信息加工过程。具体研究他们在社会适应不良、社会性发展中的心理健康问题。如家庭资源对学习困难青少年社会性发展的影响、学习困难青少年社会信息加工的特点与策略、学习困难青少年亲子沟通的模式、学习困难青少年习惯与目标的关系、学习困难青少年的污名效应、学习困难青少年问题行为现状与预测因子研究等。三是研究学习困难儿童青少年的教育与转化对策，即其可塑性教育。例如，元认知训练、认知行为疗法、学业情绪指导、心理咨询与辅导的教育转化作用等。

俞国良的研究表明，学习困难作为一个异质群体，有其独特的心理表现和心理特点。

第一，学习困难群体会出现认知障碍。如对学习困难群体信息加工过程的研究表明，无论是对模糊情境还是意义清晰情境，学习困难儿童在信息编码准确性和全面性上显著低于一般儿童，在模糊情境下的信息加工过程中表现出较多的消极倾向。他的研究还表明，学习困难儿童的自我概念较一般儿童要差，对自身的自我评价较低，且比非学习困难儿童更为消极。对学习困难儿童归因特点的研究表明，学习困难儿童的归因风格更加消极，他们倾向于把消极事件的发生认为是自己造成的，往往从自身去寻找原因，并认为消极事件的原因是稳定的，在各种情景下都会出现；他们倾向于把积极事件归于外部原因，且这种原因是不稳定的，他们认为积极事件的发生具有偶然性。

第二，学习困难群体会出现情绪障碍。他的研究发现，学习困难儿童报告较多消极或攻击性情绪表现，把它作为一种有利于达成个体目标的策略。即使意识到需要进行情绪调节，也难以正确地使用情绪表达规则，与目标的有效结合难度更大。研究表明，学习困难儿童的社会定向目标显著低于一般儿童，一个重要的原因可能是学习困难儿童缺乏对他人情绪的理解，从而很难考虑到他人的情绪感受和需要。对学习困难少年的自我意识情绪研究中发现，学习困难少年对自我意识情绪理解的能力要显著低于一般少年。学习困难儿童由于经常因学业失败而受到家长、教师的责备或惩罚，因此往往会进行消极归因，否定整体自我，从而产生更多的羞愧情绪。

第三，学习困难群体表现出一定的行为障碍。如在有恒性特质上，学习困难儿童的得分要低于普通儿童，说明他们做事态度敷衍、责任感弱，在学习上更加随心所欲；在自律性特质上，学习困难儿童的得分也低于普通儿童，说明他们遇到矛盾冲突时不善于克制自己，容易冲动行事，自控能力较普通儿童要差。在心理健康方面，学习困难群体心理健康水平总体上比一般群体明显要差，尤其突出表现在强迫、人际敏感、抑郁、焦虑和敌对等方面；学习困难学生还具有更为突出的情绪不适应问题、精神卫生问题和心理疾病，他们在焦虑、抑郁、攻击性、自杀倾向等方面有相对突出的表现，并且还涉及孤独、神经质、紧张和其他的心理病态。

俞国良认为，学习困难现象是可逆的，只要根据学习困难者的心理特点开展教育，同样可以使他们成为栋梁之才。

第一，重视和实施心理健康教育。通过对学习困难群体实施有针对性的心理健康教育，能够使每个学生都能体验积极的学业情绪，树立学习自信心，重塑良好的学习心理品质，把学业失败的经历转化为学习动力，营造良好的心理环境，逐渐实现其教育转化。

第二，培养积极的情绪。研究表明，当处于愉快等积极地唤醒学业情绪状态的时候，对注意、记忆、推理等认知活动促进作用最大，进而能够显著提高学业成绩；很多学习困难者产生严重的厌学情绪与注意力缺陷有密切的联系，培养积极情绪为改善学习困难青少年的注意能力提供了一个新的视角。

第三，发挥家庭教育的作用。父母期望、母亲控制性、母亲启发式学业指导策略、父亲简单化学业指导策略、父母关系、父亲的情感温暖、过分干涉、拒绝否认型教养方式，以及母亲的情感温暖型教养方式，都与学习困难者认知水平具有显著的相关。如果父母能够为他们创设较好的家庭环境，对他们仍有较高的期望，进行合理的监控，在学习上给予热情的支持和指导，

父母的教养方式是充满温暖的，对其进行较多的积极评价，使其学习动机倾向于较高，可见，家庭教育在转化学习困难群体中有重要作用。

第二节　心理能力认知方式的差异

心理能力的认知方式，对中小学生学习的影响是明显的。

所谓认知方式，就是个体在对信息和经验进行积极加工过程中表现出来的个性差异。它是一个人在感知、记忆和思维过程中，经常采用的、受到偏爱的和习惯化了的态度和风格。在众多的认知方式中，由威特金（H. A. Witkin）提出的场独立性和场依存性，是近年来研究较多的一个。

场独立性（field independence）与场依存性（field dependence），是相对的两种个性（或人格 personality）形态。

场独立性表明，个人在认知和行为中，较少受到客观环境线索的影响而表现出高主体性的倾向。

场依存性表明，个人在认知和行为中，往往倾向于更多地利用外在的参照标志，不那么主动地对外来信息进行加工。

以极端的场独立性与场依存性为两个端，构成了不同认知方式的一个个性连续性。一端在对信息加工时倾向以内在参照为指导，另一端则常常倾向于以外部参照为指导。相应地，每个人在场独立性、场依存性连续体上都占有一定的位置，所以，除了少数人以外，大部分人都或多或少地处于中间位置。如前所述，由于这种认知方式的个性差异，影响了中小学生的学习活动，乃至影响了他们的心理能力的发展。由于生活实践包括学习中各种不同性质活动，对人们心理活动特征有不同的要求，因此，我们不要轻易地作出场独立性或场依存性两种认知方式好坏优劣的结论。

一、对场独立性、场依存性的研究

（一）国外对场独立性、场依存性的研究

最早提出认知方式这一概念的是瑟斯顿。在这方面做深入研究且取得重大成果的是威特金。威特金及其助手，在个性人格品质问题研究上有所突破[①]。这个问题在不同研究时期用不同术语，如场依存性、知觉方式、认知方

---

① 谢斯骏，张厚粲. 认知方式. 北京：北京师范大学出版社，1988

式、心理方式等。

　　威特金的认知方式研究，被称为一个人格维度的实验研究。这种人格（个性）品质的普遍性，由"框棒测验"（Rod and Frame Test）和"镶嵌图形测验"（Embedded Figure Test）高度相关得到证明。在框棒测验测定认知方式的实验中，要求被试在注视条件下，将呈现在面前位于一个方框中的一条倾斜的直线调整到垂直的方位。实验表明，当框架偏斜时，它对于中间直线的方位判断有同化作用，而这个效应的大小因人而异。威特金提出，凡视觉中受环境因素影响大的，属于场依存性特征；凡不受或少受环境因素影响者，属于场独立性特征。在镶嵌图式测验测定认知活动的实验中，要求被试在比较复杂的图形中用铅笔勾画出镶嵌在其中的指定的简单图形（图 11-2～图 11-5）。

　　要求：

　　（1）每一道题只描绘一个简单图形。可能看到不止一个，但是只要求被试描绘出它们中间的一个；

　　（2）在复杂图形中被试指出的简单图形，在大小、比例和指向方面，都应该与所示简单图形相同；

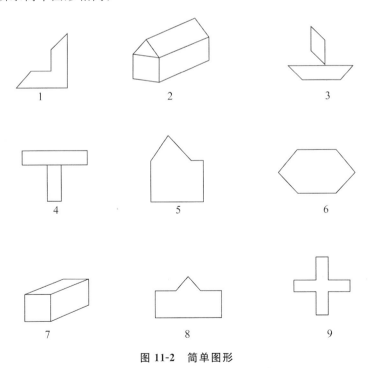

图 11-2　简单图形

第一部分

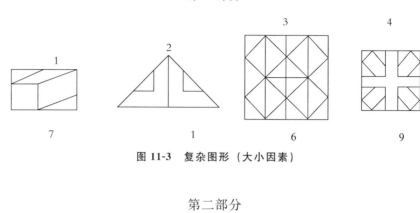

图 11-3　复杂图形（大小因素）

第二部分

找出简单图形6　　　　找出简单图形5　　　　找出简单图形8　　　　找出简单图形4

图 11-4　复杂图形（比例因素）

第三部分

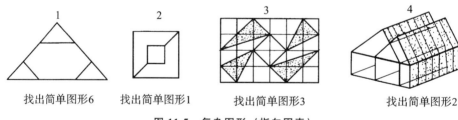

找出简单图形6　　　找出简单图形1　　　　找出简单图形3　　　　　找出简单图形2

图 11-5　复杂图形（指向因素）

（3）擦掉所有描绘错误的地方。

威特金采用实验系地研究了场依存性、场独立性的问题。

1. 基本特征

（1）自我和非我表现，依靠自我作为主要参照的倾向是独立于场的方式，依靠外界作为主要参照的倾向是依存于场的方式。

（2）场依存性、场独立性是过程变量而不是内容变量，即它们是两个对立的信息加工方式。

（3）普遍性，两种认知方式在众多实验中表现相当一致。

（4）稳定性，随着时间的推移，被试在场独立性、场依存性连续体上的位置往往是稳定的。

（5）两极性与中性，连续体两极在价值上是中性的，两极性与中性特点与能力显然不同，后者不是两极性的，但是有价值性的。

2．发展趋势

（1）场独立性随年龄递增而增长。

（2）女性比男性更依存于场，特别是在青春期开始以后是这样。

3．理论模式（图 11-6）

图 11-6 威特金关于诸变量关系的示意模式

在这个模式所指导的研究中，含蓄着社会环境因素在决定心理分化程度上起着主要作用的假设。也就是说，场依存性、独立性认知方式的个性差异反映了分化水平，在很大程度上是社会化经验差异的最后产物[1]。

威特金的模式和假设，没有充分考虑到生物机制研究方面的大量科研成果，尽管后来有人作了一些更正，但争议仍是相当大的。

（二）国内对场独立性、场依存性的研究

我国对场独立性、场依存性的研究始于北京师范大学。1979 年，谢斯骏先生作了一场关于"场依存性问题"的报告，这是最早介绍这个方面的研究。接着，他和张厚粲先生给心理系 1978 级学生开设了专题课，学生在老师指导下纷纷投入实验研究，并取得可喜的成果[2]。

其他单位也有人研究，已有发表文章的，如北京大学的陈仲庚（1980）、杨博民和陈舒承（1981）、张伯源和李世强（1984）等都论述了这方面的问题。

谢斯骏、张厚粲两位先生，概括了我国心理学家对场独立性、场依存性研究涉及的问题：[3]

---

①②③ 谢斯骏，张厚粲．认知方式．北京：北京师范大学出版社，1988

（1）个性（人格）与心理过程的关系。作者希望通过对场独立性、场依存性认知方式的研究，将个性（人格）和认知过程乃至整个心理过程统一起来。

（2）关于场独立性、场依存性特别差异的问题。我国研究结论和威特金相似。

（3）关于独生和出生次序与场独立性、场依存性的关系问题。研究发现独生和出生次序在场独立性、场依存人格维度上没有明显关系。

（4）关于场独立性、场依存性与程序教学之间的关系。作者除了提出教学中必须注意学生的个性差异因材施教外，还提出了在程序教学研究中，把知识结构的研究与认知方式的研究联系起来，进而把知识结构的研究与认知结构的研究联系起来的可能性。

（5）关于场独立性、场依存性与识字教学之间的关系问题。作者建议，无论集中识字，或分散识字，或者把两者结合起来或用其他方式进行识字改革教学实验，在评价各种教学方法的同时，是否可以把学生的个性差异这个因素考虑进去，除探索教学的一般规律外，相应地做到因人而异、因材施教，进一步提高语文教学的质量。

（6）关于灵活性、固定性的问题。作者提出，如何发展和养成在认知方式上的多样性、灵活性，以适应生活和教育多方面的要求，需要我们作深入的探索。一个关于"场依存性数学教学初探"的实验发现：在数学教学中，图式的辅助作用对场依存性学生较为有效，它可以消除或减弱场依存性学生在数学学习中的劣势。可见，教学方式合适，就容易发挥学生的潜力。

（7）关于测验工具的问题。作者不仅指出搜集常模、信息和效度等技术资料的重要性，而且希望编制一个人际交往技能量表，研究场依存性在人际交往技能上，与认知改组技能测验协同利用、相互印证，达到对个性特征与认知过程"统一"起来的实验研究的目标。

二、认知方式与中小学生思维品质的关系

我们从"发展"的角度，探讨了中小学生随年龄的增长，场独立性、场依存性对思维活动、特别是对思维品质的影响[①]。

被试是小学四年级、六年级、初中二年级、高中一年级学生，每个年级为150人，男女各半。

认知方式问卷，采用北京师范大学心理系修订的"隐蔽图形测验问卷"，

---

① 白学军等．场认知方式对儿童思维活动影响的研究．硕士论文，1990

总分为 25 分，得分越高越独立于场。测定结果如下：场独立性倾向的得分随年级递增而增长，初中二年级是一个加速期（$P<0.05$）（表 11-3）。

表 11-3　　　　　　中小学生认知方式的测验成绩

年级	平均数	标准差	差异性
四年级	10.69	4.06	
六年级	11.18	3.70	1.213
初二	12.64	6.11	2.51*
高一	13.07	5.69	0.72

注：* $P<0.05$。

思维品质问卷，采用我们自己的试题，信度分别为：思维深刻性—0.65，独创性—0.875，灵活性—0.846，批判性—0.607 和敏捷性—0.895（表 11-4）。

表 11-4　　　　　各年级不同认知方式学生思维品质得分

年级	认知方式	深刻性		独创性		灵活性		批判性		敏捷性	
		$\overline{X}$	S	$\overline{X}$	S	$\overline{X}$	S	$\overline{X}$	S	$\overline{X}$	S
四年级	场独立性	3.53	2.35	13.63	7.33	82.87	57.36	2.62	1.35	1.45	0.59
	场依存性	3.29	2.57	12.75	6.28	81.10	61.47	2.60	1.26	1.16	0.65
六年级	场独立性	5.09	2.49	18.00	7.59	44.59	33.36	5.16	7.53	2.48	1.33
	场依存性	5.60	2.93	16.96	6.16	30.70	24.61	3.26	1.97	2.06	0.76
初二	场独立性	3.26	2.67	13.58	8.05	31.12	22.87	2.71	1.71	2.27	0.86
	场依存性	3.96	2.58	14.35	7.90	32.11	23.77	2.69	1.63	1.88	1.20
高一	场独立性	5.05	2.78	16.77	6.61	13.61	7.20	3.32	2.86	2.33	1.62
	场依存性	9.34	18.09	14.29	6.51	14.47	7.50	2.77	1.71	1.99	1.59

（一）结果与分析

1. 各年级不同认知方式学生在思维品质上的成绩（表 11-5 和表 11-6）。

从两表中可以看出两点：

（1）在思维品质深刻性上的得分，除四年级之外，六年级、高一达到显著差异的水平（$P<0.05$）。

（2）各年级学生有场独立性倾向的人，在思维品质独创性、灵活性、批

判性、敏捷性上的得分，比场依存性倾向的人高，但差异的显著性并不一样。

在独创性上，四年级、六年级、高一学生场独立性倾向的得分都高，但只有高一达到显著差异；而初二场依存性倾向的学生得分反而高于场独立性学生。这说明，初二学生处于分化期，使认知方式对创造能力发展影响不稳定。

表 11-5　　　　　不同认知方式学生在思维品质上的得分的 t 检验

年级	深刻性	独创性	灵活性	批判性	敏捷性
四年级	0.56	1.51	0.16	0.06	2.58**
六年级	−0.73	0.57	1.59	1.04	1.47
初　二	−1.14	−0.37	−0.16	0.05	1.75*
高　一	−2.06*	1.72**	−0.37	0.97	0.94

注：* $P < 0.05$；** $P < 0.01$。

在灵活性和批判性上，差异是存在的，但不显著（$P > 0.05$）。

在敏捷性上，四年级和初二的差异都达到显著水平（$P < 0.01$ 或 $P < 0.05$）。

2. 各年级男、女学生不同认知方式在思维品质上的得分，从表中可以看到（表 11-6～表 11-9）：

表 11-6　　　　　各年级不同认知方式男生在思维品质上的得分

年级	认知方式	深刻性		独创性		灵活性		批判性		敏捷性	
		$\overline{X}$	S	$\overline{X}$	S	$\overline{X}$	S	$\overline{X}$	S	$\overline{X}$	S
四年级	场独立性	3.4	2.27	13.9	7.6	84.58	65.24	2.36	1.24	1.2	0.407
	场依存性	2.9	2.67	11.3	5.9	65.91	46.10	2.32	1.09	1.1	0.685
六年级	场独立性	4.9	3.08	13.6	7.4	57.90	40.93	6.06	10.9	2.67	1.69
	场依存性	5.8	3.0	14.8	6.7	38.33	26.39	3.7	1.9	1.74	0.827
初　二	场独立性	3.1	2.6	12.9	7.9	34.94	22.43	2.5	1.4	2.15	0.879
	场依存性	3.5	2.4	15.3	6.9	36.08	27.45	2.6	1.6	2.17	1.107
高　一	场独立性	4.5	2.9	16.1	6.8	14.55	8.32	31.1	3.4	2.4	1.57
	场依存性	3.8	3.16	15.3	7.1	14.75	8.54	2.6	2.0	1.59	1.6

表 11-7　　　　各年级不同认知方式女生在思维品质上的得分

年级	认知方式	深刻性		独创性		灵活性		批判性		敏捷性	
		$\overline{X}$	S	$\overline{X}$	S	$\overline{X}$	S	$\overline{X}$	S	$\overline{X}$	S
四年级	场独立性	3.6	2.4	15.3	7.1	81.17	49.34	2.86	1.4	1.7	0.65
	场依存性	3.5	2.5	13.9	6.3	92.50	69.40	2.82	1.3	1.2	0.63
六年级	场独立性	5.2	1.9	21.6	5.6	31.27	16.50	4.3	2.3	2.32	0.94
	场依存性	5.3	2.9	19.0	4.9	25.85	23.04	3.5	2.0	2.36	0.55
初　二	场独立性	3.3	2.7	14.51	8.28	25.92	23.23	2.94	2.0	2.4	0.80
	场依存性	4.6	2.5	14.53	8.20	28.71	20.55	2.92	1.4	1.7	1.2
高　一	场独立性	5.6	2.5	17.5	6.3	12.916	6.68	3.58	1.8	2.21	1.7
	场依存性	16.6	2.2	12.9	5.5	14.00	5.88	2.91	1.1	2.51	1.3

（1）同一年级不同认知方式的男女学生，在各种思维品质上的得分有一定的差异。

（2）场独立性倾向的女生在思维深刻性、思维独创性上得分比男生高，但在思维灵活性、思维批判性、思维敏捷性方面男女场独立性倾向的人各有优势，且在不同年级有不同的表现。

表 11-8　　　各年级不同认知方式男生在思维品质上的得分的 t 检验

年级	深刻性	独创性	灵活性	批判性	敏捷性
四年级	0.77	1.41	1.18	0.15	0.63
六年级	−0.79	−0.44	1.24	0.77	1.80*
初　二	−0.45	−0.92	−0.13	−0.29	−0.07*
高　一	0.80	0.42	−0.05	0.49	1.74*

注：* $P<0.05$。

表 11-9　　　各年级不同认知方式女生在思维品质上的得分的 t 检验

年级	深刻性	独创性	灵活性	批判性	敏捷性
四年级	0.09	0.38	−0.73	0.11	3.13**
六年级	−0.17	1.32	0.66	1.12	−0.14
初　二	−1.42	0.01	−0.34	0.04	2.10*
高　一	−2.49*	2.24*	−0.36	1.17	−0.54

注：* $P<0.05$ **；$P<0.01$。

前文提到威特金的观点：男女生在场独立性上的差异一直到青年早期都是不显著的。这种差异在以后往往在量上是不大的，而且在两性分配上相互交叠。由于不同性别学生在场认知方式上差异的不显著性，并且在两性分配上相互交叠，因此，我们的研究结果中，场认知方式对不同性别学生思维品质的影响，表现出很大的波动性和不稳定性。

（二）不同认知方式对思维品质的影响

上述白学军的结果表明，不同认知方式对中小学生思维品质有不同的影响。

1. 在思维深刻性方面

（1）趋势。随年龄的递增，场依存性学生得分优于场独立性的学生，到高一年级时，得分差异显著。

（2）理由。因为不同认知方式差别并不表现在学习能力或记忆能力上，而是表现在学习过程中对材料的选择性注意及其组织材料的方式上。思维的深刻性往往带有按部就班分析思维的循规蹈矩的特点。而学习是通过已知材料的理解来发现规律和本质的东西，而不是在学习未经充分组织的材料，所以场依存性学生得分就高。

2. 在思维独创性方面

（1）趋势。场独立性学生的得分普遍高于场依存性学生，除初二外。

（2）理由。面临着创新任务，有认知改组能力，这是场独立性认知方式的特点，也易于完成，所以场独立性学生得分应该高。如前所述，初二处于思维分化和剧变阶段，有些被试可能出现偏社会科学倾向，使得分有所变化。

3. 在思维灵活性方面

（1）趋势。随着年级的递增，场独立性学生在灵活性上成绩越来越优于场依存性的学生。

（2）理由。灵活思维需要主体主动灵活，有效地采用相应的学习策略，这正是场独立性倾向者的特点。所以，场独立性学生得分高，且随着年龄递增，成熟性也在提高，更显示出场独立性的特点。

4. 在思维批判性方面

（1）趋势。场独立性学生得分优于场依存性学生的得分。

（2）理由。思维批判性具有独立分析的要求，而场依存性倾向学生易受暗示，影响其得分的成绩。

5. 在思维敏捷性方面

（1）趋势。场独立性的学生在思维敏捷性上的得分高于场依存性的学生，其中四年级与初二的差异显著。

（2）理由。一方面，敏捷性来自对任务迅速的改组，要有赖于场独立性；另一方面，敏捷性来自其他各种思维品质，它是其他思维品质的表现，在上述分析中看到场独立性在思维独创性、灵活性、批判性方面得分普遍高于场依存性的学生。所以，场独立性学生思维敏捷性成绩高的表现也在情理之中。

综上所述，我们认为，在一定意义上说，思维品质不仅是一种思维特征，而且也是一种认知方式，是认知方面的个性特征的表现，思维品质诸特征和场独立性、依存性，互相联系，相互补充，共同构成全面而丰富的认知方式。

第三节　心理能力类型组合的差异

如前所述，心理能力，即智力与能力不仅表现出不同的才能，而且表现为不同的类型。前者是指感知（观察）力、记忆力、思维力、想象力、言语能力和操作技能；而后者则是指主体如何组合和使用自己的才能。这里，不单由前边的才能或智力因素组成，同时，还包含有非智力因素的成分。同样，在一次数学或语文考试中获 80 分的相同成绩，不同学生可能是通过不同智力与非智力因素的组合而获得的。有的可能凭记忆，有的可能靠逻辑推理，有的主要靠用功刻苦学习，有的凭学习基础好，要"小聪明"，有的本来就有一定学科（如数学或语文）学习的特殊才能，所谓学科"尖子"，等等。不了解这种心理能力类型组合特征，就无法对中小学生实行因材施教。

心理能力类型尽管复杂，我们把其归纳为如下三类。

一、不同智力因素组合的类型

我们把智力因素分解为上述的感知（观察）力、记忆力、思维力、想象力、言语能力和操作技能六种成分，对它们不同的组合和使用，就能构成心理能力类型的第一种个性差异。

（一）对六种智力因素的剖析

1. 感知观察力

人的认识或认知过程的最初级的形式是感觉和知觉。感觉是直接作用于感觉器官的事物的个别属性在人脑中的反映；知觉是直接作用于感觉器官的事物的整体在人脑中的反映，是人对感知信息的组织和解释的过程。感知觉是人的认识或认知活动的开端，是思维活动的基础。

观察是一种有意识、有计划、持久的知觉活动，是知觉的高级形态。观察建筑在形象和语言两种信息交互作用的基础上，是思维参与的感知活动。观察力的培养，对于中小学生的学习和将来的科学研究有着重要的意义。

感知观察力的差异表现在：

（1）感觉能力的差异。人与人之间在视觉、听觉、嗅觉、味觉、肤觉上的能力存在着很大的差异。

（2）知觉能力的差异。表现在四个方面。

①知觉过程受个性倾向性的影响，并表现出不同水平的稳定特点。例如，对上节的镶嵌图形的测定，就表现出较大的差异。

②知觉特征的差异。如在对象与背景的识别，整体性、理解性和恒常性方面存在着差异。

③空间知觉、时间知觉、运动知觉能力的差异。

④产生错觉的差异。

（3）观察力的差异。表现在观察的目的性、持久性、精确性和概括性等方面的差异。

2. 记忆力

记忆是个体对其经验的识记、保持和再现（回忆和再认）。从信息加工的观点来看，记忆就是信息的输入、编码、储存和提取。

记忆有各种分类。一般按四种方式来分类：从记忆系统的信息加工过程中所处阶段来说，可以分为感觉记忆、短时记忆和长时记忆；从记忆的目的来说，可以分为有意记忆和无意记忆；从记忆的方法来说，可以分为机械记忆和意义（理解）记忆；从记忆内容来说，可以分为运动、情感、形象和抽象记忆，等等。

记忆力差异表现在：

（1）记忆的品质上，主要表现在记忆的速度、准确性和持久性上。

（2）记忆的类型上，不同人擅长于不同的记忆类型。

（3）情绪、兴趣、态度和信念等个性倾向影响着记忆内容和水平。

3. 思维力

本书主要谈思维及其能力，即心理能力的核心。

思维力的差异，主要表现在思维品质上，同时也表现在思维形式、特别是在推理水平上。中小学生的归纳、演绎、比较推理的差异是非常大的，因此，也决定着他们思维方法的差异。对这些问题，前文谈得较多，这里不再赘述。

4. 想象力

想象是个体对已储存的表象加工改造形成新形象的心理过程。想象中出现的形象是新的，不是表象的简单再现。想象在心理能力中有其不可缺少的地位，它对认识或认知具有补充作用，具有超前认识或认知的作用，具有满足需要的作用。想象将人的过去、现时和未来的认识或认知紧密联系在一起，将人的无限的现实世界和神奇幻境有机结合在一起。它是创造能力不可缺少的成分和因子。

想象力的差异表现在：

（1）想象的种类及其品质上，诸如再造想象、创造想象、幻想等种类以及想象的目的性、自觉性、创造性和现实性，等等。

（2）想象形成方式，即表现在想象的综合、夸张、拟人化、典型化等方面。

（3）逻辑抽象水平、概括水平和语言表述水平上。

5. 言语能力

语言是人类交际的工具，也是正常人赖以进行思维的工具。它是一种社会现象，是由语音、词汇和语法三个部分构成的一种符号系统。

语言存在于人们的言语活动中。言语活动是指个体对语言的掌握和运用的过程。言语是人们在交际活动中运用语言的过程和产物。

语言和言语是密切联系的，但又是有区别的。语言的体系保存在极为多种多样的言语交际形式中，这种形式分为两大类：外部言语和内部言语。外部言语又包括口头言语和书面言语。

言语能力的差异表现在：

（1）外部言语的表述上，言语的表述能力就是我们在第九章提到的听、说、读、写的能力。

（2）言语风格上，即所谓"言为心声，文如其人"，说明言语风格表现出人的个性差异。特别表现在言语的特点和涵养上，前者指言语的速度、言语的节奏、在平常交往中声调的相对强度、语调的丰富性和情绪性；后者指言语的修养性、分寸得体程度、礼貌程度，等等。

（3）言语产生、识别和理解的时间、速度、阶段上，即发展的水平上。

6. 操作技能

技能是运用知识来完成的操作或活动方式，是通过练习而获得的。

技能有初级和高级之分。前者是指具有某种初步知识，能完成一定的活动，即经过一段时间的练习之后达到会做的水平。后者则是指其操作活动方式的基本成分已经自动化了，即所谓"技巧"或熟练。

根据技能性质和特点，可以把技能区分为运动技能和智力技能。运动技能主要指各种行为操作，它是借助于骨骼肌肉和相应的神经过程而实现的；

智力技能是一种认识或认知活动，它是借助于内部言语在头脑中进行的心智操作，其中主要是思维活动的操作方式，学生学习中的运算，作文时的思维活动，均属于这类操作方式。尽管两者有区别，但又是相互联系的。智力技能是运动技能的调节器和必要的组成部分，而运动技能是智力技能的最初依据和经常的体现者。在完成比较复杂的任务时，人总是手脑并用，需要两种技能配合。在我们的教改实验中明确地提出，我们不能单纯地培养那种动口而不动手的"君子"，而是培养手脑并用的人才。

操作技能的差异表现在：

（1）熟练和习惯的程度上，即自动化的程度上。

（2）练习次数、掌握技能成绩和水平上，即连贯性、精细性、复杂性、反应时和迁移程度，等等。

（3）动机系统对技能形成的作用上：①选择并爱上某项活动；②坚持这项活动的练习；③不断改正练习方法以达到标准；④精益求精，形成熟巧[①]。

（二）不同智力因素以不同方式组合成不同心理能力的类型

综上所述，不同智力因素的个性差异是明显的。它们按照不同方式组成了心理能力，即智力与能力的类型，当然也是相当复杂的。这种心理能力的不同类型有如下特点：

（1）组成不同方式的心理类型的原因尽管复杂，但大致不外乎两个方面，即与高级神经活动的类型特点有关，与后天的个体生活经验有关。

（2）不同方式的心理能力类型的组合尽管复杂，但大致也不外乎两类：一类是六种智力因素有某一因素占优势，如前边提到的，某种学习成绩的获得，有的人靠感知，有的靠记忆，有的靠思维，等等，总是以某一种智力因素起决定作用，形成某个个体心理能力倾向特性；另一类是多种智力因素组合，即使是组合类型，在主体学习中，也往往有一种或两种智力因素在起主导作用。

（3）如前所述，不同的中小学生在心理能力或学习考试中可以获得相同分数，但是这相同成绩很可能是由不同的能力组合而获得的。这说明：相同成绩的众多中小学生的心理能力总体的平衡性和发展细节特色上的不平衡性是统一的。以男女心理能力发展差异为例：

---

① 黄希庭. 心理学导论. 北京：人民教育出版社，1991，590

①男女学生心理能力，即智力与能力差异在总体上的平衡性。我们在教改实验中，还没有充分的证据表明男性心理能力必定比女性优异，或者女性必定比男性优异。我们曾在思维发展层次、学习能力与学习成绩、创造能力三个方面作过论证[①]。

②男女心理能力优异发展的特色的不平衡性。具体表现在：一是各种智能因素上，如事物比较能力，男性（正确率达 91.0%）高于女性（正确率为 79.4%）；匣子计算能力，女性高于男性；方块分析能力，男性高于女性；图形分析能力，女性高于男性。二是心理能力发展的速度上，我们对比男女中小学生运算思维品质、归纳推理、演绎推理、逻辑法则等的水平，都是有差异的。

研究智力因素组合的类型，是为了使不同学生的心理能力都得到优异发展，完善而充分地发展他们心理能力的各种因素，做到因材施教。

二、生理类型的差异在心理能力上的表现

心理能力类型组合有的来自生理类型的差异。

（一）两种信号系统之间相互关系所决定的高级神经活动类型

巴甫洛夫（И. П. павлов）根据两种信号（即形象的信号和语言的信号）系统之间相互关系的特点，区分出人类三种特有的高级神经活动类型：艺术型、思想型和中间型。

1. 艺术型

这种类型以第一信号系统和皮下机能较占优势，他们反映现实、感知事物是完整的、全体的和鲜明的，记忆事物是形象的，想象事物是丰富的，生活中情感体现较为强烈。这类人比较容易发展艺术活动的能力，成为作家、音乐家和画家。他们完全彻底地占有外界事实，而不将外界分割得支离破碎。若艺术型尖锐化易得癔病。

2. 思想型

这种类型以第二信号系统活动占优势。他们枯燥地、抽象地来感受活生生的现实，对现实的了解几乎进行了分割和解剖，具有逻辑构思、推理论证活动的特点。这类人比较容易发展高度抽象思维活动的能力，即科学家和哲学家等应具备的细分外界、然后再合拢起来的能力。若思想型尖锐化则易得

---

① 朱智贤，林崇德. 思维发展心理学. 北京：北京师范大学出版社，1986

神经衰弱。

3. 中间型

这种类型两种信号系统相对平稳，介于以上两者之间。

如果将上述三种类型作一多常态分布曲线，可以看出两头小中间大，绝大多数都属于中间型的趋势。

在教改实验中，我们确实发现有不少特殊能力的学生，有的具有音乐或绘图的才能，有的擅长于写作，有的是数学尖子，有的外语掌握得特别快，这些特殊能力的形成，与以上三种类型特点有着密切的关系。

（二）大脑两半球的功能

大脑主要包括左右两半球，每个半球表皮被覆一层灰质，即大脑皮层。大量的神经解剖学研究证实脑的左右半球之间在结构上存在着显著的差异，例如 65% 的成人，左侧颞平面比右侧颞平面更大；结构上的差异导致了左右半球在功能上的高度专门化，主要表现为：左半球是处理言语、进行抽象逻辑思维、集中思维、分析思维的中枢。它主管着人们的说话、阅读、书写、计算、排列、分类、言语回忆和时间感觉，具有连续性、有序性、分析性等机能。

右半球是处理表象，进行具体形象思维、发散思维、直觉思维的中枢。它主管着人们的视知觉、复杂知觉模型再认、形象记忆、认识空间关系、识别几何图形、想象、做梦、理解隐喻、发现隐蔽关系、模仿、音乐、节奏、舞蹈以及态度、情感等，具有不连续性、弥漫性、整体性等机能。

过去，由于对左半球认识较多，于是往往"重左轻右"。在教育工作中，重抽象轻形象，重分析轻直觉，重理性轻情感等也随之而发生。随着当代脑科学的进展，对右半球的功能的认识也越来越清楚，特别是对创造性有关的想象、直觉、灵感等都跟右半球功能分不开。这样，许多科学家、教育家根据左右脑的不同功能分析了现行教育，认为今天的学校是一个强调左脑功能的学校，它鼓励左脑的行为，多数活动都围绕着发展左脑功能，致使学生左脑用得多，右脑用得少，大脑的两半球得不到和谐的发展和合理的运用，妨碍了他们智力的全面发展和创造力的提高。

为了发挥右半球的作用，在教育中应注意如下四点：一是更加重视有关左右脑功能差异方面的最新研究成果在教育实践工作中的重要作用，充分认识开发学生右脑的重要性和迫切性；二是在教学原则、课程设置、教材编写、教育内容、教学方法等方面，都要考虑到大脑的两半球功能的和谐发展；三是要从新的角度认识学生，正确对待"优等生"和"差等生"，切实做到因材施教；四是教育学生善于根据课题的性质、材料的种类，合理有效地使用自己的大脑两半球，做到文理相通、智力因素与非智力因素一致、全面发展与学有特色相统一。

三、不同学科能力表现的类型

学科能力，反映出学生的一种特殊能力，是某种特殊才能的组合。

（一）中小学生学科能力分化的趋势

在教改实验中，我们看到中小学生学科能力发展的特点：

（1）学生一入学就有学科能力发展分化的趋势，其中小学四年级、初中二年级不论在各学科学习成绩和心理能力表现方面都是急剧分化或加速分化的关键时期。理科能力到高二趋向成熟，但文科发展变化到后来仍很大。

（2）每门学科都有第一节提到的"早慧"现象，尤其是音乐、绘图、体育等表演才能；其次是数学、语言能力。"大器晚成"主要限于文科，很少在表演才能和理科中体现出来。

（3）学科能力，特别是语文能力、数学能力和英语能力与学习成绩不能等同，但都是显示出正相关，说明它们之间既有区别，又有联系。这在一定意义上反映了学科知识与学科能力的关系。现在以一次初中学生语文、数学的概括能力测定成绩与同期期末考试成绩相关为例，加以说明（表11-10）。

表 11-10　　　　　　　　初中生语文与数学的概括能力间相关系数

参数\值\学科	语　文	数　学
r	0.478	0.412
P	$P<0.005$	$P<0.005$

上表数据表明，语文、数学的学科能力与学习成绩尽管不是一回事，但联系紧密，其相互关系达到了显著的水平。

（二）构成学科能力类型的因素

构成中小学生学科能力类型的因素很多，大致有以下几个方面。

（1）学科能力本身组成的因素。如第八、第九章中所讲的数学能力与语文能力的结构，由于组成各学科内在结构因素的不同，构成了学科能力类型

的区别，也造成了中小学生掌握学科能力的差异（图 11-7）。

（2）个体内在生理类型与学科能力交叉。如前所述，在中小学生中间，有的属于艺术型，有的属于思想型，有的属于中间型；有的偏左脑功能，有的偏右脑功能，有的较为均匀。而学科又有区别，有的属文科，有的属理科，有的属于交叉学科。于是，在众多的交互作用因素中，对不同中小学生来说，会造成掌握学科能力类型的明显的差异。

（3）学生学科兴趣。中小学生心理能力发展，在一定程度上决定于非智力因素，我们已经在上一章论述了这个问题。这里，只强调一点，中小学生学科能力类型，取决于其学科兴趣的水平。

中小学生的学科兴趣发展有一个过程。

刚入小学的新生，学习兴趣没有选择性和分化性。但到一年级下学期，就表现出对语文和数学的爱好方面的个别差异，第二年更有发展。下边是一个调查的结果（表 11-11）。

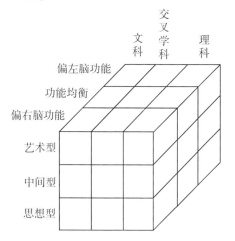

图 11-7　学科能力中不同类型的构成

表 11-11　　　　　　　　　　小学低年级学生学科兴趣的差异

年级	喜欢语文和数学	喜欢语文	喜欢数学	不喜欢语文和数学
1	55％	30％	10％	5％
2	40％	40％	15％	5％

当然，这仅仅是学科兴趣个性差异的开始，随着他们知识的增长，小学生对语文、数学，乃至历史、地理、自然等，表现出一定的选择性的兴趣。但是小学阶段学生的学科兴趣总是不稳定的，容易变化。在我们的教改实验

中发现，在很大程度上小学生学科兴趣决定于其学习成绩的好坏。于是，我们设法帮助小学生提高学习成绩，这是使他们保持和提高其对多种学科兴趣的重要因素。

中学阶段，学生学科兴趣分化较大，且随着年龄的递增而明显化，还出现了男女学生学科兴趣的差异。

在中学阶段，男、女生的学科兴趣有无差异，这在国际心理学界是有争议的。图 11-8 是美国和日本的一些心理学家的研究成果。

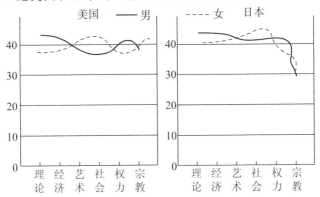

图 11-8　男女高中生学科兴趣比较

可见，日本与美国的高中男生重视理论的、经济的、权力的价值，女生重视艺术的、社会的、宗教的价值。两者的不同点在于，美国学生重视宗教的价值，日本学生重视社会的价值。

我们主持的协作组通过调查发现，我国中学生对文、理两科的兴趣是有差异的。图 11-9 和图 11-10 表明：男生对理科的兴趣稍大于女生，女生对文科的兴趣又大于男生。这是我国中学生学科兴趣的一个重要表现。

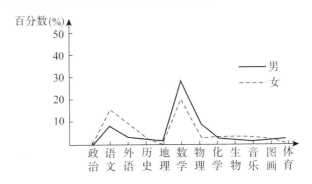

图 11-9　男女生最喜欢的学科比较

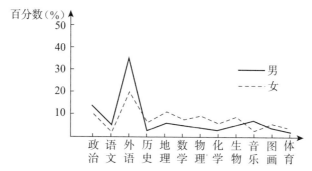

图 11-10 男女生最不喜欢的学科比较

针对男女生不同学科兴趣的特点进行不同方式的引导,这是教师和家长对中学生培养中必须重视的一个问题。

综上所述,可以看出中小学生学科能力类型,取决于它自身的结构,取决于主体的高级神经类型和非智力因素,特别是学科兴趣。这些因素构成了不同学科能力类型,从而形成个体差异。

第四节　心理能力表现范围的差异

心理能力表现范围很广,表现在:学习领域与非学习领域、表演领域与非表演领域、学术领域与非学术领域,并显示出心理能力的个性差异来。当然,这些领域是交叉的,往往没有严格的界定。

一、学习领域与非学习领域心理能力的差异

我们平时说的学生心理能力的差异,多半是指表现在狭义的学习领域的差异,即在学校课堂学习中表现出的知识、智力和能力的差异,但是很少涉及课堂学习之外的领域所表现出来的差异。

(一) 课堂学习领域与非课堂学习领域心理能力差异的表现

1. 课堂学习领域心理能力差异的表现

本书较多的篇幅是在阐述学习领域的心理能力的差异。如前所述,在学校课堂学习中的心理能力差异有:中小学生学习知识和技能的差异;中小学生学习技能和技巧的差异;中小学生学习中各种智力与能力因素的差异;中小学生学习策略与学习方法的差异,等等。这些差异,集中表现在三个方面。

（1）学生在学习各科知识中，表现出来的概括能力的差异。

（2）学生在课堂上各种学习活动中，表现出来的思维品质的差异。

（3）学生在学习过程中，表现出逻辑思维水平和特点的差异：①是抽象逻辑思维还是形象逻辑思维。②推理能力强弱。我们规定了五个指标：步骤是直接的还是间接的；逻辑推理种类的完善程度，即对归纳、演绎、比较推理是否都能掌握；推理的范围是否广泛；推理过程是否正确和合理；推理时所表现出来的特点，即概括性、自觉性和揭示本质程度的水平如何。

2. 非课堂学习领域心理能力差异的表现

中小学生在学校课堂学习之外的领域，也有心理能力的表现，而且在一定意义上比学校内表现得更为丰富多彩。

在我们接触中小学生的过程中，发现中小学生在非学校课堂学习领域的心理能力差异，表现在两个方面。

（1）表现在非正规的活动中。即在家庭里、在社会上所表现出来的才能和特长，如劳动能力、交际能力、办事能力、制作能力、艺术欣赏能力、运动技能，等等。我们在教改实验中多次提出，要关心中小学生的校外生活，了解他们在校外各种场合的兴趣、爱好、才能和特长，把其作为因材施教和引导学生成才的一个重要内容。

（2）表现在课外活动中。课外活动是学生在课堂教学以外，进行的多种多样的学习活动，是促进学生的全面发展的重要组成部分①。

①课外活动的内容：社会政治活动，科学技术活动，文学艺术与文艺活动，社会公益劳动，体育活动，等等。

②课外活动的形式：群众性活动，包括集会、考题研究、节日纪念、文艺演出、体育运动会等；小组性活动，包括学科小组、科技小组、运动小组、利他小组等活动；个别活动，包括阅读、实验、制作，等等。

③课外活动学习（广义）过程的结构：设置问题情境→研究课题→拟定解决课题的方式→执行活动→总结与评价。

④中小学生在课外活动表现出来的心理能力：独立思考、独立工作的能力；研究和活动能力；学科兴趣、才能和特长；社会实践能力；人际关系能力，等等。根据中小学生各人所参加的课外活动内容和形式的差异，表现出不同的心理能力差异来。

---

① 林崇德主编.中国中学教学百科全书·教育卷.沈阳：沈阳出版社，1991

（二）积极开展课外活动，培养非课堂学习领域的心理能力

我们在教改实验中十分重视中小学生的课外活动和校外活动，我们把它看作是发展学生智力、培养学生能力的渠道之一。

1. 倡导积极开展课外活动

课外活动是学校教育体系中的一个组成部分。它以其内容与形式突破了课堂教学的局限，对学生发展非课堂学习领域的能力，即全面提高心理能力有着极为重要的作用。

这种作用是由课外活动的特点所决定的，课外活动有如下特点：①即时性，传递信息及时；②趣味性，从学生兴趣爱好出发，充分调动积极性；③广泛性，内容和形式不受教学大纲和计划的限制；④活动性，学生自行设计、自己操作，自我检验，充分调动创造意识，并发挥创造才能；⑤自主性，教师只起组织和指导作用，以学生为主，自觉参加活动，更好地发挥学生的主体性。

为此，我们倡导实验班积极开展课外活动和校外活动。

2. 实验班或实验学校的几点做法

我们归纳了我们实验班或实验学校开展课外活动或校外活动的几点做法，认为其符合全面提高中小学生心理能力的要求：

（1）课堂教学与课外活动或校外活动彼此沟通，互相扩充，双向配合，使学生的课堂学习心理能力与课外（或校外）活动心理能力趋于一致，交互发展。

（2）加强非智力因素的作用，即根据兴趣参加课外活动组织和团体；用刻苦的性格积极参加活动；用顽强的意志克服困难，坚持始终；以创造的成果丰富情感，作为增强能力的动力。

（3）因地因时因人制宜，在内容上，不拘一格，在形式上多种多样，开展课外活动，创造条件，争取更多学生参加校外活动，使学生逐步走上社会。

（4）全面发展与因材施教相结合。课外活动或校外活动，在发展非学校课堂的心理能力中不可能面面俱到，在全面发展的指导思想下，只要发展与培养学生一两种专门才能，哪怕只是爱好，也是值得提倡的。

3. 几点收获

我们各地实验班通过课外或校外活动，在培养非学校课堂的心理能力上获得如下的收获：

（1）丰富学生心理生活，开阔其视野，激发其求知欲。这是实验班比较普遍的特点。

（2）发现非学校课堂心理能力，发现各种人才。例如，我们初中实验班发现并积极引导学生按自己的兴趣、特长、水平而选择志愿，使一批有专业但学习成绩一般的学生在中专、技校、职业高中发挥其才能，也使参加劳动的学生心情愉快、积极上进。

（3）肯定一批后进生表现出来的非课堂学习能力，特别是劳动能力和各种动手能力，保护这种能力，并以此为基础，促进课堂学习的能力的发展。

（4）开展技术制作活动，并制作了不少作品。各地实验班在课外活动中成立了诸如手工、电工、缝纫、教具、玩具、标本、编织等制作小组，制作了大量的作品，有的还搞了展览会。使学生掌握一定科技能力和劳动能力，发展他们的创造性和实践精神。

二、表演领域与非表演领域心理能力的差异

表演领域主要指体、音、美等领域。除表演领域，则是非表演领域。我们平常对前者论述较少，对后者却常有接触，故我们在这里主要阐述表演领域的才能。

在教改实验中我们看到，有的学生在体育领域、艺术领域表现出特殊的才干，有的学生却在这方面能力平平，或几乎是没有发展前途。

（一）表演领域心理能力的表现

1. 体育才能的表现及其差异

体育才能既取决于先天素质，又决定于后天的锻炼，两者缺一不可。

在教改实验中我们看到，中小学生的体育才能主要表现在两个方面：一是运动负荷；二是运动技术。

（1）运动负荷。运动负荷是人体在身体锻炼中所能完成的生理负荷量。它是人体在运动训练或体育教学中，对训练量所引起的生理机能反应的量或范围。

中小学生由于年龄、性别、体质、健康状况和训练水平的差异，承担同样的运动负荷，人体所引起的生理功能反应是不同的。所以生理负荷是评定运动负荷大小的客观指标。

运动负荷的基本因素是两个：运动量和运动强度。前者是指练习的次数、延续的时间、练习总距离和总重量；后者是指单位时间内完成练习所用力量的大小和机体紧张的程度，常以动作的速度、练习的密度、负重的重量、投掷的距离、跳跃的高度和远度等表示。此外，动作的质量对运动负荷的大小也有一定关系。

（2）运动技术。运动技术也称动作技术，指符合人体运动科学原理，充分发挥人的机能潜力，有效地完成动作的方法。各运动项目都由一系列技术动作完成。

一个完整的运动技术，包括三个方面。

①技术基础，即按规定顺序和节奏组成的技术基本结构。

②技术环节，即组成运动技术基本结构的各个部分。如急行跳远的助跑、踏跳、腾空、落地，每一部分都是技术环节。不论技术环节多少，其中必有主要环节，称为技术关键。

③技术细节，即在不影响技术结构的情况下所表现出的个人技术特点。

体育才能是以运动负荷和运动技术为基础而获得实现，并在田径、体操、球类、武术、气功、游泳、滑冰、舞蹈、游戏、角力等某个方面表现出来，且表现出明显的个性差异。有意思的是，在我们实验班中，有的品学兼优的学生，竟因体育成绩不能获"良"而不能评"三好学生"。可见体育能力个性差异之大。

2. 音乐才能的表现及其差异

音乐是由许多的音乐基本要素——节奏、旋律、曲式结构、调式、和声等有机地结合在一起，成为完整的一个不可分割的统一体而构成的。其中最重要的是节奏和旋律。

音乐才能也取决于先天和后天的因素。它的基本技能是掌握音的组织、配合诸要素必须具备的要领，包括节奏方面的节拍、节奏、速度、力度和乐句法，旋律方面的音高、旋律、调式和调性，以及和音方面的音程与和弦。由于这些要素反映在乐谱上，所以有关乐谱的知识和技能也应包括在音乐的基本技能范围之内。音乐才能要决定于素质，诸如听力、嗓音、节奏和旋律感等。没有这些先天素质是不行的。但是，音乐是实践的艺术，因此，还需要掌握表演的技能，具有实践性，都应在后天的实践中学习和完成。

中小学生的音乐才能，不仅表现在音乐表演和乐器演奏方面，而且也表现在音乐创作和作品赏析、特别是音乐审美能力上。音乐才能的早期表现很突出。儿童在 3 岁左右开始显露音乐能力（男孩占 22.4%，女孩占 31.5%），有一半人的音乐能力是在幼儿阶段显露的（男孩 49.7%，女孩 53.3%），在 12 岁以后再显露音乐能力的并不多（男的只占 14.3%，女的只占 8%）。可见，中小学生的音乐才能表现出明显的差异。学习尖子在音乐上表现出"五音不全"者也大有人在，可见音乐能力个性差异之大。

3. 美术才能的表现及其差异

美术是以物质材料为媒介，占据一定平面或立体空间的艺术。它包括绘图、雕塑、建筑艺术、工艺美术、民间美术、宗教美术、舞台美术，等等。

美术能力是眼、手、脑协同完成美术活动的本领。它包括美术的认知能力、绘画表现能力、工艺制作能力和审美能力。

（1）美术能力的表现。①美术认知能力，包括美术观察力、形象记忆能力、形象思维力和美术想象力，以把握物象的形体、色彩、结构、质量等外部特征，从而进入理性的创造，构成完整的、崭新的艺术形象。②绘图表现能力是以一定的物质材料和基本手段，使创造的艺术形象得以显现，用以表现思想、情感或事物的能力。它包括造型能力、表现技能和技巧、形式美规律运用的能力、内容和形式统一手法和创新的能力。③美术的审美能力是欣赏、鉴赏美的事物和美的作品以及通过艺术形象把握现实的活动能力。

（2）美术能力的发展。儿童青少年美术能力发展存在着年龄特征，大致经历涂鸦期（1.5～3 岁）→象征期（3～5 岁）→意象期前期（5～7 岁）→意象期后期（7～9 岁）→萌生写实期（9～11 岁）→推理写实期（11～13 岁）→仿成人写实期（13～15 岁）。尽管存在着这种年龄特征，但儿童青少年，包括中小学生美术能力的个性差异都是十分明显的。

（二）创造条件培养中小学生的表演能力

在教改实验中，我们的实验学校和实验班教师比较重视中小学生表演能力的培养。一般地，他们将表演能力纳入"体育"和"美育"的领域。具体做法如下：

（1）上好体、音、美课，丰富学生的文体活动。绝大多数实验班即使到小学和初中毕业年级，仍然坚持上体、音、美课。我们认为，并不是人人都有体、音、美方面的表演能力，然而，在文明的年代、文明国家的人民应该懂得健身之道，应该具有审美表演的能力。

（2）组织课外和校外活动，组织文娱、美术组和运动队，参加少年宫或体校的活动，促使有表演能力特长的学生脱颖而出。

（3）积极参加各种竞赛，更好地选拔尖子。实验班不仅涌现了一批尖子，而且也为专业队伍输送了一批人才。有的实验班将这项工作作为"整体改革"的一个组成内容。

三、学术领域与非学术领域心理能力的差异

学术是指较为专门的、有系统的学问，学术领域的能力，主要围绕着学问而展开。中小学生在学校学习阶段，谈不上有什么学术能力，即使在中学

阶段出现的，也只是学术领域心理能力的萌芽。

非学术领域范畴较广，诸如管理、行政、组织、服务、军事、宣传，等等。当然，这些领域也有学术问题，但就这些领域的心理能力表现，又是另一种性质的了。

（一）学术领域与非学术领域心理能力的表现

1. 学术领域心理能力的表现

从事专门而系统学问的研究，需要有相应的知识和相应的能力。这种能力就是学术领域的心理能力。这种能力的核心是独立地从事某专门领域的科研能力。此外，还包括自由探讨、写作（著书立说）、创造发明等能力。这是高层次的能力。

2. 非学术领域心理能力的表现

非学术领域心理能力表现的范围很广，这里仅举三种：

（1）组织管理能力。它大致包括计划与规划设计能力，把握目标的能力，组织、控制、指挥与协调能力，表达能力，用人与授权能力，处理人际关系能力，决策能力等。

（2）宣传能力。它涉及知识面广，善于表达，富于逻辑性，生动感人性，有吸引力、号召力和影响力，说话守信誉，应变性强，等等。

（3）商业才能。它涉及了解消费者（顾客）的心理及其与商品属性的关系，掌握供销活动的信息，把握商业网点、商业招牌、橱窗设计和店容店貌、服务态度和商业组织活动，等等。

人们不仅在学术领域和非学术领域之间表现出明显的个性差异，而且在学术领域或非学术领域里也表现出明显的个性差异。一个优秀的科学工作者，未必是一个好的行政领导，可能在从事买卖行业时非赔不成；相反，一个杰出的行政领导或宣传家，未必能从事学术工作，也未必能从事经商工作，等等。

（二）中小学教育应为社会输出各种各样的人才

中小学教学不应该只单纯地为高一级学校输送新生，使千军万马过独木桥。中、小学教学更重要的是为社会输送劳动后备军。从事学术工作的毕竟是少数，每年考入大学的占高中生的 $1/4 \sim 1/2$，对同龄人来说更是少数。因此，我们教改实验把英才教育与提高普及教育质量统一起来，很重要的一点是提高大面积的教学质量，培养各种非学术的心理能力。

尤其是我们的初中实验班，比较重视初中毕业生毕业后分流的问题，帮

助各类学生选择好适合自己的志愿。我们的高中实验班，除帮助学生选择和确立升学志愿外，也帮助一些学生做好就业的准备。

我们坚持一种观点，即：天生其人必有才，天生其材必有用。只要帮助学生选择好既符合社会需要，又适合其人、其才、其趣的工作，我们相信每个人都能在各自的工作岗位上作出自己的成绩。这就是"行行出状元"的道理。

从思维品质到心理能力发展的个性差异的论述，使我们看到人的智力与能力的个性差异的客观存在。这不仅使我们进一步认识到古人提出"因材施教"的价值，而且更让我们产生发展学生个性的紧迫感。因为只有发展个性，才能适应多元化社会的复杂化生活与不断扩大的多样化需求。正如龚浩然、黄秀兰两位教授所指出的"未来社会的竞争，是以具有主体意识和主体能力的人，即具有自主性、能动性和创造性为前提的"[1]。直面学生缺乏个性、竞争力和创造性的现实，让我们积极开展自主性和主体性的教育，充分发展学生的个性，使一大批又一大批的具有个性特点的创造性人才脱颖而出。

---

① 龚浩然，黄秀兰. 班集体建设与学生个性发展. 广州：广东教育出版社，1999，2

第十二章　全面发展与整体改革

在我们教改实验的计划中，明确地写道，教改的目的是促进学生的发展。正如第一章所述的，所谓发展，主要指三层意思：一是掌握知识，形成技能；二是发展智力、培养能力；三是实现教育目标，达到全面发展，提高以创新精神为核心的整体素质。

我们的实验要求，必然会出现从单科教改开始，融教师队伍建设、教材建设、教法改进为一体，从心理能力培养实验走向整体改革实验。

第一节　走向整体改革的必然性

我们的教改实验是由单科开始的，起先的目的，仅仅停留在传授某一学科知识的同时，灵活地发展学生的智力与能力，以减轻学生的过重负担，提高教学质量。

教改实验的纵深发展，把我们的部分研究逐步引向综合性的整体改革。

一、单科改革面临着挑战

单科改革实验是必要的，而且，近年来在我国所进行的改革，大多数是单科的单项改革。但是，它毕竟是局部的改革，它会遇到实践和理论两个方面的挑战。

（一）来自教育实践中的问题

整体改革观念的提出，首先是来自教育实践及其需要。

根据我们教改实验及其产生和发展的演变途径，至少可以看出，单科的、局部的改革存在着三个问题：

1. 学生各学科学习的发展是不平衡的

在教改实验中我们看到，中小学生在学习中偏科现象是严重存在的，从小学三年级起，这种趋势随年级递增而发展。所以，某一学科成绩提高了，并不是别的学科都能相应地提高。我们以数学和语文两科成绩的相关系数（r）为例，作了统计（每个年龄段被试 $n=300$）：小学低年级被试 $r=0.85$，小学中年级被试 $r=0.72$，小学高年级被试 $r=0.65$，初中被试 $r=0.42$，高中被试 $r=0.33$。

这说明两科成绩的相关系数随着年级的升高，各学科成绩在分化。

我们课题组还测定了中小学生语文、数学、英语三科成绩之间的相关，测定中学生文、理各科成绩之间的相关，发现其各相关系数相对于上述的更小。

造成这些现象的原因是很复杂的。从学生来分析，除了学生在学习中个性差异之外，与非智力因素、特别是学科兴趣分化有直接关系。此外，教师、学校、家庭等因素，也会造成学生单科成绩的分化。

由此可见，单科或单项的改革虽是必要的，但存在着较大的局限性、割裂性。它的主要弊病在于未能发挥教育的整体性功能。整体改革的提出，正是为了发挥教育的这种整体性作用。

2. 影响中小学生心理能力发展的因素的多样性

我们的教改实验，属于心理能力发展与培养的研究。

在这个实验研究中我们看到，影响中小学生心理能力发展的因素是多方面的。而单科、单项的教学改革，往往不考虑诸多因素，却过多偏重智能因素，甚至于仅仅只考虑学生的知识因素。

在一定程度上，我们目前的教育，是一种"应试"升学的知识教育。在这种教育中，往往是重知识轻智能，重智育轻德育，重共性轻个性，重课堂轻课外，重校内教育轻社会与家庭教育，等等。这种教育的后果是，胜者升学，败者流向社会，循环往复，最后以什么样的心态为社会、为国家、为人民服务，是值得研究的。与之相适应的单科、单项的改革，也往往摆脱不了片面追求升学率的框架。

在这种社会背景下，进行单纯心理能力发展的实验，我们起先也跳不出

上述的框架。但在 20 世纪 80 年代初一次调查中，使我们认识到这个问题的严重性。我们调查的是初中生厌学情绪，发现厌学者约占 1/3，其中感到"学习基本没有意思"者占 26.1％，"学习一点意思也没有"者占 7.0％，于是出现混学、闹学、逃学、辍学，使初中学生流失率严重，这使我们感到，智力与非智力是统一体，应从非智力因素入手培养智力与能力。因此，教改实验的实验变量要从多方面控制，即实行全方位的教改，以培养出"面向现代化、面向世界、面向未来"人才的需要，作为衡量教改成败中的根本标准。

为了达到这个目的，我们在教改实验中较自觉地实行全面心理素质的教育，对教育进行整体改革，以克服教育工作中的片面性。

3. 德才发展应该统一起来

德才怎样统一，是一个有待深化改革的问题。

在教改实验中我们看到，教改不等于智育改革，不能只重智育而轻德育。实施素质教育，必须重视德育工作，以德育为灵魂。教育整体改革，是社会历史发展的必然，随着我国建设的发展，尤其是改革开放以后，对教育提出更高的要求，即要求我们把培养人才放在首位，提高中小学生的思想道德修养，科学文化水平，身体素质和个性心理品质，为其步入社会，参加两个文明建设打下德才基础。在这种社会历史发展的实践中，使我们亲身感受到，教育整体改革的出现和发展，有其社会政治经济发展的必然原因，是社会历史发展的必然。

德育是学校对学生进行政治教育、思想教育、道德教育、法制教育和心理健康教育等方面的总称。我们必须坚持这样的观点：德育为一切教育的根本，是教育内容的生命所在；德育工作是整个教育工作的基础。我也同意这样的观点：诸育只有以德育为首，才能应运而生，才会有其价值。德是米粒中的胚芽、果核中的仁，也就是生机。所以，德育工作是实现教育政治功能的根本途径。应该承认和正视当今儿童青少年思想道德滑坡的事实，因此，不抓德育是不道德的。

为此，我建议加强德育实效性的研究，并提倡：当前的德育工作，在目标上，应该把重点放在培养信念和习惯上；在内容上，应该改革现行德育教材，使教材内容有可读性，适合学生的年龄特征，且有针对性；在手段上，应该突出感情的投资，做到"动之以情"。只有这样，才能使德才统一，德才兼备的人才辈出。

鉴于上述分析，可以看出教改的发展过程，就以我国 20 世纪 80 年代这一特定时期为例，整个社会教改趋势，一般可以分为三个步骤：

第一阶段，加强"双基"（基本概念与知识，基本技能与技巧）教学，严格教学秩序，提高"教学"质量；

第二阶段，从注重"双基"逐步转化为注重智能的培养，注意到课内与课外的联系（即所谓"两种课堂"的联系），重视非智力因素的作用；

第三阶段，逐步开始整体改革的教改实验。

我们自己的教改实验，应该是从第二阶段开始的，我们的研究工作，主要属于第二阶段的工作，继而逐渐转入第三阶段。

（二）来自教育理论建设的需要

在理论上产生的问题是，如何实现教育目标，培养学生成为全面发展的一代新人。

"全面发展"几乎成了国际教育界的引人注目的口号，连联合国教科文组织都提出这么一种要求：如果说，20 世纪 70 年代主要在搞智力开发，那么，80 年代应该着重培养全面发展的人才。

其实，提出"全面发展"理论的是马克思。"马克思关于个人全面发展的理论，在马克思教育思想的专门研究中，以及在一般教育学和教育史的研究中，无论国内外，也无论过去和现在，从来都受到普遍的重视"[①]。马克思指出，全面发展的人是在体力和智力方面"获得充分的自由的发展和运用"的人[②]。马克思揭示了个人全面发展的规律：①个人全面发展的条件是"大工业的本性"所致，只有当个人成为社会的主人，他才能会日益全面发展；②教育是人的全面发展的重要条件，当然，教育具有不同的历史性和阶段性；③个人全面发展教育的内容是：智育、体育、技术教育和德育；④个人全面发展的意义有真正的科学基础以及具体的、时代的内容。因为，从古希腊时代起就有一些思想家向往全面发展的问题，我国古代智、仁、勇的思想和礼、乐、射、御、书、数的教育主张，在一定程度上也表达了这个思想。近代也有不少学者，如斯宾塞也持有这种思想。但是，真正以科学为基础的全面发展的教育理论，还是从马克思开始的。

根据马克思主义教育基本原理，总结我国正反两方面教育经验，毛泽东精辟地指出："我们的教育方针，应当使受教育者在德育、智育、体育几方面都得到发展……"[③] 毛泽东的全面发展理论与教育方针联系在一起，是作为教育目标而提出来的。

---

① 王焕勋. 马克思教育思想研究. 重庆：重庆出版社，1988
② 马克思恩格斯选集（第 3 卷）. 北京：人民出版社，1995
③ 毛泽东. 关于正确处理人民内部矛盾的问题. 北京：人民出版社，1957

由此可见，教改的内容要有一个时代感，并且有一些与教育方针相适应的因素，整体改革正是要解决这个理论问题而出现的。

二、整体改革的层次与类型

我们在教改实验中提出了整体改革的设想，整体改革有一个层次问题，按照不同的层次大致可以分四种类型：最高层次的整体改革——对教育进行全面综合的改革，且对其进行战略的研究；第二层次的整体改革——使学生德、智、体、美等诸方面"和谐"发展，综合渗透；第三层次是培养综合能力；初步层次的整体改革——某一门学科的综合改革。

（一）全面整体的综合改革

1. 内容

这是最高层次的整体改革，它包括六项内容：培养目标（以德育为先、能力为重、全面发展、提高社会责任心、创新精神和实践能力）；评价（评估）方法；课程改革与优化（教育、教学）质量；教师队伍建设；教育环境（家庭、社会、学校三位一体的教育大环境）；行政管理（包括体制结构等）。

2. 特点

这种整体改革，一般具有如下特点：

（1）教育行政部门高度重视作为改革试点，或有强有力的学校领导人；

（2）有一定的经济基础，或有校办企业等作为经济支柱；

（3）实行社区管理学校，或以"家长学校"作为联络学校、家庭、社会的纽带，发动全社会重视教育、办好教育，优化了教育环境，也包括研究社会力量办教育问题；

（4）教师有很高的教改积极性，从教育方法的改革，逐步发展到课程设置、教育内容（教材）、考试方法等改革，并自始至终将这些改革作为教科研来抓；

（5）形成一套德、智、体、美等诸方面教育的措施和评价办法；

（6）往往从单体（即某个学校）到地方（即某一地区、一个县、一个专区或市）的整体改革。

我们参与的宁波市教委整体改革实验组的实验研究，就具备上述的六个特点；我们实验组成员之一四川省射洪县太和第一小学的整体改革的实验，也基本上体现了上述的主要特点。

当然，要进行这种整体改革实验，难度较大，时间也较长。

（二）德、智、体、美整体化教改实验

我们国家新的教育方针是坚持教育为社会主义现代化建设服务，为人民服务、与生产劳动和社会实践相结合，培养德、智、体、美全面发展的社会主义建设者和接班人。在我们的研究中，有一部分学校或实验班已走上德、智、体、美等整体化的教改实验的道路。为的是全面贯彻教育方针。例如，我们的实验点海南省海口市第十一小学，内蒙古赤峰十中马素霞的研究，都属于这类研究。

1. 内容

主要是根据教育目标，以学生为研究对象，以学生达到德、智、体、美等诸方面的成果为教改内容和教改目的。

2. 特点

（1）以学生在德、智、体、美等诸方面的成绩为研究的出发点。

海口市第十一小学于 20 世纪 80 年代中期开始实验，十余年后，学生在道德品质、学习成绩、创造能力、体育竞赛（尤其是参加市、区上级比赛）、艺术表演、劳动表现和群众关系各项指标上，均表现出色。在 1999 年全教会期间，6 月 16 日由该校六（4）班（实验班）64 名学生在北京音乐厅表演了民族音乐"椰风海韵"，全国人大常委会副委员长彭珮云同志等国家及教育部领导同志观看演出 18 个精彩节目，最后由国家级指挥家、作曲家杨洁明先生亲自上台为他们指挥了三个节目的演出。与会者不仅为该校精湛的表演而热烈鼓掌，而且更对他们在实施学生全面发展教育表示赞许。

内蒙古赤峰十中马素霞从 1980 年开始，进行了为期 10 年三轮半的整体改革实验，期期成功。以 1985—1988 年实验班统计资料为例：①实验班三年先后被评为校、区、市三好班，先进集体，获体育、卫生、纪律、文艺等奖励 19 次，100％要求入团，团员占 77.6％，30 人被评为内蒙古自治区、赤峰市、红山区和学校三好学生和优秀干部；②各科成绩显著高于同年级学生，所以升学考试中 100％考入高中（红山区升高中比例只有 68.1％）；③实验班先后参加校田径运动会、环城赛四次，均获年级团体第一名，全班学生体质发育明显优于市区同龄学生平均水平；④个性、特长获得发展，100％参加兴趣小组，14 名学生分别在区、市、自治区和全国学科比赛中获奖。

（2）对德、智、体、美等的比重，我们各实验点的做法并不一致。一般都突出重视德育，突出智能培养，不放松其他各育，做到全面发展并和谐发展，实现各种教育因素的整体优化。

（3）实验者一般是学校领导或班主任，这个核心力量是实验效果好坏的关键。

（三）培养学生的综合能力

教育部考试中心发出高考综合能力测试的通知以后，在社会上引起强烈反响，对于直接承担教学与应考任务的中学来说，面临着困境与挑战，中小学生有没有综合能力培养的任务？为此，我们实验点江苏省扬州中学王雄写了《创造性与综合能力》一书（和平出版社 2000 年版），他还就综合能力培养的目标、结构与评价撰写了一篇论文。

1. 综合能力培养的目标

指综合运用知识的创新意识与能力。这里，根据世界上其他国家的普遍做法并结合我国实际，把综合能力培养的目标划分为两个方面：第一是知识目标，即经过科学概括后在各科知识基础上形成的综合知识，包括各科综合性知识，两门相近学科之间的综合知识，几门学科共同研究的综合知识以及更高层次的综合知识（除含上述学科综合知识之外，还涉及科学精神与人文精神）；第二是能力目标，即成功地解决某种问题所表现出来的良好的适应性的个性心理品质，包括思维能力、个性学习能力、学科能力和科学技术社会现实中所蕴含的综合能力。值得注意的是，无论知识目标还是能力目标，其包含的子目标均是层层递进，相互铺垫，互为基础的。

2. 综合能力的结构

应该具体反映在对其的测试形式中。我们认为，综合能力测试的结构涉及三个维度。第一，综合能力测试目标。例如知识目标和能力目标。第二，综合能力测试题目的回答方式。例如判断、选择、列表、因果分析、资料分析、论证、计算等。第三，综合能力的编题形式。例如图表（地图、表格和统计表等）、图片（照片、漫画、宣传画和广告等）、文字说明、文字资料，等等。上述三个维度构成了综合能力的立体结构，该结构既可以以综合知识为核心，也可以以能力综合为核心，或者两者兼而有之，从而使综合能力的结构体现创新精神和实践能力为主旨的素质教育要求，也为培养儿童青少年的综合能力打下了坚实的基础。

3. 综合能力的评价

是综合能力培养中的重要环节。这里既要避免综合知识中过分重视分科知识的倾向，又要避免综合能力中过多强调记忆的倾向，而是把重点放在考察综合各科知识技能的综合能力与创新能力上。具体地说，第一，以综合能力培养的目标和结构为依据，确定层次分明、知识和能力覆盖合理的题目；第二，根据综合能力考察的不同层次，制定相应的答案层次，并实行按能力层次递增评价的方法；第三，评价时可采用统计方法，以控制系统误差；第四，评价时要正确把握好难度与区分度，以确实保证综合能力评价的信度与效度，提高综合能力评价的科学性。

（四）学科教改中的整体改革

某学科改革，不只是停留在单科单项实验上，也不光停留在智力改革上，还应突出多方面的改革。

1. 内容

学科教改中的整体改革，在内容上是不统一的。我们课题组中出现这方面改革内容的有：

有的是从某科教学方法的改革逐步发展到课程设置、教材的改革，突出培养学生的创新精神和实践能力，终身学习的愿望和能力，以及对自然和社会的责任感；

有的从单门学科的改革拓展到两门（如中小学的语文、数学）或多门（如中学的语文、数学和物理等）学科为同一课题目标（如思维品质），横向联结渗透的改革，突出综合能力的培养；

有的突出教学中有关德育、美育问题，为造就德、智、体、美等全面发展的新型人才奠定基础；

有的探索知识内在结构问题（如语文的"语"与"文"的关系，数学中的"数"与"形"的关系），学科能力结构问题，课内外结合问题，等等。

2. 特点

（1）从内容到形式，不拘一格，呈多样性；

（2）以智育改革为主线，突出以德育为先，体、美等诸育的互相渗透，也就是充分发挥课堂教学的主渠道作用，在学科教学中渗透诸育；

（3）以实现课堂教学整体优化为重点，努力减轻学生过重的负担；

（4）充分利用课外活动或"第二课堂"的作用，做到两种课堂一起抓，以便抓好学生的实践能力；

（5）逐步建立诸如教学目标机制、激励机制，评价（如量表）机制，质量机制等教学机制、规则，使教学正规化、科学化。

三、整体改革的内涵与方法论

应该指出，在如何理解整体改革的实质上，国际教育界也没有一个固定模式。一定程度上，这要取决于各自的方法论。

（一）整体改革成为国际潮流

应该指出，整体改革在今天是一个国际的潮流。我们在此可以举几个例子：

当今国际竞争是以商战为主要形式的综合国力的竞争。这里关键在于民族的全面素质，主要取决于基础教育，美国近20年来基础教育质量低，1985年以来，他们提出"要尽一切努力来拯救基础教育"。后来，他们又搞了一个"2061工程"，这是一个整体改革的计划，它要求到2061年将实现这个长远战略目标的改革方案，收到其应有的效果。这个方案涉及有关全面发展的思想，如个体社会化问题；涉及学制改革，如"4、4、4"基础教育学制；涉及教育结构，包括层次结构、横向结构、学科门类结构等；涉及课程设置，中小学着重抓英文、数学、科学、历史、地理，规定了必修课和各种选修课，强调培养具有综合能力的通才或通才基础上的专才，步子是相当大的。

日本自明治维新以来，一直重视教育，教育也推动了经济的发展。但是，在日本有一个严重的问题，那就是学历至上。20世纪70年代以后，随着高中和大学升学率的饱和，为获得更高学历而争上名牌学校，以"记忆力竞争"为特征的"考试战争"愈演愈烈，结果导致学校为考试而教育，于是扼杀了中小学生的自主性、个体性和创造性。这些问题、弊端的存在，促进了教育整体改革。1988年，日本政府制定了"教育改革推进大纲"，受到全国重视。因为全国上下已有一种共识：改革的成败将关系到日本能否在未来21世纪"以世界为伍"而继续发展。日本的改革方案，将培养具有国际性、个性、适用性和创造性，在精神和能力两个方面符合时代需要的日本人。日本的教改是一种综合的改革。首先，它调整培养目标，规定培养具有宽广的胸怀、健康的体魄和丰富的创造力，自由、自律和公共精神，面向世界的日本人。为此，在中小学教育中，强调对日本的历史、传统、文化和社会作出有说服力的介绍能力，强调外语学习和国际交流合作的能力。其次，改革教育内容和教育方法，规定小学与初中，应精选教育内容，增加选读课程，着重培养学生的思维力、判断力和表现力；高中应向"多样化"和"灵活化"方向发展。最后是改革考试方法，强调减轻学生的心理压力，健全他们的人格，改革现行升学考试制度。最后是建立终生教育体系。所以说，日本的改革是一项整体改革。

法国1991年颁布的中学教改决定也是属于整体改革的范畴。首先，改革教学内容，提出从中学二年级到毕业教育分为"主要内容"和"补充内容"，它们都是必修课。规定"辅助教学单元"安排在主要教学内容中，提供诸如法语、文学、数学、哲学的补充内容。此外，从中学二年级起，每年有两门选修课，如艺术、经济管理、数学、生物学、工艺学、信息学等。其次，改革课程结构，教学课程分两个阶段。对于选择职业道路的学生，第一阶段是谋取职业学校毕业证书的"定向阶段"（2 年）；另一阶段是准备参加工业或第三产业职业中学毕业会考的"毕业"（2 年）。再次，减少课时，为了减轻学生过重负担，学生学习时间原则上每周不超过 35 小时。最后，改革中学毕业会考考试，会考分三类：普通中学、工艺中学和职业中学。原先会考系列繁多，经改革，普通学校从 8 个系列降到了 3 个系列（文学、经济与社会、人文科学）；工艺中学从 18 个系列降到 3 个系列（自然科学与工业工艺、自然科学与实验室工艺、自然科学与第三产业工艺）；职业中学原先有 25 个系列，因涉及问题较复杂，尽管也在降低，但未成定局。

发达国家如此，发展中国家也在进行整体改革。例如泰国 21 世纪的教育目标，将是广泛发展基础教育，逐步实现全民教育，从德、智、体和职业技能几个方面提高全体人民的素质。他们加强道德观和价值观的教育，把目前 6 年普及教育扩展为 9 年，并进而扩展到 12 年。政府采取教育立法，在全国建立教育网。这种教育目标，也是一种整体改革的趋势。

（二）整体改革的内涵

不论是从我们教改中出现的不同类型整体改革来理解，还是从国外出现众多的整体改革来分析，整体改革无论在内容上还是在形式上都表现出千姿百态，没有固定的模式的特点。

但是，这里有几个问题是可以统一的：

其一，每个国家所制定的整体改革方案，都是从本国的政治和经济出发，强调国情，为其本国的社会制度服务的。

其二，整体改革的目的是为了培养人：社会的人、国家的人、阶级的人、时代的人、创新的人。

其三，整体改革的指导思想，是在一定教育哲学观点指导下的整体的理论或系统的理论，所强调的是：各种教育内容、形式的统一；学校内部机制的统一；社会、学校、家庭的统一，即所谓"大教育"观点对整体改革作出论述；学生发展的共性和个性的统一。

其四，整体改革是一种协调教育的各种因素、部门和机制，相互联系，按照教育规律，以发挥最佳的教育整体功能，或教育整体结构的整体效应和最佳功能。

以上四个方面不能说是整体改革的内涵，因为目前对整体改革的内涵尚未有一致的界定。但是，由于上述四个方面在一定程度上能反映当前教育界论述整体改革的某种共识，所以，我们把其作为了整体改革的内涵。

（三）整体改革的方法论

在《发展心理学研究方法》一书中，我们提出，当代科学研究的方法论体系，按其从高低的水平结构，可以分为三个不同的、但又紧密联系的层次，即：哲学方法论、一般科学方法论和具体的科学方法技术①。

1. 哲学方法论

整体改革的哲学方法论是唯物辩证法的普遍联系和不断发展理论。

按照唯物辩证法的观点，世界上的一切具体事物都同周围的其他事物有着一定的联系或关系，它们各自内部的一切要素也处于相互联系、相互制约、相互作用之中。整个世界是一个相互联系的统一整体，任何事物和形象，都是统一联系之网上的一部分、成分或环节。唯物辩证法联系的范畴，是事物、现象之间客观的普遍联系的科学反映。事物的联系和运动、变化、发展有着密切的关系。事物之间的相互作用构成事物的运动，运动乃是一般的变化，而事物由量的变化到质的变化就是发展。联系的观点和发展的观点是唯物辩证法的根本观点。

2. 一般科学方法论

某一科学的一般科学方法论，即现代科学共同运用的科学方法论，它具有跨学科的性质，其代表是系统方法。如前所述，现代系统科学不仅为唯物辩证法关于普遍联系和永恒发展的思想提供有力的佐证，而且在发展唯物辩证法的哲学观点上也做出了贡献。系统科学以系统为研究对象，它分析系统的特点及发展变化的规律。系统科学的思想，不仅使我们知道如何进一步分析整体改革的内涵，而且也有助于我们探讨整体改革方案的制定和具体实施。

3. 具体学科的方法论

（1）整体改革要运用教育科学的研究方法技术。某一种科学的具体方法，即分别适用于特定科学的专门的研究方法技术。教育整体改革以教育为对象，它要依靠教育科学，特别是心理学、教育学等有关学科的研究方法技术，以促进和提高系统的整体功能为目的的教育改革。在教改实验中我们体会到，任何具体方法的运用，从拟定课题、研究设计、到取得和解释结果，都应该坚持理论联系实际的方针。这个方针的实现，主要表现在具体措施的实施，一旦实施，且有效果，往往使教改实验前进一步；如果实施中失败，则需要

---

① 朱智贤，林崇德，董奇，申继亮．发展心理学研究方法．北京：北京师范大学出版社，1991

468

我们总结教训，寻找失败的原因，从而进一步修正方案，再进行教改实验。

（2）整体改革的研究指标。整体改革的研究，采用的是"准实验"研究方法。这是一个较复杂的问题，正如我们在第三章里所指出的，它是在实地情境中不能用真正的实验设计来控制无关变量，却使用真正实验设计的某些方法来计划收集资料，获得结果。

我们在教改实验中，涉及整体改革的研究指标是这么确定的：

①对整体改革作综合评价。我们课题组李汉提出：特定评价与客观评价相结合；形成性（过程）评价与终结性（效果）评价相结合；专项评价与模糊评价相结合。

②采用"专家评定法"，分解整体改革诸因素，求出模糊值和有关数据。在研究学生的智力与非智力因素在学习中的作用时，在对实验结果进行处理前，我们首先要对各项因素进行量比[①]。量比是根据专家（10名，其平均值）经验进行的。需要量比的方面如下：

一是智力因素与非智力因素在学习活动中的各自作用，即权重：A 智力因素＝0.525，A 非智力因素＝0.475；

二是六项智力因素在智力方面、四项非智力因素在非智力方面的各自的权重：

$$
\text{智力因素}
\begin{cases}
\text{A 感知理解力} & =0.112\,5 \\
\text{A 记忆力} & =0.14 \\
\text{A 语言表达能力} & =0.18 \\
\text{A 思维能力} & =0.275 \\
\text{A 评价能力} & =0.13 \\
\text{A 应用操作能力} & =0.162\,5
\end{cases}
$$

$$
\text{非智力因素}
\begin{cases}
\text{A 学习的目的性} & =0.237\,5 \\
\text{A 学习的计划性} & =0.225 \\
\text{A 学习的意志力} & =0.287\,5 \\
\text{A 学习的兴趣} & =0.25
\end{cases}
$$

三是优、良、中、差四个等级的量比：优＝1.00、良＝0.666 7、中＝0.333 3、差＝0。

在量比之后，就可以统计研究结果。实验结果包括三个方面：一是 10 种因素单项发展状况；二是智力方面和非智力方面各自发展状况；三是 10 种因

---

① 申继亮．心理模糊性的定量研究．北京师范大学学报，1990，增刊

素综合起来的发展状况。

③多因素分析。这又可分两种情况：一是抓主要的，测定实验措施的效果。我们在实验"等组"的前提下，提出什么实验措施就测定什么措施带来的效果。例如，在等组的条件下，我们对实验组加强思维品质的训练，控制对照组不采用这种实验措施，最后测定思维品质的变化。

二是通过多因素分析，求出有关数据，特别是交互作用的数据。现在一般统计检验采用 SPSS、SAS 和 LISREL 等软件包，很方便地获得结果。

三是建立相关的模型，模型分析法是近年来在心理学实验研究中逐步应用的一种方法，它是一种检验变量之间复杂因果关系的数学方法，是因素分析和路径分析的深化和综合。建立相关的模型，不仅可以从已有的数据中探索、发现客观规律，而且更是研究者根据先前的理论和已有的知识，经过推论和假设，形成一个关于一组变量之间的相互关系（常常是因果关系）的模型。

当然，做多因素分析本身还有许多问题，如第三章所述的：变量的控制有时是不可能的；有时变量的控制是无意义的；从整体观看，影响心理变化的各因素的不同组合，也可能会使某一影响因素产生不同的作用。所以，我们对各种因素都予以重视，尽量做到，具体因素作具体而谨慎的分析。

第二节　整体改革措施的心理学研究

整体改革措施是一个很复杂的问题。而我们的课题，却是一个心理能力研究的项目，因此，我们的整体改革措施，是从心理科学研究角度提出来的。

《中共中央关于教育体制改革的决定》（1985）和《中共中央、国务院关于全面推行素质教育的决定》（1999）都指出，要改革旧的教育思想、教育内容和教育方法。我们的整体改革的心理学措施正是从这里出发的。《国家中长期教育改革和发展规划纲要（2010—2020 年）》提出"把提高质量作为教育改革发展的核心任务。"其工作方针是"优先发展（教育），育人为本，改革创新，促进公平，提高质量"，其战略主题是坚持德育为先，坚持能力为重，坚持全面发展。近 30 年来我们的教改实验，正是这样走过来的。

一、端正教育思想，把德育放在教改的首位

在教改实验中，我们明确地提出，培养中小学生良好的品德和个性是

实现整改目标的首要任务。这成了我们实验学校一个最普遍的要求和做法。

（一）品德的特性

从心理学的角度看，品德不是个性心理结构中的一种简单的因素，而是个性心理的一个特殊表现。它既包含一定的个体意识倾向性，又包含一定的个性心理特征；它既通过心理过程形式，又在心理过程中表现出来。因此，品德是一种特殊的个性心理，这种特殊性，就是体现一定社会道德的原则和规范，具有稳定的道德意识和道德行为总体这一根本属性。所以说，品德是个性中具有道德价值的核心部分。

从品德的特殊矛盾出发，我们认为它主要有社会性、统一性、稳定倾向性、自觉性、区别性、调节性六种彼此联系互相制约的特性[①]。

1. 品德内容的社会性

品德是一定社会关系的体现，它的最显著的特性就是品德的社会性。

品德反映着一定历史条件下的某种社会关系，它的内容的社会性，应该是历史性、阶级性和全人类性的统一。一个人的品德的历史性，是指他的道德面貌体现历史的特点和时代的特色；一个人的品德的阶级性，是指他的道德面貌反映了一定的阶级利益和要求，并为特定阶级的道德规范和伦理体系所制约。但是，一个人的品德也包含着全人类的因素，这是个体心理对道德的全人类因素反映的结果。因此，品德是人的社会属性，它反映的是人的社会特质。品德的发展变化，主要取决于社会因素。只有在社会条件的作用下，在社会实践的活动中，个体经过主观努力，才能不断形成、积累和完善新的品德成分，促进品德的发展和变化。

2. 品德结构的内在统一性

品德是一个极为复杂的整体结构。它是道德动机与道德实践（行为）的有机统一，又是道德意识倾向性与道德心理特征的有机统一，也是道德认识（知）、道德情感（情）、道德意志（意）与道德行为（行）的有机统一，还是道德内容与道德形式的有机统一。

3. 道德品质的稳定倾向性

任何人的品德都是在他处世接物的实际行为中表现出来的。这种行为所表现出来的是涉及道德关系的重要和持久的心理特征，这一类心理特征的综合，就组成一个人完整而稳定的品德。所以，道德行为是整体的、统一的，道德行为是持续的和一致的，道德行为反映一个人完整的道德面貌。

---

① 林崇德. 品德发展心理学. 上海：上海教育出版社，1989

4. 品德抉择的自觉性

品德的一个显著特点，就是它的自觉性，自觉地抉择行为，自觉地按一定道德准则来控制行为。品德抉择的自觉性，来自道德信念、道德意志和道德习惯。也就是说，道德信念是构成品德自觉性的前提；品德是自觉意志的凝结；道德习惯体现了道德意识与道德行为自觉统一的程度和水平。

5. 品德层次的区别性

品德的发展，呈现出不同的层次、水平和等级。不同人的品德存在着很大的差异性或区别性。这种差异性，主要表现在道德规范、道德范畴和心理结构上。其中道德规范是道德行为的准则，它是对待某一社会关系行为的善恶标准，涉及下面三类社会关系：

一是个人和社会整体的关系，即所谓"群己关系"，它包括个人与国家（爱国主义）、民族、阶级、政党、社团、集体等的关系，爱国主义是处理好群己关系的核心；

二是个人和他人的关系，又称"人己关系"，它包括朋友、敌我、同志、父母、老幼少之间的关系，提倡孝道，团结合作是今天"人己关系"的核心；

三是个人和自己的关系，即自我道德修养的准则，如"自尊""信心""谨慎""勤奋""俭朴"等，自信或信心是自我修养的核心。

6. 品德功能的调节性

品德调节着主体的行为，从而完善其社会关系、人际关系和自身修养。这是一种特殊的调节，它来自道德动机，要诉诸主体的内心信念，具有自觉调节的特点；它是在统一道德心理特征的知、情、意、行的过程中实现的，其调节的程度往往带有持久性和稳定性；它的功能所干预的范围很广，它涉及任何一个主体对社会、他人及自身的一切行为，因此，它和政治、法律、宗教的调节范围具有明显的区别。

我们在教改实验中的德育工作，涉及思想教育、政治教育和道德教育。在道德教育中，我们实验班教师，比较自觉地认识上述的品德特性，按照品德特性的诸方面去较细致地做思想品德的教育工作。

（二）品德的结构

我们在德育中强调，一切从学生实际出发，具体问题要作具体分析。这里很重要的一点，是分析中小学生品德结构的实际，顾及这个原有结构的水平。

什么是品德结构，国内外心理学界还没有统一的看法。我们探讨了这个问题，提出它是一个多侧面、多形态、多水平、多联系、多序列的动态的开放性的整体和系统。

从心理学的角度来看，品德结构尽管复杂，但它主要包括以下三个子系统：①

一是品德的深层结构和表层结构的关系系统，即道德动机系统和道德行为方式系统；

二是品德的心理过程和行为后的关系系统，即道德认识、道德情感、道德意志和道德行为的心理特征系统；

三是品德的心理活动和外部活动的关系及其组织形式系统，即品德的定向、操作和反馈系统。

我们在教改实验中强调：

（1）抓好品德深层结构——道德动机的激发工作。道德动机系统，即品德的意识倾向性，它是"需要"的表现形态，其中核心的因素是道德信念和道德理想。

（2）全面提高知、情、意、行心理特征。我们在教改实验中指出，品德的心理特征是彼此联系、不可割裂的一个整体。在一个人品德的发生发展中，每一个特征都是不可忽视的，缺乏正确的道德认识，道德行为则容易产生盲目性；没有良好的道德情感，就不能产生积极的道德态度；失去坚定的道德意志，就无法调节道德情感和行为，知与行也难以一致；若无恰当的道德行为，道德认识、情感、意志就无法实现。可见，这四个特征是相互制约的。

（3）重视品德的组织形式——定向、操作和反馈，特别是反馈。要引导学生自我反馈和自我教育，要积极地、正面地评价学生的道德行为，以表扬为主，批评为辅，奖励为主，惩罚为辅；要引导学生在道德动机驱使下制订行动计划、设想行为后果。

（三）道德行为习惯与养成教育

我们在教改实验中明确地指出，德育的目的是什么？简单地说，就是养成良好的习惯。于是我们十分重视"养成教育"。

如何培养中小学生的道德行为习惯呢？我们课题组的做法是：

1. 小学

（1）积极贯彻国家教育委员会颁布的《小学生行为规范》。小学阶段，对学生的要求要细、要具体。

---

① 林崇德. 品德发展心理学. 上海：上海教育出版社，1989

（2）适合年龄特征。

低年级应侧重常规教育及良好的常规训练；

中年级应侧重热爱集体、热爱学习和遵守纪律的教育，培养自觉纪律；

高年级应侧重社会公德、意志品格和爱国意识的教育，培养文明待人的习惯，并防止不良的行为习惯。

（3）有目的地练习和重复。这里，我们强调了四点。靠"讲"（要求），靠"练"（一个要求一个要求地练），靠"表扬"（正面引导），靠"带"（榜样的带动）。

（4）善于客观地评估。

（5）逐步培养良好的班风、校风。

2. 中学

（1）积极贯彻国家教育委员会颁布的"中学生行为规范"，但不宜太过细和太具体，具有一定的概括性，注意年龄特征：

初一年级可侧重文明待人与自觉纪律（这与小学阶段高年级要求趋于一致）；

初二、初三年级应侧重意志品格、道德伦理和国家、民族前途的教育，并趋于习惯化；

高中阶段在进一步加强道德伦理教育的同时，可着重加强世界观与人生观的教育。

（2）严慈相济，引导中学生有目的地进行道德行为练习。

（3）从中学生的原有道德结构出发，引导他们按照自己的意愿来形成良好的道德习惯。

（4）集体培养与个别训练相结合。在中学阶段，我们仍然强调班风和校风的建设。

二、改革教学内容

教学内容的改革首先涉及的是课程的改革。

如何在教学过程中使学生掌握人类长期创造和积累起来的经验的精华，这就是课程论问题。如第一章所述，课程论主要论述教学内容的安排问题，换句话说，它是为实现学校教育目标而选择的教育内容。课程问题在任何一个教育体系中都处于核心的地位。因为教育目的要通过教学内容来体现；教学方法和教学组织形式要受教学内容来决定并为之服务；教学的质量、水平的评价标准也要以教学内容作依据并获得实现。当前在课程改革中，各种争

学习与发展
——中小学生心理能力发展与培养
（第4版）

474

议和碰撞是非常正常的现象。但争议的归宿离不开当今教育学与心理学的研究课题，离不开中华民族的优秀文化，离不开我国的国情。最后可获得课程是一个综合的概念，正如《教育大辞典》引我国古代"课程"观点后所指出的"课程含有学习的范围、进程、计划的程式主义。"顾名思义，"课程"为有"课"（内容）有"程"（进程），可理解为学生学习的内容、进程或时序以及价值整合。这里必须要指出，任何课程改革成功与否，关键在于能否实现价值的取向。所以，学生核心素养成为课程标准（课标）的高端设计的基础。课程改革当然要编写出新教材，但课程绝非单纯指教材。健全课程的价值观，在课程实施中坚持价值整合，才是当前课程改革的核心。

当前课程改革的目标是确保国家的教育方针得到全面贯彻，以提高国民素质为宗旨，如前边已经提到的，突出学生的创新精神、创新能力和实践能力，终身学习的愿望和能力，以及对自然和社会的责任感，为全面发展人才打基础。具体目标有：改变课程过于注重知识传授的倾向，强调学生主动学习、学会学习；改革课程结构过于重视学科本位，强调课程的综合性；改革课程内容的繁、难、多、旧的现状，强调知识的时代性、兴趣性和实用性，强调知识结构中科学素养和人文素养尤其是为终身学习打好基础；改革课程过于偏向重复性学习、死记硬背现象，强调发展学生诸如自主性学习，探究性学习，合作性学习等学习方式或风格，并以此对学生的各种能力培养，等等。当前课程的改革所体现的是现代课程的新发展，突出学校课程适应当前社会发展和科技发展的需要；适应培养数以亿计的高素质创造性劳动者，数以千万计的高素质创造性的专门人才和一大批拔尖创新人才的需要；适应学生个性发展的需要。然而，当前课程的改革绝不是打倒一个另立一个那种"不破不立"的趋势，即把所谓新课程和原先的"旧"课程对立起来。应当看到原先的课程也有许多特点和优点，"新"课程出现之前的我国大大小小的人才不都是"旧"课程的"成果"吗，所以我主张继承和创新的统一。当前课程的改革应视为继承传统的或原先课程的基础所进行的创新之举。

对目前的教学内容，我们课题组也曾作过适当的改革。

例如，为适合教改的需要，我们课题组曾编写了四套中小学实验教材或实验辅导教材：

《小学数学实验教材》（谭瑞、张静余负责编著，北京教育出版社，1989年）；

《小学语文实验教材》（耿盛文、樊大荣主编，北京教育出版社，1989年）；

《数学思维训练》（李汉主编，中国卓越出版公司，1990年）；

《提高你的听说能力》（中学语文补充教材，梁捷主编，云南少年儿童出版社，1990年）配备了相应的教参和教具。

正式出版或播放了四部影像资料（均由梁捷编剧，李立凤执导），即中学语文的《听》（6集）、《说》（6集）、《读》（6集）、《美育之光》（12集）。

20多年来，效果一直较好。那么，我们改革上述的教学内容有何特点呢？

（一）出现"能力型"的教材

我们的教材，紧扣我们教改课题的总要求，成为"能力型"的教材。这个能力型教材的编写依据就是第八章和第九章的数学与语文能力的结构。

例如，我们的小学数学和语文教材，从整体改革出发，配套使用，使小学两门主科互相补充，互相促进，彼此渗透、协调发展。所有这些，不仅改革了现行教学内容，而且体现了整体改革的思想，效果比较显著。

广大实验班，5年完成小学6年的教学内容，且在小学毕业或升学考试中，普遍高于六年级的成绩。这里以浙江临海市实验报告数据为例（表12-1）：

表 12-1　　　　　　　　　临海实验班的毕业考试成绩

	全市区	六年制毕业班（对照组）	五年制实验班
语文	74.40	77.7	80.74*
数学	74.78	79.3	86.66**

注：$*P<0.05$；$**P<0.01$。

我们所编的教材体现出，它是一种纵横交错的弹性结构。所谓弹性，即伸缩性、灵活性。它具有两种含义：一方面是我们的教材，在安排上，将知识相对集中，适当分散纵横交错进行；另一方面从对知识的要求上，也有一定弹性。所以，我们的教材能在不同地区"开花"，且普遍地提高教育质量，减轻学生的过重负担，使学生主动地、生动活泼地进行学习。

我们的教材改变"封闭式"教学，加强多学科横向联系；密切体现丰富多彩的生活和实践气息，加强课内外，即所谓"两种课堂"的联系；体现学法指导，提高了学生的学习积极性和各科教育质量。

（二）出现三种课程体系

我们有的实验点，尤其是有些重点学校经过多年的艰苦探索，已初步形成了以必修课为主、以选修课和活动课为辅的三种课程体系及其操作方法。实验点教师在现有教材的基础上纷纷编写补充教材、选修教材、活动课指导读物；不少学校实施多媒体教学或把计算机辅助教学作为切入点。所有这一切，都是为了加强基础，提高质量，培养能力，全面提高学生素质。

（三）出现学生的综合能力

如前所述，应该从知识目标和能力目标去分析如何培养学生的综合能力。

从知识目标出发，我们实验点强调培养领会或理解知识的能力、巩固知识的能力和运用知识的能力。也就是说，培养了学生分析问题和解决问题的能力；增进了学生获取和处理信息的能力，特别是获取新知识的能力；提高了学生实践能力。从能力目标出发，我们实验点以培养学生学科能力为出发点，倡导培养学生的思维品质，是综合性能力的集中表现，特别是创新性思维品质，它所突出的是创新精神和创造性能力，这对创造性人才的造就和培养是至关重要的。

三、改革教学方法

我们课题组的吴昌顺先生，为课题组教学方法提出一条规定："教无定法，选有定则。"意思是鼓励每位课题组成员都去创造自己的教法，因为别人的教法，对甲教师可能是适用的，对乙教师可能是不适用的，对丙教师则可能成为教学的负担或起阻碍作用。所以，我们不提倡固定的具体教学方法，但是，教育与教学是有规律可循的。为了提高课堂教学的效果，根据北京老教师朱丹先生倡导的教学思想，将课堂教学方法改进，提出以下原则的规定，以要求实验教师选用。

（一）备课

备课是上好课的关键，是上好课的前提。备课应考虑的是 17 个字。这就是："三的、三点、三实际、二基本、一灵活、纵横联系"。现分述如下：

（1）"三的"，就是备课时要备出教学大纲（或课标）的目的，单元或章节的目的，课时的目的。

（2）"三点"，就是要突出重点，讲好难点，说明疑点。所谓疑点，就是课堂上学生混淆不清，容易误解的地方。语文的同音字、形近字，如"膏"字，膏与胃的不同这就是疑点；数学的除法性质、分数性质和分式性质中，除数和被除数，分母和分子同乘或同除以一个数，其大小不变，这个数必须强调"零除外"。不然学生容易概念混乱。

（3）"三实际"，是要求教师从教材的实际出发，避免旁征博引；从学生实际出发，便于因材施教；要求教师联系社会发展实际，文科教学要挖掘教材的思想性，对学生进行教育，理科教学要考虑到科学发展的最新实际。

（4）"二基本"（又称"双基"），是基本概念和知识，基本技能和技巧。一节好课，必须抓住基本知识概念讲深讲透，不能只图花架子，显示自己的才能，而学生收获却很少。所以必须紧扣基本知识，讲清基本概念，培养学生的技能技巧。

（5）"一灵活"，是在备课中注意灵活地培养学生的观察能力、记忆能力、思维能力、想象能力、实际操作能力和创造力等。培养学生的心理能力，即智力与能力，要贯穿在全课时中。

（6）"纵横联系"，纵是一门学科的上下联系，年级之间的联系。为什么提出这一点呢？知识是循序渐进的，每节课必须考虑到新旧知识的联系，学生才能温故而知新。所谓横，就是各学科要彼此照顾。如化学课讲甲烷 CH_4 形成正四面体的空间结构，可以根据数学中几何位置，不难算出 C—H 键间夹角为 $109°8'$。语文老师要给别的学科老师多纠正错别字，如地理老师有可能将泰山的"泰"字写成"太"等现象。

我们要求实验班的教师在学年或学期开始之前，应根据教学大纲和教科书的要求，写出"教学进度计划"（即教学日历表）。它的一般样式是（表 12-2）：

表 12-2　　　　　　年级　班　学科进度表

(19××～19××)

周次	日　期	教学时数	教材内容	教学目的	教法与教具	备注
1	自 至　月　日					
2						
3						
⋮ 说明						

教研组　　　任课教师　　年　月　日

478

教师在备课中写的教案，我们的格式是（表12-3）：

表 12-3 　　　　　　　　学校课时计划（教案） 　　　　年　月　日

班　级		科　目		教师	
时　间		年　月　日（第　周星期　）第　节课			
题　目					
教学目的					
授课类型		教学方法		教具	
教学进程与 教材内容					
如何体现培养概括 能力、思维品质					
评估设想		备　注			

课时计划的详简，根据教师的情况而定。教师的备课以个人钻研为主，适当安排集体研究活动。

（二）课堂教学基本功

要上好课，教师的教学就得有基本功。有的学校，将课堂教学的基本功概括为五个字，即讲、写、作、画、演。现介绍如下：

（1）讲，就是语言清楚，讲好普通话，这是先决条件。语音方面，要掌握好抑、扬、顿、挫，有感情，不能老是一个调，这样学生不爱听，教学效果不好，学生容易发困。同时，教学语言要准确、明白、精练、生动、形象、优美，逻辑性强，有启发性，讲了上句，让学生想听下句。

（2）写，就是写字。首先，要求教师在板书上下功夫，尤其是到一个新班上课，字写得好，学生就佩服。当然这不是主要的，主要的是板书如何处理。教师备课时，要考虑板书的处理。我们提倡教师的板书分为主板书和辅助板书，处理得非常细致。主体板书在黑板左边，包括公式，性质，例题一、例题二、例题三怎样出现。辅助板书，凡是讲新课带有旧知识或疑难字、解释字在右边，可以随时擦去。主体板书中适当掺杂用一些彩色粉笔，但彩色粉笔一般不能多用。主要是告诉学生：红的地方是这一课的重点，蓝的是引起注意的地方。整个板书是这一堂课的提纲。按照"知觉"背景与对象对比特征，学生一目了然，起到知识再现的作用。有的教师不注意板书。要是教

479

师的板书东斜西歪，学生写字就可能"龙飞凤舞"，这都是"模仿"的结果。

（3）作，就是教态。教态起着很大的辅助作用，表现在眼、手、身。眼就是盯住学生。比如教师看到学生在说话，就向他摇摇头，学生就明白是不让他讲话。眼睛是最能传递思想感情的，眼睛能唤起学生的共鸣。有的教师不注意看学生，站在讲台旁，对着窗户讲，这样不能引起学生共鸣。手的动作也很重要，打手势能起到辅助讲解的作用。比如一个老师教语文，讲"袖手旁观"一词，就两手一抄袖，往黑板旁边一靠，他不用再讲，学生就能懂，记得也牢。身体位置的处理也很重要，例如，是否要"串行"教，要按照具体教学内容、学生年龄等而定，不应千篇一律要求。

（4）画，指的是教师在讲课过程中，应及时画出图表、状物，这是按照学生思维发展的年龄特点，提供具体形象的材料。语文课讲《赤壁之战》，有地点、时间，教师画出略图，就容易讲清时代背景和战争概况。数学、物理的教学，更离不开"画"。"画"，要让学生看得清，变成自己头脑中的形象，便于形成基本概念。

（5）演，即演示。小学的常识，中学的理科的课堂教学需要使用直观教具。要是没有直观教具，往往使学生脱离感性基础，难以理解和掌握。演示不仅指直观教具，教师的示范也同样起演示作用。例如，语文的朗读教学，教师语调抑扬顿挫，富于感情，这也是一种演示的方法。今天，更要强调现代化教学技术手段的使用。

讲、写、作、画、演的相互配合，形成一个教师课堂教学的基本功，是上好一堂课的基本条件之一。"基本功"怎样，往往决定着课堂教学的成败。因此，我们不能忽视这"五字"功夫。

（三）处理好课堂教学的几个关系

要取得课堂教学的良好效果，必须处理好这其中的一系列关系。据经验介绍，应该抓好以下几方面关系：

1. 解决好德、智、体、美的关系

这是教学原则的要求，一般要求教师在课堂教学上贯彻"爱、关、严、辅、培、引"六个字。"爱"就是从爱护学生的观点出发。课堂上任何申斥、挖苦、讽刺，甚至谩骂等，都是不对的。"关"就是关心学生，包括学生的思想、学习、生活、体育锻炼。只有教师真正关心学生，师生关系才能搞好。"严"就是严格要求。"严师出高徒"是有道理的，学生的毅力和认真作业同是在"严"字下形成的。"辅"就是课上课下，对差的学生辅导。对好的学生也要辅导，使他"吃饱"，因材施教。"培"就是培养学生的智力与能力，这是在课堂上一点一滴培养起来的。"引"是要注意智育与体育、智育与美育的关系。例如，引导学生积极参加体育活动，引导他们注意卫生保健，对学生看书、写字、坐、立、听讲、回答问题的姿势都要注意，课下作业不宜过多，太多了影响学生们的健康也是不好的。又如，我们实验的中学文科课题组，制作了大量朗读的配乐录音带，使语文课教学中得以处理好智育与美育的关系。

2. 处理好讲和练的关系

讲、练是一种教学方式。讲和练如何结合呢？一种是"精讲多练"，强调的是精讲后要让学生适当量的练；另一种是"精讲精练"，强调的是精讲之后要让学生有示范性、代表性的练；再一种是"讲而泛练"，意思指有的内容通过讲述，泛泛一练或不练，只要明白了就行了。这三种提法来自不同教学内容，归结起来，就是"精讲善练，讲练结合"，也就是说，讲课无论何时都要精讲。如果一个学生学好多门课，教师都要旁征博引，必然喧宾夺主，学生听的热闹，而收效甚微。精讲有利于记忆；练习多少，要看教学内容，课程性质；不管如何练，目的在于引导学生去实践，去思考，使他们的知识转化为技能技巧，锻炼他们的智力。如果把"多练"理解为"练得越多越好"，无限地加码；把"精练"理解为"练得少一点"，于是对习题作业不加挑选，使学生无法去理解解法、程序、规范，无法起到"解剖麻雀"的作用，这都达不到练习的应有目的。

3. 处理好新旧知识的关系

学了知识不复习会遗忘，要反复在头脑中出现才记得住。理解新知识，是以已有的知识为前提的，是用这些旧知识去认识新的事物，进行新的联系。因此，课堂教学要以新带旧，由旧到新，由已知到未知，由浅入深。

4. 处理好尖子学生与一般学生的关系

因材施教不是搞复式教学，课上要面对大多数。但课下要按程度进行辅导。对尖子学生的辅导是课堂教学的延伸，对差生的辅导是课堂教学的继续。这是不可缺的两个环节。

5. 处理好课内与课外的关系

我们的整体改革，在一定意义上是深化以实现课堂教学整体化为重点的教学整体改革，努力减轻学生过重的负担。我们重视课堂改革，并不是不重视课外活动和校外活动，即所谓"第二课堂"，那是课堂教学的补充和发展，丰富的第二课堂，是提高第一课堂质量的一条必不可缺的途径。

6. 教与学的关系

如前所述，教是主导，但学生要学得积极，才能收到好的效果。即使教

师讲得口若悬河，学生充耳不闻，心不在焉，还是达不到目的。因此，改进教学方法，我们提倡启发式，废除注入式。这就是要求教会学生学习。我们在第一章已提到，现在学校里，学生学习有四种情况：一是爱上学、会念书的学生；二是混学的；三是闹学的；四是逃学的。当然第一种是多数，少数学生因为学习不得其法而学不进去，随着年级升高，差距越来越大，所以教师应根据各年级学生和学科特点，教给学生掌握学习的策略和方法。第一章我们已论述了这个问题的理论基础，在学生的学习中，学习的方法，就是眼、耳、脑、口、手都要同时并用。对学习的方法，有人将它归纳为七个字，即看、听、记、写、问、忆、练。①看，就是预习。如语文、数学，让学生通过预习找出明天要上的那篇课文里的生字，段落大意，中心思想。有了预习准备，听课时的效果就更好些。②听，就是积极主动地听。"听"不能感兴趣就听，不感兴趣就不听；也不能会的就听，不会的就不听。只有听懂了，才能记下来。③记，要记住教师的重点，公式性质，这就要求教师要精讲，要突出重点。④写，是要用笔认真记笔记。⑤问，即勤学好问。现在的学生不爱问，或见教师就说："老师我不懂。"教师要启发他们："哪儿不懂？"问有三问：一是问自己；二是问同学；三是问老师。三问相结合，知识就变成自己的了。⑥忆，是回忆。这是记忆力问题，教师要随着学生年龄的增长，逐步使学生学会"咀嚼、反刍、消化"六个字。"咀嚼"就是不要整吞整咽，要回忆老师今天讲的什么，哪些是重点；"反刍"就是联系旧的知识，把旧知识"过电影"，翻出来和新知识联系起来以求理解；"消化"是在"咀嚼""反刍"的基础上归纳、演绎、比较、总结，把知识综合概括起来。⑦练，不单是练技能技巧，手、口、脑、眼、耳都要同时练。通过上述七个字的努力，教与学就能统一起来，学生的学习积极性就能调动起来，知识与心理能力就能有显著的长进。

四、改革评价方法和手段

评价（评估）就是价值判断。它按照教育的目标，根据测量和其他方法获得的数据、资料，对学生在多大程度上达到教育目标所作的价值上的判断，并为今后教育工作提供信息。

教育评价是教育过程不可缺少的环节。一个完整的教育过程应包括三个环节：一是确定教育目标；二是选择教育与教学方法；三是通过评价检查教育目标的实现程度，为调整下一阶段的教育目标和改进教育或教学方法提供依据。这三个环节互为因果，紧密联系，构成动态的结构。

我们课题组和不少实验点，制定了测评德、智、体、美诸方面表现的工具。我们课题组所涉及的评价（评估）方法和手段的改革，表现在如下三个方面。

（一）品德的评价

品德评价（估）是否可以采用数量化的方式？这个问题在教育界与心理学界是有争议的。我们课题组对此曾作过尝试。

品德的评价应从品德结构出发，即对学生的品德评价应考虑到他们品德的完整结构。

1. 理论方面考核

中小学均有德育课。德育课是系统学习理论、明辨是非，以确立方向。

理论方面测评是最简要的评价。它包括两种考核：

平时考核。例如，检查旧课，检查新课自学能力，检查课堂讨论水平，检查小论文、调查报告等水平；与班主任结合，了解言论、观点等。

定期考试。主要指期中、期末考试。这两种考试可以开卷与闭卷相结合，口试与笔试相结合，教师命题与学生命题相结合。

2. 观念方面考核

思想观念和道德动机，如信念与理想是品德的深层结构。这个难度较大。我们采用的是心理学"投射法"，问卷试题的内容要生动活泼、有情有趣，使学生既愿意积极配合，认真作答，又不明白我们的意图，无法猜测、敷衍。

例如，有这样一个试题："有一个年轻的临时清洁男工，手拿一把扫帚站在马路旁向远处看。他在想什么？"

结果：重点学校中学生和大学少年班学生多数人认为，他在想当初不好好念书，今天只好扫马路；一般学校中学生多数人认为，他想"转正""改变工种""多挣钱""好好工作"（想的较"实惠"）；有的农村学生干脆表示，愿像他当个"进城的清洁工"；但 80％工读学校学生却认为他在想"金钱"或"美女"。

这是一道测定"道德理想"的试题。这类试题较真实地测出观念的东西，且可以数量化。

3. 实践方面考核

学生的社会实践是帮助他们了解社会、分辨是非、提高思想品德的重要途径。如何考核这方面的水平呢？可以有三种手段：

实地考察，深入学生的实践活动，掌握直接信息，制定等级（数量化），以评价学生在教育活动中的效果。

评比法：通过自评与互评的评比检查教育活动的效果。

联合评分：教师同学生的社会实践单位的领导和指导者联合，按原定等级评估学生的成绩。

4. 行为方面考核

道德行为表现在学生的外部。如果以"学生行为规范"为依据，可以作如下两种客观评价。

学生互相评价：将 5～10 名学生分为一组，背靠背地对别的同学和自己围绕各类行为打分，最后统计他人评比的平均分，并和自己评价求出相关系数。

联合评定：学校经常召开年级教师会、干部会、家长会等，收集学生在各种不同场合的行为规范的特点，并按原先等级加以评定。

5. 情操方面考核

道德情感评价的难度较大，但也能加以考核测评。方法有：

将各种道德情感和有关行为分类，并将每种类别分解到各年级，实行等级化。以班主任为首，各科任教师一起讨论评定。

移情测定：在重大事件或重大道德情感发生时，考核学生共鸣的特点，并分等级评分。

联合评定：与行为教育系统（如组织实践锻炼或行为时期情感的变化）的"联合评定"。

（二）智能的评价

在教改实验中，我们对心理能力，即智力与能力的评价，分为两类：一类是知识成绩的评价，这和一般考试没有太大的区别。如果有区别，只是对实验班和控制班的学生作对比研究。另一类是心理能力的评价。有关我们课题组对心理能力测量问题，我们在第三章已经作了介绍。下面再作如下的补充[①]：

在心理能力测量中，我们获得了学生心理能力发展的数量化信息，在这个基础上进行分析判断，说明在这个测验中反映出心理能力发展的共同性问题是什么，心理能力差异表现特点是怎样的，非智力因素在其中起着什么样的作用，等等，就是说，在测量到的数据描述的基础上，进行学生心理能力的评价。可见，心理测量和心理能力评价，是既有区别又紧密联系的两个环

---

① 冯惠昌. 中小学能力发展与培养. 北京：北京教育出版社，1990

节。学生心理能力评价是学生学习水平评价或教学评价的重要组成部分。

评价的目的不仅是为了说明某种心理能力的状况如何，而主要是为心理能力培养提供有价值的信息。也就是说，通过心理能力评价，不只是给某个学生团体或个人做出心理能力方面的鉴定，评定等级，更重要的是为了发展，为了有的放矢地采取措施，进行教育和培养，发挥评价在学生心理能力发展中的改进、激励和导向的功能。

考试是有效的评价手段。考试决不等于"应试"，素质教育同样需要考试。从提高学生的全面素质出发，我认为考试应遵循如下六条原则：①加强基础。应该把中小学教学的基本科学文化知识以及基本技能技巧作为考试的主要内容。②顾及能力。要考虑智力与能力试题的比例，年级越高，智能试题应该越多。智能试题并不等于智力测验，而是应用学科的语言，考核学科能力的水平。③突出创新。在能力中创新或创造性能力最为重要，它不仅体现能力，而且也反映创新的意识。所以试题必须要有测定创新的成分，考核学生新颖、独特且有价值的答题内容和思路。④信度效度。试题具有客观性、可靠性和稳定性，不因为是测定时间先后或场合变化而对成绩造成显著的影响。试题具有真实性、准确性，客观的考试应该与师生主观的评估具有一致性。⑤区分层次。智力测验里标准化处理有一个以难度水平为基础的"区分度"，我看不妨借鉴。试题太难或太容易都不好，难易水平主要目的是能通过考试，区分出学生的不同层次等级来。⑥富有弹性。试题的弹性，不仅指区分度，而且指能否测出一定个性特长来。至于高考命题，内容上是定"3＋X"，上述原则，对其是否有参考价值，只好由实践来检验了。

因此，心理能力评价是一种反馈系统。对学生心理能力的评价，它提供了学生心理能力水平、特点和教育、教学、学习的反馈信息；向老师和学生揭示了学习与发展中的问题和缺欠；为教师及时采取矫正补救措施，改进教学提供可靠的依据；也有利于学生明确努力方向，改进自己的学习，激励他们在现有心理能力的基础上不断提高。

第三节　整体改革有助于学生心理能力的发展

整体改革有助于中小学生的智力与能力的发展。这已被我们教改实验的成果所证明。

一、整体改革促进学生心理能力的发展

我们的研究是一项学生心理能力发展与培养的实验。在我们的教改实验

中，凡是整体改革搞得好的，学生心理能力的提高也快。今天新课改提倡自主、合作、探究学习，这与整体改革成了相互促进的学习能力。

（一）小学整体改革的例证

我们以香厂路小学实验为例。在该研究中，我们获得了大量的实验数据[①]，下边我们从学生创造才能的各种品质的发展水平、学生发散思维的发展水平、学生创造才能发展的认知机制三个方面，简要地介绍其效果。

1. 实验班与对照班学生创造才能的四种品质的差异分析

我们对实验班与对照班学生的创造才能的四种品质进行了测查和分析，结果如表 12-4 所示。

表 12-4　　　　两种被试创造能力四种品质发展水平差异比较

统计数据 项目 科目	语　文				数　学			
	实验班$\overline{X}$	对照班$\overline{Y}$	差异$\overline{X}-\overline{Y}$	差异检验	实验班$\overline{X}$	对照班$\overline{Y}$	差异$\overline{X}-\overline{Y}$	差异检验
流畅性	7.6	4.8	2.8	$P<0.01$	5.9	1.2	4.7	$P<0.001$
变通性	6.3	3.8	2.5	$P<0.01$	2.7	0.8	1.9	$P<0.001$
独创性	8.1	4.9	3.2	$P<0.01$	10.8	3.8	7.0	$P<0.001$
批判性	1.52	0.74	0.78	$P<0.001$	1.59	0.83	0.76	$P<0.001$

从表 12-4 可以看出，在创造能力的四种品质方面，实验班学生的发展水平远远高于对照班学生，差异均非常显著。这说明，学生创造才能的思维品质是可以通过整体改革措施在语文、数学以及其他学科的教学中得到培养，并促进其发展。

2. 实验班与对照班学生发散思维的差异分析

在研究中发现，实验班学生在整体改革的实验措施的影响下，明显地表现出思维活跃、新观念众多，解题思路灵活多变、迁移能力强、富于创新精神等各种发散思维的形态。这里仅举三例（表 12-5～表 12-7）：

---

① 刘宝才. 小学生创造才能培养的整体实验研究. 见：小学生能力发展与培养. 北京：北京教育出版社，1992

表 12-5 两种被试一题多解数学成绩对比

正确率 项目 被试	求出另解	求出三解	求出四解以上
实验班	84.1	15.9	57.1
对照班	42.0	8	18
差 异	42.1	17.9	39.1
差异检验	$P<0.001$	$P<0.01$	$P<0.001$

表 12-6 两种被试词语发散成绩对比

	n	$\overline{X}$	S	差异检验
实验班	63	7.6	2.58	$Z=4.59$
对照班	50	4.8	3.65	$P<0.001$

表 12-7 给短文续写多个结尾成绩对比

被试	续写一个结尾	续写 3~4 个结尾	续写 5 个以上结尾	平均续写结尾数
实验班	100%	30.2%	47.6%	4.24
对照班	86%	20%	16%	2.3
差 异	14%	10.2%	31.6%	1.94
差异检验	$P<0.05$	$P<0.05$	$P<0.01$	$P<0.01$

从表 12-5~表 12-7 可以看出，实验班与对照班存在着显著的发散思维各种表现的差异。这说明实验班学生在实验措施的影响下，思维灵活、联想丰富，从多侧面和多角度去分析问题、解决问题，从而提高了学习的质量。

3. 实验班与对照班学生创造才能的认知机制的差异分析

学生创造才能的各种品质的发展，从认知机制的角度分析，是他们在学习活动中，根据自己的特点，积极地制订相应的学习计划，采取适当的学习策略，并通过反馈、监控和调节，及时地修正学习策略。我们的研究，以此作为培养创造才能的认识或认知的基础（表 12-8）。

表 12-8　　　　　　　　　实验班与对照班学生元认知发展比较

		$\overline{X}$	Z	P
元认知知识	实验班	14.20	3.66	<0.001
	对照班	10.54		
元认知监控	实验班	9.98	3.02	<0.001
	对照班	6.96		

从上表可以看出，实验班学生的元认知知识和监控能力的发展水平远远高于对照班。它一方面证明了整体改革的实验措施，在发展学生创造才能的认知机制方面的效果显著；另一方面证明了元认知水平的提高，是其创造才能发展的重要基础之一。实验班学生的元认知知识水平较高，意味着学生懂得更多的有关学习、解决问题的特点、过程、影响因素及其作用方面的知识，知道更多的学习策略；而学生较强的监控能力，则说明他们在实际分析与解决问题的过程中，更善于自觉监控、调节、批判自己的学习活动，更善于获取反馈信息，评价自己学习活动的效果。

由此可见，小学整体改革促进了小学生心理能力的发展。

(二) 中学整体改革的例证

我们以前述的内蒙古赤峰市第十中学为例。在教改实验中，研究者也获得许多实验数据①。下边我们以两轮实验中两期物理能力综合考试成绩、两轮实验毕业班升学考试成绩为基础，分析整体改革对心理能力发展影响的效果。

1. 两轮实验中实验班与对照班物理能力综合测试成绩差异的分析

研究者以五种思维品质为指标，分别统计了两轮实验中实验班与对照班物理能力综合测试的成绩，列出表 12-9 和表 12-10。

表 12-9　　　第一轮实验（1979—1982）物理能力综合测试成绩对比

班　级	$\overline{X}$		S		差异检验	
	测试Ⅰ	测试Ⅱ	测试Ⅰ	测试Ⅱ	测试Ⅰ	测试Ⅱ
实验班	77.0	80.1	12.4	12.1	$P<0.05$	$P<0.05$
对照班	73.6	75.3	24.5	24.8		

---

① 马素霞. 整体改革，着眼发展. 见：中学生能力发展与培养. 北京：北京教育出版社，1992

表 12-10　　第二轮实验（1982—1985）物理能力综合测试成绩对比

班　级	$\overline{X}$		S		差异检验	
	测试Ⅰ	测试Ⅱ	测试Ⅰ	测试Ⅱ	测试Ⅰ	测试Ⅱ
实验班	84.4	87.5	12.12	11.20	$P<0.05$	$P<0.05$
对照班	74.5	79.0	20.12	21.23		

注：表 12-9、表 12-10 中的实验班被试都以 75 名统计（随着实验声誉提高，被试剧增，控制在 75 名），对照班是等条件（等组实验）两个控制班（$n=80$）。

从表 12-9、表 12-10 结果中可以看出，经多次测定，先后两个实验班在物理能力综合测试中的成绩，不仅高于对照班学生，其差异均达到显著的水平，而且离差趋势也不一样，实验班学生标准差小，对照班学生标准差大，说明前者物理能力发展比较均匀，后者显得参差不齐。这表明：学生物理能力以其思维品质是可以通过整体改革措施在教学中获得培养并得到发展的。

2. 实验班与对照班学生学习成绩的差异分析

我们将先后两轮实验班，其中第一轮实验由实验主持人马素霞亲自教物理，在升学考试中物理成绩及其在同类考生中的地位，列表 12-11 和表 12-12。

表 12-11　　第一轮实验（1979—1982）升学考试物理成绩对照

班　级	实验班	对照班	省重点中学	地区重点中学	全　市
平均分	82.7	68.4	69.8	58.0	43.8
差异		+14.3**	+12.9	+24.7	+38.9

注：** $P<0.01$，但研究者只统计实验班与对照班的差异检验，未对别的项目作差异检验。

表 12-12　　第二轮实验（1982—1985）升学考试物理成绩对照

班级	实验班	对照班	全市各类重点校平均分
平均成绩	94.5	91.4	84.3
差异		+3.5	+10.2

注：由于控制不严，对照班后期采用实验班整改措施，学生成绩上升较快。

从表 12-11、表 12-12 可以看出，通过整体改革，实验班学生的学习质量，尤其是实验主持人所教物理课的质量，明显地在提高着。到了升学考试的时候，其成绩不仅明显地高于对照班，而且也显著地超过各级各类重点中学，其效果是十分突出的。

3. 对实验班追踪研究的结果

赤峰市有关教育部门和教育科研部门联合追踪调查了赤峰十中 1979—

489

1982年、1982—1985年两个实验班，发现升入大学的学生比例在该市名列前茅。学生在初中打下了良好的基础，具备了一定的自学、自治、自理能力。升学的学生能保持良好的学习能力；就业的学生94％仍坚持学习，30％成为骨干，26％受奖。可见，整体改革的措施，对中学生心理能力发展的影响是较长时间的。

（三）整体改革与自主、合作、探究学习

在21世纪初，基础教育课程改革中，有人提倡自主、合作、探究学习，这是一种探索，它对学生的学习方式的发展，还是对他们的心理能力的提高，是有一定意义的。因为整体改革必然会涉及诸如自主、合作、探究学习等多种多样的学习方式或风格。

21世纪的前10年，围绕课程改革，我国教育界与学术界对自主、合作、探究学习开展的探讨相当多，发表的论著也相对可观。在讨论自主、合作、探究学习是如何提出来的时候，林众、冯瑞琴和罗良指出："自主、合作、探究学习既是我国学者在新课程纲要颁布的过程中，根据国际上最新的学习研究进展而提出来的，又是凸显继承和弘扬伟大的中华民族的优秀文化传统。"[①]这是一个重要论断。我在本书第一、第二章里也涉及国际学习领域的观点以及自主、合作、探究学习的归属问题，而林众、冯瑞琴和罗良的文章却指出：与重视自主学习、合作学习和探究学习的国际性的同时，在我国古代思想家和教育家的著作中早已有了自主学习、合作学习和探究学习这些学习思想。"自主学习"与《孟子》中一段论述相似。孟子曰："君子深造之以道，欲其自得之也。自得之，则居之安；居之安，则资之深；资之深，则取之左右逢其原，故君子欲其自得之也。""合作学习"与《周易·兑卦》中"君子以朋友讲习"和《礼记·学记》中"独学而无友，则孤陋而寡闻"相似。"探究学习"与《礼记·中庸》篇中"博学之，审问之，慎思之，明辨之，笃行之"相似。从中则使我们更体会到，越是民族的东西，越能走向国际化。今天课程改革乃至整体改革在吸收国际上先进理念以"洋为中用"的同时，必须挖掘我国优秀文化遗产以"古为今用"。

自主学习是以学生学习过程中的自觉性、独立性和自我反思（自我监控）为特征。在学校里学习成绩优秀的学生，多半是进行自觉学习、独立学习，并不断反思、总结和提高，如古人所说到的"自得之""居之安""取之左右

---

① 林众，冯瑞琴，罗良. 自主、合作、探究学习的实质与关系. 北京师范大学学报（社会科学版），2011，6.

逢其源"。从心理机制上分析，自主学习来自自我意识，以"元认知"为基础，它是自我的认识、情感和行为意志的统一，其作用是使个体产生按自己意愿行事的能力。学生自主学习能力的培养，不仅可以提高他们的学习成绩，而且能够发展其自主独立和监控反思的能力。

合作学习是以学生"合作精神为基础特征，以社会互动为基本关系，以人际交往为基本形式"。在小学与初中，积极组织小组或团队合作学习是非常必要的，但关键在于教师的组织、协调和促进。高中以后，小组或团队的合作形式会逐渐减少，但同学之间、师生之间、个人与社会群体之间在学习上的讨论、探索和沟通会越来越多，越是独学能力强的学生，更会主动去进行交流和互学。这里的互学的前提是独学。合作学习目的不仅是为了提高学生间彼此学习的成绩，更重要的通过互学，增强同学间、师生间团结合作精神；通过互动，彼此促进青少年社会化，这正是古人讲的"独学而无友，则孤陋而寡闻"的道理。在合作学习中，教育界十分关心"合作与竞争"的关系。早在1999年当我出版《教育的智慧》一书时，我曾作了这样的论述：竞争既有时代的意义，又预示着未来。竞争意识是一种社会意识。尽管同学关系可以亲如手足，但我们不能回避一种现实，诸如升学考试就是一种竞争，当学生时代的今天如此，到了明天的社会竞争会更为激烈。"竞"字激励教师力争上游，获取先进；激励学生从小树立竞争意识、激流勇进、争创一流，即当学习的主人，当命运的主人，以把握自我，主动发展。当然，我们的竞争是社会主义的竞争，一种团结友好的竞争，要提倡互相帮助、互相促进、互相关心的竞争。所以我们可以把合作学习中"合作"与"竞争"理解为一种团结奋进的思想。

探究学习是以"博学之，审问之，慎思之，明辨之，笃行之"为特点。提出问题、明确问题、提出假设、检验假设是人类思维的最基本过程，也是成功的探究学习的前提；发展兴趣、增强爱好、追求好奇、激发动机是培养学生智能的契机，也是成功的探究学习的内驱力；突破时空、敢于质疑、讲求证据、勇于实践是提高学生心理能力的基础，也是成功的探究学习的关键。学生学习不同于科学家的探索和创新，因为重复性学习仍占学习内容的主要比重。然而，通过探究学习，促进学生多一点尊重客观、多一点实事求是、多一点创新、多一点实践，处理好课内外、校内外的关系，就能使学生多一点科学的精神，多一点"知行一致"的行为。所以探究学习重在培养学生的学习态度和学习方法，它有利于培养学生的思维能力、创新能力和实践能力。

严格地讲，自主、合作、探究学习都归属于学习方式或风格，自主学习更强调"独学"，合作学习更重视"互学"，怎样更好地独学与互学，乐于探究、勤于动手的探究学习是好方法。我不反对提出自主、合作、探究学习，因为其提出的目的在于变学生被动学习为主动学习，如《国家中长期教育改革和发展规划纲要（2010—2020年）》（以下简称《纲要》）所指出的"充分发挥学生的主动性，把促进学生成才作为学校一切工作的出发点和落脚点"；其出发点在于使学生在获得知识经验和形成技能技巧的同时，发展智力与能力，特别是社会适应能力，以适应于现实，适应于社会，适应于未来的发展，如《纲要》所指出的"优化知识结构，丰富社会实践，强化能力培养。着力提高学生的学习能力、实践能力、创新能力……促进学生主动适应社会，开创美好未来"。我更不否定提出自主、合作、探究学习的其根本任务在于促进学生学会做人、学会学习，它体现当时课程倡导的端正学生的情感、态度、价值观，体现一种琢玉成器，学习知"道"的道理，以提高学生的人格品德水平，并以独学、互学和创造性学习的多种形式促进每个学生主动地、生动活泼地发展，如《纲要》所指出的"坚持文化知识学习和思想品德修养的统一，理论学习与社会实践的统一、全面发展与个性发展的统一"。综上所述，也是完善整体性改革不可缺失的一个尝试。然而，倡导自主、合作、探究学习，必须要考虑到不同学科、不同教学内容、不同课型、不同水平学生、不同教学环境（含不同地区），不应该千篇一律或统一要求，绝不能否定甚至排斥接受学习、重复性学习等其他学习方式或风格，更不能搞形式主义，如有的学者所批评的"四个满堂"现象，即"满堂问""满堂动""满堂放""满堂夸"。[①]要解决这些问题，尤其是不走弯路、不搞形式主义的最好办法一是要给中小学教师教学多留点"创造空间"；二是遵循学生身心发展规律，坚持把学生心理发展的特征作为倡导自主、合作、探究学习的出发点。只有这样，才能形成包括自主、合作、探究学习在内的多种多样的学习方式或风格占整体性改革形成相辅相成、互相促进的局面。

二、心理健康教育不可忽视

自20世纪80年代中期以来，我国不少省、自治区和直辖市在学校中开展了心理健康教育。心理健康教育是学校教育本身的含义之一，也是素质教育的一部分。在整体改革中，心理健康教育不可忽视。

（一）心理健康教育的目的

近年来，越来越多的地方和学校开始重视心理健康教育，一些教育行政

---

① 邢红军. 中国基础教育课程改革：方向迷失的危险之旅. 教育科学研究，2011，4.

部门和科研机构也参与到这方面工作中。大家都重视心理健康教育是件好事，但为什么要开展心理健康教育呢？我们开展心理健康教育的根本目的，是提高学生的整体心理素质，维护和增进学生的心理健康水平。正如中央有关文件所指出的，加强学生的心理健康教育，培养学生坚韧不拔的意志、艰苦奋斗的精神，增强青少年适应社会生活的能力，这是开展心理健康教育的首要目的，其次才是针对个别学生心理异常现象进行防治和纠正。因为我们并不否认学生中出现的心理问题和行为问题。

（二）学生中心理问题和行为问题有多少

这是我们教育界十分关心的一个问题。我是反对把学生心理健康的数据无限扩大的倾向，似乎这能抬高心理健康教育的"身价"。这种做法坚决要不得，这会造成学生人人自危的负面效应，也会阻碍心理健康教育的正常开展。我们要看到广大学生的两个主流：一是学生的心理健康是主流；二是有些学生由于学业、生活、人际关系、环境的压力产生暂时不适，要求咨询和辅导，他们要求健康是主流。学校心理健康教育必须是教育模式，而不是医学模式。

（三）心理健康教育必须要有针对性和实效性

据近年学生所咨询问题的统计分析，占第一位的是人际关系问题，占第二位的是学习问题，占第三位的是自我问题。如何有针对性和实效性呢？我想学校心理健康教育的内容除了应紧紧围绕人际交往、学习、自我这三方面进行之外，其形式要根据不同情况体现多样性。在小学，应以游戏和活动为主；在初中，应以活动和体验为主；在高中，应以体验和调适为主。心理健康可以开设选修课和活动课，但它不同于那些普通文化课程，绝对不能考试。目前有的地方不在师资建设等方面下功夫而热衷于编写教材。这是急功近利的行为，是不严肃的。只看过几本心理学方面的书，就编写心理健康教育的教材，这是不行的。

2002年教育部颁发了《中小学心理健康教育指导纲要》，2012年教育部又修订了《中小学心理健康教育指导纲要》，先后都对心理健康教育的指导思想和基本原则、心理健康教育的途径和方法、心理健康教育的教师队伍建设以及应注意的几个问题，作了明确的规定，这是我们积极而科学地开展心理健康教育的行动指南。只要我们积极而科学地开展心理健康教育，就有助于学校的整体改革。也只有在提高全体学生的心理素质的前提下，学生的心理能力才会获得提高。

493

三、继续作"单科改革走向整体改革"的探索

近年来，我们在"单科改革走向整体改革"问题上作了一些探索，深深体会到整体改革的艰巨性。

无论在国际教育界，还是在我们国家里，进行教育的整体改革仅仅只是个开始，对全面发展与整体改革关系问题的研究也有待深化，教育改革的路子还很长。因为教改涉及作为教育对象的人，对人的教育改革实验，正如教育本身所具有的特性之一——周期性长。一轮实验，少则3年，多则6年以上，3～6年下来，未必都有显著成效，可见研究这个问题的难度。

我和我的团队将继续关注我国基础教育界所作的"单科改革走向整体改革"的教改实验。如果必要，我们也希望运用自己的"学习与发展"观点，检验这个"学习与发展"观点，也力图在教改的长河中找寻其价值所在。多年来在对全面发展、整体改革的探索中，我们的四点想法可以作为深切的感受，也可以作为别人的进一步研究提点抛砖引玉的看法。

（一）整体改革不能"一刀切"

从单科改革走向整体改革是逐步过渡的，不能"一刀切"。这里应该坚持"发展不平衡"原则。在我们教改实验点中，进行上述的高层次或全面实行整体改革实验的占3％，且中学少于小学，高中基本上是空白；属于中间层次，搞德、智、体、美整体化改革的近10％，也是中学少于小学；单科教改中搞整体改革的比较多，约占实验点的35％；而培养学生的综合能力，如上所述，这仅仅只是一个开始。与此同时，还有半数实验点在搞单科教改，或者搞语、数两科同步的智育改革实验。整体改革能否顺利进行，条件很复杂。其中一个重要方面，是如何认识并处理教育系统中的人际关系，如教育者与受教育者的关系，领导与被领导的关系，学校、家庭和社会的关系等。因为，教育的整体性在一定意义上，是一个人际关系或人际交往的问题。

（二）对全面发展应作辩证的理解

全面发展绝不等于面面皆优。我们提倡在有条件的学校搞整体改革实验，但是，进行整体改革，坚持全面发展的培养目标，绝不是要求每门功课都能考出好成绩，也不是要求每个学生在德、智、体、美诸方面都达到优秀，因为学生之间存在着个性差异。这就是我们提出"鼓励冒尖，允许落后"的根本理由。中小学生身心发展还未成熟，可塑性强，因此，既要坚持"全面发展"，又要重视"学有特色"，两者缺一不可。

（三）要重视学生心理素质的提高

在当前大力实施素质教育中，十分重视学生全面素质的提高。这里的全面素质，主要指思想道德素质、文化科学素质、劳动技能素质和身心健康素质。我们的教育目标，已经有培养学生的德、智、体、美、劳的"五育"，没有必要加上一个"心育"。心理健康教育可以列为德育的一个组成部分，而只是强调心理发展的重要性，旨在重视学生个体身心差异的基础上，使其在德、智、体、美、劳诸方面素质都得到发展；强调就每一个学生全面或整体而言，各种素质总是相互影响、相互促进的，人的全面素质是各种素质和谐的整合结果。在一定意义上说，心理素质决定着各种素质发展的质量水平，甚至决定着学生最终能否成才。所以，突出包括智力、能力和非智力因素在内的心理素质的教育，能把提高学生全面素质乃至整体改革水平推到一个新的层面。

（四）核心在于培养创新精神

培养和造就创造性人才，这是来自知识经济发展的需要，时代要求把创新精神或创造性的培养作为当今实施的素质教育的一个核心问题。实施科教兴国的一项重大措施，就应该培养和造就高素质的创造性人才。培养和造就创造性人才，这是国际学术界与教育界关注的问题。我们在第七章第二节已专门探讨创造性的实质及创造性人才的表现。相对论的发明者爱因斯坦，裸体雕像《大卫》的塑造者米开朗琪罗，《命运交响曲》的创作者贝多芬，《红楼梦》的作者曹雪芹，《本草纲目》的编著者李时珍，无疑都是创造性的典型。然而，有创造性的并非都是这些"大家""大师"或"巨匠"。幼儿就有创造性的萌芽，小学生有明显的创造性表现，中学生在学习中不断发展着创造性。这一点，已被我们的实验研究所证明。青年是创造性发展的关键时期，成年人则到了创造性的收获季节，在30多岁达到高峰，综观世界科学技术发展史，许多科学家的重要发明创造，都是产生于风华正茂、思维最敏捷的青年时期。培养和造就创造性人才的关键在于教育。我们在教改实验中坚持如下的观点，如果我们培养的小学生的创造性比别人多一点点，到中学又多一点点，进大学还是多一点点，说不定这多一点点创造性的学生迈入青年期就是一些发明创造者。何况，在进入知识经济时代，即使不是发明创造家，在工作和劳动中，多一份创造性总比少一份创造性要好。这就是整体改革中的一个重大课题。创造性人才的培养和造就，要靠创造性教育。创造性教育应该在日常教育之中，并不是另起炉灶的一种新的教育体制，而是教育改革的

495

一项内容。所谓创造性教育，意指在创造型的学校管理和学习环境中，由创造型教师通过创造型教学方法培养创造型学生的过程。这种教育不需设置专门的课程和形式，但必须依靠改革现存教材、教学内容、课程设置和评价体系来实现。这里除了学校校长与教师之外，应该是如前所述的大力提倡创造性学习。发达国家的中小学提倡学生创造性学习，许多发达国家在20世纪80年代初提出要重视创造性的研究，并把从小培养学生的创造性作为其的教育国策而确定下来。我们应少搞一点题海战术、死记硬背，多搞一点创造性教育。应大力改革考试内容与方法，尤其是高考，这成了能否实施以创新精神为核心的素质教育的关键，考什么，出什么题，都要以突出创造性为前提。

四、整体改革的关键是抓教师队伍的建设

"教育大计，教师为本。"教师队伍建设是整体改革的重要内容。同时必须指出，抓好教师素质的提高工作，正是整体改革成功的关键。

在一定意义上说，我们的教改实验也是教师队伍建设的实验。我们的研究目的之一，是要教师参加教科研。早在1984年，我率先提出了"教师参加教改的教科研，是提高自身素质的重要途径"。这里提的教师，主要是指中小学教师。中小学教师参与教育科学研究，是必要的，也是可能的。

教师为什么要参加教科研呢？这是队伍建设的需要。教师参加教科研，是提高其自身素质的重要途径。

其一，懂得教育规律，提高教育理论水平，更好地从事教育工作。

我们要做好任何工作，都要按客观规律办事，教育工作也是这样。要做好教育工作，就必须按照教育的客观规律办事，不能搞主观主义。而中小学教师投入教科研，首先要学习教育理论，掌握教育规律。例如，在宏观上了解教育的实质、功能和目的，了解教育结构、体制和发展目标等等；在微观上，了解教学过程、课程设置、考试规律，了解德育的特点、学生的特点和评价方法等等。正是这些理论体现了一定的教育规律，于是，参与教科研的中小学教师，可以对照自己的教育实践，做到理论联系实际。因此，一旦中小学教师亲自参加这些教育科学的研究，他们就能更好地、更亲身体验到科学研究所揭示的教育中的客观规律，进而把它运用到实际工作中去，提高教育的质量。

其二，了解教育发展的趋势，更自觉地为建设具有中国特色的社会主义教育体系作出努力。

教育科学研究的课题来自一定的教育理论和教育实际，它具有时代感、整体观和创造（开拓）性。一个优秀的教育科学研究课题的提出，都存在

"适应两个需要"的问题。一是适应国际教育发展的趋势。国际教育界目前正重视知识经济与基础教育关系的研究，这对参加教科研的中小学教师有很大的吸引力，他们也要使自己的研究课题同这个国际教育发展趋势相吻合。二是适应我国教育观念的更新。教育观念的更新是以教育任务为前提的。20世纪90年代我国教育发展战略的重要课题有：关于教育国情或教育环境研究；战略目标研究；教育结构研究；教育质量研究；教育投入研究；教育体制研究等①。如果中小学教师直接参加教育科学研究，从中体会到面对21世纪的挑战，发现新情况，研究新问题，亲自投身于建设具有中国特色的社会主义教育体系，就能更直接地掌握教育工作的主动权。

其三，明确教育改革的实质，更好地当好教改骨干，并为深化教育改革做出贡献。

教育科学研究是教育改革的先导与基础，这就是"科研带教研，教研促教改"的来由。引导中小学教师参与教育科学研究，特别是教育改革实验的科学研究，这和他们的切身利益密切相关。改革旧的教育思想、教育内容和教育方法，这是一件十分艰巨的工作，要下大力。这里既有感性认识问题，又有理论问题。教育改革的科学研究既使参与者中小学教师对教改实验的感性认识上升到理性认识，又使他们将一定理论知识带回到教改实践中作出分析，从而使这些中小学教师不仅掌握教育改革的主动权，而且在教育改革中提高自身的素质；不仅提高教育改革的自觉性，而且也用科学的态度投入教改，从而提高教育改革的质量。

其四，教育科学研究能够提高教师的教育科研意识，改变教师的角色。

中小学教师在教育的过程中参与教育科学研究，特别是教育改革的科学研究，使这个过程中的重大决策有一定的理论依据。中小学教师通过实地调查、实验研究、筛选经验、科学论证，实现着教育工作的科学化。这样，这些教师的教育、教学工作的模式就由"经验型"转向"科研型"，教师本身角色的模式也由"教书型"转向"专家型"与"学者型"。于是，教师不仅成为教育、教学的骨干，使教育、教学工作具有开拓性，而且具有一定的教育科学研究的能力，从而按照教育科学意识指导教育，使教育工作逐步走向规范化、科学化。如果联系本书各章对中小学教师的要求，那么，教师的角色出现了崭新的变化，如我们课题组的吴昌顺先生所指出的那样，成为教育者、领导者、保健者和科研者。

---

① 郝克明，谈松华主编. 走向21世纪的中国教育. 贵阳：贵州教育出版社，1998

第四节　一切改革为了提高教育质量

当前，在重视教育的过程中，世界各国都在向基础教育倾斜，其中小学是基础的基础，中学是教育的关键。今天，提高基础教育的质量，成为各国普遍关注的大事。

一切教育改革都是为了提高教育质量。面对未来如何提高基础教育质量，我的前提是校长的管理是教育质量提高的关键，教师是教育质量提高的脊梁。在此基础上，根据我们的学习与发展的研究，我有四个感受，即未来基础教育必须重视四个方面。

一、重视学生核心素养的研究

邓小平同志指出，"培养人才有没有质量的标准？有的。这就是毛泽东同志说的，应该使受教育者在德育、智育、体育几方面都得到发展。"[①]

德育、智育、体育几方面都得到发展，是 1957 年毛泽东同志提出党和国家的教育方针"教育为无产阶级政治服务，教育与生产劳动相结合"的教育目标，目的在于"培养有社会觉悟有文化的劳动者"。党和国家的教育方针，后经党的十六大、十八大变更了两次，十八大在提高党和国家的教育方针时写道："要坚持教育优先发展，全面贯彻党的教育方针，坚持教育为社会主义现代化建设服务，为人民服务，把立德树人作为教育的根本任务，培养德智体美全面发展的社会主义建设者和接班人。"由此可见，依据党和国家的教育方针，围绕德、智、体、美（或德、智、体）的培养目标主线，具体内容随社会发展而变化。尽管提法不一样，但主旨不变，即坚持德育为先，坚持能力为重，坚持全面发展。如何把党和国家的教育方针细化和具体化，尤其是让受教育者——学生在德育、智育、体育、美育几方面都得到发展，细化和具体化呢？这就是研究学生核心素养的缘起。如第一章所述，"核心素养"是学生在接受相应学段的教育过程中，逐步形成的适应个人终身发展和社会发展需要的必备品格和关键能力。它的根本任务要体现在坚持德育为先，坚持能力为重，坚持全面发展根本教育目标。

如前所述，我们课题组按照科学性、时代性、民族性的三条原则，通过学生核心素养的内涵研究，党和国家的教育政策研究，核心素养的国际比较

[①] 《邓小平文选》(1975—1982). 北京：人民出版社，1983，100

研究，中华传统文化的分析，国家教学大纲或课程标准（课标）分析以及学生核心素养的实证研究，最后为国家构建了三大领域、六种素养、十八个因素的学生核心素养的总框架。这个框架体系从两个层面落实党和国家党的教育方针及其"德、智、体、美全面发展的人"教育目标细化和具体化：第一"德智体"领域内素养的落实和具体化。""全面发展的人"需要在德智体美各领域得到充分（细化）的发展，为此，贯彻和落实党和国家的教育方针，首要的任务应该把德智体美诸领域内的素养进行具体化；第二，跨领域素养的落实和具体化。通过自主发展、社会参与、文化修养跨领域素养的培养，更深入地体现"德智体美全面发展"的完整内涵。

学生的核心素养与教育质量的提高有什么样的关系？我们先来看下面核心素养功能的示意图（图 12-1）：

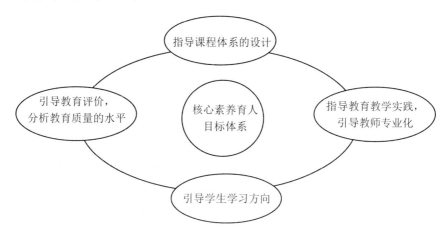

图 12-1 核心素养在教育改革中的重要功能

一是指导课程体系的设计。核心素养融入课程标准是基础。课程是为学校教育教学目标而选择的教学内容，这些内容包括核心课程、综合课程和活动课程，有认知类、技能类、情感类、应用类、其功能在于使学生学到生活知识、生存技能和生命意义，表现出整体性、连续性和层次性的特点，以解决个体终身发展和社会需要的品格和能力，期望在一定教育阶段学生发展德智体美等方面达到应有程度。而核心素养正是以整体设计，分段、分层、细化和具体化了教育目标，突显知识、技能、情感、态度和价值观等方面对学生提出全面要求，指导课程体系的设计更好地使学生学会学习和健康生活，所以改进基于核心素养的课程实施是根本。

二是指导教育教学实践，引导教师专业化。促进教师理解核心素养是关

键。教师的专业化主要指教师的职业既是教师的专业，更是教书育人的事业。教书育人则要通过其教育教学的实践，这种实践需要教师有完善的专业理论、成熟的专业技能，去获得具有不可或缺的社会职能。而核心素养体现宏观、抽象、代表国家利益的教育目标，对学生的品格和能力提出了素养的要求，与具体的、细致的教师的教育教学相关联，以落实党和国家的教育方针和社会的期望。

三是引导学生学习方向。学生核心素养就是回归原点的反思与追问：我们到底需要培养怎样的人？如何培养？从社会出发，培养全面发展的人体现在以德育为先、能力为重、强调社会责任感、创新精神、实践能力等，核心素养是教育目标的标准；从时代出发，全球化信息化时代要求国际意识、国际交流能力、国际竞争力、具备创新与创造力和信息素养，核心素养为此提供了21世纪的人才观；从教育出发，各国以人力资本为根据，制定各自教育发展战略，核心素养为人力资本的核心评价指标；从学生本身出发，以追求教育公平为出发点，终身学习为归结点，以保障每个人都享有共同基础教育的权利，核心素养是基本教育的指标。

四是引导教育评价，分析教育质量的水平。基于核心素养指导考试评价是抓手。教育评价是通过系统地收集信息和定性定量分析，对教育目标及实现目标的活动作出价值判断。很明显，教育评价要依据客观的价值标准，这个价值标准既有社会需要，又有个人发展价值，而核心素养正是体现社会价值与个人价值，成了教育评价分析教育质量水平的根本性价值依据。

我们在下面还要深入分析课程、评价与人才质量的问题，但它们都离不开学生核心素养的研究，因此，学生核心素养是提高教育质量的高层设计。

二、重视基础教育的课程改革

什么叫课程？如前所述，课程，是为实现学校教育教学目标而选择的教育教学的内容。它既是广义地指学科的总和或教师指导下学生活动的总和，又是狭义地指一门学科。对课程怎么理解？一是课程与教学的关系。这两个概念总是联系在一起，课程大呢还是教学大，争论于此本无意义，有人提"课程论"含"教学论"，有人在"教育论"中谈到"课程论"，有人说两者是并列的。咱们在这里暂且不去讨论这个问题，我相信大家有以下共识：课程中间有教学，教学里也离不开课程。不管课程还是教学，都是有标准的，这个标准就是我们平日讲的课标，它是指学校教学的一定阶段的课程水平、课程的结构和课程模式的纲领性文件。从课标来看，有总纲和教学计划，它是教学标准的总设计，包括指导思想、培养规格、课程的设置、学时、考试和评价等。而分学科，比如语文、数学等学科的课标或教学大纲，则包括这些具体学科的教育目标、教材纲要、教学重点，教学的时间的分配、教学的设备、教育方法和其他注意事项等。

当前我们基础教育的课程改革中，有三件事情必须要做好。

（一）要坚持基础教育课程改革的整体性。

现在我们学生处于什么状态呢？处于感知、认知整个世界之中，世界不仅是整体的，而且是现实的、真实的。可是我们现在从小学开始课程越分越细。这样发展，将来的学生，包括从大学毕业的学生能够适应整个社会发展的需要吗？所以，我们必须要从整体性出发，只有在综合性的教育实践活动中，才能落实我们所说的要与学生生活实际相联系，真正的需要学生去体验。有关课改文件提出了五个方面的统筹①，我想其突出是处理好教师、学生、课程三个元素之间的关系。第一，统筹小学、初中、高中、本专科、研究生等学段的课程的结构；第二，统筹各学科，特别是德育、语文、历史、体育、艺术等，充分发挥人文学科的独特的优势作用；第三，要统筹课标、教材、教学、考试、评价等环节，我这里要特别强调分流问题的重要性，为什么呢？因为我们现在白领太多了，如果你让白领干蓝领的工作他绝对不干，那么现在一系列的职业教育，这包括基础教育阶段的职业教育和整个高等教育的职业教育，需要我们把它提到统筹课程改革的议程上来；第三，统筹课标、教材、教学、评价、考试等环节；第四，要统筹教学一线的教师、管理干部、教研人员、专家学者、社会人士等力量，充分发挥各自优势，明确各支力量在教书育人、服务保障、教学指导、研究引领、参与监督等方面的作用。围绕育人目标，协调各支力量，形成育人合力；第五，统筹课堂、校园、社团、家庭、社会等阵地。发挥学校的主渠道作用，加强课堂教学、校园文化建设和社团组织活动的密切联系，促进家校合作，广泛利用社会资源，科学设计和安排课内外、校内外活动，营造协调一致的良好育人环境。

（二）确定课程内容的原则

我们课程改革的基础主要围绕着内容而确定，课程内容的确定有哪些原则呢？我们十分赞同教育部《普通高中课程方案（修订稿）》提出了课程内容

---

① 田慧生. 落实立德树人根本任务 全面深化课程改革. 课程·教材·教法：2015（1），3～4

确定的原则：第一，时代性原则。反映当代社会的进步，反映科学技术的发展和学科发展的前沿，紧密联系学生的生活与经验，并根据时代的发展需要及时调整、更新。这里我还要强调我们课程内容新颖性与实践性的统一。《中国科学报》指出："今天的社会也不再需要象牙塔里的囚徒，而需要实践力更强的大学生"（2015.4.1）。我想这一句话相当重要，具有我们时代特色。第二，基础性原则。精选学生终身发展必备的基础知识和基本技能，注重培养学生的学习兴趣、学习能力、质疑思考和探索精神，注重于培养分析问题和解决问题能力。不瞒大家说，我教 1978 届、1979 届本科生，多少学生来向我提问题呢，百分之七八十。前几年我年刚过 70 岁时，也开了本科课，可是我讲完课以后请大家来提问题，有多少学生来提问啊，这个礼拜三五个人，下个礼拜还是那三五个人，总共加起来不到他们人数的百分之十，百分之十和百分之七八十你想有多大的落差，我就去问学生"同学，你们怎么不来提问啊？"他们说"老师您教得挺好的，我们提不出问题，"这到底是对我的批评还是恭维？这是对当前学生缺乏质疑精神这一问题的现实反映。第三，选择性原则。在保证每个学生达到共同基础的前提下，充分考虑学生不同的发展需求，结合学科特点，遵循学习科学的基本原理，分离分层设计可选择的课程内容，既引导学生形成个性化的学习方案，又能为初中、高中、高校分流奠定基础，促进学生的自主发展。第四，关联性原则。关联知识与技能、过程与方法、情感态度价值观等目标间的有机联系；关心社会责任心、创新精神和实践能力的培养；关注学科间的联系与整合；增强课程内容与社会生活、高等教育和联系世界的内在联系。

（三）培养学生的学科能力

在课程改革里，更强调学生学科能力的培养。我们的教学目标是什么？应该是在传授知识的同时发展学生的智力、培养学生的能力，集中表现在学科能力上。我们在第八、第九章已经陈述了数字能力和语文能力。从中我们可以看到什么叫学科能力。一是学生掌握某个学科的特殊能力，比如说语文的听说读写。二是学生学习某种学科活动中的智力活动，及其有关智力和能力的成分。三是学生学习某个学科的学习能力、学习策略、学习方法。具体一点儿讲，考虑到一个学科的组成，要考虑到某一个学科的特殊能力和这种能力的最直接联系；一切学科能力都要以概括能力、或者叫合并同类项为基础；每个学科能力的提高应该有思维品质参加。学科能力显示出五个特点：学科能力以学科知识为中介；学科能力是一种结构；学科能力具有可操作性；学科能力具有稳定性；学科能力与非智力因素，譬如说与兴趣紧密的联系在一起。

构建中小学生的学科能力，第八、第九章我们构建了语文、数学两科能力。中小学生的数学能力应该看作以学生的数学概括能力为基础，将三个基本的学科能力——运算能力、逻辑思维能力、空间想象能力，与五种思维品质——思维的深刻性、思维的灵活性、思维的创造性、思维的批判性、思维的敏捷性组成 15 个交界点的开放性动态系统。刚才我讲学生最缺的是学生的质疑精神，也就是思维的批判性差。中小学的语文能力，应该看作以语文概括为基础，将四种能力（听、说、读、写）与五种思维品质组成 20 个交结点的开放性的动态系统。所有这些，前面已论述得不少了，这里不再赘述。

总之，世界基础教育发展的一个趋向，是在教育的总目标之下，最重要的一点是要建构跨学科能力。学科能力模型是制定教育质量国家标准、落实宏观教育目标的关键环节，也是统领和规范不同学科及不同学段学生成就水平的重要科学依据，它在教育运作系统中处于核心地位（图 12-2）。

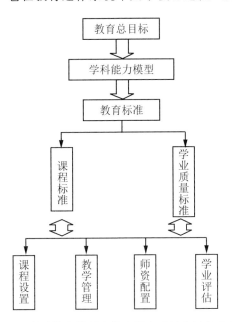

图 12-2　学科能力模型在教育运作系统中的核心地位

三、重视教育质量的评价

基础教育质量如何确定？靠评价。所以要重视教育质量的评价。什么叫评价，评价包含四个字：诊、督、导、谋。诊——全面诊断教育质量状况、经费使用成效、区域均衡情况、政策落实情况；督——监督监管、信息公示、整

503

改问责；导——引导社会、学校、家长树立正确的、科学的质量观；谋——为建立中国特色、国际可比的质量监测体系提供专业支撑，为国家和地方教育政策提供咨询，为地方教育行政部门和学校提供基于证据的改进指导。

基础教育质量评价是一项复杂的系统工程。对于评价的问题，从最基础研究（如教育质量理论、学生核心素养、教育质量影响因素等）和关键技术（如工具开发技术、数据采集和挖掘技术等）到标准与工具的研发再到数据的采集与分析，以及评价结果的应用，都牵涉到方方面面，是相当复杂的一个问题。现今的质量监测和传统的统考统测，从功能、目的、内容、工具、组织方法、结果上看都有明显的区别。那么在这样的情况之下，如何建立基础教育质量标准，如何科学地评价基础教育的质量，就显得尤为重要。

从教育质量标准角度看，目前从个体发展来说，主要涵盖三大内容：一个是生理，一个是心理，一个是学业。生理方面，发展指标包括身高、体重、视力、听力、血压、肺活量，目前已经建立或在建中国人群生理常数数据库、中国居民营养与健康现状数据库、全国学生体质健康标准数据库等。但是心理发展怎么去考量，还有待进一步探索。从我国现实来讲，主要缺乏三个内容，第一缺乏指标与工具，难以客观评估、判断儿童青少年心理发展状况，妨碍了国家基础教育质量监测体系的建立；第二缺乏代表性的常模，难以了解儿童青少年心理发育的总体状况，缺乏评估的客观标尺；难以摸清各种心理发展问题的数量、比例和分布特征，不利于建立儿童青少年心理卫生保健体系和心理与行为问题预防体系；第三缺乏全国性的数据，难以把握各类群体的准确特点，影响了相关教育政策的制定和创新。以学习障碍为例：我国学习障碍儿童的筛查与诊断迄今没有标准化工具和统一标准，使相关研究难以深入。在这种情况下就要求我们有先进的评价理念，有科学的评价工具，有规范的评价方式，有准确的评价结果，有效的结果反馈。

与此同时，就我国的现状而言，专业化的教育质量评价机构匮乏；已有评价机构的专业化程度有待提高；教育的本土化特色使国外评价机构难以进入，尚未形成规范的运作机制等。为此，北京师范大学在2007年成立了教育部基础教育质量监测中心，2012年成立中国基础教育质量监测协同创新中心。目的在于助力国家基础教育质量监测体系建立，把握中国素质教育的实施状况，通过弄清学生在德智体美诸方面的全面发展状况，准确掌握中国基础教育的质量水平；弄清中国基础教育均衡发展的现状与问题，促进教育公平的实现；有效诊断教育教学过程中存在的问题，为相关政策制定提供依据。其二，成立专业机构，助力国家基础教育质量监测体系建立。

目前，我们已经研制了义务教育质量监测指标体系（如义务教育阶段语文

504

监测、数学监测、科学监测、英语监测、心理健康监测、体质健康监测等指标体系），是各类专家智慧的结晶，涵盖了基础教育的重要领域，符合我国教育实际，适合于大规模教育调查；开发的义务教育学生学业质量监测工具（义务教育阶段语文监测、数学监测、科学监测、品德监测、艺术监测、体育监测等），是严格按照国家规范要求，具有良好的测量学质保，适合于大规模教育调查。另外，2015 年国家义务教育质量监测工作也已经开始，共在全国 31 个省 323 个样本县（市、区）3 876 所小学、2 584 所初中收集了近 30 万名中小学生及学科教师、班主任、校长信息。这将会提高或改善义务教育质量提供重要参考。

四、重视创造性人才的培养

教育最终是为培养人才，特别是培养和造就高素质的创造性的人才。这里涉及到创造性的“概念”。在国际上，对于什么叫做创造性，有三种不同的观点。第一种观点认为创造性是一种过程，第二种观点认为创造性是一种产品，第三种观点认为创造力是一种人与人之间的个体差异，是一种智力品质。哪种观点对呢？我认为三种全对，只不过是三个学派从三种不同角度分析问题罢了。在这个基础上，20 世纪 80 年代初，我的恩师朱智贤教授和我提出了这样一个定义：“创造性是根据一定的目的，运用一切已知信息，产生出某种新颖、独特、有社会意义或个人价值的产品的智力品质。”对于有创造性的人才来讲，我们通常分为三个层次：第一层次是人人皆有创造性；第二个层次是专门人才或创造性人才，即具有特定领域知识的人才；第三个层次是拔尖创新人才，即各行各业的尖子。

（一）创造性人才发展的五个阶段

我们研究表明[1]，创造性人才的发展一般经历五个阶段：第一个阶段叫自我探索期，第二个叫才华的展露和领域的定向期，第三个叫集中训练期，第四个是创造期，最后是创造后期。其中早期促进经验、研究指引和支持、关键发展阶段指引是这五个阶段的三种主要影响因素。那么基础教育阶段是自我探索期，恰恰是三个最重要的因素之一。

早期促进经验，包括父母和中小学教师的作用、成长环境氛围、青少年期广泛兴趣和爱好、有挑战性经历和多样性经历，这些对“自我探索期”的形成是十分重要的。因为这些因素不仅是提供创造性思维的源泉，而且也是

---

[1] 林崇德等. 创新人才与教育创新研究. 北京：经济科学出版社，2009，第二章

505

奠定人生价值观的基础或创造性人格的基础，即"做一个有用的人"。中小学阶段，学生表面上似乎在探索外部世界，其实是一个探索自己的内心世界、自我发现的阶段。该阶段的探索不一定与日后从事学术创造性工作有直接联系，但却为后来的创造提供重要的心理准备，是个体创新素质形成的决定性阶段。这就是在接受"创造性人才成长中，基础教育和高等教育哪个更重要"的提问时，我们为什么要回答在强调两者都重要的前提下，更应突出"基础教育"的理由。

大家熟悉一个事实，诺贝尔生物奖的获得者，真正学生物学的是少数，86.1%的获奖者不是学生物学的，还有化学奖获得者 51% 左右的人不是学化学的，但是他们都有共同的特点，在基础教育阶段就打下了综合性的基础，他们基础扎实。因此我能不能一个这样的结论：没有基础教育的素质的奠基，任何创造性人才的成长都是一句空话？

(二)重视创造性教育

创造性人才的培养和造就，当然要靠创造性教育。创造性的培养必须从小开始。创造性教育应贯穿在日常教育之中，它不是另起炉灶的一种新的教育体制，而是教育改革的一项内容。所谓创造性教育，意指在创造型的管理和学校环境中由创造型教师通过创造型教育方法培养出创造型学生的过程，即是指学校三种群体产生五种效能的教育。三种群体是指校长为首的管理队伍、教师队伍和广大的学生。产生的效能为：由创造型校长创造出创造型管理；由创造型管理创造出学校创造型的环境；在校长的带动下，建设一支创造型的教师队伍；由创造型的教师进行创造型的教育教学；由这种教育教学工作培养出创造型的学生。这里关键性问题是转变观念，从小就给孩子确定将来要成为什么"家"将来往往是不能对号入座的，因此我提议基础教育阶段就应当扎扎实实地培养创新意识和创新精神。我非常怀念我的母校上海中学，它的毕业生中已经涌现了 56 名院士。我不是夸自己的母校，因为它自始至终地把创新教育放在首位。

需要说明的是，创造性教育不需专门的课程和形式，但必须依靠改革现有的教育思想、教育内容和教育方法来实现，渗透在全部教育活动之中，特别要考虑到四种情况：①呈现式、发现式、讨论式和创造式的开放教学方式；②辐合思维和发散思维（即一题求一解和一题求多解）的教学效果；③创造教育教学与学生身心发展规律的关系；④学科教学、教学方法和课外活动的作用。在创造性教育中，第一，要提倡学校环境的创造性。这主要包括校长的指导思想、学校管理、环境布置、教学评估体系及班级气氛等多种学校因素。第二，要建设创造型的教师队伍。第三，要培养学生创造性学习的习惯。

创造性学习有哪些特点呢？它强调学习者的主体性；提倡学会学习，重视学习策略；创造性学习者擅长新奇、灵活而高效的学习方法；有来自创造性活动的学习动机，追求创造性学习目标。

在国外对创造性学习及其行为比较典型的研究是托兰斯，他在对 87 名教育家的一次调查中，要求每人列出 5 中创造型学生的行为特征，结果如下（百分数为该行为被提到次数的比例）：

（1）好奇心，不断地提问；	38％
（2）思维和行动的独创性；	38％
（3）思维和行动的独立性，个人主义，自足；	38％
（4）想象力丰富，喜欢叙述；	35％
（5）不随大流，不依赖群体的公认；	28％
（6）探索各种关系；	17％
（7）主意多（思维流畅性）；	14％
（8）喜欢进行试验；	14％
（9）灵活性强；	12％
（10）顽强、坚韧；	12％
（11）喜欢虚构；	12％
（12）对事物的错综复杂性感兴趣， 　　　喜欢用多种思维方式探讨复杂的事物；	12％
（13）耽于幻想。	10％

由此可见，创造性学生其行为特征多是：好奇、思维灵活、独立行事、喜欢提问、善于探索，等等。

（三）倡导"T"型人才的培养

在社会上，我经常听到有人在说，美国好，美国能够培养创造性人才，甚至有的人说，我们的小学比美国水平高，中学还是我们高，大学跟人家持平，研究生以后我们的创造性就不如人家了。这些观点对吗？我认为这种提法极为不妥。有无创造性与教育模式有关系。通过研究，我在一个国际会议上作了一个发言，希望能够融东西方教育模式为一体，培养"T"型人才（图 12-3）。

"T"型人才是什么意思呢，横"—"表示知识面的广博度，竖"I"表示知识的深度。两者的结合，既有较深的专业知识，又有广博的知识面，集深与博于一身的人才。但是借这里所谓"T"型人才，横"—"代表西方的教育观念、教学方法、教学模式；竖"I"代表东方的教育观念、教学方法、教学

507

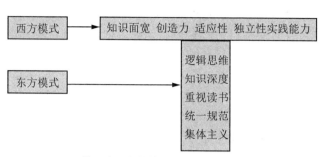

"横"为西方的教育观念、教学方法、教学模式
"竖"为东方的教育观念、教学方法、教学模式

图 12-3

模式。那东西方教育模式和出发点有什么不同呢？如果说西方培养人才是适应性人才的话，东方主要培养逻辑思维强的人才，这是我们国家人才培养的重要目标。如果西方强调知识的宽度，东方强调知识的深度、强调理解，"知其然，知其所以然"，这就是深度。如果说西方强调实践能力，东方则强调读书。如果西方强调个体的独立性，东方则强调集体主义。如果西方把创造性作为一条主线贯穿在教育中，那么东方则非常重视规范，强调没有规范成不了方圆。到底哪种模式好呢，我认为都好，各有各的特点。有人说我们国家大学生创造力如何如何，但美国教育界，特别是大学的理工科教授承认，我们国家由于坚持培养逻辑思维能力，坚持知识的深度，所以到美国去，有一些高端的学问，比如说数学、物理、计算机，美国人不敢学，跟中国学生没法比。因此在国际会议上，有人问我哪种模式好，我说都好，问题是我们能不能实现"学贯中西"。因此，我认为东方有东方的特点，西方有西方的特点，在今天我们教育改革的过程中，我提出融东西方教育模式为一体，扬长避短，培养两者相结合的"T"型人才，实际上就是创造性人才。一百多年来，事实上证明融东西方教育模式学贯中西是对的。我在国际会议上说了一句不太好听的话，现在西方人也越来越体会到学我们东方教育模式的重要性，为什么有些西方人不敢公开出来说呢？我想这可能一方面是面子，另一方面人家觉得自己是老大，这一方面怎么能服气呢？随着孔子学院在世界各地的开办，更随着我国建设创新型国家的成就，谁不服气我们东方的教育模式也不行。只有融两种模式为一体，相互学习，互相促进，才能建设一个共同繁荣的世界。

　　最后，我要重复两句话与诸位读者共勉，作为我的拙著的关键词和结束语，也是提高基础教育质量的前提：校长的管理是教育的决定因素，教师是教育的脊梁！

参考文献

蔡清田．国民核心素养：十二年国教课程改革的 DNA．台北：高等教育出版公司，2014

曹河圻．儿童脑功能发展的研究—脑电 α 波、脑波超慢涨落的剖析．北京师范大学博士论文，2000

车文博．教学原则概论．武汉：湖北人民出版社，1982

董奇，陶沙．论脑的多层面研究及其对教育的启示．教育研究，1999，10

恩格斯．反杜林论．见：马克思恩格斯全集（第 3 卷）．北京：人民出版社，2002

恩格斯．自然辩证法．见：马克思恩格斯选集（第 3 卷）北京：人民出版社，1995

冯忠良，伍新春，姚梅林，王健敏．教育心理学（第 3 版）．北京：人民教育出版社，2015

冯忠良，伍新春，姚梅林，王健敏．教育心理学（第 3 版）．北京：人民教育出版社，2015

冯忠良．结构—定向教学的理论与实践．北京：北京师范大学出版社，1992

国立教育政策研究所．教育課程の編成に関する基礎的研究報告書 5：社会の変化に対応する資質ゃ能力を育成する教育課程編成の基本原理［R］．翻セウ：国立教育政策研究所イ、ウ、ツ、熙ト、エ、遄ヲ、ツ、サ、オ、ツ、ア、蜆ヲ、タ、遒ウ，2013

黄希庭．心理学导论（第二版）．北京：人民教育出版社，2007

莱斯利·P·斯特弗等主编，高文等译．教育中的建构主义．上海：华东师范大学出版社，2002

列宁．谈谈辩证法问题．见：列宁全集（第 55 卷）．北京：人民出版社，1990

列宁．唯物主义和经验批判主义．见：列宁全集（第 18 卷）．北京：人民出版社，1988

林崇德，傅安球．学龄前儿童心理发展与早期教育．北京：北京出版社，1982

林崇德. 21世纪学生发展核心素养研究. 北京：北京师范大学出版社，2015

林崇德. 发展心理学（第二版）. 北京：人民教育出版社，2009

林崇德. 品德发展心理学. 上海：上海教育出版社，1989

林崇德. 我的心理学观：聚焦思维结构的智力理论. 北京：商务印书馆，2008

林崇德. 中学生心理学. 北京：北京出版社，1983

毛泽东. 矛盾论. 见：毛泽东选集（第1卷）. 北京：人民出版社，1991

毛泽东. 实践论. 见：毛泽东选集（第1卷）. 北京：人民出版社，1991

潘昱. 青少年脑波超慢涨落的发展与表象能力的关系. 北京师范大学硕士论文，2001

沈政，林庶芝. 生理心理学（第二版）. 北京：北京大学出版社，2007

王天一，夏之莲，朱美玉. 外国教育史（下册）. 北京：北京师范大学出版社，1993

沃建中，曹河圻，潘昱，林崇德. 6—12岁儿童脑电α波的发展特点. 心理发展与教育. 2000，（16）4，1～7

William Damon，Richard M. Lerner 主编. 儿童心理学手册（第六版）. 林崇德，李其维，董奇译. 上海：华东师范大学出版社，2009.

辛涛，姜宇. 以社会主义核心价值观为中心构建我国学生核心素养体系[J]. 人民教育，2015（7）：26～30

杨国枢. 心理学研究的中国化：层次与方向. 北京：知识出版社，1988

张华. 论核心素养的内涵. 全球教育展望，2016（4）：10～24

张建伟，孙燕青. 建构性学习——学习科学的整合性探索. 上海：上海教育出版社，2005

朱智贤，林崇德，董奇，申继亮. 发展心理学研究方法. 北京：北京师范大学出版社，1991

朱智贤，林崇德. 儿童心理学史（朱智贤全集第六卷）. 北京：北京师范大学出版社，2002

朱智贤，林崇德. 思维发展心理学（朱智贤全集第五卷）. 北京：北京师范大学出版社，2002

朱智贤. 儿童心理学. 北京：人民教育出版社，2009

朱智贤主编. 中国儿童青少年心理发展与教育. 北京：中国卓越出版公司，1990

［加］戴斯，纳格利尔里，柯尔比等. 认知过程的评估——智力的 PASS

理论. 杨艳云，谭和平译. 上海：华东师范大学出版社，1999.

[美] P. 墨森，J. 凯根等. 儿童发展和个性. 缪小春，刘金花等译. 上海：上海教育出版社，1990

[美] 布卢姆等. 教育评价. 上海：华东师范大学出版社，1987

[美] 布鲁纳. 教育过程. 邵瑞珍译. 北京：文化教育出版社，1982.

[美] 杜威. 杜威三大演讲. 上海：泰东图书馆，1920

[美] 杜威. 民本主义与教育. 北京：商务印书馆，1947

[美] 杜威等. 明日之学校. 北京：商务印书馆，1935

[美] 霍华德·加德纳. 多元智能（第二版）. 沈致隆译. 北京：新华出版社，2004

[美] 加涅. 学习的条件. 傅统先，陆有铨译. 北京：人民教育出版社，1986

[美] 克雷奇. 心理学纲要. 周先庚等译. 北京：文化教育出版社，1980

[美] 斯腾伯格. 成功智力. 吴国宏，钱文译. 上海：华东师范大学出版社，1999

[日] 山内光哉. 学习与教学心理学. 李蔚，楚日辉译. 北京：教育科学出版社，1986

[瑞士] 皮亚杰，英海尔德. 儿童心理学. 吴福元译. 北京：商务印书馆，1980

[瑞士] 皮亚杰. 儿童语言与思维. 傅统先译. 北京：文化教育出版社，1980

[瑞士] 皮亚杰. 儿童智力的起源. 陈丽霞译. 北京：教育科学出版社，1990

[瑞士] 皮亚杰. 发生认识论原理. 王宪钿等译. 北京：商务印书馆，2009

[瑞士] 皮亚杰. 教育科学与儿童心理学. 傅统先译. 北京：文化教育出版社，1981

[苏] M. 梅耶斯基等. 幼儿创造性活动. 林崇德等译. 北京：北京出版社，1983

[苏] 彼得洛夫斯基主编. 普通心理学. 龚浩然等译. 北京：人民教育出版社，1981

[苏] 波果洛夫斯基. 普通心理学. 魏庆安等译. 北京：人民教育出版社，1979

[苏] 康·德·乌申斯基. 人是教育的对象（上下册）. 北京：人民教育

511

出版社，2007

　　〔苏〕斯米尔诺夫. 苏联心理学的发展与现状. 史民德等译. 北京：人民教育出版社，1985

　　〔苏〕斯米尔诺夫. 心理学. 朱智贤等译. 北京：人民教育出版社，1957

　　〔苏〕维果茨基. 学龄期教学与智力发展的问题. 俄文版. 1956

　　〔苏〕尤·克·巴班斯基. 教学过程最优化. 张定璋等译. 北京：人民教育出版社，1984

　　〔苏〕赞可夫编，杜殿坤等译. 教学与发展（第三版）. 北京：人民教育出版社，2008

Anderson, J. R. Language, memory, and thought. Hillsdale, New Jersey：Lawrence Erlbaum Associates，1976

Anderson, J. R. The Architecture of cognition. Mahwah, New Jersey：Lawrence Erlbaum Associates，Publishers，1996

AUTOR H David，PRICE BRENDAN. The changing task composition of the US labor market：An update of Autor，Levy，and Murnane（2003）[J/OL]. （2013-06-21）[2015-11-27]. http://economics. mit. edu/files/9758.

Bandura, A. Social foundations of thought and action：A social cognitive theory. Englewood Cliffs, NJ：Prentice-Hall，1986

Berardi-Coletta, B. , Buyer, L. S. , Dominowski, R. L. , Rellinger, E. R. Metacognition and problem solving：A process-oriented approach. Journal of Experimental Psychology：Learning, Memory, and Cognition, 1995，21(1)，205～223

Boden, M. A. The creative mind：Myths and mechanisms. London：Weidenfeld and Nicolson，1990

Bower，G. H. , Hilgard, E. R. Theories of learning. Englewood Cliffs, N. J. ：Prentice-Hall，1981

Bower. G. H. The psychology of learning and motivation. San Diego：Academic Press，1985

Brewer, J. B. , Zhao, Z. , Glover, G. H. , Gabrieli, J. D. E. Making memories：Brain activity that predicts whether visual experiences will be remembered or forgotten. Science，1998，281：1185～1187

Brody，N. Intelligence（2nd Edition）. San Diego，CA：Academic Press，1992

Cabeza，R.，Nyberg，L. Imaging cognition Ⅱ：an empirical review of 275 PET and fMRI studies. Journal of Cognitive Neuroscience，2000，12(1)，1～47

Carroll D. M. Psychology of language. Pacific Grove，CA：Brooks/Cole，1986

Carroll，J. B. Human cognitive abilities. Cambridge：University of Cambridge Press，1993

Ceci，S. J. On intelligence，more or less：A bioecological treatise on intellectual development. Englewood Cliffs，NJ：Prentice Hall，1990

Chi，M. T. H.，Feltovich，P. J.，Glaser，R. Categorization and representation of physics problems by experts and novices. Cognitive Science，1981，5，121～152

Chipman，S. F.，Segal，J. W.，Chase，R. Thinking and learning skills. Hillsdale，New Jersey：Lawrence Erlbaum Associates，1985

Crowder，R. G. Principles of learning and memory. Hillsdale，New Jersey：Lawrence Erlbaum Associates，1976

Das，J. P.，Kirby，J. R.，Jarman，R. F. Simultaneous and successive cognitive processes. New York：Academic Press，1979

Deci，E. L.，& Ryan，R. M.（2002）. Handbook of self-determination research. Rochester，NY：University of Rochester Press

Deci，E. L.，& Ryan，R. M.（2002）. Handbook of self-determination research. Rochester，NY：University of Rochester Press

Deci，E. L. Intrinsic motivation and self-determination in human behavior（5th Ed.）. New York：Plenum Press，1996

Dehaen，S.，Kerszberg，M.，Changeux，J. A neuronal model of a global workspace in effortful cognitive tasks. PNAS，1998，95，14529～14534

Devine，P. G.，Hamilton，D. L.，Ostrom，T. M. Social cognition：Impact on social psychology. San Diego：Academic Press，1994

Dunn，R.，Dunn，K. Teaching students through their individual learning style：A practical approach. Reston：Reston Publishing Company，1978，5～17

Dweck，C. S. Motivational processes affecting learning. American Psychologist，1986，41，1040～1048

Entus，A. K. Hemispheric asymmetry in processing of dichotically presented speech and non-speech stimuli by infants. In S. J. Seagalowitz and F. A. Gruber(Eds.)，Language development and neurological theory. New York：

Academic Press, 1977

Estes, W. K. (Ed.). Handbook of learning and cognitive process. Hillsdale, New Jersey: Lawrence Erlbaum Associates, 1978

European Commission & the Members States within the Education and Training 2010 Work Programme. Key Competences for lifelong learning – European reference framework[R].

Eysenck, M. W., Keane, M. T. Cognitive psychology: A student's handbook. Hove, England: Erlbaum, 1990

Feldman, R. S. Child development (5th ed.). Upper Saddle River, NJ: Pearson Prentice Hall, 2010

Feuerstein, R. Instrumental enrichment? An intervention program for cognitive modifiability. Baltimore: University Park Press, 1980

Finke, R. A., Ward, T. B., Smith, S. M. Creative cognition: Theory, research, and applications. Cambridge, MA: MIT Press, 1992

Finke, R. A. Creative imagery: Discoveries and inventions in visualization. Hillsdale, New Jersey: Lawrence Erlbaum Associates, 1990

Fosnot, C. T. Constructivism: theory, perspectives, and practice (2nd ed.). New York: Teachers College Press), 2005.

Frensch. P. A. One concept, multiple meanings: On how to define the concept of implicit leaning. In M. A. Stadler, P. A. Frensch(Eds.), Handbook of implicit learning. Thousand Oaks, CA: Sage, 1998, 47~104

Gagne, E. D., Yekovich, C. W., Yekovich, F. R. The cognitive psychology of school learning. New York: Longman, 1999

Gardner, H., Hatch, T. Multiple intelligences go to school: Educational implications of the theory of multiple intelligences. Educational Researcher, 1989, 18(8), 4~10

Gardner, H. Multiple Intelligences. New York: Basic Books, 1993

Gardner, H. The mind's new science: A history of the cognitive revolution. New York: Basic Books, 1985

Goleman, D. Emotional intelligence. London: Bloomsbury, 2010

Goswami, U. Blackwell handbook of childhood cognitive development, Oxford, UK, Blackwell Publishers, 2004

Greenough, W. T. Experiencedepenent synaptogenesis as a plausible memory mechanism. In Ⅰ. Gormezano & E. A. Wasserman(Eds.), Learnin and memory: The behavioral and biological substrates. Hillsdale, NJ: Erlbaum, 1992

Greenough, W. T. We can't focus just on ages zero to three. APA Monitor, 1997

Hawkins, J., Blakeslee, S. On intelligence. New York: Times Books/ Henry Holt, 2008

Heinze, H. J., Mangun, G. R., Burchert, W., Hinrichs, H., Johannes, S., Hundeshagen, H., Gazzaniga, M. S., Hillyard, S. A. Combined spatial and temporal imaging of brain activity during visual selective attention in humans. Nature, 1994, 372, 543~546

Herrnstein, R. J., Murray, C. The bell curve: Intelligence and class structure in American life. New York: Free Press, 1994

Hill, P. H, et al. Making decisions: A multidisciplinary introduction. Lanham, MD: University Press of America, 1986

Houston, J. P, et al. Essentials of psychology. New York: Academic Press, 1985

http://selfdeterminationtheory.org/

Hubel, D. H., Wiesel, T. N., LeVay, S. Plasticity of ocular dominance columns in monkey striate cortex. Philosophical Transactions of the Royal Society of London, 1977, 278, 307~409

Huttenlocher, P. R., Dabholkar, A. S. Regional differences in synaptogenesis in human cerebral cortex. Journal of Comparative Neurology, 1997, 367, 167~178

J. D. Bransford, A. L. Brown, R. R. Cocking(Eds., 2010). How People Learn: Brain, Mind, Experience, and School (expanded ed.). National Academy Press

J. D. Bransford, A. L. Brown, R. R. Cocking(Eds., 2010). How People Learn: Brain, Mind, Experience, and School (expanded ed.). National Academy Press

James, W. The principles of psychology. New York: Cosimo, 2007

Jensen, A. R. Bias in mental testing. New York: Free Press, 1980

Jensen, A. R. Straight talk about mental tests. New York: The Free Press, 1981

Just, M. A., Carpenter, P. A. The psychology of reading and language

comprehension. Newton, MA: Allyn & Bacon, 1987

Lachman, R., Lachman, J. L., Butterfield, E. C. Cognitive psychology and information processing: An introduction. Hillsdale, New Jersey: Lawrence Erlbaum Associates, 1979

Lenneberg, E. H. Biological foundations of language. New York: Wiley. 1967

Luxembourg: Office for Official Publications of the European Communities, 2006

Mayer, J. D., Salovey, P., Caruso, D. Models of emotional intelligence. In R. J. Sternberg (Ed.). Handbook of intelligence. Cambridge, UK: Cambridge University Press, 2000, 396~420

Mayer, J. D., Salovey, P. The intelligence of emotional intelligence. Intelligence, 1993, 17, 433~442

Molfese, D. L., & Molfese, V. J. Cortical responses of preterm infants to phonetic and nonphonetic speech stimuli. Developmental Psychology, 1980, 16: 574~581

Naglieri, J. A., Gottling, S. H. Mathematics instruction and PASS cognitive processes: An intervention study. Journal of Learning Disabilities, 1997, 30(5), 513~519

Naglieri, J. A., Johnson, D. Effectiveness of a cognitive strategy intervention in improving arithmetic computation based on the PASS theory. Journal of Learning Disabilities, 2000, 33(6), 591~597

Nash, J. M., Fertile minds. Time, 1997, February 3

Nicholls, J. G. Achievement motivation: Conceptions of ability, subjective experience, task choice, and performance. Psychological Review, 1984, 91(3), 328~346

Nisbet, J. D., Shucksmith, J. Learning strategies. London: Routledge & Kegan Paul, 1988

OECD. Definition and selection of competencies-executive summary (DeSeCo) [EB/OL]. (2003-06-25). [2016-05-15]. https://www. pisa. oecd. org/dataoecd/47/61/35070367. pdf

Papalia, D., E. Olds, S. W., Feldman, R. D. Human development. New York: McGraw-Hill, 2008

Pape, S. J., Tchoshanov, M. A. Therole of representation(s) in developing mathematical understanding. Theory into Practice, 2001, 40(2), 118~127

Paulesu, E. , Frith, C. D. , & Frackowiak, R. S. J. The neural correlates of the verbal component of working memory. Nature, 1993, 362, 342~345

Perkins, D. , Jay, E. , Tishman, S. New conceptions of thinking: From ontology to education, Educational Psychologist, 1993, 28(1), 67~85

Perkins, D. N. , Farady, M. , Bushey, B. Everyday reasoning and the roots of intelligence. In J. Voss, D. N. Perkins, and J. Segal(Eds.), Informal reasoning. Hillsdale, New Jersey: Lawrence Erlbaum Associates, 1991, 83~105

Perkins, D. N. Outsmarting IQ: The emerging science of learnable intelligence. New York: The Free Press, 1995

Phye, G. D. Handbook of academic learning: Construction of knowledge. San Diego Academic Press, 2006

Posner, M. Foundations of cognitive science. Cambridge, MA: MIT Press, 1998

Posner, M. L. , Peterson, S. E. , Fox, P. T. , Raichle, M. E. Localization of cognitive operation in the human brain. Science. 1988, 240: 1627~1631

Prawat, R. S. Promoting access to knowledge, strategy and disposition in students: A research synthesis, Review of Educational Research, 1989, 59(1), 1~41

Reber, A. S. Implicit learning of synthetic languages: The role of instructional set. Journal of Experimental Psychology: Human Learning and Memory, 1976, 2, 88~94

Rees, G. , Frackowiak, R. , Frith, C. Two modulatory effects of attention that mediate object categorization in human cortex. Science, 1997, 275(5301), 835~838

Salovey, P. , Mayer, J. D. Emotional intelligence. Imagination, Cognition, and Personality, 1990, 9, 185~211

Santrock, J. W. Adolescence (8th ed.). Boston: McGraw-Hill, 2005

Shaffer, D. R. , Kipp, K. Developmental psychology: childhood and adolescence. Belmont, CA: Wadsworth, 2008

Siegel, H. Educating reason: Rationality, critical thinking, and education. NY: Routledge, 1988

Sigelman, C. K. , Rider, E. A. Life-span human development (7th ed.)

Belmont, CA: Wadsworth, 2011

Singapore Ministry of Education. 21st Century Competencies [R]. Singapore: Ministry of Education, 1998

Skinner, B. F. Science and human behavior. Delran, NJ: Classics of Medicine Library, 2000

Squire, L. R. Biological foundations of accuracy and inaccuracy of memory. In D. L. Schacter (Ed.), Memory distortions. Cambridge, MA: Harvard University Press, 1995, 197~225

Sternberg, J. Beyond IQ: a triarchic theory of human intelligence, England: Cambridge University press, 1993

Sternberg, R. J. (Ed.). Advances in psychology of human intelligence. Hillsdale, New Jersey: Lawrence Erlbaum Associates, 1989

Sternberg, R. J. (Ed.). Encyclopedia of human intelligence. New York: Macmillan, 1994

Sternberg, R. J., Detterman, D. K. (Eds.). Human intelligence: Perspective on its theory and measurement. Norwood, NJ: Ablex, 1979

Sternberg, R. J., Detterman, D. K. (Eds.). What is intelligence? Contemporary viewpoints on its nature and definition. Norwood, NJ: Ablex, 1986

Sternberg, R. J., Kaufman, J. C. Human abilities. Annual Review of Psychology, 1998, 49, 479~503

Sternberg, R. J., Wagner, R. G., Williams. W. M., Horvath, J. A. Testing common sense. American Psychologist, 1995, 50, 912~927

Sternberg, R. J. Beyond IQ: A theory of human intelligence. Cambridge, England: Cambridge University Press, 1985

Sternberg, R. J. Handbook of intelligence. Cambridge, New York: Cambridge University Press, 2010

Swanson, H. L., Harris, K. R., & Graham, S. Handbook of learning disabilities. New York: Guilford Press, 2006

Tchoshanov, M. Visual mathematics. Kazan, Russia: ABAK, 1997

U. S. Department of Labor and the Secretary's Commission on Achieving Necessary Skills. What work requires of schools. [EB/OL] (1991-06) [2015-03-04] http://www. bisd. us/curriculum/Old% 20Files/Downloads/Frameworks/ Secondary/Middle% 20School% 20Frameworks/6th% 20Grade/6th% 20Grade

%20SCANS%20Middle%20School. pdf

UNESCO. Towards Universal Learning: What every child should learn [R]. Paris:UNESCO, 2013:5

Vernon, P. A. Biological approaches to the study of human intelligence. Norwood, NJ: Ablex, 1993

Vernon, P. A. Speed of information processing and intelligence. Norwood, NJ: Ablex, 1987

Weiner, B. An attributional theory of achievement motivation and emotion. Psychological Review, 1985, 92, 548～573

Weisberg, R. W. Creativity: Beyond the myth of genius. New York: W. H. Freeman, 1993

Wigfield, A. , Eccles, J. S. Expectancy-Value theory of achievement motivation. Contemporary Educational Psychology, 2000, 25, 68～81

Woolfolk, A. E. Educational psychology (7th ed). Needham Heights, MA: Allyn & Bacon, 1998

Zimmerman, B. J. , Risemberg, R. Self-regulatory dimensions of academic learning and motivation. In H. D. Phye(Ed.), Handbook of academic learning: Construction of knowledge. San Diego, CA: Academic Press, 1997, 106～127